성서 그리고 사람들

WHO'S WHO IN THE BIBLE

시공을 뛰어넘어 존재하는 성서 속 사람들,
그들이 남긴 불멸의 이야기

장 피에르 이즈부츠 **지음** | **이상원** 옮김

황소자리

차례

1쪽 그림: 솔로몬 왕과 시바 여왕이 그려진 20세기 초 캔터베리 성당의 스테인드글라스
2〜3쪽 그림: 플랑드르 화가 페테르 파울 루벤스(1577-1640) 작 '낙원의 아담과 이브'
4쪽 그림: 이탈리아 화가 도메니코 페티(1588-1623) 작 '불타는 떨기나무 앞의 모세'

오늘날 성경의 땅

지도 설명
⊛ 수도
• 중요한 도시
• 그밖의 도시
▲ 봉우리

0   100   200   250 킬로미터
0   100   200   250 마일

현재의 배수로, 해안선과 국경선을 기준으로 표시하였다.

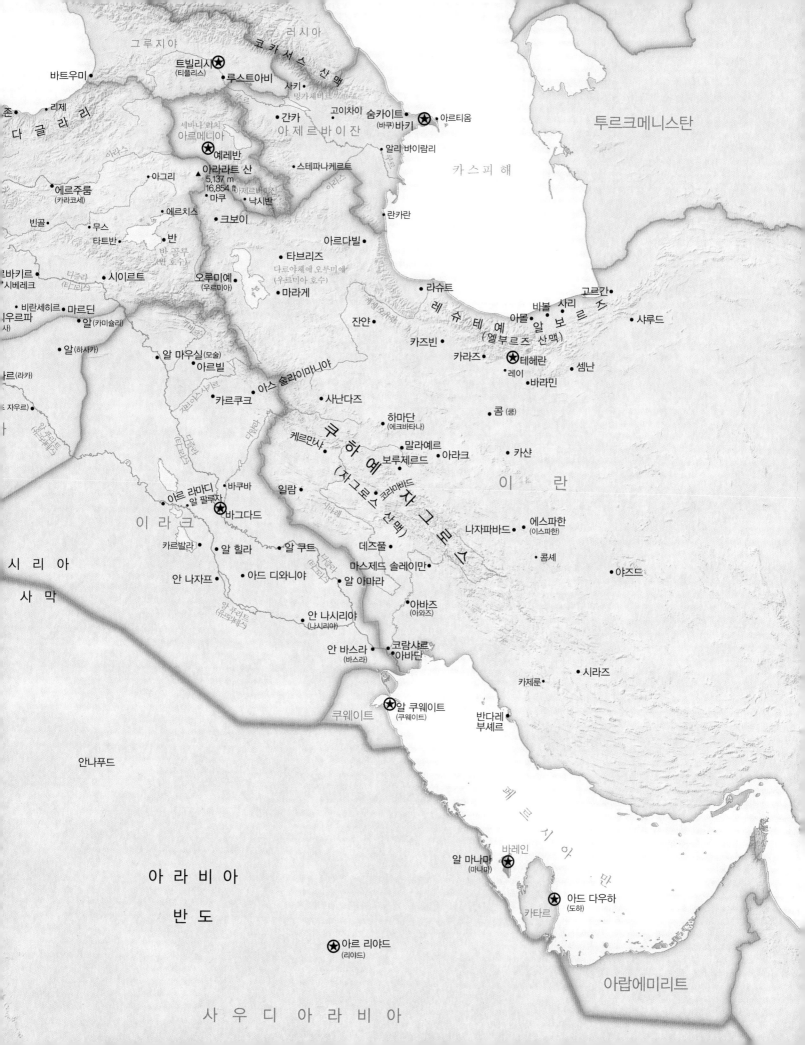

머리말

숨 가쁘게 변해가는 21세기에도 성경은 여전히 아름답고 영향력 있는 책으로 남아 있다. 누군가에게는 신앙의 토대로, 누군가에게는 인간 삶의 도덕적 잣대로, 또 다른 누군가에게는 서구문명의 토대로 여겨지면서 말이다. 성경이 이토록 오래 영향력을 유지하는 한 가지 이유는 거기 등장하는 남녀가 우리와 다르지 않다는 점이리라. 성경은 기본적으로 가족들, 신의 손이 이끄는 대로 운명을 따라가는 사람들의 이야기이다. 그 이야기 속의 인물들은 사랑과 믿음, 희망과 갈등 같은 주제와 더불어 오늘날 우리에게 여전히 와닿는다.

성경 속 인물들의 인명사전은 그래서 필요하다. 이 책은 성경 속 인물들을 종합적으로 이해하도록 해줄 뿐 아니라 그들이 살았던 세상의 사회적·문화적·정치적 맥락까지 알려준다. 계속 이어지는 이야기와 역사적 맥락 속에서 인물을 파악한다는 점에서 이 책은 앞선 어떤 책과도 다르다. 성경 안에서는 같은 이름이 자주 반복된다. 요나단, 시므온, 마리아 같은 인명은 아주 많이 등장한다. 이들 인물을 알파벳이 아닌 연대기 순으로 살펴보면 각 인물이 상황 전개에서 담당하는 역할이 더 잘 드러난다.

이 책은 구약성경(타나크(Tanakh)라 불리는 유대교 성경)과 신약성경을 포괄해 다섯 장으로 구성되어 있다.

1장: 〈창세기〉부터 〈신명기〉까지

첫 번째 장에서는 유대교 성경의 첫 부분인 율법서(토라) 혹은 《모세 5경》이라 불리는 〈창세기〉 〈출애굽기〉 〈레위기〉 〈민수기〉 〈신명기〉의 주요 인물에 대해 이야기를 풀어간다. 아담부터 노아, 아브라함에서 모세에 이르는 인물들은 천지창조부터 대홍수, 그리고 이집트 시절부터 약속의 땅으로의 대탈출에 이르는 이야기를 들려준다. 서술이 끝난 후 이 부분 성경의 알파벳 순 인명사전이 이어진다.

2장: 〈여호수아서〉부터 〈열왕기〉까지

이 장은 전기 예언서(여호수아서, 판관기, 사무엘서, 열왕기)와 후기 예언서(이사야, 예레미야, 에스겔, 소(小)선지자 12인 예언서)로 이루어진 예언서(느비임)의 이야기를 따라간다. 가나안(약속의 땅) 정착에서부터 솔로몬 왕국이 북왕국과 남왕국으로 갈라지기까지 이스라엘 왕국의 역사에서 중요한 역할을 했던 인물들이 소개된다. 이 장의 마지막 부분은

라파엘로(1483-1520) 작 '그리스도의 변용(Transfiguration)'은 1520년 그가 사망한 후 제자 줄리오 로마노 손으로 완성되었다(8쪽).

적들을 공격하는 람세스 2세의 모습이 새겨진 석회암 부조. 이집트 신왕국 19왕조(B.C.E. 1292–1190).

신바빌로니아의 느부갓네살 왕이 B.C.E. 586년 예루살렘을 정복하고 10년 뒤 예루살렘 성전을 파괴하는 것으로 끝난다. 이후에는 이 부분 성경의 인명사전이 나온다.

3장: 〈역대기〉부터 〈마카베오서〉까지

이 장은 유대 성경의 세 번째 부분인 성문서(케투빔)의 주요인물을 소개한다. 특히 3장에서는 〈역대기〉〈잠언〉〈욥기〉〈다니엘서〉와 〈마카베오서〉가 중심이 된다. 앞선 두 부분과 마찬가지로 성문서 역시 연대순으로 정리되어 있지는 않지만 그렇다 해도 주요인물들을 역사적 맥락에 따라 위치짓는 것은 충분히 가능하다. 〈역대기〉 상·하권(열왕기 상·하권과 같은 시기이다) 및 〈에즈라서〉와 〈느헤미야서〉는 페르시아 시대(B.C.E. 537–332년)를 배경으로 한다. 〈마카베오〉 상·하권은 프톨레마이오스와 셀레우코스 치하의 그리스 시대로 이야기를 이어간다. 〈마카베오〉 상·하권은 유대 성경에 들어 있지 않지만 그리스도교 구약성경의 바탕이 되는 그리스의 70인 역에 포함되어 대부분의 그리스도교 성경에 들어가게 되었다. 3장은 하스모니아 왕조 아래에서 유대 왕국이 부활하는 것으로 끝나며 이 부분의 인명사전이 뒤를 잇는다.

4장: 네 복음서

신약성경으로 들어가 예수의 탄생부터 목회, 수난과 부활에 이르는 이야기를 마태오, 마르코, 루가, 요한의 복음서를 바탕으로 기술하는 장이다. 공관(共觀)복음서(synoptic Gospel, '함께 바라본다'는 의미의 그리스어 sunoptikos에서 온 명칭이다)라 불리기도 하는 첫 세 책은 요한의 복음서와 비교해 유사한 부분이 많다. 헤로데 왕의 통치에서 시작해 토마의 불신까지를 담은 이 책의 연대기 서술은 네 복음서 내용을 결합하면서 역사적 맥락과 고고학적 자료를 포함시켰다. 그노시스 복음서와 유대 구전율법인 미슈나 등 부가적인 자료들은 예수 생애를 바라보는 또 다른 시각을 제공한다. 성경 이야기가 끝난 후 이 부분의 인명사전이 나온다.

5장: 〈사도행전〉부터 〈요한 계시록〉까지

이 마지막 장은 〈사도행전〉 및 바울과 다른 지도자들이 쓴 서한들, 계시록 등 신약성경의 여러 책에 나타난 초기 그리스도교의 성장을 설명한다. 종교지도자인 야고보, 바울, 바르나바(요셉), 황제 클라우디스와 네로, 유대 왕 헤로데 아그리파 1세와 2세, 총독 안토니우스 펠릭스와 포르키우스 페스투스 같은 인물들을 만나게 된다.

이 장 다음에 나오는 에필로그에는 로마시대의 그리스도교 박해, C.E. 313년 콘스탄티누스 대제의 그리스도교 공인이 다뤄진다. 이어 이 부분 인물들의 인명사전을 볼 수 있다.

이 책은 유대교 성경의 구성을 최대한 따라가려 애썼지만 효과적인 설명을 위해 위치를 바꾼 경우도 있다. 예를 들어 예언자 하깨와 즈가리야는 예언서에 등장하므로 2장에 들어가야 하지만 출애굽 이후 유대 재건 시절에 주로 활동했던 상황을 고려해 3장에 포함시켰다. 〈룻기〉는 성문서의 일부이지만 시간 순서에 따라 2장에 소개된다.

서술 부분 아래쪽 시대 요약선은 문명 탄생기부터 콘스탄티누스 대제의 그리스도교 공인에 이르는 1만여 년의 세월을 담고 있다. 시대 요약선에는 문명의 출현, 왕조 유지 기간, 도시나 중요 건축물 건설 등의 시점이 표시되었는데 이는 고고학과 역사 연구로 검증된 것이다. 성경 속 사건들은 다윗과 솔로몬 치세 이전의 경우 정확한 시기를 알기 어렵고 심지어 다윗과 솔로몬 시대에 대해서도 논쟁이 벌어질 정도이다. 하지만 일관성을 확보하는 차원에서 우리는 《성서 그리고 역사》를 포함해 기존 내셔널 지오그래픽이 발간한 서적들을 바탕으로 시대 요약선에 성경의 인물과 사건을 포함시켰다. 사울 왕 통치기부터 시작해 이스라엘 왕들의 치세 기간도 표시될 것이다.

이 책은 성서적 맥락뿐 아니라 역사, 고고학, 예술 측면에 관심을 가진 일반 독자들을

파라오 소베켐사프(Sobekemsaf) 1세의 붉은화강암 좌상. 17왕조(B.C.E. 1580–B.C.E. 1550년)의 몇 안 되는 왕족 조각상 중 하나다. 소베켐사프 1세는 힉소스 침략기에 테베를 통치했다.

위해 만들어졌다. 석기시대 초기부터 19세기까지의 회화와 예술품 사진을 400여 개나 실은 것도 이 때문이다. 성경의 인물과 장면을 가장 아름답게 묘사한 작품을 고르기 위해 공을 들였고 미켈란젤로, 라파엘로, 렘브란트, 티치아노, 레오나르도 다빈치 같은 거장들의 작품과 함께 로렌스 알마-타데마, 프레데릭 레이튼, 제임스 티소 등 보다 최근 화가들의 작품도 수록하였다.

성경 속 이야기들은 문화적·지리적 배경과 떼어놓고 생각할 수 없다. 그래서 이 책의 서술 부분에서는 이집트, 아시리아, 바빌로니아, 페르시아, 알렉산더 대제의 제국, 로마제국 등 고대 문명들이 다뤄진다. 내셔널 지오그래픽의 지도 제작팀이 만든 상세 지도도 다수 수록하였다. 두 쪽짜리 큰 지도의 경우 주요 지역의 사진까지 보여준다.

서술 부분에는 성경 시대의 일상을 설명하는 상자글도 넣었다. 이 상자글에서는 농경, 결혼, 모성, 왕과 왕비, 언어와 유대 관습, 성서의 땅에서 이루어진 최근의 발견이 망라된다.

인명사전 부분은 특정 교파에 치우침이 없도록 하였다. 더 많은 독자층에게 다가갈 수 있도록 성경을 역사적 기록물로 간주했기 때문이다. 성경 속 인물들이 모두 역사적으로 실재했는지 혹은 인명과 사건들이 지역 신화에 바탕을 두지는 않았는지 하는 문제 또한 마찬가지이다. 성경의 종교적 가치에 의문을 제기하는 학자는 아무도 없지만 성경이 신뢰할 만한 역사 자료인지에 대해서는 이견이 많다. 특히 최근에 와서 청동기 후기나 석기 초기시대에 해당하는 성서 기록에 의구심을 표하는 성경 고고학자들이 늘어났다. 이 책의 인명사전 부분에서는 그 논쟁에 대한 입장을 표명하지 않겠다. 다만 성경과 참고자료를 바탕으로 인물들을 한 인간으로 다룰 뿐이다. 참고자료는 이집트, 아시리아, 페르시아 왕들의 행적을 담은 고대의 석판부터 1세기 유대 역사학자 요세푸스와 로마제국 기록에 이르기까지 다양하다.

성경이 쓰인 언어를 보면 유대 성경은 하브리어로(일부 아람어 기록도 있다), 70인 역(譯)의 경우 그리스어로 전해지고 있다. 신약성경도 그리스어로 되어 있는데 코이네(koine) 방언이다. 이 책의 영어 성경구절은 신약과 구약 모두 1989년의 신개역표준성경(New Revised Standard Version)을 사용했다(한국어판은 1977년의 공동번역을 사용했다. ― 옮긴이).

이 책의 연대 표기는 B.C.(예수 탄생 이전)가 아닌 B.C.E.(서력 기원 이전)을, A.D.(예수 탄생 이후)가 아닌 C.E.(서력 기원 이후)를 사용하여 종교적 색채가 없도록 했다. 유대, 사마리아, 갈릴리 지역을 통칭하는 더 좋은 용어를 발견할 수 없어 신약성경 연구자들의 관행을 따라 이 책에서도 로마-팔레스타인 지역이라는 용어를 사용했다. 엄밀히 말하면 C.E. 135년 2차 유대전쟁 진압 이후에나 이 지역이 이렇게 불렸지만 말이다.

이 책이 성경 속 인물들에 대한 종합적 이해를 가능케 하기를, 나아가 당시의 사회적·문화적·역사적 배경에 대한 유용한 개관이 되기를 바라는 마음이다.

캘리포니아 산타 바버라에서,
장-피에르 이즈부츠

바티칸 시스티나 성당의 천장 벽화(13쪽). 미켈란젤로 부오나로티가 1508-1512년 사이에 그린 것이다.

책의 구성

　이 책은 성경 속 인물들에 대한 안내서이다. 각 장마다 연대기적 서술 부분과 인명사전 부분으로 구성되어 있다. 이는 흥미로운 읽을거리가 되는 동시에 성서를 공부하는 학생, 연구자, 성직자들의 참고자료로 기능하도록 하기 위함이다. 유대 성경(구약성경)과 신약성경의 구성을 바탕으로 총 5장으로 나누었으며 각 장마다 중심인물들의 삶을 연대기적으로 서술하는 부분이 들어간다.

　각 장의 후반부는 성경 해당 부분에 등장하는 사람들의 인명사전이다. 인물의 중요도에 따라 수록 내용은 간단한 서술에서 꽤 긴 생애 설명까지 다양하다. 각 인물이 등장하는 성경 부분도 명시해두었다.

　성경에는 동명이인이 많다. 이는 책이 다섯 개 장으로 나누어진 이유 중 하나이기도 하다. 앞에 등장했던 이름이 다시 나오는 경우 인명사전 설명에 번호를 붙였다.

　각 장의 서술 부분과 인명사전 부분에는 회화, 예술품, 중동의 고고학 발굴장소 등을 담은 사진이 400장 이상 들어 있다. 매 사진마다 설명을 붙였다. 사건이 일어나는 시기를 잘 이해할 수 있도록 서술 부분 아래쪽에는 시대 요약선을 표시하였다. 이 시대 요약선은 고대 세계의 역사적·문화적·정치적 발전을 보여줌으로써 성서 속 사건을 거시적으로 바라보도록 해준다.

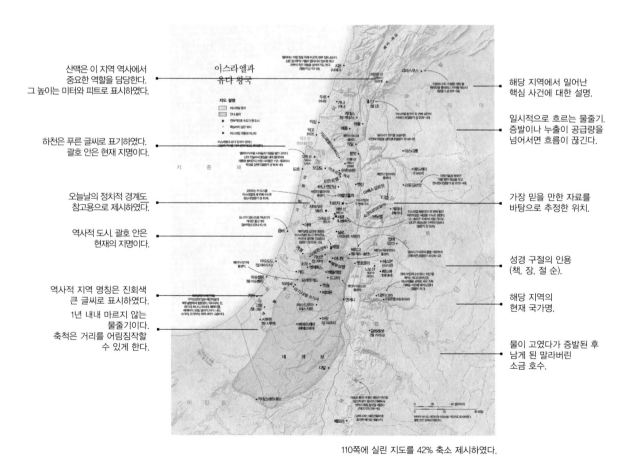

110쪽에 실린 지도를 42% 축소 제시하였다.

각 장의 구성

성경 해당 권의 기원과 내용에 대한 간단한 소개글로 각
장이 시작된다. 이어 주요인물의 생애가 서술된다. 아래쪽
시대 요약선은 당대 가장 중요한 사건들을 보여준다.
성경이나 고대문헌의 구절들도 큰 활자로 제시하였다.

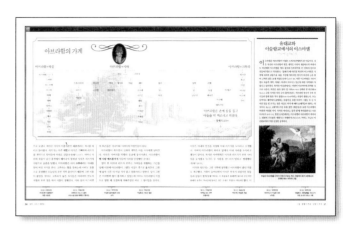

상자글과 가계도

석기시대부터 시작해 로마제국에 이르기까지 성경 속
인물들이 어떤 삶을 살았는지 설명해주는 상자글을
배치하였다. 농경, 교역, 음식, 출생과 장례 관습 등
고대 세계의 다양한 일상이 소개된다. 또한 중요인물의
가족관계를 보여주기 위한 가계도를 넣었다. 야곱의
후손들, 혹은 헤로데 대왕의 왕가 가계 등을 확인할 수
있다.

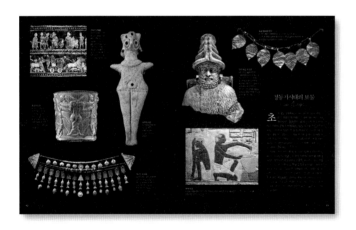

시대별 유물 모음

청동기부터 그리스도교 공인기에 이르기까지 대표적
물품, 인물상, 예술품 등을 매 장에 모아 두 쪽에 걸쳐
실었다. 이들 유물은 각 시기의 예술적 수준을 보여주는
동시에 의복, 관습, 미적 감각을 미루어 짐작케 한다.

인명사전

각 장의 첫 부분이 서술이라면 두 번째 부분은
인명사전이다. 인명사전에는 성경 해당 부분의 인물들을
알파벳 순으로 수록하였다. 설명은 간략할 수도, 꽤 길
수도 있다. 인물마다 이름의 의미와 관련 성경 구절이
소개된다.

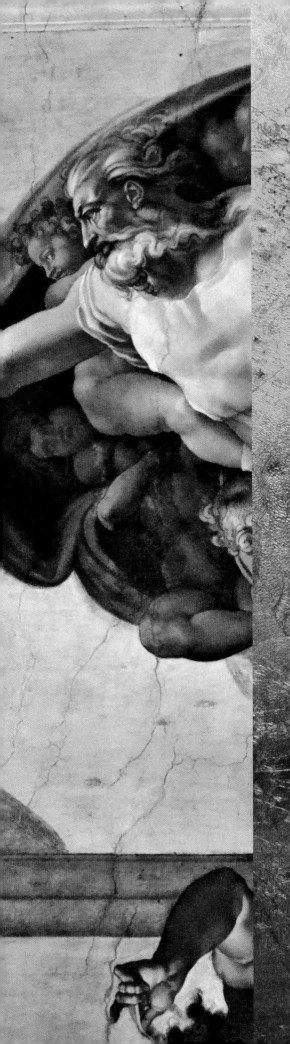

1

〈창세기〉부터
〈신명기〉까지

하느님께서 "빛이 생겨라!" 하시자
빛이 생겨났다.
그 빛이 하느님 보시기에 좋았다.
하느님께서는 빛과 어둠을 나누시고 빛을
낮이라, 어둠을 밤이라 부르셨다.
이렇게 밤이 지나고 낮이 되니
첫째 날이었다.

– 창세기 11:3–5

미켈란젤로 부오나로티(1475–1564) 작 '아담의 탄생'.
1512년에 완성된 것으로 추정된다.

〈창세기〉부터 〈출애굽기〉까지
《토라》는 누가 썼을까?

율법서(토라)는 유대교 성경의 제일 앞에 나오는 〈창세기〉〈출애굽기〉〈레위기〉〈민수기〉〈신명기〉의 다섯 권을 말하며 《모세 5경》이라고도 불린다. 천지창조부터 히브리인들의 극적인 이집트 탈출, 그리고 약속의 땅에 접근하기까지의 내용이 담겨 있다.

율법서에서 가장 중요한 부분은 〈창세기〉이다. 성경의 첫 책인 〈창세기〉(유대교에서는 '태초에'라는 첫 구절을 따 Beresh't라 부른다)는 성경의 핵심 주제를 제시한다. 우주창조자이자 정의와 도덕의 원천인 신, 평화와 번영 속에 살게 해주겠다는 신과 인간과의 약속이 그것이다.

〈창세기〉는 땅과 그 위에 사는 온갖 생명체의 창조라는 거대한 사건으로 시작되지만 곧 노아로부터 아브라함, 이삭, 야곱의 여정을 거쳐 이집트로 무대를 옮겨가는 한 가계의 역사로 시야를 좁힌다. 선택된 민족을 파라오의 압제에서 구해내는 〈출애굽기〉에서 그 역사는 절정에 이른다.

《토라》의 나머지 부분인 〈레위기〉〈민수기〉〈신명기〉는 유대교의 법적·의례적 계율을 설명한다. 정결, 숭배, 희생을 위한 규칙을 정한 이 율법 덕분에 수많은 시험과 고난 속에서도 유대 정체성이 유지될 수 있었다.

성경에는 신의 계시를 받은 모세가 율법을 기록했다고 나온다. 하지만 학자들은 성경이 여러 세기에 걸쳐 쓰였다고 본다. 문서가설(documentary theory)이라는 이론에 따르면 《모세 5경》은 서로 다른 네 출처를 편집해 묶은 것이라고 한다.

가장 오래된 출처는 J 혹은 야훼스트(Jehovist) 텍스트이다. 여기서 신은 YHWH라는 네 글자로 표기되며 그 발음은 '야훼'였을 것으로 추측된다. 솔로몬 왕국의 분열 이후 유대 남왕국 역사가 주로 다뤄지며 B.C.E. 9-8세기에 쓰인 것으로 보인다.

두 번째 출처는 E 혹은 엘로히스트(Eloist) 텍스트인데 여기서는 신이 엘(El) 혹은 그 복수형 엘로힘(Elohim)으로 기록되었다. E 텍스트는 북왕국의 시각을 담고 있어 북왕국에서 쓰인 것으로 추측된다.

세 번째 출처인 D 텍스트는 〈신명기(Deuteronomy)〉를 담은 것인데 B.C.E. 622년, 대사제 힐키야가 야훼의 성전에서 발견했다는 고대 두루마리(열왕기 하 22:8)가 아마도 D 텍스트였을 것으로 여겨진다. 〈신명기〉는 통일 왕국 수도인 예루살렘의 성전, 그 이후에는 유대 부족의 중심지인 남왕국에서 이루어진 예배를 주로 담고 있으며 유대에서 쓰인 것으로 보인다.

이 밖에도 《모세 5경》에는 정결, 희생예식 등 제례 관련 내용이 들어 있다. 이는 사제 출처(Prestly source)라는 의미의 P 텍스트로 예루살렘 성전이 파괴된 B.C.E. 587년부터 B.C.E. 539년까지 이어진 바빌론 유수 중이나 후에 사제들이 썼을 것으로 보인다. 이 네 출처의 내용을 매끈하게 엮어낸 《모세 5경》 편집작업은 요시야 왕 치세(B.C.E. 640-B.C.E. 609) 때 이루어진 것으로 생각된다.

이 모든 이야기의 서막인 〈창세기〉에는 인류의 탄생 장면이 나온다. 다른 것을 다 창조한 후 신은 세상의 아름다움을 누리고 '돌볼'(창세기 2:15) 남자와 여자를 만들기로 하셨다. 이렇게 해서 태어난 최초의 남자와 여자는 **아담**과 **이브**라 불렸다.

네덜란드 화가 렘브란트 판 레인(1606-1669)이 1659년경에 그린 '십계명을 든 모세'(18쪽).

〈창세기〉부터 〈신명기〉까지의
주요 인물들

이탈리아 화가 조반니 디 파올로(1403-1482)가 에덴동산에서 쫓겨나는
아담과 이브를 그린 '낙원으로부터의 추방'으로 1435년경의 작품이다.

아담

아담은 신이 '땅의 흙으로 빚어 만드시고 코에 입김을 불어넣으시니, 사람이 되어 숨을 쉬게 되면서'(창세기 2:7) 창조되었다. 흙으로 만들어졌다는 것은 이름에도 드러난다. 아담은 '남자'라는 뜻이지만 히브리어 어원 adama에는 '땅'이라는 의미가 있다.

이어 신은 에덴에 동산을 만들어 '보기 좋고 맛있는 열매를 맺는 온갖 나무들'로 채우고 '빚어 만드신 인간을 거기 살게' 하셨다(창세기 2:8-9). 에덴이라는 말의 뜻은 분명치 않다. 바빌로니아 설형문자 석판에서는 '경작되지 않는 평원'이라는 의미로, 아람어에서는 '물이 풍부한'이라는 의미로 쓰인다고 한다. 이후 여러 세기를 지나 강제이주 시기가 되었을 때 페르시아의 영향 하에서 에덴동산은 파라다이스라는 새 이름을 얻는다. 벽이 쳐져 보호된 땅을 뜻하는 고대 페르시아어 pardis가 어원으로, 왕의 휴식을 위해 조성된 공원 등을 지칭했다고 한다.

초목이 우거진 에덴동산은 비손, 기혼, 티그리스와 유프라테스라는 네 줄기 강으로 촉촉이 적셔졌다(창세기 2:10-14). 에덴동산이 어디 있었는지도 논란거리인데 아라비아 북쪽이라는 설도 있고 아프리카 해안 에티오피아였다는 설도 있다.

아담은 에덴동산의 수많은 나무 어디서든 열매를 따먹을 수 있었지만 '선과 악을 알게 하는 나무'만은 예외였다. '그것을 따먹는 날, 너는 반드시 죽는다.'라는 경고를 받았던 것이다(창세기 2:17). 그 나무를 건드리지 않고 영원히 순수한 상태로 사는 한 신체적 욕구 충족에는 걱정이 없었다.

아담에게는 곧 중요한 임무가 주어졌다. 세상 가득한 짐승들에게 아직 이름이 없었던 것이다. 아담은 신이 데려다주는 동물에게 적절한 이름을 붙였다(창세기 2:20). 이름을 붙여준다는 것은 고대문화에서는 받아들인다는 의미였다. 아브라함은 여자 노예 **하갈**이 낳은 아이에게 **이스마엘**이라는 이름을 붙여줌으로써 그 아이를 자식으로 인정했다. 마찬가지로 아담은 신의 창조물들에게 이름을 붙여줌으로써 그 동물들을 받아들이

B.C.E. 9500년경
예리고와 가나안 등지에
선사시대 마을 생김

B.C.E. 9000년경
고대 페르시아에서
양과 염소 사육함

B.C.E. 8300년경
신석기시대의 시작

B.C.E. 8000년경
레반트 지역에서 밀이 경작된
증거 발견됨

20 성서 그리고 사람들

고 자연 속에 제자리를 찾도록 한 것이다.

하지만 아담은 외로웠다. 아주 미천한 종도 암수로 짝을 이루었지만 그에게는 짝이 없었다. 신도 이를 알고 아담을 깊이 잠들게 한 후 갈빗대를 하나 뽑아 이브라는 여자를 만드셨다(창세기 2:21–22). 〈창세기〉에서 아담과 이브의 창조는 서로 다른 이야기였지만 《토라》 편집자들이 한 이야기로 엮어냈다.

아시리아 니네베에서 발견된 바빌로니아의 별자리판. 설형문자가 새겨졌으며 솜씨 좋게 별자리를 표시해두었다.

이브

서구 예술에서 이브는 젊고 아름다운 여자로 묘사된다. 실제로 아담은 새로 생긴 짝을 보고 기뻐했다. 둘 다 알몸이었지만 부끄러움을 느끼지 않았고 선과 악도 알지 못했다.

하지만 곧 뱀이 이브에게 다가가 물었다. "하느님이 이 동산에 있는 나무 열매는 하나도 따먹지 말라고 하셨냐?"(창세기 3:1). 이브는 대답했다. "이 동산에 있는 나무 열매는 무엇이든지 마음대로 따먹되, 죽지 않으려거든 동산 한가운데 있는 나무 열매만은 따먹지도 말고 만지지도 말라고 하셨다." 그러자 뱀은 왜 그 나무 열매를 따먹지 못하게 하는 것인지 간교하게 설명했다. "그 나무 열매를 따먹기만 하면 너희의 눈이 밝아져서 하느님처럼 선과 악을 알게 될 줄을 하느님이 아시고 그렇게 말하신 것이다"(창세기 3:3–5).

이 이야기의 의미는 인간이 지식과 과학을 추구하다 보면 자신과 우주에서의 자기 역할을 의식하게 되지만 반대급부로 순수함을 잃게 된다는 것이리라. 그 반대로 죽지 않는 삶이란 죽음의 고통이 없지만 자기 인식과 자유의지 또한 없는 삶이다.

이브는 뱀의 유혹에 넘어갔다. 그리하여 선악과를 따먹고 아담도 먹게 했다. '그러자 두 사람은 눈이 밝아져 자기들이 알몸인 것을 알고 무화과나무 잎을 엮어 앞을 가렸다'(창세기 3:7).

신은 아담에게 무슨 짓을 저질렀느냐고 질책했다. 아담은 어

〈창세기〉의 신

〈창세기〉가 여러 기록을 모아 엮었다는 점은 신에 대한 서로 다른 개념들에서 드러난다. 가장 오래된 기록에서는 신을 YHWH라는 네 글자로 표기하며 이 표기는 〈출애굽기〉에서도 나타난다. 신심 깊은 유대인들은 신의 이름을 소리내어 부를 수 없다는 마음 때문에 Adonai라는 번역어를 쓰기도 했다. YHWH 숭배는 유대 남왕국에서 시작되어 유대교 전체의 지배적 형태가 되었다. YHWH는 스스로 유일신임을 강조한다. '나는 야훼다. 이것이 내 이름이다. 내가

베니스 산마르코 대성당 입구에 모자이크로 하늘을 창조하는 주의 모습이 담겨 있다. 1200년경, 작자 미상.

받을 영광을 다른 자에게, 내가 받을 찬양을 우상에게 주지 않으리라'(이사야 42:8). 다른 〈창세기〉 출처들은 엘(El) 혹은 그 복수형 엘로힘(Elohim)이라는 단어로 신을 지칭한다. 이는 가나안에서 기록된 것으로 보인다. 시리아–가나안의 신앙 중심지였던 우가리트의 석판 기록에 따르면 '엘'이라 불린 신은 '엘로힘'이라는 일군의 신들 중 가장 높은 존재였다. 그리하여 〈창세기〉의 '엘'이 가장 중요한 신이지만 다른 신들의 존재도 부정할 수 없다고 보는 학자들도 있다.

B.C.E. 8000년경	B.C.E. 7600년경	B.C.E. 7500년경	B.C.E. 7200년경
페루에서 감자 경작	나일 계곡에서 범람 농경의 첫 흔적이 이루어짐	미국의 가장 오래된 무덤이 만들어짐	동아시아에서 돼지와 물소 사육함

〈창세기〉 1장 20절에 묘사된 '물속의 고기들과 하늘의 새들'을 표현한 베니스 산마르코 대성당의 모자이크 일부.

창조 이야기

태초에 세상이 어떻게 만들어졌는지 알려주는 창조 이야기는 〈창세기〉에서 가장 아름다운 부분 중 하나이다. 여기 등장하는 모티프 중 많은 수가 메소포타미아와 바빌로니아 설화에서 가져온 것으로 보인다. 〈창세기〉의 초기 수용자들이 그 모티프에 익숙했기 때문이리라. 가령 7일에 걸쳐 신의 명령으로 하늘과 땅이 생기고 낮과 밤이 나뉘며 생명체들이 만들어지는 상황은 B.C.E. 18세기까지 거슬러 올라가는 바빌로니아 창조설화와 동일하다. 나무가 지혜의 상징이 되는 것은 아시리아 신화, 뱀의 간교한 역할은 《길가메시 서사시》와 통한다. 〈창세기〉의 창조 이야기는 이슬람 경전 《코란》과도 공통점이 많다. 7세기에 예언자 마호메트가 계시를 받아 집필했다는 이 책을 보면 '신이 여섯 시간 동안 하늘과 땅을 창조했다. 신의 힘은 강력하다'(코란 7:54)라고 나온다. 하지만 휴식해야 하는 '일곱 번째 날'에 대한 유대교, 그리스도교, 이슬람교의 해석은 각각 다르다. 유대교에서는 금요일 일몰부터 토요일 일몰까지를 안식일로 본다. 그리스도교에서는 일요일에 쉰다. 이슬람교에서는 아담이 금요일에 창조되었다는 이유로 금요일을 성스러운 기도의 날로 정했다.

린 아내와, 아내를 만든 신 탓으로 돌렸다. "당신께서 저에게 짝지어 주신 여자가 그 나무에서 열매를 따주기에 먹었을 따름입니다."(창세기 3:12). 신이 이브에게 물으니 뱀 탓을 했다. 두 사람은 벌을 받아 낙원에서 쫓겨났다. 신은 이브에게 "너는 아기를 낳을 때 몹시 고생하리라."라고 말씀하셨다. 아담에게는 "땅 또한 너 때문에 저주를 받으리라. 너는 죽도록 고생해야 먹고 살리라. 너는, 흙에서 난 몸이니 흙으로 돌아가기까지 이마에 땀을 흘려야 낟알을 얻어먹으리라. 너는 먼지이니 먼지로 돌아가리라."라고 하셨다(창세기 3:16~19).

에덴동산 이야기는 인간이 신성하고 완전했던 태고 상태에서 추방되어 존재하게 되었음을 강조한다. 순수성을 상실한 아담과 이브는 알몸 상태, 그리고 성적 유혹을 인식하기에 이른다. 남편과 아내가 된 것이다. 자연스럽게 아이가 탄생했다.

카인

이브는 첫 자식의 이름을 **카인**이라고 지었다. 이는 〈창세기〉에서 자주 나타나는 말장난이다. qayin이라는 말 자체가 '얻거나 생산된 것'을 의미하기 때문이다. 이브는 출산 후 "야훼께서 나에게 아들을 주셨구나!"라고 말했다(창세기 4:1). 카인은 아버지의 뒤를 이어 농부로 성장했다. 고고학 증거로 미뤄보면 초기 이스라엘인들은 올리브, 대추야자, 무화과, 포도, 석류, 견과류와 일부 곡물을 재배했던 것 같다. 올리브는 그냥 먹거나 기름을 짜 요리와 조명 용도로 사용했다. 포도로는 포도주를 만들고 무화과와 대추야자는 그대로 먹거나 꿀에 절여 먹었다.

카인의 남동생 **아벨**은 자라서 목자가 되었다. 가축을 대규모로 키우는 것은 당시 중요한 삶의 형태였다. 대규모 가축을 오랫동안 한 곳에서 먹일 수는 없었으므로 목자와 그 가족은 떠돌아다녀야 했다. 카인과 아벨의 이야기는 농부와 목자, 정착민과 유목민 사이의 갈등이 심화되는 상황을 배경으로 한다.

아벨

이브는 카인 다음으로 '양을 치는 목자, 아벨을 낳았다'(창세기 4:2). 아벨이라는 이름은 '텅 비어있음'을 의미한다. 가축무리를 이끌고 경작되지 않는 빈 땅을 정처없이 돌아다니는 아벨을 잘

B.C.E. 7000년경
진흙도기 제작 시작됨

B.C.E. 6700년경
아나톨리아(터키)에서 파스타 원료인 듀럼밀 재배됨

B.C.E. 6600년경
암몬(요르단)에서 매트 짜기가 이루어짐

B.C.E. 6500년경
아나톨리아에서 가축 사육됨

22 성서 그리고 사람들

나타낸다. '때가 되었을 때' 두 형제는 신에게 제물을 바쳤다. 아벨은 '양떼 가운데서 맏배의 기름기'를, 카인은 '땅에서 난 수확'을 바쳤다(창세기 4:3-4). 동물 희생제의가 성경에 처음 등장하는 순간이다.

하지만 모든 일이 순조롭지는 않았다. 신은 아벨의 제물은 기쁘게 받았지만 카인의 제물은 기뻐하지 않았다(창세기 4:3-5).

카인은 분노했다. 신은 '죄가 네 문 앞에 도사리고 앉아 너를 노릴 것이다. 그러므로 너는 그 죄에 굴레를 씌워야 한다.'라고 경고했다(창세기 4:7). 하지만 카인은 신의 경고를 듣지 않았고 동생 아벨을 들로 꾀어내 죽여버렸다. 설명도, 언쟁도 없이 일어난 끔찍한 사건이자 성경에 처음 등장하는 살인이다. 신은 카인에게 동생의 행방에 대해 묻는다. 카인은 "저는 모릅니다. 제가 아우를 지키는 사람입니까?"라는 유명한 대답을 한다(창세기 4:9).

카인을 벌하기 위해 신은 땅의 저주를 내리고 가족이 사는 곳을 떠나게 했다. 부족의 보호를 받지 못하는 도피자가 된 것이다. 카인은 '벌이 너무 무거워 견딜 수 없다'고 하소연했고 '만나는 사람마다 죽이려 들 것'을 걱정했다(창세기 4:14). 이 구절은 이미 땅에 살고 있는 사람들이 많다는 점을 드러낸다. 그러니까 이 사건은 아담과 이브 이후 여러 세대가 지난 후에 일어났다고 보아야 한다.

신은 살인은 한 번으로 충분하다고 여겨 아벨 살해가 가족 보복의 악순환으로 이어지지 않게끔 했다. 카인이 이방인으로 세계를 떠도는 벌을 받을지언정 상해는 입지 않을 것이었다. 신은 "카인을 죽이는 사람에게는 내가 일곱 갑절로 벌을 내리리라."

라고 말했고 '누가 카인을 만나더라도 죽이지 못하도록 그에게 표를 찍어주셨다'(창세기 4:15).

카인은 에덴 동쪽의 놋이라는 땅에 정착했다. 놋은 '아무것도 없는 땅'이라는 뜻으로 정처 없는 방랑의 장소이다. 카인은 결혼해 **에녹**을 낳았다. 이어 '도시를 건설하고 아들 이름을 따서 에녹이라는 이름을 붙였다'(창세기 4:17). 에녹은 〈창세기〉에 처음 등장하는 '도시'이다. 농경지가 담장을 둘러친 커다란 공동체로 성장했음을 보여준다. 카인의 후손 가운데 **야발**은 '장막에서 살며 양을 치는 목자들' 즉 유목민족의 조상이 되었다. 그 아우 **유발**은 '리라를 뜯고 피리를 부는 악사의 조상이 되었다.' 리라와 피리는 영국 고고학자 레너드 울리가 이라크의 바스라 북쪽 텔 알 무카이야르(Tell al Muqayyar) 근처 무덤에서 발견한 유물에 포함되어 있었다.

신께 바치는 양떼 맏배를 들고 있는 아벨. 이탈리아 라벤나 산 비탈레 성당의 6세기 비잔틴 모자이크.

셋

아담과 이브에게는 다른 자식도 있었다. 아벨이 죽고 카인이 놋으로 도피한 후 아담이 '130세가 되었을 때'(창세기 5:3) 이브가 **셋**이라는 아들을 낳았다. 셋이라는 이름은 '대체' 혹은 '토대 놓기'의 의미라고 한다. 셋은 **에노스**라는 자식을 낳았고 이후 길게 자손이 이어졌다. 이들 중 한 명이 **라멕**의 아들 **노아**였다.

인류 역사의 이 시점에 '사람이 불어나면서부터 그들의 딸들이 태어났다.'라고 〈창세기〉는 설명한다. 이어서 '하느님의 아들들이 그 사람의 딸

B.C.E. 6400년경	B.C.E. 6300년경	B.C.E. 6100년경	B.C.E. 6000년경
중동에서 야금술 이루어짐	멕시코에서 옥수수, 콩, 후추 재배됨	아시아에서 소맥 생산됨	태국에서 쌀농사 확산됨

1장 〈창세기〉부터 〈신명기〉까지 **23**

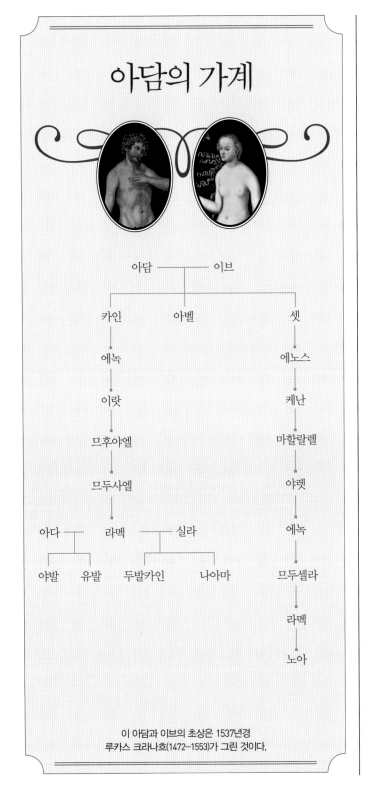

아담의 가계

아담 ─── 이브

카인   아벨   셋

에녹   에노스

이랏   케난

므후야엘   마할랄렐

므두사엘   야렛

아다 ─ 라멕 ─ 실라   에녹

야발 유발 두발카인 나아마   므두셀라

라멕

노아

이 아담과 이브의 초상은 1537년경
루카스 크라나흐(1472-1553)가 그린 것이다.

들을 보고 아내로 삼았다.'라는 수수께끼 같은 구절이 이어진다(창세기 6:2). '하느님의 아들들'이 정확히 무얼 의미하는지 불분명하다. 반신(半神)의 존재들이 인간 여자와 함께 사는 메소포타미아 신화의 영향이라고 해석하는 쪽도 있다. 그 후손은 느빌림(Nephilim)이라고 했는데 이들은 〈민수기〉(13:33)에서 다시 가나안에 사는 거인 족으로 등장한다. 반면 사해 두루마리에는 느빌림이 신의 벌을 받은 셋의 자손들이라고 설명하는 부분이 있다. 이는 '하느님의 아들들'이 땅과 하늘 사이의 거대한 간격 사이를 오가는 타락 천사라는 시각과 통한다. 느빌림은 '떨어지다'라는 히브리어 동사에서 왔을 것이다.

신이 '세상에 죄악이 가득 찼다'고 보게 된 데에는 '이름난 장사들'인 느빌림의 존재가 작용했을 것이다. 신은 창조물을 쓸어버리기로 결심했다. '사람뿐 아니라 짐승과 땅 위를 기는 것과 공중의 새까지 모조리 없애버리리라. 공연히 만들었구나!'(창세기 6:5-7). 하느님 마음에 드는 사람은 단 한 명뿐이었다. 그의 이름은 노아였다.

노아

노아라는 이름의 의미는 분명치 않다. 유대 학설에서는 '백성에게 평안을 주었다'라는 뜻인 niham에서 왔다고 하고, 이슬람 학설에서는 '백성을 위해 통곡하다'라는 nuh(동사형은 naha)에서 왔다고 주장한다.

신은 다가올 재앙에서 구해낼 유일한 인간으로 노아와 그 가족을 선택했다. 구원의 방법은 전나무로 짜서 역청을 칠한 커다란 배였다. 신은 방주를 어떻게 만들어야 할지 상세히 알려주었

암컷과 수컷 한 쌍씩
노아한테로 와서 배에 들어갔다.
노아는 모든 일을 야훼께서
분부하신 대로 하였다.

– 창세기 7:9

B.C.E. 5700년경	B.C.E. 5200년경	B.C.E. 5100년경	B.C.E. 5000년경
중동에서 흑요석 거래 시작	메소포타미아에서 우바이드(Ubaid) 문화 시작됨	금속 도구 등장함	메소포타미아에 선박 사용됨

아일랜드 화가 다니엘 매클라이즈(1806_1870)이 1847–1853년 사이에 그린 '노아의 번제'이다.

다. '그 배는 이렇게 만들도록 하여라. 길이는 삼백 자, 나비는 오십 자, 높이는 삼십 자로 하라. 목숨이 있는 온갖 동물도 암컷과 수컷으로 한 쌍씩 배에 데리고 들어가 너와 함께 살아남도록 하여라.'(창세기 6:15,19)

그렇게 큰 배가 정말 존재했을까? 벽화나 후대의 무덤 속 모형을 보면 일찍이 이집트 고왕국 시대(B.C.E. 2500년경)부터 거대한 화물선이 나일 강을 떠다닌 것으로 나타난다. 하지만 방향키나 항해에 대한 지시는 전혀 없다는 것이 흥미롭다. 이 때문

에 일부 학자들은 방주는 항해가 아니라 신의 보호 아래 그저 물 위에 둥둥 떠 있기 위함이었다고 생각한다.

신은 40일 동안 밤낮으로 폭우가 쏟아지게 했다. '땅 밑에 있는 큰 물줄기가 모두 터지고 하늘은 구멍이 뚫렸다.'라는 구절(창세기 7:11-12)이 나오는데, 이는 물이 갈라졌던 창조 과정을 거꾸로 한 것이라 해석되기도 한다. 물은 높은 산이 다 잠길 정도로 높게 차올랐다. 150일이 지난 후에야 신이 바람을 일으켜

B.C.E. 5000년경	B.C.E. 4500년경	B.C.E. 4300년경	B.C.E. 4236년경
중국 양사오문화에서 채색 도기 생산됨	동석기 시대 시작됨	이집트에서 농경마을 나타남	이집트 달력의 첫 날

1장 〈창세기〉부터 〈신명기〉까지　**25**

홍수 이야기

대홍수와 신의 도움으로 살아남은 자들의 이야기는 고대 바빌로니아 문헌에 자주 등장한다. B.C.E. 18세기의 아트라하시스 서사시를 보면 마미(Mami) 신이 진흙으로 사람을 빚어 만들었다고 나온다. 하지만 사람들이 너무 시끄럽게 굴자 대지의 신 엔릴(Enlil)이 대홍수로 인류를 멸망시키기로 결정한다. 물의 신 엔키(Enki)는 아트라하시스라는 사람을 불쌍히 여겨 배를 만들라고 지시한다. 배에는 그가 지닌 재산과 짐승들, 새들까지 가득 실렸다. 이후 '이레 낮밤 동안 대홍수가 지나간 후 지우수드라가 큰 배의 창을 열었다'고 한다.

또 다른 바빌로니아 문헌인 《길가메시 서사시》에서는 길가메시의 선조인 우트나피쉬팀이 홍수를 겪는다. 우트나피쉬팀은 '세상이 가득 찼다. 사람들이 불어났고 세상은 황소처럼 소란스러웠다.'라고 말했다. 다행히 에아(Ea) 신이 우트나피쉬팀을 구해주기로 결심하여 노아의 방주와 비슷한 배를 만들도록 한다. 이러한 홍수 이야기들은 터키 동북쪽 산맥의 눈과 비가 흘러내려 유프라테스와 티그리스 강이 예고 없이 흘러넘쳤던 사건과 관련 있으리라 추정한다. 7500년 전 흑해에서 일어난 대홍수 등 다른 주장들도 수없이 제기되었다.

창조와 대홍수 이야기가 포함된 아트라하시스 서사시가 기록된 B.C.E. 1635년경 바빌로니아 석판.

물이 빠지도록 했고, 결국 방주는 '아라랏 산 위에 멈췄다'(창세기 8:4). 성경에는 '아라랏의 산들'이라고 복수로 나와 있는데 흔히 단수인 터키와 아르메니아 국경에 솟은 '아라랏 산'으로 잘못 이해하곤 한다. 아라랏 산은 1700피트 높이의 화산이다. 수많은 그리스도교 순례단이 아라랏 산을 찾지만 실상 〈창세기〉에 언급된 산의 위치는 불분명하다.

노아는 방주의 창을 열고 까마귀 한 마리를 내보냈다. 까마귀는 이리저리 날아다녔다. 이어 비둘기 세 마리를 차례로 내보냈다. 첫 번째 비둘기는 앉을 곳을 찾지 못하고 방주로 돌아왔지만 두 번째 비둘기는 올리브 이파리를 물고 왔고 세 번째 비둘기는 돌아오지 않았다. 그리하여 노아는 밖으로 나가도 안전하다는 것을 알았다(창세기 8:6-12).

구원에 대한 감사의 표시로 노아는 제단을 쌓고 '모든 정한 들짐승과 정한 새 가운데서' 제물을 골라 번제를 올렸다. 제사를 받은 신은 두 번 다시 인류를 멸망시키지 않겠다고 맹세했다. 그리고 예전에 아담을 축복했듯 노아와 후손

B.C.E. 2400년경의 기도하는 여인 석고상.

들을 축복하셨다. '많이 낳아, 온 땅에 가득히 불어나거라.'라고 말하면서 '두 번 다시 물이 홍수가 되어 모든 동물을 쓸어버리지 못하게 하리라.'라는 약속의 표시로 구름 사이에 무지개가 나타나도록 하셨다(창세기 9:15-16).

니므롯

〈창세기〉에 따르면 노아의 자손은 **셈, 함, 야벳**이었다. 이들은 '각 부족의 계보'라고 길게 이어지는 가계의 조상이 되었다. 가령 야벳의 자손들은 그리스와 소아시아 주민들이 되었고 함의 자식들은 북아프리카, 가나안, 메소포타미아를 채웠다. 한편 셈은 '에벨의 모든 후손들의 아버지'가 되었는데(창세기 10:21) 에벨은 '모래땅 거주자'와 '이주자'를 뜻하는 아카디아와 이집트 이름인 apiru 혹은 habiru에서 나왔다는 학설이 있으며 아마도 히브리(Hebrew)라는 단어의 어원일 것으로 여겨진다. 셈의 가계에서 아브라함의 아버지 **데라**가 태어났고 이 가계에서 이스라엘 열두 부족이 갈라졌다.

B.C.E. 4100년경	B.C.E. 4000년경	B.C.E. 4000년경	B.C.E. 3760년경
이집트인들이 시나이 채굴 구리 녹임	가축이 끄는 쟁기 처음 사용됨	브리튼에서 농경마을 나타남	전통 유대 달력의 세상창조 시점

무지개가 구름 사이에 나타나면, 나는 그것을 보고
하느님과 땅에 살고 있는 모든 동물 사이에 세워진 영원한 계약을 기억할 것이다.

– 창세기 9:16

노아의 가계에서 주목할 만한 또 다른 인물이 노아의 증손 주로 **구스**의 아들인 **니므롯**이다. 〈창세기〉는 니므롯을 '세상에 처음 나타난 힘센 장사로 야훼께서도 알아주시는 힘센 사냥꾼'(창세기 10:8–9)이라고 설명하지만 실제 전투에 대한 언급은 없다. 일부 학자들은 니므롯이 세상을 이레 동안 창조한 최고 신 마르둑(Marduk)이나 수메르 왕 길가메시 같은 메소포타미아 설화의 신이었다고 설명하기도 한다.

니므롯은 시날(Shinar) 땅에 왕국을 세운다. 이후 예언자 **미가**는 이 왕국을 아시리아 제국이라고 본다(미가 5:6). 실제로 〈창세기〉는 니므롯이 바벨, 에렉(Erech), 아카드(Accad) 같은 도시들을 세운다고 설명한다. 에렉은 수메르의 도시 우루크(Uruk)로 여겨지고 아카드는 사르곤(Sargon, B.C.E. 2334–2279년)이 세운 아카드 제국의 수도가 된다.

〈창세기〉의 다음 이야기는 바벨을 무대로 한다. 바벨은 바빌론의 거대 도시로 시리아–가나안 출신 아모리인들이 B.C.E. 1860년대에 건설했다고 한다.

이때는 '온 땅의 언어가 하나요 말이 하나였고'(창세기 11:1) 바벨 사람들은 진흙을 구워 벽돌을 만드는 기술이 있었다. 이 기술로 무엇을 해야 할까? 고대와 현대를 막론하고 인류 역사의 수많은 국가들이 그랬듯 바벨 사람들도 하늘까지 닿고 싶어했다. '자, 성읍과 탑을 건설하여 그 탑 꼭대기를 하늘에 닿게 하여 우리 이름을 내고 온 지면에 흩어짐을 면하자'(창세기 11:4).

오래지 않아 신도 탑이 세워지는 것을 알게 되었다. '여호와께서 사람들이 건설하는 그 성읍과 탑을 보려고 내려오셨고' 거대한 탑을 파괴하는 대신 '그들의 언어를 혼잡하게 하여 그들이 서로 알아듣지 못하게 하셨다'(창세기 11:5,7). 소통할 수 없어 혼란에 빠진 사람들은 도시를 떠나 사방으로 흩어졌다. '바벨'이라는 말은 〈창세기〉에 등장하는 많은 단어가 그렇듯 의미가 이중적이다. 아카드어로 bab–ili는 '신에게 이르는 문'이라는 뜻이고 히브리어의 balal은 혼란을 만든다는 뜻이 된다.

데라

노아로부터 아홉 세대 이후 데라(Terah)라는 남자가 있었다. 그는 70세에 세 아들 아브람(이후 신이 **아브라함**이라는 이름을 내려준다), **나홀**, **하란**을 낳았다(창세기 11:26). 하란은 아버지보다 먼저 죽었지만 아브라함과 나홀은 각각 **사래**(나중에는 사라라 불린다)와 **밀가**에게 장가를 들었다.

데라 가족의 고향은 '갈대아인의 우, 르'라고 나온다. 논쟁의 여지가 있지만 대부분의 학자들은 이곳이 고대 수메르의 우르, 오늘날의 이라크라고 본다.

하지만 데라는 우르에 머물러 살지 않았다. 그는 아들과 며느리들, 하란의 아들인 손자 **롯**까지 가족을 이끌고 북동쪽으로 이동해 메소포타미아 북쪽 도시 하란으로 갔다(창세기 11:31). 오늘날의 터키 남부이다. 이주 이유는 〈창세기〉에 나와 있지 않은데 아마도 B.C.E. 2000년대 말, 외부 침입으로 우르의 3대 왕조

사탄과 악마

〈**창**세기〉를 비롯해 많은 성경에서 인간의 경험은 선과 악 사이의 투쟁으로 묘사된다. 에덴동산의 금지된 나무가 상징하듯 말이다. 선함의 상징은 신이고 악의 힘을 지닌 존재는 사탄이다. 에덴동산의 뱀이 곧 사탄이라고 보는 학자들도 있다. 히브리어에서 사탄은 '반대자, 적수'를 뜻한다. 그리스도교 전통에서는 사탄을 악마에 가까운 존재로 본다. 사탄은 악마를 조종해 매번 예수에게 도전한다(가령 마태오 16 23을 보아도 그렇다). 사탄은 외경에 등장해 신과 결별하고 나름의 암흑세계를 건설한 대천사 루시퍼와 동일시되기도 한다. 쿠란에서는 루시퍼를 이블리스(Iblis)라 부른다. 〈요한 계시록〉에서 사탄은 신의 명령에 복종하는 모든 이의 적수로 그려지며 그 죄로 '불과 유황의 바다에 던져지게' 된다(요한 계시록 20:10).

| B.C.E. 3600년경 | B.C.E. 3500년경 | B.C.C. 3500년경 | B.C.E. 3400년경 |
| 수메르 농부들이 관개수로 개발함 | 태국에서 구리 사용됨 | 메소포타미아에서 바퀴 발명함 | 메소포타미아에서 도기 제작 돌림판 발명됨 |

1장 〈창세기〉부터 〈신명기〉까지　27

가 무너진 일과 관련되었을 것이다. 가장 강력한 외적은 훗날 바빌로니아 제국의 토대를 닦은 아모리인들이었다.

메소포타미아의 최북단 도시인 하란은 당시 이집트와의 주요 교역로였다. 아카드어로 harranu는 '교차로'를 뜻한다. 따라서 데라 일가가 하란으로 방향을 잡은 것은 납득할 만하다. 하지만 일가친척, 하인, 노예, 가축과 더불어 영구 정착할 작정이

B.C.E. 270년경 이집트 사카라에 건설된 계단식 피라미드.

B.C.E. 3000년의 세계

초기 청동기시대(B.C.E. 3300~B.C.E. 2100)의 개막은 인류 진화의 분수령으로 여겨지곤 한다. 메소포타미아에서는 유프라테스와 티그리스 강을 따라 펼쳐진 비옥한 토지를 바탕으로 형성된 도시 우루크(성경에서는 에렉)에서 수메르 문화가 첫 절정기를 누렸다. 여분의 농산물 거래가 늘면서 기록의 필요성이 생겼고 최초의 문자 기록 형태가 나타났다. B.C.E. 2900년, 이 지역은 대홍수를 겪는다. 그 결과 우르가 수메르 문화의 새로운 중심지가 되어 천문학이나 수학 같은 최초의 과학이 생겨나고 바퀴가 발명되기도 했다.

이집트에서는 나일 계곡을 따라 또 다른 문명이 태동했다. B.C.E. 3300년경 이집트의 각 지역 지배자들이 연합해 이집트 상왕국과 하왕국이 등장했다. 200년이 지나 메네스라는 왕이 두 왕국을 통일해 이집트 제1왕조(B.C.E. 3100~B.C.E. 2890)를 시작했다. 그의 아들인 호르 아하(Hor-Aha)가 수도를 멤피스로 정했고 이곳을 중심으로 무려 3,000년 동안 이어지는 위대한 문명이 발전한다.

였는지는 분명치 않다. 데라는 하란에 머물다가 죽었다. 일가를 이끌 책임은 이제 장남인 아브라함에게 넘어갔다.

아브라함

그때 신이 아브라함을 불러 '네 고향과 친척과 아비의 집을 떠나 내가 장차 보여줄 땅으로 가거라. 나는 너를 큰 민족이 되게 하리라.'(창세기 12:1~2)라고 말씀하셨다. '친척'을 떠나라는 말은 무슨 뜻일까? 본래 하란에 데라의 친척이 있었을 수 있고, 아브라함이 가족 일부를 남겨두고 떠난 것을 말할 수도 있다.

아브라함은 아내와 조카 롯을 데리고 남쪽 가나안으로 향했다. 조카를 데려간 것은 아내 사라에게 아직 아이가 없었기 때문이다. 훗날 이스라엘 땅이 될 가나안은 학자들이 '시리아-가나안'이라 부르는 지역의 일부였다. 시리아-가나안에는 오늘날의 레바논, 이스라엘, 요르단 강 계곡, 그리고 시나이가 포함된다. 경제적으로 이 지역은 이집트에 의존하는 형태였다. 대상 무역단이 가나안 해안가를 통과해 오갔기 때문이다. 아브라함 이야기가 B.C.E. 2000년대 초였다고 보면 당시 이 지역은 오랜 가뭄에 시달렸으며, 제1 중간기(First Intermediate Period, B.C.E. 2125~B.C.E. 1975년)를 겪은 이집트의 정치적 혼란 때문에 교역도 쇠퇴한 상태였다. 〈창세기〉에도 그 영향이 나타난다. 아브라함은 북쪽 고원지대인 세겜(Shechem)과 베델(Bethel)에서 제단을 쌓고 제사를 드린 후, 기근 때문에 다시금 남쪽 이집트까지 옮겨가야 했다.

아브라함이 이집트에 들어가자 '이집트인들이 보기에 그의 아내는 정말 아름다웠다.' 그 아름다움은 파라오에게도 보고되었고 이를 예견한 아브라함은 아내에게 "나를 오라버니라고 부르시오. 그러면 내가 당신 덕으로 죽음을 면하고 대접도 받을 것이오."라고 시킨다(창세기 12:12~14). 그 결과 사라와 이집트 파라오의 부적절한 관계가 시작되고 아브라함은 수많은 선물을 받는다. 하지만 신은 파라오의 왕궁에 역병을 내리고, 파라오는 곧 사라가 아브라함의 아내임을 알게 된다. 사라는 왕궁에서 나오고 아브라함 일가는 가나안으로 돌아가도 좋다는 허락을 받는다(창세기 12:17~20).

이집트에 체류하는 동안 아브라함은 부자가 되었다. 파라오

B.C.E. 3372년경	B.C.E. 3350년경	B.C.E. 3300년경	B.C.E. 3300년경
마야 달력의 첫 날	크레타의 미노아 문명 부흥	초기 청동기시대 시작	메소포타미아에서 진흙석판에 설형문자로 교역 기록 새겨짐

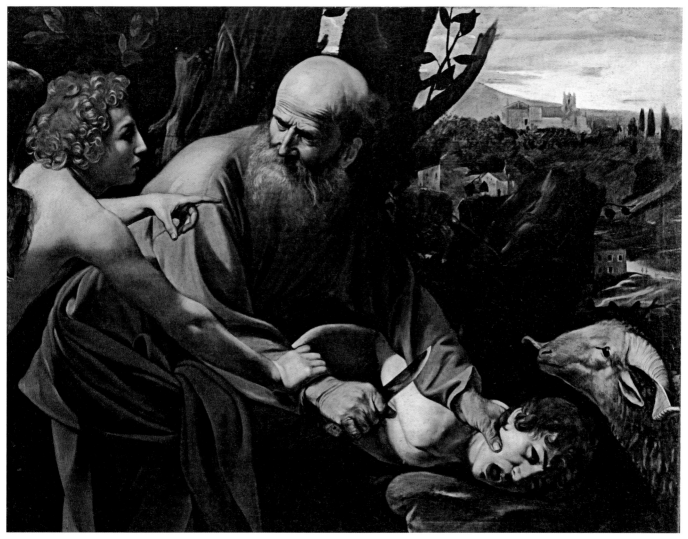

이탈리아 화가 미켈란젤로 다 카라바지오(1573-1610)의 '이삭의 희생'이다. 아들을 희생 제물로 바치려는 아브라함을 천사가 말리는 장면이다.

가 준 선물을 그대로 챙겨올 수 있었던 것이다. 이집트보다 덜 비옥한 가나안의 목초지로는 다 먹이지 못할 정도로 가축도 많았다. 곧 목동들 사이에 다툼이 일어났다. 아브라함은 어쩔 수 없이 재산을 조카 롯에게 나누어주었다. 롯은 사해 근처 요르단의 평원으로 떠나 소돔이라는 곳에 정착한다. 아브라함은 오늘날의 요르단 강 서안 남쪽인 헤브론에 정착하게 된다.

하갈

롯을 떠나보낸 아브라함은 자식 없는 상태가 되었다. 사라가 아이를 낳지 못했으므로 뒤를 이을 후계자 문제가 시급했다. 메소포타미아 관습에 따라 사라는 하갈이라는 처녀 노예를 골라 아브라함과 동침하여 아들을 낳도록 했다. 하갈은 파라오가 내려준 이집트 노예였다. 사라가 파라오의 첩 노릇을 했듯 이제 하갈이 아브라함의 첩이 된 셈이다(창세기 16:1-2).

임신한 하갈은 안주인 사라를 무시하고 제멋대로 굴기 시작했다. 사라도 발끈해 하갈을 구박하고 멀리 사막으로 쫓아버린다. 베에르셰바와 이집트 국경 사이 어딘가, 수르(Shur) 근처 오아시스에 있던 하갈 앞에 천사가 나타난다. 그리고 '신이 하갈의

B.C.E. 3200년경	B.C.E. 3100년경	B.C.E. 3050년경	B.C.E. 3000년경
이집트에서 촛불 사용됨	메네스 왕이 상하 이집트 왕국 통일함	우르에 거대한 계단식 피라미드 지구라트 건설됨	므깃도가 가나안 중심 도시가 됨

1장 〈창세기〉부터 〈신명기〉까지 **29**

❶ 우르 태양열에 구운 진흙벽돌로 쌓은 우르의 지구라트(B.C.E. 21세기)가 일부 복원된 모습. 아리크의 고대 우르 유적지에 있다.

❷ 베에르셰바 네게브 남부의 텔 엣 세바(Tell es-Seba) 근처에서 발굴된 고대 베에르셰바 유적지에는 철기 중기 (B.C.E. 1000-B.C.E. 900년)의 주거지가 포함되어 있다.

❸ 하솔 1950년대 고고학자 야딘(Yigael Yadin)이 발굴한 하솔 유적으로, B.C.E. 18세기에 이미 중요한 성채 역할을 했다.

❹ 하란 터키의 오늘날 하란 마을. 고대 하란과 인접한 이곳에서는 아직도 벌집 모양 진흙벽돌 집을 짓는다.

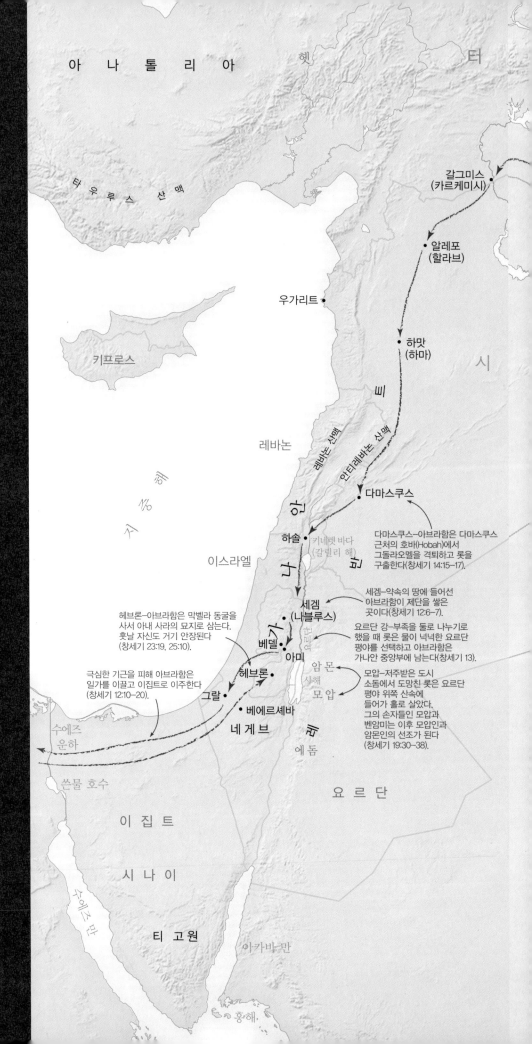

아나톨리아

헷

터

타우루스 산맥

갈그미스 (카르케미시)

알레포 (할라브)

우가리트

하맛 (하마)

시

키프로스

레바논

안티레바논 산맥

다마스쿠스

다마스쿠스-아브라함은 다마스쿠스 근처의 호바(Hobah)에서 그돌라오멜을 격퇴하고 롯을 구출한다(창세기 14:15-17).

지중해

이스라엘

하솔

키네렛 바다 (갈릴리 해)

세겜 (나블루스)

세겜-약속의 땅에 들어선 아브라함이 제단을 쌓은 곳이다(창세기 12:6-7).

요르단 강-부족을 둘로 나누기로 했을 때 롯은 물이 넉넉한 요르단 평야를 선택하고 아브라함은 가나안 중앙부에 남는다(창세기 13).

헤브론-아브라함은 막벨라 동굴을 사서 아내 사라의 묘지로 삼는다. 훗날 자신도 거기 안장된다 (창세기 23:19, 25:10).

베델

아미

암몬

헤브론

사해

모압

모압-저주받은 도시 소돔에서 도망친 롯은 요르단 평야 위쪽 산속에 들어가 홀로 살았다. 그의 손자들인 모압과 벤암미는 이후 모압인과 암몬인의 선조가 된다 (창세기 19:30-38).

극심한 기근을 피해 아브라함은 일가를 이끌고 이집트로 이주한다 (창세기 12:10-20).

그랄

베에르셰바

네게브

에돔

수에즈 운하

쓴물 호수

요르단

이집트

시나이

티 고원

수에즈 만

아카바만

홍해

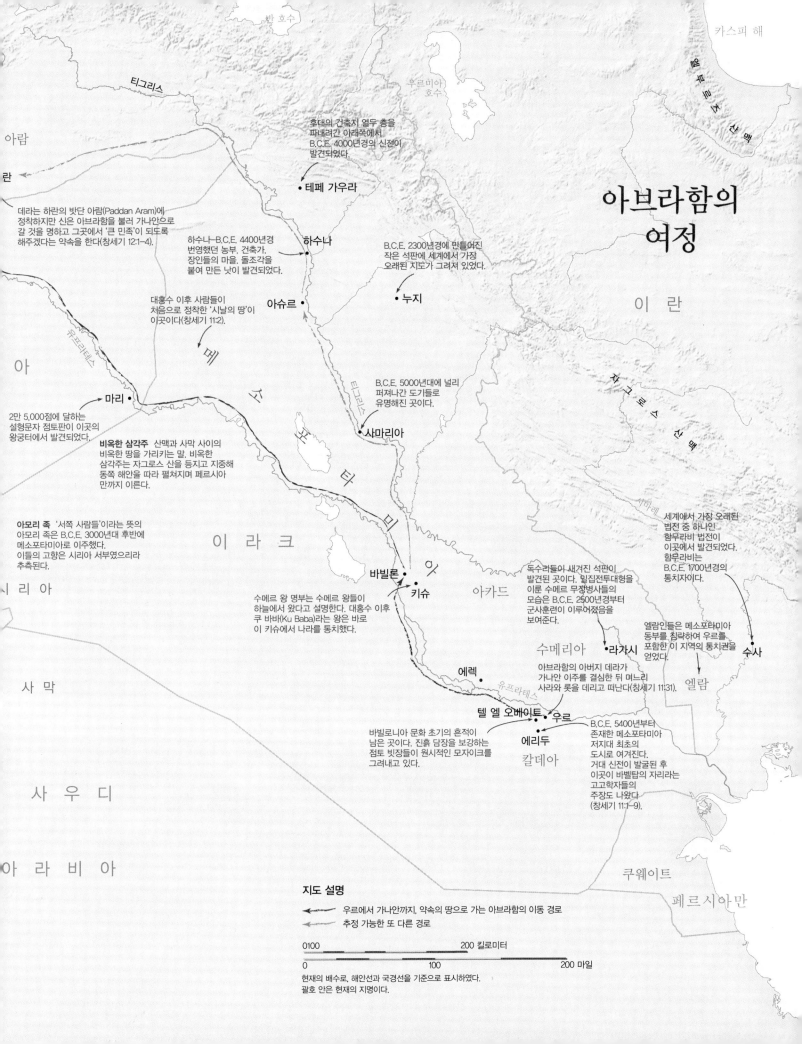

아브라함의 여정

후대의 건축지 열두 층을 파내려간 아래쪽에서 B.C.E. 4000년경의 신전이 발견되었다.

테페 가우라

데라는 하란의 밧단 아람(Paddan Aram)에 정착하지만 신은 아브라함을 불러 가나안으로 갈 것을 명하고 그곳에서 '큰 민족'이 되도록 해주겠다는 약속을 한다(창세기 12:1–4).

하수나

하수나—B.C.E. 4400년경 번영했던 농부, 건축가, 장인들의 마을. 돌조각을 붙여 만든 낫이 발견되었다.

B.C.E. 2300년경에 만들어진 작은 석판에 세계에서 가장 오래된 지도가 그려져 있었다.

누지

대홍수 이후 사람들이 처음으로 정착한 '시날의 땅'이 이곳이다(창세기 11:2).

아슈르

이 란

B.C.E. 5000년대에 널리 퍼져나간 도기로 유명해진 곳이다.

사마리아

비옥한 삼각주 산맥과 사막 사이의 비옥한 땅을 가리키는 말. 비옥한 삼각주는 자그로스 산을 등지고 지중해 동쪽 해안을 따라 펼쳐지며 페르시아 만까지 이른다.

마리

2만 5,000점에 달하는 설형문자 점토판이 이곳의 왕궁터에서 발견되었다.

아모리 족 '서쪽 사람들'이라는 뜻의 아모리 족은 B.C.E. 3000년대 후반에 메소포타미아로 이주했다. 이들의 고향은 시리아 서부였으리라 추측된다.

이 라 크

세계에서 가장 오래된 법전 중 하나인 함무라비 법전이 이곳에서 발견되었다. 함무라비는 B.C.E. 1700년경의 통치자이다.

바빌론

키슈

수메르 왕 명부는 수메르 왕들이 하늘에서 왔다고 설명한다. 대홍수 이후 쿠 바바(Ku Baba)라는 왕은 바로 이 키슈에서 나라를 통치했다.

독수리들이 새겨진 석판이 발견된 곳이다. 밀집전투대형을 이룬 수메르 무장병사들의 모습은 B.C.E. 2500년경부터 군사훈련이 이루어졌음을 보여준다.

아카드

엘람인들은 메소포타미아 동부를 침략하여 우르를 포함한 이 지역의 통치권을 얻었다.

수사

라가시

수메리아

아브라함의 아버지 데라가 가나안 이주를 결심한 뒤 며느리 사라와 롯을 데리고 떠난다(창세기 11:31).

엘람

에렉

텔 엘 오베이트

우르

에리두

바빌로니아 문화 초기의 흔적이 남은 곳이다. 진흙 담장을 보강하는 점토 빗장들이 원시적인 모자이크를 그려내고 있다.

칼데아

B.C.E. 5400년부터 존재한 메소포타미아 저지대 최초의 도시로 여겨진다. 거대 신전이 발굴된 후 이곳이 바벨탑의 자리라는 고고학자들의 주장도 나왔다 (창세기 11:1–9).

사 막

사 우 디

아 라 비 아

쿠웨이트

페르시아만

지도 설명

→ 우르에서 가나안까지, 약속의 땅으로 가는 아브라함의 이동 경로

→ 추정 가능한 또 다른 경로

```
0   100                    200 킬로미터
0              100          200 마일
```

현재의 배수로, 해안선과 국경선을 기준으로 표시하였다.
괄호 안은 현재의 지명이다.

바벨탑

바벨탑 이야기는 고대 메소포타미아의 거대한 계단형 피라미드 지구라트와 종종 연결되곤 한다. B.C.E. 4000년대, 수메르의 우루크(성경에는 에렉)에 세워진 지구라트도 그 중 하나이다. 그로부터 천년 후 우르에서 또 다른 사각 피라미드가 솟아올랐다. 달의 신 난나(Nanna)에게 바쳐진 이 지구라트는 일부 복원되어 지금까지도 이라크 남부 텔 엘 무카이야르 지역에 서 있다. 바벨탑 이야기는 이 지구라트에서 영감을 받았을 가능성이 높다.

지구라트 탑과 언어 혼란을 연결시키는 수메르 신화도 있다. 이 신화에 따르면 우루크의 엔메르카르(Enmerkar) 왕이 거대한 지구라트를 건설하면서 자재가 부족해 주변 속국들에게 지원을 요청했다. 그리고 제대로 왕의 지시가 이행되도록, 혹시라도 거부하는 사람이 있다면 왕국의 언어를 말하지 못하게 해달라고 엔키 신에게 탄원했다는 것이다.

바벨탑 이야기는 《코란》에도 등장한다. 여기서는 바빌론 감옥에 갇힌 하루트와 마루트라는 두 타락 천사가 건축을 주도했다고 나온다. 두 천사는 거대 건축기술을 포함해 다양한 마법술을 익혔고 바빌론 주민들을 마법으로 움직여 공사를 시작한다. 이 상황에서 신이 개입해 '남편과 아내 사이에 불화'를 만들고 사람들로 하여금 '무엇이 해로운지 알게 하여' 혼란을 일으켰다는 것이다(코란 2:102).

네덜란드 화가 피테르 브루겔(1530–1569)이 그린 바벨탑. 1563년 작품이다.

B.C.E. 2900년경	B.C.E. 2900년경	B.C.E. 2800년경	B.C.E. 2700년경
메소포타미아에 큰 홍수 일어남	수메르 그림문자가 단어와 숫자로 발전함	영국에 스톤헨지 세워짐	이집트 상형문자 등장

울부짖음을 들어주셔서 곧 **이스마엘**이라는 아들을 낳을 것이니'
(창세기 16:11) 집으로 돌아가라고 말해준다. 이스마엘은 'El(신)'과
'shama(듣다)'를 결합 축약한 형태로 '신이 내 소리를 듣다'라는 의
미가 된다. 또한 천사는 신이 하갈의 '자손을 아무도 셀 수 없을
만큼 많이 불어나게'(창세기 16:10) 해줄 것이라고도 전한다. 신은
이후 사라가 낳게 되는 아들 **이삭**에게도 똑같은 약속을 한다. 하
갈은 돌아와 아들을 낳는다. 이스마엘이 13세가 되었을 때 신은
다시 아브라함 앞에 나타나 그를 '많은 민족의 조상'으로 삼겠다
는 계약을 확인한다. 신은 계약의 표시로 아브라함과 이스마엘,
그리고 집안의 남자 모두 할례를 받으라고 명령한다.

사라

아브라함은 낯선 손님 세 명을 맞이한다. 랍비 문헌에 따르면
신과 두 천사였다고 한다. 손님들은 사라에 대해 놀라운 소식
을 전한다. 신께서 '복을 내려 사라가 아들을 낳도록 해준다'
는 것이었다(창세기 17:16). 아브라함은 땅에 얼굴을 대고 엎드
려 "나이 백 살에 어떻게 아들을 보겠는가? 사라도 아흔 살이
나 되었는데 어떻게 아기를 낳겠는가?"라고 실소한다(창세기
17:17). 이후 손님들에게 같은 말을 들은 사라 역시 웃음을 참지
못하면서 "내가 이렇게 늙었고 내 남편도 다 늙었는데, 이제 무
슨 낙을 다시 보랴!"라고 중얼거린다. 그러자 "신이 무슨 일인
들 못 하겠느냐?"라는 소리가 울린다(창세기 18:12-14).

신이 약속한 대로 사라는 임신한다. 그리고 아들을 낳아 이
삭이라는 이름을 지어준다. '웃는 사람'이라는 의미였다. 이삭
의 출생은 중대한 문제를 일으켰다. 어느 아들을 아브라함의
후계자로 삼아야 할 것인가? 이스마엘은 첫 아들의 권리가 있
었고 이삭은 정식 부인의 아들이라는 권리가 있었다. B.C.E. 18
세기의 함무라비 법전에 따르면 첫 부인의 첫 자식이 우선권을
갖는다. 신은 '나의 계약은 이삭에게 세워주는 것이다.'라는 말
로 갈등을 해결하면서도 이스마엘 역시 '열두 영도자의 아비가
돼서 큰 민족이 일어나게 될 것'이라고 말해준다(창세기 17:20-
21). 역사는 이를 사실로 증명했다. 이슬람교에서는 이스마엘과
그가 신과 맺은 계약을 신앙의 원천으로 삼고 있으니 말이다.
이삭의 지위가 확고해진 후 사라는 남편에게 '계집종과 그

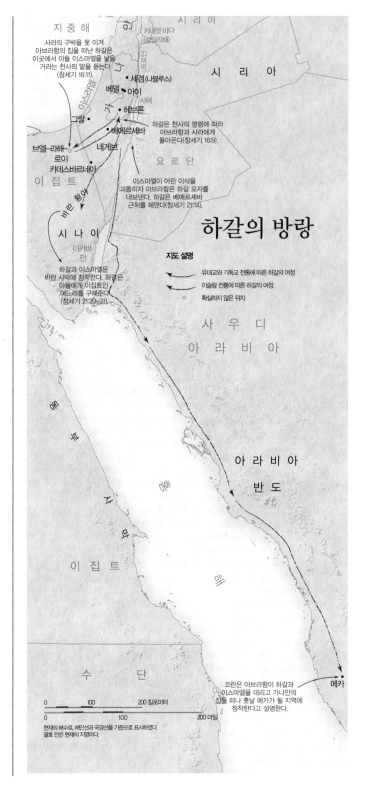

하갈의 방랑

사라의 구박을 못 이겨
아브라함의 집을 떠난 하갈은
이곳에서 아들 이스마엘을 낳을
거라는 천사의 말을 듣는다
(창세기 16:11)

하갈은 천사의 명령에 따라
아브라함과 사라에게
돌아온다(창세기 16:9)

이스마엘이 어린 이삭을
괴롭히자 아브라함은 하갈 모자를
내보낸다. 하갈은 베에르세바
근처를 헤맨다(창세기 21:14)

지도 설명

↩ 유대교와 기독교 전통에 따른 하갈의 여정
↩ 이슬람 전통에 따른 하갈의 여정
○ 확실하지 않은 위치

하갈과 이스마엘은
바란 사막에 정착한다. 하갈은
아들에게 이집트인
며느리를 구해준다
(창세기 21:20~21)

코란은 아브라함이 하갈과
이스마엘을 데리고 가나안의
집을 떠나 훗날 메카가 될 지역에
정착한다고 설명한다.

0 ——— 100 ——— 200 킬로미터
0 ——— 100 ——— 200 마일

현재의 배수로, 해안선과 국경선을 기준으로 표시하였다.
괄호 안은 현재의 지명이다.

B.C.E. 2700년경
중국에서 비단 생산
시작됨

B.C.E. 2630년경
사카라에 계단식 피라미드
건설됨

B.C.E. 2550년경
기자에 거대 피라미드
건설됨

B.C.E. 2500년경
셈 부족들이 가나안
해안을 따라 정착

> 내년 봄 새싹이 돌아날 무렵에 내가 다시 찾아오리라. 그때 사라는 이미 아들을 낳았을 것이다.
>
> – 창세기 18:14

아들을 내쫓으라'고 요구한다. 이미 연로한 아브라함은 아내의 말을 거부하지 못했고 약간의 빵과 물만 주어 하갈 모자를 내보냈다(창세기 21:14). 베에르셰바 남쪽 네게브 사막을 정처 없이 방황한 지 며칠 만에 모자는 덤불 옆에 쓰러지고 만다. 이스마엘은 죽어가고 있었다. 신은 이들을 불쌍히 여겨 천사를 보내 전한다. '걱정하지 마라. 어서 가서 아이를 안아 일으켜주어라. 내가 그를 큰 민족이 되게 하리라.'(창세기 21:17-18). 이어 하갈의 눈을 열어 근처 샘이 보이도록 하고, 모자는 목숨을 건진다.

이스마엘은 '사막에서 자라나 활을 쏘는 사냥꾼이 되었다. 그는 바란(Paran) 사막에서 살았다'(창세기 21:20-21)라고 전해진다. 바란은 시나이 반도 북동쪽의 지명으로 그 중심에는 카데스 바네아(Kadesh Barnea) 오아시스가 있다. 7일만 걸으면 이집트 국경이 나오는 곳이다. 그리하여 하갈은 아들이 장성하자 '이집트에 가서 며느릿감을 골랐다'(창세기 21:21).

롯

아브라함에게 아들이 탄생할 것이라 알려주었던 두 천사에게는 또 다른 임무가 있었다. 소돔과 고모라라는 죄 많은 도시들에 무서운 벌을 내리는 임무였다. 아브라함의 조카 롯은 여전히 소돔에 살고 있었다. 신의 의지를 알게 된 아브라함은 조카 롯을 구하러 나선다. 죄 없는 사람이 열 명 있다 해도 여전히 도시를 벌할 것인가? 신은 '그 열 명을 보아서 멸하지 않겠다.'

장 밥티스트 카뮤 코로가 1857년에 그린 '불타는 소돔'으로, 롯과 두 딸을 천사가 안전하게 인도하는 장면이다.

B.C.E. 2500년경	B.C.E. 2400년경	B.C.E. 2296년경	B.C.E. 2200년경
수메르인, 교역을 위한 무게 계량표준법 도입	중국 천문학자들 적도를 중심으로 한 천문관찰 결과 기록	중국에서 최초로 혜성 관찰 기록	아카드 제국 융성

라고 대답한다(창세기 18:33).

하지만 아브라함의 노력은 헛수고로 끝난다. 두 천사가 롯의 집에 도착하자마자 소돔의 남자들이 몰려와 손님들을 성적으로 희롱하려 든 것이다. 오늘날의 성경 해석가들 중에는 소돔 사람들의 죄가 성적 방탕이 아니라 불친절이었다고 보는 시각도 있다. 롯은 대신 처녀인 두 딸을 내어주겠다고 하지만 소용이 없었다. 천사들은 대문 밖 남자들의 눈을 멀게 해 출입구를 찾지 못하도록 만든다. 소돔의 사악함이 분명히 드러났고 파멸은 피할 수 없었다. 다음날 아침 롯과 아내, 처녀인 두 딸은 소알(Zoar)이라는 이웃 마을로 도망친다. 동이 터오자 신은 하늘에서 '유황불을 퍼부어' 두 도시를 멸해버렸다(창세기 19:25). 롯의 가족은 무사히 도망치는 듯했지만 호기심을 이기지 못한 롯의 아내가 뒤를 돌아보았고, '뒤를 돌아다보자마자 그만 소금기둥이 되어버렸다'(창세기 19:26). 소돔의 이름을 이어받은 세돔(Sedom) 산 근처 사해 남쪽 해안가에는 오늘날까지도 19미터 높이의 소금기둥이 서 있다.

한편 롯의 딸들은 절박한 상황에 처했다. 주변 모든 도시가 파괴된 상황이라 남자를 만나 아이를 낳기 어려워진 것이다. 둘은 아버지의 씨를 받기로 하고 취해 쓰러질 때까지 포도주를 먹인다. 그리고 둘 다 임신해 아들을 낳는다. 모압이라는 아들은 오늘날 요르단의 수도인 암만 북쪽지역에 살았던 모압인들의 선조가 되었고 벤암미라는 아들은 암몬인의 선조가 되었다(창세기 19:37~38). 암몬인들은 암만 남쪽, 사해 인근에 살았다. 일부 학자들은 이것이 이스라엘 후대 왕조들과 혼동되곤 하는 모압인과 암몬인들의 천한 출신을 비웃기 위한 이야기라고 본다.

이삭

이삭은 건강하게 자라났다. 하지만 신은 아브라함을 시험하기로 하고 '네가 사랑하는 외아들 이삭을 데리고 모리아 땅으로 가서 내가 일러주는 산에 올라 번제물로 바치라'고 지시한다(창세기 22:2). 아브라함은 가슴이 미어지지만 신의 지시에 순종한다. 칼로 아들의 목숨을 끊으려는 순간 천사가 나타나 막는다. 안도한 아브라함은 대신 암

양을 제물로 바친다.

아브라함은 대를 이을 이삭에게 적당한 아내를 찾아주려 한다. 그는 가나안 며느리 대신 하란에 사는 일족 중 한 명을 원했다. 그래서 믿을 만한 하인에게 그 중요한 임무를 맡겨 하란으로 보냈다. 하인은 이삭의 이종사촌인 **리브가**라는 처녀를 데

유목민과 농경민

메소포타미아는 '두 강 사이의 땅'이라는 의미의 그리스어이다. 여기서 두 강은 유프라테스와 티그리스를 말하며 터키에서 발원해 고대 이라크의 건조한 고원지대 수천 마일을 흘러 페르시아 만으로 빠져나가는 중요한 물줄기이다. 메마른 중동 기후에서 더할 나위 없이 소중한 이 강들이야말로 메소포타미아에서 초기 문명이 발전하는 결정적 계기였을 것이다. 수천 년 동안 인간은 동물을 사냥하거나 야생에서 자라는 곡식을 찾아 먹으며 살았다. 그러다가 곡물을 재배하거나 가축을 길들임으로써 스스로 운명을 통제할 수 있게 되었다. 인구 증가, B.C.E. 8500년경의 중요한 기후 변화 등 다른 요소들도 영향을 미쳤다. 하지만 정착생활은 취약했다. 우물물, 가축, 씨앗, 작물 등은 도난의 위험에 노출되어 있었다. 이 때문에 초기 정착민들은 함께 모여 공동체를 이루었고 흙벽을 둘러치기도 했다. 이것이 인류 최초의 도시로 발전하게 된다.

한편 대규모 가축을 키우는 삶을 선택한 이들도 있었다. 한 군데 머물러서는 수많은 가축들을 제대로 먹일 수 없어 유목생활을 해야 했다. 유목민들은 신선한 목초지를 찾아 계속 이동했다. 농경민들은 우물과 비옥한 농토를 악착같이 지켜내려 했고 결국 유목민과 농경민 사이에는 긴장이 조성되었다. 그 긴장관계는 〈창세기〉 이야기들에도 반영된다.

수메르 농경민이 큰 단지에 우유를 부어넣는 모습을 표현한 초기 왕조시대(B.C.E. 2900~B.C.E. 2350년) 부조.

B.C.E. 2200년경	B.C.E. 2201년경	B.C.E. 2100년경	B.C.E. 2000년경
수메르인이 12달, 360일 달력을 도입	가장 오래된 도시 지도인 라가시 지도 만들어짐	세미라미스(Semiramis) 여왕, 유프라테스 강 아래 터널 건설	아모리인들 메소포타미아 침입

1장 〈창세기〉부터 〈신명기〉까지 **35**

아브라함의 가계

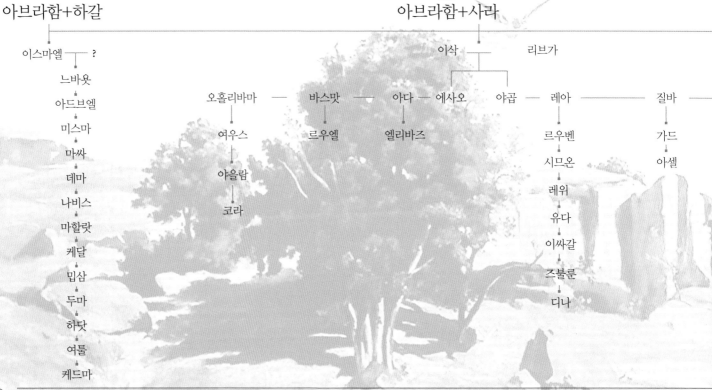

아브라함+하갈

이스마엘 ─ ?

느바욧
아드브엘
미스마
마싸
데마
나비스
마할랏
케달
밉삼
두마
하닷
여툴
케드마

아브라함+사라

이삭 ─ 리브가

오홀리바마 ─ 바스맛 ─ 아다 ─ 에사오   야곱 ─ 레아   질바

여우스   르우엘   엘리바즈   르우벤   가드

야을람   시므온   아셀

코라   레위

유다

이싸갈

즈불룬

디나

리고 돌아왔다. 리브가는 아주 예뻤고 이삭은 기뻐하며 리브가를 천막으로 맞아들여 아내로 삼았다(창세기 24:67). 어머니 사라의 죽음이 남긴 충격에서 헤어나지 못하던 이삭은 리브가의 사랑으로 슬픔을 달랬다. 아브라함은 다시 **크투라**라는 아내를 얻어 여섯 자식을 본다. 크투라는 향을 뜻하는데 아마도 유향으로 유명했던 오늘날의 오만 지역 출신이기 때문에 그런 이름이 붙었을 것이다. 크투라가 낳은 자식들은 아라비아 반도의 지명과 부족 명을 따서 이름이 정해진다. 이와 달리 이스마엘의 후손들은 시나이와 시리아의 아랍인들이 된다.

아브라함이 죽으면서 신과의 계약은 아들 이삭에게 넘어간다. 이삭은 아버지를 막벨라 동굴에 장사지낸다. 아브라함이 **헷 사람 에브론**에게 사들여 사라를 안장했던 곳이다.

얼마 후 이삭과 리브가 부부는 가축들을 위협하는 기근을 당해 이전에 아브라함이 그랬듯 이집트 쪽으로 옮겨간다. 그랄에 닿자 신은 더 이상 가지 말고 멈춰서라고 말한다. 당시 그랄은 아비멜렉 왕이 통치하고 있었는데 아마도 아브라함이 이집트로 향할 때 친절하게 대해주었던 바로 그 왕이었을 것이다. 이삭은 아내의 안전을 걱정해 아내 리브가를 누이라고 소개했

B.C.E. 2000년경	B.C.E. 1980년경	B.C.E. 1975년경	B.C.E. 1950년경
가나안에서 철제쟁기 처음 사용됨	크레타의 크노소스 궁에 수도시설 갖춘 목욕탕 만들어짐	이집트 중(中)왕국 시대 시작	이집트군, 가나안 침공

아브라함+크투라

지므란

욕산

빌한　　라헬　　　　　　므단

단　　요셉　　아세낫　　미디안

납달리　　베냐민　　　　이스박

므나쎄　　　　수아

에브라임

**아브라함은 손에 칼을 잡고
아들을 막 찌르려고 하였다.**

– 창세기 22:10

유대교와
이슬람교에서의 이스마엘

이스마엘은 아브라함이 이집트 노예 하갈에게서 본 아들이다. 신은 자신과 아브라함이 맺은 계약은 이삭이 계승하도록 하면서도 하갈에게 이스마엘을 '열두 왕자의 아버지'이자 '큰 민족의 선조'로 만들어주겠다고 약속한다. 〈창세기〉에 따르면 하갈과 이스마엘은 사막에 버려져 갈증으로 죽음 직전에 처하지만 천사가 하갈의 눈을 열어 근처의 샘을 보게 하였다(창세기 21:15–18). 이후 이스마엘은 시나이 반도 북동쪽 지역, 카데스 바네아 오아시스 인근의 바란 사막에서 자랐다고 알려진다. 하지만 이슬람에서는 바란이 아라비아에 위치한 것으로 나온다. 하갈은 물을 찾아 앗 사파(As Safa) 산맥과 알 마르와(Al Marwa) 고원 사이를 미친 듯이 돌아다닌다. 가브리엘 천사가 부하 천사들과 함께 땅을 치자 잠잠(Zam-Zam)이라는 우물이 샘솟는다. 오늘날까지도 메카에서 숭배되는 우물이다. 또한 하갈이 그랬듯 두 산 사이를 일곱 번 오가는 것은 지금도 하지 때 메카 순례객들이 행하는 의식이다. B.C.E. 2세기에 쓰인 유대 경전 〈희년서〉를 보면 이스마엘이 '바란과 바빌론 사이, 사막을 바라보는 동쪽 땅'에 자리잡았다고 나온다(희년서 20:11–13). 한편 《코란》에서는 이스마엘과 아브라함이 카바라는 입방체 구조물을 세웠다고 설명한다(코란 2:125). 카바는 오늘날 이슬람교에서 가장 신성한 성지이다.

하갈과 이스마엘을 구하기 위해 다가오는 천사. 이탈리아 화가 프란체스코 코게티(1804–1875)의 그림.

다. 아버지 아브라함이 파라오 앞에서 아내 사라를 누이라고 했듯이 말이다. 하지만 아비멜렉은 이삭과 리브가가 부부 사이임을 눈치챘고 '누구든 두 사람을 건드리지 말라고' 명령했다(창세기 26:11).

이삭과 리브가는 그랄 지역에 정착했고 아브라함이 팠던 우물도 복구했다. 가축이 늘어나면서 이삭은 부자가 되었지만 목동들과 갈등이 생겨(창세기에서는 이 목동들을 블레셋인들이라 부르지만 블레셋 부족이 가나안에 들어간 것은 수세기 후였다) 떠나야 했다. 이삭은 한 계곡으로 옮겨갔고 하인들이 거기서 우물을 찾아냈다.

B.C.E. 1950년경
바퀴살 있는 바퀴
만들어짐

B.C.E. 1860년경
아모리인 바빌론 건설

B.C.E. 1800년경
히브리인의 이집트 이주
시작됨

B.C.E. 1800년경
이집트인, 예루살렘을 가나안의
주요 도시국가라고 기록

스코틀랜드 화가 윌리엄 다이스(1806-1864)의 '야곱이 우물에서 라헬을 만나다'라는 그림.

너의 태에는 두 민족이 들어 있다.
태에서 나오기도 전에
두 부족으로 갈라졌는데,
한 부족이 다른 부족을 억누를 것이다.
형이 동생을 섬기게 될 것이다.

― 창세기 25:23

를 좋아했다. 두 형제 간 갈등은 석기시대의 사냥수렵인과 목동 사이 갈등을 그대로 반영한다. 이삭은 에사오가 사냥해오는 고기를 좋아해 에사오를 더 사랑하였고 리브가는 야곱을 더 사랑하였다(창세기 25:28). 리브가는 야곱이 장자상속권을 차지하도록 계획을 꾸몄다. 쌍둥이가 아직 태중에 있을 때 '형이 동생을 섬기게 될 것'이라 했던 신의 예언도 들은 상태였다(창세기 25:23).

이삭은 그 우물을 세바(Shibah)라 불렀다.

리브가

리브가는 시어머니 사라가 그랬듯 오랫동안 자식을 낳지 못했다. 이삭이 아내를 대신해 기도를 올리자 응답을 받았다. 리브가가 쌍둥이를 가진 것이다. 하지만 쌍둥이는 뱃속에서부터 싸웠다. 신은 쌍둥이가 각각 큰 민족의 선조가 되지만 두 민족이 자주 싸울 것이라 하였다.

세상에 태어난 쌍둥이는 과연 무척 달랐다. 둘 중 힘이 더 센 **에사오**는 온몸이 붉은 털로 뒤덮여 있었고 커서 사냥꾼이 되었다. 동생 **야곱**은 형의 발뒤꿈치를 잡고 태어난 약한 아이였다. 야곱이란 이름은 발꿈치를 뜻하는 히브리어 '에케브('akev)'에서 유래했다. 야곱은 커서도 천막에 머무르거나 가축 돌보기

이삭의 결박

이삭을 제물로 바치는 이야기, 유대교에서는 아케다(Akedah)라고도 불리는 이 사건은 아브라함의 참담한 심경을 절절이 묘사하면서 전해져왔다. 어째서 신은 그에게 친자식을 제물로 바치라고 요구했을까? 당시 시리아와 가나안에 어린아이 제물이 널리 퍼져 있었기 때문인지도 모른다. 가령 모압 왕은 이스라엘과 유다와 전쟁을 벌이는 동안 '세자인 맏아들을 죽여 성 위에서 번제를 드렸다'(열왕기하 3:27)고 한다. 〈창세기〉의 이삭 결박 이야기는 아브라함의 신이 그 관행을 결연히 거부한다는 점을 드러내기 위함일지도 모른다. 이슬람교에서는 아이드 울 아드하(Eid Ul-Adha), 일명 '희생잔치'라는 행사로 이삭 결박 사건을 기념한다. 전 세계의 이슬람 가정에서 소나 양을 잡아 구워먹는 것이다. 한편 유대교에서는 신년제(Rosh Hashana) 기간 동안 쇼파(shofar)라는 양뿔피리를 부는데 이는 신이 이삭 대신 양을 보내 제물로 삼게 했음을 기념하기 위해서다.

에사오

어느 날 야곱이 맛있는 죽을 끓이는 동안 에사오가 사냥을 나갔다가 빈손으로 돌아왔다. 허기진 에사오가 야곱에게 "그 붉은 죽 좀 먹자."라고 하였다. 야곱은 곧바로 "상속권을 먼저 팔면 주지."라고 대답했다. 배고파 죽을 지경이었던 에사오는 선뜻 동의한다(창세기 25:30-33).

리브가는 이것만으로는 충분치 못하다는 것을 알고 다음 계략을 세운다. 남편이 제일 좋아하는 고기요리를 해 야곱에게 에사오 흉내를 내며 들여가게 한 것이다. 야곱은 피부가 부드러웠으므로 그 손과 목에 양털가죽을 두르고 에사오의 땀 냄새 밴 옷을 입었다. 눈이 거의 먼 상태였던 이삭은 야곱의 손을 만져보고 에사오의 땀 냄새를 맡은 뒤 장자상속권을 넘

B.C.E. 1780년경	B.C.E. 1760년경	B.C.E. 1750년경	B.C.E. 1720년경
바빌론에 곱셈표 나타남	함무라비 법전 제작됐을 것으로 추정	이집트인이 단절각뿔의 체적을 계산	셈족 유목민인 힉소스인들, 이집트 중왕국을 멸망시킴

성경 속의 모성

〈창세기〉에서 모성은 아주 중요한 역할을 한다. 부계 혈통을 잇고 큰 민족을 이루어준다는 신의 약속이 이루어지려면 여자의 임신이 선행돼야 했다. 아브라함의 아내 사라와 야곱의 아내 라헬은 모두 불임으로 고통받았고 신이 개입한 후에야 원하던 아이를 얻을 수 있었다. 불임은 경쟁관계를 만들어내기도 하여 사라의 경우 하갈이, 라헬의 경우 레아가 경쟁자로 떠올랐다. 신이 라헬이 아닌 레아

의 태만 열어준 것은 야곱이 드러내어 라헬을 사랑했기 때문이었다(창세기 29:31). '사랑받지 못한' 레아는 야곱에게 르우벤, 시므온, 레위, 유다, 이싸갈, 즈불룬이라는 여섯 아들을 낳아주었다. 오랫동안 자식을 보지 못했던 라헬도 마침내 요셉을 낳았다. 야곱이 가장 사랑하는 아들 요셉은 막내동생 베냐민과 함께 〈창세기〉의 극적 장면에서 핵심적 역할을 한다. 야곱의 두 아내와 첩들은 모두 열두 아들을 낳는데 이들

은 이스라엘 열두 민족의 선조가 되어 신의 계약을 이룬다.

전기 청동기시대의 임신과 출산은 매우 중요해 불임 여성은 대신 자식 낳아줄 여자를 찾는 책임을 질 정도였다. 사라가 몸종 하갈을 아브라함의 침소로 들여보낸 것은 결혼 후 2년 동안 임신하지 못한 신부는 노예를 사서 남편의 자식을 보아야 한다는 바빌로니아 법과 일치하는 행동이었다.

기며 축복을 빌어준다(창세기 27:27-29).

상황을 파악한 에사오는 격분한다. 하지만 리브가는 이미 야곱을 하란으로 보낸 후였다. 에사오는 복수라도 하려는 듯 아버지 경쟁자인 이스마엘의 딸 마할랏을 세 번째 부인으로 맞아들인다(이전의 부인들은 히타이트 족 출신이었다). 여러 해가 지나 야곱은 하란에서 아내와 아이들을 데리고 돌아온다. 형제는 얍복(야뽁, Jabbok) 강이 요르단 강과 합류하는 곳 근처에서 화해한다(창세기 33:4). 하지만 이후 몇 세기 동안 에사오의 후손인 에돔과 야곱의 후손인 이스라엘은 자주 전쟁을 벌이게 된다.

야곱

하란으로 가던 어느 날, 야곱은 꿈에서 하늘까지 닿는 계단을 보았다. 그 꼭대기에 선 신은 '네가 지금 누워 있는 이 땅을 너와 네 후손에게 주겠다'(창세기 28:13)던 아브라함과의 약속이 야곱에게 이어질 것임을 확인해주었다. 다음날 아침, 잠에

테베 파라오 장례신전에 있는 메르넵타의 전승기념판(B.C.E. 1207년경)에는 '이스라엘'이라는 이름이 언급돼 있다.

서 깬 야곱은 누워 자던 바위에 기름을 붓고 베델(Beth-el, '신의 집'이라는 뜻) 제단이라 불렀다.

하란에 도착한 야곱은 사촌뻘인 라반의 딸, '아름답고 사랑스러운' 라헬에게 반했다(창세기 29:18). 라반은 야곱을 따뜻하게 맞아주면서도 신부 값은 혹독히 치르도록 했다. 7년 동안 라반의 가축을 돌보며 목동으로 일해야 딸을 주겠다는 것이었다. 마침내 7년이 흘러 야곱은 결혼 첫날밤을 맞았지만 새벽에 신부 얼굴을 보니 라헬이 아닌 그 언니 레아였다. 라반은 맏딸이 먼저 시집가는 것이 부족 관습이라고 설명하며 라헬과도 결혼하고 싶다면 또다시 7년을 일하라고 했다.

기한을 다 채운 야곱은 양, 낙타, 염소 등 자기 가축떼를 얻었다. 하지만 라반 아들들과 갈등이 생기면서 두 아내와 종들을 거느리고 가나안으로 돌아가야 했다. 이즈음 그는 아들 열한 명과 딸 하나를 두고 있었다. 얍복 강 근처에 이르렀을 때 야곱은 낯선 사람을 만나 몸싸움 제안을 받고 밤새도록 씨름을 한다. 씨름을 한다는 의미의 ye'abeq는 야곱의 이름

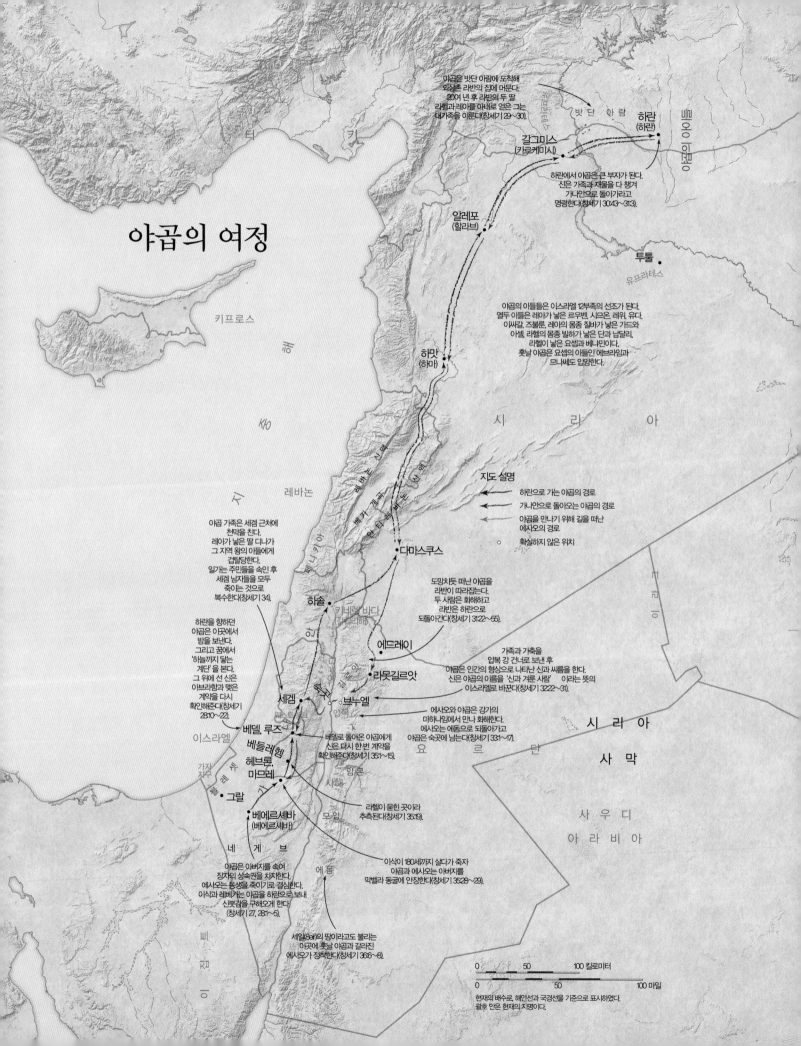

야곱의 여정

야곱은 밧단 아람에 도착해
외삼촌 라반의 집에 머문다.
20여 년 후 라반의 두 딸
라헬과 레아를 아내로 얻은 그는
대가족을 이룬다(창세기 29~30).

하란에서 야곱은 큰 부자가 된다.
신은 가족과 재물을 다 챙겨
가나안으로 돌아가라고
명령한다(창세기 30:43~31:3).

밧단 아람

하란
(하란)

갈그미스
(카르케미시)

투톨

유프라테스

알레포
(할라브)

야곱의 아들들은 이스라엘 12부족의 선조가 된다.
열두 아들은 레아가 낳은 르우벤, 시므온, 레위, 유다,
이싸갈, 즈불룬, 레아의 몸종 질바가 낳은 가드와
아셀, 라헬의 몸종 빌하가 낳은 단과 납달리,
라헬이 낳은 요셉과 베냐민이다.
훗날 야곱은 요셉의 아들인 에브라임과
므나쎄도 입양한다.

하맛
(하마)

키프로스

레바논

지도 설명

○ 하란으로 가는 야곱의 경로
◀─── 가나안으로 돌아오는 야곱의 경로
◀─── 야곱을 만나기 위해 길을 떠난
     에사오의 경로
○ 확실하지 않은 위치

야곱 가족은 세겜 근처에
천막을 친다.
레아가 낳은 딸 디나가
그 지역 왕의 아들에게
겁탈당한다.
알가는 주민들을 속인 후
세겜 남자들을 모두
죽이는 것으로
복수한다(창세기 34).

다마스쿠스

도망치듯 떠난 야곱을
라반이 따라잡는다.
두 사람은 화해하고
라반은 하란으로
되돌아간다(창세기 31:22~55).

하솔

키네렛 바다
(갈릴래아)

하란을 향하던
야곱은 이곳에서
밤을 보낸다.
그리고 꿈에서
하늘까지 닿는
계단을 본다.
그 위에 선 신은
아브라함과 맺은
계약을 다시
확인해준다(창세기
28:10~22).

에드레이

가족과 가축을
얍복 강 건너로 보낸 후
야곱은 인간의 형상으로 나타난 신과 씨름을 한다.
신은 야곱의 이름을 '신과 겨룬 사람'이라는 뜻의
이스라엘로 바꾼다(창세기 32:22~31).

라못길르앗

세겜

브누엘

베델, 루즈

베델로 돌아온 야곱에게
신은 다시 한번 계약을
확인해준다(창세기 35:1~15).

이스라엘

에사오와 야곱은 강가의
마하나임에서 만나 화해한다.
에사오는 에돔으로 되돌아가고
야곱은 숙곳에 남는다(창세기 33:1~17).

베들레헴
헤브론,
마므레

그랄

라헬이 묻힌 곳이라
추측된다(창세기 35:19).

가자

시리아

요르단

사막

암몬

베에르셰바
(베에르셰바)

네게브

야곱은 아버지를 속여
장자의 상속권을 차지한다.
에사오는 동생을 죽이기로 결심한다.
이삭과 레베카는 야곱을 하란으로 보내
신붓감을 구해오게 한다.
(창세기 27, 28:1~5).

이삭이 180세까지 살다가 죽자
야곱과 에사오는 아버지를
막벨라 동굴에 안장한다(창세기 35:28~29).

에돔

사우디
아라비아

세일(Seir)의 땅이라고도 불리는
이곳에 훗날 야곱과 갈라진
에사오가 정착한다(창세기 36:6~8).

|0 | 50 | 100 킬로미터|
|0 | 50 | 100 마일|

현재의 배수로, 해안선과 국경선을 기준으로 표시하였다.
괄호 안은 현재의 지명이다.

(ya'aqov)과 강 이름(yabboq)를 합친 것으로 〈창세기〉의 또 다른 말장난 사례이다. 씨름은 다음날 아침 야곱이 넓적다리에 상처를 입을 때까지 이어진다. 마침내 낯선 사람(신이 보낸 천사 혹은 신 자신일지도 모른다)이 씨름에서 물러서면서 이후 야곱은 '신과 겨룬 사람'이라는 뜻의 이름 이스라엘로 불릴 것이라 말해준다(창세기 32:28). 야곱이 신과 겨루었듯 이후 수세기 동안 이스라엘 민족은 신에 복종하기 위해 힘겨운 싸움을 벌여야 할 것이었다. 야곱은 "내가 여기서 신과 대면하였구나."라고 말하며 그 장소를 '신의 얼굴'이라는 뜻의 브니엘(Peniel)이라 이름 붙인다(창세기 32:30).

'사랑받지 못한' 레아는 야곱에게 **르우벤, 시므온, 레위, 유다, 이싸갈, 즈불룬**이라는 여섯 아들과 딸 디나를 낳아주었다. 첩 빌하는 **단**과 **납달리**를 낳았고(창세기 30:3-8) 또 다른 노예 질바는 **가드**와 **아셀**을 낳았다(창세기 30:9-13). 야곱이 드러내놓고 라헬을 편애하자 신은 라헬의 태를 닫으셨지만 결국 그 사랑이 보상을 받아 **요셉**이라는 아들을 낳았다(창세기 30:23). 요셉의 두 아들 **므나쎄**와 **에브라임**까지 합쳐 열두 남자는 이스라엘 열두 부족의 조상이 되어 신의 계약을 이루게 될 것이었다.

디나

야곱 가족이 가나안의 세겜 인근에 다시 정착한 후 야곱의 딸 디나가 근처 마을로 나갔다가 하몰 왕의 아들 세겜에게 붙잡혀 겁탈을 당했다. 세겜은 디나와 사랑에 빠지고 하몰 왕은 야곱에게 찾아와 결혼을 청하였다. 그러면서 야곱의 가문과 가나안인들이 자유롭게 통혼하도록 하자고 제안했다. "당신네 딸을 우리에게 주시고 우리 딸을 당신들이 데려가십시오."(창세기 34:9). 야곱은 동의하였다. 야곱의 아들들은 분노하여 그 지역 남자들이 모두 할례를 받아야 한다고 조건을 걸었다. 하몰은 그렇게 하겠다고 하였다.

야곱의 아들들

하지만 누이가 욕을 본 것에 대한 야곱 아들들의 분노는 가라앉지 않았다. 세겜의 남자들이 할례를 받은 지 사흘째 되어 '고

통에 시달리던' 때 요셉의 두 아들 시므온과 레위가 쳐들어가 칼로 모든 남자들을 쳐죽였다(창세기 34:26). 이후 다른 아들들도 약탈에 동참했고 디나는 세겜의 집에서 끌려나왔다.

소식을 들은 야곱은 화를 냈다. 야곱 일가와 가나안 사람들 사이에 겨우 유지되던 평화가 심각하게 위협받는 상황이었기 때문이다. 하지만 아들들은 "우리 누이가 창녀처럼 다뤄져야 한다는 말입니까?"라고 대들었다(창세기 34:31).

스페인 화가 디에고 로드리게스 데 실바 이 벨라스케스(1599-1660)가 그린 '야곱이 요셉의 피 묻은 옷을 받다'로, 1630년경 제작됐다.

신은 야곱에게 세겜을 떠나 베델에 정착하라고 말한다. 옮겨 가던 중 라헬은 몸을 풀고 야곱의 막내아들 베냐민을 낳다가 죽고 만다. 야곱은 사랑하는 아내를 베들레헴 근처에 묻고 비석을 세운다(창세기 35:20). 라헬이 세상을 떠나자 야곱의 아들들은 아버지의 사랑을 독차지하는 라헬의 아들 요셉에 대한 미움을 더 이상 감추지 않았다. 형들의 감정을 전혀 몰랐던 요셉은 자신이 형들 위에 서는 꿈 이야기를 털어놓아 미움을 더 샀다(창세기 37:6-8). 야곱은 요셉에게 양치기로서는 퍽 호사스러운 '긴 소매 달린' 멋진 윗옷을 사주기도 했다. 결국 형제들은

B.C.E. 1550년경
파라오 아모세(Ahmose)가
이집트에서 힉소스인들을 몰아냄

B.C.E. 1549년경
파라오 아모세가 즉위해
19왕조의 토대를 닦음

B.C.E. 1500년경
가나안에서 이집트와
히타이트 간 갈등 커짐

B.C.E. 1500년경
중국의 상형문자 등장

B.C.E. 1356년경, 신왕국 제18왕조 때 테베 서쪽에 만들어진 네바문(Nebamun)의 무덤 벽화. 소년이 소들을 몰고가는 모습이다.

요셉을 없애버리기로 결심했다.

형제들이 도단(Dothan) 계곡으로 가축을 몰고갈 때 요셉이 뒤따라오면서, 완벽한 기회가 생겨났다. 곧장 죽여버리자는 사람도 있었지만 르우벤과 유다가 말렸다. 마침 이집트로 향하는 상인 무리가 옆을 지나갔다. 청동기시대에 지중해로 향하는 대상로는 실제로 도단 계곡을 통과했다. 형제들은 요셉의 옷을 벗긴 뒤 은 20냥에 노예로 팔아버렸다(창세기 37:28). 〈레위기〉에 따르면 이것이 성인남자 노예의 적정가격이었다(레위 27:5). 하지만 아버지에게는 뭐라고 말할까? 형제들은 요셉이 동물의 공격을 받은 것으로 꾸며내고 요셉의 옷에 염소 피를 묻혀 아버지에게 가져갔다. 야곱은 크게 상심했고 "아들을 찾아 지하세계로 울면서 내려가겠다"고 중얼거리기만 했다(창세기 37:35).

요셉

이집트에 도착한 상인들은 요셉을 파라오의 경호대장 **보디발**에게 팔아넘겼다. 요셉은 곧 주인의 신임을 받고 집안을 관리하게 되었다. 그런데 보디발의 아내가 요셉을 연모해 유혹하려 들었다(창세기 39:7). 성경에는 이 여자의 이름이 나오지 않지만

《코란》에는 줄라이카(Zulaikha)라고 기록되어 있다. 요셉이 계속 거절하자 여자는 남편에게 요셉이 자신을 욕보이려 했다고 일러바친다. 요셉은 곧 감옥에 갇혔는데 거기서 파라오에게 술잔을 올리는 시종장과 빵을 굽는 시종장을 사귀었다. 어느 날 밤, 두 친구는 괴상한 꿈을 꾸었다. 술잔 올리는 시종장은 가지가 셋 뻗은 포도나무를 보았다고 했다. "내 손에는 파라오의 잔이 들려 있었소. 나는 포도를 따서 그 잔에다 짜넣었지요." 한편 빵 굽는 시종장은 과자바구니 세 개를 머리에 얹고 있었는데 새들이 과자를 먹었다고 했다. 요셉은 해몽을 해주었다. 빵 굽는 시종장은 죽음을 맞을 것이고 술잔 올리는 시종장은 본래 자리로 복귀하게 된다는 내용이었다.

두 해가 지났을 때 이번에는 파라오가 꿈을 꾸었다. 나일 강에서 토실토실 살찐 암소 일곱 마리가 나오더니 여윈 암소 일곱 마리에게 잡아먹히는 꿈이었다. 아무도 제대로 해몽을 못했다. 다행히 술잔 올리는 시종장이 요셉의 해몽 실력을 기억해냈다. 파라오 앞에 불려온 요셉은 그 꿈이 대기근의 전조라고 설명했다. 7년 동안 대풍이 든 후 다음 7년 동안 흉년이 계속된다는 것이었다. "그러니 슬기롭고 지혜로운 사람을 뽑아 세워 앞으로 올 좋은 세월 동안 온갖 식량을 모아두도록 하십시오."(창세기 41:33-35). 파라오는 "내 백성은 다 네가 시키는 대로 따를 것이다."라고 답했다. 히브리 노예였던 야곱의 아들 요셉이 이제 이집트의 총리대신이 되었다.

고고학자들은 총리대신 요셉의 존재를 증명하는 역사적 자료를 찾으려 애써왔지만 소득이 없었다. 몇몇 학자들은 요셉 발탁을 제2중간기(B.C.E.1780-B.C.E. 1550)의 격동상황과 연결시키기도 한다. 아메넴헷(Amenemhet) 3세가 사망한 후 적법한 후계자가 없는 상황에서 시리아와 북부 가나안 출신 유목민 이민자들이 봉

기하는 상황이었다. 저항세력은 서서히 나일 삼각주 너머까지 영향력을 키워 B.C.E. 1700년대 후반이 되면 하이집트를 통제하기에 이르렀고, 이집트 권력층은 테베로 피난을 가야만 했다. 이집트에서는 이 유목민족을 '사막의 왕자들'이라는 의미의 힉소스라고 불렀다. 힉소스의 첫 번째 왕은 제15왕조(B.C.E. 1663-B.C.E. 1555)를 세운 세시(Sheshi)였다. 힉소스 왕들은 셈족 출신으로 가나안과 연고가 있었던 만큼 요셉처럼 유능한 청년을 고위직으로 등용했을 가능성이 있다.

위 이론과 관련해 또 하나 주목할 점은 힉소스인들이 아바리스(Avaris)를 수도로 삼았다는 사실이다. 아바리스는 오늘날 텔엘 다바(Tell el-Dab'a) 지역으로 여겨지는데 성경 속 고센의 중심지이다. 그런데 고센 지역은 4세기 후 요셉의 후손 이스라엘인들이 노예로 속박되어 살게 되는 바로 그 땅이다.

〈창세기〉에 따르면 요셉은 7년 동안 성공적으로 곡식을 저장했고, 기근이 닥쳤을 때 레반트 전역의 주민이 식량을 사러 이집트로 몰려들었다(창세기 41:57). 그 중에는 요셉의 형제들도 있었다. 이들은 요셉과 만나서도 알아보지 못했다. 요셉은 형제들을 시험할 작정으로 식량을 넉넉히 주면서 동생 베냐민의 짐 속에 값비싼 은잔을 몰래 감춰넣었다. 형제들이 국경에 닿았을 때 은잔이 발각되었다. 베냐민은 체포되어 수도로 끌려왔다. 요셉을 상인들에게 팔아넘겼던 유다는 베냐민을 살려달라고 요셉에게 애원하였다. 형 유다의 간절한 애원을 본 요셉은 더 이상 자신을 감출 수 없었다. 하인들을 모두 물린 후 그는 "내가 형님들이 이집트로 팔아넘긴 아우 요셉입니다. 그러나 이제는 그 일로 괴로워할 것도 얼굴을 붉힐 것도 없습니다. 하느

> 마침 길르앗으로부터 낙타를 몰고 오는
> 이스마엘 상인들이 눈에 띄었다.
> 그들은 향고무와 유향과 몰약을 낙타에
> 싣고 이집트로 가는 길이었다.
>
> – 창세기 37:25

님께서 우리의 목숨을 살리시려고 나를 형님들보다 앞서 보내신 것입니다."라고 말했다(창세기 45:5).

형제들은 눈물을 흘리며 얼싸안았다. 아버지 야곱과 그 아내들, 종들, 가축들은 가나안을 떠나 이집트로 이주했다. 파라오는 고센 지역, 나일 삼각주 동쪽의 '가장 좋은 땅'(창세기 47:11)을 내주고 일가가 평화롭게 살도록 했다. 이렇게 〈창세기〉의 이야기는 끝을 맺는다.

모세

〈출애굽기〉가 시작되면 '요셉을 모르는' 새로운 왕이 이집트를 통치한다. 이 파라오는 무섭게 불어난 요셉의 후손들이 여전히 고센 지방에 사는 것을 경계하기 시작한다(출애굽 1:8-9). 그리고 이들을 비돔(Pithom)과 라므세스(람세스, Ramses)라는 도

3대 순례 축제

과 월절(Passover), 오순절(Shavuot), 숙곳 (Sukkot, 초막절)이라는 3대 유대 명절은 모두 〈출애굽기〉에서 비롯됐다. 솔로몬 성전이 완성된 후 이들 축제는 예루살렘에서 치러지는 순례 축제가 되었다.

과월절은 이집트의 속박에서 해방된 것, 신의 천사가 이집트의 모든 맏아들을 죽일 때 히브리 가정은 제외하고 넘어간 것을 기념한다. 이 축제의 핵심은 음식이다. 파슬리, 치커리, 붉은 무 등 쓴 채소를 상에 올려 이집트에서의 고난기를 기억하는 것이다. 또한 누룩 없는 빵 마짜(matzah)를 먹는데 이는 도망치는 이스라엘인들이 빵 발효를 기다릴 수 없었던 상황을 재현한다.

오순절은 시나이 산에서 신이 이스라엘 민족에게 《토라》를 내려주신 날을 기념한다. 과월절 50일 후나 7주 후에 찾아오는 축제로 수확기가 된다. 고대 이스라엘인들은 과월절에 보리 수확을 시작해 오순절 동안 밀 수확을 끝낸 후 수확물을 예루살렘 성전으로 가져가곤 했다. 숙곳은 7일 동안 이어지는 가을축제로 시나이를 통과하는 긴 여정에서 이스라엘인들이 살았던 천막을 기념한다(레위 23:42-43).

20세기 이스라엘 학교에서 유월절 기념으로 특별 제작한 황동판.

영국 화가 로렌스 앨머 태디마(1836~1912)의
'모세의 발견'으로, 이집트 아스완 댐 준공을
기념해 1904년에 그려졌다.

십계명

십계명은 인류문명 최초의 종합적 윤리규범으로 여겨진다. 십계명의 내용들은 동시대 이집트와 바빌로니아 법에서도 발견되지만 신앙(너희는 내 앞에서 다른 신을 모시지 못한다), 노동(엿새 동안 힘써 네 모든 생업에 종사하고 이렛날은 너희 하느님 야훼 앞에서 쉬어라), 결혼(간음하지 말라), 부모자녀 관계(너희는 부모를 공경하여라), 법률(도둑질하지 말라. 이웃에게 불리한 거짓 증언을 하지 말라), 사회적 관계(네 이웃의 소유는 무엇이든지 탐내지 말라) 등 영역이 광범위하다는 면에서 전례가 없다. 십계명 내용은 성경에서 두 차례 나열되는데(출애굽 20:1–17, 신명기 5:6–21) 순서가 약간 다르다. 《토라》에 등장하는 다른 603개 규율과 함께 십계명은 신과 인간, 그리고 인간들 사이 관계의 윤리적 기본을 세우고 있다. 십계명은 지위, 부족, 성별을 초월해 동일하게 적용된다는 점도 중요하다.

유대 성경에 따르면 십계명을 담은 두 석판은 4.3×2.6피트 크기의 금박 나무상자인 계약궤에 모셔졌다고 한다. 사람들이 이동 중에 천막을 치면 계약궤도 특별한 천막에 모셔졌다. 솔로몬 왕이 예루살렘에 성전을 지은 후 계약궤는 안쪽의 신성한 공간, 지성소에 놓였다.

이탈리아 화가 귀도 레니(1575–1642)가 그린 '십계명 석판'을 든 모세'이다.

B.C.E. 1400년경
영국의 스톤헨지
오늘날의 모습 갖춤

B.C.E. 1375년경
북미에 해바라기 등장함

B.C.E. 1365년경
이집트와 메소포타미아에서
유리 발명됨

B.C.E. 1353년경
아케나텐(아멘호텝 4세) 권좌에
올라 이집트 수도 아마르나로 옮김

> 야훼께서는 시나이 산에서 모세와 이야기를 다 마치시고
> 하느님께서 손수 돌판에 쓰신 증거판 두 개를 모세에게 주셨다.
>
> – 출애굽 31:18

시 건설에 강제 동원하기로 결정한다. 제19왕조(B.C.E. 1293–B.C.E. 1185년경)의 기록을 보아도 레반트 지역에서 이집트의 힘을 과시하기 위한 군사작전이 이루어졌음을 알 수 있다. 이러한 노력의 일환으로 세티 1세(B.C.E. 1290–B.C.E. 1279년경)는 새로운 군사 도시를 건설했고 후계자 람세스 2세(B.C.E. 1279–B.C.E. 1213년경)는 이 도시를 '아문의 사랑을 받는 람세스의 집'이라는 의미로 비–람세스–메리–이멘(Pi-Ramesses-Meri_Imen)이라 이름붙였다. 비–람세스는 카이로 북쪽 칸티르(Qantir) 인근 언덕이었으리라 추측된다. 람세스 2세는 수호신 아툼에게 바치는 도시 페르 아툼(Per Atum)도 건설했는데 이것이 성경에 나오는 비돔일 것이다.

〈출애굽기〉를 보면 히브리인의 수가 계속 늘자 파라오는 한층 가혹한 명령을 내린다. 사내아이가 태어나면 모두 강물에 집어넣도록 한 것이다. 이즈음 레위 부족 출신의 젊은 부부 **아므람**(Amram)과 **요게벳**(Jochebed)이 아이를 낳는다. 이집트 순찰대로부터 아기를 구해내기 위해 요게벳은 노아의 방주를 재현이라도 하듯 '갈대상자를 구해 물이 새지 않도록 역청과 나무진을 칠하고'(출애굽 2:3) 아이를 넣어 강에 띄워보낸다. 요게벳과 아므람 슬하에는 미리암이라는 큰딸도 있었는데 그녀가 강변에서 어린 동생이 괜찮은지 지켜보는 역할을 맡았다.

아이를 넣은 갈대상자를 발견한 사람은 파라오의 공주였다. 지켜보던 미리암은 바로 달려가 "제가 아기에게 젖을 물릴 히브리인 유모를 데려다드릴까요?"라고 묻는다. 공주가 허락하자 미리암은 어머니를 불러온다. 모자가 재회한 것이다. 이후 공주는 아기를 입양하고 '물에서 건져냈다고 하여'(출애굽 2:10) **모세**

라는 이름을 지어준다. 히브리어 동사 moshe에는 '건져내다'라는 뜻이 있다. 하지만 mose나 mosess는 '–의 아들'이라는 의미로 이집트 이름에 흔히 들어간다. 예를 들어 투트모스는 '투트의 아들'이라는 의미다.

모세는 파라오의 궁정에서 자라나지만 히브리 노예들과의 연대감을 잃지 않는다. 어느 이집트 감독관이 이스라엘인 노동자를 마구 때리는 모습을 보고 화가 난 모세는 그 이집트인을 죽여 모래 속에 묻어버린다(출애굽 2:12). 그 소식이 파라오 귀에까지 들어가고 모세는 시나이 사막으로 도망친다. 미디안의 우물가에 도달한 모세는 양치기들에게 희롱당하는 처녀들을 구해준다. 처녀들의 아버지 **이드로**는 감사의 뜻으로 모세를 저녁식사에 초대한다. 모세는 이드로 집에 머물며 그 딸들 중 하나인 **시뽀라**와 결혼한다. 그리고 **게르솜**이라는 아들을 얻는데 이는 히브리어로 '이방인'이라는 뜻이었다(출애굽 2:22).

〈창세기〉에 따르면 미디안 족은 아브라함의 두 번째 아내 크투라의 아들로부터 시작되었다. 〈출애굽기〉는 이드로를 사제라고 설명한다. 그렇다면 미디안인이 선조들의 신을 믿어왔을 가능성이 있다. 모세는 시나이 반도에서 불꽃이 이는 떨기의 형상으로 처음 신을 만

신왕조 제19왕조 람세스 2세의 어린 시절을 묘사한 조각상.

난다. "나는 내 백성이 이집트에서 고생하는 것을 똑똑히 보았고 억압을 받으며 괴로워 울부짖는 소리를 들었다."라는 신의 목소리가 울렸다(출애굽 3:1–7). 신은 모세에게 이스라엘인을 속박에서 해방시켜 약속의 땅으로 데려오라는 임무를 준다. 모세는 주저한다. 스스로 능력이 없

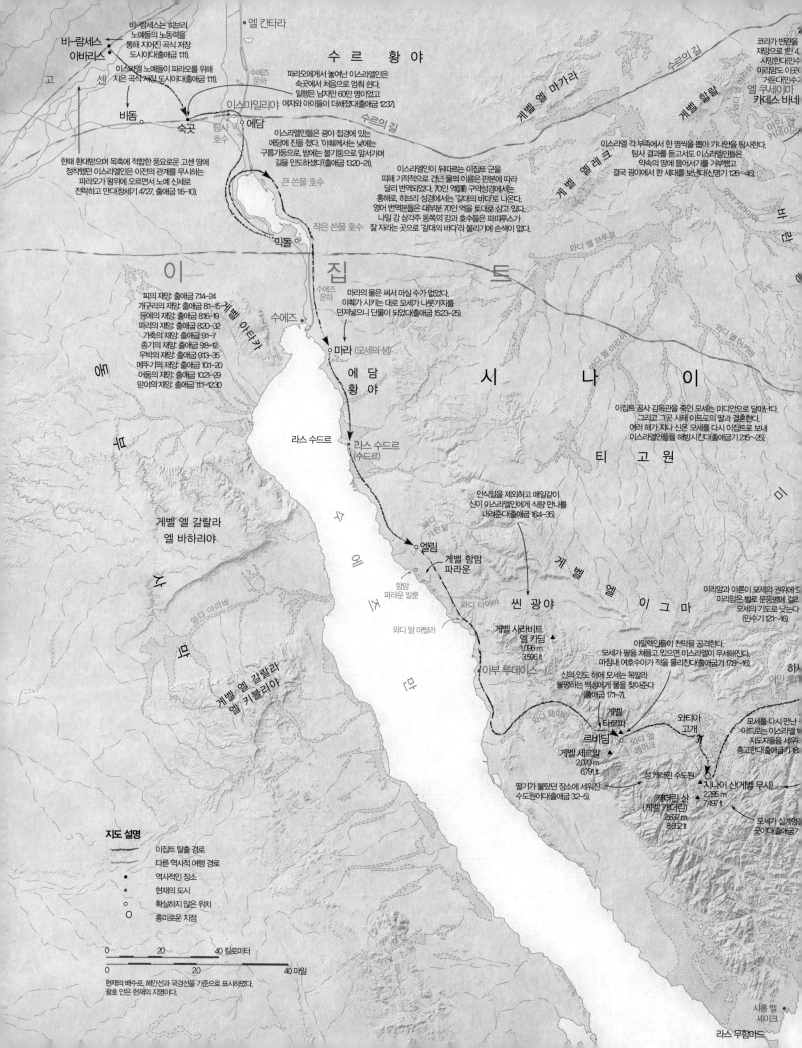

엘 칸타라

바람세스는 히브리 노예들의 노동력을 통해 지어진 곡식 저장 도시이다(출애굽 1:11).

바람세스
아바리스

고
센

비돔

이스라엘 노예들이 파라오를 위해 지은 곡식 저장 도시이다(출애굽 1:11).

한때 환대받으며 목축에 적합한 풍요로운 고센 땅에 정착했던 이스라엘인은 이전의 관계를 무시하는 파라오가 왕위에 오르면서 노예 신세로 전락하고 만다(창세기 47:27, 출애굽 1:6~10).

숙곳

이스마일리야

탐사 호수

에담

수에즈 운하

수르 황야

파라오에게서 놓여난 이스라엘인은 숙곳에서 처음으로 멈춰 쉰다. 일행은 남자만 60만 명이었고 여자와 아이들이 더해졌다(출애굽 12:37).

이스라엘인들은 광야 접경에 있는 에담에 진을 쳤다. 야훼께서는 낮에는 구름기둥으로, 밤에는 불기둥으로 앞서가며 길을 인도하셨다(출애굽 13:20~21).

수르의 길

큰 쓴물 호수

미돌

작은 쓴물 호수

이스라엘인 뒤따르는 이집트 군을 피해 기적적으로 건넌 물의 이름은 판본에 따라 달리 번역되었다. 70인 역(譯) 구약성경에서는 홍해로, 히브리 성경에서는 '갈대의 바다'로 나온다. 영어 번역본들은 대부분 70인 역을 토대로 삼고 있다. 나일 강 삼각주 동쪽의 강과 호수들은 파피루스가 잘 자라는 곳으로 '갈대의 바다'로 불리기에 손색이 없다.

수르 길

게벨 엘 마가라

게벨 할랄

수에즈 길

카데스 바네

코라가 반란을 재앙으로 반나 4... 사망한다(민수... 미리암도 이곳... 거둔대민수... 엘 쿠세이마

이스라엘 각 부족에서 한 명씩을 뽑아 가나안을 탐사한다. 탐사 결과를 듣고서도 이스라엘인들은 약속의 땅에 들어서기를 거부했고 결국 광야에서 한 세대를 보낸다(신명기 1:26~46).

이
집
트

수에즈 운하

수에즈

게벨 아타카

피의 재앙: 출애굽 7:14~24
개구리의 재앙: 출애굽 8:1~15
등에의 재앙: 출애굽 8:16~19
파리의 재앙: 출애굽 8:20~32
가축의 재앙: 출애굽 9:1~7
종기의 재앙: 출애굽 9:8~12
우박의 재앙: 출애굽 9:13~35
메뚜기의 재앙: 출애굽 10:1~20
어둠의 재앙: 출애굽 10:21~29
맏이의 재앙: 출애굽 11:1~12:30

마라 (모세의 샘)

마라의 물은 써서 마실 수가 없었다. 야훼가 시키는 대로 모세가 나뭇가지를 던져넣으니 단물이 되었다(출애굽 15:23~25).

에 담
황 야

시 나 이

애
굽

게벨 엘 갈랄라
엘 바하리야

라스 수드르

라스 수드르
(수드르)

와디 아라바

시

나

이

티 고 원

미

이집트 공사 감독관을 죽인 모세는 미디안으로 달아난다. 그리고 그곳 사제 이드로의 딸과 결혼한다. 여러 해가 지나 신은 모세를 다시 이집트로 보내 이스라엘인들을 해방시킨다(출애굽기 2:15~25).

안식일을 제외하고 매일같이 신이 이스라엘인에게 식량 만나를 내려준다(출애굽 16:4~35).

게벨 엘 갈랄라
엘 키블리야

엘림

게벨 함맘
파라운

함맘
파라운 말룬

와디 타아비

씬 광야

와디 기란달

와디 알 마탈라

게벨 엘 이그마

게벨 샤르비트
엘 키딤
1,096 m
3,596 ft

아부 루데이스

미리암과 아론이 모세의 권위에 도... 미리암은 벌로 문둥병에 걸리... 모세의 기도로 낫는다(민수기 12:1~16).

아말렉인들이 천막을 공격한다. 모세가 팔을 쳐들고 있으면 이스라엘이 우세해진다. 마침내 여호수아가 적을 물리친다(출애굽기 17:8~16).

와디 페이란

게벨
타르파

신의 인도 하에 모세는 목말라 불평하는 백성에게 물을 찾아준다(출애굽 17:1~7).

르비딤

와디 엘 셰이크

와티아
고개

모세를 다시 만난 이드로는 이스라엘 백... 지도자들을 세우... 충고한다(출애굽기 18...

하...
아인 후...

게벨 세르발
2,070 m
6,791 ft

성 캐더린 수도원

딸기가 불탔던 장소에 세워진 수도원이다(출애굽 3:2~5).

캐더린 산
(게벨 캐더린)
2,637 m
8,652 ft

시나이 산(게벨 무사)
2,285 m
7,497 ft

모세가 십계명을 곳이다(출애굽 7...

지도 설명

이집트 탈출 경로
다른 역사적 여행 경로
역사적인 장소
현재의 도시
확실하지 않은 위치
흥미로운 지점

0 ___ 20 ___ 40 킬로미터
0 ___ 20 ___ 40 마일

현재의 배수로, 해안선과 국경선을 기준으로 표시하였다.
괄호 안은 현재의 지명이다.

샤름 엘
셰이크

라스 무함마드

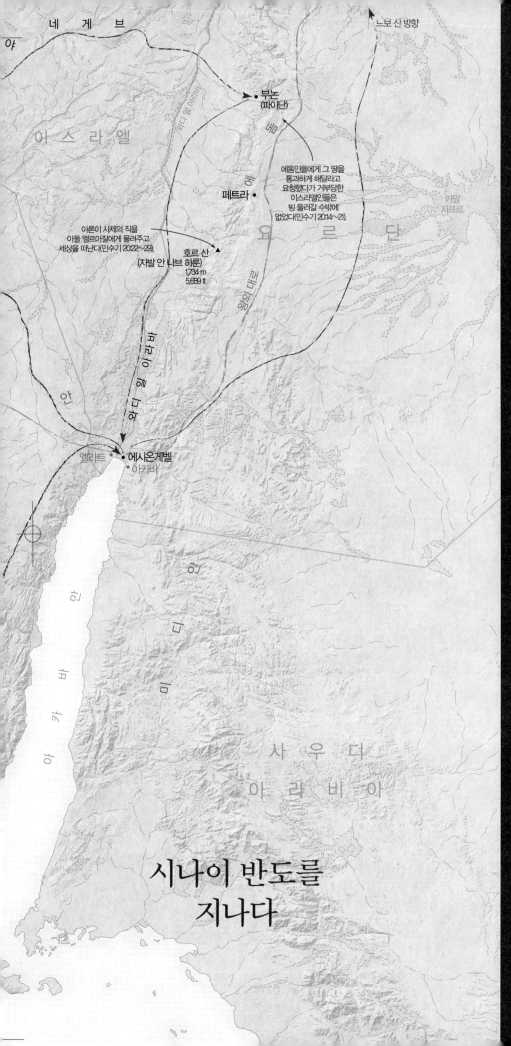

느보 산 방향

네게브

야

부논
(파이난)

이 스 라 엘

요 르 단

페트라 •

에돔인들에게 그 땅을
통과하게 해달라고
요청했다가 거부당한
이스라엘인들은
빙 둘러갈 수밖에
없었다(민수기 20:14~21).

아론이 사제의 직을
아들 엘르아잘에게 물려주고
세상을 떠난다(민수기 20:22~29).

호르 산
(자발 안 나브 하룬)
1,734 m
5,689 ft

카얌
자프르

엘마트

에시온게벨
아카바

시나이 반도를
지나다

사 우 디

아 라 비 아

❶ 씬 광야 〈출애굽기〉는 달 표면과 비슷한 모양을 띠는
거대한 씬 황야가 '엘림과 시나이 산 사이'에 있다고 설명
한다.

❷ 르비딤 와디 파이란(Wadi Feiran) 오아시스의 이 야자
숲이 〈출애굽기〉에 등장하는 르비딤 지역으로 추측된다.

❸ 시나이 산(게벨 무사Jebel Musa) 시나이 산의 정상 부분
이 모세가 십계명 석판을 받은 시나이 산이었던 것으로
여겨진다.

❹ 하세롯 오늘날의 아인 후데라(Ain Hudhera) 오아시스
로 향하던 이스라엘인들은 이 좁은 협곡을 통과했을 것
이다.

다고 느꼈기 때문이다. 신은 모세에게 마법을 부릴 능력을 주고는 '말을 썩 잘하는'(출애굽 4:14) 형 **아론**에게 대신 말을 시키라고 한다.

모세와 아론은 이집트로 가 파라오를 만난다. 하지만 히브리 노예들을 풀어달라는 요청은 묵살당한다. 화난 파라오는 "이제부터 흙벽돌을 만드는 데 쓸 짚을 대주지 마라. 저희들이 돌아다니며 짚을 모아오게 하여라."라면서 생산량은 그대로 유지하게 하였다(출애굽 5:7-8).

파라오를 벌하고 그 마음을 바꾸기 위해 신은 여러 재앙을 내린다. 나일 강이 피로 변해 물고기가 죽고 물도 마실 수 없게 된다. 개구리 수천 마리가 땅을 뒤덮더니 이어 등에와 파리떼가 사람과 동물 가릴 것 없이 달려들어 괴롭혔다. 우박이 쏟아져 농사를 망쳤다. 남은 것은 모두 메뚜기들이 먹어치웠다. 이어 온 나라에 어둠이 내렸다.

하지만 파라오가 마침내 굴복한 것은 마지막 재앙에 이르러서였다. 이집트의 모든 맏이가 다 죽게 되었던 것이다. 히브리 가족들은 양을 한 마리씩 잡아 굽고 그 피를 '집의 좌우 문설주와 문의 상인방에 발라' 화를 피했다. 언제든 바로 떠날 수 있도록 '허리에 띠를 띠고 발에는 신을 신고 손에는 지팡이를 잡고' 서둘러 식사를 끝내라는 지시도 있었다. 이것을 이후 '과월절'로 기념해야 한다고도 덧붙였다(출애굽 12:6-11). 그날 밤 이집트 가정의 맏이들은 모두 죽임을 당했다. 마침내 파라오는 두 팔을 들었고 모세와 아론을 불러 "너와 이스라엘 백성은 가축을 끌고 어서 떠나가거라."라고 말한다. 기쁨에 들뜬 모세가 이스라엘인을

야훼의 종 모세는 그곳 모압 땅에서
야훼의 말씀대로 죽었다.

– 신명기 34:5

프랑스 바로크 화가 푸생(1594-1665) 작 '황금 송아지 찬미'로 1629년 작품이다.

인도하지만 파라오는 곧 마음을 바꾸어 병거들을 보내 뒤쫓는다. 이집트 군이 도망치는 노예들을 따라잡은 곳을 '홍해'라고 번역되는 일이 많지만 히브리어 Yam Suph는 '갈대의 바다'라는 의미이다. 이는 이집트와 시나이 중간쯤에 위치한 쓴물 호수였을 것이다. 모세가 팔을 뻗자 강한 동풍이 불면서 물이 갈라져 길이 생겨났다. 뒤따르던 파라오의 병거들이 들어서자마자 물은 다시 합쳐지고 이집트 군대는 수장되어버린다.

모세는 백성들을 시나이로 이끈다. 그런데 '블레셋의 길'이라는 해안로나 '수르의 길'이라고 알려진 내륙 관통로를 통해 곧장 가나안 약속의 땅으로 향하지 않고 남쪽으로 돌아 시나이 산, 이드로와 시쁘라에게로 되돌아간다. 이집트를 떠난 지 석 달 만에 온갖 고초를 겪은 후 모세는 시나이 산에 도달한다. 여기서 신은 이스라엘인의 향후 지침이 될 십계명을 모세에게 전해준다. 아브라함, 이삭, 야곱과 맺었던 신의 계약이 이제 가시적인 형태를 띠게 되었다.

아론

성경 속 아론은 모순적인 인물이다. 모세 바로 아래에서 그를 보

B.C.E. 1290년경	B.C.E. 1279년경	B.C.E. 1274년경	B.C.E. 1270년경
세티 1세의 명령에 따라 이스라엘인이 첫 번째 요새도시 건설	이집트의 람세스 2세 세티 1세 다음으로 즉위	람세스 2세 카데스에서 히타이트와 전투	람세스 2세의 명령에 따라 이스라엘인 두 번째 요새도시를 건설

50 성서 그리고 사람들

좌하지만 실제로는 세 살 더 많다. 유다 지파의 여인 **엘리세바**와 결혼해 아들 넷을 두었다. 이집트에서 아론은 모세의 충실한 보좌역할을 한다. 막대기를 뱀으로 바꾸는 등의 마법을 보여 파라오를 놀라게 하기도 한다. 그런 노력의 대가로 아론은 이스라엘 최초의 고위 사제로 임명되고 후손 레위 지파는 성전 업무를 맡게 된다(출애굽기 28장, 29장). 하지만 모세가 며칠씩 돌아오지 않고 이스라엘인들이 불안해하자 아론의 믿음은 깨진다. "어서 우리를 앞장설 신을 만들어주시오."라고 요청하는 사람들을 설득하지 못하고 굴복한 것이다. 아론은 금을 모아오게 하여 금송아지를 만든 뒤 숭배하도록 한다. 또한 큰 잔치를 벌여 모든 이스라엘인이 뛰어놀도록 했다(출애굽 32:6).

시나이 산에서 내려온 모세는 이교 신상에 격분하여 석판을 깨버리고 남자 3,000명을 죽게 하였다. 그리고 다시 시나이 산으로 올라가 석판을 한 번 더 새겨 받는다(출애굽 34:2).

사제 이드로

시나이 산에 오르기 전 모세는 아내와 아들, 장인인 사제 이드로와 재회한다. 이드로는 이집트에서 이스라엘인들을 데려온 것에 감동해 "이제야 나는 야훼께서 어떤 신보다도 위대하시다는 것을 알았다"고 말한다(출애굽 18:11). 그리고 무질서한 이스라엘인이 규율을 지키고 제대로 조직되도록 하라고 조언한다. "지켜야 할 규칙을 가르치게. 하느님을 두려워하여 참되게 사는 사람을 찾아내어 백성을 다스리게 세우도록 하게."(출애굽 18:20-21). 〈민수기〉는 이드로(혹은 호밥)가 이스라엘인을 안내해 시나이 반도를 빠져나가 약속의 땅에 들어서도록 했다고 설명한

약속의 땅

약속의 땅은 지중해와 아라비아 사막 사이의 좁은 땅이다. 선사시대부터 가나안이라 불렸으며 고원, 해안평야, 낮은 계곡, 요르단 강 등이 배치되어 있다. 가나안 지형은 농경보다는 유목에 더 적합하다. 다만 에스드렐론(Esdraelon) 평야라고 알려진 이즈르엘 계곡 정도가 기손과 하롯이라는 두 강 및 여러 샘들 덕분에 농경에 적합했을 뿐이다. 그리하여 이즈르엘 계곡과 해안평야는 가나안인들이 이스라엘인들로부터 결사적으로 지켜내려 하는 땅이 되었고 히브리 부족들은 중심부 고원에 정착할 수밖에 없었다. 이즈르엘은 이집트와 메소포타미아를 오가는 상단 이동로가 교차하는 지점이기도 했다. 므깃도라는 성채 도시가 이 지역을 방어했다. 므깃도는 〈요한 계시록〉에서 시간이 끝날 때 선과 악이 마지막 전투를 벌이는 장소 아마겟돈으로 등장한다.

는 게 중요한 단서이다. 람세스의 아들인 메르넵타(Merneptah) 승전기념비에 이스라엘이라는 명칭이 처음 언급된다는 점도 중요하다. 이 기념비는 B.C.E. 1207년경에 세워진 것으로 보이며, 그렇다면 출애굽 이야기가 메르넵타 통치 이전, B.C.E. 1280-B.C.E. 1220년에 전개되었다고 할 수 있다.

다. 하지만 목적지에 닿기까지 또다시 40년이 걸림으로써 히브리 노예들은 강인하게 훈련될 수 있었다.

모세는 약속의 땅을 먼 발치에서만 보았다. 요르단 강을 건너기 전날 밤, 느보(Nebo) 산에 올라 강 계곡과 그 너머 약속의 땅 언덕들을 바라본 것이다. 모세는 그곳에서 숨을 거두고 묻힌다. 그 무덤의 위치는 오늘날까지 아무도 모른다.

파라오

모세 이야기 속 파라오가 누구인지는 논란이 많지만 많은 학자들은 람세스 2세라는 주장에 동조한다. 이스라엘인들이 람세스와 비돔이라는 도시를 건설했다

영국 화가 로렌스 앨머 태디마(1836-1912)가 1874년에 그린 '맏이의 죽음'이다.

수메르 공예품
수메르 시대의 가장 중요한 유물로 '우르의 왕실 스탠다드(Royal Standard of Ur)'라 불린다. 전쟁과 평화기의 장면, 특히 수메르의 발명품인 바퀴 달린 수레가 묘사되어 있으며 제작 시기는 B.C.E. 2600년경으로 보인다.

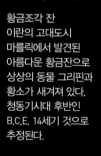

황금조각 잔
이란의 고대도시 마를릭에서 발견된 아름다운 황금잔으로 상상의 동물 그리핀과 황소가 새겨져 있다. 청동기시대 후반인 B.C.E. 14세기 것으로 추정된다.

다산의 여신
시리아에서 발견된 상으로 중기 청동기시대(B.C.E. 2000-B.C.E.1550)의 유물이다.

가나안 목걸이
채색 도자기 구슬과 보석이 달린 목걸이로 이집트의 영향을 보여준다. 가나안의 도시 라기스의 포세(Fosse) 신전에서 발견되었고 중기 청동기(B.C.E. 2000-B.C.E. 1550)의 것이다.

황금 잎사귀 장식
라기스 여성의 머리장식으로 우르(B.C.E. 2600~B.C.E 2400년경) 왕가 묘에서 발견되었다. 황금 잎사귀 사이사이에 홍옥수와 청금석 구슬이 끼워져 있다.

인간 모습 조각상
어느 신을 묘사한 듯한 고대 바빌로니아 시대(B.C.E. 1800~B.C.E. 1750)의 진흙 조각상이다. 인간 형상을 표현하는 장인들의 솜씨가 훌륭하다. 머리 장식과 목걸이는 황금으로, 세로로 내려오는 구슬부분은 홍옥수 보석으로 만든 것으로 보인다.

청동기시대의 보물

초기 청동기시대(B.C.E. 3300~B.C.E. 2100) 개막은 인류 진화의 분수령으로 여겨진다. 메소포타미아에서는 유프라테스와 티그리스 강을 바탕으로 수메르 문화가 번영하였는데 도시국가 우루크(성경에서는 에렉)에서 절정을 볼 수 있다. B.C.E. 2900년, 이 지역은 대홍수를 겪는다. 그 결과 우르가 수메르 문화의 새로운 중심지가 되었다가 다음 세기에 아카드 제국, 이어 B.C.E. 1760년경 함무라비 왕이 세운 바빌로니아 제국으로 패권이 넘어간다.

이집트 나일 강을 따라 또 다른 문명이 나타났다. B.C.E. 3300년경 이집트 각 지역 지배자들이 연합하면서 이집트 상왕국과 하왕국이 등장했다. 200년이 지나 메네스(혹은 나르메르) 왕이 두 왕국을 통일해 이집트 제1왕조(B.C.E. 3100~B.C.E. 2890)를 시작했다. 이후 이집트와 (가나안을 포함한) 가신국들은 쇠락의 길을 걷는다. 아마도 오랜 가뭄 때문이었을 것이다. 아메넴헷 1세(B.C.E. 1991~B.C.E. 1962) 치세 동안 이집트 경제는 서서히 회복되었고 시리아, 레반트, 메소포타미아와의 교역이 급증하는 시대가 찾아왔다.

채색 부조
이집트 제빵사들이 분주하게 작업하고 있는 채색 부조로 제5왕조(B.C.E. 2500~B.C.E. 2350)에 만들어진 것으로 보인다.

CHAPTER 1
WHO'S WHO
〈창세기〉부터 〈신명기〉까지 등장하는 인물들

아론 AARON ('높은' '강한 산')

레위의 딸인 요게벳과 아므람 사이에 태어난 장남이다(출애굽 6:20). 남동생 모세보다 세 살 위지만 누나 미리암보다 몇 살 어린지는 분명하지 않다(출애굽 2:1,4, 7:7). 유다 가문 암미나답의 딸 엘리세바와 결혼해 나답, 아비후, 엘르아잘, 이다말 등 네 아들을 두었다(역대기 상 2:10). 신은 아론이 모세의 대변인 역할을 하도록 한다(출애굽 4:14, 7:1-19). 파라오 앞에 나아가 설득하는 일을 도운 것이다. 이스라엘인들이 르비딤에

'신이 모세에게 내린 지팡이를 집어던지는 아론'을 그린 20세기 영국 인쇄물.

서 아말렉인을 맞아 첫 전투를 치를 때 언덕 위에서 하느님의 지팡이를 들고 팔을 쳐든 모세 곁에서 누나 미리암의 남편 후르와 함께 그 팔을 부축한다. 또한 모세가 십계명 석판을 받기 위해 시나이 산을 오를 때 아론은 두 아들 나답과 아비후, 그리고 장로 70명과 배웅했다(출애굽 19:24, 24:9-11). 모세가 없는 동안 사람들의 불안을 덜어주기 위해 금송아지를 만들어 숭배하게 한다(출애굽 32:4, 시편 106:19). 시나이 산에서 돌아온 모세는 아론을 준엄하게 꾸짖지만 신 앞에서는 용서를 호소한다(신명기 9:20). 아론과 그 아들들은 사제의 지위에 오르고 아들 나답과 아비후가 먼저 죽은 후 아론은 고위 사제가 된다(레위기 8장, 9장). 이스라엘인들이 하세롯에 도착한 직후에는 모세와 에티오피아 여자의 결혼을 반대하는 미리암 편을 든다. 신은 모세 편을 들고 미리암에게 나병을 내린다(민수기 12장). 아론은 약속의 땅을 보지 못하고 호르 산에서 123세로 죽는다.

아벨 ABEL ('호흡' '텅 빔' '헛됨')

아담과 이브의 둘째 아들로 목동이었으며 농부인 형 카인에게 죽임을 당한다(창세기 4:1-16). 형제가 노동의 첫 결실을 신께 바치게 되어 카인은 땅에서 얻은 수확을, 아벨은 양떼의 맏배를 올렸다. 신은 아벨의 제물을 기쁘게 받았지만 '카인과 카인의 제물은 반기지 않으셨다.' 카인은 몹시 화가 나서 동생을 죽이고 말았다(창세기 4:3-9). 신약성경에도 아벨에 대한 언급이 있다. 예수는 아벨을 '죄 없는 의인'이라고 하였다(마태오 23:35). 또한 아벨의 희생과 예수의 희생을 비교하며 '속죄의 피는 아벨의 피보

요한 하인리히 루스(1631-1685)의 '아비멜렉 앞의 아브라함과 사라'로 1681년 작품이다.

다도 더 큰 힘을 발휘한다.'고 나온다(히브리 12:24).

아비다 ABIDA ('지혜의 아버지')

아브라함과 크투라의 아들인 미디안의 다섯 아들 중 하나로 아랍 부족의 추장이다(역대기 상 1:33).

아비단 ABIDAN ('판단의 아버지')

기드오니의 아들로 베냐민 부족의 지도자이다(민수기 2:22, 10:24). 시나이 황야에서 부족의 추대를 받아 대표가 되었다(민수기 1:11).

아비후 ABIHU ('신의 숭배자')

아론과 엘리세바의 둘째 아들이다(출애굽 6:23, 민수기 3:2, 26:60, 역대기 상 6:3). 세 형제와 함께 사제로 임명된다(출애굽 28:1). 형 나답과 제사를 올리다가 하늘에서 내려온 불에 타 죽는다(레위기 10:1-2).

아비멜렉 ABIMELECH ('왕의 아버지')

1. 아브라함 시대의 그랄 왕으로 블레셋 사

람이다(창세기 20:1-18). 아브라함이 아내 사라를 누이라 하여 첩으로 삼을 뻔했던 파라오처럼(창세기 12:10-20) 아비멜렉도 사라를 취하였다가 나중에 돌려준다. 자신을 속인 것에 대해 아브라함을 나무라면서도 정착지를 제공한다. 이후 아브라함을 찾아와 평화로운 우정관계를 맺는다(창세기 21:22-34).

2. 이삭 시대의 그랄 왕으로 위와 마찬가지로 누이라는 말에 속아 리브가를 취한다(창세기 26:1-22).

3. 기드온의 아들로(판관기 9:1) 아버지가 죽은 후 왕위를 차지한다(판관기 8:33-9:6). 형제 70명을 살해한 뒤 성벽 위에서 여자가 던진 맷돌짝에 머리가 깨지자 여자 손에 죽을 수 없다고 생각해 무기 시종에게 자신을 칼로 찌르게 하였다(판관기 9:50-57).

4. 에비아달의 아들로 다윗 시대의 고위 사제이다(역대기 상 18:16).

아비람 ABIRAM ('자랑')

1. 르우벤 부족 엘리압의 아들로 레위 부족의 코라와 함께 모세에게 반대해 음모를 꾸몄다. 이들 음모자들과 가족(코라의 아이들만 제외하고), 소유물은 모두 지진으로 땅에 가라앉았다(민수기 16:1-27, 26:9, 시편 106:17).

2. 베델 사람 히엘의 장남으로 아버지가 예리고 성의 기초를 놓을 때 죽어(열왕기 상 16:34) 여호수아의 저주가 실현된다.

아브라함 ABRAHAM ('많은 이들의 아버지')

본래 이름은 아브람, 나중에 아브라함으로 바뀌었다. 데라의 아들이자 유대 민족의 시조이다. 75세 때 아내 사래(이후 사라로 개명), 조카 롯을 데리고 가나안으로 옮겨간다. 큰 민족의 선조가 되고 세상 사람들이 그의 덕을 입게 된다는 신의 명령에 따른 것이다. 이집트에서 아브라함은 아내 사라를 누이라고 속여 위기를 모면하려 하지만 그 아름다움이 왕에게까지 보고되어 사라

는 파라오의 후궁으로 간다. 거짓말이 밝혀지자 파라오는 아브라함에게 이집트를 떠나도록 한다(창세기 12:10-20). 이집트를 떠나 마므레(Mamre)라는 숲으로 가 천막을 쳤고(창세기 13:18) 그의 후손이 큰 민족이 된다는 신의 약속을 다시 받는다. 하지만 사라는 그때까지도 아이가 없었다. 결국 아브라함은 하갈을 취해 아들 이스마엘을 얻는다(창세기 16:1). 세 남자로 위장한 천사들이 아브라함을 찾아와 이삭의 탄생을 예고한다. 아브라함은 천사들과 함께 소돔에

플랑드르 화가 얀 프로부스트(1462-1529)의 '아브라함, 사라와 천사'로 1520년경 작품이다.

임박한 멸망을 막아보려 하지만 수포로 돌아간다(창세기 18:17-33). 잠시 그랄의 블레셋인들 사이에 사는 동안 이삭이 태어난다. 이스마엘과 그 어머니 하갈은 쫓겨난다(창세기 21:10). 몇 년 후 아브라함은 이삭을 제물로 바치라는 신의 명령을 받는다. 하지만 칼을 내려치기 직전 천사가 이를 막고 아브라함은 아들과 함께 베에르셰바로 갔다가 헤브론으로 돌아간다(창세기 23:2). 두 번째 아내 크투라에게서 지므란, 욕산, 므단, 미디안, 이스박, 수아의 여섯 자식을 얻는다. 이들은 팔레스타인 남쪽과 남동쪽 유목민

들의 조상이 된다. 아브라함은 175세의 나이로 죽어 막벨라 동굴 사라 옆에 매장된다(창세기 25:7-10).

악볼 ACHBOR ('쥐가 갉아먹는 소리')

1. 에돔의 왕이다(창세기 36:38, 역대기 상 1:49).

2. 새로 발견된 율법책에 대해 알아보기 위해 여호수아가 예언자 훌다에게 보낸 관리 중 한 명이다(열왕기 하 22:12-14). 압돈이라고도 불린다(역대기 하 34:20).

아다 ADAH ('아름다운 장신구')

1. 라멕의 두 아내 중 첫째로 야발과 유발을 낳았다(창세기 4:19).

2. 에사오의 세 아내 중 하나로 히타이트 사람이다. 엘리바즈를 낳는다(창세기 36:2,10,12,16). 〈창세기〉 26장 34절에서는 바스맛이라 불리기도 한다.

아담 ADAM ('남자' '붉은 땅')

성경에 등장하는 첫 번째 사람의 이름이다. 인간창조는 여섯 번째 날에 이루어졌다. 아담은 신체와 영혼이 완벽한 존재로 창조되지만 아이처럼 순수하고 경험도 전무하다. 그는 신이 '에덴 동쪽'에 만들어놓은 정원에서 산다. 아담은 어느 나무 열매든 따먹을 수 있었지만 단 하나, '선과 악을 알게 하는 나무'만은 예외였다(창세기 2:8-9). 신은 이렇게 그의 복종심을 시험했다. 아담은 신이 창조한 들짐승과 날짐승에게 이름 붙이는 임무를 맡는다. 그 일이 끝난 후 신은 그를 깊이 잠들게 하고 갈빗대를 하나 뽑아 이브라는 여자를 창조한다(창세기 2:21-22). 처음에 아담과 이브는 알몸으로도 부끄러움을 몰랐다. 이브는 뱀의 유혹에 넘어가 금지된 나무 열매를 따먹고 아담에게도 먹게 했다. 그러자 자의식이 생겨 알몸이 부끄럽다고 느끼게 되었다. 신이 추궁하자 아담은 이브 탓을 했다. "당신께서 저에게 짝지어주신 여자가 그 나무에서 열매를 따주었

습니다." 이브를 추궁하자 뱀을 탓했다(창세기 3:7). 아담과 이브는 죄를 저지른 벌로 에덴에서 쫓겨났다. 그리고 얼마 안 되어 이브는 첫 자식을 낳고 이름을 카인이라 붙였다. 아벨과 셋을 비롯한 다른 자식들도 태어났다(창세기 5:4).

아드브엘 ADBEEL ('신의 자손')
이스마엘의 열두 아들 중 셋째(창세기 25:13)로 아랍 한 부족의 조상이 된다.

네덜란드 화가 롬바우트 반 트로이엔(1605~1650년경)의 '아말렉 왕 아각을 죽이는 사무엘'이다.

아각 AGAG ('불꽃')
1. 아말렉의 왕으로 발람의 말에 등장하는 인물이다(민수기 24:7).
2. 아말렉의 왕으로(출애굽 17:14) 사울이 신의 의지를 거슬러 살려준다(사무엘 상 15:8–33).

아히에젤 AHIEZER ('도움을 주는 형제')
1. 암미사때의 아들로 단 지파의 세습 추장이다(민수기 1:12, 2:25, 7:66).
2. 다윗 시대 궁수들을 이끈 베냐민 지파 사람이다(역대기 상 12:3).

아야 AIAH ('아우성')
1. 세일의 손자이고 시브온의 아들이며 에사오의 아내 중 한 명의 선조이다(역대기 상 1:40). 〈창세기〉 36장 24절에서는 AJAH라 기록되기도 한다. 장자상속을 동생 아나가 한 것을 보면 아버지보다 먼저 죽은 것으로 추정된다.
2. 사울의 첩 리스바의 아버지이다(사무엘 하 3:7, 21:8,10–11).

아말렉 AMALEK ('계곡에 사는 사람')
에사오의 손자이자 엘리바즈가 첩 딤나에게서 얻은 아들이다. 에돔의 추장이 된다(창세기 36:12,16, 역대기 상 1:36).

암미엘 AMMIEL ('신의 사람들')
1. 모세가 가나안 땅을 살피기 위해 보낸 정탐 12명 중 하나이다(민수기 13:12). 정탐 결과를 나쁘게 보고한 죄로 역병에 걸려 죽은 10명 중 하나이기도 하다(민수기 14:37).
2. 로드발 마길의 아버지로 므비보셋이 이 집에 머문다(사무엘 하 9:4–5, 17:27).
3. 우리야의 아내였다가 훗날 다윗의 아내가 되는 밧세바의 아버지이다(역대기 상 3:5). 〈사무엘 하〉 11장 3절에서는 엘리암이라고도 나온다.
4. 오베데돔의 여섯 번째 아들이며(역대기 상 26:5) 성전 문지기 중 한 명이다.

암미훗 AMMIHUD ('칭찬받는 사람들')
1. 에브라임 지파 엘리사마의 아버지로 출애굽 당시 부족 지도자였다(민수기 1:10, 2:18, 7:48, 7:53, 10:22, 역대기 상 1:1, 7:26). 암미훗을 통해 여호수아의 선조가 이어진다.
2. 시므온 지파로 스무엘의 아버지이다(민수기 34:20).
3. 브다헬의 아버지로 납달리 지파의 왕자이다(민수기 34:28).
4. 그술 탈매 왕의 아버지이다(사무엘 하 13:37).

5. 유다의 아들 베레스의 후손이다(역대기 상 9:4).

아므람 AMRAM ('지위 높은 사람' '높은 이의 친척')
1. 레위의 손자이자 크핫의 아들이다. 아므람은 고모 요게벳과 결혼해 아론, 미리암, 모세를 낳는다(출애굽 6:18–20, 민수기 3:19). 아므람은 137세로 이집트에서 죽는다(출애굽 6:20). 그의 후손은 아므람인들이라 불렸다(민수기 3:27, 역대기 상 26:23).
2. 에즈라 시대에 바니 가문의 아들 중 하나로 외국 여자와 결혼한다(에즈라 10:34).
3. 디손의 아들로 세일의 후손이다(역대기 상 1:41).
4. 레위 지파 한 갈래의 우두머리이다(민수기 3:19,27, 역대기 상 26:23).

아므라벨 AMRAPHEL ('신의 문지기' '비밀 누설자')
1. 시날의 왕으로 엘람 왕 그돌라오멜 진영에 참여해 소돔과 고모라 왕들을 물리친다(창세기 14:1).
2. 시날의 왕이다(창세기 14:1,9).

아나 ANAH ('대답하는 사람' '괴로워하는')
1. 시브온의 아들이고 에사오 아내 중 하나인 오홀리바마의 아버지이다(창세기 36:2,14,25). 아버지 시브온의 나귀들을 먹이다가 들판에서 온천을 발견한다.
2. 세일의 아들 중 하나이고 호리 족이라 불리는 이두메 부족의 우두머리이다(창세기 36:20,29, 역대기상 1:38).

아낙 ANAK ('옷깃' '목이 긴')
1. 아르바의 아들이고 아나킴의 아버지이다(여호수아 15:13, 21:11).
2. 세 거인의 아버지이다(여호수아 15:13–14, 21:11).

아넬 ANER ('소년')
가나안의 추장으로 그돌라오멜 왕을 쫓는 아브라함과 힘을 합친다(창세기 14:13,24).

아람ARAM ('높게')

1. 셈의 아들이고 나홀의 손자이며 아람인의 조상이다(창세기 10:22, 22:21).
2. 크무엘의 아들이고 나홀의 손자이다(창세기 22:21).
3. 아셀 지파 소멜의 아들이다(역대기 상 7:34).

아르드ARD ('내려가는 사람')

벨라의 아들이고 베냐민의 손자이다(창세기 46:21, 민수기 26:38-40). 〈역대기 상〉 8:3에는 아딸이라고도 나온다.

아룩AROICH ('덕망 있는' '사자와 같은')

1. 엘라살의 왕으로 그돌라오멜과 연합해 반란자들을 뒤쫓는다(창세기 14:1).
2. 느부갓네살의 근위대장(다니엘 2:14).
3. 엘리마이의 왕이다(유딧 1:6).

아르박삿ARPACHSHAD

1. 셈의 아들이자 에벨의 선조이다(창세기 10:22,24, 11:10, 역대기 상 1:17-18, 루가 3:36). 아르박삿은 메소포타미아에 살았으며 유대 역사가 요세푸스에 따르면 칼데아인들의 선조라고 한다.
2. 에크바타나(Ecbatana)에서 메디아를 통치한 왕이다(유딧 1:1-4).

아세낫ASENATH ('태양신의 선물' '불운')

보디베라의 딸이자 요셉의 아내이다(창세기 41:45). 므나쎄와 에브라임을 낳는다(창세기 41:50, 46:20).

아셀ASHER ('행복')

야곱의 여덟 번째 아들이다. 어머니 질바는 레아의 몸종이었다(창세기 30:13). 아셀의 후손 지파에 대해서는 부족 명단에 이름이 있을 뿐 그 이상 기록된 바 없다(창세기 35:26, 46:17, 출애굽 1:4). 사막을 통과하는 동안 이 지파의 위치는 단과 납달리 사이였다(민수기 2:27).

아세라ASHERAH ('똑바로')

가나안 어머니 여신의 이름이다. 가지를 떼어버린 나무기둥이 이 여신의 상징인데 이미지를 새겨 땅에 세워두곤 했다. 이 종교적 상징물은 성경에 자주 언급된다(출애굽 34:13, 판관기 6:25, 열왕기 상 16:33).

아스그나스ASHKENAZ ('번져가는 불길')

고멜의 세 아들 중 하나이고 야벳의 손자이다(창세기 10:3).

앗수르ASSHUR ('똑바로 있음')

셈의 둘째 아들이고 노아의 손자이다(창세기 10:22, 역대기 상 1:17). 앗수르는 시날 땅에서 와 니느웨를 건설한다(창세기 10:11-12). 앗수르는 아시리아인의 선조이다(민수기 24:22,24, 에스겔 27:34).

B

바알BAAL ('신')

1. 페니키아인들이 모시는 중심 신이다. 바알림이라는 복수형으로 성경 여러 곳에 등장한다(판관기 2:11, 10:10, 열왕기 상 18:18, 예레미야 2:23, 호세아 2:17). 태양의 신 바알은 가나안에서 숭배받았다. 각 지역마다 나름의 바알 신과 그 아내가 있었다.
2. 베냐민 지파 여이엘의 아들로 기브온 부족의 조상이 된다(역대기 상 8:30, 9:36).
3. 르우벤 지파의 사람이다(역대기 상 5:5).
4. 여이엘의 아들이자 사울의 할아버지이다(역대기 상 8:30, 9:36).

바알하난BAAL-HANAN ('우아함의 신')

악볼의 아들로 에돔 왕이다(창세기 36:38-39, 역대기 상 1:49-50). 다윗 시대에 '야산 지대에 있는 올리브와 돌무화과를 책임졌던' 외국인이다(역대기 상 27:28).

발람BALAAM ('사람들의 신')

브올의 아들로 그의 저주는 그대로 이루어지는 것으로 알려졌다(민수기 31:8). 브돌 지방(신명기 23:4)과 메소포타미아(민수기 23:7)에 거주했다. 그는 발락이 보낸 사절에 따르지 말라는 신의 말씀을 들었다. 그리하여 이스라엘인들이 모압 평야에 진을 쳤을 때 발락이 저주의 말을 해달라고 사람을 보냈지만 발람은 따르지 않았다. 이스라엘과 미디안 사람들 사이에 전투가 벌어질 때 발람은 발락 편에서 싸우다가 죽임을 당한다(민수기 31:8).

튀니지에서 발견된 4세기의 바알 함몬(Baal Hammon) 점토상.

발락BALAK ('망치는 사람')

시뽈의 아들로 모압인들의 왕이다(민수기 22:2,4). 자기 영토 근처에 진을 친 이스라엘인들을 두려워해 발람에게 저주하도록 하지만 거절당한다(여호수아 24:9).

바스맛BASEMATH/BASHEMATH ('미소 짓는')

1. 이스마엘의 딸로 에사오의 세 번째 아내이다(창세기 36:3-4,13). 에돔의 네 부족은 그 아들 르우엘에서 나온 것이다. 마할랏이라 불리기도 한다(창세기 28:9).
2. 솔로몬의 딸이자 아히마즈의 아내이다(열왕기 상 4:15).

베겔BECHER ('첫째로 태어난')

베냐민의 둘째 아들로(창세기 46:21) 야곱과 함께 이집트로 내려간다. 자손들이 베냐민 후손이 아니라 에브라임 부족의 후손들이 되는 것으로 미루어(민수기 26:35, 역대기 상 7:20-21) 에브라임 가문의 후계녀와 결혼한 것으로 보인다(민수기 26:38).

브에리BEERI ('걸출한')

1. 에사오의 아내 중 하나인 유딧의 아버지이다(창세기 26:34).
2. 예언자 호세아의 아버지이다(호세아 1:1).

벨라BELA ('파괴', '삼켜진 것')

1. 베냐민의 장남이다(창세기 46:21, 민수기 26:38-40).
2. 브올의 아들로 딘하바라는 도시에서 에돔을 다스렸다. 사울로부터 8대 앞선다(창세기 36:31-33, 역대기 상 1:43).
3. 르우벤 부족 아자즈의 아들이다(역대기 상 5:8).

베냐민BENJAMIN ('오른손의 아들')

야곱과 라헬의 둘째 아들로(창세기 35:18). 베델과 베들레헴 사이의 길가 에브랏(Ephrath)에서 태어났다. 라헬은 난산으로 죽기 전에 아들을 '고통의 아들'이라는 뜻의

'베냐민과 헤어지는 야곱'의 모습을 담은 20세기 영국 인쇄물이다.

BEN-ONI라 불렀고 이후 아버지가 베냐민으로 바꿔주었다. 베냐민 지파가 가나안에 들어갔을 때 45,000명 넘는 장정들이 늑대 상징을 운반하였다(창세기 49:27). 베냐민 지파는 11개 부족 간 내전에서 전멸하다시피 하였다(판관기 20:20-21, 21:10). 베냐민 지파의 사울은 유대의 첫 번째 왕이 된다. 다윗 왕 시대에 베냐민 지파와 유다 지파는 긴밀한 관계를 유지하였고(사무엘 하 19:16-17) 이는 다윗 사후까지 이어졌다(열왕기 상 1:13, 12:20). 이 두 지파는 유대 민족의 근간이 된다(에즈라 1:5, 10:9).

베라BERA ('악의 아들')

그돌라오멜이 지휘하는 네 왕이 침입할 때 소돔의 왕이었다(창세기 14:2,8,17,21).

브두엘BETHUEL ('신의 집')

나홀과 밀가의 아들이다. 리브가의 아버지이자 아브라함의 조카이다(창세기 22:22-23, 24:15,24,47).

브살렐BEZALEL ('신의 그림자 안에서')

유다 지파 후르의 손자이며 우리의 아들이다(출애굽 31:2). 장인으로서 계약궤를 만들게 된다(출애굽 31:2, 35:30). 쇠, 나무, 돌, 천을 다루는 오홀리압이 조수 역할을 한다(출애굽 36:1-2, 38:22).

빌하BILHAH ('더듬거리는' '수줍은')

야곱과 결혼할 때 라헬이 아버지 라반에게서 받은 몸종이다(창세기 29:29). 라헬이 아이를 낳지 못하여 야곱이 빌하를 취하여 단과 납달리를 낳았다(창세기 30:3-8). 이후 르우벤이 빌하와 간음하여 저주를 받게 된다(창세기 35:22, 49:4). 이 일로 르우벤은 요셉 아들들에게 장자의 권리를 빼앗긴다.

빌한BILHAN ('소박한')

1. 세일 산에 사는 호리인들의 추장이다(출애굽 36:27, 역대기 상 1:42).
2. 베냐민 지파 여디아엘의 아들이다(역대기 상 7:10).

비르사BIRSHA ('교활함의 아들')

그돌라오멜의 침입 때 아브라함의 도움을 받은 고모라의 왕이다(창세기 14:2).

북키BUKKI ('낭비가 많은')

1. 요글리의 아들로 단 부족의 대표이다. 모세는 가나안 땅을 부족들에게 나누어주는 일을 북키에게 맡겼다(민수기 34:22).
2. 아비수아의 아들로 아론의 후손이다(역대기 상 6:5).

부즈BUZ ('무례')

1. 나홀과 밀가의 아들로 우스의 동생이며 엘리후의 후손, 부즈인들의 선조이다(창세기 22:21, 욥 32:2).
2. 가드 추장 중의 한 명으로 야흐도의 아버지이다(역대기 상 5:14).

C

카인CAIN ('소유물', '창')

아담과 이브의 맏아들이다(창세기 4:1). 목동이 된 동생 아벨과 달리 농부가 되었다. 신이 자기 제물은 거부하고 동생 제물만 받아들이자 질투심에 동생을 죽이고 그 벌로 쫓겨난다. 이방인으로 온 세상을 방황하지

추수한 경작물을 신께 바치는 카인. 이탈리아 라벤나 산 비탈레 성당의 6세기 모자이크이다.

만 상해를 입는 것은 면했다. 신이 '카인을 죽이는 사람에게는 내가 일곱 갑절로 벌을 내리리라.'고 하면서 '누가 카인을 만나더라도 죽이지 못하도록 그에게 표를 찍어주셨던'(창세기 4:15) 것이다. 카인은 놋이라는 땅에 정착해 도시를 건설하고 아들을 낳아 에녹이라는 이름을 붙였다.

갈렙CALEB ('개')

1. 유다 지파의 헤스론이 낳은 세 아들 중 한 명으로 글루배라고도 불린다(역대기 상 2:9). 여분네의 아들이다(민수기 13:6, 32:12, 여호수아 14:6,14). 모세가 가나안 땅을 정찰하러 보낸 사람 중 하나였다.

2. 후르의 아들이고 에브랏의 맏이이다(역대기 상 2:50).

가나안CANAAN ('낮은' '편평한')

함의 넷째 아들로(창세기 10:6, 역대기 상 1:8) 이스라엘인들의 정복 이전 페니키아, 그리고 요르단 강 서쪽에 살던 다른 여러 민족의 선조가 된다(창세기 10:13, 역대기 상 1:13). 가나안은 그 지역의 이름이다.

가르미CARMI ('포도 재배 기술자')

1. 르우벤의 아들이고 야곱의 손자이며 가르미인의 선조다. 이집트로 이주한 이스라엘 사람들 중 한 명이었다(창세기 46:9).

2. 유다의 아들이고 야곱의 손자로 갈렙이라고도 불린다(역대기 상 2:18).

3. 지므리의 아들이고 아간의 아버지이다(여호수아 7:1). 아간이 신께 드릴 것을 가로챈 죄로 가르미와 일가족 모두가 아골 골짜기로 끌려가 돌을 맞고 불에 타 죽는다(역대기 상 2:7).

그돌라오멜CHEDORLAOMER ('짚단 한 줌')

아브라함 시대의 엘람 왕으로 세 왕들과 연합해 소돔, 고모라, 아드마, 스보임, 소알 왕들과 싸운다(창세기 14:17).

그모스CHEMOSH ('진압')

모압인들이 모시는 신이다(《민수기》 21:29). 솔로몬 왕이 예루살렘에 그모스 신전을 세우지만 요시아 왕이 허물어버린다(열왕기 하 23:13).

케셋CHESED ('얻은 것')

아브라함의 동생인 나홀의 아내 밀가가 낳은 아들이다(창세기 22:22).

고즈비COZBI ('속임수 쓰는')

미디안 추장인 수르의 딸이다(민수기 25:25,18).

구스CUSH ('검은')

1. 함의 맏아들이고 니므롯의 아버지이다(창세기 10:8, 역대기 상 1:10). 니므롯은 힘센 장사로 아카드인들을 정복했다. 구스의 후손들은 아카드인들과 통혼하여 칼데아 민족이 나타났다.

2. 베냐민 지파 사람으로 《시편》 7편에 등장한다. 구스는 다윗의 환심을 사려 하는 사울의 추종자였을 것이다.

D

단DAN ('재판관')

야곱의 다섯째 아들로 라헬의 몸종 빌하가 낳은 자식이다(창세기 30:6). 대기근이 들자 옥수수를 구하러 이집트로 간다. 단 부족의 선조이다(민수기 2:25,31, 10:25).

다단DATHAN ('샘에 속한')

일랍의 아들로 르우벤 지파 지도자이다. 다단은 형제 아비람, 코라와 함께 모세 및 아론에게 반기를 들었으나 모세의 말에 따라 땅이 갈라지면서 땅 아래 삼켜졌다(민수기 16:1, 26:9, 신명기 11:6, 시편 106:17).

드단DEDAN ('낮은 땅')

1. 라아마의 아들이고 노아의 후손이다(창세기 10:7).

2. 욕산의 아들이고 아브라함과 크투라의 손자이다(역대기 상 1:32).

디나DINAH ('심판받은' '속죄 받은')

야곱과 레아의 딸이자 시므온과 레위의 누이이다(창세기 30:21). 세겜을 다스리던 하몰 왕의 아들 세겜에게 겁탈당한다(창세기 34:2). 하몰 왕은 아들의 부탁을 받고 야곱을 찾아와 결혼을 청한다(창세기 34:12). 디나 오빠들의 요구에 따라 세겜의 모든 남자들이 할례를 받는 조건으로 결혼이 결정

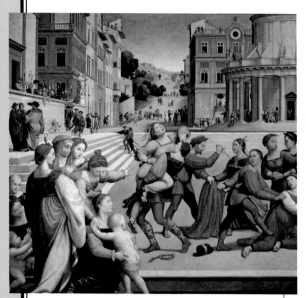

이탈리아 화가 줄리아노 부지아르디니(1475–1554)가 그린 '디나의 겁탈이다.

되지만 할례 사흘째 되던 날 시므온과 레위가 세겜을 공격해 남자들을 다 죽여버린다. 이후 디나는 야곱 가족과 함께 살면서 이집트로 이주한다(창세기 46:8,15).

디손 DISHON ('영양')
1. 호리 부족 세일의 아들이고 에돔에 정착한 부족의 선조가 된다(창세기 36:21).
2. 호리 부족 세일의 손자인 아나의 아들이고 오홀리바마의 오빠이다(창세기 36:25).

두마 DUMAH ('침묵')
이스마엘의 아들이자 아브라함과 하갈의 손자이다(창세기 25:14). 두마에게서 이어진 부족은 아라비아의 한 지역에 살게 된다(역대기 상 1:30).

E

에벨 EBER ('건너편 지역')
1. 셀라의 아들이고 셈의 증손자이며 아브라함의 선조이다(창세기 10:24, 11:14, 역대기 상 1:19). 〈루가복음〉 3장 35절에서는 HEBER로 기록되기도 한다. 느헤미야 시대, 요아킴이 고위 사제로 있을 때 사제 부족의 우두머리였다(느헤미야 12:20).
2. 베냐민 지파 엘바알의 맏아들이다(역대기 상 8:12).

엘람 ELAM ('감춰진')
1. 셈의 아들이자 노아의 손자이다(창세기 10:22).
2. 사삭의 아들로 예루살렘에 사는 베냐민 부족의 지도자이다(역대기 상 8:24).
3. 므셀레미야의 아들로 다윗 왕 시대에 성전 경비를 맡았다(역대기 상 26:3).
4. 바빌로니아에 포로로 잡혀갔다가 즈루빠벨과 함께 돌아온 이스라엘 선조이다(에즈라 2:7).
5. 느헤미야와의 계약에 서명한 지도자들 중 하나이다(느헤미야 10:14).
6. 느헤미야 시대에 예루살렘 성벽이 재건된 것을 축하하며 행진하고 노래한 사제들 중 한 명이다(느헤미야 12:42).

엘다아 ELDAAH ('지식의 신')
미디안의 아들이고 아브라함과 크투라의 손자이다(창세기 25:4).

엘닷 ELDAD ('신의 사랑')
모세가 신의 영을 나누어준 70인 장로들 중 한 명이다(민수기 11:26,27). 진중에 남아 있던 엘닷에게도 영이 내리는 것에 여호수아가 불만을 표하자 모세는 "너는 지금 나를 생각하여 질투하고 있느냐? 차라리 야훼께서 당신의 영을 이 백성에게 주시어 모두 예언자가 되었으면 좋겠다."라고 대답한다(민수기 11:24–30).

엘르아잘 ELEAZAR ('신이 도우셨다' '신의 도움')
1. 아론과 엘리세바의 셋째 아들로 비느하스의 아버지이다(출애굽 6:23,25). 손위 형들인 나답과 아비후가 죽고(레위 10:12, 민수기 3:4) 이후 아버지 아론도 사망하자 대사제로 임명된다(민수기 3:32). 엘르아잘은 요르단 강가에서 모세가 장정 수를 세고(민수기 26:3,4) 여호수아를 추대하며 부족 간에 땅을 나누는(여호수아 14:1) 일에 참여한다. 대사제직은 그의 가문에서 이어지다가 사독이라는 인물에서 끊기게 된다(사무엘상 2:35). 엘르아잘은 아들 비느하스가 소유한 가나안의 언덕에 묻혔다(여호수아 24:31).
2. 아비나답의 아들이다. 아버지의 집에 계약궤가 와있을 때 지키는 역할을 하였다(사무엘 상 7:1–2).
3. 베냐민 지파 야호 사람 도도의 아들이다. 다윗 군의 세 용사 중 하나이다(역대기 상 11:12).
4. 마흘리의 아들이고 므라리의 후손이다(역대기 상 23:21).

영국 화가 윌리엄 브래시 홀(1846–1917) 작 '엘르아잘의 대사제 임명'이다.

5. 비느하스의 아들로 므레못 사제가 성전의 금은 기구들을 세고 무게 다는 일을 도왔다(에즈라 8:33).

6. 느헤미야가 인도하는 봉헌 축제에 이즈라히야와 함께 참여한 사제이다(느헤미야 12:42).

7. 엘리훗의 아들이고 예수로 이어지는 계보인 마딴의 아버지이다(마태오 1:15).

엘리압 ELIAB ('신을 아버지로 둔 사람')

1. 발루의 아들이고 느무엘, 다단, 아비람의 아버지이다(민수기 16:2, 26:8, 신명기 11:6).

2. 헬론의 아들로 모세 시대에 즈불룬 지파를 다스렸다(민수기 1:9, 2:7).

3. 이새의 아들로 다윗의 맏형이다(사무엘 상 16:6). 다윗이 골리앗과 싸우는 것에 반대한다(사무엘 상 17:28). 유다 부족의 지도자로 임명된다(사무엘 상 16:6).

4. 사울에게서 도망친 다윗에 힘을 보태준 가드 출신 장사이다(역대기 상 12:9).

5. 나핫의 아들이고 사무엘의 선조이다(역대기 상 6:12). 엘리후 혹은 엘리엘이라고도 불린다(사무엘 상 1:1, 역대기 상 6:34).

6. 다윗 치세 때 계약궤 앞에서 악기를 연주하며 노래 부른 레위 지파 사람이다(역대기 상 15:18,20, 16:15).

엘리에젤 ELIEZER ('신이 돕는다')

1. 아브라함의 하인이다(창세기 15:2-3). 아브라함은 엘리에젤을 나홀에게 보내 아들 이삭의 아내를 찾게 한다. 엘리에젤은 도착하자마자 자신과 낙타에게 물을 떠주는 리브가를 만나고 리브가의 아버지 브두엘에게 혼인을 청한다. 브두엘은 응낙하고 리브가는 이삭의 아내가 된다(창세기 24:67).

2. 모세와 시뽀라의 둘째 아들로 게르솜의 동생이다. 르하비야의 아버지가 된다(출애굽 18:4).

3. 베겔의 아들이고 베냐민의 손자이다(역대기 상 7:8).

4. 계약궤가 예루살렘에 옮겨졌을 때 나팔을 분 사제이다(역대기 상 15:24).

5. 지그리의 아들로 다윗 시대에 르우벤 지파를 다스렸다(역대기상 27:16).

스코틀랜드 화가 윌리엄 다이스(1806-1864) 작 '다마스쿠스의 엘리에젤'이다.

6. 도다와후의 아들이다. 아하지야와 손잡은 탓에 여호수아의 배가 다르싯까지 가지 못할 것이라 예언하였다(역대기 하 20:37).

7. 요사닥의 아들이다. 사제로 외국인 아내와 이혼했다(에즈라 8:16, 10:18,23,31).

8. 요림의 아들이고 여호수아의 아버지로 그 계보가 예수에 이른다(루가 3:29).

엘리사마 ELISHAMA ('신이 귀기울이시는 사람')

1. 베냐민 지파의 왕자로 여호수아의 할아버지이다(민수기 1:10, 역대기 상 1:1, 7:26).

2. 다윗의 아들이다(사무엘 하 5:16).

3. 다윗의 또 다른 아들이다(역대기 상 3:6,8, 14:7).

4. 여호사벳이 율법을 가르치기 위해 보낸 사제 중 한 명이다(역대기 하 17:8).

5. 유다의 후손이다(역대기 상 2:41).

6. 여호야킴 왕의 국무대신이다(예레미야 36:12).

7. 느다니아의 아들이자 이스마엘의 할아버지이다(열왕기 하 25:25, 예레미야 41:1).

8. 여호사벳 시대의 사제이다(역대기 하 17:8) (B.C.E. 912).

엘리세바 ELISHEBA ('신이 복구하시리라')

유다 가문 암미나답의 딸이자 나흐손의 누이로 사제 아론과 결혼해 나답, 아비후, 엘르아잘, 이다말을 낳는다(출애굽 6:23).

엘리사반 ELIZAPHAN ('신이 보호하시는 사람')

1. 레위 지파 사람으로 우찌엘의 아들이다. 시나이 광야의 인구조사 당시 크핫 가문의 우두머리였다(출애굽 6:22, 레위 10:4, 민수기 3:30, 역대기 상 15:8) (B.C.E. 1491).

2. 즈불룬 지파의 왕자이다(민수기 34:25).

엘리술 ELIZUR ('신의 나의 힘이자 나의 바위')

르우벤 지파 사람으로 스데울의 아들이다. 광야에서 자기 부족 군대를 지휘했다(민수기 1:5, 10:18).

엘카나 ELKANAH ('신이 창조한' '신의 열의')

1. 레위 지파 코라의 둘째 아들로 모세에 대항하였다(출애굽 6:24). 엘카나는 코라의 손자라고 나오기도 한다(역대기 상 6:23).

2. 에브라임 지역 주민으로 여로함의 아들이다. 한나와 브닌나라는 두 아내를 두고 아들 사무엘을 낳았다. 레위와 헤만의 후손이다(사무엘 상 1:1, 역대기 상 6:27, 34).

3. 아씨르의 아들이자 코라의 손자이며 크핫의 후손이다(역대기 상 6:21-23).

4. 마핫의 아들이고 소배의 아버지이다. 크핫의 후손이고 판관 사무엘의 선조이다(역대기 상 6:35-36).

5. 아마새의 아버지이고 요엘의 아들이다(역대기 상 6:35).

6. 아사의 아버지이고 베레기야의 할아버지이다(역대기상 9:16).

7. 사울 왕의 군대를 떠나 시글락의 다윗에게 합류한 코라 사람이다(역대기 상 12:6).

8. 다윗 왕 치세 때 계약궤를 지킨 수위이다(역대기 상 15:23).

9. 유다와 이스라엘 간 전쟁에서 지그리에게 죽임을 당한 아하즈 왕의 후계자이다(역대기 하 28:7).

엘론 ELON ('참나무' '강한')

1. 에사오의 아내가 된 바스맛의 아버지인 헷 사람이다(창세기 26:34).
2. 즈불룬의 아들로(창세기 46:14, 민수기 26:26) 엘론 부족의 선조이다(B.C.E. 1695).
3. 유대의 열한 번째 판관이다. 10년 동안 이스라엘을 다스렸다(판관기 12:11,12).

에녹 ENOCH ('헌신적인' '훈련된' '시작된')

1. 카인의 장남이다(창세기 4:17).
2. 야렛의 아들이자 므두셀라의 아버지이다(창세기 5:21, 루가 3:37). 에덴 동쪽 놋이라는 땅에 성서에 언급되는 최초의 도시 에녹을 세운다.

에바 EPHAH ('지친')

1. 미디안의 다섯 아들 중 하나이고 아브라함의 손자이다(창세기 25:4, 역대기 상 1:33, 이사야 60:6).
2. 갈렙의 첩이다(역대기 상 2:46).
3. 야대의 아들이다. 그 형제로 레겜, 요담, 게산, 벨렛, 사압이 있다(역대기 상 2:47). 낙타로 유명한 에바 시는 그의 이름을 딴 것이다(이사야 60:6, 판관기 6:5).

에벨 EPHER ('송아지')

1. 아브라함과 크투라 사이의 아들인 미디안의 둘째 아들이다(창세기 25:4, 역대기 상 1:33) (B.C.E. 1820).
2. 유다의 후손인 에즈라의 아들이다. 예델, 얄론, 메렛의 형제이다(역대기 상 4:17).
3. 므나쎄 지파의 지도자로 이름난 장사였다(역대기 상 5:24).

에브라임 EPHRAIM ('두 배의 수확')

요셉이 아내 아세낫에게서 얻은 둘째 아들로 이집트에서 태어났다(창세기 41:52,

46:20). 형 므나쎄를 젖히고 야곱에게 선택되어 축복을 받는다(창세기 50:23).

에브론 EPHRON ('황갈색의')

헷 사람 소알의 아들로 아브라함에게 막벨라 동굴과 벌판을 팔았다(창세기 23:8-17, 25:9, 49:29-30, 50:13).

에사오 ESAU ('털이 많은')

이삭과 리브가의 맏아들이고 야곱의 형이다(창세기 25:25). 농부 기질인 동생과 달리 용감한 사냥꾼이었던 그는 허기를 참지 못하고 죽 한 그릇에 장자상속권을 넘긴다(창세기 25:30-33). 이후 어머니의 계략에 따라 장자에 대한 아버지의 축복을 야곱에게 빼앗겨버린다(창세기 27:1). 이러한 사건들로 인해 생겨난 형제 간 불화는 에사오의

사과를 든 이브의 모습. 루카스 크라나흐(1472-1553)가 패널에 그린 작품이다.

후손 에돔인과 야곱의 후손 이스라엘인 사이로 이어진다(창세기 27:22-23).

이브 EVE ('삶' '살기')

신이 아담의 짝으로 창조한 최초의 여성

이다. 아담의 갈빗대로 만들어졌다(창세기 2:21-22). 에덴동산의 뱀에게 넘어가 신의 명령을 어기고 선악과를 먹고는 남편에게도 건네는 죄를 저지른다. '그러자 두 사람은 눈이 밝아져 자기들이 알몸인 것을 알고 부끄러웠다'(창세기 3:7). 두 사람은 무화과 나무 잎을 엮어 몸을 가렸다. 이 죄의 벌로 두 사람은 낙원에서 쫓겨난다. 신은 이브에게 "너는 아기를 낳을 때 몹시 고생하리라. 고생하지 않고는 아기를 낳지 못하리라."라고 말씀하셨다(창세기 3:16). 이브는 카인, 아벨, 셋을 비롯한 여러 자식을 낳는다.

에제르 EZER ('보물')

1. 세일의 아들로 호리 족의 지배권을 타고 난 사람이다(창세기 36:21,27).
2. 에브라임의 아들로 갓 사람들에게 맞아 죽는다(역대기 상 7:21).
3. 느헤미야 시대에 예루살렘 성벽 봉헌 축제에 참여한 사제이다(느헤미야 12:42).
4. 후르의 아들이고 후사의 아버지이다(역대기 상 4:4).
5. 다윗과 싸운 가드 출신 장사들 중 하나이다(역대기 상 12:9).
6. 예루살렘 성벽 보수를 도운 레위인이다(느헤미야 3:19).

가띠 GADDI ('행운의')

수시의 아들로 모세가 가나안 땅을 정탐하러 보낸 열두 명 중 므나쎄 지파 대표였다(민수기 13:11).

가띠엘 GADDIEL ('신의 행운')

모세가 가나안 땅을 정탐하러 보낸 열두 명 중 즈불룬 지파 대표였다(민수기 13:10).

오스트리아 화가 미하엘 파허(1435–1498) 작 '사제 루시앙에게 나타난 가믈리엘의 유령'이다.

가함 GAHAM

나홀의 첩 르우마가 낳은 아들이다. 테바, 다하스, 마아가와 형제이고 아브라함에게는 조카가 된다(창세기 22:24).

가믈리엘 GAMALIEL ('신의 보상')

1. 시나이에서 인구조사를 할 때 므나쎄 지파의 대표였다(민수기 1:10, 2:20, 7:54,59).
2. 랍비 시므온의 아들이자 랍비 힐렐의 손자이다. 바리새파로 사두개파에 반대하는 입장이었다. 가믈리엘은 학식이 높아 존경받았고 티베리우스, 칼리굴라, 클로디우스 치세 때 공회를 주관하였다. 예수 부활을 알린 죄로 사도들이 잡혀왔을 때 흥분한 이들을 진정시켰다. 그는 '만일 이 사람들의 계획이나 행동이 사람의 생각에서 나온 것이라면 망할 것이지만 하느님께로부터 온 것이라면 그것을 없앨 수 없다'며 자칫하면 하느님을 대적할지도 모른다고 우려했다(사도행전 5:34–40). 바울이 그 제자 중 하나였던 것으로 보인다(사도행전 22:3). 예루살렘이 파괴되기 18년 전에 사망했다.

게라 GERA ('곡물')

1. 벨라의 아들이고 베냐민의 손자이다(역대기 상 8:3,5,7).
2. 판관 에훗의 아버지이다(판관기 3:15).
3. 다윗 왕에게 입에 담지 못할 욕설을 퍼부은 시므이의 아버지이다(사무엘 하 16:5).

게르솜 GERSHOM ('이방인' '추방')

1. 레위의 맏아들로(역대기 상 6:16,17,20,43, 15:7) '게르손'이라고도 불린다.
2. 모세와 시뽀라의 두 아들 중 첫째로 미디안에서 태어났다(출애굽 2:22, 18:3). 모세는 아들 이름을 지으면서 "내가 타국에서 나그네가 되었음이라."고 말한다(출애굽 2:22). 가족과 이집트로 향하던 모세가 큰 병을 앓자(출애굽 4:24–26) 시뽀라는 이것이 아들을 할례시키지 않은 탓이라 생각하고 날카로운 돌로 게르솜의 할례를 행한다.
3. 바빌로니아에서 에즈라와 함께 돌아온 비느하스 일가의 어른이다(에즈라 8:2).

게델 GETHER

아람의 네 아들 중 한 명이고 셈의 손자이다(창세기 10:23, 역대기 상 1:17).

그우엘 GEUEL ('신의 영광')

마기의 아들로 가드 지파 지도자이다. 모세가 가나안 땅을 정탐하러 보낸 열두 명 중 한 명이다(민수기 13:15).

기드오니 GIDEONI ('나무 패는 사람')

모세가 베냐민 지파를 이끌도록 선택했던 아비단의 아들이다.

길르앗 GILEAD ('언덕이 많은')

1. 마길의 아들이고 므나쎄의 손자로 길르앗 부족의 선조이다(민수기 26:29).
2. 판관 입다의 아버지로 창녀와 관계하여 입다를 낳았다(판관기 11:1). 길르앗이 죽은 후 아들들은 혼외자식인 입다가 상속받을 수 없도록 그를 집에서 내쫓는다.
3. 미가엘의 아들이고 야로아의 아버지이다. 이 후손들은 요르단 강 동쪽의 길르앗

지역에 살게 된다(역대기 상 5:14).

고멜 GOMER ('완벽한')

1. 디블라임의 딸로 호세아의 아내가 된다(호세아 1:3).
2. 야벳의 맏아들이고 아스그낫, 디밧, 도가르마의 아버지이다(창세기 10:2). 고멜은 켈타이 족, 그리고 흑해 북쪽에 살면서 크리미아라는 지명의 어원이 된 키메리 족의 전설적 선조로 여겨진다. 이들은 B.C.E. 7세기, 스키타이인들에게 밀려났다가 로마시대에 킴브리 족으로 유럽 북쪽과 서쪽을 중심으로 다시 등장한다.

구니 GUNI ('허식적인')

1. 납달리의 아들이고(창세기 46:24, 역대기 상 7:13) 구니 족의 선조이다(민수기 26:48).
2. 가드 부족의 지도자로 압디엘의 아버지이다(역대기 상 5:15).

하닷 HADAD/HADAR ('날카로운' '전능한')

1. 이스마엘의 여섯째 아들이다(창세기 25:15, 역대기 상 1:30).
2. 미디안인들을 무찌른 에돔의 왕이다(창세기 36:35, 역대기 상 1:46).
3. 하달이라고도 불린(창세기 36:39, 역대기 상 1:51) 에돔의 또 다른 왕이다(역대기 상 1:50–51).
4. 에돔 왕의 후손 중 한 명으로 어릴 때 이집트에 망명해 파라오 궁정에서 성장한 후 파라오 왕비의 동생과 결혼하였다(열왕기 상 11:14–22). 이후 솔로몬의 적수가 된다.
5. 시리아 왕의 이름이다.

하도람 HADORAM

1. 욕단의 다섯 번째 아들로 아랍 한 부족의 시조이다(역대기 상 1:21).

2. 하맛 왕 도이의 아들이다. 시리아 하다데젤을 무찌른 다윗에게 축하인사를 전하러 온다(역대기 상 18:10, 사무엘 하 8:10)

3. 아도람(사무엘 하 20:24) 혹은 아도니람(열왕기 상 4:6)이라고도 불린다. 부역 감독관이었으나 반란이 일어났을 때 돌에 맞아 죽었다(역대기 하 10:18).

이탈리아 화가 주세페 보타니(1717–1784) 작 '하갈과 천사'이다.

하갈 HAGAR ('도망침')

이집트 출신 노예이자 사라의 몸종으로(창세기 16:1, 21:9-10) 아브라함의 씨를 받는다(창세기 16:1, 21:9-10). 임신 후 사라의 괴롭힘을 피해 이집트의 친척들에게 되돌아가려 한다. 베에르셰바 근처 '신이 눈앞에 나타난 우물'이라는 곳에 이르렀을 때 천사가 나타나 돌아가라고 설득하자 그 말에 따르고 아들 이스마엘을 낳는다. 사라가 이삭을 낳을 때까지 아브라함의 집에서 살던 하갈은 장자상속권 문제가 불거지면서 다시 사라의 미움을 받고 아브라함은 마지못해 사라와 이스마엘을 내보낸다(창세기 21:14). 바란 근처 사막을 헤매던 하갈 모자는 갈증으로 쓰러진다. 죽어가는 아들을 보며 하갈이 울자 다시금 천사가 내려와 걱정하지 말라면서 하갈의 눈에 샘이 보이도록 한다(창세기 21:18-19). 하갈과 이스마엘은 바란에 정착했고 아들의 나이가 차자 이집트에서 며느릿감을 골라온다.

함 HAM ('뜨거운' '햇볕에 탄')

노아의 세 아들 중 한 명이다(창세기 5:32). 어느 날 함은 아버지가 술 취해 알몸으로 누워 있는 것을 보고 형제인 셈과 야벳을 부른다. 형제들은 옷을 가져와 아버지를 덮어드렸다. 잠에서 깬 노아는 셈과 야벳을 칭찬하고 함을 저주했다. 함에게는 아들이 넷이었는데 이들은 이집트, 가나안, 구스, 붓 네 나라의 전설적 시조가 된다(시편 78:51, 105:23, 106:22). 아버지 노아가 함에게 내린 저주는 유대인이 가나안인을 죽임으로써 실현된다(창세기 10:6).

하몰 HAMOR ('나귀')

히비 사람들의 통치자로 요셉이 묻히게 될 땅을 야곱에게 판다(창세기 33:19). 그 아들 세겜은 자기 이름을 딴 도시를 세웠는데 야곱의 딸을 겁탈하는 바람에 야곱의 두 아들인 시므온과 레위에게 파괴당한다(창세기 34:20).

하물 HAMUL ('불쌍한')

유다와 다말의 아들인 베레스의 막내아들이다(창세기 46:12, 역대기 상 2:5). 하물의 후손들은 하물 부족이라 불리게 된다(민수기 26:21).

하녹 HANOCH ('신을 뒤따르는')

1. 미디안의 아들이고 아브라함과 크투라의 손자이다(창세기 25:4).

2. 르우벤의 장남으로 야곱과 같은 시기에 이집트로 갔다(창세기 46:9, 출애굽 6:14).

하란 HARAN ('등반가')

1. 데라의 셋째 아들이고 아브라함과 나홀의 동생이다. 롯, 밀가, 이스가의 아버지이다. 갈대아 우르에서 죽었다(창세기 11:27).

2. 유다의 갈렙이 첩 에바에게서 얻은 아들이다(역대기 상 2:46).

3. 시므이의 아들로 다윗 왕 때 레위 지파의 게르손 갈래 사람이다(역대기 상 23:9).

하윌라 HAVILAH ('모래사장')

1. 구스의 아들이자 함의 손자이다(창세기 10:7, 역대기 상 1:19).

2. 욕단의 아들이고 셈의 후손이다(창세기 10:29, 역대기 상 1:23).

헤벨 HEBER ('동맹')

1. 브리아의 아들이자 아셀의 손자이다(창세기 46:17, 역대기 상 7:31,32).

2. 켄 사람으로 호밥 혹은 이드로의 후손이다(판관기 4:11,17, 5:24). 그 아내 야엘은 시스라를 자기 천막에 들어오게 한 후 죽여버린다(판관기 4:11,17, 5:24).

3. 에즈라의 후손으로 소코를 세웠다(역대기 상 4:18).

4. 엘바알의 아들로 예루살렘에 살았던 베냐민 지파 지도자이다(역대기 상 8:17).

헬론 HELON ('강한')

즈불룬 지파 엘리압의 아버지이다(민수기 1:9, 2:7).

헤만 HEMAN ('맹렬한' '충심의')

1. 호리 사람 세알의 손자로 로단의 아들, 호리의 형제이고 딤나의 조카이다(창세기 36:22, 역대기 상 1:39).

2. 마홀의 아들이다. 헤만과 그 형제 갈골과 다르다는 솔로몬 왕 다음 가는 지혜로 유명했다(열왕기 상 4:31).

3. 제라의 아들로 유다 부족의 지도자였다(역대기 상 2:6).

4. 크핫 지파 요엘의 아들로 다윗이 임명한 천막 성전 성가대장이었다(역대기 상 6:18).

5. 사무엘의 손자이다(역대기 상 6:33).

헤 HEPHER ('구멍' '우물')

1. 므나쎄의 후손 길르앗의 아들이고 헤벨 갈래의 선조이다(민수기 26:32).

2. 아스훌과 나아라의 아들이다(역대기 상 4:6).

3. 므게라 사람 헤벨이라 불린다. 다윗의 30

인 용사 중 한 명이다.

호밥 HOBAB ('사랑받는')
모세의 처남이며(민수기 10:29) 장인 이드로의 다른 이름이기도 하다(판관기 4:11).

훌 HUL ('원')
아람의 아들이고 셈의 손자이다(창세기 10:23).

형 아론, 매제 후르와 함께 아말렉인과의 전투를 지켜보는 모세. 존 에버렛 밀레(1829–1896) 작품이다.

후르 HUR ('고귀한')
1. 유다 지파 갈렙과 에브랏의 아들이자 우리의 아버지이고 브살렐의 할아버지이다(출애굽 31:2).
2. 모세의 누이 미리암의 남편이다(출애굽 17:10–12). 아말렉인들과 전투를 벌일 때 아론과 더불어 모세가 팔을 들어올리고 있게끔 부축해 승리를 이끈다. 모세가 시나이 산에 가 있을 동안 아론과 함께 이스라엘인들을 맡는다(출애굽 24:14).
3. 비느하스가 이끄는 이스라엘인들에게 패

배한 미디안 다섯 왕들 중 한 명이다(민수기 31:8).
4. 예루살렘 성벽 보수를 도운 통치자 르바이야의 아버지이다(느헤미야 3:9).

후심 HUISHIM ('서두름')
1. 단의 아들이고 야곱의 손자이다(창세기 46:23). 수함(SHUHAM)이라고도 불린다(민수기 26:42).
2. 아셀의 아들이고 베냐민의 손자이다(역대기 상 7:12).
3. 베냐민 지파 사하라임의 여러 아내 중 한 명이다. 아비툽과 엘바알을 낳았다(역대기 상 8:8–11).

I

이갈 IGAL ('죄에서 구하다')
1. 요셉의 아들로 모세가 가나안 땅을 정탐하러 보낸 열두 명 중 이싸갈 지파 대표였다(민수기 13:7).
2. 나단의 아들로 다윗의 30인 용사 중 한 명이다(사무엘 하 23:36).

이랏 IRAD ('도피자')
에녹의 아들이고 카인의 손자이며 므후야엘의 아버지이다(창세기 4:18).

이삭 ISAAC ('웃는 사람')
아브라함과 사라 부부의 아들이다. 아브라함이 첩 하갈에게서 이스마엘을 얻은 후 신은 아브라함 부부에게도 아들이 태어날 것이라 말해준다. 하지만 아브라함과 사라는 90대 후반의 부부가 어떻게 아이를 낳을 수 있겠느냐고 웃는다. 이 때문에 이삭은 '웃는 사람'이라는 이름을 받게 되었다. 이삭이 어느 정도 자라자 신은 아브라함을 시험하기로 하고 이삭을 번제물로 바치라

이삭의 번제 장면을 그린 13세기 그림.

고 한다(창세기 22:2). 아브라함이 신의 지시에 순종해 칼로 아들의 목숨을 끊으려는 순간 천사가 나타나 막는다. 아브라함은 대신 암양을 제물로 바친다. 이후 아브라함은 하란에 사람을 보내 일족 중에서 적당한 며느릿감을 찾는다. 그렇게 해서 이삭의 아내가 된 사람이 리브가였다(창세기 24:67). 기근이 닥치자 이삭 부부는 이집트를 향해 떠났다가 아비멜렉 왕이 다스리는 그랄에 정착한다. 가축도 불어나고 안정을 찾지만 지역 목동들과 갈등이 생겨 인근 계곡으로 옮겨야만 했다. 그곳에서 이삭의 하인들은 우물을 찾아냈다. 이삭은 그 우물을 세바(Shibah)라 불렀고 '이 때문에 그 도시를 오늘날까지 브엘세바(Beer-sheba)라 부른다'고 〈창세기〉는 설명한다(창세기 26:33). 이삭과 리브가는 에사오와 야곱을 낳는다. 남성적인 에사오는 사냥꾼이었고 온순한 야곱은 가축을 돌보았다. 이삭은 에사오가 사냥해오는 고기를 좋아해 에사오를 더 사랑하였고 리브가는 야곱을 더 사랑하였다(창세기 25:28). 리브가는 둘째 야곱이 장자

상속권을 차지하도록 에사오가 들판에 나간 사이 야곱에게 형 옷을 입히고 이삭이 좋아하는 음식을 들려 방에 들어가게 한다. 눈이 거의 먼 상태였던 이삭은 야곱을 에사오로 착각해 장자상속권을 넘기며 축복을 빌어준다(창세기 27:27-29). 그리하여 '형이 동생을 섬기게 될 것'이라 했던 신의 예언(창세기 25:23)은 실현된다.

천사와 함께 있는 하갈과 이스마엘. 이탈리아 화가 잠바티스타 티에폴로(1696-1770)의 1732년 작품이다.

이스박 ISHBAK ('떠남' '떠날 사람')

아브라함이 크투라에게서 얻은 아들이다(창세기 25:2).

이스마엘 ISHMAEL ('신이 들으신다')

하갈이 낳은 아브라함의 아들이다. 아브라함의 아내 사라는 아이를 낳지 못하자 남편에게 자신의 몸종인 하갈을 내어준다. 임신 후 하갈은 사라의 괴롭힘을 피해 이집트의 친척들에게 되돌아가려 한다. 베에르 세바 근처 '신이 눈앞에 나타난 우물(Beer-Lahai-roi)'이라는 곳에 이르렀을 때 천사가 나타나 돌아가라고 설득한다. 이스마엘은 'El(신)'과 'shama(듣다)'를 결합 축약한 형태로 '신이 내 소리를 듣다'라는 의미가 된다.

하갈은 아브라함의 집에 돌아가 아들 이스마엘을 낳지만 이후 사라가 이삭을 낳으면서 다시 사라의 미움을 받는다. 둘을 내쫓으라는 사라의 보챔이 계속되자 아브라함은 마지못해 하갈과 이스마엘을 내보낸다(창세기 21:14). 바란 근처 사막을 헤매던 하갈 모자는 갈증으로 쓰러진다. 죽어가는 아들을 보며 하갈이 고개를 들고 소리내 울자 다시금 천사가 내려와 걱정하지 말라고 말해주고 하갈의 눈에 샘이 보이도록 한다(창세기 21:18-19). 하갈과 이스마엘은 바란에 정착했고 아들의 나이가 차자 하갈은 이집트에서 며느릿감을 골라온다. 이스마엘은 열두 아들을 두는데 이들은 각각 한 나라의 선조가 되어 '아무도 셀 수 없을 만큼 자손이 많이 불어나게'(창세기 16:10-12) 해줄 것이라는 천사의 예언이 실현된다. 이슬람교도들은 이스마엘을 영혼의 조상으로 숭배한다. 〈코란〉에 따르면 메카의 카바 성전을 만든 사람이 바로 이스마엘과 아브라함이라고 한다(코란 2:125).

이스라엘 ISRAEL ('신과 겨룬 사람')

야곱과 씨름을 한 사람이 야곱에게 지어준 이름이다(창세기 32:28). 이후 야곱의 후손들이 이스라엘이라는 이름을 얻게 된다.

이싸갈 ISSACHAR ('고용된' '복수할 사람')

야곱과 레아의 아들로 이집트로 이주한 70명 이스라엘인 가운데 한 명이다. 이싸갈의 부족은 이즈르엘에 정착했다가 아시리아인에게 쫓겨나 '잃어버린 열 개 부족' 중 하나가 된다(창세기 30:18).

이스할 IZHAR ('기름')

크핫의 아들이고 레위의 손자이며 아론과 모세의 삼촌이고 코라의 아버지이다(출애굽 6:18, 민수기 3:19, 16:1, 역대기 상 6:2,18).

야긴 JACHIN ('단단한')

1. 시므온의 넷째 아들로(창세기 46:10) 야립(JARIB)이라고도 불린다(역대기 상 4:24).
2. 사제들 21갈래 중 한 갈래의 우두머리이다(역대기 상 24:17).
3. 바빌로니아에서 돌아온 사제들 가운데 한 명이다(역대기 상 9:10).

야발 JABAL ('개울')

라멕과 아다의 아들이며 유발의 형으로 카인의 후손이다(창세기 4:20).

야곱 JACOB ('대신하는')

이삭과 리브가의 둘째 아들이다. 형 에사오는 힘이 세고 남성다운 사냥꾼이었던 반면 동생 야곱은 아버지 가축 돌보기를 더 좋아하는 부드러운 성품이었다. 이삭은 에사오가 사냥해오는 고기를 좋아해 에사오를 더 사랑하였고 리브가는 야곱을 더 사랑하였다(창세기 25:28). 리브가는 야곱이 장자상속권을 이어받도록 하고 싶었다. 그래서 야곱에게 에사오 옷을 입혀 눈이 거의 보이지 않는 이삭이 착각하도록 만들었다. 이삭은 결국 야곱을 축복하여 신과의 계약을 넘겨주게 된다(창세기 27:27-29). 이리하여 '형이 동생을 섬기게 될 것'이라 했던 신의 예언이 실현되었다(창세기 25:23). 에사오의 분노를 피해 야곱은 북쪽의 고향 땅 하란으로 향한다. 어느 날 꿈에서 그는 하늘까지 닿는 계단을 보았는데 그 꼭대기에 신이 서서 '네가 지금 누워 있는 이 땅을 너와 네 후손에게 주겠다'(창세기 28:13)라고 말하면서 아브라함과의 약속이 야곱에게 이어질 것을 확인해주었다. 하란에 도착한 야곱은 사촌뻘인 라반의 딸 라헬에게 반했다(창세기 29:18). 라반은 7년 동안 가축을 돌보며

익명의 15세기 화가가 그린 패널화 '야곱의 사다리'이다.

목동으로 일해야 딸을 주겠다고 했다. 마침내 7년이 흘렀을 때 라반은 맏딸 레아를 야곱 천막에 들여보내 첫날밤을 치르게 하였다. 자신이 원하던 라헬과 결혼하기 위해 야곱은 또다시 7년을 일해야 했다. 이후 야곱은 두 아내와 종들을 거느리고 가나안으로 돌아갔다. 아내와 여종들은 그에게 아들 열한 명과 딸 하나를 낳아주었다.

얍복 강에 이르렀을 때 야곱은 낯선 사람을 만나 밤새도록 씨름을 한다. 마침내 씨름에서 물러선 낯선 사람(신이 보낸 천사 혹은 신 자신일지도 모른다)은 앞으로 야곱은 '신과 겨룬 사람'이라는 뜻의 이름 이스라엘로 불릴 것이라 말해준다(창세기 32:28). 야곱이 신과 겨루었듯 이후 수세기 동안 이스라엘 민족은 신에 복종하기 위해 힘겨운 싸움을 벌이게 될 것이었다. 야곱 가족이 가나안의 세겜 인근에 정착한 후 딸 디나가 하몰 왕의 아들 세겜에게 붙잡혀 겁탈당하는 사건이 벌어졌다. 하몰 왕이 찾아와 결혼을 청하자 야곱은 그 지역 남자들이 모두 할례를 받아야 한다는 조건을 내걸었다. 하지만 야곱 아들들의 분노는 가라앉지 않았다. 모든 남자들이 할례의 고통에서 벗어나지 못하고 있을 때 두 아들 시므온과 레위가 도시로 들어가 세겜의 남자들을 칼로 쳐죽였다(창세기 34:26). 요셉에 이어 막내 베냐민을 낳던 야곱의 아내 라헬은 난산으로 죽고 만다. 라헬이 죽자 야곱의 아들들은 아버지의 사랑을 독차지하는 요셉에 대한 미움을 감추지 않았고 결국 요셉을 상인 무리에 팔아넘긴다. 요셉은 이집트로 끌려갔다가 총리대신의 지위에까지 오른다. 그 덕분에 야곱과 아들들은 이집트 고센 지역에(창세기 47:11) 정착한다. 일가의 이집트 정착으로 〈창세기〉의 이야기는 끝을 맺는다.

야을람 JALAM ('젊은')

에사오와 오홀리바마가 낳은 아들로 이후 에돔 사막 부족의 선조가 된다(창세기 36:5,14,18, 역대기 상 1:35).

야민 JAMIN ('오른손')

1. 시므온의 둘째 아들로(창세기 46:10, 출애굽 6:15, 역대기 상 4:24) 야민 갈래의 선조이다(민수기 26:12).
2. 유다 사람으로 여라므엘 가문 람의 아들이다(역대기 상 2:27).
3. 백성들에게 율법을 가르친 레위 지파 사람 중 한 명이다(느헤미야 8:7).
4. 헤스론의 후손이다(역대기 상 2:27).

야벳 JAPHETH ('널리 퍼지다')

노아의 아들 중 하나로 아들들을 소개할 때 제일 끝 순서이다(창세기 5:32, 6:10, 7:13). 야벳과 그 아내는 방주에서 구출된 여덟 사람에 끼어 있었다(베드로 전 3:20). 그는 동유럽과 북아시아 여러 민족의 선조가 된다(창세기 10:2-5). 홍수가 끝난 후 땅은 노아의 후손들, 즉 '야벳의 아들들'(창세기 10:2), '함의 아들들'(창세기 10:6), 그리고 '셈의 아들들'(창세기 10:22)로 채워진다.

여수룬 JESHURUN ('똑바로 선 백성')

이스라엘 백성을 다정하게 부르는 시적 호칭이다(신명기 32:15, 33:5,26, 이사야 44:2).

이드로 JETHRO ('탁월함')

미디안의 켄 부족 사제이다. 모세는 사막으로 도망쳤을 때 시나이 우물에서 양치기들에게 희롱당하는 처녀들을 보고 도와준다. 처녀들의 아버지 이드로는 감사의 뜻으로 모세를 식사에 초대하고 결국 모세는 그의 딸 시뽀라와 결혼해 아들 게르솜을 낳는다(출애굽 2:22). 〈창세기〉를 보면 이드로가 이교 사제가 아니라 아브라함의 신을 숭배한다고 나와 있다. 이드로의 출신 부족은 아브라함과 두 번째 아내 크투라의 후손이기

네덜란드 화가 얀 빅터스(1619~1676)가 1635년에 그린 '사제 이드로를 떠나는 모세'이다.

때문이다. 모세가 이스라엘인들을 이집트에서 데려왔을 때 이드로는 "이제 내가 알았도다. 여호와는 모든 신보다 크시도다."라고 말하는데(출애굽 18:11) 이 같은 언급은 당시 시리아-가나안에서 엘이 여러 신

중 하나로 숭배되었음을 보여준다. 이드로는 모세에게 "지켜야 할 규칙을 가르치게. 하느님을 두려워하여 참되게 사는 사람을 찾아내어 백성을 다스리게 세우도록 하게." (출애굽 18:20-21)라면서 질서를 세워야 한다고 조언한다. 〈민수기〉에는 이드로(호밥)가 이스라엘인의 길잡이가 되어 시나이를 지나 약속의 땅으로 안내하는 역할을 맡았다고 나온다.

여툴 JETUR ('울타리 친 장소')

이스마엘의 열두 아들 중 한 명이다. 아브라함과 이집트 노예 하갈의 손자가 된다. 여툴의 누이 마할랏은 이삭의 아들인 에사오와 결혼한다(창세기 25:15).

여우스 JEUSH ('모으는 사람')

1. 에사오와 오홀리바마가 낳은 맏아들이다(창세기 36:5,14,18, 역대기 상 1:35).
2. 빌한의 아들이고 베냐민의 손자이다(역대기 상 7:10).
3. 시므이의 아들 중 하나로 레위 사람이다(역대기 상 23:10-11).
4. 유다의 왕 르호보암의 세 아들 중 하나이다(역대기 하 11:19).

이들랍 JIDLAPH ('우는')

아브라함의 아우 나홀의 아들이다(창세기 22:22).

요밥 JOBAB ('사막')

1. 욕단의 막내아들이다(역대기 상 1:23).
2. 에돔 왕이고 보스라 출신 제라의 아들이다(창세기 3:34, 역대기 상 1:44-45).
3. 여호수아에게 맞선 북쪽 산악지대 왕들 중 한 명으로 메론에서 격퇴당한다(여호수아 11:1).
4. 베냐민 부족 지도자다(역대기 상 8:9).
5. 베냐민 지파 두 사람의 이름으로 상세한 정보는 전해지지 않는다(역대기 상 8:9,18).

요게벳 JOCHEBED ('신이 그의 영광이다')

레위가 이집트에서 낳은 딸로 조카 아므람과 결혼하여 미리암, 모세, 아론을 낳는다(출애굽 2:1, 6:20, 민수 26:59). 막내아들 모세는 파라오가 이스라엘인의 아들은 낳자마자 죽이라고 명령하던 때에 태어났다. 요게벳은 석 달 동안 모세를 숨겨 키우다가 더 이상 숨길 수 없게 되자 갈대상자에 넣어 나일 강에 띄워보낸다. 파라오의 딸이 강에 목욕을 하러 나왔다가 아이를 발견한다. 파라오의 딸은 모세의 누나 미리암이 제안한 대로 요게벳을 유모로 고용한다(출애굽 2:1-9).

욕산 JOKSHAN ('덫')

아브라함이 크투라에게서 얻은 둘째 아들이다(창세기 25:2,3, 역대기 상 1:32).

욕단 JOKTAN ('작은')

에벨의 두 아들 중 둘째이다(창세기 10:25, 역대기 상 1:19). 아랍 전설에 따르면 욕단이 중남부 아라비아 부족들의 선조라고 한다.

요셉 JOSEPH ('늘어나다')

야곱과 라헬의 두 아들 중 맏이이고 야곱의 열두 아들 중 열한 번째다(창세기 30:23-24). 야곱은 요셉을 가장 사랑하여 '긴 소매 달린' 멋진 윗옷을 사주기도 했다. 형들은 가축을 먹이면서 요셉을 없애버릴 계획을 짠다. 요셉을 죽여버리자는 의견도 나왔지만 르우벤이 말려 지나가던 상인 무리에 노예로 팔아버린다. 그리고 요셉의 윗옷에 염소 피를 묻혀 아버지 야곱에게 가져가 요셉이 죽었다고 알린다(창세기 37:12-36). 요셉은 파라오 경호대장 보디발의 집에서 일하다가 그 아내를 겁탈했다는 누명을 쓴다(창세기 39:1-20). 2년 동안 감옥에 갇혀 지내면서 파라오에게 술잔을 올리는 시종장과 빵을 굽는 시종장에게 꿈 해몽을 해준다(창세기 40:2). 이후 파라오가 꾼 꿈을 해몽하기 위해 불려나가 7년의 풍작과 다음 7년

의 흉년을 예견한다. 이를 계기로 총리대신이 된 요셉은 미래의 기근에 대비해 식량을 저장하는 임무를 맡는다(창세기 41:46). 요셉은 사브낫바네아라는 이집트 이름을 얻고 아세낫이라는 아내도 얻는다. 아세낫은 두 아들 므나쎄와 에브라임을 낳는다. 7년의 기근이 닥치자 요셉의 형들은 식량을 구하려 이집트로 향한다. 요셉은 형들을 바로

프랑스 화가 제임스 티소(1836-1902)의 수채화 '요셉과 형들을 환영하는 파라오'로 1900년경 그림이다.

알아보고 다시 가나안으로 가 베냐민까지 데려오도록 한다. 요셉은 형제들을 환대한 후 돌려보내면서 베냐민 짐 속에 몰래 은잔을 집어넣는다. 국경 근처에서 은잔이 발각되고 베냐민이 노예가 될 처지에 놓이자 형 유다가 대신 노예가 되겠다고 애원한다. 이에 요셉은 눈물을 흘리며 자기 정체를 밝히고 모든 식구가 이집트로 이주하도록 한다. 야곱 일가는 가나안에서 고센으로 이주한다. 야곱은 22년 만에 사랑하는 아들 요셉을 만나 얼싸안는다(창세기 45:1-28, 46:1-34). 요셉은 110세까지 살면서 가족이 이집

트를 떠날 때 자기 유해도 옮겨간다는 약속을 받는다. 모세는 요셉의 유해를 모셔가 세겜에 묻는다(출애굽 13:19).

유발 JUBAL ('음악')
라멕이 아다에게서 얻은 둘째 아들로 카인의 후손이다. 리라(히브리어 kinnor)와 피리(히브리어 ugab)를 만들었다(창세기 4:21).

유다 JUDAH ('칭찬')
야곱과 레아 사이의 넷째 아들이다(창세기 29:35). 다른 형제들이 요셉을 죽이자고 할 때 살리는 쪽으로 설득한다(창세기 37:26-27). 가족의 다른 의사결정에서도 주된 역할을 맡는다(창세기 43:3-10, 44:14,16-34, 46:28, 역대기 상 5:2). 요셉이 노예로 팔려간 후 유다는 아둘람으로 옮겨가 수아와 결혼한다. 아내가 죽은 후 다시 아버지 집으로 돌아와 가족과 함께 이집트로 이주한다(창세기 49:8-12).

이탈리아 화가 크리스토파노 알로리(1577-1621)가 1599년경 그린 유딧 초상.

유딧 JUDITH ('유대 여자')
히타이트 사람 브에리의 딸로 에사오의 아내 중 한 명이다(창세기 26:34). 오홀리바마라 불리기도 한다(창세기 36:2-14).

케달 KEDAR ('검은 피부')
이스마엘의 둘째 아들이자 아브라함의 손자로(창세기 25:13, 역대기 상 1:29) 케달이라는 아랍 부족의 조상이 된다(예레미야 49:28-29).

케드마 KEDEMAH ('동쪽')
이스마엘의 열두 아들 중 막내로 사막 부족의 족장이다(창세기 25:15).

크무엘 KEMUEL ('신이 세워주신')
1. 나홀과 밀가의 셋째 아들이고 아람의 아버지이다(창세기 22:21).
2. 에브라임 지파 십탄의 아들이다. 모세의 지명을 받아 가나안 땅 분할에 참여하게 된 열두 명 중 하나다(민수기 34:24).
3. 레위 지파 사람으로 하사비아의 아버지이다. 다윗 치세 때 지파를 다스렸다(역대기 상 27:17).

케난 KENAN ('소유자')
에노스의 아들이고 셋의 손자이다. 케난은 70세에 첫 아들 마할랄렐을 낳았다. 그리고 910세에 죽기까지 아들 딸을 더 낳았다.

크투라 KETURAH ('향')
첫 아내 사라가 죽은 후 아브라함이 맞은 두 번째 아내이다(창세기 25:1-6). 여섯 아들을 낳는다(역대기 상 1:32).

크핫 KOHATH ('모임')
레위의 세 아들 중 둘째로 아므람의 아버지이다(창세기 46:11). 야곱, 레위와 더불어 이집트로 가서 133세까지 살았다(출애굽 6:18). 크핫은 레위 지파의 우두머리로 사막에서는 지성소에서, 이후 예루살렘의 성전에서 소임을 다한다(민수기 3:17, 여호수아 21:4-42).

코라 KORAH ('대머리')
1. 에사오와 오홀리바마의 셋째 아들이다. 에돔의 지도자가 된다. 에사오가 세일 산으로 이주하기 전 가나안에서 태어났다(창세기 36:5-9,14).
2. 엘리바즈의 아들이고 에사오의 손자이다(창세기 36:16).
3. 헤브론의 아들로 유다 지파의 지도자이다(역대기 상 2:43).
4. 레위 지파 이스할의 아들이다(출애굽 6:21). 모세와 아론을 낳은 아므람과 이스할은 형제 사이이다. 코라는 르우벤 지파 사람들을 비롯한 지도자 250명과 함께 모세 및 아론에게 반기를 들었고 그 결과 지진과 불길에 죽임을 당한다(민수기 16:1-3,35, 26:9-11). 코라 편을 든 다른 사람들은 역병으로 죗값을 치른다(민수기 16:47).

라반 LABAH ('흰')
브두엘의 아들이자 리브가의 오빠이며 레아와 라헬의 아버지이다. 메소포타미아의 하란에 살다가 가나안으로 이주해온 아브라함과 만나게 된다. 라반은 누이 리브가를 사촌 이삭과 결혼하도록 한다(창세기 24:10,29-60, 27:43, 29:5). 야곱은 라반의 두 딸인 레아와 라헬과 결혼하고 14년 동안 신부 값으로 일한다.

라멕 LAMECH ('강력한')
1. 카인의 5대 손으로 결혼 계율을 처음으로 어겼다(창세기 4:18-24). 라멕이 두 아내 아다와 실라에게 남긴 말은 '검의 노래'라고도 불리며 최초의 고대 시가로 여겨지기도 한다. 라멕은 야발, 유발, 두발 카인이라는

이탈리아 화가 구에르치노(1591-1666)가
1650년경 그린 '롯과 딸들'이다.

세 아들을 두었다.
2. 노아의 아버지로(창세기 5:29) 셋의 7대
손이고 므두셀라의 외아들이다.

레아 LEAH ('가젤')

라반의 맏딸이다. 아버지가 계략을 쓴 결
과, 동생 라헬에 앞서 야곱의 신부가 된다
(창세기 29:16). 레아는 라헬이 첫 아이를 낳
기 전에 르우벤, 시므온, 레위, 유다, 이싸
갈, 즈불룬과 딸 디나 등 일곱 자식을 낳는
다. 레아는 야곱이 죽은 후 세상을 떠나 헤
브론 근처 막벨라의 가족묘지에 묻힌다(창
세기 49:31).

르투스 LETUSHIM ('고주망태가 된')

드단의 아들이고 아브라함과 크투라의 증
손자이다(창세기 25:3).

르움 LEUMMIM ('민족들')

드단의 아들이고 아브라함과 크투라의 증
손자이며 아라비아 한 부족의 우두머리이
다(창세기 25:3).

레위 LEVI ('달라붙기' '합쳐지기')

1. 레아가 하란에서 낳은 야곱의 셋째 아들
이다. 레위라는 이름은 '달라붙다'라는 의미
의 lavah에서 나왔다(창세기 29:34). 형
시므온과 함께 누이 다나 겁탈 사건을
피로 보복한다(창세기 34:25-31). 레위는
세 아들 게르손, 크핫, 므라리와 함께
이집트로 들어간다(출애굽 6:16). 레위를
시작으로 하여 그의 아들 게르손과 므
라리를 거치면서 신전에서 일하는 레위
지파가 확립된다.
2. 마땃의 아버지이고 시므온의 아들로
예수의 선조가 된다(루가 3:29).

롯 LOT ('덮기' '덮개')

하란의 아들이자 아브라함의 조카이
다(창세기 11:27). 아버지가 죽은 후 할아버
지 데라를 모시다가 할아버지까지 죽자 삼
촌 아브라함을 따라 가나안으로 갔고 이집
트로 옮겨갔다가 가나안으로 돌아온다(창
세기 12:5, 13:1). 그 후 아브라함과 헤어져
소돔에 정착한다(창세기 13:11-12). 소돔에
서 날마다 마음의 괴로움을 당하던(베드로
후 2:7) 중 엘람의 그돌라오멜 왕에게 포로
로 잡히지만 신의 예언에 따라 그를 도우
러 찾아온 삼촌 아브라함에게 구출된다(창
세기 14장). 소돔과 고모라라는 죄 많은 도
시들에 신의 심판이 내릴 때(창세기 19:1-
20) 롯과 가족들은 천사의 인도를 받아 도
망친다. 롯의 아내는 호기심을 이기지 못하
고 '뒤를 돌아보는 바람에 그만 소금기둥이
되어버리고' 가까스로 살아남은 롯과 두 딸
은 소알이라는 마을을 거쳐 산 위의 동굴
로 들어간다(창세기 19:30). 남자들이 모두
죽어 아이를 가질 수 없게 된 롯의 딸들은
아버지가 취해 쓰러질 때까지 포도주를 먹
이고 동침하여 각각 모압과 벤암미라는 아
들을 낳는다. 모압은 모압인의 선조가 되
었고 벤암미는 암몬인의 선조가 되었다(창
세기 19:37-38). 롯은 이집트 기념비에 로
타누라는 이름으로 등장하는 부족과도 관
련이 있다.

마길 MACHIR ('팔린')

1. 므나쎄의 맏아들(여호수아 17:1) 혹은 외
아들이다(역대기 상 7:14,15). 그 후손들은
마길 갈래가 되고 여기서 다시 길르앗 갈
래가 생겨났다(민수기 26:29). 이들은 여러
조치를 통해(창세기 50:23, 민수기 36:1-3,
여호수아 17:3-4) 아모리인들에게서 빼앗
은 땅에 정착했다(민수기 32:39,40, 신명기
3:15). 마길은 요르단 동쪽 므나쎄 지파의
대표로도 등장한다(판관기 5:14).
2. 로드발에 사는 마길의 후손으로 요나단
의 아들 므비보셋을 보살피다 다윗에게 내
어준다(사무엘 하 9:4). 훗날 다윗이 도피할
때 피난처를 제공한다(사무엘 하 17:27).

막디엘 MAGDIEL ('신이 선택한 선물')

에돔 추장으로 에사오의 후손이다(창세기
36:43, 역대기 상 1:54).

마할랏 MAHALATH ('리라')

1. 이스마엘의 딸로 에사오의 세 번째 아내
이다(창세기 28:9). 바스맛이라고도 불린다
(창세기 36:3).
2. 다윗의 아들인 여리못이 낳은 딸이다. 유
다 르호보암 왕의 아내들 중 한 명이었다
(역대기 하 11:18).

마므레 MAMRE ('남자다움')

아모리 추장으로 아브라함과 협력한다(창
세기 14:13,24). 아브라함이 살았던 헤브론
근처 지명인 '마므레의 평원' 혹은 '마므레의
참나무'는 그의 이름에서 따왔다. 마므레는
헤브론에서 서쪽으로 1.5마일 거리, '아브라
함의 참나무'라 불리는 나무가 서 있는 발
라텟 셀타(Ballatet Selta)로 여겨진다.

마나핫MANAHATH

호리 사람으로 소발의 아들이고 세일의 손자이다(창세기 36:23, 역대기 상 1:40).

므나쎄MANASSEH ('잊기')

요셉이 이집트 아내 아세낫 사이에서 얻은 두 아들 중 장남이다. 동생 에브라임과 함께 이후 야곱에게 입양된다(창세기 48:1). 이삭이 에사오 대신 야곱을 축복했듯 요셉이 두 아들을 할아버지 야곱에게 데려갔을 때 야곱은 손위 므나쎄 대신 에브라임에게 손을 올리고 그 후손들이 더욱 중요해질 것이라 축복한다. 이집트를 탈출하는 동안 므나쎄 부족은 지성소 서쪽에 진을 친다. 시나이에서 이루어진 조사 결과 므나쎄 지파의 수는 32,200명이었다(민수기 1:10,35, 2:20,21), 40년 후에는 그 수가 52,700명으로 늘어나 가장 수가 많은 지파가 된다.

마싸MASSA ('끌어올리기' '재능')

1. 이스마엘의 아들 중 한 명으로 아라비아 한 부족의 조상이 된다(창세기 25:14).
2. 바빌로니아 인근 아라비아 사막에 살던 유목민의 이름이다.

메닷MEDAD ('측정')

모세를 보좌해 사람들을 다스리도록 지명된 장로들 중 한 명이다. 엘닷과 함께 메닷은 진중에서 신의 영을 받는다(민수기 11:24–29).

므단MEDAN ('언쟁')

아브라함이 크투라에게서 얻은 아들이다(창세기 25:2, 역대기 상 1:32).

므헤타브엘MEHETABEL

1. 마드렛의 딸로 에돔 왕 하닷(하달)의 아내이다(창세기 36:39).
2. 느헤미야 시대의 거짓 예언자인 스마야의 아버지이다(느헤미야 6:10).

♦ **멜기세덱**MELCHIZEDEK ('공정함의 왕')

살렘의 왕이다(창세기 14:18–20). 살렘은 예루살렘으로 추정된다. 아브라함이 롯을 구출해 돌아오자 멜기세덱이 환대한다. 〈시편〉 110편은 멜기세덱이 이상적인 사제이자 왕이었다고 설명한다(시편 110:4).

므두셀라METHUSELAH ('활 쏘는 사람')

에녹의 아들이고 라멕의 아버지이며 노아의 할아버지이다. 성경에 등장하는 인물 중 가장 장수하여 대홍수가 일어나던 해 969세로 죽었다(창세기 5:21–27, 역대기 상 1:3).

밉삼MIBSAM ('향기')

이스마엘의 열두 아들 중 한 명으로 아랍한 부족의 조상이 된다(창세기 25:13).

미디안MIDIAN ('갈등')

아브라함이 크투라에게서 얻은 넷째 아들로 미디안인의 선조가 된다(창세기 25:2–4).

17세기 한 프랑스 화가가 그린 '아브라함과 멜기세덱의 만남'이다.

♦ **밀가**MILGAH ('여왕')

1. 아브라함의 형제 나홀의 아내이다. 그 아들 브두엘은 이삭의 아내가 되는 리브가의 아버지이다(창세기 11:29, 22:20, 24:15).
2. 슬롭핫의 다섯 딸들 중 한 명이다(민수기 26:33, 27:1, 여호수아 17:3).

미리암MIRIAM ('쓰라림')

아므람과 요게벳의 딸로 모세의 누나이다. 파라오의 딸이 역청 칠한 갈대상자를 발견했을 때 달려가 유모를 구해주겠다고 하고 어머니를 데려가 모세를 돌보도록 한다. 여자 예언자라고 나오기도 하며(출애굽 15:20) 홍해를 건넌 후 여자들을 이끌고 승리의 춤을 춘다. 미리암과 아론은 모세가 에티오피아 여자와 결혼하는 것을 비난한 벌로 나병에 걸렸다가 모세가 개입하여 회복된다. 황야를 헤매는 것이 거의 끝났을 때 죽어 카데스에 묻힌다(민수기 20:1).

♦ **미사엘**MISHAEL ('신과 같은 사람')

우찌엘의 세 아들 중 첫째이고 아론과 모세의 삼촌이다(출애굽 6:22).

♦ **미스마**MISHMA ('듣기')

1. 이스마엘의 아들 중 한 명으로(창세기 25:14) 아랍 한 부족의 조상이 된다.
2. 시므온 지파 밉삼의 아들이고 함무엘의 아버지이다(역대기 상 4:25).

♦ **모압**MOAB ('그의 아버지의')

롯의 큰딸이 아버지와 상간하여 낳은 아들

로 모압인의 선조이다(창세기 19:37).

몰렉 또는 몰록 MOLECH or MOLOCH ('왕')

암몬인들이 숭배하던 중요한 신이다. 가나안 여러 지역에서 '불의 신'으로 숭배되었다. 몰렉은 특히 어린 아이들을 번제물로 바쳐야 하는 신으로 악명 높았다. 〈레위기〉에서 여러 차례 경고했음에도 몰렉 숭배는 지속되었고 심지어 솔로몬 왕은 몰렉 제단을 짓기까지 하였다(레위 18:21). 이후 요시아 왕이 몰렉 신전을 없애버린다(열왕기 상 11:5, 열왕기 하 23:10, 이사야 30:33).

모세 MOSES ('앞으로 내세운')

《모세 5경》에서 가장 중요한 인물이다. 유대인들이 억압받던 이집트를 탈출하게 하고 율법을 전했으며 약속의 땅으로 인도했기 때문이다. 모세는 아므람과 요게벳 사이에서 태어났다. 당시 유대 인구를 줄이려고 온갖 방법을 동원하던 파라오(세티 1세로 추정)는(출애굽 2:1-4, 6:20) 유대 남자아이는 태어나자마자 나일 강에 던져버리라는 가혹한 명령을 내렸다. 모세의 어머니는 갈대상자에 아들을 넣어 강에 띄워보냈고 매일 목욕하러 나오던 파라오의 딸이 모세를 발견한다(출애굽 2:3). 그녀는 모세를 입양하고 요게벳을 유모로 고용함으로써 모세는 유대인의 정체성을 잃지 않고 자라난다(출애굽 1:13,14). 모세는 20여 년을 호사스럽게 살았지만 마흔 살 무렵 유대인이 이집트에서 당하는 고통을 더 이상 참지 못하게 된다. 이스라엘인 노동자를 마구 때리는 이집트 감독관을 죽여버린 모세는 파라오의 분노를 피해 도망친다(출애굽 2:11-12). 그리고 시나이 근처 미디안에서 40년 동안 살며 사제 이드로의 딸과 결혼한다. 어느 날 그는 황야에서 불꽃이 이는 떨기를 보고 이집트로 돌아가 그의 민족을 자유롭게 하라는 신의 명령을 받는다(출애굽 3:7-10). 형 아론과 함께 파라오 앞에 선 모세는 이스라엘인을 놓아달라고 요청한다. 파라오가

거절하자 모세는 일련의 재앙이 일어나도록 하는데 그 마지막은 이스라엘 가정만 제외하고 이집트의 모든 맏이를 죽이는 것이었다(출애굽 7장-12장). 마침내 이스라엘인들을 끌고 나온 모세는 40년 동안 황야를 지나 약속의 땅으로 향한다(출애굽 16장).

B.C.E. 1200-800년에 새겨진 요르단 쉬한현무암 석비. 모압인들의 군신을 묘사한 것으로 여겨진다.

또한 신의 명령을 받고 시나이 산으로 올라가 십계명을 받는데 이는 이스라엘 민족을 다스리는 율법의 바탕이 된다. 하지만 노예들을 놓아보낸 것을 후회하게 된 파라오는 일행을 추격한다. 홍해 입구에서 모세는 물을 갈라 이스라엘인이 무사히 건너게 한 후 뒤따르는 이집트 군대를 수장해버린다(출애굽 14장). 이스라엘인들이 마지막으로 천막을 친 곳은 모압 평원이었는데 그곳에서 모세는 장로들에게 마지막 당부를 하고 모든 사람을 축복한다(신명 1:1-4, 5:1-26:19, 27:11-30:20). 죽기 전 모세는 느보 산에 오르고 신은 이스라엘 부족들의 고향이 될 그

땅을 다 보여주신다. 모세 자신은 요르단 강을 건너 가나안에 들어가지 못할 운명이었다(민수기 27:12-14). 그는 모압 계곡에서 120세로 숨을 거둔다(신명기 31:20).

나아마 NAAMAH

('사랑스러운' '아름다운')
라멕과 실라가 낳은 딸이다(창세기 4:22). 대홍수 이전 시대와 연결되는 네 여성 중 한 명이기도 하다.

나답 NADAB ('자유로운')

1. 아론의 네 아들 중 장남이다(출애굽 6:23, 민수기 3:2). 아버지, 형제들과 함께 여호와의 사제로 임명된다(출애굽 28:1). 아비후와 속된 불로 번제를 올리려다가 제단에서 죽는다(레위기 10:1-2, 민수기 3:4, 26:60).
2. 여로보암의 아들로 이스라엘 왕위를 물려받는다(열왕기 상 15:25-31).
3. 유다 부족 삼매의 아들 중 하나이다(역대기 상 2:28,30).
4. 베냐민 부족 기브온의 아들이다(역대기 상 8:30, 9:36).
5. 이스라엘 왕 여로보암의 아들이자 후계자이다(열왕기 상 14:20). 바아사에게 죽임을 당한다(열왕기 상 15:25-28). 이후 나답 일가 전체가 몰살당한다(열왕기 상 15:29).

나핫 NAHATH ('휴식')

1. 에돔의 지도자 중 한 명이다. 에사오의 아들인 르우엘이 낳은 네 아들 중 맏이이다(창세기 36:13,17, 역대기 상 1:37).
2. 레위 지파 크핫 갈래 소발의 아들이다(역대기 상 6:26).
3. 히즈키야 치세 때 레위 지파 사람이다. 성전에 거룩한 제물을 바치는 일을 맡은 이들 중 한 명이다(역대기 하 31:13).

나홀NAHOR ('코웃음')
1. 스룩의 아들로 데라의 아버지, 아브라함의 할아버지다(창세기 11:22-25, 루가 3:34).
2. 데라의 아들이고 아브라함과 하란의 맏형이다(창세기 11:26-27, 여호수아 24:2). 아우 하란의 딸 밀가와 결혼해 유프라테스 강 동쪽 고향 땅에 머물러 살았다(창세기 11:27-32).

나흐손NAHSHON ('마법사')
암미나답의 아들이고 마법사이다. 광야에서 부족들 인원수를 처음 확인할 때 유다 지파 대표였다(출애굽 6:23).

나비스NAPHISH ('회복제')
이스마엘의 아들로 아랍 한 부족의 조상이 된다(창세기 25:15, 역대기 상 1:31).

납달리NAPHTALI ('씨름')
야곱의 다섯 번째 아들로 라헬의 몸종 빌하가 낳은 두 번째 자식이다(창세기 30:8). 야곱이 이집트로 갔을 때 납달리는 아들 넷을 두고 있었다(창세기 46:24). 광야를 지나갈 때 납달리 부족은 단과 아셀 부족과 함께 천막 성전 북쪽에 자리잡았다(민수기 2:25-31). 땅을 나눌 때 납달리의 몫은 서쪽으로는 아셀, 남쪽으로는 즈불룬, 동쪽으로는 요르단 강 너머 므나쎄 부족과 접하게 된다.

납두NAPHTUHIM ('경계지역의 사람들')
노아 후손들을 설명할 때 등장하는 부족이다(창세기 10:13, 역대기 상 1:11).

느바욧NEBAIOTH ('높이')
1. 이스마엘의 맏아들이자(창세기 25:13) 이스라엘 한 부족의 지도자이다. 그 누이 마할랏은 에사오의 여러 아내 중 한 명이 된다(창세기 28:9, 36:3).
2. 느바욧의 후손인 이스마엘 지파 이름이다(창세기 25:13,18). 이 민족이 신에게 바친

납달리의 모습을 담은 영국 웰즈 대성당의 14세기 스테인드글라스.

제물은 '느바욧의 양들'(이사야 60:7)이었다.

느무엘NEMUEL ('신의 날')
1. 르우벤 지파 사람 엘리압의 아들이고 다단, 아비람의 맏형이다(민수기 26:9).
2. 시므온의 다섯 아들 중 첫째이다(민수기 26:12, 역대기 상 4:24). 여무엘이라고도 불린다(창세기 46:10).

느다넬NETHANEL ('신이 주셨다')
1. 이싸갈 지파 지도자이다(민수기 1:8, 2:5, 7:18,23, 10:15).
2. 이새의 넷째 아들이다(역대기 상 2:14).
3. 오베데돔의 집에서 계약궤를 모셔올 때 나팔을 분 나팔수이다(역대기 상 24:6).
4. 레위 지파의 서기로 스마야의 아버지이다(역대기 상 24:6).
5. 오베데돔의 아들이다(역대기 상 26:4).
6. 여호사벳이 유다 도시들에 보낸 대신들 중 한 명이다(역대기 하 17:7).
7. 요시야 왕의 과월절을 위해 가축을 내놓은 레위인이다(역대기 하 35:9).
8. 외국인 여자와 결혼한 사제 중 한 명이다(에즈라 10:22).

니므롯NIMROD ('저항' '용맹한')
니므롯은 '세상에 처음 나타난 힘센 장사로 야훼께서도 알아주시는 힘센 사냥꾼'(창세기 10:8-9)이다. 실제 전투 행동에 대해서는

언급이 없다. 니므롯은 시날(Shinar) 땅에 나라를 세우는데 훗날 예언자 미가는 이 나라가 아시리아 제국이라고 설명한다(미가 5:6). 니므롯은 이어 바벨, 에렉, 아카드 같은 도시들을 세운다. 에렉은 수메르의 도시 우루크로, 아카드는 아카드 제국의 수도인 아카드(Akkad)로 여겨진다.

노아NOAH ('휴식')
1. 므두셀라의 손자이자 라멕의 아들이다(창세기 5:25-29). 노아는 구세계와 신세계의 연결고리이자 인류의 두 번째 시조로 여겨진다. 그는 500년을 살면서 셈, 함, 야벳이라는 세 아들을 두었다(창세기 5:32). 노아는 '옳게 살아 자기 생명을 건진' 인물이었다(에스겔 14:14, 20). 노아의 이야기는 카인과 셋의 자손들이 서로 결혼하여 불경한 종족을 낳은 것에서부터 시작된다. 인간이 점점 더 타락하자 신은 인간을 땅 위에서 쓸어버리기로 결심했다(창세기 6:7). 하지만 신은 노아만은 무서운 폭우에서 구해주겠다고 약속하며 노아와 그 가족들이 탈 방주를 만들도록 지시했다(창세기 6: 14-16). 방주를 만드는 동안 120년이 흘렀고(창세기 6:3) 세상 사람들의 타락은 더욱 심해졌다(베드로 전 3:18-20, 베드로 후 2:5). 전나무로 짠 방주가 완성되자 뭇 생명체들이 거기 들어갔다. 노아와 아내, 아들들과 며느리들이 들어가고 나자 '여호와께서 배의 문을 닫으셨다'(창세기 7:16). 방주는 150일 동안 물 위를 떠다니다가 아라랏 산 위에 멈췄다(창세기 8:3-4). 방주를 떠나 노아가 처음으로 한 일은 제단을 쌓고 감사의 번제를 드리는 것이었다(창세기 8:21-9:17).
2. 슬롭핫의 다섯 딸 중 하나이다(민수기 26:33, 27:1, 36:11, 여호수아 17:3).

눈NUN ('물고기')
여호수아의 아버지이다(출애굽 33:11). 가계로 보면 에브라임의 후손이라고 〈역대기 상〉 7장 1절에 기록되어 있다.

익명의 예술가가 만든 이탈리아 라벤나 산 비탈레
성당의 모자이크 노아 초상. 1200년경.

오그란OCHRAN ('문젯거리')
아셀 지파의 대표로 뽑힌 바기엘의 아버지
이다(민수기 1:13, 2:27, 7:72,77, 10:26).

옥OG ('거대한' '둥근')
갈릴리 해 동쪽을 다스리는 바산의 왕이
다. 모세에 대항해 싸웠지만 에드레이에서
패배한다(민수기 21:32-35, 신명기 1:4). 그
의 왕국은 르우벤 지파와 가드 지파, 그리
고 므나쎄 지파 절반이 나누어 갖는다(신
명기 3:1-13). 옥 왕의 거대한 쇠 침대는 암
몬의 수도 라빠-암몬에 전시되었다(신명기
1:4, 3:1-13, 4:47, 29:7, 31:4).

오홀리바마OHOLIBAMAH ('높은 곳의 천막')
1. 헷족 아나의 딸이자 에사오의 아내이다
(창세기 36:2,5).
2. 에돔의 추장이다(창세기 36:41, 역대기 상
1:52).

오남ONAM ('활기찬')
소발의 아들이고 호리 족 세일의 손자이다

(창세기 36:23, 역대기 상 1:40).

오난ONAN ('강인한')
유다가 가나안 사람 수아의 딸에게서 얻은
둘째 아들이다(창세기 38:4). 오난은 형이
죽은 후 형수 다말과 결혼한다.

발티PALTI ('구조')
1. 라부의 아들로 약속의 땅을 정탐하러 간
열두 명 중 한 명이다(민수기 13:9).
2. 갈림 출신 라이스의 아들이다. 남편 다
윗과 강제로 헤어지게 된 사울 왕의 딸 미
갈과 결혼한다. 다윗이 왕이 된 후 미갈을
다시 데려가자 발티는 울며 따라간다(사무
엘 상 25:44, 사무엘 하 3:15).

벨렉PELEG ('나눠진')
에벨의 아들이고 욕단의 형이다. 르우의 아
버지이고 노아와 셈의 후손이 된다(창세기
10:25).

베레스PEREZ ('위반')
유다와 그 며느리 다말 사이에 태어난 아
들이다. 쌍둥이로 먼저 세상에 나왔지만 형
제라가 먼저 태 밖에 손을 내밀었고 그때
산파가 진홍빛 실을 매두어 동생이 되었다
(역대기 상 27:3).

비느하스PHINEHAS ('뱀의 입')
1. 아론의 손자이고 대사제 엘르아잘의 아
들이며 아비수아의 아버지이다. 부도덕하
게 행동하는 지므리와 고즈비를 죽여 신께
서 역병을 거두게 하였다. 신은 비느하스와
후손들이 사제직을 맡게 하였다. 비느하스
는 미디안인과 싸울 때 군대를 이끌고 승리
한다. 이어 대사제 비느하스는 요르단 강을
건너 그곳의 제단을 조사하며 신을 숭배하
였다(출애굽 6:25).

2. 대사제 엘리의 아들이고 홉니와 형제이
다. 신은 이들의 자손이 더 이상 사제가 되
지 못하도록 벌을 내렸다. 비느하스는 전
장에서 죽었다. 남편의 전사 소식을 들은
아내는 조산 중 세상을 떠났다. 아들 이가
봇은 살아남았다(사무엘 상 1:3).
2. 엘르아잘의 아버지이다(에즈라 8:33).

빌다스PILDASH ('불꽃')
아브라함의 형제 나홀이 밀가에게서 얻은
여덟 아들 중 한 명이다(창세기 22:22).

보디발POTIPHAR ('라 신에게 충성하는')
파라오 궁정의 경호대장이다. 미디안 상인
들로부터 요셉을 사들였다가 충직함과 성
실함을 보고 집안 관리를 맡긴다. 보디발
의 아내는 요셉을 유혹하다 거절당하자 자
신을 겁탈하려 한다고 거짓 누명을 씌워 감

스페인 화가 후안 우루치(1829-1892) 가 1852년경 그린
'요셉과 보디발의 아내'다.

옥에 보낸다(창세기 37:36).

보디베라POTIPHERAH ('태양에 바쳐진')
온(On)이라는 곳에 사는 이집트 사제이다.
파라오가 요셉에게 아내로 내려주는 아세
낫의 아버지이다(창세기 41:45).

부아PUAH ('찬란한')

신을 두려워하여 이스라엘 사내아이를 모두 죽이라는 파라오의 명령을 거역한 산파이다(출애굽 1:15-21).

라헬RACHEL ('암양')

라반의 딸이자 야곱의 아내이며 요셉과 베냐민의 어머니이다(창세기 29:6). 라헬은 야곱의 사랑을 듬뿍 받았다. 야곱은 라헬과 결혼하기 위해 그 언니 레아와도 결혼해야 했다. 야곱이 아내들과 종들을 이끌고 밧단 아람을 떠나 이동하던 길에 라헬은 베냐민을 낳다가 세상을 떠나고 에브랏에 묻혔다(창세기 35:19).

레바REBA ('네 번째')

발람이 죽을 때 이스라엘 어린들 손에 함께 죽임을 당한 미디안의 다섯 왕 중 한 명이다(민수기 31:8, 여호수아 13:21).

리브가 또는 레베카REBEKAH ('합쳐지다')

브두엘의 딸(창세기 22:23)이자 라반의 누이로 이삭과 결혼한다(창세기 24:1). 19년 동안 아이를 낳지 못하다 이삭의 기도로 쌍둥이 에사오와 야곱을 임신한다. 뱃속에서도 몸싸움을 벌이는 쌍둥이를 두고 신은 '너의 태에는 두 민족이 들어 있다'라고 설명한다(창세기 25:23). 리브가는 야곱을 더 사랑하여(창세기 25:19-28) 그가 장자상속권을 이어받도록 계획을 꾸민다. 남편이 에사오 대신 야곱을 축복하도록 만든 뒤 야곱을 하란의 친척들에게 보내버린다(창세기 29:12). 리브가는 야곱이 하란에 머무는 동안 세상을 떠난 것으로 보인다.

레겜REKEM ('수놓인')

1. 이스라엘인에게 패해 죽임을 당한 미디

이탈리아 화가 이냐치오 아파니(1828-1889)가 1862에 그린 '팔찌를 끼고 즐거워하는 리브가'이다.

안 다섯 왕 중 한 명이다(민수기 31:8, 여호수아 13:21).

2. 헤브론의 네 아들 중 하나이고 삼매의 아버지이다(역대기 상 2:43-44).

르우벤REUBEN ('아들을 바라보라')

레아가 낳은 야곱의 맏아들이다(창세기 29:32). 레아는 야곱이 자기를 사랑해주기를 바라는 마음으로 아들 이름을 이렇게 지었다. 맏아들이지만 르우벤은 그리 영리하지 못해 가족을 지휘하는 역할은 동생 유다가 맡게 된다. 르우벤과 형제들은 아버지의 사랑을 독차지하는 요셉을 시기해 죽여버리자고 모의했으나 르우벤이 동생들을 설득해 구덩이에 처넣자고 한다(창세기 37:21-30, 42:22). 이어 유다가 지나가는 상인 무리에 노예로 팔아버리자고 제안한다. 아버지 야곱은 자신의 첩 빌하와 르우벤의 간통을 문제 삼아 르우벤의 장자상속권을 빼앗는다(창세기 35:22, 49:4, 역대기 상 5:1).

르우엘REUEL ('신의 친구')

모세의 장인 이드로의 또 다른 이름이다(출애굽 2:18).

르우마REUMAH ('지위 높은')

아브라함의 동생 나홀의 첩이다(창세기 22:24).

사라SARAH ('공주')

1. 아브라함의 이복누이이자 아내로 이삭의 어머니이다(창세기 20:12). 성경에 처음 등장할 때는 사래라고 소개된다(창세기 11:29). '나의 공주'라는 뜻의 사래에서 '공주'라는 뜻의 사라로 이름이 바뀌는 시점은 남편 이름이 아브람에서 아브라함으로 바뀌는 때와 동일하다. 사라는 오래도록 아이를 낳지 못해 아브라함의 후계 문제가 심각하게 대두되었다. 메소포타미아 관습에 따라 사라는 하갈이라는 처녀 노예를 골라 아브라함과 동침하여 아들을 낳도록 했다. 임신한 하갈은 안주인 사라를 무시하고 제멋대로 굴었고 사라는 하갈을 멀리 사막으로 쫓아내버린다. 하갈은 수르(Shur) 근처 오아시스에서 만난 천사의 설득으로 집에 돌아온다. 이후 사라는 아이를 낳게 되리라는 예언을 듣지만 "내가 이렇게 늙었고 내 남편도 다 늙었는데, 이제 무슨 낙을 다시 보랴!"라고 중얼거리면서 웃어버리고 만다. 그러자 "신이 무슨 일인들 못 하겠느냐?"라는 소리가 울린다(창세기 18:12,14). 사라는 정말로 임신해 아들 이삭을 낳는다. 이 이름은 '웃는 사람'이라는 뜻이다. 이삭이 장자의 권리를 가져야 한다고 주장하던 사라는 남편에게 '계집종과 그 아들을 내쫓으라'고 요구한다. 이미 연로했던 아브라함은 아내의 말을 거부하지 못했고 약간의 빵과 물만 주고는 하갈 모자를 내보냈다(창세기 12:10). 〈창세기〉에 따르면 사라는 127세에 헤브론에서 사망한다. 그로부터 28년 후 남편도 죽어 함께 동굴에 묻힌다(B.C.E. 1860).

이탈리아 화가 조반니 무졸리(1854-1894)가 1875년경에 그린 '파라오의 뜰에 있는 아브라함과 사라'이다.

2. 아셀의 딸이다(민수기 26:46).

셋 SETH ('대체하다' '토대 놓다')

아담과 이브의 셋째 아들로 아벨의 죽음 이후 태어났다(창세기 4:25, 5:3). 〈창세기〉에 따르면 셋이 태어났을 때 아담은 130세였다고 한다. 셋은 에노스를 낳고 이후 길게 자손이 이어졌다. 그 자손들의 이름은 카인의 아들 에녹에서 이어지는 〈창세기〉의 자손들 이름과 동일하다. 셋의 자손 중 한 명이 라멕의 아들 노아이다.

사울 SHAUL ('요구하는')

1. 가나안 출신인 야곱의 아내 시므온의 아들이다(창세기 48:10, 역대기 상 4:24).
2. 에돔의 고대 왕이다(역대기 상 1:48-49).
3. 레위의 자손 중 웃시야의 아들이다(열왕기 상 6:24).

세바 SHEBA ('맹세')

1. 욕단의 아들로, 노아의 둘째 아들 셈의 후손이다(창세기 10:28).
2. 욕산의 아들이며 아브라함과 그두라의 손자이다(창세기 25:3).

3. 베냐민 지파 비그리의 아들로(사무엘 하 20:1-22), 다윗 왕에 대항한 압살롬 전투에서 패한 후 참수되었다(사무엘 하 20:3-22).
4. 바산에 살던 가드 지파의 우두머리다(역대기 상 5:13).

세겜 SHECHEM ('뒤쪽' '어깨')

1. 히위 사람 하몰의 아들로 야곱의 딸을 겁탈하였다가 야곱의 아들들 손에 죽는다(창세기 33:19, 여호수아 24:32, 판관기 9:28).
2. 세겜 사람들의 선조이다(민수기 26:31, 여호수아 17:2).
3. 스미다의 아들로 요르단 동쪽 길르앗에 살던 므나쎄의 후손이다(역대기 상 7:19).

슬로밋 SHELOMITH ('평화')

1. 단 지파 디브리의 딸이다. 이집트 남자와의 사이에서 낳은 아들이 이스라엘 사람과 싸움을 벌이는 바람에 그 벌로 돌에 맞아 죽는다(레위기 24:11).
2. 유다 가문 즈루빠벨의 딸이다(역대기 상 3:19).

셈 SHEM ('이름')

노아의 장남이다(창세기 5:32, 6:10). 홍수 이후 셈 일가는 신의 축복 아래 계약을 받는다(창세기 9:1). 시리아, 아시리아, 페르시아, 그리고 아라비아 반도의 넓은 지역에 그의 후손들이 살게 되었다(창세기 11:10-26, 역대기 상 1:24-27).

세메벨 SHEMEBER ('날아오름')

스보임의 왕으로 그돌라오멜의 공격을 받은 소돔 왕과 연합한다. 이후 아브라함에 의해 구해진다(창세기 14:2).

세새 SHESHAI ('웅장한')

아낙의 세 아들 중 한 명이다(민수기 13:22).

세새와 그 형제들은 유다 부족이 헤브론을 공격하던 때에 모두 죽는다(여호수아 15:14, 판관기 1:10).

시므이 SHIMEI ('유명한')

1. 르우벤 지파 곡의 아들이다(역대기 상 5:4).
2. 게르손의 아들이고 레위의 손자이다(민수기 3:18, 역대기 상 6:17,29). 그의 후손들은 예루살렘 천막 성전에서 봉사했다(출애굽 6:17).
3. 자구르의 아들로 시므온 지파 지도자였다(역대기 상 4:26).
4. 레위 지파 리브니의 아들이다(역대기 상 6:29).
5. 야핫의 아들이고 게르솜의 손자이다. 짐마의 아버지이다(역대기 상 6:42).
6. 베냐민 지파의 지도자이다(역대기 상 8:21).
7. 사울의 친척인 베냐민 지파 사람이다. 압살롬 반란 때 예루살렘에서 도망친 다윗에게 돌을 던지며 욕설을 퍼부었다(사무엘 하 16:5-13). 압살롬이 패한 후 베냐민 지파 1,000명을 데리고와 용서를 구하였다(사무엘 하 19:18). 다윗은 그 자리에서는 용서했지만 임종하면서 솔로몬에게 시므이를 죽이라고 한다. 시므이가 예루살렘에 머물라는 명령을 어기고 도망노예들을 찾아 갓에 다녀오자 솔로몬 왕은 그를 죽인다(열왕기 상 2:8-9).
8. 아도니야를 다윗 후계자로 인정하지 않았던 다윗 용사 중 하나다(열왕기 상 1:8).
9. 엘라의 아들로 솔로몬 왕실을 위해 양식을 대는 지방장관 열두 명 중 한 명이다(열왕기 상 4:18).
10. 왕의 포도밭을 책임지던 다윗 시대의 관리이다(역대기 상 27:27).
11. 히즈카야의 명령에 따라 목욕재계하고 성전을 청소한 레위 사람이다(역대기 하 29:14).
12. 고나니야의 형제로 성전 제물을 책임지

던 레위 사람이다(역대기 하 31:12).

13. 브다야의 아들로 바빌로니아에서 유다로의 이주 행렬을 이끌었다(역대기 상 3:19).

14. 에즈라의 지시에 따라 외국인 아내와 이혼한 레위 사람이다(에즈라 10:23).

15. 에즈라의 지시에 따라 외국인 아내와 이혼한 하숨 일가 사람이다(에즈라 10:33).

16. 에즈라의 지시에 따라 외국인 아내와 이혼한 빈누이 일가 사람이다(에즈라 10:38).

17. 키스의 아들이고 야이르의 아버지이다. 시므이의 손자 모르드개는 페르시아 치하의 모든 유대인들을 죽이려는 계획을 미리 알고 막아낸다(에스터 2:5).

시므온SHIMEON ('들은 사람')
하림의 후손으로 에즈라의 지시에 따라 외국인 아내와 이혼한다(에즈라 10:31).

시브라SHIPHRAH ('밝음')
이스라엘인의 사내아이를 모두 죽이라는 파라오의 명령을 거역한 산파이다(출애굽 1:15-21).

수아SHUA ('부유함')
1. 가나안의 처녀로 요셉의 아내가 된다(역대기 상 2:3).
2. 헤벨의 딸이다(역대기 상 7:32)

시혼SIHON ('감정이 격한')
아모리인의 땅을 다스리던 왕으로 이스라엘인이 지나가지 못하게 하였다. 이에 이스라엘인들은 시혼 왕의 군대를 물리치고 그 땅을 차지했다(민수기 21:20-30, 신명기 2:24-37).

시므온SIMEON ('신이 들으셨다')
1. 레아가 낳은 야곱의 둘째 아들이다(창세기 29:32). 하몰 왕의 아들 세겜이 누이 디나를 겁탈하고 결혼을 청하자 야곱과 아들들은 그 지역 남자들이 모두 할례를 받아야 한다는 조건을 걸었다. 세겜 남자들이 아직 회복되지 못했을 때 시므온과 레위가 누이의 명예를 위해 세겜의 모든 남자들을 죽여버린다(창세기 34:25-26). 이집트에서 동생 요셉이 권세를 누리는 동안 시므온은 이집트에 인질로 붙잡혀 있기도 한다. 야곱은 죽기 전에 아들들에게 복을 빌어주지만 시므온과 레위가 세겜 남자들을 학살했던 일을 기억하고 "화가 나면 잔인해지는 것들! 내가 그들을 야곱의 자손 가운데서 분산시키고 이스라엘 백성 가운데서 흩뜨리리라."라고 말한다(창세기 49:5,7).

2. 예루살렘에 살던 의롭고 경건한 사람으로 요셉과 마리아 부부가 성전에 아기 예수를 데리고 왔을 때 "이 아기는 수많은 이스라엘 백성을 넘어뜨리기도 하고 일으키기도 할 분이십니다."라고 찬양하였다(루가 2:29-35).

19세기 영국의 석판화 '시므온과 레위의 히비인들 학살'이다. 세겜과 그가 다스리는 도시의 모든 남자들에 대한 시므온의 복수 장면을 묘사하고 있다.

다하스TAHASH ('돌고래')
아브라함의 형제 나홀이 첩 르우마에게서 낳은 아들이다. 이후 아람 부족의 창시자가 된다(창세기 22:24).

탈매TALMAI ('용감한')
아낙의 세 아들 중 한 명으로 갈렙이 다스리던 유다 땅에서 쫓겨난다(민수기 13:22, 여호수아 15:14, 판관기 1:10).

다말TAMAR ('야자수')
1. 유다의 맏아들 에르와 결혼한 여자이다(창세기 38:6). 남편이 죽은 후 다말은 에르의 동생 오난과 다시 결혼하였다. 오난까지 죽고 나자 유다는 셋째 셀라와는 결혼하지 못하게 했다. 다말은 창녀로 가장해 유다와 동침하는 것으로 복수했고 두 아들 베레스와 제라를 낳았다(창세기 38:6,13-30, 룻 4:12, 역대기 상 2:4).

2. 다윗 왕이 마아가와 사이에서 낳은 딸로 압살롬의 누이이다. 이복 오빠 암몬에게 겁탈을 당하자 2년 후 압살롬이 축제에서 암몬을 죽여 복수한다(사무엘 하 13, 역대기 상 3:9).

3. 압살롬의 딸이자 다윗 왕의 손녀이다(사무엘 하 14:27).

다르싯TARSHISH ('황금빛 돌')
1. 야완의 아들 중 하나로 노아의 손자이고 다르싯의 전설적 시조이다(창세기 10:4, 역대기 상 1:7). 다르싯의 배들이 홍해 에시욘게벨까지 오갔다는 언급(열왕기 상 9:26, 22:48, 역대기 하 9:21)을 바

프랑스 화가 호레이스 베르네(1789–1863)가
1840년경에 그린 '유다와 다말'이다.

탕으로 다르싯이 인도양 해안에 있었다고 추측하는 이들도 있다. 혹은 다르싯이 곧 카르타고라는 주장도 있다. 다르싯은 스페인 과달키비르 강과 연결되는 페니키아의 항구 이름이기도 하다. 욥바를 떠난 요나의 배가 다다른 곳이 바로 이 항구였다.

2. 빌한의 아들로 베냐민 지파의 지도자가 된다(역대기 상 7:10).

3. 메대와 페르시아 출신으로 아하스에로스 왕을 모신 일곱 대신 중 한 명이다(에스더 1:14).

테바 TABAH ('도살자')

아브라함의 형제 나홀이 첩 르우마에게서 낳은 아들로 훗날 아람 부족의 창시자가 된다(창세기 22:24).

데마 TEMA ('사막')

이스마엘의 아들 중 하나로 데마라는 사막 부족의 조상이 된다(창세기 25:15, 역대기 상 1:30, 욥 6:19, 이사야 21:14, 예레미야 25:23). 이 부족은 에돔 남동쪽 250마일, 다마스쿠스와 메카 연결로에 있는 데마 지역(오늘날의 테우마(Teyma)로 추정)에 살았다.

데만 TAMAN ('남쪽')

엘리바즈의 아들이고 에사오의 손자로 에돔 지도자 중 한 명이다(창세기 36:11,15,42). 데만은 이두매 남쪽, 주민들의 지혜로 유명한 지역 명칭이기도 하다(아모스 1:12, 오바디야 1:8, 예레미야 49:7, 에제키엘 25:13).

데라 TERAH ('방랑자')

하란, 나홀, 아브람의 아버지이다(창세기 11:26). 하란은 아버지보다 먼저 죽었지만 아브람과 나홀은 살아남았다. 데라는 아들과 며느리들, 하란의 아들인 손자 롯을 이끌고 메소포타미아 북쪽 도시 하란으로 옮겨가 거기서 여생을 보내다 205세로 세상을 떠난다(창세기 11:24–32, 여호수아 24:2).

티드알 TIDAL

고임의 왕이다. '나라들'이라는 뜻의 고임은 티그리스 동쪽, 엘람 북쪽 구티움(Gutium)이었을 것이다(창세기 14:1–9).

딤나 TIMNA ('한 부분')

1. 에사오의 아들 엘리바즈의 첩으로 아말렉이라는 아들을 낳는다(창세기 36:12).

2. 에사오의 손자이자 엘리바즈의 아들이다(역대기 상 1:36).

3. 에돔 추장 세일의 딸이다(창세기 36:22, 역대기 상 1:39).

4. 에돔의 지도자이다(창세기 36:40, 역대기 상 1:51).

우리 URI ('불')

유다 지파 후르의 아들이자 브살렐의 아버지이다(출애굽 31:2, 35:30).

우스 UZ ('비옥한 땅')

1. 아람의 네 아들 중 한 명이고 셈의 손자이다(창세기 10:23, 역대기 상 1:17).

2. 아브라함의 동생인 나홀의 맏아들이다(창세기 22:21).

3. 디산의 아들로 에돔 땅 호리 족 지도자 중 한 명이다(창세기 36:28).

자완 ZAAVAN ('극심한 공포')

에제르의 아들로 에돔의 지도자이다(창세기 36:27). ZAVAN이라는 이름으로도 등장한다(역대기 상 1:42).

자구르 ZACCUR ('유념하는')

1. 아브라함이 정찰대로 보낸 삼무아의 아버지이다(민수기 13:4).

2. 므라리의 후손인 레위 사람으로 천막 성전의 예배를 주관한다(역대기 상 24:27).

3. 함무엘의 아들로 시므온 부족 지도자이다(역대기 상 4:26).

4. 아삽의 아들로 다윗 왕이 조직한 합창단 중 하나를 지휘했다(역대기 상 25:2,10). 즈가리야의 선조이다.

5. 바빌론에 강제 이주되었다가 유다로 돌아온 비그왜의 후손이다(에즈라 8:14).

6. 이므리의 아들로 예루살렘 성벽 세우는 일을 도왔다(느헤미야 3:2).

7. 느헤미야 시대에 계약궤 맹약서에 서명한 레위 지파 사람이다(느헤미야 10:12).

8. 마타니야의 아들이고 하난의 아버지이다(느헤미야 13:13).

사브낫바네아 ZAPHENATH-PANEAH ('삶의 양식을 제공하는 사람')

이집트 왕이 요셉을 총리대신으로 임명하면서 내려준 이름이다(창세기 41:45).

즈불룬 ZEBULUN ('주거지')

야곱의 열 번째 아들이고 하란에서 레아가 낳은 여섯 번째 아들이다. 가족과 이스라엘인을 이끌고 이집트에 도착했을 때 요셉이 파라오에게 처음 소개한 형제이다(창세기 47:2). 가나안에서 세 아들 세렛, 엘론, 야흘르엘을 낳는데 이들은 즈불룬 부족의 세 갈래 선조가 된다(창세기 46:14).

슬롭핫 ZELOPHEHAD ('두려움을 막아주는 사람')

므나쎄 지파 지도자로 아들 없이 죽었다. 딸들이 모세에게 청원해 상속을 받았다. 이후 아들 없이 죽는 사람의 유산은 딸들에게 가는 게 관례로 굳어졌다(민수기 26:33, 27:1,7, 36:2,6,10,11, 여호수아 17:3, 역대기 상 7:15).

스보 ZEPHO ('응시')

엘리바즈의 아들이고 에사오의 손자로 에돔 추장이다(창세기 36:15).

제라 ZERAH ('신의 빛')

1. 르우엘의 아들이고 에사오의 손자이다. 에돔 지도자 중 한 명이었다(창세기 36:15).
2. 유다와 다말 사이에 태어난 쌍둥이 중 한 명이다(창세기 38:28-30).
3. 시므온의 아들이고 야곱의 손자이다(창세기 46:10).
4. 에돔의 왕 요밥의 아버지이다(창세기 36:33, 역대기 상 1:44).
5. 레위의 아들인 게르손의 자손이다(역대기 상 6:21).

6. 레위 지파 아다야의 아들이다(역대기 상 6:41).
7. 성경에 기록된 최대 규모의 군사를 이끌고 유다 왕국을 침략한 에티오피아의 왕이다(역대기 하 14:9-15). 유다 3대 왕 아사에게 격퇴된다.

지그리 ZICHRI ('기억할 만한')

이스할의 아들, 크핫의 손자다(출애굽 6:21).

질바 ZILPAH ('떨어지는 물방울')

라반이 딸 레아의 몸종으로 삼은 시리아 여자로(창세기 29:24) 이후 야곱의 첩

아내 시쁘라와 아들들을 데리고 이집트에서 돌아오는 모세. 베르둔의 니콜라(1130-1205년경)가 제작한 칠보작품.

이 된다. 가드와 아셀의 어머니이다(창세기 30:9-13, 35:26, 46:18).

지므란 ZIMRAN ('축복받은')

아브라함이 크투라에게서 얻은 맏아들이다(창세기 25:2, 역대기 상 1:32).

지므리 ZIMRI ('가수')

1. 시므온 지파 살루의 아들로 미디안 공주 고즈비를 자기 텐트로 끌어들였다 비느하스 손에 죽임을 당한다(민수기 25:6-15).
2. B.C.E. 885년, 엘라 왕을 죽인 후 잠시 북왕국을 통치한 이스라엘 장군이다. 결국 오므리에게 축출된다(열왕기 상 16:9-20).
3. 베냐민 지파 여호야다의 아들이고 사울 왕의 후손이다(역대기 상 8:36, 9:42).

시쁘라 ZIPPORAH ('아름다움')

미디안 사제 이드로의 딸로 모세의 아내가 되어 게르솜과 엘리에젤을 낳는다. 모세가 이집트로 향하다가 큰 병을 앓자(출애굽 4:24-26) 시쁘라는 이것이 아들을 할례시키지 않은 탓이라 생각해 날카로운 돌을 집어와 게르솜의 할례를 행한다(출애굽 2:21, 4:25, 18:2).

소할 ZOHAR ('흰')

헷 사람 에브론의 아버지로 막벨라 동굴이 있는 땅을 아브라함에게 판 인물이다(창세기 23:8, 25:9).

수알 ZUAR ('작은')

출애굽 시대 이싸갈 지파 지도자였던 느다넬의 아버지이다(민수기 1:8, 2:5, 7:18,23).

수르 ZUR ('바위')

고즈비의 아버지이며 발람이 쓰러질 때 이스라엘인에게 함께 죽임을 당한 미디안의 다섯 왕 중 한 명이다(민수기 25:15, 31:8).

〈여호수아서〉부터 〈열왕기〉까지

이렇게 하여 여호수아는 그 온 지역을
정복하였다. 산악지대와 네겝 지방과
야산지대와 비탈진 지역과 거기에
사는 모든 왕들을 쳐서
한 사람도 살려두지 않았다.
이렇게 이스라엘의 하느님 야훼께서 분부하신
대로 숨 쉬는 것이면 무엇이든지 모조리
죽여버렸다.

– 여호수아 10:40

플랑드르 화가 피터 폴 루벤스(1577-1640)가
1617년경에 그린 '솔로몬의 재판'이다.

정착에서 예루살렘 함락까지
예언서는 누가 썼을까?

약속의 땅 입성에서부터 B.C.E. 586년 예루살렘 함락에 이르는 이스라엘 왕국의 역사가 《느비임》혹은 예언서라고 부르는 성경책들의 주제이다. 순서만 조금 바뀌어 그리스도교 구약성경에도 등장하는 예언서들과 함께 고고학적 증거가 속속 드러나는 그 시대로 들어가 보자.

이스라엘인들이 가나안에 정착해 열두 부족이 땅을 나눠 갖는 것으로 이야기가 시작되어 이스라엘과 유다 왕조들의 역사가 전개된다. 예언서의 첫 두 권인 〈여호수아서〉와 〈판관기〉는 이스라엘인들의 전투를 묘사한다. 실상 그 공격은 〈여호수아서〉에 나온 것보다 훨씬 덜 신속하고 덜 파괴적으로 보이지만 말이다. 고고학 발굴자료를 보면 이스라엘인의 가나안 진출은 점진적으로 진행되었고 군사행동은 농경지로서 중요한 지역, 예를 들어 예리고의 기름진 평야나 이즈르엘의 비옥한 계곡 정도에 한정되었다. 이들 지역은 군사적 방어의 차원에서도 중요했다.

이어 〈판관기〉는 히브리 정착민들이 주변 가나안 공동체 및 외부 침입자들과 연이어 벌이게 된 충돌을 서술한다. 특히 블레셋인들은 신생국가 이스라엘을 공격해 거의 무너뜨릴 뻔했다. 이런 일련의 공격을 받으면서 부족들은 판관이라 불리는 사령관을 임명하는데 이것이 이스라엘 왕국 탄생의 토대가 된다.

〈사무엘서〉와 〈열왕기〉는 부족들이 한 왕 아래 통일되고 다윗과 솔로몬 치세로 전성기를 누리는 모습을 그린다. 이후 몇 세기 동안 이어진 이 영광스러운 시대는 신화에 가까운 의미를 얻어 후세인들에게 두고두고 회자되었는데, 외적의 점령기에 특히 그러했다. 하지만 솔로몬이 영면에 들자마자 그 유명한 제국은

부족 간 각축장으로 변해 분열되어 버린다. 서로 반목하며 세가 약해진 북왕국 이스라엘과 남왕국 유다는 강성해진 아시리아의 손쉬운 먹잇감이었다.

(이사야, 예레미야, 에스겔, 소(小)선지자 12인을 포함한) 예언서는 이들 왕국이 몰락한 것이 히브리인들의 우상숭배 때문이라고 주장한다. 실제로 고고학자들은 B.C.E. 6세기까지도 존재했던 이교 성지를 이곳에서 다수 발견하였다. 대상단의 이동로가 교차하는 지점에 자리잡은 탓에 이스라엘에는 이국적이고 감각적인 이교 관행이 지속적으로 유입되었던 것이다. 또한 그런 지리적 특성 탓에 이스라엘은 이집트와 신아시리아(신바빌로니아)가 충돌하는 전장이 될 수밖에 없었다. 경제적으로 쇠락하고 내부적 충돌로 피폐해진 유대 왕국들은 동쪽에서 다가온 군대에 시달렸고 결국 바빌로니아에 정복당하고 만다.

독일의 학자 마틴 노트는 〈여호수아서〉와 〈판관기〉〈사무엘서〉〈열왕기〉가 〈신명기〉(모세 5경의 마지막 권)와 함께 묶여 율법의 중요성을 강조하고 있다는 주장을 내놓았고 오늘날 대부분의 학자들이 이 의견에 동의한다. 그리고 이를 '〈신명기〉계 역사서(Deuteronomistic History)'라 부른다. 이들 책의 핵심 주제는 이스라엘이 모세의 율법을 제대로 지키지 못하면 재앙이나 침입을 당하고야 만다는 것이다.

한편 미국의 역사학자 프랭크 무어 크로스가 대표하는 최신 연구 경향에서는 〈신명기〉계 역사서가 B.C.E. 7세기 요시야 왕 치세 기간과 그 이후에 만들어진 것이라고 본다. 고대 이스라엘 역사에 대해 구전 혹은 기록으로 전해지는 자료를 바탕으로 해서 말이다.

영국 화가 존 마틴(1789–1854)이 그린 '태양이 멈추도록 명령하는 여호수아'로 기브온 전투 상황을 묘사했다.

〈여호수아서〉부터 〈열왕기〉까지의 주요 인물들

여호수아

여호수아는 위대한 정착 이야기의 핵심 인물이다. '신이 구하신다'라는 뜻인 그의 이름은 〈여호수아서〉의 핵심 메시지를 압축한다. 에브라임 부족 출신인 여호수아는 르비딤의 거대한 오아시스에서 아말렉인들과 싸울 때 모세의 눈에 띄어 부관이 된다. 모세를 모시고 시나이 산으로 올라갔을 때에도 잘 처신하였으며(출애굽 24:13) 정탐대의 일원으로 가나안 땅을 살피고 돌아온 후에는 '젖과 꿀이 흐르는' 곳이지만 방비가 삼엄하다고 보고한다(민수기 13:28, 14:7-8).

모세가 여호수아를 후계자로 선택한 것은 이스라엘의 지도자가 영적 탁월함보다 군사적 지도력을 가져야 한다는 깨달음 때문이었다. 사막 부족이 모인 히브리인은 철기시대 초기 전쟁의 판도를 바꾼 최신 무기를 보유하지 못했다. 합성 활도, 공성망치도 없었고 이집트, 가나안, 블레셋, 그리고 아시리아에서 사용했던 전차도 없었다. 따라서 교활하고 치밀한 작전으로 전력 열세를 보완해야 했다.

설상가상 가나안으로 접근하는 길은 두터운 벽으로 둘러싸인 고대도시 예리고로 가로막혀 있었다. 여호수아 부대는 엿새

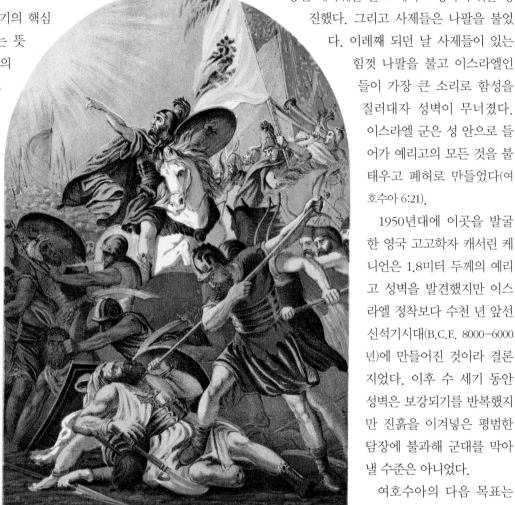

낮시간에 전투를 끝낼 수 있도록 해가 지지 말라고 명령하는 여호수아의 모습을 담은 19세기 그림.

동안 계약궤를 들고 예리고 성벽 주위를 행진했다. 그리고 사제들은 나팔을 불었다. 이레째 되던 날 사제들이 있는 힘껏 나팔을 불고 이스라엘인들이 가장 큰 소리로 함성을 질러대자 성벽이 무너졌다. 이스라엘 군은 성 안으로 들어가 예리고의 모든 것을 불태우고 폐허로 만들었다(여호수아 6:21).

1950년대에 이곳을 발굴한 영국 고고학자 캐서린 케니언은 1.8미터 두께의 예리고 성벽을 발견했지만 이스라엘 정착보다 수천 년 앞선 신석기시대(B.C.E. 8000-6000년)에 만들어진 것이라 결론지었다. 이후 수 세기 동안 성벽은 보강되기를 반복했지만 진흙을 이겨넣은 평범한 담장에 불과해 군대를 막아낼 수준은 아니었다.

여호수아의 다음 목표는 고원지대였다. 유대 고원 너머 깊고 풍요로운 계곡 사람들은 격렬히 저항할 것으로 예상되었다. 하지만 여호수아는 예루살렘 북쪽 12마일 거리의 키르바트 앗 탈(Khirbat at Tall) 인근으로 추정되는 도시 아이(Ai, '폐허'를 의미한다)를 계략을 써서 정복하고 '영원한 폐허'로 만들었다(여호수아 8:27-28). 가나안인인들은 긴장했다. 에루살렘의 **아도니세넥** 왕은 라기스와 헤

B.C.E. 1285년경	B.C.E. 1279년경	B.C.E. 1250년경	B.C.E. 1240년경
아딧니라리 1세 아시리아 제국 세움	이집트의 람세스 2세 즉위함	이집트인들이 나일 강과 홍해를 잇는 수로 건설함	셈족 노동자들 가나안으로 되돌아옴. 출애굽 추정 연대

84 성서 그리고 사람들

브론 등 주요 도시들과 군사동맹을 맺었다. 아도니세덱 왕의 군대는 아얄론(Aijalon) 계곡에서 신이 내린 주먹 크기 우박의 공격을 받고(여호수아 10:11) 궤멸되었다. 이제 고원지대가 활짝 열렸고 여호수아는 아제카, 막케다, 리브나, 라기스, 에글론, 헤브론, 드빌을 점령했다. 여호수아는 이어 북쪽으로 향했다. 하솔의 **야빈** 왕이 가나안 북쪽 모든 왕국과 연합해 방어군을 조직하고 있었다(여호수아 11:1-3). 하지만 여호수아는 연합군을 물리치고 하솔을 불태웠다(여호수아 11:10-11). 잠시나마 가나안 왕국들에 평화가 찾아왔으므로 여호수아는 새로 정복한 땅, '산악지대와 네겝 온 지역, 헤르몬 산 아래 레바논 골짜기에 있는 바알가드에 이르는'(여호수아 11:16-17) 지역을 열두 부족에게 나눠주는 일에 착수했다. 땅은 제비뽑기로 나누어졌다.

여호수아는 110세에 임종해 자신이 받은 세겜 근처 땅 딤낫 세라에 묻혔다(여호수아 24:30).

베냐민 지파의 에훗

여호수아의 승리가 안겨준 평화는 신기루에 불과했다. 곧 새로운 적들이 나타났다. 가나안 사람들뿐 아니라 블레셋인들까지 공격해왔다. 정착 초기의 이 불안정한 상태가 〈판관기〉의 중요 내용이다. 〈신명기〉의 핵심 주제에 맞춰 외적은 율법 준수를 게을리 하는 이스라엘인을 벌주기 위해 신이 보낸 존재로 설명된다. 그러면서도 신은 히브리인들을 시험에서 구하기 위해 유능한 지휘관들, 즉 판관들을 세워준다. 이들이 필요한 전술을 펼쳐 이스라엘의 미래를 보호하는 것이다. 판관들이 유능한 지도자이기는 하지만 그 협력관계는 각 판관이 수호해야 하는 부족을 중심으로 하였다. '단일화된' 최고지휘관은 아직 먼 미래에

야훼께서 여호수아에게 말씀하셨다.
"나는 오늘부터 온 이스라엘이 너를
큰 인물로 우러르게 하겠다."

– 여호수아 3:7

B.C.E. 1200년의 세계

가나안 정착은 B.C.E. 12세기에 이루어진 것으로 추정되는데 이는 레반트 지역에 중요한 변화가 일어나던 시기이기도 했다. 가장 중요한 변화는 구리와 청동기구들이 서서히 철기로 바뀌었다는 것이다. 이전까지 철은 생산량이 극히 적어 이집트와 같은 강대국에서만 사용할 수 있었다. 하지만 히타이트 북쪽 고원(오늘날의 터키)에서 철이 발견되면서 사정이 달라졌다. 더욱이 페니키아인들이 광범위한 무역로를 통해 철을 퍼뜨렸다. 제련과 대장장이 기술이 급속히 발전하여 요리, 여가, 전쟁 관련 철기들이 다양하게 만들어졌다. 그리하여 학자들은 B.C.E. 1200년부터 B.C.E. 1000년까지를 초기 철기시대라 부른다.

정치적으로는 이집트 몰락이 시작되었다. 당시까지 문화적 경제적으로 최고 영향력을 발휘하던 나라가 이집트였다. 이집트의 몰락에는 연이은 흉작, 시리아-가나안 지역 영토를 지켜내지 못한 왕실의 무능력 등 여러 요인이 있었다. 이집트에 있던 외국인 노동자들이 대거 고향으로 돌아오고, 일부 학자들은 이것이 〈출애굽기〉의 배경이 되었다고 본다. 이스라엘인들이 가나안에 정착하는 과정에서 이집트의 군사적 개입이 없었던 이유도 이집트의 몰락 때문으로 설명된다.

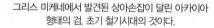

그리스 미케네에서 발견된 상아손잡이가 달린 아카이아 형태의 검. 초기 철기시대의 것이다.

나 등장할 예정이었다.

부족 지도자 가운데 한 명이 베냐민 지파의 에훗이다. 요르단 강변에 살았던 그는 모압의 에글론 왕에게 처음으로 공격을 받았다. 모압인들은 아말렉과 암몬 사람들과 합세해 예리고를 포함한 요르단 계곡 지역 상당 부분을 점령했지만 에훗이 쌍날 비수로 모압 왕을 살해한 후 그 군대는 요르단 강 너머로 도망치고 말았다(판관기 3:12-30).

B.C.E. 1230년경	B.C.E. 1207년경	B.C.E. 1207년경	B.C.E. 1200년경
이스라엘인들이 하솔을 파괴함	아시리아 바빌론을 무찌름	파라오 메르넵타의 승전기념비에 '이스라엘' 언급됨	메소포타미아 장인들 철기제품 만듦

❶ 예리고 고대 예리고의 탄탄한 성벽과 요새는 중기 청동기시대(B.C.E. 1950–1550)의 것이다.

❷ 기브온 오늘날의 기브온 인근 모습. 여호수아가 아모리인들의 군대를 공격해 궤멸시킨 곳이다.

❸ 하솔 하솔의 가나안 신전은 이스라엘인이 가나안에 정착한 B.C.E. 13세기에 파괴된 것으로 보인다.

❹ 네게브 성경에는 여호수아가 네게브 깊숙이 침입해 들어갔다고 나온다. 목동들이 양을 치는 오늘날의 네게브 모습.

여호수아와
가나안 정복

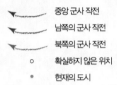

중앙 군사 작전
남쪽의 군사 작전
북쪽의 군사 작전
○ 확실하지 않은 위치
● 현재의 도시

0   20   40 킬로미터
0   20   40 마일

현재의 배수로, 해안선과 국경선을 기준으로 표시하였다.
괄호 안은 현재의 지명이다.

지   중   해

이   집   트

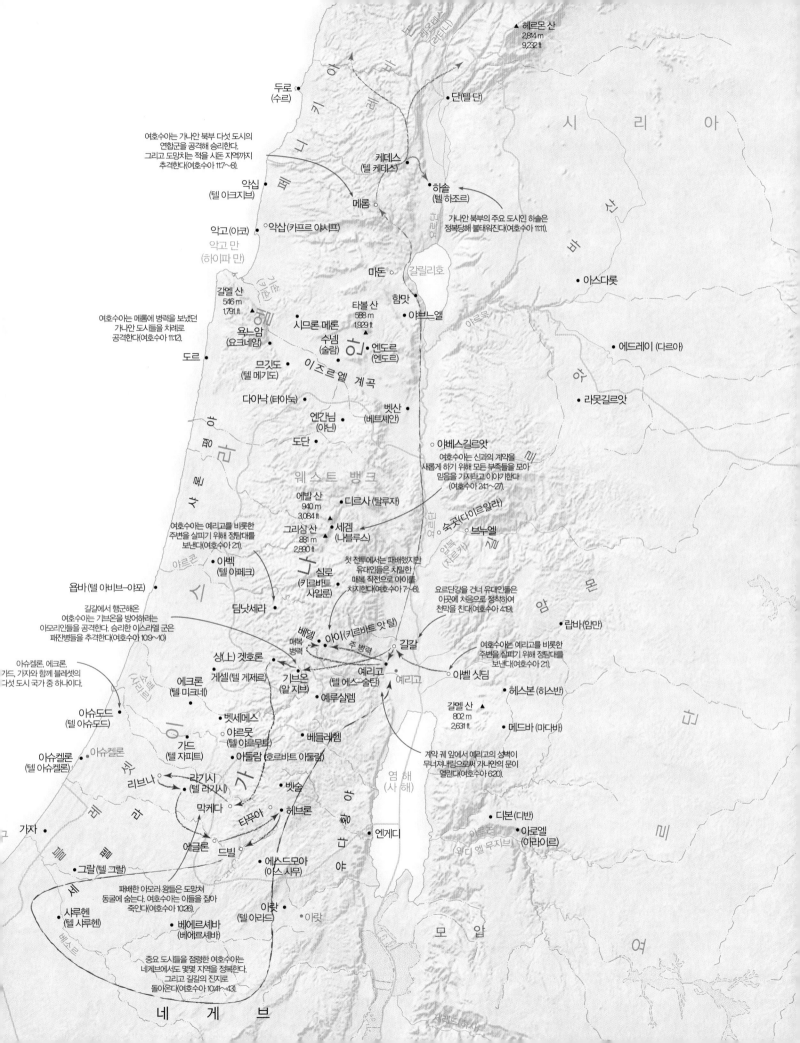

▲ 헤르몬 산
2,814 m
9,232 ft

• 단(텔 단)

두로
(수르)

여호수아는 가나안 북부 다섯 도시의
연합군을 공격해 승리한다.
그리고 도망치는 적을 시돈 지역까지
추격한다(여호수아 11:7~8).

악십
(텔 아크지브)

케데스
(텔 케데스)

하솔
(텔 하조르)

악고(아코)

메롬

• 악삽(카프르 야시프)

가나안 북부의 주요 도시인 하솔은
정복당해 불태워진다(여호수아 11:11).

악고 만
(하이파 만)

마돈
갈릴리호

• 아스다롯

함맛

갈멜 산
546 m
1,791 ft

• 야브느엘

여호수아는 메롬에 병력을 보냈던
가나안 도시들을 차례로
공격한다(여호수아 11:12).

타볼산
588 m
1,929 ft

욘느암
(요크네암)

시므론 메론

수넴
(술람)

• 엔도르(엔도르)

• 에드레이(다르아)

므깃도
(텔 메기도)

이즈르엘 계곡

도르

다아낙 (타아낙)

벳산
(베트셰안)

• 라못길르앗

엔간님
(야닌)

도단 •

야베스길르앗

여호수아는 신과의 계약을
새롭게 하기 위해 모든 부족들을 모아
믿음을 가지라고 이야기한다
(여호수아 24:1~27).

웨스트 뱅크

에발 산
940 m
3,084 ft

• 디르사 (탈루자)

여호수아는 예리고를 비롯한
주변을 살피기 위해 정탐대를
보낸다(여호수아 2:1).

그리심 산
881 m
2,890 ft

• 세겜
(나블루스)

숙곳(데이르알라)

• 브누엘

아벡
(텔 아페크)

실로
(키르바트
사일룬)

첫 전투에서는 패배했지만
유대인들은 치밀한
매복 작전으로 아이를
차지한다(여호수아 7~8).

요르단강을 건너 유대인들은
이곳에 처음으로 정착하여
천막을 친다(여호수아 4:19).

욥바(텔 아비브-야포)

딤낫세라

베델

아이(키르바트 앗 탈)

길갈

• 랍바(암만)

길갈에서 행군해온
여호수아는 기브온을 방어하려는
아모리인들을 공격한다. 승리한 이스라엘 군은
패잔병들을 추격한다(여호수아 10:9~10).

상(上) 벳호론

매복
병력

주력
병력

여리고
(텔 에스-술탄)

여호수아는 예리고를 비롯한
주변을 살피기 위해 정탐대를
보낸다(여호수아 2:1).

아슈켈론, 에크론,
가드, 가자와 함께 블레셋의
다섯 도시 국가 중 하나이다.

에크론
(텔 미크네)

게셀(텔 게제르)

기브온
(알 지브)

예루살렘

아벨 싯딤

히스본 (히스반)

아슈도드
(텔 아슈도드)

• 벳세메스

갈멜 산
802 m
2,631 ft

• 메드바 (마다바)

야르뭇
(텔 야르무타)

• 베들레헴

아슈켈론
(텔 아슈켈론)

가드
(텔 자피트)

아둘람 (호르바트 아둘람)

계약 궤 앞에서 예리고의 성벽이
무너져내림으로써 가나안의 문이
열린다(여호수아 6:20).

리브나

라기시
(텔 라기시)

벳술

막케다

타푸아

헤브론

염 해
(사 해)

• 디본 (디반)

가자

에글론

드빌

에스드모아
(아스 사무)

엔게디

• 아로엘
(아라이르)

와디 엘 무지브

그랄(텔 그랄)

패배한 아모리 왕들은 도망쳐
동굴에 숨는다. 여호수아는 이들을 잡아
죽인다(여호수아 10:26).

이랏
(텔 아라드)

• 아랏

샤루헨
(텔 샤루헨)

베에르셰바
(베에르셰바)

모 압

중요 도시들을 점령한 여호수아는
네게브에서도 몇몇 지역을 정복한다.
그리고 길갈의 진지로
돌아온다(여호수아 10:41~43).

네 게 브

그 때 이스라엘을 다스린 판관은 라삐돗의 아내 여 예언자 드보라였다.
그가 에브라임 산악지대 라마와 베델 사이에 있는 드보라의 종려나무 밑에 자리잡으면
이스라엘 백성이 나와 재판을 받곤 하였다.

— 판관기 4:4–5

드보라

이스라엘인의 정착지를 제외한 곳에서는 여전히 가나안인들이 비옥한 계곡과 평야에서 농사를 짓고 있었다. 히브리 민족들은 '평지에 자리잡은 사람들을 몰아내지 못했는데, 이는 그들에게 철병거가 있기 때문이었다.'라고 성경은 설명한다(판관기 1:19). 병력의 우세를 바탕으로 하솔의 야빈 왕 같은 가나안 통치자들은 이스라엘 부족에게 공물을 요구하기까지 했다(판관기 4:1–3). 이싸갈 지파 출신 여자 예언자 **드보라**는 이 상황을 그냥 두어

서는 안 된다고 판단했다. 〈판관기〉 최초이자 유일한 여자 예언자인 드보라는 이즈르엘 계곡에서 이스라엘인의 힘을 보여주기로 결심했다. 어느 한 부족의 힘만으로는 역부족임을 깨달은 드보라는 전 히브리인을 모으기로 했다. 에브라임, 베냐민, 동부 므나쎄처럼 기꺼이 군대를 보낸 부족도 있지만 모른 척하는 경우도 있었다. 용기가 부족해 '양 우리에서 서성거리기만' 했던 것이다(판관기 5:16). 사령관 **바락**이 이끄는 드보라의 군대는 타볼 산에서 가나안 군대와 만났다.

성경은 이스라엘인이 일련의 치열한 전투 이후 여러 도시를 폐허로 만들었다고 서술한다. 하지만 고고학 연구결과는 다르다. 〈여호수아서〉에 기록된 도시들(예리고, 아이, 베델 등)은 이 시기에 크게 파괴된 흔적이 없다. 이후 블레셋인들의 공격으로 무너진 유적이 더욱 많다. 단 한 곳, 하솔에서 이스라엘 고고학자 이가엘 야딘(Yadin)이 성경의 야빈 왕으로 추정되는 입니-아두(Ibni-Addu) 왕의 궁전이 불타 파괴된 흔적을 발견했을 뿐이다. 도기 파편들을 바탕으로 야딘은 이곳이 B.C.E. 13세기 말–12세기 초에 파괴된 것으로 추정했다. 가나안 정복기로 추정되는 바로 그 시점이다.

하솔은 B.C.E. 13세기 초, 이스라엘인이 가나안에 정착하던 시절에 파괴된 흔적을 유일하게 보여주는 고대 거주지이다.

철기시대 초기 가나안으로 대규모 이주가 일어났다는 분명한 흔적이 발견되기도 했다. 한 지역에서 고고학자들은 후기 청동기시대 거주지들이 초기 철기시대의 것보다 세 배 이상 컸다는 것을 밝혀냈다. 이들 새 거주지는 돼지 뼈가 전혀 없고(돼지고기는 모세 율법에서 금지한 식품이다) 빗물을 받아 모으기 위한 물탱크를 갖추었으며 올리브나 포도주를 저장하는 키 큰 진흙 단지들이 있다는 점에서 이웃 가나안 거주지들과 달랐다. 결국 가나안 정복은 서서히 흡수되는 식으로 이루어졌을 가능성이 높다. 기존 가나안 마을이나 부족과의 충돌은 산발적으로 일어나는 데 불과했을 것이다.

B.C.E. 1200년경	B.C.E. 1200년경	B.C.E. 1200년경	B.C.E. 1187년경
아나톨리아(터키 북부)의 트로이전쟁 추정 연대	중국에서 최초의 청동종 주조됨	가나안에서 네 기둥으로 지은 집 출현	이집트의 람세스 3세 즉위함

가나안 군대의 장수는 시스라 장군이었다. 병거 900대에 진격 명령이 떨어지자마자 신이 폭우를 퍼부어 이즈르엘 계곡에 물이 넘쳤고 병거들은 진창에 처박혔다. 그 틈에 바락은 쉽게 승리를 거두었다. 드보라는 승리의 노래로 이를 기념했다. '너희 왕들아, 들어라! 너희 왕족들아, 귀를 기울여라! 나는 야훼를 노래하리라. 이스라엘의 하느님 야훼께 영광을 돌리리라'(판관기 5:3).

기드온

먼 남쪽에서 또 다른 위험이 닥쳤다. 미디안인을 비롯한 외적 무리가 히브리 영토를 습격한 것이다. 미디안 부족은 아브라함과 두 번째 아내 크투라의 후손이었고 모세의 아내 시뽀라와 장인 이드로가 미디안인이기도 했지만 그들은 이스라엘 정착민들에게 적대적이었다.

므나쎄 지파의 **기드온**이 천사에게 선택되어 다음 판관이 된 때였다. 기드온은 금방 믿지 못하고 신의 표식을 보여달라고 요청한다. 그러자 천사가 나타나 번제를 준비하여 바위 위에 올리라고 했다. 번제물이 준비되자 불이 치솟아 번제물을 태워버렸다. 비로소 신의 의지를 확인한 기드온은 장군의 책임을 맡았다. 그는 가나안인과 미디안인이 모시는 바알 신의 제단을 헐어버리고 아셀, 므나쎄, 즈불룬, 납달리 지파에서 군사를 모았다. 기드온은 엔돌(Endor)에 진을 친 미디안인을 밤중에 급습하여 적들이 요르단 강 너머 사막으로 도주하게 하였다(판관기 7:20-22). 기드온의 통솔력에 감탄한 부족들은 왕이 되어달라고 청하였지만 기드온은 오직 신만이 왕으로 다스린다고 말하며 거절하였다. 통일왕국의 시대는 아직 멀었던 것이다(판관기 8:22-23).

네덜란드 화가 렘브란트 판 레인(1606-1669)이 그린 '삼손과 데릴라'로 1636년의 작품이다.

블레셋 사람들

B. C.E. 12세기, 레반트는 에게 혹은 아나톨리아 출신으로 추정되는 이주민들로 몸살을 앓았다. 우가리트 문서에서는 이들을 시칼라야(Shiqalaya), 즉 배에 사는 사람들로, 이집트에서는 '바다사람들'로 부른다. 바다사람들의 일부인 펠레셋(Peleset)인들이 가나안에 이어 이집트를 공격했고 람세스 3세는 간신히 이들을 물리친다. 이후 아슈켈론, 에크론(Ekron), 아슈도드(Ashdod), 가자(Gaza) 그리고 가스(Gath) 등이 필리스티아(Philistia)라는 연방국가를 이루었다. 여기서 블레셋 사람들(philistine)과 팔레스타인이라는 단어가 생겨났다. 그들은 새로 정착한 이스라엘 부족에게 가장 무서운 적이었다. 우월한 군사조직, 중앙통제식 지휘구조, 철 병거를 비롯한 강력한 무기를 갖췄던 것이다. 블레셋의 위협 앞에서 이스라엘 부족들은 사울을 비롯한 총사령관을 두어야 했고 여기서 이스라엘 왕국의 토대가 닦였다.

기드온 이후 이싸갈 부족 출신 **부아**의 아들 **돌라**, 므나쎄 부족 출신 **야이르**, 길르앗의 아들로 신과의 약속 때문에 딸을 번제물로 바쳐야 했던 **입다**, 베들레헴 출신 **입산**, 즈불룬 출신 **엘론**, 에브라임 출신 **압돈** 등이 판관이 되었다. 하지만 단 부족의 **삼손**만큼 힘세고 인기 있는 사람은 아무도 없었다.

삼손

유대 고원과 해안지역 사이의 좁은 땅 세벨라(Shephelah)에 붙어 사는 단 부족은 가나안의 히브리 부족을 통틀어 가장 취약한 상황에 처해 있었다. 해안지역을 블레셋인들이 차지하고 있었기 때문이다. 많은 이들이 먼 북쪽 고원으로 도망쳐 살아야만 했다. 그들 중 조라(Zorah) 마을에 사는 **마노아**가 있었다. 마노아 부부는 오랫동안 아이를 낳지 못했는데 어느 날 천사가 찾아와 나지르인, 즉 '신께 바쳐진 사람'을 낳게 될 것이며 그 아이가 장차 '이스라엘을 블레셋 사람들

B.C.E. 1180년경	B.C.E. 1150년경	B.C.E. 1140년경	B.C.E. 1125년경
바다사람들의 이집트 침공 시도 좌절	블레셋인 가나안의 영토 통합함	아프리카 우티카(Utica)에 최초의 페니키아 식민지 만들어짐	이스라엘인과 가나안인이 므깃도에서 격돌함

2장 〈여호수아서〉부터 〈열왕기〉까지 **89**

네덜란드 화가 얀 스테인(1625~1679)이 그린 '암몬과 다말'이다.
솔로몬의 딸이자 압살롬의 누이인 다말은 이복오빠 암몬에게
겁탈당한다. 두 해 뒤 압살롬이 암몬을 죽여 복수한다.

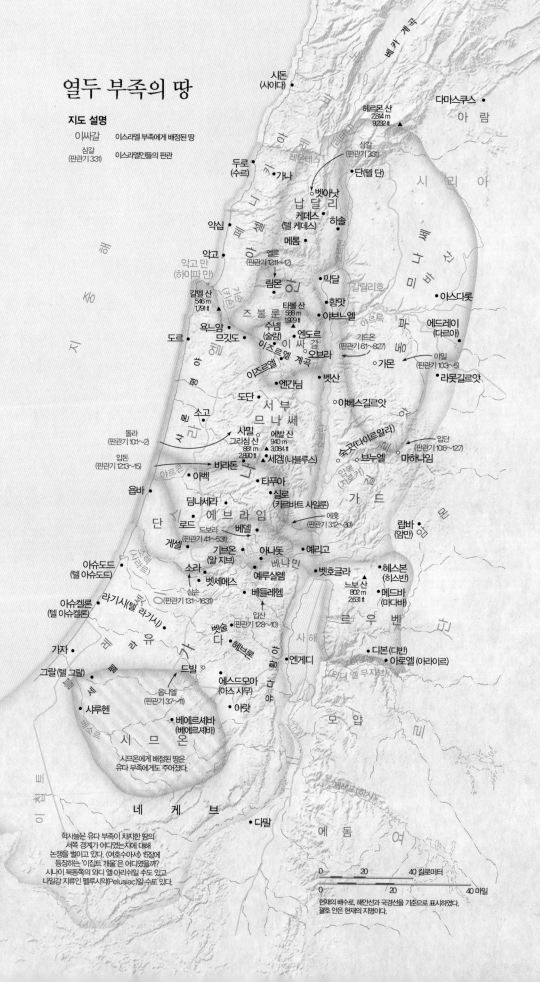

손에서 건져낼 것'(판관기 13:5)이라 말해준다. **삼손**이라 이름 붙인 아이는 괴력을 지닌 사내로 성장한다.

어느 날 딤나라는 마을(벳세메스 인근 텔 바타쉬로 추정된다)에서 블레셋 처녀를 찾아간 삼손은 사자를 만나 맨손으로 때려잡는다. 그리고 바깥 부족과의 결혼을 반대하는 부모의 만류를 무릅쓰고 그 처녀와 결혼하기로 한다. 성대한 결혼 잔치가 벌어지던 중 그만 블레셋 손님들과 다툼이 생기고, 분노한 삼손은 인근 아슈켈론에서 블레셋 사람들을 30명이나 죽여버린다(판관기 14:19).

얼마 후 신부를 만나러 다시 딤나로 간 삼손은 신부가 블레셋 남자, 심지어 들러리를 섰던 남자에게 시집가 버렸다는 말을 듣는다. 복수를 결심한 그는 여우 300마리를 잡아 꼬리에 불을 붙여 블레셋의 경작지와 포도밭을 망쳐버렸다(판관기 15:4-5). 블레셋 군대가 출동하지만 삼손은 당나귀 턱뼈를 휘두르며 1,000명이나 죽인다.

성경 속의 음악

성경에서 음악이 처음 언급되는 곳은 〈창세기〉이다. 카인의 후손 유발이 '리라를 뜯고 피리를 부는 악사의 조상'(창세기 4:20-21)이었다는 것이다. 여자 판관 드보라는 야빈 왕에게 승리를 거둔 후 노래를 불러 기념한다. 다윗은 리라를 연주하고 작곡하는 능력으로 사울의 궁전을 신성하게 만든다. 다윗은 또한 수 세기 동안 이스라엘의 노래와 시, 기도를 모아 만든 〈시편〉 일부를 직접 지었다고 전해진다. 음표가 붙은 것들도 있지만 실제 음이 어떠했는지는 알 수 없다. 그밖에도 음악, 특히 목소리가 일상에서 중요한 역할을 했다고 전하는 성경 기록들이 있다. 중요한 악기로는 종교행사에 사용되는 양뿔피리(쇼파)와 신전 의식 때 쓰는 목이 긴 트럼펫이 있다.

아름다운 블레셋 여인에 약한 삼손은 또 다른 블레셋 처녀 **데릴라**와 사랑에 빠진다. 소문이 퍼지자 블레셋인들은 데릴라에게 삼손 괴력의 근원을 알아내면 큰돈을 주겠다고 설득했다. 삼손은 몇 차례나 데릴라를 속여넘겨 자신을 잡으려던 블레셋 사람들의 시도를 수포로 돌아가게 했다. 결국 데릴라는 폭발했다. "벌써 세 번이나 날 놀리기만 하면서 당신의 그 엄청난 힘이 어디서 나오는지 숨기고 있으니!" 어쩔 수 없이 삼손은 머리카락이 잘리면 괴력을 잃게 된다고 실토하고 만다(판관기 16:15-17). 삼손이 잠든 틈에 데릴라는 블레셋인들을 불러들여 머리카락을 자르게 한다. 괴력이 사라진 삼손은 감옥에 갇혔고 눈알이 뽑힌 뒤 가자의 감옥에서 짐승처럼 연자매를 돌리게 되었다.

그러는 동안 서서히 머리카락이 자라났다. 어느 날 블레셋인들은 다곤(Dagon) 신전에 모여 대규모 연회를 벌였다. 군중이

열두 부족

성경에 따르면 이스라엘 열두 부족은 야곱이 두 아내와 첩들에게서 얻은 아들과 손자들을 시조로 한다. 출생 순서대로 보면 르우벤, 시므온, 레위, 유다, 단, 납달리, 가드, 아셀, 이싸갈, 즈불룬, 요셉과 베냐민이다. 요셉의 경우 두 아들 므나쎄와 에브라임이 부족을 이루었다. 이들 부족은 고유한 문화전통을 발전시키면서도 신과 율법에 대해서는 공히 복종하고 연대의식을 유지했다. 〈여호수아서〉에는 가나안 정복전쟁이 끝난 후 여호수아가 부족에게 땅을 나누어주는 장면이 나온다. 비옥한 초지부터 건조한 고원지대까지 땅이 제각각이어

서 공평하게 나누기 어려웠으므로 제비뽑기를 했다. 그리하여 므나쎄 부족은 요르단 강 동쪽과 서쪽으로 갈라진 반면 시므온 부족은 남쪽 사막을 받았고 아셀, 즈불룬, 납달리 부족은 북쪽의 갈릴리로 가게 되었다. 이싸갈은 이즈르엘과 인접한 비옥한 토지를, 유다는 예루살렘 남쪽 메마른 땅을, 베냐민 부족은 예루살렘 북쪽 고원지대를 뽑았다. 모두가 원하던 해안가 평야는 단 부족의 차지였다(여호수아 19:40-48). 다만 레위 부족은 땅을 받지 않았다. 이스라엘인의 영토 전역에 퍼져 신을 숭배하는 일을 맡았기 때문이다.

블레셋인들이 만든 사람 형상 관. 철기 2기(B.C.E. 1000~800년)의 것으로 텔 레호브(Tel Rehov)에서 발견되었다.

B.C.E. 1124년경	B.C.E. 1120년경	B.C.E. 1103년경	B.C.E. 1100년경
느부갓네살 바빌론 정복함	그리스의 암흑시대 시작됨	페니키아인들이 알파벳을 고안함	중국 최초 사전 편찬됨

2장 〈여호수아서〉부터 〈열왕기〉까지 93

사라진 계약궤

신이 모세에게 전해준 석판을 모신 금박 나무상자는 이스라엘 초기 역사에서 중요한 역할을 담당한다. 〈여호수아서〉를 보면 계약궤를 모신 사제들의 발이 물에 닿자마자 요르단 강 바닥이 말랐다고 한다(여호수아 3:15–16). 예리고를 포위하여 이레째에 무너뜨릴 때는 사제들이 계약궤를 들고 성벽 주위를 돌며 또 힘껏 나팔을 불었다.

계약궤는 실로(Shiloh) 성전에 모셔졌다가 이후 블레셋인들이 기세를 올린 에벤에젤(Ebenezer) 전쟁터에 이스라엘군 사기를 올리기 위해 옮겨졌다. 그러다 그만 블레셋인에게 빼앗기고 만다. 그들은 계약궤를 아슈도드의 다곤 신전으로 가져갔는데 신은 다곤 신상을 넘어뜨리고 전염병을 일으켜 복수한다. 결국 계약궤는 벳세메스 인근 이스라엘인들에게 되돌아오고(사무엘 상 6:1–12) 키럇여아림(Kiriath–jearim)의 '언덕에 있는 아비나답의 집'(사무엘 상 7:1)에 모셔진다. 이후 계약궤는 다윗 왕이 새로 정복한 도시 예루살렘의 천막신전을 거쳐 솔로몬 궁전의 성스러운 지성소로 옮겨진다. B.C.E. 586년, 예루살렘은 신바빌로니아의 느부갓네살 왕에게 점령당했다. 많은 학자들은 그 과정에서 계약궤가 파괴되었다고 본다.

프랑스 화가 제임스 티소(1836–1902)가 그린 계약궤의 모습.

> 그러자 모든 이스라엘 장로들이 한 곳에 모여
> 사무엘을 찾아가 건의하였다.
> "당신은 이제 늙고 아드님들은 당신의 길을
> 따르지 않으니 다른 모든 나라처럼 왕을 세워
> 우리를 다스리게 해주십시오."
>
> – 사무엘 상 8:4–5

삼손을 불러대자 간수들이 삼손을 끌어와 두 기둥 사이에 묶었다. 사람들이 놀려대는 가운데 삼손은 본래의 힘을 '단 한 번만' 되돌려달라고 신께 기도했다. 신은 기도를 들어주셨다. 삼손이 기둥을 밀어버리자 지붕이 무너져내려 신전에 모였던 사람 모두가 죽고 말았다(판관기 16:29–30). 삼손은 조라 마을 인근 아버지 마노아의 무덤에 묻혔다.

룻

〈룻기〉(성경 권 제목이 여성의 이름으로 되어 있는 드문 경우다)에 나온 룻의 이야기도 같은 시기를 배경으로 한다. 기근이 들어 **엘리멜렉**이라는 사람이 아내 나오미와 두 아들 마흘론, 길룐을 이끌고 고향 베들레헴을 떠나 모압 땅으로 갔다. 그곳에서 엘리멜렉은 세상을 떠났고 마흘론과 길룐은 모압 여자와 결혼을 했다. 마흘론은 결혼 후 젊은 아내 **룻**을 남겨둔 채 곧 죽고 말았다. 상심한 나오미는 베들레헴으로 돌아갈 채비를 하며 룻에게 친정에 가라고 하였다. 룻은 "어머님 가시는 곳으로 저도 가겠습니다."라고 말하며(룻 1:16) 곁을 지켰다.

베들레헴에서 룻은 추수 때 떨어지는 이삭을 주워 시어머니를 봉양했다. 어느 날 룻이 만나게 된 밭주인 **보아즈**는 몹시 친절했다. 나오미는 룻에게 밤중에 보아즈에게 가서 '발치께를 들치고 누우라'고 하였다. 보아즈가 룻을 돌봐주겠다고 약속하니 이는 곧 상징적인 결혼 약속이었다(룻 3:11). 결혼 후 룻은 보아즈에게 아들 **오벳**을 낳아주었다. 오벳은 **이새**의 아버지, **다윗** 왕의 할아버지가 된다. 룻은 곧 다윗 왕의 증조할머니로서 룻기와 루가 및 마테오의 복음서에 이름을 올린다.

B.C.E. 1100년경	B.C.E. 1100년경	B.C.E. 1075년경	B.C.E. 1050년경
도리아인들이 미케네 왕국을 정복함	중국 상 왕조 주 왕조에 의해 전복됨	이집트 신왕국 끝남	중국 주 왕조에서 나침반 만들어짐

사무엘

삼손의 영웅적인 죽음 이후에도 블레셋인의 세력은 꺾이지 않았다. 블레셋의 도기와 기타 공예품은 북쪽으로 므깃도와 벳산까지, 동쪽으로는 트랜스요르단 지역에서까지 발견된다. 한편 고원과 외곽의 이스라엘인 정착지도 점점 커졌다. 고고학 발굴 자료에 따르면 B.C.E. 11세기 동안 히브리 인구는 4만 5,000명에서 15만 명까지 늘어났다고 한다. 이스라엘인과 블레셋인과의 대충돌은 피할 수 없는 일이 되었다.

이즈음 에브라임 고원지역 출신인 **한나**라는 여인이 실로의 신전에 순례를 가서 아들을 내려주면 신에게 바치겠다고 맹세한다(사무엘상 1:11). 기도의 응답으로 아들이 태어났고 '신이 들어주셨다'는 뜻의 **사무엘**이라는 이름을 얻었다. 이스라엘 땅의 첫 번째 위대한 예언자 사무엘 이야기의 시작이다.

블레셋인들이 아벡이라는 도시 근처에서 마침내 이스라엘인을 공격했을 때 사무엘은 실로 신전의 사제로 있었다. 히브리인은 참패했고 사기를 높이기 위해 가져왔던 계약궤마저 빼앗기고 말았다. 여기서 신이 개입하셨다. 계약궤가 옮겨진 블레셋 도시마다 전염병이 창궐했다. 어찌할 바를 모르던 블레셋인들은 결국 소들이 끄는 수레에 계약궤를 실어 보내버리고 소들은 벳세메스의 히브리 정착지로 들어간다(사무엘 상 6:1-12).

전쟁에서 블레셋인들이 우세했던 이유는 군사훈련과 단일화된 명령체계였다. 반면 이스라엘인의 군대는 각 부족이 독립성을 주장하며 걸핏하면 투닥거리는 무리에 불과했다. 히브리 부족들은 블레셋을 물리치기 위해서 힘을 합쳐야 한다는 것을 깨달았다. 그리고 사무엘에게 가서 왕 혹은 최고사령관(사무엘서 상권에 나오는 단어 멜렉(melekh)은 이 둘 모두를 의미한다)을 임명해달라고 요청했다. "우리도 전쟁이 일어나면 우리를 이끌고 나가 싸워줄 왕이 있어야 하지 않겠습니까?"(사무엘 상 8:19-20).

사무엘은 마지못해 동의한다. 사실 〈사무엘서〉 상권은 출처가 여러 가지라는 설이 유력하다. '군주정' 출처에서는 이스라엘 왕국을 만드는 것이 야훼의 의지였다고 한 반면 다른 출처에서는 부족 장로들이 사무엘을 압박해 억지로 왕을 세우게 했다고 한다(사무엘 상 8:4-6). '왕은 너희의 밭과 포도원과 올리브밭에서 좋은 것을 빼앗고 너희의 남종 여종을 데려다가 일을 시키며 좋은 소와 나귀를 끌어다가 부려먹을 것이다'(사무엘 상 8:14-16)라는 구절은 후자의 출처에서 나온 것으로 보인다.

사울

〈사무엘서〉서의 '군주정' 출처에 따르면 베냐민 부족 출신 청년을 '이스라엘 백성의 수령'으로 세우라고 한 사람은 바로 신이었다(사무엘 상 9:16). 청년의 이름은 **사울**이었다. 때마침 암몬의 **나하스** 왕이 이스라엘인 거주지 북쪽을 공격해 요르단 강 바로 옆의 도시 야베스 길르앗을 포위하였다. 사울은 모든 부족의 군대를 동원해 새벽에 암몬인을 급습하여 뿔뿔이 흩어지게 했다(사무엘 상 11:11).

기세를 몰아 사울은 싸움을 계속하고 서서히 블레셋인을 고원에서 몰아낸다. 하지만 결정적인 승리는 거두지 못했다. 보세스(Bozez)와 믹마스(Michmash)의 승리에도 불구하고 전쟁은 장기 소모전이 되고 말았다. 〈사무엘서〉의 편집자들이 사울을 모순적이고 심지어 불안정한 인물로 묘사한 이유도 여기 있을 것이다. '사울은 평생 블레셋과 격전을 벌였다.'라는 표현도 나온다(사무엘 상 14:52). 아멜렉인을 포함해 외적과의 여러 전투에서 승리를 거두었음에도 사울은 이스라엘 민족이 당면한 가장 큰 위협을 제거하지 못했다. 그리하여 신은 "나는 사울을 왕으로 삼은 것을 후회한다. 그는 내가 시키는 대로 하지 않았다."라고 사무엘에게 말하게 된다(사무엘 상 15:11).

이때 또 다른 청년이 무대에 등장한다. 신은 사무엘에게 베들레헴 사람 **이새**에게 가서 '그의 아들 중' 새로운 지도자를 찾으라고 한다(사무엘 상 16:1). 사무엘은 이새의 막내아들 **다윗**을 선택한다. 초라한 양치기지만 음악적 재능을 타고난 사람이었다. 사울이 신께서 보낸 '악령'에 시달릴 때마다 다윗은 하프 연주로 그를 진정시켰다. 사울은 다윗을 무기 시종으로 삼았다.

곧 블레셋과의 큰 전투가 또다시 벌어졌다. 전장은 '소고와 아제카 사이 에베스담밈'이었는데(사무엘 상 17:1) 오늘날의 베들레헴 서쪽 키르베트 압바드 인근으로 추정된다. 이 싸움에서 블레셋인들은 거대한 창을 멘 거인 **골리앗**을 동원한다(사무엘 상 17:5-7). 이스라엘인들이 겁에 질려 꼼짝 못할 때 어린 다윗이 나섰다. 새총 하나만 든 다윗은 강바닥에서 돌멩이를 집어

B.C.E. 1027년경	B.C.E. 1025년경	B.C.E. 1010년경	B.C.E. 1000년경
중국 상 왕조 끝나고 주 왕조 시작됨	사무엘이 사울을 이스라엘 왕으로 세움	히브리 알파벳이 발전함	철기 2기 시작됨

2장 〈여호수아서〉부터 〈열왕기〉까지 **95**

골리앗의 머리로 새총을 쏜다. 정통으로 이마를 맞은 골리앗이 죽어버리자 블레셋인들은 뒤돌아 도망쳤다. 환호하는 이스라엘인들의 요구에 사울은 어쩔 수 없이 어린 다윗을 군사령관으로 세웠다(사무엘 상 18:5).

이후 다윗이 사울의 딸 **미갈**과 결혼하고 사울의 아들 **요나단**과 절친한 사이가 되었지만 젊은 사령관 다윗과 사울 왕 사이에는 갈등의 골이 깊었다. 사울은 다윗을 죽일 계획까지 세웠다. 다윗은 적 블레셋의 땅 해안 평야로 피신하였다. 사울은 딸 미갈을 억지로 다른 남자와 결혼시켰다. 다윗은 이즈르엘의 **아히노암**과 결혼했다.

다시금 전쟁이 나라를 덮쳤다. 블레셋 군대는 길보아 산으로 몰려왔고 사울과 아들들은 지휘관으로 출정했다. 하지만 신은 사울에게 등을 돌렸고 이스라엘인은 대패하고 말았다. 사울의 아들들은 모두 블레셋인의 칼에 죽었다. 중상을 입은 사울 왕은 무기 시종에게 죽여달라고 했지만 거절당하자 스스로 자기 칼 위로 엎어져 죽었다(사무엘 상 31:1–7). 사울과 아들들의 시체는 블레셋인이 끌고가 벳산 성벽에 걸었다.

아브넬

사울의 대패 소식을 들은 다윗은 "너 이스라엘의 영광이 산 위에서 죽었구나."라며 슬퍼하였다(사무엘 하 1:19–20). 상황은 최악이었다. 이스라엘인의 일체성과 협력을 유지하기 위해 사울의

발밑에 골리앗의 머리를 둔 다윗이 그려진 방패. 이탈리아 화가 안드레아 델 카스타뇨(1419~1457)가 1455년경에 그렸다.

숙부인 **아브넬**은 살아남은 사울의 유일한 아들 **이스바알**(이후 판본에서는 '수치스러운 사람'이라는 뜻의 이스보셋(Ishboseth)이라 나오기도 한다)을 새로운 왕으로 세웠다. 북쪽 부족들은 이스바알을 왕으로 인정했지만 남쪽은 아니었다. 남쪽 부족의 장로들은 다윗의 군사 근거지인 헤브론에 모여 그를 '유다 가문의 왕'으로 추대하였다(사무엘 하 2:4).

두 왕이 서로 경쟁하는 상황이 벌어진 것이다. 블레셋인의 세력이 절정에 달한 것도 모자라 히브리 남쪽과 북쪽 부족들 사이에 내전이 일어날 판이었다. 그때 아브넬과 이스바알 사이가 벌어지는 사건이 일어난다. 아브넬이 사울의 첩 **리스바**에 연정을 품고 결혼하려 든 것이다. 이렇게 되면 이스바알은 리스바와 사울 사이에서 낳은 아이들의 보호자가 되고 왕권의 정통성을 위협받을 수밖에 없었다. 결국 아브넬은 '온 이스라엘이 다윗에게 돌아가게' 해주겠다며(사무엘 하 3:12) 다윗과 손을 잡는다. 다윗은 첫 아내 미갈과 재결합하는 조건 하에 아브넬을 받아들인다. 미갈과의 재결합은 다윗과 사울 집안 간 균열을 봉합하는 동시에 통일국가를 굳건히 할 방법이었다. 아브넬도 동의한다. 누구의 지지도 받지 못하게 된 이스바알은 궁에서 살해당한다. 아브넬도 목숨을 부지하지 못한다. 그를 첩자로 의심한 다윗의 심복 장수 **요압**에게 죽임을 당한 것이다.

북쪽 부족들은 별수없이 헤브론으로 와서 새로운 왕 다윗에게 충성을 맹세한다. 이 시점을 명확히 알

B.C.E. 1000년경	B.C.E. 995년경	B.C.E. 994년경	B.C.E. 985년경
이탈리아의 빌라 노바 문화 태동	페니키아인 지중해 전역에 식민지 건설함	튜톤 부족 라인 강을 향해 서진	페니키아인 자줏빛 염색 시작

수는 없지만 B.C.E. 11세기 말, 1010년경으로 학자들은 추정한다.

다윗

이렇게 하여 다윗 치세가 시작되었다. 이후 수 세기 동안 신화로 전해져 고난의 시기마다 메시아의 희망으로 빛났던 바로 그 때 말이다. 하지만 다윗 즉위 시점의 히브리 상황은 좋지 않았다. 블레셋인이 유대 고원 대부분을 차지하고 있었다. 다윗은 블레셋인을 무시하고 우선 여부스인의 도시 예루살렘으로 진격하는 예상 밖의 전략을 썼다(사무엘 하 5:6). 새로 통일된 국가에 제대로 된 수도와 야훼 성전을 마련하고 싶었다. 그 장소는 중립적인 땅이어야 했다. 특정 부족의 땅에 수도를 세운다면 그 부족을 편애한다는 비난을 받을 것이었다. 이렇게 볼 때 예루살렘은 탁월한 선택이었다. 유다와 북쪽 부족들을 가르는 경계선에 놓인 데다가 계곡으로 둘러싸인 산 위에 자리잡아 방어하기 쉬웠다. 더욱이 기혼 샘이라는 수원지도 확보되었다. 단 한 가지 문제는 그곳이 여부스인들의 수도라는 점이었다.

다윗은 '물을 길어올리는 바위벽'(사무엘 하 5:8)을 통해 병사들을 남몰래 침투시켰다. 이 바위벽은 아마도 기혼 샘과 도시를 연결하는 수로였을 것이다. 혈전은 없었다. 여부스 사람들은 항복하고 이스라엘인의 지배를 받으며 평화롭게 살았다. 사태가 이렇게 되자 당황한 블레셋인들은 어서 다윗의 기세를 꺾어야 한다는 생각에 예루살렘으로 진격했다. 하지만 신의 도움에 힘입어 다윗은 두 번씩이나 블레셋 군을 크게 무찌르고 해안지대로 쫓아보냈다. 그리하여 이즈르

사울과 그 아들들이 블레셋인과 싸우다 전사했다고 기록된 길보아 산.

엘 계곡, 세벨라, 갈릴리, 벳산까지 모두 다윗의 통제 하에 들어왔다.

마침내 다윗은 제대로 된 수도 건설에 관심을 쏟을 수 있게 되었다. 레바논에서 값비싼 삼목과 건축가, 장인들을 데려와 일명 '다윗의 도시'라는 지역에 예루살렘 궁전을 건설했다. 여부스인들이 타작마당으로 사용하던 산 꼭대기에 천막신전도 옮겨놓았다. 왕은 여기 만족하지 않고 가장 높은 예언자인 나단에게 불평을 했다 "나는 이렇게 송백으로 지은 궁에서 사는데, 하느님의 궤는 아직도 휘장 안에 모셔둔 채 그대로 있소."(사무엘 하 7:2). 그러자 나단에게 신의 말씀이 내린다. '다윗 왕조를 굳건히 세울 것이나 신에게 집을 지어 바치는 것은 다윗의 후손(즉 솔로몬)이 되리라'는 것이었다(사무엘 하 7:11-13).

〈사무엘서〉와 이후의 〈열왕기〉 내용을 보면 다윗은 계속 영토를 확대해 이스라엘이 레반트 지역의 맹주가 되었다. 암몬, 모압, 에돔 등 과거 이스라엘인을

성경 속의 사랑과 성

율법에서 간음과 근친상간을 금하고 있음에도 성경에는 이런 사건이 넘쳐난다. 야곱의 딸 디나는 하몰 왕의 아들에게 겁탈당했고 다윗 왕은 밧세바라는 유부녀에게 끌렸으며 다윗의 딸은 이복오빠 암논에게 겁탈당한다. 높은 유아사망률, 평균 40세에 불과했던 여성의 평균 수명 때문에 일부다처제는 일반적이었다. 고대 이스라엘에서는 성관계가 종교적 의미를 띠기도 했다. 가나안 농부들은 페니키아 아스타르테(Astarte) 여신 등 풍요의 우상을 모신 신전에 가서 풍작을 기원하며 매춘부와 관계하였다(열왕기 상 15:12). 아스타르테 여신은 성적 사랑의 여신이기도 하였다. 아카드의 어머니 여신 아세라(Asherah)와는 다른 신이니 혼동하지 않아야 한다. 아세라 여신은 왕국 시대에도 야훼의 배우자이자 '천상의 왕비'로 숭배 전통이 이어진 흔적이 있다.

B.C.E. 980년경 다윗 왕 여부스인의 도시 예루살렘 점령함	B.C.E. 980-930년경 이스라엘 통일왕국 시대	B.C.E. 978-960년경 파라오 시아문이 이집트를 다스림	B.C.E. 960년경 솔로몬이 다윗의 뒤를 이어 즉위함

사울, 다윗 그리고 솔로몬의 왕국

터키

하맛

알레포 (할라브)

하맛 •

아르왓 •

솔로몬은 황야에 도시를 건설하였다 (역대기 하 8:4).

다드몰 (타드무르)

이스라엘은 소바를 정복한 후 북쪽의 강국 하맛과도 우호 조약을 체결한다 (사무엘 하 8:9~10).

두로 왕 히람과 계약을 맺고 솔로몬은 신전 건설에 필요한 삼목을 수입했다. 이를 위해 그는 벌목꾼들과 함께 밀, 보리, 올리브유를 넉넉히 보냈다. (열왕기 상 5:1~12, 역대기 하 2:1~16)

비블로스 •

레바논

이스라엘은 주요 교역로 몇 개가 통과하는 땅이었다. 이 덕분에 왕궁에는 상인들이 내는 통행세가 엄청나게 쏟아져 들어왔다 (열왕기 상 10:15).

다윗은 소바와 전쟁을 벌여 전리품을 얻고 상대를 무력화한다 (사무엘 하 8:3~11, 역대기 상 18:3~10).

브에롯 (베이루트)

시돈 (사이다) •

다마스쿠스 •

소바 왕을 버리고 도망쳤던 불충한 신하 레손이 반란을 일으켜 다마스쿠스를 통치하며 이스라엘을 적대시한다 (열왕기 상 11:23~25).

다윗 왕에게 반란을 일으킨 세바가 목이 잘려 다윗 군 사령관 요압에게 전달된 곳이다 (사무엘 하 20:15~22).

두로 (수르) •

아벨 벳마아가

단 •

케데스 •

시

병거 4,000대와 말 12,000필로 이루어진 솔로몬 부대를 위한 '병거도시' 가운데 하나이다 (열왕기 상 10:29, 역대기 하 9:25).

악고 •

하솔 •

'엔도르의 무당' 이 사울과 그 아들들이 길보아 전투에서 전사하게 된다고 예언한다 (사무엘 상 28:7~8).

지 중 해

지중해: 페니키아인들과 협력관계를 맺은 선단은 지중해 교역로를 통해 정기적으로 귀중품과 희귀자원을 들여왔다 (열왕기 상 10:22).

다윗의 가축이 샤론 평야에서 풀을 뜯는다 (역대기 상 27:29).

욕느암 • 므깃도 •

아스다롯 •

엔도르 •

에드레이 •

길보아 산 근처 전투에서 사울이 패배한 후 블레셋인들은 사울의 시체를 성벽에 내걸고 사울의 갑옷은 신전에 전시한다 (사무엘 상 31:10).

다아낙 •

벳산 •

사

이스라엘

사울의 출생지이자 이후 왕국의 수도이다 (사무엘 상 15:34).

야베스길로앗 •

라못길르앗 •

두 무역로가 교차하는 지점에 위치한 게셀은 수백 년 동안 이집트가 통치하였다. 솔로몬은 파라오의 딸과 결혼하면서 이 땅을 지참금으로 받게 된다 (열왕기 상 9:15~17).

신이 솔로몬의 꿈에 나타나 지혜, 영광, 부, 장수를 내려준다 (열왕기 상 3:5~15).

아벡 •

세겜 •

에브라임 숲 •

숙곳

다윗에게 반역한 아들 압살롬이 군 사령관 요압 손에 죽는다 (사무엘 하 18).

암몬 왕이 죽자 다윗은 조문 사절단을 보낸다. 하지만 새로운 왕이 사절단을 모욕하자 다윗은 요압에게 군대를 주어 보낸다. 암몬은 전쟁에서 패하고 이스라엘에게 복속된다 (사무엘 하 10:6~14, 역대기 상 19:6~15).

욥바 •

실로 •

랍바 (암만) •

이스라엘인들이 농기구를 버리기 위해 찾았을 법한 블레셋 용광로가 발견된 곳이다 (사무엘 상 13:19~20).

게셀 •

벧엘 •

기브온 • 기브아 •

헤스본 •

여부스인들에게서 도시를 빼앗은 다윗은 수도를 옮기고 궁을 지어 왕국의 중심으로 삼는다. 그리고 이곳에서 33년 동안 다스린다 (사무엘 하 5:6~14).

아슈도드 •

아슈켈론 •

가드 •

예루살렘 ★ 베들레헴 •

메드바 •

가자 •

라기스 •

헤브론 ★

디본 (디반) •

아로엘 •

이새의 막내아들인 다윗 왕의 출생지이다 (사무엘 상 16:1~13).

그랄 •

엔게디 •

샤루헨 •

이랏 •

모압

다윗의 첫 수도. 이곳에서 7년 6개월을 다스린다 (사무엘 하 5:5).

이스라엘은 병거와 말을 이집트에서 수입했는데 가격은 병거 한 대에 은 600세겔, 말 한 마리에 은 150세겔이었다. 그 일부는 다시 다른 국가에 되팔았다 (열왕기 상 10:28~29, 역대기 하 1:16~17).

베에르셰바 •

다윗이 엘라 골짜기에서 골리앗을 죽인다 (사무엘 상 17).

다윗은 잠든 사울을 죽이는 대신 윗자락만 잘라 진심을 보인다 (사무엘 상 24:1~4).

다윗은 모압인들을 정복한다 (사무엘 하 8:2).

수에즈 운하

이집트

네게브

카데스바르네아 •

소금 골짜기에서 에돔을 물리친 후 다윗 왕국은 이 지역을 복속한다. 아카바 만에 이르기까지 남쪽 전 지역을 통재권에 넣은 것이다 (사무엘 하 8:13~14).

큰 쓴물 호수

작은 쓴물 호수

페트라 •

사울은 이스라엘 땅을 약탈하던 이말렉인들을 격퇴한다 (사무엘 상 14:48).

티 고 원 시 나 이

에시온게벨 •

솔로몬은 홍해 교역을 위해 선단을 조직하였다. 두로 왕이 배를 몰 선원을 보내주었다. (열왕기 상 9:26~28, 역대기 하 8:17~18)

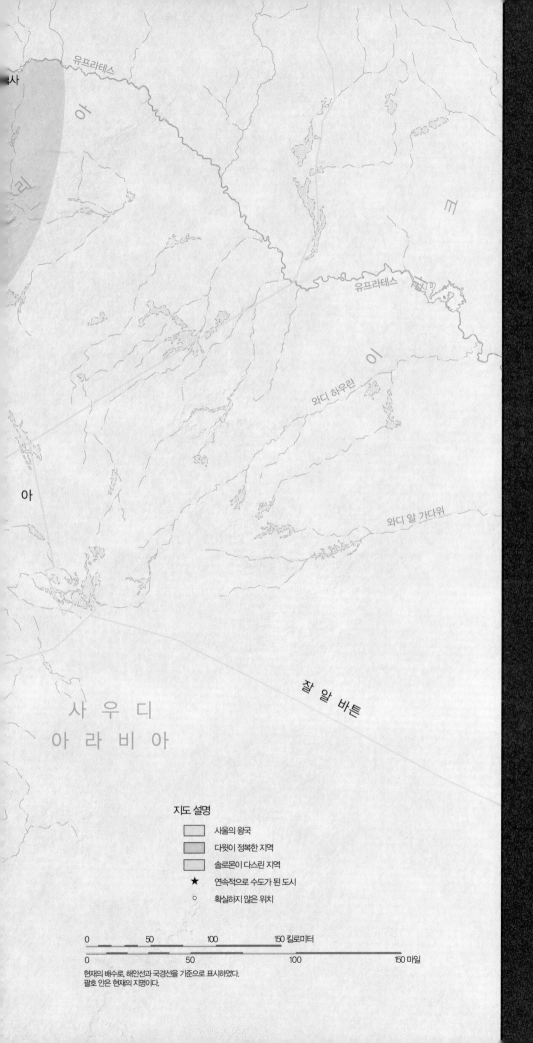

유프라테스

유프라테스

와디 하우란

와디 알 가다위

잘 알 바튼

아

사우디
아라비아

지도 설명

⬜	사울의 왕국
⬛	다윗이 정복한 지역
⬛	솔로몬이 다스린 지역
★	연속적으로 수도가 된 도시
○	확실하지 않은 위치

0   50   100   150 킬로미터

0   50   100   150 마일

현재의 배수로, 해안선과 국경선을 기준으로 표시하였다.
괄호 안은 현재의 지명이다.

❶ 엔게디 〈사무엘 상〉 24장 1~2절에 따르면 다윗이 이 곳 울창한 오아시스에서 사울과 '선발된 삼천 명'에게서 몸을 피했다고 한다.

❷ 예루살렘 다윗은 여부스인들이 철통 같이 지키던 예루살렘 언덕을 빼앗고 통일 왕국의 새로운 수도로 삼는다.

❸ 아랏 새 왕국의 가장 남쪽에 위치한 이 도시에 다윗과 솔로몬 두 왕 모두가 성채를 건설했고 최근 성전이 발굴되었다.

❹ 므깃도 이즈르엘 계곡을 방어하는 고대 가나안 성채이다. 돌구유가 있는 마구간은 아합 왕(B.C.E. 874-853)이 만든 것으로 추측된다.

> 이리하여 다윗 왕은 헤브론으로 찾아온 이스라엘의 모든 장로들을 맞아 야훼 앞에서 조약을 맺었고,
> 그들은 다윗에게 기름을 부어 이스라엘 왕으로 삼았다.
>
> — 사무엘 하 5:3

괴롭히던 나라들이 흡수되었다. 최근 연구는 이 주장에 의문을 제기한다. 다윗을 둘러싼 전설적 요소가 그를 이상적인 왕으로, 평화시와 전시 모두에 능력을 발휘하고 신과 백성 모두에게 사랑받은 존재로 만들었다는 것이다. 실제로 다윗(그리고 아들 솔로몬)의 가장 큰 공헌은 영토 확장이 아니라 걸핏하면 갈등하는 여러 민족을 융합한 데 있었다. 심지어 다윗이 실존인물이었는지조차 의심하는 학자도 있다. 텔 단(Tell Dan)의 현무암 기둥에 새겨진 'bytdwd'를 BYT DWD, 즉 '다윗의 가문'으로 해석할 수 있는가 역시 논란의 대상이다

압살롬

정치적으로는 성공했으나 다윗 집안은 갈등과 비극이 그치지 않았다. 그 중요한 이유는 다윗이 바빌로니아의 태수들처럼 인근 부족과 나라 출신 아내를 여럿 얻었기 때문이다. 여러 아내가 낳은 자녀들 간 경쟁이 극심해서 협력은 어려웠다.

그술 왕의 딸 **마아가**가 낳은 남매 **압살롬**과 **다말**이 대표적인 예이다. 어느 날 다말은 다윗의 첫 부인 아히노암이 낳은 장자이자 이복오빠인 암논에게 겁탈당했다. 다윗은 격분했지만 맏이를 사랑해 벌을 내리지는 않았다(사무엘 하 13:21). 그러자 압살롬은 양털깎기 축제에서 직접 암논을 죽여 복수하고는 아버지를 피해 도망쳤다.

압살롬은 다윗의 측근인

르네상스 시대 화가 도나텔로(1386~1466) 작 다윗. 고전시대 이후 최초의 무(無)받침대 청동상이다.

아히도벨의 지지를 받아 아버지의 이전 근거지였던 헤브론에서 반란을 일으키기까지 했다. 다윗은 피신하는 지경에 몰렸지만 곧 군대가 반란 세력을 제압했다. 다윗군 사령관 요압에게 쫓기면서 말을 타고 패주하던 압살롬의 머리카락이 그만 참나무 가지에 걸리고 말았다. 나무줄기에 대롱대롱 매달린 압살롬을 요압은 가차 없이 죽여버렸다. 소식을 들은 다윗은 아들이 일으킨 분란에도 불구하고 "내 자식 압살롬이, 내 자식아, 내 자식 압살롬아, 차라리 내가 죽을 것을, 이게 웬일이냐?"라고 통곡했다(사무엘 하 18:33).

밧세바

다윗은 미녀 밧세바가 밤중에 목욕하는 장면을 본 후 마음을 빼앗김으로써 명성에 흠집을 내기도 했다. 밧세바는 요압 휘하에 있는 다윗 군대 장수 우리야의 아내였던 것이다. 다윗은 끝내 밧세바와 정을 통해 아이를 가졌다. 다윗은 급히 우리야를 전장에서 불러 부부가 동침하고 임신한 것처럼 보이게 하려 했으나 계획은 실패로 돌아갔다. 그러자 다윗은 요압을 시켜 우리야가 암몬인들을 공격하는 선봉에 서도록 했다. 예상대로 우리야는 전사했고 밧세바는 상을 마치자마자 다윗과 결혼해 아들을 낳았다. 예언자 나단은 '야훼의 눈에 거슬리는 일'이라며 다윗의 행동을 비난했고 아이는 죽고 말았다(사무엘 하 11:27). 다윗은 신 앞에서 뉘우쳤고 보답으로 밧세바에게서 두 번째 아들을 얻었다. 이 아이가 솔로몬이다. 다윗은 밧세바를 깊이 사랑했지만

B.C.E. 950년경	B.C.E. 945년경	B.C.E. 931년경	B.C.E. 931~910년경
다리우스 왕이 나일과 홍해 잇는 새로운 수로 건설함	이집트 파라오 쇼셍크 1세가 제22왕조 시작함	솔로몬 왕국 둘로 갈라짐	북왕국 이스라엘을 여로보암 1세가 다스림

피렌체 화가 프란체스코 디 스테파노 페셀리노(1422-1457) 작 '압살롬의 죽음'이다. 다윗의 장군 요압이 창 세 개로 압살롬을 죽이는 장면이다.

밧세바는 곧 자기 아들의 왕위계승을 위한 계략을 꾸미기 시작했다. 늙고 쇠약해진 다윗에게서 어떻게든 솔로몬에게 왕위를 물려준다는 약속을 받아내려 한 것이다. 하지만 경쟁자들은 한 발 앞서 있었다.

아도니야

어느 날 병든 다윗이 누워 있는 방으로 밧세바가 숨어 들어왔다. 그리고 나단이 시킨 대로 **하낏**이 낳은 아들 **아도니야**가 왕권 탈취를 계획하고 있다고 알렸다. 이 상황은 이스라엘 왕국시대의 복잡한 역사를 다룬 〈열왕기〉에 실려 있다(열왕기 상 1:11-27).

아도니야는 왕위를 노릴 자격이 있었다. 다윗의 아들 중 나이가 가장 많았고 가장 유능한 장군 요압 및 대사제 아비아달의 지지를 받는 상황이었다. 아도니야는 왕위계승을 확신하며 기드론 계곡의 엔로겔 샘터에서 큰 잔치를 벌였다. 솔로몬을 제

B.C.E. 931-913년경	B.C.E. 928년경	B.C.E. 913-911년경	B.C.E. 911-870년경
남왕국 유다를 르호보암이 다스림	이집트 파라오 쇼센크 1세가 유다와 이스라엘 왕국 공격함	남왕국 유다를 아비야 왕이 다스림	남왕국 유다를 아사 왕이 다스림

외한 모든 형제들도 초대했다.

다윗은 아도니야의 반역을 우려해 지체 없이 기혼 샘에서 솔로몬을 불러오게 하고 사제 사독으로 하여금 솔로몬에게 기름을 부어 왕으로 세우게 하였다(열왕기 상 1:34). 얼마 후 다윗은 사망했다. 전설에 따르면 첫 과일과 빵을 기념하는 유대교 축제 오순절에 죽었다고 한다.

왕위를 빼앗긴 아도니야는 격분했다. 다윗 왕국이 너무 강력해져 부족의 자율권이 제한되는 것을 걱정하는 북쪽 부족들은 그를 지지했다. 솔로몬이 후계자로 선포되자마자 아도니야는 음모를 꾸몄다. 그의 행동은 얼핏 순수한 듯 보였다. **아비삭**이라는 젊은 여자와 결혼할 수 있도록 도와달라고 밧세바에게 청한 것이다. 아비삭은 다윗의 말년을 지킨 간호담당이자 애첩이

다윗이 아내 밧세바를 위로하여 잠자리를
같이 하니 밧세바가 아들을 낳아 이름을
솔로몬이라 하였다.

– 사무엘 하 12:24

었다. 솔로몬은 아도니야의 의중을 정확히 꿰뚫었다. 선왕의 첩과 결혼하는 것은 곧 왕위계승권을 요구하는 행동이었다. 솔로몬은 "아주 나라까지 그에게 주라고 하시지요!"라고 비꼰다(열왕기 상 2:22). 아도니야는 죽임을 당했고 아비아달과 요압을 포함해 아도니야를 지지했던 인물들도 죽거나 추방당했다.

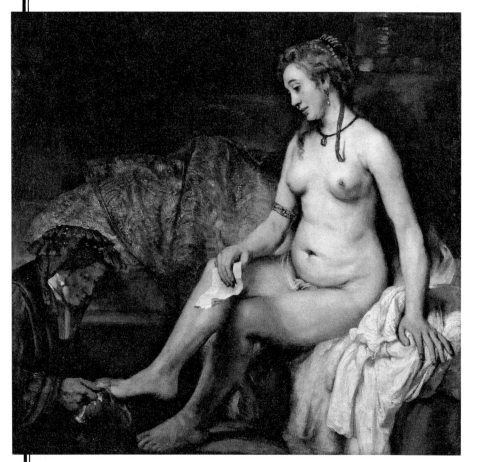

네덜란드 화가 렘브란트 판 레인(1606–1669)이 1654년에 그린 '목욕하는 밧세바'이다.

솔로몬

성경에 등장하는 왕들 중 솔로몬만큼 우리의 상상력을 자극하는 경우는 없다. 그의 치세는 영광으로 가득하다. 부유하고 강력했으며 신이 내려준 지혜까지 겸비한 왕이었다. 어느 날 꿈에서 신이 나타나 무엇을 원하느냐고 묻자 '당신의 백성을 잘 다스리고 흑백을 가려낼 수 있도록 명석한 머리'를 달라고 청하여(열왕기 상 3:9) 얻은 지혜였다. 지혜로운 솔로몬은 영토를 열두 지역으로 나누어 근대적 국가 형태를 만들었다. 의도적으로 각 지역 경계가 부족 경계와 어긋나게끔 함으로써 예루살렘의 중앙권력을 강화시켰다. 부족 간 평화를 위해 솔로몬도 아버지처럼 여러 부족과 인접 국가에서 아내를 얻었다. 그 아내 중 한 명은 이집트 파라오의 딸이었다(열왕기 상 11:1). 그와 사돈이 된 파라오는 제21왕조의 시아문(B.C.E. 978–959년경)으로 추정된다. 한 세기 전만 해도 주변국들에서 아내를 맞아들였던 파라오가 딸을 내준 것이다. 이집트 권력의 쇠락을 극명하게 보여주는 현상이 아닐 수 없다.

솔로몬은 민사사건을 재판하기도 했다. 아이가

B.C.E. 909–866년경	B.C.E. 900년경	B.C.E. 900년경	B.C.E. 885–874년경
북왕국 이스라엘 바아사 왕이 다스림	아시리아인이 메소포타미아의 주도적 세력이 됨	구스 왕국 이집트에서 독립	북왕국 이스라엘 오므리 왕이 다스림

밧세바가 솔로몬에게 아도비야와 아비삭의 결혼을 청하는 장면. 15세기 뉴렘베르크 성경에 실린 채색 목판화이다.

빌 금광에서 나온 금으로 돈궤를 채웠다는 구절까지 나온다.

부가 축적되자 솔로몬은 신이 다윗에게 한 약속을 실현했다. 계약궤를 모실 진정한 성전, 모세 율법에 따라 번제를 거행하는 모든 사제들을 수용할 만큼 넓은 성전을 건설한 것이다. 이를 위해 솔로몬은 백성들에게 기부금을 요청해 금 5,000달란트, 은 1만 달란트를 모았다(오늘날 가치로 환산하면 1억 달러 정도다). 대규모 공사가 마무리되자 흰색과 금색의 새 도시가 예루살렘 위에 솟아올랐다. 성전 외에 솔로몬의 신하, 관리, 하인, 하렘을 위한 주거용 건물도 지어졌다. 다만 파라오의 딸은 별도의 궁전을 지어 살게 했다(열왕기 상 7:8). 동시에 솔로몬 왕은 므깃도, 하솔, 게셀 등의 성채가 원형을 이루어 왕국을 방어하도록 했다. 비록 므깃도의 솔로몬 마구간 유적은 그보다 늦은 시기의 것으로 판명되었지만 말이다.

솔로몬의 영광은 영원하지 못했다. 에돔의 **하닷** 왕, 그리고 다마스쿠스를 점령한 무리의 두목인 르손이 왕국을 침략하였다(열왕기 상 11:14,23). 〈신명기〉 편집자들은 이러한 침략이 외국인 아내들의 영향으로 점차 우상숭배를 용인하게 된 솔로몬에 대한 신의 처벌이라고 묘사했다(열왕기 상 11:4). 이러한 상황에 분노한 예언자 **아히야**는 솔로몬의 신하 여로보암에게 반란을 종용하기까지 한다. 반란 시도가 발각되고 사형 언도를 받은 여로보암은 이집트로 가 **파라오 시삭**의 도움을 받는다(열왕기 상 11:40). 시삭은 아마 쇼셴크 1세였을 것이다. 솔로몬 왕국은 결국 멸망할 운명이었다. 늙은 왕이 영면에 들자마자 이스라엘 통일왕국에 대한 부족들의 지지도 깨져버렸다.

자기 소생이라고 서로 싸우는 두 창녀의 다툼도 그 중 하나였다. 솔로몬은 검을 가져오게 한 후 아이를 반으로 잘라 두 여자가 나눠 갖도록 하라고 명령했다. 그러자 한 여자가 비명을 지르며 "아이를 저 여자에게 주십시오. 제발 아이를 죽이지만 마십시오."라고 외쳤다(열왕기 상 3:26). 왕의 예상대로 진짜 어머니는 자식이 죽는 모습을 보느니 차라리 남에게 양보하기로 한 것이다. 솔로몬 왕은 또한 3,000개가 넘는 격언을 쓰고 노래도 1,000편 가까이 지었다. 또 삼목과 히솝 관목에서부터 동물과 새 종류에 이르기까지 매우 방대한 지식을 갖고 있었다(열왕기 상 4:33).

성경에 등장하는 솔로몬 치세는 유례없는 번영기였다. 실제로 당시 레반트 지역이 크나큰 경제성장을 이루었다는 증거가 있다. 블레셋인의 침략은 먼 과거의 일이 되었다. 이제 블레셋인들은 교역에 긴밀히 협력하는 관계였다. 그들에게 밀려 해안가에 살게 되었던 페니키아 사람들이 설계한 새로운 선박이 해상운송의 혁신을 이루었다. 바닥이 편평하고 납작한 이 배는 해안이나 강 모두에 적합했다. 같은 시기에 아라비아와 시나이 사막을 지나는 장거리 이동에서 당나귀 대신 길들인 낙타를 이용하게 되었다. 성경에는 솔로몬 왕이 아프리카 동쪽 해안 오

르호보암

솔로몬의 뒤를 이은 왕은 암몬 출신 여자 **나아마**가 낳은, 당시 41세의 아들 **르호보암**이다. 하지만 르호보암에게는 능력이 부

B.C.E. 883-859년경
아슈르나시르팔(Ashurnasirpal)
2세가 아시리아 다스림

B.C.E. 875년경
0을 뜻하는 상징이
인도에서 처음 만들어짐

B.C.E. 875년경
중국에서 천연가스
사용하기 시작

B.C.E. 874-853년경
북왕국 이스라엘 아합
왕이 다스림

2장 〈여호수아서〉부터 〈열왕기〉까지 **103**

솔로몬 성전

예루살렘 성전산에 세워진 솔로몬 성전은 메소포타미아와 중동 지역의 메가론 건축양식을 따른 것이었다. 하솔과 아랏에서도 비슷한 설계를 볼 수 있다. 기둥이 늘어선 장엄한 문(ulam)으로 들어서면 3면이 사무용 건물과 창고로 둘러싸이고 천정이 높은 회중석(hekal)이 나온다. 회중석을 다 지나면 계약궤를 모신 지성소가 있다. 건물 바깥쪽은 거룹(cherubim, 사람의 얼굴 또는 짐승의 얼굴에 날개를 가진 초인적 존재), 종려나무, 활짝 핀 꽃을 조각해 장식했다(열왕기 상 6:29). 길이 36미터, 너비 16미터의 솔로몬 성전 앞 너른 뜰에는 번제물을 바치는 제단, 그리고 '청동의 바다'라 불리는 커다란 청동항아리가 놓여 있었다. 청동항아리는 황소 열두 마리가 떠받치는 모습이었는데 각각 세 마리씩 동서남북을 바라보고 있었다.

대략 400년에 이르는 기간 동안 성전은 계속 약탈당했다. 파라오 시삭 혹은 쇼셴크 1세가 첫 번째였고(열왕기 상 14:25-26) 북왕국의 여호아스가 다음이었으며(열왕기 하 14:14) 유다의 아하즈 왕이 아시리아의 디글랏빌레셀에게 뇌물을 바치기 위해 성전을 털었다(열왕기 하 16:8). 마지막은 B.C.E. 586년, 예루살렘을 약탈한 바빌로니아의 느부갓네살 왕이었다(열왕기 하 24:13). 이 마지막 파괴가 이루어질 때 성전의 보물과 장식이 얼마나 남아 있었는지는 알 수 없다.

에드워드 존 포인터(1836-1919)가 1900년대 초반에 그린 '세바 여왕의 솔로몬 왕 방문'이다.

B.C.E. 870-848년경
남왕국 유다 여호사밧 왕이
다스림. 예언자 엘리야 활동함

B.C.E. 853년경
이스라엘, 두로, 시리아가 연합해
카르카르(Qarqar) 전투에서 아시리아 물리침

B.C.E. 853-852년경
북왕국 이스라엘
아하지야 왕이 다스림

B.C.E. 852-841년경
북왕국 이스라엘 여호람
왕이 다스림

그래서 하느님께서 (솔로몬에게) 대답하셨다. "이제 너는 슬기롭고 명석하게 되었다.
너 같은 사람은 전에도 없었고 앞으로도 없으리라."

– 열왕기 상 3:11–12

족했다. 협력 서약을 새로 받기 위해 찾아간 르호보암에게 북쪽 부족 대표들은 불만을 늘어놓았다. 솔로몬의 부가 자신들의 세금과 수확과 부역으로 만들어졌다면서 "저희 멍에를 가볍게 해주시면 받들어 섬기겠습니다."라고 말했다(열왕기 상 12:4). 노련한 정치가였다면 협상을 시도했겠지만 르호보암은 달랐다. 그리하여 "나는 더 무거운 멍에를 메우리라. 선왕께서는 너희를 가죽채찍으로 치셨으나 나는 쇠채찍으로 다스리리라"(열왕기 상 12:14)라고 위협했다.

솔로몬의 죽음 이후 이스라엘로 돌아와 있던 여로보암에게는 반갑기 짝이 없는 일이었다. 르호보암은 북쪽 부족들이 공식적으로 예루살렘과 분리 독립할 빌미를 제공했다. 대표들은 북왕국이라는 별도의 왕국을 세워 이스라엘이라 이름 붙임으로써 남쪽 왕국의 정통성을 훼손했다. 북왕국의 새 왕으로는 여로보암(B.C.E. 931–B.C.E. 910년)이 추대되었다. 르보호암은 도망치듯 예루살렘으로 돌아왔다. 이제 왕국은 유다와 베냐민 부족의 영토 정도로 축소된 상태였다. 이후 이 나라는 유다 왕국이라 불리게 된다. 이로써 다윗과 솔로몬의 통일왕국은 종말을 고했다.

과거 여로보암이 이집트에서 정치적 망명기를 보냈다는 것도 상황에 부정적인 영향을 미쳤다. 여로보암의 북왕국 수립에 자극받은 파라오 쇼센크 1세가 B.C.E. 918년경 남쪽의 유다 왕국을 공격해 예루살렘을 포위한 것이다. 르호보암은 '야훼 성전과 왕궁의 모든 보물을 다 끄집어내' 파라오에게 바치는 수밖에 다른 방법이 없었다(열왕기 상 14:25).

부를 다 빼앗기기는 했지만 르호보암은 여전히 아내 18명,

신성로마제국 오토 1세(912~973)의
즉위식에 사용된 황제 왕관에 장식된
지혜의 상징 솔로몬 왕.

첩 60명, 아들 28명, 딸 60명을 거느리고 궁정을 유지했다. 17년의 통치를 끝내고 르호보암이 죽은 후 왕좌는 가장 사랑하는 아내 **마아**가 소생인 **아비야**에게 넘어갔다(열왕기 상 14:31).

여로보암

한편 여로보암은 과거 솔로몬 왕이 그랬듯 북왕국을 근대적 국가로 재편하는 일에 착수했다. 갈릴리의 비옥한 골짜기와 이즈르엘 계곡을 보유한 북왕국은 남쪽보다 농업수확량이 훨씬 많았고 경제력도 높았다. 여로보암은 베델과 단의 이교 성지에 신의 성전을 만들고 신의 상징인 황금송아지를 모셨다. 〈열왕기〉 필경사들은 이를 우상숭배의 죄로 보았다(열왕기 상 12:30). 실상 베델은 야곱이 하늘까지 닿는 사다리 꿈을 꾼 후 제단을 쌓았던 시절까지 거슬러 올라가며 예루살렘의 여부스인들 신보다 더 오래된 야훼 성전이 있는 곳이었다.

북왕국의 여로보암은 과거 자신을 보호해줬던 파라오 쇼센크 1세가 남왕국 점령으로 만족하지 않을까 기대했지만 헛된 희망이었다. 이집트 군은 계속 북진해 이스라엘 주요 도시 대부분을 파괴했다. 가장 튼튼한 성채인 므깃도마저도 폐허로 변했다. 고고학자들은 므깃도에서 쇼센크 승리를 찬양하는 기념비 조각을 발굴했다. 이집트로 돌아간 파라오는 카르낙의 레메세드 신전에 부바스티스 문(Bubastite Portal)을 세워 승리를 만끽했다.

하지만 쇼센크 치하의 이집트 부활은 짧게 끝났다. 메소포타미아에서 아시리아 제국이 등장하면서 이집트의 세력은 곧 빛을 잃고 말았다.

왕들의 계보

북왕국 이스라엘의 왕들	남왕국 유다의 왕들
여로보암 1세(B.C.E. 931–910년경)	르호보암(B.C.E. 931–913년경)
나답(B.C.E. 919–909년경)	아비야(B.C.E. 913–911년경)
바아사(B.C.E. 909–866년경)	아사(B.C.E. 911–870년경)
엘라(B.C.E. 886–885년경)	여호사밧(B.C.E. 870–848년경)
지므리(B.C.E. 885년경)	요람(B.C.E. 848–841년경)
오므리(B.C.E. 885–874년경)	아하지야(B.C.E. 841년경)
아합(B.C.E. 874–853년경)	아달리야(B.C.E. 841–835년경)
아하지야(B.C.E. 853–852년경)	요아스(B.C.E. 835–796년경)
여호람(B.C.E. 852–841년경)	아마지야(B.C.E. 796–781년경)
예후(B.C.E. 841–814년경)	우찌야(B.C.E. 781–740년경)
여호아하즈(B.C.E. 814–798년경)	요담(B.C.E. 740–736년경)
여호아스(B.C.E. 798–783년경)	아하즈(B.C.E. 736–716년경)
여로보암 2세(B.C.E. 783–743년경)	히즈키야(B.C.E. 716–687년경)
즈가리야(B.C.E. 743년경)	므나쎄(B.C.E. 687–642년경)
살룸(B.C.E. 743년경)	아몬(B.C.E. 642–640년경)
므나헴(B.C.E. 743–738년경)	요시야(B.C.E. 640–609년경)
브가히야(B.C.E. 738–737년경)	여호아하즈(B.C.E. 609년경)
베가(B.C.E. 737–732년경)	여호야킴(B.C.E. 609–598년경)
호세아(B.C.E. 732–721년경)	여호야긴(B.C.E. 598년경)
	시드키야(B.C.E. 598–587년경)

> (여로보암은) 궁리 끝에 금송아지 두 개를 만들었다. 그리고 백성들에게 이렇게 선포하였다. "예루살렘에 제사하러 올라가기란 번거로운 일이다. 이스라엘 백성들아, 너희를 이집트에서 구해주신 신이 여기에 있다."
>
> – 열왕기 상 12:28

아비야

르호보암의 아들 **아비야**(B.C.E. 913–B.C.E. 911년경)가 다시금 왕국 통일을 목적으로 이스라엘을 공격한 것은 북왕국이 이집트의 공격 여파에서 채 벗어나지 못한 시점이었다. 남왕국 유다의 병력 40만 명은 여로보암의 80만 군대보다 열세였음에도 아비야는 북군을 궤멸하고 두 왕국 접경의 도시들을 정복하였다(열왕기 상 15:1–8). 하지만 아비야의 치세는 때이른 죽음으로 끝을 맺고 그 아들 **아사**(B.C.E. 911–B.C.E. 870년경)가 왕위를 이어받았다. 일년 뒤 그의 적수였던 북왕국의 여로보암 왕도 세상을 떠났다. 왕위를 계승한 그 아들 **나답**(B.C.E. 919–B.C.E. 909년경)은 한 해 만에 이싸갈 부족의 반란 때 암살당했고 반란 지도자 **바아사**가 왕위에 올랐다. 바아사는 여로보암의 남은 가족들을 모두 죽여버렸다(열왕기 상 15:16–22).

오므리

왕위쟁탈전으로 인한 북왕국의 혼란은 **오므리**(B.C.E. 885–B.C.E. 874년경)가 즉위하면서 일단락되었다. 오므리는 블레셋인을 상대로 한 역사적인 군사원정 때 북왕국 군을 이끈 장수였다. **지므리** 왕이 선왕 **엘라**를 살해했다는 소식이 알려지면서 백성들이 오므리를 왕으로 추대한 것이다.

위기 상황에 맞서 오므리는 유다 왕국의 아사 왕과 평화조약을 맺어 반 세기 동안 이어진 남북왕국의 적대관계를 청산했다. 이어 페니키아 해안 시돈의 **이토발 왕**과도 평화조약을 맺는다. 양국 관계는 오므리의 아들 **아합**이 이토발의 딸 **이세벨**과 결혼함으로써 공공해졌는데 이 결합은 이후 큰 영향을 미치

B.C.E. 835–796년경
남왕국 유다 요아스 왕이
다스림

B.C.E. 823년경
아시리아 천문학자들 첫
번째 개기일식 기록

게 된다. 동쪽과 남쪽 국경을 안전하게 만든 오므리는 시리아를 본격 공략해 승리를 거두고 영토를 넓혔다. 정세가 안정되자 오므리는 북왕국에 새로운 수도를 건설하는 데 집중한다. 과거 북왕국의 궁정은 세겜과 디르사였으나 오므리는 예루살렘 못지않은 멋진 수도를 원했다. 그리하여 세겜 북서쪽 언덕 위, 에브라임의 한 지점을 선택했고 땅 주인 이름 세멜을 본 따 새 수도의 이름을 사마리아라고 붙였다(열왕기 상 16:24). 당시 문화 선진국은 페니키아였으므로 오므리는 페니키아 장인들을 초빙해 왕궁을 상아와 보석으로 장식하였다. 훗날 예언자 아모스는 이스라엘이 지은 '상아의 집'과 '상아 침상에서 뒹구는 것들'을 맹렬히 비난하게 된다(아모스 6:4).

16세기 프랑스 출판업자 기욤 루이에가 제작한 고대 인물들의 목판 초상화 모음에 포함된 오므리 왕.

오므리 통치를 거치면서 이스라엘은 입지를 확고히 다졌다. 그의 업적은 현재 루브르 박물관에 보관된 모압 석판에서 드러난다. '이스라엘의 오므리 왕이 오랫동안 모압을 괴롭혔다'는 문구가 새겨진 것이다. 모압 석판은 이스라엘 왕국의 왕에 대해 언급한 성경 이외 최초 자료이다. 이후 이스라엘을 '오므리 왕조'라고 지칭하는 아시리아인들의 기록도 남아 있다.

〈열왕기〉의 필경사들은 유다 왕국 편이었던 듯 오므리 왕에 대해 그리 긍정적이지 않다. '오므리는 어떤 선왕들보다 훨씬 더 야훼의 눈에 거슬리는 일을 하였다.'라고 기록한 것이다. 하지만 구체적으로 어떤 일이었는지는 나오지 않는다(열왕기 상 16:25).

아사

이스라엘 왕국의 오므리 왕과 비슷한 시기에 유다 왕국을 통치한 아사 왕에 대해서는 알려진 바가 많지 않다. 대부분의 정보는 〈열왕기〉가 아니라 〈역대기〉에서 얻을 수 있다. 그의 통치기간은 41년으로 이스라엘 왕들의 평균 재위기간에 비해 아주 긴 편이다(열왕기 상 15:10). 아사는 게바와 미스바 성채를 튼튼히 하여 북왕국의 어떤 침략도 견뎌내도록 하였고 이를 통해 두 왕국 사이의 실질적 국경이 만들어져 이후 얼마 간 유지되었다. 구스 사람 제라가 이끄는 에티오피아 군대가 남쪽에서 유다 왕국을 침략했지만 성공적으로 격퇴했다. 아사는 솔로몬 시대 이후 끈질기게 남아 있던 이교 숭배를 예루살렘에서 몰아내고 모든 국가적 종교행사를 성전에서 행하였다(열왕기 상 15:12). 나아가 이교 신자 모두에게 사형선고를 내리기도 하였다. 이 때문에 성경은 '아사는 야훼께서 보시기에 올바른 일을 하였다.'라고 칭찬하고 있다(열왕기 상 15:11, 역대기 하 14:2).

아합

한편 북왕국에서는 오므리의 갑작스러운 죽음으로 새 수도 사마리아가 한바탕 동요를 겪는다. 오므리의 뒤를 이은 것은 아

익명의 스웨덴 화가가 17세기에 그린 아사 왕 초상화이다.

B.C.E. 814–798년경
북왕국 이스라엘
여호아하즈 왕이 다스림

B.C.E. 800년경
이탈리아 에트루리아
사람들 전차 도입

B.C.E. 798–783년경
북왕국 이스라엘
여호아스 왕이 다스림

B.C.E. 796–781년경
남왕국 유다 아마지야
왕이 다스림

2장 〈여호수아서〉부터 〈열왕기〉까지 **107**

합이었다. 정치적 역량으로 볼 때 아합은 아버지에 못지않았다. 유다 왕국과의 평화조약을 계승하고 골치 아픈 이웃 시리아를 잘 억눌렀으며 페니키아를 비롯한 여러 국가들과 교역을 대폭 늘렸다.

하지만 페니키아 장인들이 사마리아 궁정 건설을 돕기 위해 속속 들어오면서 신 **바알**을 비롯한 이교신앙도 확산되었다. 바알은 메소포타미아와 우가리트 문헌에 등장하는 태풍, 비, 이슬의 신으로 농경과 깊은 관련을 맺고 있었다. 이 때문에 이스라엘 농부들은 야훼와 함께 바알 신도 모시고자 했다.

아합은 이교 열풍을 잠재우지 못했다. 페니키아 출신 아내 이세벨도 독실한 바알 신도였다. 아합 왕은 '사마리아에 바알 산당을 짓고 그 안에 바알 제단을 세우도록' 하기까지 했다(열왕기 상 16:32). 남왕국 사람들 눈에는 배신으로 보일 수밖에 없는 일이었다. 하지만 오늘날 학자들은 아합이 외국인 노동자의 종교적 필요를 충족시키려 했을 뿐 그 자신은 야훼 신앙에 신실했다고 본다.

엘리야

이유가 무엇이었든 사마리아 안팎에 바알 제단이 등장하는 상황에 대해 요르단 강 너머 길르앗에 살던 예언자 **엘리야**는 격분하였다. 엘리야는 아합 왕의 이교 용인을 맹비난하며 "내가 다시 입을 열기 전에는 앞으로 몇 해 동안 비는 물론 이슬 한 방울도 이 땅에 내리지 않을 것이오."라고 경고했다(열왕기 상 17:1). 비와 이슬의 신 바알에 대한 정면 공격이었다. 경제 전체가 농경에 의존하는 이스라엘 왕국으로서는 더할 수 없이 무서운 예언이었다. 엘리야의 안위를 걱정한 신은 그가 트랜스요르단으로 피신해 사렙다의 어느 과부 집에 거처하도록 하였다. 엘리야는 밀가루 한 줌과 올리브기름 약간으로 몇 달 동안이나 과부 가족과 함께 먹고 살았다(열왕기 상 17:8-16). 학자들은 이것을 훗날 예수의 오병이어를 예시한 것이라고 본다. 훗날 엘리야의 뒤를 이은 예언자 **엘리사**도 보리떡 스무 개와 햇곡식 이삭 약간으로 100명이나 되는 사람을 먹이는 기적을 행한다(열왕기 하 4:42-44).

엘리야의 예언 이후 이스라엘에는 가뭄이 세 해나 이어진다.

신은 엘리야를 다시 사마리아로 보내 바알 숭배를 영원히 끝내게 한다. 당시 '이세벨 왕비에게서 녹을 받는 바알의 예언자 사백오십 명과 아세라의 예언자 사백 명'이 온 이스라엘을 장악한 상황이었다(열왕기 상 18:19). 엘리야는 바알 신을 모시는 사제들에게 도전했다. 양측이 각기 소를 잡아 토막내어 장작 위에 올려놓고 기도를 올린 뒤 어느 신이 먼저 번갯불을 내려 장작에 불을 붙이는지 보자는 것이었다.

바알 사제들은 종일 춤추고 노래했지만 헛수고였다. 엘리야 차례가 되자 그는 우선 제물을 물에 흠뻑 적셔 불타오르기 더욱 어렵게 만들었다. 준비를 마치자마자 하늘에서 불길이 내려와 제물을 불태웠다. 백성들은 두려워하며 땅에 엎드려 "야훼가 진정한 신이시다."라고 외쳤다(열왕기 상 18:38-39). 바알 사제들은 모두 죽임을 당했다 이어 큰비가 내려 가뭄이 끝났다. 이세벨 왕비는 몹시 화가 났다.

얼마 후 아합 왕이 이즈르엘의 왕궁에 인접한 좋은 포도밭을 팔지 않으려 버티는 나봇이라는 사람과 갈등을 빚게 된다. 이세벨 왕비는 꾸며낸 죄목으로 나봇을 잡아들여 돌에 맞아 죽게 만든다. 결국 포도밭이 왕실 소유가 된 것이다.

뻔뻔스러운 범죄행동에 충격을 받은 엘리야는 아합과 그 가족에게 저주를 내린다. 이는 그대로 실현되어 아합은 오랜 적수 아람-다마스쿠스와의 싸움에서 전사하고 아들 **아하지야**는 창문에서 떨어져 죽는다. 아합의 두 번째 아들인 **여호람**은 **예후**라는 장군의 유혈 쿠데타로 왕좌에서 쫓겨난다. 이 쿠데타는 엘리야가 지원한 것으로 알려져 있다. 이세벨 왕비는 창밖으로 던져져 죽은 뒤 개에게 뜯어먹힌다(열왕기 하 9:34, 10:9).

> 아합은 선대의 어느 이스라엘 왕들보다도
> 이스라엘의 하느님 야훼의 속을 더욱
> 썩여드렸다.
>
> – 열왕기 상 16:33

엘리사

엘리야가 불타는 수레를 타고 하늘로 올라간 후 예언자 엘리사가 이교 세력과의 싸움을 계속하였다. 엘리사는 수넴 마을 어느 여인의 죽은 아이를 되살려내기도 하는데 이는 엘리야가 사렙다 과부의 아들을 되살린 것과 비슷한 일이다(열왕기 하 4:34).

엘리사는 여호람, 예후, **여호아하즈**, **여호아스** 왕조가 이어지는 동안 북왕국에서 예언자의 소임을 계속하였다. 엘리사의 명성이 널리 퍼지자 시리아의 장군 **나아만**이라는 사람이 나병을 고쳐달라고 찾아오기도 하였다. 여호람은 그가 침략의 기회를 엿보러 온 것이라며 경계하였다. 하지만 엘리사는 나아만에게 요르단 강에 가서 일곱 번 목욕하라고 말해주었고 그 말대로 하자 나병이 치료되었다. 나아만은 야훼 신앙을 맹세하고 많은 재화를 주려고 했지만 엘리사는 거절하였다. 그런데 엘리사의 하인 **게하지**가 딴 마음을 품고 나아만의 뒤를 따라가 은 2달란트와 옷을 받아냈고 이를 안 엘리사는 게하지에게 나병을 내린다(열왕기 하 5:20-27).

영국 화가 프레데릭 레이턴이 1881년에 그린 '수넴 사람의 아들을 일으키는 예언자 엘리사'이다.

예후

북왕국 이스라엘과 시리아 사이에 전쟁이 이어지는 동안 동쪽에서는 훨씬 더 무서운 아시리아 제국이 성장하고 있었다. 아시리아 제국과의 충돌은 〈열왕기〉하권에 기록되어 있다.

히브리인들이 약속의 땅에 정착하기 훨씬 전부터 아시리아는 서쪽으로는 갈그미스(카르케미시, Carchemish), 동쪽으로는 아슈르까지 영토를 넓혀가고 있었다. 오므리 왕 치세 때 아시리아 왕 아슈르나시르팔 2세가 하란에서 페르시아 만에 이르는 메소포타미아 지역 전체를 장악했다. 정복지 주민들은 가혹한 조공을 바쳐야 했고 아슈르나시르팔은 그 돈으로 아슈르 신전을 세우곤 했다. 아슈르나시르팔 2세의 뒤를 이은 살만에셀 3세는 남쪽으로 영토 확장을 꾀했다. 크나큰 위협에 당면한 이 지역의 시리아, 페니키아, 북왕국 이스라엘, 남왕국 유다, 이집트는 오랜 갈등관계를 접고 동맹을 맺었다. 역사상 최초의 동맹이었다. 하지만 동맹은 별 소용이 없었고 결국 예후 왕이 다스리던 북왕국 이스라엘은 아

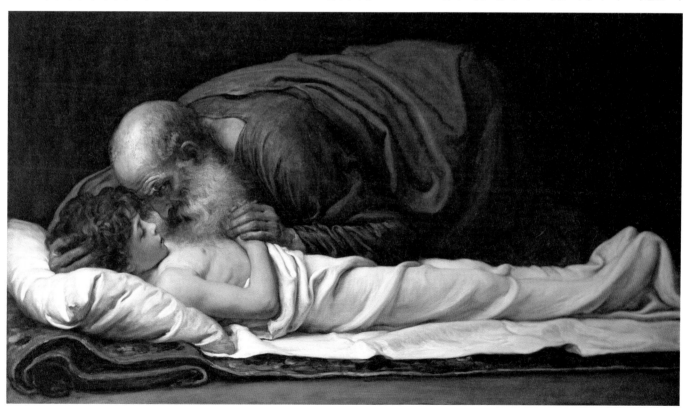

B.C.E. 765년경
예언자 이사야 출생

B.C.E. 763년경
바빌로니아 천문학자들
일식 현상 기록

B.C.E. 753년경
로마의 성립연도

B.C.E. 750년경
호메로스 일리아드와
오디세이 지음

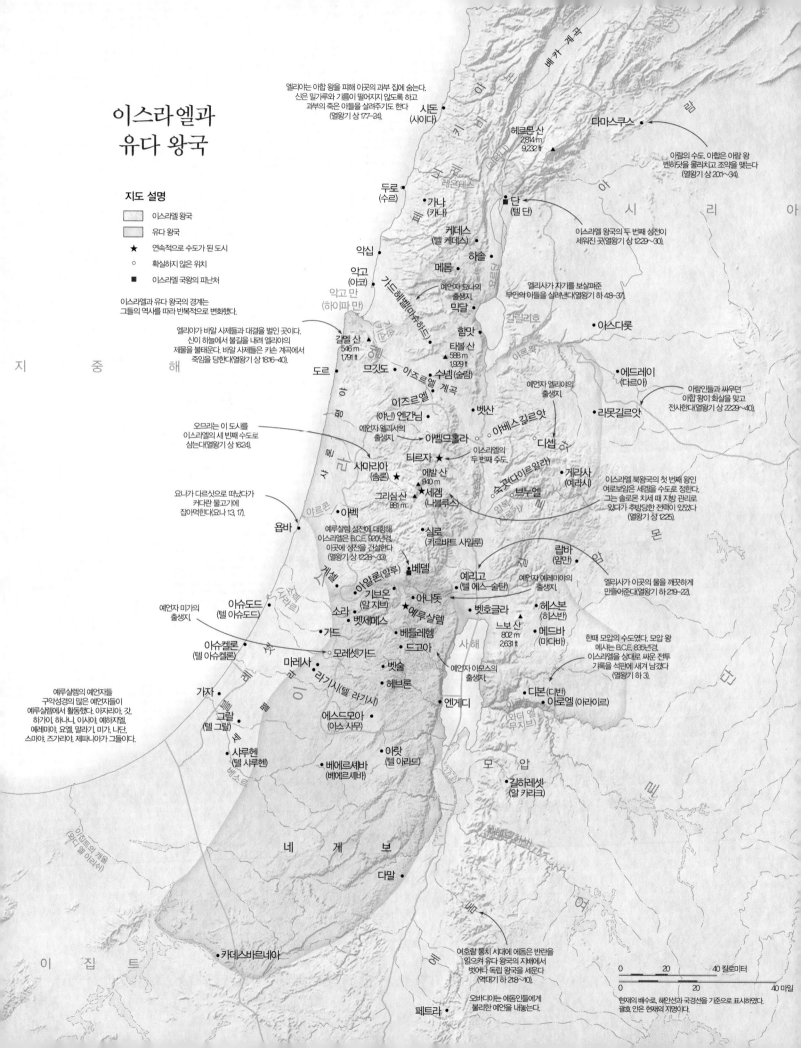

이스라엘과 유다 왕국

지도 설명
- 이스라엘 왕국
- 유다 왕국
- ★ 연속적으로 수도가 된 도시
- ○ 확실하지 않은 위치
- ■ 이스라엘 국왕의 피난처

이스라엘과 유다 왕국의 경계는 그들의 역사를 따라 반복적으로 변화했다.

예후와 아합의 굴복

1861년, 터키 남동쪽 쿠르크(Kurkh) 시 인근에서 거대한 석판이 발견되었다. B.C.E. 853년경 것으로 추정되는 석판에는 아슈르, 이슈타르, 아누 등 아시리아 신들에 둘러싸인 살만에셀 3세의 옆얼굴이 새겨졌고 설형문자가 빽빽하게 102줄 들어가 있다. 이스라엘 왕국이 실존했음을 보여주는 최초의 역사적 증거 중 하나이다.

레반트를 예속시키고자 했던 살만에셀 3세는 이스라엘, 페니키아, 시리아, 이집트 동맹군과 싸우게 된다. 석판은 이스라엘 측에서 아합이라는 사람이 이끄는 병거 2,000대와 말 1만 마리가 나왔다고 상세히 기록한다. 이 수치는 살만에셀의

이스라엘 예후 왕이 살만에셀 3세 앞에 무릎을 꿇은 장면. 님루드 오벨리스크 일부이다.

승리를 빛내기 위해 과장되었을 가능성이 높다. 1846년, 영국의 외교관이자 고고학자인 오

스틴 레이어드가 고대도시 님루드 인근에서 발견한 B.C.E. 841년경의 검은 오벨리스크에는 예후 왕이 등장한다. 살멘에셀과 그의 수호신 아슈르 앞에서 예후 왕이 공물을 바치는 모습이다. '이스라엘 예후의 공물'이라는 글도 새겨져 있는데 'ia-ú-a mar hu-um-ri-i'라고 하여 '오므리의 아들'이라는 설명이 나온다. 예후는 오므리의 아들이 아니고 쿠데타로 등극한 인물인데도 말이다. 아시리아 문서에서는 이스라엘도 종종 bit humri, 즉 오므리 가문이라고 불린다. 아시리아인들은 오므리 왕의 업적에 감명받아 북왕국 자체를 오므리 왕조라 불렀던 것 같다.

시리아의 속국이 되고 말았다.

하지만 살만에셀의 후계자들은 속국 관리보다는 내정에 더욱 관심을 쏟았고 이스라엘 왕국은 상당한 자유를 누릴 수 있었다. 동맹은 붕괴되었고 예후 왕과 그 후계자들은 다시금 숙적 시리아와, 특히 요르단 동쪽 이스라엘의 영토를 차지한 아람-다마스쿠스의 **하자엘** 왕과 싸움을 벌였다. 시리아와의 전쟁은 오래 이어졌고 예후의 아들로 왕위를 물려받은 여호아하즈에 이르면 이스라엘 왕국의 군사력이 병거 10대와 보병 1만 명으로 줄어들었다(열왕기 하 13:7).

여로보암 2세

이스라엘은 열정적인 **여로보암 2세** 치하에서 경제력이 크게 회복되었다. 성경은 여로보암 2세가 '야훼께서 보시기에 악한 일을 행하였다'고 비난하면서 단 일곱 줄로 그의 치세를 설명한다. 그가 레바논 국경으로부터 아라비아 해(아마도 흑해일 것이다)에 이르는 솔로몬 시절의 이스라엘 영토를 되찾았다는 점도

마지못해 언급한다(열왕기 하 14:24-25). 여로보암 2세와 북쪽 이웃국가, 특히 시리아와의 격렬한 싸움에 대해서는 당시의 가장 중요한 예언자 **아모스**에 대한 책에 나온다(아모스 1:3-5).

아모스

승전 이후 이스라엘은 새로운 번영기를 누렸고 이는 곧 지주와 상인들의 호사스러운 생활로 이어졌다. 날로 커지는 빈부 격차에 주목한 사람이 바로 아모스였다. 드고아(Tekoa, 베들레헴에서 남쪽으로 10킬로미터 떨어진 마을)의 목자였던 아모스는 지역 농민들의 땅을 빼앗고 나라의 분열을 야기하는 행태를 맹비난하며 신의 처벌이 닥칠 것이라 경고했다. "저주받아라! 언덕 위에 자리잡은 사마리아를 믿어 마음 놓고 사는 자들아."라면서(아모스 6:1) 미래의 아시리아 공격을 예언하기도 하였다. 힘없는 농민을 착취하는 지주 엘리트층에 대한 비난, 영적 측면이 보강된 새로운 유대교에 대한 옹호는 700년 후 예수에게서 재현된다.

아모스는 이스라엘을 비난하는 데 그치지 않았다. 남왕국 유

밤비노 비스포의 대가(1360–1413년경)가 그린 예언자 호세아. 서명이 없는 일련의 작품을 밤비노 비스포의 대가라는 이름으로 묶어 부른다.

다 역시 '야훼의 법을 거부했으며' '죄 없는 사람을 빚돈에 종으로 팔아넘기고, 미투리 한 켤레 값에 가난한 사람을 팔아' 부를 축적한 죄로 신의 처벌을 받을 것이라 하였다(아모스 2:4,6).

아모스의 비판은 '유다 왕 요담과 아하즈와 히즈키야의 시대' 즉 B.C.E. 742–B.C.E. 687년에 활동했던 예언자 **미가**에게로 이어졌다. **미가**는 세벨라의 모레셋-가스(Moresheth-Gath) 사람으로 예루살렘 관리들에게 빈민의 비참한 삶을 알리면서 평생을 보냈다.

예언자 호세아

여로보암 2세가 이룬 번영은 오래 가지 못했다. B.C.E. 743년에 왕이 사망하자 북왕국 이스라엘의 위상은 하락을 거듭했다. 이유는 정치적 불안정이었다. 여로보암 사후 2년 동안 **즈가리야, 살룸, 므나헴, 브가히야**라는 무려 네 명의 왕이 권좌에 올랐다 물러나기를 반복했다.

B.C.E. 750–B.C.E. 722년경에 활동했던 예언자 **호세아**는 그 혼란기에 다시 고개를 든 이교 신앙을 격렬히 비판했다. 사람들이 절박한 상황에서 바알을 비롯한 이교 신들에게 몰려갔던 것이다. 호세아는 이스라엘이 신의 '아내'가 아닌 '정부'라고 하면서 '바알 축제일만 되면 내 생각은 하지도 않고 바알에게 향을 태워 올리니 어찌 벌하지 않으랴.'라는 신의 말씀을 전했다(호세아 2:13). 이내와 정부의 비유는 호세아 자신의 복잡한 가정

B.C.E. 736–716년경
남왕국 유다 아하즈 왕이 다스림. 예언자 미가가 활동함

B.C.E. 732–724년경
북왕국 이스라엘 호세아 왕이 다스림

B.C.E. 732–627년경
유다 왕국 아시리아의 속국이 됨

B.C.E. 730년경
누비아인들 이스라엘 점령해 아시리아의 침입 때까지 지배함

처녀 이스라엘이 죽었구나. 다시 일어나지 못하게
되었구나. 그 쓰러진 곳이 타향도 아니건만
일으켜줄 사람 하나 없구나.

– 아모스 5:2

사를 반영했을 것이다. 그는 고멜이라는 '바람기 있는 여자'와
결혼해 **이즈르엘, 로암미, 로루하마**라는 세 자녀를 얻은 후 '이
여자는 내 아내가 아니고 나도 이 여자의 남편이 아니다'라고
선언한다(호세아 2:2).

하지만 다른 곳에서 호세아는 청중이 율법의 계율로 돌아
가기를, 나아가 신에 대한 진정한 믿음을 가질 것을 호소한다.
'내가 반기는 것은 제물이 아니라 사랑이다. 제물을 바치기 전
에 이 하느님의 마음을 먼저 알아다오.'라는 유명한 말(호세아
6:6)은 C.E. 70년의 예루살렘 성전 파괴 이후 요하난 벤 자카이
가 랍비 유대교를 세우는 계기가 되었다.

베가

머지않아 이스라엘에 대한 신의 복수가 이루어졌다.
아시리아에서 **디글랏빌레셀 3세**가 즉위한 것이다. 성
경에서 '불'이라고도 불리는 디글랏빌레셀은 살만에
셀 왕의 속국들을 다시 확보해 티그리스 강에서 나
일 강에 이르는 광대한 제국을 이루고자
했다. 그 첫 단계로 그는 이스라엘 왕국
의 **므나헴**이 1,000달란트라는 어마어마
한 공물을 바치도록 했다. 부자들에게
과도한 세금을 거두어 모을 수밖에
없는 액수였다(열왕기 하 15:19–20). 므
나헴의 후계자 **브가히야**가 **베가**라는
군인이 일으킨 쿠데타에서 살해된
이유도 이러한 세금부담이었으리라.

왕이 된 베가는 디글랏빌레셀이
이스라엘의 최대 위협이 될 것임을

알고 과거의 반아시리아 동맹을 되살리려 노력했다. 그리하여
이스라엘, 시리아, 도시국가인 아슈켈론과 두로까지 동맹을 맺
었다.

하지만 남왕국 유다의 **아하즈 왕**은 이러한 동맹이 남왕국을
고립시켜 결국 멸망하게 만들려는 시도라고 여겼다. 그러면서
디글랏빌레셀 왕과 동맹을 맺는 악수를 두게 된다.

디글랏빌레셀

뜻밖에 유다 왕국의 지지를 받게 된 아시리아 왕은 베가 왕의
연맹에 대규모 공격을 감행했다. 북왕국 이스라엘은 아시리아
군의 증기 롤러 공세에 속수무책이었다. 결국 아시리아는 '케데
스, 하솔, 길르앗, 갈릴리와 납달리 전 지역을 장악하고 백성들
을 사로잡아 아시리아로 끌고 갔다'(열왕기 하 15:29). 히브리 민
족의 첫 번째 강제 이주가 시작된 것이다.

이스라엘 왕국은 멸망했다. 그 영토는 도르, 므깃도, 길르
앗, 카르나임이라는 아시리아의 네 지역으로 나뉘었다. 베가 왕
이 **호세아**(B.C.E. 732–B.C.E. 724년경)에게 살해당한 후 사마리
아 인근 지역만이 자율권을 부여받았다. 만족한 디글랏빌레
셀은 북쪽으로 돌아가 바빌로니아 정복에 힘을 기울였고
B.C.E. 729년에 마침내 바빌
로니아를 손아귀에 넣었다. 그
로부터 두 해 뒤 디글랏빌레셀
왕은 세상을 떠났다.

 디글랏빌레셀
3세의 옆모습.
님루드 중앙궁전에서
발견되었으며 B.C.E.
728년경의 것으로
추정된다.

호세아 왕

호세아는 아시리아
에 충성을 다하며 왕
좌에 앉았지만 디글랏빌
레셀이 사망하자 다른 생각
을 하기 시작했다. 이스라엘
왕국의 영광을 부흥시킬 꿈
을 꾼 것이다. 겉으로는
계속 조공을 바쳤지만(열
왕기 하 17:3) 이집트의

B.C.E. 721년경	B.C.E. 720년경	B.C.E. 716–687년경	B.C.E. 700년경
쇠락한 수도 사마리아가 사르곤 2세에게 함락됨	중국 천문학자들 일식을 기록함	남왕국 유다 히즈키야 왕이 다스림	오하이오에 매장과 숭배를 위한 거대한 언덕 만들어짐

2장 〈여호수아서〉부터 〈열왕기〉까지 **113**

❶ 카르카르 B.C.E. 853년에 벌어진 중요한 전투의 기록이 살만에셀 3세의 석회암 기념비에 남아 있다.

❷ 님루드 님루드 중앙궁전에서 발견된 B.C.E. 728년경의 부조에서 근위병들이 디글랏빌레셀 3세의 전차를 호위하고 있다.

❸ 니네베 니네베 남서궁전에서 나온 B.C.E. 700년경의 부조로 아시리아 병사들이 산헤립 왕 앞에서 포로들을 행진시키는 모습을 담았다.

❹ 바빌론 B.C.E. 6세기경 유약 바른 벽돌로 만든 사자 모습. 한때 마르둑 신전까지 이어지는 바빌론 개선도로를 지키고 있던 사자이다.

아나톨리아

터

에베르 호수
아크세히르 호수
에그리디스 호수
베이세히르 호수
부르두르 호수

투즈 호수
할리스

쿨테페 •

B.C.E. 1900년경, 이 지역의 은광에 관심을 가진 아시리아 상인들이 이주해간다.

타우루스

산 타르수스 •

로도스

살만에셀 3세는 이곳에서 B.C.E. 853년 열두 명의 아람 왕들과 싸워 승리한다. 이스라엘의 아합 왕은 병거 2,000대와 보병 1만 명을 이끌고 나가 아시리아에 맞선다.

구리를 의미하는 영어 단어 copper의 어원이 된 지역이다. 이곳의 풍부한 구리광산은 고대 지중해 세계를 지탱한 한 축이었다.

키프로스

아브왓 •

비블로스 •
레바논
브에롯 •
시돈 •
733 B.C.
두로 •
하솔 •

지 중 해

악고 •
므깃도 •
이스다롯 •

티글랏-필레셀의 아들 살만에셀에게 3년에 걸친 포위 공격을 당한 끝에 마침내 B.C.E. 722년, 이스라엘의 수도가 함락된다. 대다수 시민들은 제국 곳곳으로 강제 이주당한다 (열왕기 하 17:1~6).

이스라엘
사마리아 •
734 B.C.
욥바 • 아벡 •
아슈도드 • 게셀 •
아스켈론 • ★ 예루살렘
블레셋 라기시 •
가자 • 유 다
라피아 •
734 B.C. 베에르세바 •
네 게 브
에 돔

아랍인들은 B.C.E. 671년, 아시리아의 에사르하돈 (Esarhaddon) 왕이 이집트를 정복할 수 있도록 낙타를 제공했다.

나일강 삼각주
하 이 집 트

타니스 •
아바리스 •

카데스바르네아 •

온, 헬리오폴리스 •
멤피스 •

이 집 트

페트라 •

에시온게벨 •

서 부
사 막

유다 아시리아의 가신국가이긴 했지만 유다 왕국의 영토가 정복되어 아시리아의 한 지역으로 복속되지는 않았다.

수에즈 만
시 나 이
아카바 만

상 이 집 트

아슈르바니팔(Ashurbanipal) 왕은 B.C.E. 663년, 테베를 점령해 제국 영토를 상(上)이집트까지 확장했다.

테베 •

폰투스 산맥

우 라 르 투

아라라트 산
(아그리 다기)
5,137 m
16,854 ft

아르메니아

아제르바이잔

아라라트(Ararat)라고도 하는 이 나라는
아시리아와 대적할 정도로 성장했지만
티글랏−필레셀 3세와 사르곤 2세의
군사원정으로 세력을 잃게 된다.

카스피 해

카질 우유츠
엘부르츠 산맥

투슈파

743−740 B.C.E.

743−740 B.C.E.

우르미아 호수

고잔

갈그미스

하란

사르곤 2세가 B.C.E.
720년경에 세운 도시로
아시리아의 세 번째
수도이다.

743−7 40 B.C.E.

아르밧

알레포

아시리아 왕 산헤립 치하에서
아시리아의 중심 도시가 되었다.
하지만 예언자 나훔은 아시리아의
멸망을 예언한다
(열왕기 하 19:36, 나훔 3:1).

두르샤루킨 ★

니네베 ★

오늘날까지 주거지로서 유지되어온
유일한 아시리아 도시. 현재 이름
아르빌에도 과거의 자취가 남았다.

아르벨라

르카르

하맛

이스라엘 이주민들은 하불 강을 따라
정착하거나 더 동쪽의 메대 성읍으로
보내졌다(열왕기 하 17:6).

테르카

B.C.E. 1363년경에 아슈르
−우발리트(Ashur−uballit)
왕이 건설하였다.

하수나

산헤립이 B.C.E. 705년경에 건설한
도시이자 아시리아의 네 번째 수도이다.

아시리아의 두 번째 수도.
아닷−니라리 2세가 B.C.E.
878년경에 건설하였다.

칼라, 님루드 ★

에칼라툼

아슈르 ★

국가가 숭배하던 신 아슈르의
이름을 딴 도시로 아시리아의
첫 번째 수도이다. 아시리아라는
나라 이름도 아슈르에서 왔다.

아라파

737 B.C.E.

744 B.C.E.

에크바타나

다드몰

아나도

유다 왕국의 아하즈 왕은 티글랏−필레셀
3세의 신하를 자처하며 이스라엘과 아람을
물리쳐 달라고 요청한다(열왕기 하 16:7~9).

스쿠스

시리아

사막

시무룸

메 디 아

자 그 로 스 산 맥

에슈눈나

아시리아는 군사적으로
메소포타미아를 지배했지만 이 지역의
문화적 종교적 지배자는 여전히
바빌론이었다.

데르

우루아

수사

엘 람

티글랏−필레셀 3세는 B.C.E. 733년의
군사원정에서 갈릴리와 길르앗을
정복하고 주민들을 강제 이주시킨다
(열왕기 하 15:29).

시파르

아가데

바빌론

보르시파

니푸르

이신

아다브

슈루파크

움마

라가시

에렉

라르사

우르

수메리아

731−729 B.C.E.

유프라테스

아라비아

요르단

사우디

쿠웨이트

페르시아 만

티글랏−필레셀 3세는 수메리아를
점령함으로써 아시리아가 메소포타미아
전체를 장악하도록 하였다.

아시리아 제국

지도 설명

0   100   200 킬로미터

0   100   200 마일

현재의 배수로, 해안선과 국경선을 기준으로 표시하였다.
괄호 안은 현재의 지명이다.

→ 티글랏−필레셀 3세의 군사원정

B.C.E. 850년경의 아시리아 제국

B.C.E. 735년경 티글랏−필레셀 치세 시기의 성장

B.C.E. 720년경 사르곤 2세와 700년경 산헤립 치세 시기의 성장

B.C.E. 675년경 에사르하돈 치세 시기의 성장

B.C.E. 650년경 아슈르바니팔 치세 시기의 성장

유다의 영토

○ 확실하지 않은 위치

★ 연속적으로 수도가 된 도시

호세아가 애굽 왕 소에게 사자들을 보내고 해마다 하던 대로
아수르 왕에게 조공을 드리지 아니하매, 아수르 왕이 호세아의 배반을 보았다.

– 열왕기 하 17:4

소(So) 왕에게 사신을 보내 반란을 모의했다. 소 왕은 오소르콘 (Osorkon) 4세일 가능성이 크다.

파라오의 지원에 용기백배한 호세아는 아시리아에 대한 조공을 중단한다. 디글랏빌레셀의 뒤를 이은 **살만에셀 5세**는 사마리아를 폐허로 만들겠다고 공언한다. 하지만 싸움은 길게 이어졌고(열왕기 하 17:5) 그 사이 아시리아에는 새로운 왕 **사르곤 2세**가 즉위한다. 한층 호전적이었던 사르곤 2세는 사마리아 성채에 대한 공격의 강도를 높인다. 대공세에 호세아의 방어는 무너지고 이스라엘인은 항복한다. 두 번째 강제 이주가 이루어졌다. '이스라엘 백성들은 멀리 아시리아로 보내졌다가 할라 지방과 고잔의 하볼 강 연안과 메대의 성읍들에 이주하게 되었다'(열왕기 하 17:6). 아시리아 기록에 따르면 강제 이주된 이스라엘인은 무려 2만 7,000명에 달했다. 호세아 왕은 감옥에 갇혔지만 이후 어떻게 되었는지는 분명치 않다. 아마도 사르곤 왕의 명령에 따라 사형에 처해졌으리라.

우찌야

남왕국 유다에서는 이러한 사태를 우려하며 바라보았다. 유다 왕국은 북쪽의 격동 상황에서 상대적으로 동떨어진 상태였다. 〈역대기〉를 보면 **우찌야 왕**(B.C.E. 781–B.C.E. 740년경)이 엘람인들을 쳐서 왕국의 영토를 엘랏(오늘날의 에일라트) 항구까지 넓히고 이어 서쪽으로는 지중해안의 야브네와 아스돗까지 확장했다고 나온다(역대기 하 26:2,6). 유다 왕국의 경제도 함께 성장하였다. 세벨라 계곡의 수확은 풍성했고 '산악지대나 기름진 땅에 농사를 짓고 과수도 가꿀 수 있었다'(역대기 하 26:10).

하지만 우찌야 왕 자신은 나병에 걸리고 만다. 〈역대기〉는 이것이 사제에게만 허용되는 일, 즉 성전 제단에 향을 피운 행동 때문이라고 설명한다. 죽기 전까지 11년 동안 우찌야는 아들 **요**

담과 공동 통치를 했고 요담은 B.C.E. 740년에 즉위하였다. 이스라엘 박물관에 보관된 일명 우찌야 석판은 B.C.E. 1세기의 것으로 추정되는데, 이장 때 무덤에 세워진 비석이었을 것이다.

아하즈

요담의 뒤를 이어 B.C.E. 736년경 즉위한 유다 왕국의 **아하즈 왕**은 이스라엘과 달리 아시리아 제국에 대해 실리정치를 추구하였다. 앞서 보았듯 그는 디글랏빌레셀에 대항하는 북부 동맹 참여를 거부했다. 이에 격분한 이스라엘의 베가 왕과 시리아의

네덜란드 화가 렘브란트 판 레인이 1635년에 그린 '나병에 걸린 우찌야 왕'이다.

B.C.E. 700년경	B.C.E. 700년경	B.C.E. 687–642년경	B.C.E. 650년경
리디아에 표준화된 화폐제도 도입됨	인도 초기 힌두교 나타남	남왕국 유다 므나쎄 왕이 다스림	바빌론 100㎢가 넘는 세계 최대 도시로 성장

116 성서 그리고 사람들

르신 왕은 유다 왕국을 보복 공격한다. 아하즈는 아시리아에 보호를 요청했고 이로써 속국이 되었다. 동시에 아하즈는 황소 머리 형상의 몰록(Moloch)이라는 우상숭배도 행하였다. 트랜스 요르단의 암몬인들에게서 기원한 이 이교 전통에서는 부모가 아이를 태워 제물로 바쳐야 했다. 이 끔찍한 제사의 목적은 풍성한 수확이었다. 아하즈 자신도 '자기의 아들을 불에 살라 바쳤다'고 성경에 기록되어 있다(열왕기 하 16:3).

보호 요청을 받은 아시리아의 디글랏빌레셀 왕은 다마스쿠스를 점령하고 르신 왕을 죽였다(열왕기 하 16:9). 아하즈는 다마스쿠스로 가 아시리아 왕에게 감사를 표했다. 그리고 그곳에서 본 제단에 감동받아 예루살렘의 대사제 **우리야**에게 모형을 보내 성전의 기존 제대를 대체하도록 하였다. 아하즈 왕은 B.C.E. 716년에 사망했고 **히즈키야**가 뒤를 이었다. 1990년대 골동품 시장에 돌로 만든 옛 인장이 하나 나타나 돌아다니기 시작했다. 노끈 일부까지 고스란히 보존된 인장에는 '유다의 왕, 요담의 아들 아하즈의 것'이라 새겨져 있었다. 진품이라면 이 인장은 아하즈 치세의 증거가 된다. 하지만 진품 여부는 아직까지 밝혀지지 않았다.

히즈키야

히즈키야는 선왕 아하즈 시대에 융성했던 우상 신전을 파괴했다고 하여 성경에서 칭송을 받는다. '유다 왕들 가운데 전에도 후에도 그만한 왕이 없었다'(열왕기 하 18:4-5). 이어 히즈키야는 아시리아의 북방 공격 후 황폐해진 유다 경제를 재건하는 데 전력을 다하였다.

하지만 아버지와 마찬가지로 히즈키야 역시 정치적으로 벼랑 끝 전술을 택하고 만다. 호세아 왕이 그랬듯 히즈키야는 이집트라는 외세와 협력해 아시리아에 저항하려 했다. 그는 공물 납부를 늦췄고 아시리아의 보복공격을 예상해 예루살렘 성벽을 튼튼히 하고 히즈키야 수로라 불리는 물길도 정비했다. 예루살렘이 물 공급원인 기혼 샘과 바로 연결되도록 만든 것이다.

이사야

이런 사태를 지켜보며 크게 우려한 사람이 예언자 **이사야**였다.

니네베의 산헤립 궁 부조. B.C.E. 701년경 만들어진 것으로 아시리아 병사들이 라기시 포로를 긴 장대에 꿰는 모습을 담았다.

라기시 포위

산헤립의 육각형 승전기념탑을 보면 '(히즈키야 왕의) 튼튼한 성채 46개를 포위했으며 공성무기로 함락시켰다'고 나온다. 그 튼튼한 성들 중 하나가 예루살렘 남서쪽 48킬로미터에 위치한 라기시였다.

라기시 포위전의 끔찍했던 상황은 니네베의 산헤립 궁 부조에 잘 묘사되어 있다. 바퀴에 실린 공성무기가 성벽을 때리는 모습, 히브리 병사가 장대에 꿰어지기 전에 발가벗겨 묶이는 모습 등이 나타난다. 사람을 꿴 장대는 도로에 세워졌고 희생자는 서서히 고통스럽게 죽어가야 했다. 아들과 남편, 아버지를 잃은 여자와 아이들이 울면서 끌려가는 모습도 있다. 아시리아 병사들이 회초리를 휘두르며 북쪽으로의 길을 재촉하는데 일부 여자들은 무거운 화로, 향로 받침대 등을 이고 있다.

히즈키야는 라기시가 끝까지 버텨내리라 기대했는지도 모른다. 고고학자들이 발견해낸 당시의 군사통신용 도기 조각들을 보면 '야훼께서 지금, 지금이라도 평화의 소식을 왕에게 전하셨으면.'이라는 희망적인 메시지가 담겼다. 하지만 곧 히즈키야도 현실을 깨달았다. 라기시까지 함락되자 예루살렘으로 진격하는 산헤립의 앞길을 막는 것은 아무것도 없는 상황이었다.

B.C.E. 640–609년경	B.C.E. 622년경	B.C.E. 612년경	B.C.E. 609년경
남왕국 유다 요시야 왕이 다스림, 예언자 나훔 활동함	대사제 힐키야 율법서 발견	메대와 바빌로니아 동맹군이 아시리아의 수도 니네베 파괴함	파라오 느고 2세 므깃도에서 요시야 왕의 유다 군 격퇴

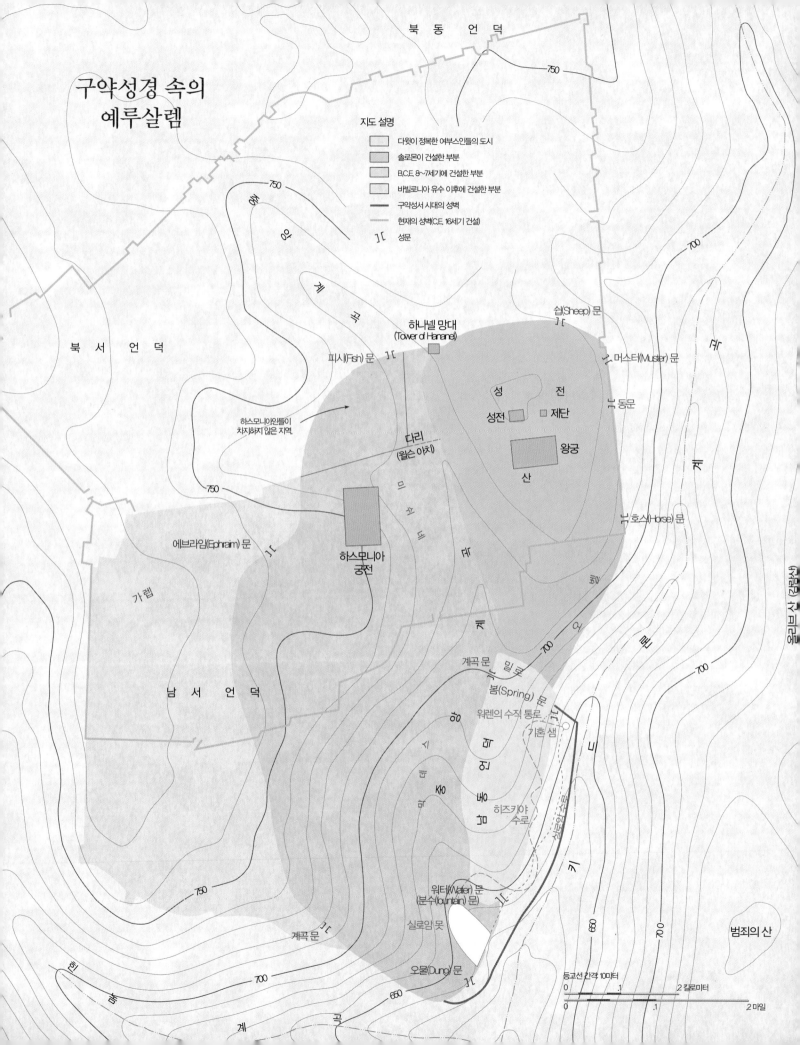

구약성경 속의
예루살렘

북 동 언 덕

750

북 서 언 덕

750

쉽(Sheep) 문

하나넬 망대
(Tower of Hananel)

피시(Fish) 문

머스터(Muster) 문

동문

하스모니아인들이
차지하지 않은 지역

성   전

성전   제단

다리
(윌슨 아치)

산   왕궁

750

에브라임(Ephraim) 문

하스모니아
궁전

호스(Horse) 문

가렙

700

남 서 언 덕

700

계곡 문   밀로

봄(Spring) 문

워렌의 수직 통로

기혼 샘

히즈키야
수로

750

워터(Water) 문
(분수(fountain) 문)

실로암 못

계곡 문

700

650

오물(Dung) 문

660

700

범죄의 산

계   곡

등고선 간격: 100미터
0   1   2 킬로미터
0   1   2 마일

이사야라는 이름은 '야훼가 곧 구원이시다'라는 뜻이다. 그는 다윗 왕조, 그리고 신의 옥좌인 예루살렘 성전을 반드시 지켜내야 한다고 여겼다. 이사야는 단순한 예언자를 넘어 여러 왕들의 고문으로 활동하고 있었다. 이스라엘 베가 왕과 시리아 르신 왕이 유다 왕국을 침략했던 암울한 시기에 아하즈 왕에게 '진정하여라. 안심하여라. 겁내지 마라. 정신을 잃지 마라.'라는 신의 말씀을 전한 인물이 바로 이사야였다(이사야 7:4). 또한 그는 적수인 두 왕이 곧 멸망한다는 것을 알리기 위해 "여기 아이를 데리고 있는 젊은 여인이 아들을 낳게 될 것이며 그 이름은 임마누엘이라 할 것이다. 그 아이가 젖을 떼기 전에 네가 원수로 여겨 두려워하는 저 두 왕의 땅은 황무지가 되리라."라고도 하였다(이사야 7:14, 16). 마태오의 복음서에서는 이 구절을 메시아 예수에 대한 예언으로 다시 언급하고 있다.

하지만 이사야가 가장 두드러진 활동을 보인 것은 히즈키야 치세 때였다. 강력한 아시리아 제국에 맞서는 것이 결국 소용없다는 것을 알았던 이사야는 '나에게 묻지도 아니하고 이집트로 내려가 파라오에게 기대어 몸을 숨기고 이집트의 그늘에 숨으려는 자들'을 비난하며 '파라오에게 보호받으려던 것이 도리어 부끄러움이 되고 이집트의 그늘에 숨으려던 것이 무안하게 되리라'고 예언했다(이사야 30:2,5).

예언자의 판단은 옳았다. B.C.E. 704년경에 아시리아의 왕으로 즉위한 **산헤립**(B.C.E. 704-B.C.E. 681)은 유다 왕국의 반란을 진압하기 위해 맹공격을 가했다. 산헤립의 승전을 상세히 기록한 육각돌 기념탑을 보면 '나에게 복종하지 않는 히즈키야로 인해' 전쟁이 시작되었다고 나온다. 전차와 공성무기 등이 즐비한 아시리아의 군사력은 대항 불가능했다. 〈열왕기〉는 '아시리아 왕 산헤립이 유다를 침략하여 모든 요새화된 성읍들을 점령하였다'라고 기록한다(열왕기 하 18:13). 당황한 히즈키야는 성전의 모든 보물을 긁어모으고 '야

처녀가 잉태하여 아들을 낳고 그 이름을
임마누엘이라 하리라.

– 이사야 7:14

훼의 전에 있는 은을 있는 대로 다' 산헤립에게 바쳤다(열왕기 하 18:15). 하지만 산헤립은 예루살렘 자체를 원했다.

히즈키야는 공포에 질려 이사야에게 조언을 구했다. 어떻게 해야 할까? 이사야의 대답은 아무것도 하지 말라는 것이었다. "그는 제가 온 길로 되돌아갈 것이며 이 성에는 결코 발을 들여놓지 못할 것입니다"(열왕기 하 19:33). 정말로 산헤립의 예루살렘 포위는 실패로 돌아갔다. 〈열왕기〉에는 '야훼의 천사가 내려와 산헤립 군사 18만 5,000명을 쳤다'고 나온다(열왕기 하 19:35). 병사들 사이에 병이 돈 듯하다는 게 학자들의 추측이다. 어찌 됐든 포위가 풀렸고 산헤립은 아시리아로 돌아갔다. 하지만 유다 왕국은 폐허로 변했고 대부분의 영토가 아시리아의 통제 하에 들어갔다.

므나쎄

성경은 히즈키야의 뒤를 이은 **므나쎄**(B.C.E. 687-B.C.E. 642년경)가 이교 우상숭배로 돌아섰으며 45년에 달하는 긴 재위기간 때문에 그 경향이 한층 컸다고 설명한다(열왕기 하 21:3). 〈열왕기〉의 비판적 서술과 달리 오늘날의 학자들은 므나쎄가 아시리아 제국과 우호적인 교역 협정을 맺음으로써 유다 왕국의 망가진 농업경제를 재건하기 위해 많은 노력을 기울였다고 평가한다. 이교 숭배를 용인한 이유도 할아버지 아하즈 왕 시대부터의 관행뿐 아니라 교역국 아시리아에서 받은 영향 때문이었으리라.

예언자 이사야. 이탈리아 라벤나 산 비탈레 성당의 6세기 모자이크.

B.C.E. 609-598년경
남왕국 유다 여호야킴
왕이 다스림

B.C.E. 605년경
바빌로니아인들 갈그미스에서
이집트와 시리아 군대 격파

B.C.E. 604년경
도교의 창시자 노자 주
왕조 시대에 태어남

B.C.E. 600년경
페니키아인들 아프리카
대륙 주변 항해

예언서

유대교 성경에서 예언서(느비임)로 묶이는 책들은 전기 예언서(여호수아서, 판관기, 사무엘서, 열왕기)와 왕국의 분열기에 활동했던 예언자들에 대한 후기 예언서로 나뉜다. 후기 예언서에는 〈이사야서〉 〈예레미야서〉 〈에제키엘서〉 그리고 열두 명의 소(小)예언자들이 있다. 에제키엘은 아시리아 침략기인 B.C.E. 593–B.C.E. 571년에 활약했고 니푸르에 포로로 잡혀가기도 했다. 이 예언자에 대해서는 3장에서 다룰 것이다.

이번 장에서 언급했듯 호세아는 북왕국 이스라엘에서 활동했고 아모스는 같은 시기 남왕국 유다에 있었다. 니네베의 '사악한' 사람들에게 예언을 전하라는 신의 명령을 받았던 요나도 같은 시기에 활동했을 것이다. 미가는 B.C.E. 8세기 후반 예루살렘 주변에서 활동했는데 이는 이사야의 초기 활동기와 겹친다. B.C.E. 7세기의 예언자로는 아시리아 제국 멸망에 환호했던 나훔, 요시야 치세 당시 유다 왕국에서 활동했던 스바니야, 여호야킴 치세 때

바빌로니아의 운명을 예언했던 하바꾹이 있다. 오바디야는 예루살렘이 함락된 후에도 유다 왕국에 남은 예언자이고 하께와 즈가리야는 바빌론 유수 이후 성전 재건을 독려했던 이들이다. B.C.E. 5세기로 넘어오면 유다 왕국을 메뚜기 떼가 뒤덮는 '신의 날'이 올 것이라 내다보았던 요엘, 계약궤를 충실히 모셔야 한다고 강조했던 말라기가 있다. 예루살렘에서 활동한 느헤미야도 비슷한 시기에 살았을 것이다.

스페인 화가 후안 데 보르고냐(1470–1535년경)가 1535년경에 그린 예언자 아모스.

B.C.E. 600년경	B.C.E. 598–587년경	B.C.E. 595년경	B.C.E. 594년경
중국에서 해시계 널리 쓰임	남왕국 유다 시드키야 왕이 다스림	선박 운반 위해 코린트 지협 가로지르는 길이 건설됨	솔론 아테네에 민주정 수립

하지만 〈열왕기〉 편집자들이 보기에는 므나쎄의 이교 숭배야말로 예루살렘 함락의 궁극적 원인이었다. 아합, 여로보암 2세 등 북왕국 왕들의 우상숭배가 사마리아 파괴를 불러왔던 것처럼.

요시야

대재앙이 닥치기 전에 유다 왕국의 마지막 황금기가 된 것이 **요시야**(B.C.E. 640-B.C.E. 609년경) 치세였다. 므나쎄 왕의 손자이고 **아몬**의 아들이었던 요시야는 이교 숭배를 몰아내고 야훼 숭배의 제례 및 율법을 종합적으로 부활시켰다. 오늘날의 학자들은 당시 알려져 있던 책들, 특히 〈열왕기〉를 정리해 히브리 성경으로 모은 것이 요시야 때였다고 본다. 그리하여 요시야 치세를 〈신명기〉 역사의 개혁 시기라 부르기도 한다.

요시야가 유다 왕국이 모세 율법에 충실하도록 혁신할 수 있었던 데에는 대외정책의 성공도 큰 역할을 했다. B.C.E. 627년에 아슈르바니팔 왕이 사망하면서 아시리아 제국은 흔들리기 시작했고 속국들이 잇따라 압제에서 벗어났다. 요시야는 그 권력 공백기를 효과적으로 이용해 유다 왕국의 영토를 넓혔고 아시리아 영토로 통치되던 북왕국 일부를 회복하기까지 했다.

〈열왕기〉에 따르면 유대 성경의 여러 책을 모으고 정리하는 작업을 촉발시킨 중요한 발견이 있었다. B.C.E. 622년, 대사제 힐키야가 성전 문서고에서 율법이 쓰인 고대 두루마리를 찾아낸 것이다(열왕기 하 22:8). 학자들은 그 두루마리가 〈신명기〉였으리라 추정한다. 두루마리의 내용에 감동한 요시야 왕은 남아 있는 유대 문서를 총정리해 묶기로 결심한다. 이렇게 하여 당시까지 단편적으로 전해진 모세 5경(〈창세기〉부터 〈신명기〉까지)을 종합하는 작업이 시작되었다. 〈여호수아서〉 〈판관기〉 〈사무엘서〉 〈열왕기〉의 역사서도 다윗을 이은 성스러운 유다 왕조라는 관점에서 이때 정리되었다는 것이 학자들의 판단이다. 요시야를 다윗의 궁극적 후계자로 바라보면서 말이다.

이탈리아 라벤나 산 비탈레 성당의 6세기 모자이크에 등장하는 예언자 예레미야

예레미야

요시야 치세는 이스라엘의 위대한 예언자 **예레미야**의 활동시기와 겹친다. 예레미야는 예루살렘에서 북쪽으로 5킬로미터 거리인 아나돗 마을에서 힐키야(앞서 등장한 대사제와는 관련 없는 인물이다)라는 사제의 아들로 태어났다. 이사야와 마찬가지로 신에 대한 큰 믿음을 촉구했지만 히브리 사회에서 커져가는 사회적 불평등을 깊이 경계했다. 요시야의 경제 부흥에서 배제된 가난한 이들이 늘어난 것이다. 이 때문에 예레미야는 요시야 왕을 지지하면서도 동시에 경계하는 입장이었다. 물론 다신교와 이교 신앙을 뿌리뽑으려는 요시야의 노력에는 크게 기뻐했지만 선왕 히즈키야의 벼랑 끝 전술을 따르려는 정치적 야심은 우려했다. 무엇보다 비판했던 것은 '부정으로 축재하는 사람들'로, 이런 이들은 '반생도 못 살아 재산을 털어먹고 결국은 미련한 자로서 생을 마칠 것'이라 하였다(예레미야 17:11). 하지만 충실한 벗이자 서기인 바룩이 꼼

낙타 혹은 노새

〈**창**〉세기는 요셉을 이집트로 데려간 상인 무리가 낙타를 이용했다고 설명한다(창세기 37:25). B.C.E. 7세기 요시야 왕 때 모세 5경을 편집한 필경사들에게 낙타 아닌 다른 동물로 사막을 지난다는 것은 상상조차 못 할 일이었으리라. 물 한 방울 마시지 않고 최장 2주까지 이동할 수 있는 동물은 낙타뿐이었으니 말이다. 하지만 이는 B.C.E. 12세기에야 중동에서 낙타가 길들여졌다는 고고학적 증거와 맞지 않는다. 아시리아 부조를 보더라도 낙타는 성경 편집에서 불과 수십 년 앞선 B.C.E. 8세기말이 되어야 등장한다. 그 이전에는 노새나 당나귀가 짐을 운반하는 동물이었다. 성경에 노새가 20차례 넘게 등장하는 것도 이를 뒷받침한다. 가령 바빌론으로 아주 당했다가 돌아오는 무리에 노새가 245마리였다는 언급이 있다(에즈라 2:66).

너희 사이에 억울한 일이 없도록 하여라. 유랑인과 고아와 과부를 억누르지 마라.
죄 없는 사람을 죽여 피를 흘리지 마라. 그래야 이 땅에서 너희와 함께 살리라.

– 예레미야 7:5-7

고고학자 이가엘 야딘이 솔로몬 시대의 것으로 추정한 므깃도 성채의 입구 포대.
하지만 최근 연구에서 훨씬 늦은 시기의 유적으로 밝혀졌다.

꼼꼼히 기록해 남긴 설교 내용 중에는 예언자 호세아의 '내가 반기는 것은 제물이 아니라 신에 대한 이해'(호세아 6:6)라는 말을 연상시키는 '이 야훼만은 그 마음을 꿰뚫어보고 뱃속까지 환히 들여다본다. 그래서 누구나 그 행실을 따라 그 소행대로 갚아주리라.'라는 구절도 나온다(예레미야 17:10).

그리하여 예레미야는 새로 발견된 성경 두루마리나 성스러운 의례에 대해 요시야 왕처럼 열광하지 않았다. 그보다는 영적인 측면에 관심을 집중했다. '너희 가운데 지혜 있다고 스스로 나설 자 있느냐? 야훼의 법은 우리가 맡았다고 할 자 있느냐? 보아라, 거짓 선비의 붓끝에서 법이 조작되었다.'라는 구절은 이를 드러내준다(예레미야 8:8). 예레미야는 요시야 왕의 정치적 행보에 관심이 많았는데 충분히 그럴 만한 상황이었다. 메대 왕국과 바빌로니아가 아시리아 제국에서 독립해 전쟁이 임박했고 이집트의 프삼테크 1세는 예상과 달리 아시리아 편을 들고 나섰던 것이다. 파라오가 이렇게 결정한 이유는 분명치

않지만 아마도 이집트의 생명줄이나 다름없는 갈그미스까지의 해안 교역로를 유지하고 싶은 마음 때문이었을 것이다.

프삼테크 1세는 B.C.E. 610년에 사망하고 **느고 2세**가 뒤를 잇는다. 새 파라오는 한 걸음 더 나아가 유프라테스 강가에서 위기에 처한 아시리아 군을 돕기 위해 원군을 보냈다. 이집트 원군은 요시야 왕국의 영토를 통과해야 했고 메대-바빌로니아 연합 편에 선 유다 왕국은 이를 저지해야 했다. 요시야 왕은 므깃도에서 느고의 군대와 전투를 벌이지만 패배했고 그 자신도 치명적인 상처를 입어 숨을 거둔다(열왕기 하 23:29-30). 이제 유다 왕국은 이집트의 속국이 되었다.

여호야킴

요시야의 뒤를 이은 것은 아들 **여호아하즈**였지만 파라오는 그를 마음에 들어하지 않았다. 그리하여 강제로 여호아하즈를 왕좌에서 끌어내린 뒤 좀 더 고분고분한 요시야의 다른 아들 **여호야킴**(B.C.E. 609-B.C.E. 598년경)을 세워 이집트의 꼭두각시로 두었다. 여호아하즈는 이집트로 끌려가 감금된 상태에서 죽었다.

여호야킴은 종교 개혁에 대한 선왕의 열정을 따르지 않았다. 얼마 지나지 않아 과거 몰록 신당이 있었던 힌놈 골짜기에서 다시금 이교 숭배가 행해졌다(예레미야 19:2-5). 여호야킴의 즉위 후 불과 몇 달 후 예레미야가 성전 마당에서 그 유명한 성전 설교를 하게 된 이유도 여기 있었다. 그는 어서 회개하고 사회 정의, 동정, 진정한 신앙이라는 신의 계율을 지켜야 한다고 역설하였다. '너희 조상들을 이집트에서 데려내올 때, 내가 번제와 친교제를 바치라고 한 번이라도 시킨 일이 있더냐? 나는 내 말을 들으라고만 하였다. 그래야 내가 너희 하느님이 되고, 너희는 나의 백성이 된다고 하였다.'(예레미야 7:22-23).

여호야킴은 사사건건 간섭하는 예언자를 질색했다. 예레미야

B.C.E. 560년경	B.C.E. 559년경	B.C.E. 558년경	B.C.E. 552년경
싯달타 구아타마, 즉 붓다 탄생(추정 연대)	안샨(Anshan) 왕국 키로스 2세 즉위	페르시아 조로아스터 탄생(추정 연대)	중국 주나라 공자 태어남

처럼 대외정치에까지 나서는 경우는 더더욱 그러했다. 이미 우리야라는 예언자를 처형한 전력이 있었다. 하지만 예레미야는 대중의 인기를 끌었고 요시야의 성경학자로 활약했던 **아히캄**을 비롯해 궁정에도 지원 세력이 있었다. 왕은 결국 성전 경비 책임자인 **바스훌**로 하여금 예레미야를 때리고 하룻밤 동안 성전 위쪽 담장에 묶어두라는 지시를 내리도록 한다(예레미야 20:2). 벌을 받은 후에도 예레미야는 당당함을 잃지 않았다. 성전 출입이 금지되자 그는 서기인 바룩을 대신 보내 설교하게 했다.

한편 여호야킴은 선왕들이 그랬듯 그 지역의 세력 싸움에 섣불리 발을 들여놓았다. 메대-바빌로니아 연합이 갈그미스에서 아시리아-이집트 연합을 물리치는 상황에서 여호야킴은 새로운 강대국 신(新)바빌로니아의 속국이 되기로 하였다. 과거 아시리아 제국을 재건하려는 열망에 불타던 바빌로니아의 느부갓네살(B.C.E. 604-B.C.E. 562)은 여호야킴의 조공을 당연하다는 듯 여겼다. 기대했던 특별한 대접을 받지 못해 실망한 여호야킴은 이집트 쪽으로 관심을 돌렸고 모압, 두로, 시돈, 에돔 등 이웃국가에 사절을 보내 은밀히 반(反)바빌로니아 연대를 추진했다.

예언자 예레미야는 이러한 행동이 대단히 위험하다고 왕에게 경고했다. 유다 왕국은 회개하고 모든 이교 숭배를 척결하며 도발적인 대외정책을 자제해야 바빌로니아의 공격에서 안전하다고 하였다. 그렇지 않으면 '이 일대는 끔찍한 폐허가 되고 여기에 살던 민족들은 모두 칠십 년 동안 바빌론 왕의 종노릇을 할 것'이라는 내용이었다(예레미야 25:9-11). 이 무서운 예언은 여호야킴의 후임자 **여호야긴**의 치세기인 B.C.E. 598년, 느부갓네살의 군대가 예루살렘으로 진격하면서 실현되었다.

시드키야

가공할 바빌로니아의 무기가 예루살렘에 나타나자마자 여호야긴 왕은 항복했다. 어린 왕과 가족들은 바빌론으로 끌려갔고 유다 왕국은 막대한 조공을 바쳐야 했다. 여호야긴의 숙부인 **시드키야**가 왕좌에 올라

느부갓네살의 지시대로 왕국을 다스렸다. 그렇게 9년이 흘렀다. 하지만 막후에서 시드키야는 이집트 파라오 아프리에스와 모의를 꾸미고 있었다. B.C.E. 589년, 유다 왕국은 바빌로니아에 반란을 일으켰다.

분노한 느부갓네살이 다시금 진군했고 시드키야의 우군 이집트 군대가 바빌로니아의 국경을 공격한 덕분에 행군 방향을 돌리면서 예루살렘은 안전한 듯 보였다. 그러나 이집트 군이 패하면서 성벽이 뚫리고 바빌로니아 보병과 궁수들이 쏟아져 들어왔다(예레미야 39:1-2). 수천 명이 학살되고 포로로 잡혔지만 예레미야는 무사했다. 시드키야의 반란을 막으려 했던 예언자의 노력을 알게 된 느부갓네살 왕이 살려주었던 것이다. 유다 왕국은 사라졌고 생존자들은 바빌론 강가에 앉아 통곡했다.

네덜란드 화가 렘브란트 판 레인이 1630년에 그린 '예루살렘 함락을 슬퍼하는 예레미야'이다.

니네베 부조
B.C.E. 645년경의 니네베 부조에서 아슈르바니팔 왕이 창으로 사자를 공격하고 있다.

황금귀걸이
B.C.E. 7세기의 그리스 황금귀걸이는 페르시아 디자인의 영향을 보여준다.

꽃잎 무늬 그릇
아나톨리아(오늘날의 터키)에서 발견된 은그릇으로 꽃잎 무늬가 새겨져 있다. B.C.E. 8–세기 무렵의 것으로 보인다.

청동 보호대
하복부에 대는 청동 보호대로 그리스에서 발견되었다. B.C.E. 7세기 것으로 추정된다.

황금 데드마스크
하인리히 슐리만이 미케네에서 발견한 황금 데드마스크 다섯 개 중 하나다. B.C.E. 12세기의 것으로 추정되었지만 최근 연구에서 더 오래 전의 것이라는 주장이 나왔다.

미케네 그릇
여인 모습의 이 그릇처럼 사람 형상을 한 그릇들이 미케네에서 여럿 발견되었다. B.C.E. 12세기의 것이다.

점토 타일
아시리아 왕과 시종들 모습을 담은 광택 나는 도기로, 드물게 여러 색깔이 들어가 있다. B.C.E. 850년경의 것으로 추정된다.

철기시대의 보물
(B.C.E. 1200-B.C.E. 600)

가나안의 이스라엘 주거지가 처음 등장한 것이 초기 철기시대(B.C.E. 1200-B.C.E. 1000)라는 것에 대다수 학자들이 동의한다. 고고학자들은 불과 200년 사이에 북부 가나안 인구가 39개 주거지에서 116개 마을로 불어났다고 본다. 이러한 인구 성장은 농경도구를 비롯해 중동 전역에 철기가 도입된 것에 힘입었다. 철은 히타이트의 북부 언덕지역(오늘날의 터키)에서 생산되어 페니키아인들을 통해 사방으로 거래되었다. 철 제도구가 가져온 새로운 번영은 레반트에서 그리스에 이르는 지중해 지역에서 생산된 예술품과 장식품에 드러나 있다.

같은 시기 고대 히브리어로 보이는 언어의 증거가 가나안에서 등장한다. 페니키아 알파벳이라 불리는 최초의 진정한 알파벳 문자도 개발되었다. 고대 히브리어는 페니키아 알파벳에서 갈라진 형태로 진화하여 모세 5경이 오늘날의 형태로 정리된 B.C.E. 7세기쯤 되면 완전히 다른 형태의 문자로 자리잡았다.

페니키아 화살촉
'아다의 화살촉'이라고 페니키아 알파벳이 새겨진 B.C.E. 11세기의 유물로 초기 히브리인의 첫 흔적이다.

WHO'S WHO
〈여호수아서〉부터 〈열왕기〉까지 등장하는 인물들

압드엘 ABDEEL ('증기')
셀레미야의 아버지이다(예레미야 36:26).

압돈 ABDON ('굽실거리는')
1. 힐렐의 아들로 이스라엘 10대 판관이다 (판관기 12:13-15).
2. 베냐민 지파 기브온의 맏아들이다(역대 기 상 8:30, 9:36).
3. 미가의 아들로 요시야 왕이 새로 발견된 율법서의 의미를 알아오라고 여사제 훌다 에게 보낸 신하들 중 한 명이다(역대기 하 34:20). 〈열왕기 하〉 22장 12절에서는 악볼 이라고도 불린다.
4. 사삭의 아들이다(역대기 상 8:25).

아비 ABI
히즈키야 왕의 어머니이다(열왕기 하 18:2).

아비아달 ABIATHAR ('풍요함의 아버지')
대사제 아히멜렉의 아들이다. 10대 대사 제가 되었으며 엘리 후손으로는 4대째이 다. 아버지가 놉 사제들과 함께 죽임을 당 한 후 도망쳐 다윗에게 합류하였다(사무엘 상 22:20-23, 23:6). 다윗이 유다 왕위에 오 르자 아비아달은 대사제로 임명되고(역대기 상 15:1, 열왕기 상 2:26) 왕의 고문이 된다 (역대기 상 27:34). 아도니야의 역모에 가담 하는 바람에 솔로몬 왕에게 파면되고 추방 당한다. 이어 사독이 대사제가 된다.

아비에젤 ABIEZER ('도움을 주는 아버지')
1. 길르앗의 장남으로 므나쎄의 후손이다 (여호수아 17:2, 역대기 상 7:18). 위대한 판 관 기드온의 선조로, 〈민수기〉에서는 이에 젤(Jeezer)이라고도 불린다(민수기 26:30).
2. 다윗 군대의 선발된 전사들인 30인 부대 중 한 명이다(사무엘 하 23:27).

아비가일 ABIGAIL ('기쁨의 아버지')
1. 양과 염소가 많았던 부자 나발의 아름 다운 아내이다. 다윗의 전령들이 나발에 게 푸대접을 받자 아비가일이 식량을 마련

스페인 화가 후안 안토니오 데 프리아스 에스칼란데(1633-1669)가 그린 '다윗과 아비가일'이다.

해 달려간다. 나발이 죽은 직후 다윗이 사 람을 보내 아비가일과 결혼한다(사무엘 상 25:14). 다윗은 아비가일에게서 아들 길랍 을 얻는다(사무엘 하 3:3).
2. 다윗의 누이로 이스마일 지파의 이드 라와 결혼해 아마사를 낳는다(역대기 상 2:17). 〈사무엘 상〉 17장 25절에 따르면 아 비가일의 아버지는 나하스라고 하며 그렇 다면 다윗과는 어머니만 같고 아버지는 다

른 남매가 된다.

아비멜렉 ABIMELECH ('왕의 아버지')
1. 아브라함 시대에 그랄을 다스리던 블레 셋 왕이다(창세기 20:1-18). 파라오가 사라 를 아브라함의 누이로 착각해 첩으로 삼았 던 것처럼(창세기 12:10-20) 아비멜렉도 사 라를 취하지만 이후 남편 아브라함에게 돌 려준다. 아내를 누이로 꾸민 것을 나무라면 서도 아비멜렉은 친절을 베풀어 주거지를 제공한다.
2. 이삭 시대에 그랄을 다스리던 왕으로 이 삭의 아내 리브가를 누이로 여겨 취하려 하 는 상황을 겪는다(창세기 26:1-22).
3. 기드온의 아들로(판관기 9:1) 아버지가 죽은 후 왕을 자처한다(판관기 8:33-9:6). 형제 70명을 죽였고 여인이 던진 돌에 맞아 머리가 깨지자 무기 시종에게 자신을 칼로 베라고 명령한다(판관기 9:50-57).
4. 아비아달의 아들로 다윗 시대에 대사제 를 지냈다(역대기 상 18:16).

아비나답 ABINADAB ('고귀함의 아버지')
1. 블레셋인에게 20년 동안 빼앗겼던 계약 궤가 되돌아 다윗 왕이 모셔갈 때까지 머 물렀던 집의 주인이다(사무엘 상 7:1-2, 역 대기 상 13:7).
2. 이새의 여덟 아들 중 둘째이다(사무엘 상 16:8). 블레셋인과 맞선 싸움에서 사울과 함께 싸운다(사무엘 상 17:13).
3. 길보아 전투에서 아버지 곁을 지킨 사울 왕의 아들이다(사무엘 상 31:2).
4. 왕과 왕실에 양식을 댔던 솔로몬 시대의 관리이다(열왕기 상 4:11).

아비삭ABISHAG

다윗 말년에 곁을 지키도록 선발된 수넴 출신의 예쁜 처녀로 다윗의 첩이 된다(열왕기 상 1:3-4,15). 다윗이 죽자 아도니야가 밧세바에게 아비삭과 결혼할 수 있도록 솔로몬 왕에게 청을 넣어달라고 부탁하지만 솔로몬은 이것이 왕위를 넘보는 행동이라 보고 아비삭을 죽인다(열왕기 상 2:17-25).

아비새ABISHAI ('재능의 아버지')

다윗의 누이 스루야의 맏아들로 요압과 아사헬의 형제이다(사무엘 하 2:18, 역대기 상 2:16). 다윗이 사울의 진영으로 갈 때 함께 간 유일한 인물로 자고 있던 사울에게 창을 겨누지만 다윗의 만류로 죽이지 못한다(사무엘 상 26:5-12). 압살롬과의 전투에서 다윗의 세 부대 중 하나를 통솔했고(사무엘

프랑스 화가 제임스 티소가 1900년경에 그린 '다윗과 아비삭'이다.

하 18:2,5,12) 블레셋 거인 브놉을 죽이기도 했다(사무엘 하 12:15-17).

아비탈ABITAL ('신선한' '이슬')

다윗의 다섯 번째 부인이다(사무엘 하 3:4).

아브넬ABNER ('빛의 아버지')

1. 넬의 아들이고 키스의 형제로(역대기 상 9:36) 사울 왕의 숙부가 된다. 사울은 아브넬을 군 사령관으로 삼았다(사무엘 상 14:51, 17:57, 26:5-14). 사울이 죽은 후 다윗이 유다 왕으로 추대되지만 아브넬은 사울의 아들 이스바알을 이스라엘 왕으로 세운다. 두 왕이 대립하는 상황에서 이스라엘 사람들은 아브넬 편에, 유다 사람들은 요압과 다윗 편에 섰다(역대기 상 2:16). 아브넬은 사울의 첩 리스바와 결혼하는데 이스바알은 이를 왕권 도전으로 해석한다. 그러자 아브넬은 다윗을 지지하기로 하고 성공적으로 협상을 마치지만 동생 아사헬의 원수를 갚으려는 요압과 아비새 형제 손에 죽고 만다. 다윗은 아브넬을 정중히 장사 지낸다(사무엘 하 3:33-34).

2. 다윗 치세 때 베냐민 지파 우두머리로 야아시엘의 아버지이다(역대기 상 27:21). 1의 아브넬과 동일인일 수 있다.

압살롬ABSALOM ('평화의 아버지')

다윗과 마아가 사이에서 태어난 아들이다(사무엘 하 3:3). 누이 다말이 겁탈당한 것을 알고 이복 형 암논을 죽여 복수한 후 그술로 도망쳐 3년 동안 머문다. 다윗군 사령관 요압이 사람을 보내 예루살렘으로 불러오지만 2년 동안 아버지를 만나지 못한다. 왕권 열망이 컸던 그는 다윗의 측근 아히도벨의 지지를 받아 헤브론에서 반란을 일으키지만 다윗 군대에 패해 도주하다가 머리카락이 참나무 가지에 걸려 요압에게 잡힌다. 요압은

영국 화가 윌리엄 브레이시 호울(1846-1917)이 그린 '압살롬의 죽음'이다.

다윗의 지시를 어기고 압살롬을 가차 없이 죽인다. 소식을 들은 다윗은 아들이 일으킨 분란에도 불구하고 "내 자식 압살롬아, 내 자식아, 내 자식 압살롬아, 차라리 내가 죽을 것을, 이게 웬일이냐?"라고 통곡했다(사무엘 하 18:33).

아간ACHAN ('말썽을 일으키는')

가르미의 아들이다. 금과 은, 바빌로니아 옷가지를 훔쳐다가 자기 천막 아래 묻어둔다. 이스라엘인이 아이를 물리친 후 여호수아는 열두 지파를 모두 모이게 한 후 아간이 훔친 물건을 찾아낸다. 아간과 그 가족은 아골 골짜기에서 돌에 맞아 죽어 돌무더기 아래 묻혔다(여호수아 7:1-26). 아갈이라고도 불린다(역대기 상 2:7).

아기스ACHISH ('성난')

사울을 피해 도망친 다윗이 도달한 갓 나라의 왕으로 마옥의 아들이다(사무엘 상 21:10). 아기스 왕은 이스라엘과 전쟁할 때 다윗이 자신을 호위하도록 했다. 하지만 블레셋 지휘관들이 반대한 덕분에 다윗은 전쟁터에서 물러나게 되었다.

악사 ACHSAH ('발목장식')

갈렙의 외동딸로 드빌의 도시를 정복하는 사람에게 딸을 주겠다는 아버지의 약속에 따라 아버지의 막내동생 오드니엘과 결혼한다(여호수아 15:15–19, 판관기 1:11–15).

아도니베젝 ADONI-BEZEK ('베젝의 왕')

가나안의 도시 베젝의 왕이다. 유다 군대에 패해 엄지손가락과 엄지발가락이 잘렸으며 예루살렘에 갇혀 죽는다(판관기 1:3–7).

아도니세덱 ADONI-ZEDEK ('정의의 신')

가나안의 다섯 왕과 함께 기브온을 공격한 예루살렘의 왕이다. 여호수아가 맞서 싸워 승리한다. 왕들은 도망쳐 막케다 동굴에 숨었다가 발견되어 모욕당한 뒤 목매달려 죽는다. 사체는 막케다 동굴에 던져지고 입구를 큰 돌로 막았다(여호수아 10:18).

아도니야 ADONIJAH ('여호와는 나의 주')

1. 다윗과 하낏이 낳은 아들이다. 스스로를 왕으로 선포하려고 준비하지만 그 사이 나

영국 화가 클라이브 업튼(1911–2006) 그린 '아도니야'다.

단과 밧세바가 죽어가는 다윗에게 어린 아들 솔로몬을 왕으로 세우게 한다. 다윗 사후 아도니야는 다시금 왕위를 노리지만 죽임을 당한다(사무엘 하 3:4).

2. 여호사밧이 율법 교사로 파견한 레위 사람이다(역대기 하 17:8).

3. 이방인과 접촉하거나 통혼하지 않고 맏아들은 신께 바친다는 내용의 느헤미야 맹약에 서명한 유다 지도자 중 한 사람이다(느헤미야 10:16).

아도니람 ADONIRAM ('내 신이 가장 높다')

압다의 아들로 다윗, 솔로몬, 르호보암 치세 때 부역을 담당하는 관리였다. 이스라엘 사람들에게 돌을 맞아 죽는다(열왕기 상 4:6). 아도람(사무엘 하 20:24, 열왕기 상 12:18) 혹은 하도람(역대기 하 10:18)이라고도 불린다.

아드람멜렉 ADRAMMELECH ('왕의 영광')

1. 스발와임 사람들이 사마리아로 들여온 우상의 이름이다(열왕기 하 17:31). 그 숭배 방식은 어린아이 희생번제 등 몰렉 신의 경우와 동일했다.

2. 형제 사레셀과 함께 아버지인 아시리아 산헤립 왕을 살해한 인물이다. 이후 두 형제는 아르메니아로 피신한다(열왕기 하 19:37, 역대기 하 32:21, 이사야 37:38).

아드리엘 ADRIEL ('신의 가축떼')

므홀라 사람 바르질래의 아들로 사울 왕의 딸 메랍의 남편이다(사무엘 상 18:19). 아드리엘의 아들 다섯은 다윗 왕의 명령에 따라 목매달아 죽는다(사무엘 하 21:8–9).

아각 AGAG ('불꽃')

아말렉인의 왕이다. 사울 왕은 전쟁에서 이긴 후 아각의 목숨을 살려주었지만 사무엘은 정의를 위해 아각을 난도질하여 죽인다(사무엘 상 15:8–33).

아합 AHAB ('아버지의 형제')

1. 오므리의 아들이고 이세벨의 남편이며 이스라엘의 일곱 번째 왕이다. 아내의 설득에 넘어가 바알 신상을 세운다. 엘리야가

매리 고우(1851–1929)가 그린 '아합을 꾸짖는 엘리야'다.

강하게 반발하자 죽이라고 명령해 엘리야는 도망자가 된다. 아합은 유다와의 평화 조약을 유지해 위험한 이웃 시리아(특히 아람–다마스쿠스의 벤하닷 왕)의 야심을 억눌렀고 페니키아 등 다른 이웃국과의 교역을 크게 늘렸다. 3년의 평화기가 지난 후 아합은 라못길르앗을 공격하여 시리아와 전쟁을 벌인다. 미가야는 성공할 수 없다고 만류한 반면 거짓 예언자 400명은 모두 부추긴 전쟁이었다. 미가야는 왕을 저지한 죄로 감옥에 갇힌다. 아합은 변장하고 참전하여 적의 눈을 피했으나 화살에 맞아 병거 안에서 사망한다. 이로써 엘리야의 예언이 실현되었다.

2. 마아세야의 아들이다. 아합과 마아세야는 예레미야 시대 때 바빌론에 살던 거짓 예언자들이다. 예레미야는 이들이 느부갓네살의 불길에 죽는 벌을 받을 것이라 예언하였다(예레미야 29:29).

아하즈 AHAZ ('소유자')

미가의 아들이고 여호아따의 아버지로 사울 왕의 후손이다(역대기 상 8:35).

아하지야 AHAZIAH ('신이 세워주는')

1. 아합의 아들이자 후계자로 이스라엘의 여덟 번째 왕이다. 그의 치세 때 모압인들이 반란을 일으킨다(열왕기 하 3:5-7). 궁전 다락방에서 떨어져 다친 아하지야의 회복 가능성을 알아보기 위해 에크론의 신에게 가던 사신들을 중도에 만난 엘리야는 왕이 병상에서 일어나지 못할 것이라 알려준다(열왕기 상 22:15, 열왕기 하 1:2-6).

2. 요람 혹은 여호람의 아들로 유다의 여섯 번째 왕이다. 여호아하즈(역대기 하 21:17, 25:23)라고도 불린다. 다마스쿠스 하자엘 왕에 맞서 삼촌이자 이스라엘 왕인 여호람과 연합하지만 전투에서 부상을 입고 므깃도에서 죽어 겨우 1년을 다스리는 데 그친다(열왕기 하 9:22-28). 동생 여호람이 왕위를 계승한다(열왕기 하 3:1).

아히야 AHIJAH ('신의 친구')

1. 아히툽의 아들이고(사무엘 상 14:3,18) 비느하스의 손자이며 엘리의 증손자이다. 사울 치세 때 놉의 대사제였던 아히멜렉과 동일인물로 추정된다(사무엘 상 22:11). 아히야와 아히멜렉은 형제 사이이며 각각 기브아(혹은 기럇여아림)와 놉에서 대사제를 지냈다고 보는 견해도 있다.

2. 벨라의 아들 중 하나이다(역대기 상 8:7).

3. 유다의 증손자 여라므엘의 다섯 아들 중 하나이다(역대기 상 2:25).

4. 블론 사람으로 다윗의 용감한 전사들 중 한 명이며(역대기 상 11:36) 엘리암(사무엘 하 23:34)라고도 불린다.

5. 다윗 치세 때 성전 성물을 관리하던 레위인이다(역대기 상 26:20).

6. 솔로몬의 고위관리 중 한 명이다(열왕기 상 4:3).

7. 르호보암 시대 때 실로의 예언자이다(열왕기 상 11:29, 14:2). 두 가지 중요한 예언을 하였는데 하나는 솔로몬에게서 열 개 부족을 빼앗으리라는 것이었고(열왕기 상 11:31-39), 다른 하나는 여로보암이 우상을 섬긴 죄로 아들 아비야가 죽게 된다는 것이었다(열왕기 상 14:6-16).

아히멜렉 AHIMELECH ('왕의 형제')

1. 아히툽의 아들이고(사무엘 상 22:11-12) 사울 시대에 놉의 대사제였다. 에비아달의 아버지이기도 하다(사무엘 상 22:20-23). 지친 다윗이 무기도 없이 놉에 도착하자 속빈 빵과 골리앗의 검을 내준다(사무엘 상 21, 마르코 2:26). 사울 왕은 이를 꾸짖으며 아히멜렉과 다른 사제들에게 사형선고를 내렸고 에돔 사람 도엑이 가장 잔혹한 방법으로 사제들을 죽였다(사무엘 상 22:9-23).

2. 다윗의 친구인 헷 사람이다(사무엘 상 26:6).

3. 아비멜렉이라고도 불리며(역대기 상 18:16) 아히야와 동일인물로 보인다(사무엘 상 14:3,18).

아히노암 AHINOAM ('품위 있는 형제')

1. 아히마스의 딸로 사울의 아내이다(사무엘 상 14:50).

2. 이즈르엘 출신 여자로 다윗의 첫 부인이다(사무엘 상 25:43, 27:3). 다윗, 그리고 다른 부인 아비가일과 함께 아기스 궁에 살았다. 시글락이 약탈당하는 와중에 아말렉인들에게 포로로 잡히지만(사무엘 상 30:5) 다윗이 구출해낸다(사무엘 상 30:18). 아들 암논을 낳는다(사무엘 하 3:2).

아히살 AHISHAR ('노래의 형제')

솔로몬의 궁내대신이다(열왕기 상 4:6).

아히도벨 AHITHOPHEL ('신의 나의 형제')

길로 출신으로 다윗 왕의 자문관 중 하나다. 그의 지혜는 널리 인정받았다(사무엘 하 16:23) (B.C.E. 1055-1023). 아히도벨은 아버지 다윗에게 반역한 압살롬의 편을 들며 그에게 왕의 후궁들과 관계하라고 설득하였다(사무엘 하 16:21). 자신의 영향력이 사라지는 것을 눈치챈 후에는 압살롬 곁을 떠나 길로로 돌아가 식구들에게 유언을 남기고 목매 죽는다(사무엘 하 17:1-23).

네덜란드 화가 아르트 데 헬데르가 1680년경에 그린 '다윗에게 골리앗의 검을 주는 아히멜렉'이다.

아히툽 AHITUB ('덕의 형제')

1. 비느하스의 아들이고 이가봇의 형제이다. 아히툽의 아버지는 블레셋인과의 전투에서 죽임을 당했다. 비느하스 전사 소식을 들은 할아버지 엘리는 쓰러지면서 목이 부러져 죽고 말았다. 아히툽은 할아버지의 대사제 직을 물려받았고 아들 이하야에게 물려준다(사무엘 상 14:3, 22:9, 11-12, 20).

2. 사독의 아버지이다. 사독은 사울이 아히멜렉 일가를 몰살한 후 대사제로 세운 사람이다(역대기 상 18:16, 사무엘 하 8:17).

아마사 AMASA ('무거운 짐')

1. 다윗의 누이 아비가일이 이드라와의 사이에서 낳은 아들이다(역대기 상 2:16, 사무엘 하 17:25). 압살롬 반란에 참여하여 사령관에 임명되지만 요압에게 패한다(사무엘 하 18:6). 요압이 압살롬을 죽인 것에 분노한 다윗은 아마사를 용서하고 요압의 후임

총사령관으로 임명한다(사무엘 하 19:13). 하지만 위험한 경쟁자를 제거하려는 요압 손에 죽고 만다(사무엘 하 20:4-12).

2. 하들라이의 아들로 에브라임 부족의 어른이다(역대기 하 28:12).

아마지야 AMAZIAH ('신의 강한 힘')

1. 통일왕국 분열 후 유다의 여덟 번째 왕으로 요아스 왕과 여호아딴 사이에서 태어났다(열왕기 하 12:21). 궁정 신하들에게 아버지가 살해당한 후 25세 때 왕위에 올랐다. 권력을 잡자 반역자들을 처단하고 29년 동안 통치했지만 그 역시 암살당했다.

이탈리아 화가 마티아 프레티(1613-1699)가 그린 '압살롬의 연회'이다. 이 자리에서 압살롬은 이복형제 암논을 죽인다.

16세였던 아들 우찌야가 뒤를 이었다.

2. 힐키야의 아들이고 므라리의 후손이다(역대기 상 6:45). 그 후손 에단은 다윗의 성가대 지휘자가 된다.

3. 베델의 사제이다(아모스 7:10). 예언자 아모스가 이스라엘 왕 여로보암에게 반역을 꾀한다고 고발하였다. 아마지야는 아모스에게 유다 땅을 떠나 두 번 다시 베델로 돌아오지 말라고 말한다.

아미때 AMITTAI ('진실한')

예언자 요나의 아버지이다(열왕기 하 14:25).

암논 AMNON ('충실한')

1. 다윗이 이즈르엘 출신 아히노암에게서 얻은 맏아들이다(역대기 상 3:1, 사무엘 하 3:2). 누이 다말이 암논에게 겁탈당한 것을 안 이복형제 압살롬에게 죽임을 당한다(사무엘 하 13:28-29).

2. 에즈라의 후손 시몬의 아들 중 한 명이다(역대기 상 4:20).

아몬 AMON ('신실한')

1. 아합 치세 때 사마리아의 영주이다. 예언자 마가야가 갇혀 있을 때 보살펴준다(열왕기 하 22:26, 역대기 하 18:25).

2. 므나쎄의 아들로 유다의 14대 왕이다. 아버지가 없앴던 우상숭배를 다시 부활시켰고(스바니야 1:4, 3:4,11) 자기 신하들에게 암살당했다(열왕기 하 21:18-26, 역대기 하 33:20-25).

3. 인간의 몸에 양의 머리를 지닌 모습으로 묘사되는 이집트 신이다(예레미야 46:25). 아몬은 헬리오폴리스의 태양신 라와도 동일하다(느헤미야 7:59).

아모스 AMOS ('부담')

소(小)선지자 열두 사람 중 한 명이다. 베들레헴에서 남쪽으로 10킬로미터 떨어진 마을 드고아의 목자였다. 이사야와 호세아도 그와 같은 시대의 예언자들이다(아모스 1:1, 7:14-15, 즈가리야 14:5). 여로보암 2세 치하의 이스라엘은 경제적으로 번영했지만 아모스는 지역 농민들이 땅을 빼앗기는 상황, 민족의 유대가 위협받는 상황을 우려했다. 그는 이스라엘뿐 아니라 모든 민족의 신을 주장한 첫 번째 인물이다. 따라서 유대의 번제의식으로는 신의 분노를 누그러뜨리지 못한다고 믿었다. 그는 '너희의 순례절이 싫어 나는 얼굴을 돌린다. 축제 때마다 바치는 분향제 냄새가 역겹구나.'라고 기록하였다(아모스 5:21). 힘없는 농민을 착취하는 지주 엘리트층에 대한 비난, 영적 측면이 보강된 새로운 유대교에 대한 옹호는 700

년 후 예수에게서 다시 재현된다.

아모쓰 AMOZ ('강한')

예언자 이사야의 아버지이고 랍비 믿음에 따르면 유다 왕 아마지야의 형제라고 한다(열왕기 하 19:2, 19:20, 20:1, 이사야 1:1, 2:1). 〈역대기 하〉 25장 7-8절에 등장하는 '하느님의 사람'도 아마 아모쓰일 것이다.

아라우나 ARAUNAH ('방주')

이스라엘인들이 차지하기 전의 예루살렘에 살던 여부스 사람으로 오르난이라고도 한다(역대기 상 21:15). 다윗은 신의 명령에 따라 모리아 산 위 아라우나의 타작마장에 제단을 쌓아야 하는 상황이었다. 아라우나는 황소에 농기구까지 다 넘겨주겠다고 했지만 다윗은 값을 치러야 한다고 고집했다(사무엘 하 24:24, 역대기 상 21:24-25). 제단이 만들어진 자리에 훗날 솔로몬이 성전을 짓게 된다(사무엘 하 24:16, 역대기 하 3:1).

아르모니 ARMONI

사울과 리스바의 두 아들 중 첫째이다. 다윗이 기브온 사람들에게 내주어 교수형을 당하고 만다(사무엘 하 21:8-9).

아사 ASA ('의사')

아비야의 아들이고 르호보암의 손자로 유다의 세 번째 왕이 된다. 야훼 숭배를 유지하고 모든 우상을 타파한다(열왕기 상 15:8-14). 그 대가로 신은 평화와 번영을 내려준다. 노인이 된 후 아사는 '하느님이 아닌 의사를 찾기'도 하였다(예레미야 17:5). 아사는 재위 41년 되던 해에 백성들의 존경을 받으며 세상을 떠났고 아들 여호사밧이 뒤를 이었다(역대기 하 16:1-3).

아사헬 ASAHEL ('신이 만드신')

다윗의 누이 스루야의 막내아들이다. 형 요압이 이끄는 군에 소속되어 기브온에서 이스바알과 싸우던 중 아브넬 손에 죽임을 당한다(사무엘 하 2:18-19). 다윗 30인 부대의 일원이었다(사무엘 상 23:24, 역대기 상 11:26).

아스훌 혹은 아수르ASHHUR OR ASHUR ('검은')

1. 헤스론과 아비야의 아들이다. 아스훌의 두 아내는 모두 자녀들을 낳아주었다. '드고아의 아버지'라 불리는 것을 보면 예언자 아모스가 태어난 드고아를 아스훌이 만들었을 수도 있다(역대기 상 2:24, 4:5).
2. 셈의 동생으로 아시리아인의 조상이라 여겨진다(역대기 상 1:17, 창세기 10:22).

아시마ASHIMA

사마리아에 이주한 하맛 사람들의 신이다(열왕기 하 17:30). 그리스도교의 판 신과 동일하다고 여겨진다.

가나안 다산의 여신 아스다롯. B.C.E. 999-B.C.E. 600년경.

아스다롯ASHTORETH OR ASHTAROTH ('페니키아 여신')

아스다롯은 가나안 달의 여신과 다산 관련 여신들을 뜻하는 히브리어 Astarte의 복수형으로 이 여신은 태양신 바알과 함께 등장하는 경우가 많다(판관기 10:6, 사무엘 상 7:4, 12:10). 블레셋 사람들은 사울 치세 때 아스다롯 신전을 세웠고(사무엘 상 31:10) 솔로몬도 아스다롯 신당을 세운 바 있다(열왕기 상 11:33). 다산의 여신인 만큼 아스다롯은 옷을 입지 않은 모습이다.

아달리야ATHALIAH

아합과 이세벨의 딸로 유다 왕 여호람의 아내이다(열왕기 하 8:18). 남편과 아들 아하지야가 죽자 왕위에 올라 왕국 분열기의 유일한 여왕이 되었다. 아하지야의 자식들 중 막내 요아스를 빼고 모두 죽인다(열왕기 하 11:1-2). 6년 통치한 후 살해당한다(열왕기 하 11:20, 역대기 하 21:6, 22:10-12, 23:15). 손자 요아스가 뒤를 잇는다.

아쭈르AZZUR ('도와주는 사람')

1. 바빌로니아로 끌려간 유다 지도자들이 곧 돌아올 것이라고 거짓 예언을 한 하나니야의 아버지이다(예레미야 28:1).
2. 예루살렘이 파괴되지 않을 것이라 말한 야자니아의 아버지이다(에제키엘 11:1).
3. 바빌로니아에서 돌아오면서 야훼 맹약에 서명한 유다 지도자이다(느헤미야 10:17).

바알리스BAALIS ('크게 기뻐함')

바빌론 유수 당시 암몬 왕이다(예레미야 40:14). 이스마엘을 보내 유다 통치자인 게달리야를 죽이려 한다.

헨리 레오폴드 레비(1840-1904)의 1867년 작품 '왕가 살육에서 살아남은 요아스'이다.

바아나BAANAH ('신의 아들')

1. 베냐민 지파 림몬의 아들로 형 레갑과 함께 이스바알(이스보셋)을 죽였으나 이 일로 다윗에게 처형당한다. 두 형제의 손과 발은 헤브론 못가에 매달린다(사무엘 하 4:2-9).
2. 느토바 사람이다. 다윗의 30용사 중 하나인 헬렛의 아버지이다(사무엘 하 23:29, 역대기 상 11:30).
3. 후새의 아들로 아셀 지역을 맡은 솔로몬 왕의 관료이다(열왕기 상 4:16).
4. 바빌로니아에 잡혀갔다가 즈루빠벨과 함께 돌아온 사람 중 하나이다(에즈라 2:2, 느헤미야 7:7).

바아사BAASHA ('찾는 사람')

왕국 분열기 이스라엘의 세 번째 왕이고 제2 왕조의 시조이다. 바아사는 이싸갈 부족 아비야의 아들로 나답 왕에게 반란을 일으켜 왕위에 올랐다(열왕기 상 15:27). 나답 왕과 그 가족들은 몰살당하였다(열왕기 상

16:2). 재위 13년째 되는 해에 아사 왕에게 전쟁을 선포했지만 아람-다마스쿠스의 벤하닷이 아사와 연합하는 예기치 않은 상황을 맞아 패배하였다. 바아사는 재위 24년에 사망해 수도 디르사에 묻혔다(열왕기 상 15-16:6, 역대기 하 16:1-6).

바락 BARAK ('불을 밝힘')

납달리 지파 케데스의 아비노암이 낳은 아들이다(판관기 4:6). 여자 예언자 드보라에게 선택되어 야빈 왕의 장수 시스라와 맞서 싸워 승리한다.

바룩 BARUCH ('축복 받은')

1. 네리야의 아들로 예언자 예레미야의 친구이자 서기이다(예레미야 36:10). 그는 예레미야가 아시리아 편을 들도록 영향을 미쳤다는 죄로(예레미야 43:3) B.C.E. 586년 예루살렘이 함락될 때까지 감옥에 갇힌다. 예레미야와 함께 미스바로 갔다가 이후 이집트로 건너간다(예레미야 43:6).
2. 자빼의 아들로 느헤미야의 예루살렘 성벽 재건을 돕는다(느헤미야 3:20).

이탈리아 화가 프란체스코 솔리메나(1657-1747)가 그린 '바락과 드보라'이다.

3. 느헤미야와의 맹약에 서명한 사제이다(느헤미야 10:6).
4. 골호재의 아들이고 유다의 아들 베레스의 후손이다(느헤미야 11:5).

밧세바 BATHSHEBA ('서약의 딸')

BATHSHUA라고도 불리며(역대기 상 3:5) 엘리암의 딸이자 헷 사람 우리야의 아내이다(사무엘 하 11:3). 밧세바가 다윗과 관계하여 임신을 하자 다윗은 우리야를 없애기로 하고 요압에게 명령해 암몬인들을 공격하는 위험한 작전의 선봉에 우리야를 세우도록 했다. 예상대로 우리야는 전사했고 밧세바는 상을 마치자마자 다윗과 결혼해 아들을 낳았다. 이 아들은 곧 죽었지만 둘째 아들 솔로몬이 다음 왕위를 물려받는다. 밧세바는 이 외에도 시마, 소밥, 나단 등 세 아들을 더 낳는다(역대기 상 3:5).

벨 BEL ('신')

페니키아인의 중요한 남자 신인 바알의 아람어 표현이다(이사야 46:1, 예레미야 50:2, 51:44). 바알림이라는 복수형으로 불리기도 한다(판관기 2:11, 10:10, 열왕기 상 18:18, 예레미야 2:23, 호세아 2:17). 바알 신은 몰렉과 동일하다고 나오기도 한다(예레미야 19:5). 바알 혹은 신이라 통칭되는 태양신은 가나안 사람들의 주된 숭배 대상이었다. 지역마다 나름의 바알 신과 그 아내를 모셨다.

벤아비나답 BEN-ABINADAB

아비나답의 아들로 솔로몬 시대 왕과 왕실에 양식을 대는 지방장관들 중 한 명이었다(열왕기 상 4:11).

브나야 BENAIAH ('신이 세우셨다')

1. 캅스엘 출신이지만(사무엘 하 23:20) 레위 지파 고위 사제 여호야다의 아들이다(역대기 상 27:5). 다윗 왕의 가장 용맹한 장수 중 한 명으로(역대기 상 11:25) 아도니야의 반역 당시 솔로몬에게 충성하였다(열왕기 상

네덜란드 화가 니콜라이 베르콜리(1673-1746)의 1710년 작품 '밧세바의 목욕'이다.

1:8-19, 32, 38, 44). 요압의 뒤를 이어 군 총사령관이 된다(열왕기 상 2:35, 4:4).
2. 비라돈 사람으로 다윗 왕의 30인 부대 일원이다(사무엘 하 23:30, 역대기 상 11:31). 11월에 복무할 제11반의 지휘관이기도 하다(역대기 상 27:14).
3. 다윗 시대의 레위인이다(역대기 상 15:18, 20, 16:5).
4. 다윗 시대의 사제로 계약궤 앞에서 나팔을 부는 나팔수였다(역대기 상 15:24, 16:6).
5. 다윗 왕의 고문인 여호야다의 아버지이다(역대기 상 27:34).
6. 아삽의 후손인 레위인이다(역대기 하 20:14).
7. 히즈키야 시대의 레위인이다(역대기 하 31:13).
8. 시므온 가문의 지도자 중 한 명이다(역대기 상 4:36).
9. 에즈라 시대 평신도 네 명의 이름이다(에

즈라 10:25,30,35,43).
10. 블라티야의 아버지이다(에제키엘 11:1,13).

벤하닷BEN-HADAD ('하닷의 아들')
1. 유다의 아사 왕과 함께 이스라엘을 침략한 시리아 왕이다(열왕기 상 15:18).
2. 앞서 소개한 시리아 왕의 아들이다. 하자엘에게 죽임을 당하고 왕위를 빼앗긴다(열왕기 하 8:7-15).
3. 다마스쿠스의 왕으로 아버지 하자엘의 뒤를 이어 시리아 왕으로 즉위하였다(열왕기 하 13:3-4).

벤헤셋BEN-HASED ('자비의 아들')
솔로몬 시대 왕과 왕실에 양식을 대는 지방 장관 중 한 명이었다(열왕기 상 4:10).

벤후르BEN-HUR ('후르의 아들')
솔로몬 시대 왕과 왕실에 양식을 대는 지방 장관 중 한 명이었다(열왕기 상 4:8).

부지BUZI
1. 아브라함의 형제인 나홀의 둘째 아들이다. 부지의 자손은 아라비아 사막 부족이 된다(창세기 22:21).
2. 예언자 에제키엘의 아버지이다(에제키엘 1:3).

갈골CALCOL ('자양분')
1. 제라의 아들로 유다 민족 지도자이다(역대기 상 2:6).
2. 마홀의 아들로 형제인 헤만, 다르다와 함께 지혜롭기로 이름 높았다. 솔로몬만이 그보다 지혜로웠다(열왕기 상 4:31).

길랍CHILEAB
다윗이 아비가일에게서 얻은 둘째 아들이다(사무엘 하 3:3). 다니엘이라고도 불린다(역대기 상 3:1).

구산리사다임CUSAN-RISHATHAIM
구산 혹은 구스라고도 불리는 메소포타미아 왕이다. 8년 동안 이스라엘인을 억압하고 과중한 세를 바치게 하다가 오드니엘에게 격퇴되었다(판관기 3:8).

다곤DAGON ('곡식')
블레셋인의 가장 높은 신이다. 물고기 몸에 사람 머리와 손을 지녔다. 가자(판관기 16:23), 아슈돗(사무엘 상 5:5), 벳산에 신당이 지어졌다.

다르다DARDA ('엉겅퀴')
마홀의 아들이다. 다른 두 형제와 함께 지혜롭기로 이름 높았고 솔로몬 왕만이 이보다 더 지혜로웠다(열왕기 상 4:31).

드빌DEBIR ('신탁')
에글론 왕으로 여호수아에게 죽임을 당해 나무에 매달린 다섯 왕 중 한 명이다(여호수아 10:2,23).

드보라DEBORAH ('벌')
이싸갈 지파 출신의 여자 예언자이자 판관이다. 야빈 왕이 이끄는 가나안 군대와 타볼 산에서 벌어진 전투를 승리로 이끈다(판관기 4:6, 5:7). 그리고 '너희 왕들아, 들어라! 너희 왕족들아, 귀를 기울여라! 나는 야훼를 노래하리라. 이스라엘의 하느님 야훼께 영광을 돌리리라.'라는 승리의 노래로

이를 기념한다(판관기 5:3).

들라야DELAIAH ('신이 자유롭게 해준')
1. 다윗 시대 사제이고 23번째 순서 예배 지도자이다(역대기 상 24:18). 즈루빠벨과 함께 바빌론에서 유다로 되돌아온 무리 중에 '들라야의 일가'도 있는데 그 혈통은 확실치 않다(에즈라 2:60, 느헤미야 7:62).
2. 므헤타브엘의 아들이고 스마야의 아버지이다(느헤미야 6:10).
3. 스마야의 아들로 여호야킴 궁정의 대신 중 한 명이다(예레미야 36:12,25).

데릴라DELILAH ('사모하는')
블레셋의 창녀이며 삼손의 애인이다. 블레

프랑스 화가 샤를르 랑델(1821-1908)이 그린 이삭의 아내 드보라 초상화.

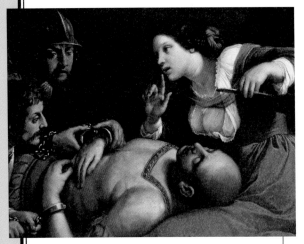

이탈리아 화가 미켈란젤로 메리시 다
카라바지오(1573-1610) 작 '삼손과 데릴라'이다.

셋인의 꼬임에 넘어간 그녀는 이스라엘의
판관 삼손을 속여 괴력의 근원을 알아낸다.
삼손이 자기 무릎 위에서 잠들자 데릴라는
삼손의 머리카락을 일곱 움큼으로 나눠 잘
라버린다. 이제 삼손은 괴력을 잃고 감옥에
갇히는 신세가 된다.(판관기 16:4-18).

도도 DODO ('사랑하는')
1. 베들레헴 출신으로 다윗의 30인 용사
중 한 명인 엘하난의 아버지이다(사무엘 하
23:24, 역대기 상 11:26).
2. 아호 사람으로 다윗의 3용사 가운데
한 명인 엘르아잘의 아버지이다(사무엘 하
23:9, 역대기 상 11:12).
3. 이싸갈의 후손이다(판관기 10:1).

도엑 DOEG ('두려운')
에돔 사람이고 사울의 가축지기들 중 우두
머리이다(사무엘 상 21:7). 놉에서 아히멜렉
이 다윗에게 골리앗의 검을 주는 장면을 도
엑이 본다. 그는 자신이 본 장면을 사울에
게 일러바치고 이를 알게 된 사울 왕은 대
노하여 도엑에게 사제들을 죽이라고 명한
다. 도엑은 사제 85명을 때려죽인다(사무엘
상 22:9-23).

에벳멜렉 EBED-MELECH ('왕의 종')
에티오피아 출신 시드키야 왕의 환관이
다. 예언자 예레미야의 친구이자 보호
자로 왕에게 맞서 예레미야를 살려낸다
(예레미야 38:7-13).

에글라 EGLA ('어린 암소')
다윗이 헤브론에 머물 때의 아내들 중
한 명으로 이드르암의 어머니이다(사무엘
하 3:5, 역대기 상 3:3).

에글론 EGLON ('송아지와 비슷한')
예리고를 정복해 수도로 만들고 18년 동안
이스라엘인을 억압했던 모압 부족의 추장
이다. 에훗 손에 죽는다(판관기 3:12-14).

에훗 EHUD ('찬사 받는 신')
1. 베냐민의 증손자이자 빌한의 아들이다
(역대기 상 7:10).
2. 베냐민 지파 그라의 아들로 이스라엘의
두 번째 판관이 되어 18년 동안 이스라엘인
을 억압했던 모압의 에글론 왕을 죽인다(판
관기 3:15).

엘라 ELAH ('참나무')
1. 세일 산 에돔인들의 추장으로 에사오의
후손이다(창세기 36:41).
2. 갈렙의 둘째 아들이고 여분네의 손자이
다(역대기 상 4:15).
3. 시므이의 아버지이다(열왕기 상 4:18).
4. 이스라엘 왕 바아사의 아들이자 후계자
이고 이 계보의 마지막 왕이다(열왕기 상
16:8-10). 술 취한 상태에서 장군 지므리에
게 죽임을 당함으로써 예후의 예언이 실현
되었다(열왕기 상 16:1-14).
5. 베냐민 지파 지도자이고 우찌의 아들이

다(역대기 상 9:8).
6. 이스라엘의 마지막 왕인 호세아의 아버
지이다(역대기 상 1:52, 4:15, 9:8).

엘라사 ELASAH ('신이 만든 사람')
1. 바스훌의 아들로 이방인 여자와 결혼한
사제이다(에즈라 10:22).
2. 헬레스의 아들로 헤스론 가문의 유다 후
손 중 한 명이다(역대기 상 2:39).
3. 사울 왕의 후손이다(역대기 상 8:37,
9:43).
4. 사반의 아들로 시드키야 왕의 명을 받아
느부갓네살을 만나러 가면서 바빌론 포로
들에게 전하는 예레미야의 편지도 가져간
두 사람 중 한 명이다(예레미야 29:3).

엘리 ELI ('승천')
실로 성전의 대사제이고 아론의 살아남은
두 아들 중 막내인 이다말의 후손이다(레
위기 10:1-2,12). 한나에게 훗날 예언자 사
무엘이 될 아들을 가졌다고 말해준 사람
도 엘리였다(사무엘 상 1:14). 아들들이 신성
모독 행위를 저질러 처벌받지만(사무엘 상
2:22-25) 그럼에도 신의 판결에 말없이 복
종하고(사무엘 상 3:18) 계약궤를 공경하는
깊은 신앙을 보여준다. 블레셋인과의 전투
에서 계약궤를 빼앗겼다는 소식, 그리고 두
아들 홉니와 비느하스도 전사했다는 소식
을 듣고 뒤로 넘어져 98세로 죽는다(사무엘
상 4:18).

엘리야 ELIJAH ('나의 신은 야훼')
대표적 히브리 예언자 중 한 명이다. 신
의 메시지를 아합 왕에게 전달하는 인물로
〈열왕기 상〉 17장 1절에 처음 등장한다. 이
어 신의 지시에 따라 은둔해 까마귀가 물어
오는 먹이를 먹고 산다. 그곳의 강물이 마
르자 신은 엘리야를 사렙다의 어느 과부 집
으로 보낸다. 과부의 아들은 죽었다가 엘리
야 덕분에 다시 살아난다(열왕기 상 17:17-
24). 온 땅에 기근이 닥치자 아합 왕은 엘리

디르크 보우츠(1415–1475)가 그린 최후의 만찬 제단화 중 '엘리야를 찾아온 천사' 모습.

야를 범인으로 지목하고 제물을 바쳐 바알과 야훼 가운데 어느 쪽이 진정한 신인지 가리도록 한다. 엘리야의 제물 위로 하늘의 불길이 내려오자 백성들은 땅에 엎드려 "야훼가 진정한 신이시다."라고 외쳤다. 엘리야의 지시로 바알 사제들은 모두 죽임을 당했다. 이세벨 여왕은 화가 나서 엘리야를 죽이겠다고 위협했다(열왕기 상 19:1–13). 도망친 엘리야는 싸리나무 덤불이 있는 곳에 이르러 절망 속에 주저앉았다. 잠이 든 그를 천사가 흔들어깨우며 "일어나서 먹어라. 갈 길이 고될 것이다."라고 말했다. 엘리야는 일어나 빵을 먹고 물을 마셨다. 그리고 40일 밤낮을 걸어 호렙에 도착해 어느 동굴에 들어가 묵을 때 신이 나타나 다마스쿠스로 돌아가라고 하면서 하자엘이 시리아 왕, 예후가 이스라엘의 왕이 될 것이라 알려주었다(열왕기 상 19:13–21). 6년 후 엘리야는 아합과 이세벨에게 향후 재앙과 같은 죽음을 맞게 되리라 경고한다(열왕기 상 21:19–24, 22:38). 이후 엘리야는 후계자 엘리사가 살고 있던 길갈로 갔다. 두 사

람이 대화를 나누며 길르앗 경계에 닿았을 때 난데없이 불말이 불수레를 끌고 나타나 둘 사이를 갈라놓았고 '엘리야는 회오리바람 속에 휩싸여 하늘로 올라갔다.' 엘리사는 엘리야가 떨어뜨린 겉옷을 주워 챙겼다.

엘리벨렛 ELIPHELET ('주원의 주')

1. 예루살렘에서 태어난 다윗의 아들이다(역대기 상 3:6).
2. 예루살렘에서 태어난 다윗의 또 다른 아들로 아들 중 막내이다(역대기 상 3:8).
3. 다윗의 30인 용사 중 한 명이다(사무엘 하 23:34).
4. 에섹의 아들로 사울 왕의 요나단 계 후손이다(역대기 상 3:6).
5. 에즈라와 함께 바빌로니아에서 돌아온 베네 아도니캄의 지도자 중 한 명이다(에즈라 8:13).
6. 베네 하숨 일가 사람으로 외국인 아내와 결혼하였다(에즈라 10:33).

엘리사 ELISHA ('신이 구원이시다')

아벨므홀라에 사는 사밧의 아들로 엘리야의 조수이자 제자가 된다(열왕기 상 19:16–19). 엘리야에게 내려진 임무 세 가지 중 하나가 엘리사를 자기 후계자로 세우는 일이

피에테르 프란츠 그레베르(1600–1653)의 1637년 작품 '나아만의 선물을 거부하는 예언자 엘리사'이다.

었다. 엘리사는 집에서 밭을 갈다가 엘리야를 만나 아들로 입양되고 예언자 자리를 물려받는다. 엘리야가 떠난 후 엘리사는 예리고로 돌아와 물에 소금을 던져 정화시킨다(열왕기 하 2:21). 여호람의 군대가 물이 떨어져 고생할 때는 비가 내릴 것을 예언하고(열왕기 하 3:9–20) 가난한 과부의 기름 한 병을 여러 배로 늘려주었으며(열왕기 하 4:1–7) 수넴 여인의 죽은 아들을 되살려냈다(열왕기 하 4:18–37). 보리떡 스무 개로 백 사람을 먹이는가 하면(열왕기 하 4:42–44) 나아만의 나병을 고쳐주고(열왕기 하 5:1–27) 죄지은 하인 게하지에게 벌을 내렸으며 요르단 강물에 떨어진 도끼가 다시 떠오르게 만든다(열왕기 하 6:1–7). 시리아 왕의 사마리아 포위로 큰 어려움에 빠진 사람들에게 위로가 되는 예언을 하기도 한다(열왕기 하 6:24–7:2). 다마스쿠스에서 엘리사는 하자엘에게 기름부음하여 시리아의 왕으로 만들라는 엘리야의 명을 이행하였고(열왕기 하 8:7–15) 이어 여호사밧의 아들 예후가 아합 대신 이스라엘 왕이 되도록 하였다. 엘리사는 엘리야 영겁의 '두 몫'을 받았고(열왕기 하 2:9) 60여 년 동안 '이스라엘의 예언자' 자리를 지켰다.

엘나단ELNATHAN ('신이 주셨다')

1. 예루살렘 사람으로 여호야긴 왕의 어머니인 느후스타의 아버지이다(열왕기 하 24:8, 예레미야 26:22, 36:12,25).

2. 악볼의 아들이다. 여호야킴 왕은 재앙을 예언한 우리야를 잡아오도록 엘나단을 이집트로 보냈고 잡혀온 예언자를 바로 죽였다(예레미야 26:22). 엘나단은 들라야 및 그마리야와 함께 예레미야의 신탁을 바룩이 받아 쓴 두루마리를 태우지 말라고 여호야킴 왕에게 간청하지만 실패한다.

3. 에즈라 시대 레위인 세 사람의 이름이다(에즈라 8:16).

에살하똔ESAR-HADDON ('아슈르가 주신 형제들')

아시리아의 가장 위대한 왕 중 한 명이다. 산헤립의 아들이고(열왕기 하 19:37) 살만에셀 후계자인 사르곤 2세의 손자이다. 가장 강력한 아시리아 군주로 하이집트를 정복해 제국 영토를 넓혔다. 재위 13년에는 유다왕 므나쎄를 잡아와 조공을 바치도록 하였다(역대기 하 33:11). 에살하똔은 바빌론의 궁전을 제외하고도 궁전 3개, 신전 30개를 건설하는 위업을 이루었다.

에윌므로닥EVIL-MERODACH ('므로닥의 사람')

느부갓네살의 후계자이다. 여호야긴 왕을 감옥에서 석방하고 손님으로 대우하며 평생 먹을 것을 대주었다(열왕기 하 25:27). 네르글리살에게 살해되고 왕위를 빼앗긴다.

가드GAD ('행운')

1. 야곱의 일곱 번째 아들이자 레아의 몸종 질바가 낳은 맏아들이다(창세기 30:11-15, 46:16,18). 형제들과 함께 요셉을 노예로 이집트에 팔아버리는 일에 가담한다.

2. 다윗의 노년에 합류한(사무엘 상 22:5) '선견자' 혹은 '왕의 선견자'이다(역대기 상 29:29, 역대기 하 29:25). 병적조사에 대한 벌로 전염병이 내릴 때 야훼의 말씀을 다윗 왕에게 전하기도 하였다(사무엘 하 24:11-19, 역대기 상 21:9-19). 다윗의 행적을 책으로 기록하였고(역대기 상 29:29) 성전의 음악 연주를 정비하였다(역대기 하 29:25).

게달리야GEDALIAH ('신이 나의 위대함이다')

1. 여두둔의 아들이다(역대기 상 25:3,9).

2. 예언자 스바니야의 할아버지이고 구시의 아버지이다(스바니야 1:1).

3. 바스훌의 아들로 예레미야를 죽이려 음모한 귀족 중 한 명이다(예레미야 38:1).

13세기 프랑스의 스테인드글라스에 묘사된 '기드온의 양털'이다.

4. 아히캄(예레미야의 보호자)의 아들이고(예레미야 26:24) 요시야의 공보대신 사반의 손자이다. 예루살렘이 파괴된 후 느부갓네살은 게달리야가 미스바를 다스리도록 했다(열왕기 하 25:22, 예레미야 40:5, 52:16). 예언자 예레미야도 마침 그곳에 있었으므로 미스바는 많은 히브리인의 피난처가 되었다(예레미야 40:6,11).

게하지GEHAZI ('환상의 계곡')

엘리사의 하인으로(열왕기 하 4:31, 5:25, 8:4-5) 수넴 여인 이야기(열왕기 하 4:14,31)와 시리아인 나아만의 이야기에 등장한다. 나아만에게 거짓말을 해서 돈과 옷을 받아온 뒤 나병의 저주를 받고 예언자의 곁을 떠난다(열왕기 하 5:1). 이후 게하지는 요람 왕 앞에 나아가 엘리사의 놀라운 행적에 대해 설명하게 된다(열왕기 하 8:1-6).

그마리야GEMARIAH ('신이 완벽하게 만드신다')

1. 힐키야 대사제의 아들이다. 시드키야 왕의 명을 받고 느부갓네살을 만나러 가면서 바빌론 포로들에게 전하는 예레미야의 편지도 가져갔다(예레미야 29:3).

2. 국무대신 사반의 아들로 성전에 사는 레위인 중 한 명이다(예레미야 36:10).

기드온GIDEON ('나무 자르는 사람')

므나쎄 지파 요아스의 아들로 천사에게 선택되어 이스라엘 부족의 다섯 번째 판관이 된다. 그는 가나안인과 미디안인이 모시는 바알 신의 제단을 헐어버리고 아셀, 므나쎄, 즈불룬, 납달리 지파에서 군사를 모았다. 그리고 엔돌에 진을 친 미디안인을 밤중에 급습하여 적들이 요르단 강 너머 사막으로 도주하게 하였다(판관기 7:20-22). 미디안 군대를 이끈 두 왕 살문나와 제다는 잡혀와 죽임을 당한다. 그의 통솔력에 감탄한 부족들이 찾아와 왕이 되어달라 청하였지만 오직 신만이 왕으로 다스린다고 말하며 거절하였다. 통일왕국의 시대는 아직 멀었던 것이다(판관기 8:22-23). 기드온은 아들 70명을 두고 장수하다 죽었다.

이탈리아 화가 미켈란젤로 메리시 다 카라바지오(1571–1610)가 그린 '골리앗을 넘어뜨린 다윗'이다.

기낫 GINATH ('정원')

이스라엘 왕위를 두고 오므리와 싸운 티브니의 아버지이다(열왕기 상 16:21).

곡 GOG

메섹과 두발의 맹주이다. 신은 에제키엘로 하여금 곡이 이스라엘에 대항하는 연합을 이끌게 되며 전투에서 결국 패배할 것이라 전하게 한다(에제키엘 38:2).

골리앗 GOLIATH ('커다란')

키가 3미터에 달하는 갓 출신 장수로 이스라엘인들을 두려움에 떨게 한 존재다. 다윗은 새총으로 골리앗의 이마를 맞혀 죽여버린다. 이어 다윗은 골리앗의 검을 꺼내 그 머리를 잘라 예루살렘으로 가지고 간다(사무엘 상 17:4).

고멜 GOMER ('잉걸불')

디블라임의 딸이자 호세아의 부정한 아내이다(호세아 1:3).

하바꾹 HABAKKUK ('식물 바질')

유다 왕국 말엽 예루살렘에 살았던 열두 명 소(小)선지자 가운데 한 명이다. 사악한 자는 결국 몰락하고 올바른 사람은 그 믿음으로 살 것이라고 사람들에게 호소했다. 하바꾹은 바빌로니아의 침략을 내다보고 유대 민족이 입을 엄청난 피해를 상세히 묘사했다(하바꾹 2:12). 그럼에도 책 마지막 부분에 미래 구원자인 야훼의 영광을 찬양하고 있다(하바꾹 3:19).

하닷 HADAD ('날카로운')

1. 이스마엘의 아들이고 아브라함의 손자이다(창세기 25:15, 역대기 상 1:30).
2. 브닷의 아들로 에돔을 통치한 왕이다. 미디안인을 무찔렀다(창세기 36:35).
3. 에돔의 왕자로 다윗과 요압이 에돔 왕국을 정복했을 때 도망쳐 이집트에서 여왕의 여동생과 결혼하고 출세한다. 다윗과 요압이 세상을 떠나자 고향에 돌아와 이스라엘을 침략한다(열왕기 상 11:14–22).

하다데젤 HADADEZER ('하닷이 돕는다')

르홉의 아들로 소바의 왕이다. 여러 차례 다윗 왕을 공격했으나 늘 패배했다(사무엘 하 8:3).

하낏 HAGGITH ('축제의')

다윗 아내 중 하나로 아도니야의 어머니이다(사무엘 하 3:4, 열왕기 상 1:5,11, 2:13, 역대기 상 3:2).

하무달 HAMUTAL ('보호')

리브나 출신 예레미야의 딸로 요시야 왕의 아내이다. 하무달의 아들 여호아하즈와 시드키야가 왕위에 올랐다(열왕기 하 23:31, 24:18, 예레미야 52:1).

하나멜 HANAMEEL OR HANAMEL ('신이 마음에 들어 하다')

살룸의 아들이고 예레미야의 사촌이다. 예루살렘 포위 전에 아나돗의 자기 밭을 예레미야에게 팔았다(예레미야 32:6–12).

하나니야 HANANIAH ('신은 자비롭다')

1. 사삭의 아들로 베냐민 지파의 지도자이다(역대기 상 8:24).
2. 다윗 왕의 연주가 헤만의 아들로 천막성전 예배 때 악기를 연주했다. 하나니야는 16번째로 연주하도록 제비를 뽑았다(역대기 상 25:4,23).
3. 유다 왕 우찌야의 군 사령관이다(역대기 하 26:11).
4. 기브온 사람 아쭈르의 아들로 예언자이다. 시드키야 왕 앞에 나서서 신이 바빌로니아 왕의 멍에를 부수어줄 것이라 예언함으로써 예레미야와 다른 주장을 펼친다(예레미야 28:11). 예레미야는 그에 맞서 하나니야가 한 해 안에 죽을 것이라 하였다. 정말로 하나니야는 두 달 후 죽었다.
5. 예레미야의 예언을 받은 유다 대신 시드키야의 아버지이다(예레미야 36:12).
6. 예레미야를 바빌로니아 첩자로 오인해 체포한 수문장 이리야의 할아버지이다(예레미야 37:13).
7. 이주했던 이스라엘인이 유다로 돌아오는 길을 이끈 즈루빠벨의 아들이다(역대기 상 3:19).
8. 에즈라 시대에 외국인 부인과 이혼한 베배 일가 사람이다(에즈라 10:28).
9. 느헤미야 시대에 예루살렘 성벽을 보수했던 향료 제조업자이다(느헤미야 3:8).
10. 셀레미야의 아들로 느헤미야 시대에 예루살렘 성벽을 보수했던 사람 중 한 명이다(느헤미야 3:30).
11. 느헤미야 시대에 예루살렘 성문 수비를 맡은 성채 수령이다(느헤미야 7:2).

12. 느헤미야 시대에 맹약에 서명한 유다 지도자들 중 한 명이다(느헤미야 10:23).

한나 HANNAH ('은총')

에브라임 고원지역 출신으로 라마다임이라는 마을에 사는 엘카나의 두 아내 중 하나이다(사무엘 상 1:1). 자식이 없던 한나는 실로의 신전에 순례를 가서 아들을 내려주면 신에게 바치겠다고 맹세한다(사무엘 상 1:11). 기도의 응답으로 아들이 태어났고 '신이 들어주셨다'는 뜻의 사무엘이라는 이름으로 불렸다. 사무엘이 젖을 떼자 한나

네덜란드 화가 헤르브란트 반 덴 에에르크하우트(1621–1674)의 '어린 사무엘을 엘리 사제에게 데려간 한나'이다.

는 아이를 실로로 데려가 사제 엘리에게 맡겨 키우게 했다. 그리고 매년 실로로 순례를 갈 때마다 겉옷을 지어 가져다 주었다. 엘리는 순례 온 한나를 축복해주었고 그 덕분에 한나는 아들 셋, 딸 둘을 더 낳았다. 사무엘은 자라나 예언자가 되고 최후이자 가장 위대한 판관에 올랐으며 사울과 다윗 왕에게 기름부음을 행하게 된다.

하눈 HANUN ('관대한')

1. 나하스의 아들로(사무엘 하 10:1-2, 역대

기 상 19:1-2) 암몬 왕이다. 다윗이 보낸 사절단에게 모욕을 주어(사무엘 하 10:4) 결국 파멸의 전쟁에 휘말린다(사무엘 하 12:31, 역대기 상 19:6).
2. 자노아의 주민과 함께 예루살렘 성벽에서 골짜기로 나가는 문을 보수한 사람이다(느헤미야 3:13).
3. 살랍의 여섯째 아들로 예루살렘 성벽을 보수하였다(느헤미야 3:30). 동쪽 성벽이었던 것 같다.

하자엘 HAZAEL ('신이 보시는 사람')

다마스쿠스의 왕이다. 벤하닷 궁정의 고위대신일 때 왕의 명령에 따라 엘리사를 찾아가 왕의 병이 낫겠는지 물어본다. 엘리사는 하자엘이 장차 왕이 되어 이스라엘 사람들에게 큰 고통을 줄 것이라 말하였다. 이후 하자엘은 벤하닷 왕을 죽이고 왕위에 오르고(열왕기 하 8:7-15) 라못길르앗을 빼앗기 위해 유다 및 이스라엘 왕들과 전쟁을 벌인다(열왕기 하 8:28). 예후 왕 치세 말기에 시리아인들을 이끌고 '이스라엘 국경을 사방에서 공격하여'(열왕기 하 10:32) 엘리사의 예언이 실현된다. 통치 말엽에는 예루살렘 공격을 준비했지만(열왕기 하 24:24) 요아스의 뇌물을 받고 물러난다(열왕기 하 12:18).

헤벨 HEBER ('연합')

1. 브리아 아들이고 아셀의 손자이다(창세기 46:17, 역대기 상 7:31-32).
2. 켄 부족의 일원으로(판관기 4:11,17, 5:24) 호밥의 후손이다. 헤벨의 아내 야엘은 자기 천막 안으로 하솔의 야빈 왕 군 사령관인 시스라를 들어오게 한 후 그가 잠든 사이에 죽인다.
3. 엘바알의 아들로 예루살렘에 살던 베냐민 지파의 지도자이다(역대기 상 8:17,22).
4. 갓 부족의 우두머리로 바산에 살았다(역대기 상 5:13).

5. 야엘의 남편이다(판관기 4:11,17,21, 5:24).
6. 에즈라의 손자이다(역대기 상 4:18).
7. 셀라의 아들로 아브라함, 다윗, 예수의 선조가 된다(루가 3:35).
8. 유다의 후손이고 예후디야의 아들이다(역대기 상 4:18).
9. 소고를 세운 인물이다(역대기 상 4:18).

헵시바 HEPHZIBAH ('내 기쁨은 그녀 안에 있다')

1. 히즈키야의 왕비이자 첩이고 므나쎄 왕의 어머니이다(열왕기 하 21:1).
2. 시온의 상징적인 이름으로 신의 총애를 의미한다(이사야 62:4).

히즈키야 HEZEKIAH ('신의 전능함')

1. 유다의 13대 왕이다. 히즈키야가 25세로 왕위에 올랐을 때 유다는 아시리아의 초라한 속국에 불과했다. 왕이 된 후 그는 성전을 깨끗이 보수하여 다시 열고 이교 신전을 파괴했다. 그리고 14일 동안 계속되는 과월절 축제를 열고 온 백성, 심지어 북왕국 이스라엘인들까지 초대하였다(역대기 하 29:30,31). 아시리아에 조공 바치는 일을 거부하고 이집트와 연합해 아버지가 잃었던 도시들을 되찾는다(역대기 하 28:18, 열왕기 하 18:7). 결국 아시리아와의 전쟁은 피할 수 없는 일이었으므로 히즈키야는 예루살렘과 유다 왕국 방비에 전력을 다한다(열왕기 하 20:20). 히즈키야 수로라 불리는 물길을 정비해 예루살렘이 물 공급원인 기혼 샘과 바로 연결되도록 했다. 하지만 히즈키야의 이런 정책은 예언자 이사야의 신랄한 비판을 받았다. 예언자의 우려대로 아시리아의 새로운 왕 산헤립(B.C.E. 704-681)이 쳐들어와 '요새화된 성읍들을 모두 점령'(열왕기 하 18:13)한 것이다. 히즈키야는 성전의 금은보화를 바쳐 아시리아 왕을 진정시키려 했지만 소용이 없었다. 그럼에도 예루살렘 포위는 알 수 없는 이유로 해제되었다. '유다 왕들 가운데 전에도 후에도 그만한 왕이 없었다'(열왕기 하 18:4-5)고 칭송받는

'히즈키야의 치료'. 파리에서 10세기에 만들어진 〈시편〉 필사본의 그림.

그의 뒤를 이은 것은 아들 므나쎄였다.

2. 느아리야의 아들로 바빌론에 끌려간 유다 왕족의 후손이다(역대기 상 3:23).

3. 즈루빠벨과 함께 바빌론 유수에서 돌아온 한 무리의 선조이다(에즈라 2:16).

히엘 HIEL ('신이 살아계신다')

아합 치세 때 예리고 성을 재건한 베델 사람이다. 히엘은 재건 과정에서 두 아들 아비람과 세굽을 잃었는데(열왕기 상 16:34) 이는 여호수아의 저주가 실현된 것이었다(여호수아 6:26).

힐렐 HILLEL ('칭찬')

비라돈 출신으로 에브라임 산에 살던 사람이다. 그 아들 압돈은 이스라엘의 판관이 되었다(판관기 12:13,15).

히람 HIRAM ('내 형제가 칭찬받는다')

1. 두로의 왕으로 다윗 왕 및 솔로몬 왕의 긴밀한 우방이었다. 다윗 궁(열왕기 상 5:1)과 솔로몬 성전(열왕기 상 5:11-12) 건축을 위한 자재와 장인들을 예루살렘으로 보내주었다(사무엘 하 5:11, 역대기 상 14:1). 다윗과 솔로몬 왕은 또한 히람의 선박들을 사용해 오빌과 다르싯에서 귀금속을 수입하기도 하였다.

2. 히람 왕이 솔로몬에게 보내준 혼혈인 건축가이다(열왕기 상 7:13,40).

홉니 HOPHNI ('권투선수')

실로 사제 엘리의 아들이다. 홉니와 비느하스('뻔뻔한 입') 형제는 사악하고 부패한 인물들로 온갖 못된 짓을 저질러 백성들의 경멸을 샀다(사무엘 상 2:12-17,22). 홉니의 아버지는 신을 공경하기보다 아들들을 더 위한 탓에 두 아들을 한날 한시에 잃고 자손들이 더 이상 사제직을 맡을 수 없으며 음식과 돈을 구걸하게 되는 벌을 받았다. 아벡에서 블레셋인들과 전투가 벌어졌을 때 홉니와 비느하스는 모시고 있던 계약궤를 빼앗기고 병사 3만 명 이상이 전사했으며 두 형제도 목숨을 잃었다(사무엘 상 4:10,11). 당시 엘리는 98세였는데 소식을 듣고 의자에 앉아 있다가 뒤로 넘어져 목을 부러뜨리며 죽었다.

호브라 HOPHRA

이집트 왕으로 유다 왕 시드키야의 동맹이었다(예레미야 37:5, 44:30, 에제키엘 29:6,7) 그리스 역사가 헤로도투스에게는 아프리스라 불렸다. 호브라는 느부갓네살에게 패배하는데 느부갓네살은 이집트의 반란을 진압하기 위해 예루살렘 포위를 일시적으로 풀어야 했다.

호람 HORAM ('언덕')

여호수아에게 공격당하는 라기시 마을을 돕기 위해 온 게젤 왕이다(여호수아 10:33).

호세아 HOSEA ('구원')

브에리의 아들이며 소선지자 중 한 명으로, 당시 성행하던 다신교를 격렬히 비판했다. 호세아는 신이 그저 의례를 지키는 것이 아니라 진실된 신앙과 공감을 요구한다고 주장했다. '내가 반기는 것은 제물이 아니라 사랑이다. 제물을 바치기 전에 이 하느님의 마음을 먼저 알아다오.'라는 유명한 말도 남겼는데(호세아 6:6) 이는 C.E. 70년의 예루살렘 성전 파괴 이후 요하난 벤 자카이가 랍비 유대교를 세우는 계기가 되었다. 이스라엘 왕들이 힘센 적에 맞서 동맹을 맺으려 할 때면 '바람을 심어 회오리바람을 거둘 것'이라는 경고를 거듭했다(호세아 8:7). 이교 신들에게 몰려가는 사람들을 두

두치오 치 부오닌세냐(1260-1319)가 그린 '예언자 예레미야, 이집트로의 이동, 그리고 예언자 호세아'에 등장한 호세아의 모습.

고 이스라엘은 신의 '아내'가 아닌 '정부'라고 하면서 '바알 축제일만 되면 내 생각은 하지도 않고 바알에게 향을 태워 올리니 어찌 벌하지 않으랴.'라는 신의 말씀을 전하기도 했다(호세아 2:13). 아내와 정부의 비유는 호세아 자신의 복잡한 가정사를 반영했을 것이다. 그는 고멜이라는 '바람기 있는 여자'와 결혼해(호세아 1:2) 세 자녀를 얻었지만 이후 '이 여자는 내 아내가 아니고 나도 이 여자의 남편이 아니다'라고 선언한다(호세아 2:2).

호세아 HOSHEA ('구원')

1. 눈의 아들로 훗날 여호수아라 불린 인물의 본명이다(민수기 13:8, 16, 신명기 32:44).
2. 다윗 왕 치세 때 에브라임 부족의 지도자이다(역대기 상 27:20).
3. 이스라엘의 마지막 왕이다. 베가 왕에 대해 음모를 꾸미고 죽여 왕위에 올랐다(이사야 7:16, 열왕기 하 17:1-2). 호세아는 오소르콘 4세로 추정되는 이집트 소(So) 왕에게 사신을 보내 아시리아에 대한 반란을 모의했다. 살만에셀 5세는 사마리아를 폐허로 만들겠다고 공언했지만(열왕기 하 17:5) 다음 왕인 사르곤 2세 때에야 사마리아 성이 무너지고 부족들은 유프라테스 강 너머로 흩어진다(열왕기 하 17:5-6, 18:9-12). 아시리아 기록에 따르면 강제 이주된 이스라엘인은 무려 2만 7,000명에 달했다. 호세아 왕은 감옥에 갇혔지만 이후 어떻게 되었는지는 분명치 않다. 사르곤 왕의 명령에 따라 사형에 처해졌으리라 추정될 뿐이다.

훌다 HULDAH ('족제비')

여자 예언자이자 요시아 왕의 의상담당관 살룸의 아내이다(열왕기 하 22:14-20, 역대기 하 34:22-28). 예루살렘 성벽 인근 미슈네에 살고 있었다. 여성 예언자 세 사람 중 한 명으로 나머지 둘은 미리암(출애굽 15:20)과 드보라(파관기 4:4)이다.

후새 HUSHAI ('내 형제의 선물')

압살롬의 반역을 피해 예루살렘을 빠져나온 다윗이 올리브 산 정상에서 만난 인물이다. 후새는 압살롬 편에 선 아히도벨을 쳐부수기 위해 예루살렘으로 간다(사무엘 하 15:32, 37, 16:16-18). 그리고 압살롬을 설득해 다윗을 추격하지 않도록 한다. 시간을 번 다윗은 전열을 정비해 결국 압살롬을 무찌를 수 있었다.

이브할 IBHAR ('선택된')

예루살렘에서 태어난 다윗의 아들 중 한 명이다(사무엘 하 5:15, 역대기 상 3:6, 14:6).

입산 IBZAN ('걸출한')

베들레헴 출신으로 엡다의 뒤를 이어 이스라엘의 열 번째 판관이 되어 7년 동안 다스렸다(판관기 12:8,10).

이가봇 ICHABOD ('영광스럽지 않은')

비느하스의 아들이고 엘리의 손자이다. 비느하스의 아내가 이가봇을 임신했을 때 계약궤가 적의 손에 들어가고 남편과 시아버지가 죽었다는 소식까지 전해졌다. 이가봇이 태어난 직후 어머니는 "영광이 이스라엘을 떠났구나."라고 중얼거리며 숨을 거두었다(사무엘 상 4:19-22).

임마누엘 IMMANUEL ('신이 우리와 함께 계시다')

예언자 이사야가 유다의 왕족으로 태어나는 아이에게 준 상징적인 이름이다(이사야 7:14). 〈이사야서〉의 이 구절은 예수의 탄생을 묘사한 복음서 저자 마태오가 반복하게 된다(마태오 1:23).

이라 IRA ('잠 못 이루는')

1. 드고아 출신으로 다윗 왕의 30인 용사 중 한 명이다(사무엘 하 23:26).

2. 야띨 출신으로 다윗 왕의 30인 용사 중 한 명이다(사무엘 하 23:38).
3. 야이르 사람으로 다윗 왕의 사제이다(사무엘 하 20:26, 역대기 상 18:17).

이리야 IRIJAH ('신이 보신다')

셀레미야의 아들이고 하나니야의 손자이다. 유다 시드키아 왕 치세 때 장군이었던 이리야는 예레미야를 첩자로 오인한다(예레미야 37:13).

이사야 ISAIAH ('신이 구원이시다')

아모쓰의 아들이고 〈이사야서〉의 저자로 알려져 있다. 이사야는 히브리의 모든 예언자를 통틀어 가장 위대한 인물로 여겨진다. 그는 예루살렘에 살았고 '여자 예언자'라고 나오는 여자(이사야 8:3)와의 사이에 두 아들을 두었다. 그는 단순한 예언자를 넘어 우찌야 말년, 요담, 아하즈, 히즈키야 통치기에 왕실 고문으로 활약했다(이사야 1:1). 그는 다윗 왕조, 그리고 신의 지상 옥좌인 예루살렘 성전을 반드시 지켜내야 한다고 믿었다. 이스라엘 베가 왕과 시리아 르신 왕이 유다 왕국을 침략했던 암울한 시기에 아하즈 왕에게 '진정하여라. 안심하여라. 겁내지 마라. 정신을 잃지 마라.'라는 신의 말씀을 전한 인물이 바로 이사야였다(이사야 7:4). 이사야가 가장 두드러진 활동을 보인 것은 히즈키야 치세 때였다. 강력한 아시리아 제국에 맞서는 것이 결국 소용없다는 것을 알았던 이사야는 '나에게 묻지도 아니하고 이집트로 내려가 파라오에게 기대어 몸을 숨기고 이집트의 그늘에 숨으려는 자들'을 비난하며 '파라오에게 보호받으려던 것이 도리어 부끄러움이 되고 이집트의 그늘에 숨으려던 것이 무안하게 되리라'고 예언했다(이사야 30:2,5). 결국 상황은 그의 예언대로 흘러갔다. B.C.E. 701년, 아시리아의 새로운 왕 산헤립은 유다 왕국의 반란을 진압하기 위해 맹공격을 가했다. 히즈키야는 공포에 질려 이사야에게 조언을 청했다. 어떻게 해야 할까? 이사야의 대답은 아무것도 하지 말라는 것이었다. "그는 제가 온 길로 되돌아갈 것이며 이 성에는 결코 발을 들여놓지 못할 것입니다"(열왕기 하 19:33). 정말로 산혜립의 예루살렘 포위는 실패로 돌아갔다. 이사야는 히즈키야 재위 14년까지 살았다고 전한다. 이로 미루어 최소 64년 동안 예언자로 활동했던 것으로 보인다.

이스바알 혹은 이스보셋ISHBAAL OR ISHBOSHETH ('수치스러운 사람')

사울의 네 아들 중 막내로 아버지와 세 형이 길보아 전투에서 전사한 후 왕위를 이어받는다(역대기 상 8:33, 9:39). 북쪽 부족들은 이스바알의 즉위를 지지했으나 남쪽 부족 장로들은 헤브론에 모여 다윗을 '유다 가문의 왕'으로 추대하였다(사무엘 하 2:4). 이스바알은 요르단 동쪽 마나하임에서 두 해 동안 다스렸다(사무엘 하 2:9). 혼란스럽고 불안정한 상황에서 그는 잠든 사이에 호위병에게 살해된다(사무엘 하 4:5-7).

이스위ISHVI ('조용한')

1. 사울과 아히노암의 둘째 아들이다(사무엘 상 14:49).
2. 아셀의 아들 중 세 번째다(창세기 46:17, 역대기 상 7:30).

이때ITTAI ('근처')

1. 베냐민 지파로 다윗 왕의 30인 용사 중 한 명이다(사무엘 하 23:26).
2. 갓 출신 블레셋인으로 압살롬 군을 물리친 전투에서 다윗 왕의 군대 3분의 1을 지휘했다(사무엘 상 15:19-22). 〈역대기〉에는 이대라고 나온다(역대기 상 11:31).

야자니야JAAZANIAH ('신이 들으시길')

1. 미즈바의 게달리아 총독에게 경의를 표하기 위해 요하난 벤 카레아 등과 더불어 찾아간 군 지휘관 중 한 명이다(열왕기 하 25:23).
2. 사반의 아들이다(에제키엘 8:11).
3. 아쭈르의 아들로 백성들의 수령 중 한

사울 왕의 죽음과 벳산 성벽으로부터의 시신 운구 장면을 담은 1200년경의 그림.

명이다. 이들 수령 앞에서 에제키엘이 신의 예언을 전달한다(에제키엘 11:1).
4. 예레미야의 아들이다(예레미야 35:3).
5. 마아가 사람이다(열왕기 하 25:23, 예레미야 40:8, 42:1). 아자리아라고도 불린다.

야베스JABESH ('건조한')

즈가리야가 죽자 이스라엘 왕이 되기 위해 반란을 일으킨 살룸의 아버지이다(열왕기 하 15:10,13-14).

야빈JABIN ('알아차리는 자' '현자')

1. 북쪽 왕들과 연합해 이스라엘에 대항한 하솔의 왕이다(여호수아 11:1-3). 전쟁 중 여호수아는 야빈을 공격하고 그의 도시를 불태워버린다(여호수아 11:1-14).
2. '가나안의 왕'이라 불린 하솔의 왕으로 여호수아 사후 160년 동안 이스라엘인들을 억압하였다(판관기 5:6-11). 결국 드보라와 바락에게 패배한다(판관기 5:31).

야엘JAEL ('사슴')

켄 사람 헤벨의 아내이다(판관기 4:17-22). 바락이 가나안인들을 패퇴시킨 후 숨겨달라고 찾아온 하솔의 야빈 군대 사령관 시스라에게 자기 천막을 내어주었다가 천막 말뚝을 머리에 꽂아 죽였다(판관기 5:27).

야이르JAIR ('깨달음을 주는 자')

1. 스굽의 아들로 길르앗에서 어머니 손에 키워졌다(역대기 상 2:22). 아르곱의 바산 지역 원정에서 공을 세웠으며 길르앗 경계지역에 정착하였다(민수기 32:41, 신명기 3:14, 여호수아 13:30).
2. 이스라엘의 8대 판관으로 22년 동안 다스렸다(판관기 10:3-5). 아들이 30명으로 '야이르의 천막촌'이라는 고대도시 60개 중 30개가 그 아들들의 것이었다(열왕기 4:13, 역대기 상 2:23).
3. 모르드개의 아버지이고 에스델의 삼촌이 되는 베냐민 지파 사람이다(에스델 2:5).
4. 골리앗의 아우 라흐미를 죽인 엘하난의 아버지이다(역대기 상 20:5).

야비아 JAPHIA ('뛰어난')

1. 이스라엘인의 가나안 정복 당시 라기스의 왕이다(여호수아 10:2)

2. 다윗이 예루살렘에서 낳은 아들 중 하나이다(사무엘 하 5:15, 역대기 상 3:6, 14:6).

야센 JASHEN ('자고 있는')

다윗 왕 군대에서 싸운 몇 사람의 아버지이다(사무엘 하 23:32). 하셈이라고도 불린다(역대기 상 11:34).

여골리아 JECOLIAH ('신은 전능하다')

예루살렘 출신으로 아마지야 왕의 아내이고 우찌야 왕의 어머니이다(역대기 하 26:3).

여디다 JEDIDAH ('사랑받는 사람')

아몬의 왕비이고 요시야 왕의 어머니이다(열왕기 하 22:1).

여호아하즈 JEHOAHAZ ('신이 소유한')

1. 유다 왕 여호람의 막내아들이다(역대기 하 21:17, 22:1 ,6, 8, 9).

2. 17년 동안 통치한 이스라엘 예후 왕의 아들이자 후계자이다(열왕기 하 10:35). 하자엘과 벤하닷이 다스리는 시리아가 융성했지만 여호아하즈의 아들 여호아스가 멀리 몰아낸다(열왕기 하 13:1-9).

3. 요시야의 셋째 아들로 살룸이라고도 불린다(역대기 상 3:15). 아버지 뒤를 이어 즉위한 지 석 달 만에 파라오 느고에 의해 폐위된다(열왕기 하 23:31,34). 이집트에 끌려가 포로 상태에서 사망한다(열왕기 하 23:33-34, 예레미야 22:10-12, 역대기 하 36:1-4).

여호야긴 JEHOACHIN ('신이 기름 부은 사람')

아버지 여호야킴이 죽은 후 겨우 여덟 살에 즉위해 백 일 동안 통치한 유다 왕이다(역대기 하 36:9). 여고니야라고도 불린다(예레미야 24:1, 27:20). 바빌로니아 군대가 예루살렘에 닿자마자 여호야긴 왕은 포로가 되었다. 어린 왕과 가족들은 바빌론으로 끌

려갔고 유다 왕국은 막대한 조공을 바쳐야 했다(열왕기 하 24:12-16, 예레미야 52:28).

여호야다 JEHOIADA ('신에게 알려진')

유다의 대사제이고 다윗의 핵심 장수 중 하나인 브나야의 아버지이다(사무엘 하 8:18, 20:23). 여호람 왕의 딸 여호세바와 결혼했고(역대기 하 22:11) 아내와 함께 여호아스를 숨겨주고 권좌에 오를 수 있도록 적극 도왔다(열왕기 하 11:1, 12:2).

여호야킴 JEHOIAKIM OR ELIAKIM ('신이 세워준 사람')

요시야와 스비다의 아들로 유다의 왕이다. 본래 여호아하즈가 요시야의 뒤를 이었지

'두루마리를 태우는 여호야킴' 20세기 영국 일러스트레이션

만 파라오 느고의 마음에 들지 않아 폐위되고 엘리아킴이 여호야킴으로 이름을 바꿔 왕위에 올랐다. 여호야킴이 좀 더 고분고분해 보였던 것이다. 여호아하즈는 이집트로 끌려가 감금된 상태에서 죽었다. 메대-바빌로니아 연합이 갈그미스에서 아시리아-이집트 연합을 물리치자 여호야킴은 새로운 강대국 신바빌로니아의 속국이 되기로 하였다(열왕기 하 24:1,7). 하지만 특별

한 대접을 받지 못하자 이집트 쪽으로 관심을 돌렸고 모압, 두로, 시돈, 에돔 등 이웃 국가에 사절을 보내 은밀히 반(反)바빌로니아 연대를 추진했다. 바빌로니아의 느부갓네살 왕이 군대를 모아 예루살렘으로 진군했지만 여호야킴은 도착 전에 사망하고 아들 여호야긴이 뒤를 잇는다.

여호람 JEHORAM ('고귀한')

1. 아합과 이세벨의 아들로 형 아하지야의 뒤를 이어 왕이 된다(열왕기 하 1:17, 3:1). 형 치세 동안 독립했던 모압인들을 다시 복속시킨다.

2. 여호사밧의 맏아들이자 후계자인 유다 왕이다(열왕기 하 8:16-24, 역대기 하 21:5, 20). 그의 아내는 아합과 이세벨의 딸 아달리야였다. 여호람 치세 때 에돔인이 반란을 일으켰고 블레셋, 아라비아, 구스가 왕국을 침략하였다(열왕기 하 8:16-24, 역대기 하 21:5, 20).

3. 아합의 아들이다. 요람 항목을 보라.

4. 하맛 왕 도이의 아들로 하다데젤을 무찌른 다윗에게 축하를 전했다(사무엘 하 8:10).

5. 게르솜 가문의 레위인이다(역대기 상 26:25).

6. 여호사밧이 유다 민족을 가르치기 위해 파견한 사제이다(역대기 하 17:8).

여호사밧 JEHOSHAPHAT ('신이 심판하는 사람')

1. 아힐룻의 아들로 다윗 궁정과(사무엘 하 8:16) 솔로몬 궁정에서(열왕기 상 4:3,17) 고위관료를 지냈다.

2. 다윗 시대의 사제이다(역대기 상 15:24).

3. 다윗 왕의 30인 용사 중 한 명이다(역대기 상 11:43).

4. 바루아의 아들로 솔로몬의 열두 장관 중 한 명이다(열왕기 상 4:17).

5. 님시의 아들이고 예후 왕의 아버지이다(열왕기 하 9:2,14).

6. 아사의 아들로 25년 동안 통치한 유다 왕이다(열왕기 상 15:24, 열왕기 하 8:16). 아

합, 아하지야, 여호람과 같은 시대를 살았고 유다 최고의 왕 중 한 명으로 꼽힌다(열왕기 상 15:24, 22:41, 역대기 상 3:10, 역대기 하 17:1). 여호사밧 통치기 동안 유다는 주변국과 평화를 유지했고 경제적 번영을 누리기도 했다. 여호사밧은 북왕국 이스라엘과 평화조약을 맺고 아들 여호람을 아합 왕의 딸 아달리야와 결혼시키기까지 했다. 몇 년 후 여호사밧은 아합의 아들과 힘을 합쳐 모압 왕과 싸움을 벌인다.

7. 오베데돔에서 예루살렘으로 계약궤를 모셔온 사제 중 한 명이다(역대기 상 15:24).

여호세바 JEHOSHEBA ('신의 맹세')

여호람의 딸이다. 〈역대기 하〉 22장 11절에서는 여호사브앗이라고도 불린다. 여호야다의 아내인 여호세바는 대사제와 결혼한 왕실의 유일한 공주였다(역대기 하 22:11).

예후 JEHU ('그가 신이다')

1. 오벳의 아들로 유다 지파의 지도자이다(역대기 상 2:38).
2. 베냐민 지파의 병사로 사울 왕을 떠나 다윗 왕에게 충성하였다(역대기 상 12:3).
3. 하나니의 아들로 이스라엘 바아사 왕의 죽음을 예언한 예언자이다(열왕기 상 16:1).
4. B.C.E. 841- B.C.E. 814년 사이 통치한 이스라엘의 왕이다(열왕기 하 9:2). 시리아와의 전투에서 부상당한 여호람 왕이 예후에게 지휘를 맡기고 전장을 떠나자 예언자 엘리사가 여호람과 그 어머니 이세벨에 대한 반란을 선동한다. 예후는 여호람을 죽이고 이세벨 왕비는 창밖으로 던져 죽인다. 예후가 통치하는 동안 북왕국 이스라엘은 아시리아의 속국이 되었다. 1846년에 발견된 거대한 검은 오벨리스크에는 예후 왕이 살멘에셀에게 공물 바치는 모습이 새겨져 있다. 예후 왕은 요르단 동쪽 이스라엘의 영토를 차지한 아람-다마스쿠스의 하자엘 왕과 오랜 싸움을 벌였다. 시리아와의 전쟁이 길게 이어지면서 예후의 아들이자 후계

유다 부족의 지도자 예후 왕을 묘사한 19세기 영국의 판화.

자 여호아하즈 시대에 이르면 이스라엘 왕국의 군사력이 병거 10대와 보병 1만 명으로 줄어들었다(열왕기 하 13:7).

유갈 JEHUCAL ('유능한')

셀레미야의 아들이고 느부갓네살의 마지막 포위 당시 유다를 위해 기도해달라는 시드키야 왕의 부탁을 예레미야에게 전한 두 사람 중 한 명이다(예레미야 37:3).

여후디 JEHUDI ('유다의')

느다니야의 아들로 여호야킴의 궁정 관리였다. 왕의 명령에 따라 예레미야의 예언을 낭독한다(예레미야 36:14, 21, 23).

엡다 JEPHTHAH ('신이 자유롭게 한 자')

길르앗의 사생아로 본처 자식들에게 쫓겨나(판관기 11:1-2) 돕(Tob)이라는 지방에 살았다. 그곳에서 유명한 장수가 되자 다시 고향으로 초빙되어 이스라엘을 암몬인들의 압제에서 해방시킨다(판관기 11:1-33). 하지만 승리를 위해 신에게 한 맹세 때문에 외동딸을 번제물로 바쳐야 했다. 그는 에브라임 부족을 상대로 한 전쟁에서도 승리를 거두고 죽을 때까지 6년 동안 이스라엘 판

관을 지냈다(판관기 12:7).

예레미야 JEREMIAH ('신이 임명한 사람')

1. 예루살렘에서 북쪽으로 5킬로미터 떨어진 아나돗 마을 사제 힐키야의 아들이고 히브리 성경에 등장하는 가장 위대한 예언자 중 한 사람이다. 이사야와 마찬가지로 신에 대한 큰 믿음을 촉구했지만 히브리 사회에서 커져가는 사회적 불평등을 깊이 경계했다. '부정으로 축재하는 사람들'을 크게 비판하면서 이런 이들은 '반생도 못 살아 재산을 털어먹고 결국은 미련한 자로서 생을 마칠 것'이라 하였다(예레미야 17:11). 예레미야는 다신교와 이교 신앙을 뿌리뽑으려는 요시야 왕을 전적으로 지지했지만 선왕 히즈키야의 벼랑 끝 전술을 따르려는 정치적 야심에 대해서는 우려했다. 실제로 메대-바빌로니아와 섣불리 연합해 아시리아에 대항해 들고 일어난 요시

미켈란젤로 부오나로티(1475-1564)가 바티칸 시스티나 성당 천장에 그린 예언자 예레미야.

야는 므깃도 전투에서 전사하고 만다. 요시야의 뒤를 이은 여호야킴은 또다시 이교 숭배를 허용했고 예레미야는 '나는 내 말을 들으라고만 하였다. 그래야 내가 너희 하느님이 되고, 너희는 나의 백성이 된다고

하였다.'라는 유명한 성전 설교를 한다(예레미야 7:22-23). 이어 바빌로니아 침공이 임박했다는 신의 경고를 전한다. '이 땅을 영원히 쑥대밭과 폐허로 만들리라. 여기에 살던 민족들은 모두 칠십 년 동안 바빌론 왕의 종노릇을 할 것이다'(예레미야 25:9-11). 예레미야는 붙잡혀 매를 맞지만 결국 풀려난다. 새로운 왕 시드키야가 이집트 왕과 반란을 모의할 때에도 바빌로니아의 위협을 계속 경고한다. B.C.E. 587년, 바빌로니아의 느부갓네살 왕이 예루살렘을 정복하였다. 수천 명이 학살당하고 포로로 잡혔지만 예레미야는 무사했다. 그는 미스바로 가서 90세로 사망할 때까지 예언자 활동을 지속했다.

장 오노레 프라고나르(1732-1806)가 1752년에 그린 '황금송아지 앞에 제물을 바치는 여로보암'이다.

2. 광야의 다윗에게 합류했던 가드 혹은 베냐민 지파 사람이다(역대기 상 12:10).

3. 요르단 동쪽 므나쎄 지파의 지도자 중 한 명이다(역대기 상 5:24).

4. 요시야의 아내 하무달의 아버지이다(열왕기 하 23:31).

여로보암 JEROBOAM ('그의 민족 수가 많다')

1. 느밧의 아들로(열왕기 상 11:31-39) 이스라엘 북왕국의 첫 번째 왕이다. 본래 솔로몬 왕국의 부역 관리 책임자였다. 아히야의 예언에 힘을 얻어 솔로몬 축출 계획을 세운다. 모의는 발각되고 사형선고를 받은 여로보암은 이집트로 도망쳐 파라오 시삭 혹은 쇼셴크의 지원을 받는다(열왕기 상 11:40). 솔로몬이 세상을 떠나자 북쪽의 10개 부족이 반란을 일으키고 여로보암을 왕으로 추대한다(열왕기 상 12:1-20). 여로보암은 이전의 솔로몬 왕이 했듯 새로운 왕국을 근대적으로 재편한다. 갈릴리의 비옥한 골짜기와 이즈르엘 계곡을 보유한 북왕국은 남쪽보다 농업수확량이 훨씬 많았고 경제력도 높았다. 여로보암은 이전의 이교 성지였던 베델과 단에 신의 성전을 만들고 신의 상징인 황금송아지를 모셨다. 〈열왕기〉 필경사들은 이를 우상숭배의 죄로 보았다(열왕기 상 12:30). 실상 베델은 야곱이 하늘까지 닿는 사다리 꿈을 꾼 후 제단을 쌓았던 시절까지 거슬러 올라가는, 예루살렘의 여부스인 동산보다 더 오래된 야훼 성전이었음에도 말이다. 파라오 쇼셴크 1세가 유다 왕국을 침략했을 때 북왕국의 여로보암은 과거 자신을 보호해줬던 그가 남왕국 점령으로 만족하지 않을까 기대했지만 헛된 희망이었다. 이집트 군은 계속 북진해 이스라엘 주요 도시들 대부분을 파괴했다. 가장 튼튼한 성채인 므깃도마저 폐허로 변했다. 이집트의 공격 여파에서 제대로 벗어나지 못한 상태의 북왕국 이스라엘은 다시금 통일왕국을 꿈꾸는 르호보암의 아들 아비야에게 침략당한다. 남왕국 유다의 병력 40만 명은 여로보암의 80만 군대보다 열세였음에도 적군을 궤멸하고 두 왕국 접경의 도시들을 정복하였다(열왕기 상 15:1-8). 하지만 아비야의 치세는 때이른 죽음으로 끝을 맺고 그 아들 아사(B.C.E. 911-870년경)가 왕위를 이어받았다. 일 년 뒤 여로보암 왕도 세상을 떠났다. 왕위를 계승한 그 아들 나답은 한 해 만에 이싸갈 부족의 반란 때 암살당했고 반란 지도자 바아사가 왕위에 올라 여로보암의 남은 가족을 모두 죽여버렸다(열왕기 상 15:16-22).

2. 여호아스의 아들이자 후계자인 여로보암 2세는 이스라엘의 왕이 되어(B.C.E. 786-746) 40년 동안 다스렸다(열왕기 하 14:23). 그의 치세는 유다의 두 왕 아마지야(열왕기 하 14:23) 및 우찌야(열왕기 하 15:1)와 겹쳐 있었고 이스라엘 최대 번영기였다. 하지만 사회적 불평등의 시기이기도 하였다(아모스 2:6-8, 4:1, 오세아 4:12-14). 시리아인과 맞붙어 승리하였고(열왕기 하 13:4, 14:26-27) 이스라엘 영토를 이전 국경으로까지 확대하였다(열왕기 하 14:25, 아모스 6:14).

여루사 JERUSHA ('상속')

우찌야 왕의 아내이자 사독의 딸이며 요담 왕의 어머니이다(열왕기 하 15:33, 역대기 하 27:1).

이세벨 JEZEBEL ('순결한')

페니키아 왕 이토발의 딸로 이스라엘 아합 왕의 아내이다. 〈열왕기〉에 따르면 이세벨은 아합 궁에서 페니키아 이교 숭배를 대규모로 행하였다. 바알의 예언자가 450명, 바알 신의 짝인 아세라 여신의 예언자가 400명에 달했다(열왕기 상 16:31,21, 18:19). 야훼의 예언자들은 이세벨의 탄압을 받고 죽임을 당하였다(열왕기 상 18:13, 열왕기 하 9:7). 아합 왕이 스스로 바알 신당과 제단을 세운 것도(열왕기 상 16:32) 이세벨의 영향 탓으로 보인다. 유다 필경사들은 이것을 북왕국의 커다란 배신이라 여겼다. 이후 아합 왕은 왕궁에 인접한 좋은 포도밭을 팔지 않으려 버티는 나봇이라는 사람에게 화가 나고 이세벨 왕비는 꾸며낸 죄목으로 나봇을 잡아들여 돌에 맞아 죽게 만든다. 결국 포도밭이 왕실 소유가 된 것이다. 이 뻔뻔스러운 범죄 행동에 충격을 받은 엘리야는 아합과 그 가족에게 저주를 내린다. 이는 그대로 실현되어 아합은 오랜 적수인 아람-다마스쿠스와의 싸움에서 전사하고 아들 아하지야는 창문에서 떨어져 죽는다. 아합의 두 번째 아들인 여호람은 예후라는 장군의 유혈 쿠데타로 왕좌에서 쫓겨난다. 쿠데타 배후에는 엘리야가 있었다고 한다. 이세벨 왕비는 창밖으로 던져져 죽고 시신도 개에게 뜯어먹힌다(열왕기 하 9:34, 10:9). 이후 수백 년 동안 이세벨 이라는 이름은 사악한 여성과 동의어로 사용되었다(요한 계시록 2:20).

요압 JOAB ('신을 아버지로 둔')

1. 다윗의 누이 스루야의 아들로 다윗 치세 때 총사령관을 지냈다(사무엘 하 2:13, 10:7, 11:1, 열왕기 상 11:15). 아비새와 아사헬이라는 형제가 있었는데 '달음박질이 들 사슴처럼 빨랐던' 아사헬은 아브넬 손에 죽임을 당했고(사무엘 하 2:13-32) 이후 요압이 아브넬을 죽여 복수한다(사무엘 하 3:22-27). 이어 요압은 시온 산 여부스인들의 시온 성 공격에 앞장서 세력이 더욱 커졌다(사무엘 하 5:6-10, 역대기 상 27:34). 그는 시리아와 암몬 연합군에게, 에돔에게(열왕기 상 11:15-16), 암몬인들에게(사무엘 하 10:7-19, 11:1) 중요한 승리를 거두었다. 하지만 밧세바 남편 우리야의 죽음에 관여하

영국 화가 존 바이엄 리스턴 쇼(1872-1919)의 1896년 작품에 묘사된 이세벨 초상.

'아마사 장군을 죽이는 요압' 프랑스 스트라스부르그 성 토마 성당의 13세기 스테인드글라스.

면서 명성에 흠이 간다(사무엘 하 1:14-25). 요압이 다윗에게 반역한 왕자 압살롬을 죽인 후 다윗은 군 사령관 자리를 요압의 사촌 아마사에게 넘긴다(사무엘 하 19:13, 20:1-13). 앙심을 품은 요압은 다윗의 후계자로 솔로몬이 아닌 아도니야를 지지한다. 이후 야훼의 장막 안으로 몸을 숨겼다가 솔로몬의 명령을 받고 온 브나야 손에 죽임을 당하고 '광야'에 있는 자기 집에 묻힌다(열왕기 상 2:5, 28-34). 아마 예루살렘 북동쪽 지역일 것이다.

2. 유다 지파 스라야의 아들로 예술가 가문의 우두머리이다(역대기 상 4:14).

3. 바빌론 유수에서 돌아온 바핫모압 일가의 우두머리이다(에즈라 2:6, 8:9).

요아스 JOASH ('신이 주신')

1. 아하지야의 아들로 유다의 여덟 번째 왕이다. 대사제 여호야다의 아내이자 고모인 여호사브앗이 아달리야로부터 구해낸 덕분에 목숨을 건진다. 여호야다의 쿠데타가 성공한 후 일곱 살 나이로 왕좌에 오른다. 여호야다가 살아 있는 동안은 왕국이 번영했지만 대사제가 죽은 후 요아스는 바알 숭배로 빠진다. 여호야다의 아들 즈가리야가 이를 비난하자 요아스는 그를 돌로 쳐 죽

게 한다. 그해 시리아의 하자엘 왕이 예루살렘으로 진군해왔고 거액의 조공을 요구했다. 그 직후 요아스의 하인 두 사람이 밀로 성채에서 왕을 살해했다. 요아스 치세는 40년 만에 끝났다.

2. 기드온의 아버지로 아비에젤 후손들 중 부자였다(판관기 6:11).

3. 아합의 작은아들로 아버지가 살아 있을 동안 법률 일을 맡았다(열왕기 상 22:26, 역대기 하 18:25).

4. 유다의 아들인 셀라의 후손이다(역대기 상 4:22).

5. 기브아 사람 스마야의 아들로 베냐민 지파의 궁사이다(역대기 상 12:3). 시글락에 있던 다윗에게 합류하였다.

6. 다윗 궁전의 관료이다(역대기 상 27:28).

7. 베겔의 아들로 베냐민 지파의 지도자이다(역대기 상 7:8).

요엘 JOEL ('신을 주인으로 삼는 자')

1. 예언자 사무엘의 맏아들이고(사무엘 상 8:2, 역대기 상 6:33, 15:17) 성가대원 헤만의 아버지이다.

2. 시므온 지파 지도자다(역대기 상 4:35).

3. 르우벤의 후손이다(역대기 상 5:4).

4. 가드 지파의 지도자로 바산 땅에 살았다(역대기 상 5:12).

5. 이싸갈 지파 이즈라히야의 아들이다(역대기 상 7:3).

6. 소바 사람 나단의 아우로(역대기 상 11:38) 다윗 장사들 중 한 명이다.

7. 다윗 시대 게르손 지파 지도자이다(역대기 상 15:7,11).

8. 다윗 치세 때 게르손 지파의 레위인으로 여히엘의 아들이고 라아단의 손자이다(역대기 상 23:8, 26:22).

9. 브다야의 아들이고 다윗 치세 때 요르단 서쪽 므나쎄 지파의 지도자였다(역대기 상 27:20).

10. 히즈키야 치세의 크핫 지파 레위인이다(역대기 하 29:12).

11. 느보의 아들 중 하나로 에즈라와 함께 바빌로니아에서 돌아와 외국인 부인과 결혼했던 사람이다(에즈라 10:43).

12. 베냐민 지파 지그리의 아들이다(느헤미야 11:9).

요하난 JOHANAN ('신의 은총')

1. 사독의 아들 아히마스의 손자이고 아자리야의 아들이다. 다시 아들 아자리야를 낳는다(역대기 상 6:9-10).

2. 즈루빠벨 후손으로 엘요에내의 아들이고 느아리야의 손자이다(역대기 상 3:24).

3. 카레아의 아들로 바빌로니아인들의 예루살렘 최후 공격에서 흩어져 탈출한 장수 중 한 명이다(열왕기 하 25:23). 총독으로 임명된 게달리아에게 충성을 맹세한다. 게달리아가 다른 관리 이스마엘에게 암살되자 요하난은 기브온까지 암살범을 추격하지만 잡지 못한다(예레미야 41:11-16). 바빌로니아인의 보복을 두려워하며 요하난과 다른 장군들은 예레미야, 서기 바룩, 게달리아의 가족을 이끌고 이집트로 피신한다.

4. 유다 왕 요시야의 맏아들이다(역대기 상 3:15).

5. 시글락의 다윗에게 합류한 용맹한 베냐민 지파 사람이다(역대기 상 12:4).

6. 유다 광야의 다윗을 찾아가 합류한 가드 지파 장수 중 한 명이다(역대기 상 12:12).

7. 아하즈 시대 에브라임 사람인 아자리야의 아버지이다(역대기 하 28:12).

8. 하카탄의 아들로 에즈라와 함께 돌아온 아즈갓 일가 우두머리이다(에즈라 8:12).

9. 엘랴십의 손자로 레위지파이다(에즈라 10:6, 느헤미야 12:23).

10. 암몬 사람 토비야의 아들이다(느헤미야 6:18).

요나답 JONADAB ('신은 너그럽다')

1. 시므아의 아들이고 다윗의 조카이다(사무엘 하 13:3). 다말을 겁탈한 사촌 암논과 친구였다(사무엘 하 13:5-6).

2. 르갑의 아들이고 금욕적인 르갑 지파의 선조가 된다. 아합 왕을 축출하는 예후의 반란을 지원한다(열왕기 하 10:15, 예레미야 35:6,10).

요나 JONAH ('비둘기')

갓헤벨 출신 아미때의 아들로 여로보암 2세 때 왕국의 고대 영토 회복을 예언했던 이스라엘의 예언자이다(열왕기 하 14:25-27). 〈요나서〉에 따르면 야훼가 '그들의 죄악이 하늘에 사무쳤음'을 알리기 위해 요나를 아시리아의 니느웨로 보냈다고 한다(요나 1:2). 요나는 그 임무를 피하려고 다르싯으로 가는 배를 탔다. 야훼는 큰 바람을 일으켜 배를 위험하게 만들었고 뱃사람들은 요나가 태풍의 원인이라고 생각해 그를 바다로 집어던졌다. 요나는 커다란 물고기(바다 괴물이라고 하는데 아마 고래였으리라)에게 잡아먹혀 사흘 밤낮을 그 뱃속에 있다가 해안으로 올라왔다. 그리고는 야훼의 명령에 따라 니느웨로 가서 40일 후 도시가 파괴될 것이라 전하였다. 왕부터 백성까지 모두가 그 말을 믿고 단식하며 반성하자 신

4세기 초 비잔틴 초기 조각에서 묘사된 '요나와 큰 물고기'이다.

은 뜻을 접어 재앙을 거두었다. 〈요나서〉는 신의 용서와 자비에 대한 책이다.

요나단 JONATHAN ('신의 선물')

1. 게르솜의 아들이고 모세의 손자이다. 단 지역의 사제가 되었고 일족이 바빌로니아로 쫓겨날 때까지 대대로 사제 노릇을 하였다(판관기 17:7-13, 18:30).

2. 사울 왕의 맏아들이고 다윗의 친구이다. 사울 왕 즉위 이후 처음 성경에 등장한다(사무엘 상 13:2). 아버지처럼 요나단도 힘이 셌다(사무엘 하 1:23). 사울이 점점 다윗을 경계하면서 요나단은 아버지 곁을 떠나 다윗 편에 선다(사무엘 상 20:34). 다윗과 관련해 여러 사건을 겪은 후 요나단은 길보아 산에서 아버지와 두 형제와 전사한다(사무엘 상 31:2,8). 그의 죽음을 기려 다윗은 '활의 노래'를 짓는다. '나의 형, 요나단, 형 생각에 나는 가슴이 미어지오. 형은 나를 즐겁게 해주더니. 형의 그 남다른 사랑, 어느 여인의 사랑도 따를 수 없었는데'(사무엘 하 1:17-27). 요나단은 므비보셋이라는 외아들을 남겼다(사무엘 하 4:4, 역대기 상 8:34).

3. 대사제 아비아달의 아들로 압살롬 반란 때 다윗을 따른다. 훗날 다윗이 솔로몬을 후계자로 기름부음했다고 아도니야에게 알려준다(사무엘 하 15:27,36).

4. 시므이의 아들이고 다윗의 조카이다. 갓에서 거인을 쓰러뜨린 용사이다(사무엘 하 21:31).

5. 하랄 출신 삼마의 아들로 용맹하기로 이름 높았던 다윗 군 병사이다(사무엘 하 23:33).

6. 예레미야가 갇혀 있던 집의 주인인 국무대신이다(예레미야 37:15,20).

7. 카레아의 아들이고 요하난의 형제이다(예레미야 40:8).

8. 에즈라와 함께 바빌로니아에서 돌아

온 에벳의 아버지이다(에즈라 8:6).

9. 아사헬의 아들로 사제이다. 유다 남자는 이방인 아내와 이혼하라는 에즈라의 주장에 동조하였다(에즈라 10:15).

10. 느헤미야 말년 유다의 대사제이다(느헤미야 12:14).

11. 요야다의 아들로 바빌로니아에서 돌아와 대사제 직을 이어받았다(느헤미야 12:11,22-23).

12. 예루살렘 성벽 봉헌 때 나팔을 분 사제 즈가리야의 아버지이다(느헤미야 12:35).

요람 JORAM ('신이 칭찬한 사람')

1. 하맛 왕 도이의 아들로 하다데젤을 무찌른 다윗에게 귀한 선물을 가져와 축하인사를 전했다(사무엘 하 8:10).

2. 아합 왕의 아들이다(열왕기 하 8:16, 25, 28). 여호람 항목을 보라.

3. 여호사밧의 아들이고 유다의 왕이다(열왕기 하 8:21, 23-24, 역대기 상 3:11). 여호람 항목을 보라.

4. 여호사밧 치세 때 사제이다(역대기 하 17:8). 여호람 항목을 보라.

5. 다윗 왕 군대가 가져온 온갖 전리품들을 맡아 관리하고 성전에 바친 슬로밋의 할아버지인 레위 사람이다(역대기 상 26:25).

여호수아 JOSHUA ('신이 구하신다')

여호수아는 호세아, 오세아, 예호수아, 예수아, 예수 등으로 변형되는 이름이다.

1. 에브라임 부족 눈의 아들로 아말렉인들을 상대로 한 르비딤 전투에서 이스라엘인들을 지휘하도록 모세에게 지명되면서 처음 등장한다(출애굽 17:9, 역대기 상 7:27). 이어 가나안 땅을 살펴보러 간 정탐대 열두 명 중 한 명이고 긍정적인 보고를 갖고 돌아온 두 명 중 한 명이다(민수기 13:17, 14:6). 이후 모세는 여호수아가 백성들을 통치하도록 권한을 부여한다(민수기 27:18). 신이 인도하시는 대로(여호수아 1:1) 요르단 강을 건너 길갈의 진지를 튼튼히 하고 남자

아서 딕슨(1872-1959)이 그린 '시나이 산을 내려오는 모세와 여호수아'이다.

들에게 할례를 시키며 과월절을 지키고 정복전쟁을 이끈다. 힘겨운 전투 끝에 가나안 사람들을 복속시킨 여호수아는 '산악지대와 네게브 지역, 헤르몬 산 아래 레바논 골짜기의 바알가드에 이르는'(여호수아 11:16-17) 정복 지역을 열두 부족에게 제비뽑기를 통해 나누어준다. 여호수아 가문에게 돌아간 것은 에브라임 산의 딤낫세라였다. 잠시 휴식한 후 여호수아는 모든 이스라엘 사람들을 불러모았다. 그리고 〈여호수아서〉 23장 24절에 기록된 엄숙한 연설을 행하고 110세로 세상을 떠나 세겜 근처 딤낫세라에 묻혔다(여호수아 24:30).

2. 블레셋인들이 소가 끄는 수레에 실어보낸 계약궤가 도착한 벳세메스의 주민 이름이다(사무엘 상 6:1-12).

3. 예루살렘 성문 하나에 자기 이름을 붙인 성주이다(열왕기 하 23:8).

4. 여호사닥의 아들이다(하깨 1:14, 2:12, 즈가리야 4:1).

요시야 JOSIAH ('신이 고쳐주셨다')

므나쎄 왕의 손자이고 아몬 왕(B.C.E. 642-640년경)의 아들이다. 아버지가 죽은 후 불과 여덟 살 때 왕위에 올랐다. 요시야 왕은 이교 숭배를 몰아내고 야훼 숭배의 제례 및 율법을 종합적으로 부활시켰다. B.C.E. 622년, 대사제 힐키야가 성전 문서고에서 율법이 쓰인 고대 두루마리를 찾아냈다(열왕기하 22:8). 학자들은 그 두루마기가 〈신명기〉였으리라 생각한다. 두루마리의 내용에 감동한 요시야 왕은 남아 있는 고대 유대 문서를 모두 정리해 묶기로 결심한다. 이렇게 하여 당시까지 단편적으로 전해진 《모세 5경》을 종합하는 작업이 시작되었다. 메대 왕국과 바빌로니아가 아시리아 제국에서 분리독립해 전쟁이 임박했을 때 요시야 왕은 이들 왕국 편을 들었다. 반면 이집트의 프삼테크 1세는 아시리아 편을 들고 나섰다. 프삼테크 1세는 B.C.E. 610년에 사망하고 느고 2세가 뒤를 잇는다. 새로운 파라오는 한 걸음 더 나아가 유프라테스 강가에서 위기에 처한 아시리아 군을 돕기 위

윌리엄 브레이시 호울(1846-1917)이 그린 '요시야 왕 므깃도에서의 죽음'이다.

해 원군을 보냈다. 이집트 원군은 요시야 왕국의 영토를 통과해야 했고 메대-바빌로니아 연합 편에 선 유다 왕국은 이를 저지해야 했다. 요시야 왕은 므깃도에서 느고의 군대와 전투를 벌이지만 패배했고 그 자

신도 치명적인 상처를 입고 숨을 거둔다(열왕기 하 23:29-30).

요담 JOTHAM ('신은 완벽하다')

1. 기드온의 아들이다. 아버지가 죽은 후 아비멜렉이 형제들을 죽이기 위해 암살범을 고용하자 요담은 베엘로 피신한다(판관기 9:5).
2. 우찌야 왕과 여루사의 아들로 유다의 열 번째 왕이다. 예루살렘 방비를 튼튼히 하고 성벽을 세웠으며 암몬인들이 조공을 바치도록 하였다(열왕기 하 15:5).

가이완 KAIWAN

"너희가 별을 우상으로 만들어 받드는구나. 시깟 별을 왕 삼아 메고 다니며 가이완 별을 신상으로 메고 다니는구나."라는 구절(아모스 6:26)에 등장하는 별의 신이다.

크나즈 KENAZ

1. 엘리바즈의 아들이고 에사오의 손자로 에돔의 추장이다(창세기 36:11, 15, 42).
2. 갈렙의 동생이고 여분네의 아들이며 오드니엘의 아버지이다. 유다 부족의 지도자였다(여호수아 15:17, 판관기 1:13).
3. 엘라의 아들이고 갈렙의 손자이며 여분네의 아들이다(역대기 상 4:15).

키스 KISH ('활')

1. 기브온을 세운 여이엘의 열 아들 중 한 명이다(역대기 상 8:30).
2. 사울 왕의 아버지이고 베냐민 부족 아비

엘의 아들이다. 키스가 기르는 나귀들을 찾아 나선 아들 사울이 예언자 사무엘을 만나서 기름부음을 받게 된다(사무엘 상 9:1, 3, 10:11, 21).
3. 므라리 갈래에 있는 마흘리파의 후손으로 레위의 아들이다. 키스의 아들들은 삼촌 엘르아잘의 딸들에게 장가들었다(역대기 상 23:21).
4. 압디의 아들로 히즈키야 왕의 명령에 따라 성전을 깨끗이 한 레위인 중 한 명이다(역대기 하 29:12).
5. 에스델 왕비의 사촌인 모르드개의 선조이다(에스델 2:5).

콜라야 KOLAIAH

1. 베냐민 지파 지도자로 그 후손 살루가 바빌론 유수 이후 예루살렘에 돌아와 정착한다(느헤미야 11:7).
2. 바빌로니아에 맞서는 시드키야의 반란을

다윗이 계약궤를 예루살렘으로 운반하는 동안 쿠사야를 비롯한 음악가들이 나팔을 불고 있다. 13세기 모르간 성경의 삽화.

지지한 거짓 예언자 중 한 명인 아합의 아버지이다(예레미야 29:21)

코레 KORE

1. 에비야삽의 아들이고 코라의 손자이다.

코레의 아들 살룸은 성막의 문지기였다(역대기 상 9:19).
2. 레위인 임나의 아들로 히즈키야 치세 때 성전 제물 바치는 일을 맡았다(역대기 하 31:14).

코스 KOZ ('가시나무')

유다 부족 지도자이다(역대기 상 4:8).

쿠사야 KUSHAIAH ('활')

므라리 후손으로 압디의 아들이다. 다윗 왕이 예루살렘에 계약궤를 가지고 들어올 때 연주한 음악가이다(역대기 상 15:19).

라흐미 LAHMI ('전사')

다윗이 죽인 골리앗의 동생으로, 블레셋 병사이다. 전투 중 야이르의 아들 엘하난 손에 죽는다(역대기 상 20:5).

라이스 LAISH

사울 왕의 딸 미갈과 결혼한 발티의 아버지이다. 미갈은 이미 다윗의 아내였지만 사울이 억지로 다시 시집보낸 것이다. 왕이 된 다윗이 미갈을 다시 데려가자 발티는 슬피 운다(사무엘 상 25:44, 사무엘 하 3:15).

라삐돗 LAPPIDOTH ('햇불')

판관이자 여자 예언자이며 이스라엘 지도자인 드보라의 남편이다(판관기 4:4).

리브니 LIBNI ('순백')

1. 마흘리의 아들이고 므라리의 손자이다. 리브니의 후손이 다윗 왕 치세 동안 성막에

서 봉사하였다(역대기 상 6:29).

2. 레위인으로 게르손의 후손이다. 성막의 성가대원이었다(역대기 상 6:17,20).

로암미 LO-AMMI ('내 백성이 아닌')

예언자 호세아가 아내 고멜과의 사이에 얻은 둘째 아들이다. 이 이름은 이스라엘 민족의 죄로 인한 신의 거부를 의미하는 동시에(호세아 1:9) 아내의 부정을 의심하는 호세아의 비탄을 반영한다. 고멜이 셋째 아이를 낳은 후 호세아는 '이 여자는 내 아내가 아니고 나도 이 여자의 남편이 아니다'라고 선언한다(호세아 2:2).

로루하마 LO-RUHAMAH ('가엾게 여겨지지 않는')

예언자 호세아가 아내 고멜 사이에 얻은 딸이다. 이 이름은 이스라엘 민족의 죄 때문에 정복당하고 추방되는 상황에 개입하지 않겠다는 신의 의지를 의미하는 동시에(호세아 1:9) 아내의 부정을 의심하여 자기 자식인지 확신하지 못하는 호세아의 비참한 심정을 반영한다.

마아가 MAACAH

1. 아브라함의 동생 나홀이 첩 르우마에게서 얻은 아들이다(창세기 22:24).

2. 갈렙의 첩으로 다섯 아들을 낳았다. 이들은 유다의 지도자로 성장한다(역대기 상 2:48).

3. 므나쎄의 아들 마길의 아내(혹은 누이)이다(역대기 상 7:15−16).

4. 베냐민 지파의 지도자인 여이엘의 아내이다(역대기 상 8:29).

5. 용맹함으로 유명했던 다윗의 부대원 하난의 아버지이다(역대기 상 11:43).

6. 그술 왕 탈매의 딸로 다윗의 아내이다. 압살롬이라는 아들과 다말이라는 딸을 낳았다(사무엘 하 3:3, 역대기 상 3:2).

7. 유다 왕 아사의 어머니로 아세라 여신을 숭배한 죄로 궁에서 쫓겨난다(열왕기 상 15:10).

8. 압살롬의 딸이자 유다 르호보암 왕의 부인이다. 후계자인 아비얌을 낳았다(열왕기 상 15:2, 역대기 하 11:20−22).

마아세야 MAASEIAH ('신의 일')

1. 다윗 왕이 성막 문을 지키도록 임명한 레위인 중 한 명이다(역대기 상 15:18,20).

2. 대사제 여호야다의 지시에 따라 요아스를 유다 왕으로 선포한 장군 다섯 명 중 하나이다(역대기 하 23:1).

3. 왕의 군대를 책임지는 우찌야 왕의 병적관이다(역대기 하 26:11).

4. 아하즈 왕의 아들로 이스라엘과 시리아 군대가 유다를 침략했을 때 에브라임 부족 지그리 손에 죽임을 당한다(역대기 하 28:7).

5. 요시야 왕 치세 때 예루살렘의 성주이다(역대기 하 34:8).

6. 사제 즈바니야의 아버지이다(예레미야 21:1, 37:3).

7. 거짓을 퍼뜨린다고 예레미야가 비난했던 예언자 시드키야의 아버지이다(예레미야 29:21).

8. 살룸의 아들로 성전 입구 문지기이다(예레미야 32:12, 51:59).

마할랏 MAHALATH ('하프')

1. 이스마엘의 딸로 에사오의 아내이다(창세기 28:9).

2. 다윗의 손녀이고 여리못의 딸로 유다의 르호보암과 결혼한다(역대기 하 11:18).

마하지옷 MAHAZIOTH ('환영')

헤만의 아들로 아버지의 지휘에 따라 성막에서 연주했다(역대기 상 25:4,30).

마헤르 샬랄 하스 바스 MAHER-SHALAL-HASH-BAZ ('노획과 치욕이 임박하다')

예언자 이사야가 여자 예언자와 낳은 아들이다. 이 이름은 이스라엘의 처참한 파괴를 상징한다(이사야 8:1).

마홀리 MAHLI ('아픈')

1. 므라리의 아들이고 레위의 손자이다. 그 후손들이 성전에서 봉사했다(역대기 상 6:19,29, 에즈라 8:18).

2. 무시의 아들로 그 후손이 다윗 왕 때 성전에서 일했다(역대기 상 6:47, 23:23).

마아세야 MAHSEIAH ('신이 나의 피난처이다')

예레미야의 서기 바룩과 시드키야 왕의 행차를 보살피는 스라야의 할아버지이다(예레미야 32:12, 51:59).

말기야 MALCHIAH ('신이 나의 왕이다')

예레미야가 갇힌 진흙 구덩이가 있던 집 주인으로 하멜렉의 아들이다(예레미야 38:6).

말기야 MALCHIJAH ('신이 나의 왕이다')

1. 에드니의 아들이고 바아세야의 아버지이며 아삽의 선조이다. 아삽은 다윗 왕에게 성가대원으로 임명되었다(역대기상 6:25).

2. 시드키야 왕 치세 때의 사제로 바스훌의 아버지이다(역대기 상 9:12, 예레미야 38:1).

3. 바로스의 후손으로 에즈라 시대 때 이방인 아내와 이혼한다(에즈라 10:25).

4. 하림의 후손으로 에즈라 시대 때 이방인 아내와 이혼한다(에즈라 10:31).

5. 레갑의 아들로 예루살렘의 쓰레기 처내는 문을 보수하였다(느헤미야 3:14).

6. 금장이의 아들로 느헤미야 시대에 예루살렘 성벽 보수를 도왔다(느헤미야 3:31).

7. 유다 백성들에게 율법서를 읽어주는 에즈라 옆에 있던 사제이다(느헤미야 8:4).

8. 느헤미야 시대 성전 사제 아다야의 선조이다(느헤미야 11:12).

말기수아 MALCHISHUA ('나의 왕이 구원이다')

사울과 아히노암의 셋째 아들이다. 길보아

엘리 마르쿠제(1817–1902)가 그린 '사울 왕의 죽음'이다. 셋째 아들 말기수아도 아버지와 함께 죽었다.

전투에 나갔다가 형제인 요나단, 아비나답과 함께 죽는다(역대기 상 8:33).

므나쎄MANASSEH ('잊어버리도록 하다')

1. 요셉과 이집트인 아내 아세낫의 아들이다. 므나쎄는 아버지, 형제인 에브라임과 함께 죽음을 앞둔 야곱을 찾아가고 야곱은 두 형제를 입양하여 축복한다(창세기 41:51). 이후 히브리 부족의 선조가 된다.

2. 유다의 14대 왕이다. 므나쎄 왕은 이교 우상숭배로 돌아섰으며 45년에 달하는 긴 재위기간 때문에 그 영향이 한층 더 컸다(열왕기 하 21:3). 〈열왕기〉의 비판적 서술과 달리 오늘날의 학자들은 므나쎄가 아시리아 제국과 교역협정을 맺음으로써 유다 왕국의 망가진 농업 경제를 재건하기 위해 많은 노력을 기울였다고 평가한다. 〈역대기〉에 따르면 므나쎄가 바빌론으로 끌려갔다가 무죄 인정을 받고 유다로 돌아왔다

고 한다(역대기 하 33:11–13). 이후 그는 성전을 정화하였다. 아시리아 기록에서도 니네베의 왕에게 조공을 바치는 속국 왕들 가운데 므나쎄가 있었다고 나온다.

3. 바핫모압의 후손으로 외국인 아내와 이혼하라는 에즈라의 지시에 복종한다(에즈라 10:30).

4. 하숨의 후손으로 외국인 아내와 이혼하라는 에즈라의 지시에 복종한다(에즈라 10:33).

마노아MANOAH ('휴식')

삼손의 아버지로 조라 마을 사람이다(판관기 13:2).

마옥MAOCH

아기스의 아버지인 갓 나라 왕이다. 사울 왕에게 추격당하던 다윗은 갓에 몸을 피한다(사무엘 상 27:2, 열왕기 상 2:39).

마딴MATTAN ('선물')

1. 아달리야 왕비가 예루살렘에서 바알 신을 모시도록 임명한 이교 사제이다. 제단 앞에서 사람들에게 맞아죽는다(열왕기 하 11:18, 역대기 하 23:17).

2. 예레미야를 감옥에 집어넣은 스바티야의 아버지이다(예레미야 38:1).

마따니야MATTANIAH

1. 레위인으로 헤만의 아들이다. 다윗 왕의 음악가 중 한 명이고 아홉 번째 예배 순번의 지도자이다(역대기 상 25:4,16).

2. 히즈키야 왕의 종교개혁 당시 성전을 깨끗이 한 레위인들 중 한 명이다(역대기 하 29:13).

3. 유다 마지막 왕인 시드키야의 본명이다(열왕기 하 24:17). 므깃도에서 전사한 요시야의 세 번째 아들이다.

멜렉MELECH ('왕')

사울 왕의 아들인 요나단의 후손으로 미가

의 아들이다(역대기 상 8:35).

므나헴MENAHEN ('안정시키는 사람')

북왕국 이스라엘의 16대 왕이다. 디르사의 행정관이었던 므나헴은 반란을 일으켜 사마리아로 쳐올라와 살룸을 죽이고 왕위에 올랐다. 아시리아가 이스라엘을 침략했을 때 왕국의 부자들에게 거둔 은 1,000달란트를 주고 위기를 넘겼다. 아들 브가히아가 뒤를 이었다(열왕기 하 15:14–22).

므비보셋MEPHIBOSHETH ('수치에 맞서는 사람')

1. 사울이 아야의 딸인 첩 리스바와의 사이에서 낳은 아들이다. 므비보셋과 형 아르모니는 다윗이 기브아 사람들에게 넘긴 희생양 일곱 명에 끼어 있었다. 기브아 사람들은 기근을 면하게 해달라는 기원과 함께 일곱 명을 죽인다(사무엘 하 21:8).

2. 요나단의 아들이자 사울의 손자이다. 므

어니스트 월커즌(1883–1976)이 도널드 매켄지의 《바빌로니아와 아시리아의 신화》를 위해 1915년에 그린 삽화 '티아마트 신 공격에 앞장서는 마르둑'이다.

비보셋의 삶은 고단하고 불행했다. 아버지와 할아버지가 길보아 산에서 전사했을 때 그는 겨우 다섯 살짜리 아이였다. 목숨을 건지기 위해 도망치다가 사고를 당해 평생 두 다리를 쓰지 못하게 되고 말았다(사무엘 하 4:4). 이후 암미엘의 아들 마길 집에서 키워졌다. 다윗은 훗날 므비보셋과 그 아들 미가를 예루살렘으로 불러왔고 극진히 대해주었다(역대기 상 8:34).

메랍 MERAB ('늘어나다')

사울 왕이 아히노암과의 사이에 얻은 맏딸이다. 골리앗을 죽이는 사람에게 시집가는 것으로 되어 있었다(사무엘 상 14:49). 다윗이 골리앗을 쓰러뜨린 후 결혼하겠다고 했을 때 메랍은 이미 아드리엘과 정혼한 상태였고 결국 동생 미갈을 얻는다. 왕이 된 후 다윗은 메랍의 다섯 아들을 기브온 사람들에게 넘겨 처형하게 함으로써 복수한다. 이 처형은 기근을 면하게 해달라는 기원의 의미였다(사무엘 하 21:8).

마르둑 MERODACH ('죽음')

바빌로니아의 우상이다(예레미야 50:2).

므로닥발라단 MERODACH-BALADAN

히즈키야 치세 때의 바빌로니아 왕이다. 히즈키야 왕이 아프다는 소식을 듣고 사절단을 보내 예물을 전하며 쾌유를 기원하였다. 히즈키야는 사절단에게 성전과 궁전의 보물을 보여주었다. 예언자 이사야는 언젠가 바빌로니아인들이 유다를 파괴하고 그 보물들을 차지할 것이라 경고하였다. 므로닥발라단은 아시리아의 사르곤 왕에게 패배한다(열왕기 하 20:12).

메사 MESHA ('자유롭게 된')

1. 아합 왕의 속국인 모압의 왕이다. 아합이 라못길르앗에서 죽은 후 여호람이 즉위하자 메사는 조공을 바치지 않았다. 여호람은 아버지의 동맹 여호사밧에게 모압 공격을 함께 하자고 요청했다. 연합군의 공격을 받은 모압인들은 패퇴했고 메사 왕도 마지막 요새에 포위되고 말았다. 메사는 겨우 700명 병력을 이끌고 포위망을 뚫으려 했지만 실패했다. 메사는 그모스 신에게 세자인 맏아들을 번제물로 바쳤고 그러자 이스라엘 군이 물러서게 되었다(열왕기 하 3:4-27).
2. 사하라임이 모압에서 본처 호데스로부터 얻은 아들이다. 이후 메사는 베냐민 부족의 지도자가 된다(역대기 상 8:9).

므실레 MESHILLEMOTH ('다시 대가를 받은')

에브라임 부족 베레기야의 아버지로 유다 아합 왕과 이스라엘 베가 왕의 싸움에서 끌고 온 유다 포로들을 놓아주라고 한 인물이다(역대기 하 28:12).

미브할 MIBHAR ('선택된')

하그리의 아들로 다윗 왕의 부대에서 이름난 장수였다(역대기 상 11:38).

미가 MICAH ('누가 신과 같은가?')

1. 에브라임 산에 살던 남자이다. 어머니에게서 은 1,100세겔을 훔쳤다가 어머니가 도둑놈에게 저주를 퍼붓자 자신의 짓이라 자백한다. 어머니는 신이 축복할 것이라 말하며 신상 두 개를 만들었다. 이후 미가는 자신의 아들 하나를 사제로 임명하였다가 젊은 레위인을 만나자 아들 대신 사제로 만들었다(판관기 17:1). 단 지파 군대가 라이시를 치러 갈 때 미가의 집에 들러 신상과 레위인 사제를 모두 데려간다. 이후 라이시라는 지명이 단으로 바뀌었다(판관기 18:29).
2. 므리바알의 아들로 사울 왕의 손자이다(역대기 상 8:34,35).
3. 우찌엘의 맏아들이고 아므람의 형제이다. 다윗 치세 때 천막 성전에서 일하였다(역대기 상 23:20).
4. 시므이의 아들이고 르아야의 아버지이다. 르우벤 지파의 지도자가 된다(역대기 상 5:5).

5. 모레셋 사람 이믈라의 아들로 미가야라고도 불린(열왕기 상 22:8) 유다의 예언자로 이사야와 같은 시대를 살았다(미가 1:1). '유다 왕 요담과 아하즈와 히즈키야의 시대'에 활동했다고 하니 B.C.E. 742-B.C.E. 687년이 된다(미가 1:1). 세벨라의 모레셋-가스 출신으로 예루살렘 관리들에게 빈민의 비참한 삶을 알리면서 평생을 보냈다. 아모스와 마찬가지로 미가 또한 왕국의 불의가 모세 율법의 가르침에 어긋난다고 믿었다. 또한 호세아와 마찬가지로 신은 그저 번제를 올리는 것뿐 아니라 진실한 신앙을 요구한다고 하였다. "숫양 몇천 마리 바치면 야훼께서 기뻐하시겠습니까?"라는 질문을 던지면서 "야훼께서 원하시는 것은 정의를 실천하는 일, 기꺼이 은덕에 보답하는 일, 조심스레 하느님과 함께 살아가는 일, 그 밖에 없다."고 하였다(미가 6:7-8). 미가는 미래 메시아의 존재를 예언한 최초의 예언자 중 하나였고 이는 이후 수세기 동안 유대교의 핵심 주제가 된다.

후베르트 반 아이크(1370-1426)와 얀 반 아이크(1390-1441)가 1432년에 그린 겐트 제대 그림 중 예언자 미가의 모습.

6. 요시야 왕이 새로 발견된 율법서의 의미를 알아오라고 여사제 훌다에게 보낸 신하들 중 한 명인 압돈의 아버지이다(역대기 하 34:20). 〈열왕기〉에서는 미가야라고도 불린다(열왕기 하 22:12).

미가야 MICHAIA ('누가 신과 같은가?')

1. 이믈라의 아들로 아합 치세 때 사마리아의 예언자이다. 아합은 유다 왕 여호사밧에게 함께 시리아의 라못길르앗을 되찾아오자고 제안하였다. 그리하여 아합과 여호사밧은 여러 예언자를 불러 전쟁의 결과를 예측하게 했다. 아합의 예언자들은 모두 승리를 장담하였다. 여전히 미심쩍은 여호사밧이 다른 예언자는 없냐고 묻자 아합은 자기가 감옥에 가둔 미가야라는 예언자가 하나 더 있다고 하였다. 불려나온 미가야는 전쟁은 재앙으로 끝날 것라 하였다. 이후 미가야의 운명에 대해서는 알려진 바 없다(열왕기 상 22:8-28).

2. 《모세 5경》을 가르치기 위해 여호사밧이 유다 전역에 파견한 유다 지도자 중 한 명이다(역대기 하 17:7).

3. 그마리야의 아들로 예레미야의 신탁 낭독을 들은 유다 지도자이다(예레미야 36:12).

미갈 MICHAL ('누가 신과 같은가?')

다윗의 아내이고 사울과 아히노암의 둘째 딸이다(사무엘 상 14:49-50). 본래 다윗에게 주기로 약속했던 미갈의 언니 대신 미갈이 부부의 연을 맺는다. 다윗은 여러 차례에 걸친 사울의 암살 시도를 이겨내고 미갈도 여기에 도움을 준다. 다윗이 도피생활을 하는 동안 사울은 미갈을 라이스의 아들 발티에게 강제로 다시 시집보낸다(사무엘 상 25:44). 다윗과 미갈은 사울이 죽은 후 다시 만나지만 오래 떨어져 지낸 탓에 관계는 원만하지 못했다. 다윗이 계약궤를 예루살렘으로 모셔왔을 때 미갈은 다윗의 경망스러움을 비웃고 결국 다윗에 대한 미움을 지닌 채 죽는다(역대기 상 15:29).

미크네야 MIKNEIAH ('신이 소유한')

다윗 왕의 명령에 따라 계약궤가 예루살렘으로 옮겨질 때 악기를 연주한 레위인이다(역대기 상 15:18,21).

미스만나 MISHMANNA ('기름진')

사울의 군대를 떠나 다윗에게 합류한 장수로 가드 지파 출신이다(역대기 상 12:10).

몰록 MOLECH

암몬인들이 중요하게 모신 신이다. 가나안, 시리아, 아랍 부족도 '불의 신'으로 모신다. 몰록은 어린아이 제물을 바쳐야 하는 신으로 악명 높았다. 〈레위기〉에서 여러 번 경고했음에도 몰록 숭배는 오래 이어졌고 솔로몬은 심지어 몰록 제단을 허용했다. 이 제단은 훗날 요시야가 허물어버린다(열왕기 상 11:7, 열왕기 하 23:10, 이사야 30:33).

나아만 NAAMAN ('예의바름')

1. 여호람 치세 때의 시리아 군 사령관이다. 나병에 걸리자 아내의 하인으로부터 사마리아의 예언자 엘리사에 대해 전해 듣고 찾아간다. 엘리사는 요르단 강물에 일곱 번 들어가 몸을 씻으라고 했다. 그렇게 하니 나아만의 병이 깨끗이 나았다. 이후 나아만은 야훼에 대한 믿음을 맹세한다(열왕기 하 5:14).

2. 야곱과 함께 이집트로 간 베냐민의 아들이다(창세기 46:21). 〈역대기〉에는 나아만이 벨라의 아들이고 베냐민의 손자라고 나온다(역대기 상 8:4).

나발 NABAL ('멍청한')

헤브론 언덕의 가르멜에서 양과 염소를 많이 기르는 사람으로 아비가일이라는 아내가 있었다. 숨어지내던 다윗의 부하들이 찾아와 식량을 요청하자 나발은 모욕을 주며 거부한다. 나발을 응징하기 위해 출정한 다윗은 식량을 싣고 찾아온 아비가일을 만나 사과받는다. 후에 아비가일이 전후 사정을 이야기하자 나발은 너무 놀라 심장마비를 일으켜 열흘 만에 죽고 말았다(사무엘 상 25:2,4,36).

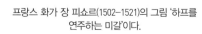
프랑스 화가 장 피쇼르(1502-1521)의 그림 '하프를 연주하는 미갈'이다.

나봇NABOTH ('과실')

이즈르엘의 조그만 포도밭 주인이다(열왕기 상 9:25-26). 선대로부터 물려받은 포도밭을 팔지 않겠다고 버티자 이세벨 왕비는 꾸며낸 죄목으로 나봇을 잡아들여 돌에 맞아 죽게 만들고 포도밭을 차지한다. 아합이 이 포도밭을 둘러볼 때 엘리야가 신의 저주를 전한다(열왕기 상 21:17-24).

나곤NACON ('준비된')

계약궤를 싣고 가던 소가 뛰는 바람에 계약궤가 떨어질 뻔하고 이를 붙잡느라 계약궤에 손을 댄 우짜가 죽임을 당했던 타작마당의 주인이다(사무엘 하 6:6). 키돈이라고도 불린다(역대기 상 13:9).

나하래NAHARAI

브에롯 출신으로 다윗 휘하 장군 요압의 무기 당번이었다(사무엘 하 23:37).

나하스NAHASH ('뱀')

1. 암몬인들의 왕으로 사울 치세 때 야베스 길르앗을 포위하고 함락되면 남녀노소를 막론하고 오른쪽 눈을 빼버리겠다고 주민들을 협박했다. 야베스 장로들은 연락병을 보내 주변 부족들에게 도움을 요청했고 남쪽으로 50킬로미터 떨어진 기브아, 그리고 다른 쪽에 있는 요르단에 소식이 닿았다. 그곳에 '깨끗하게 잘생긴 청년'으로 '누구든 그 옆에 서면 어깨 아래에 닿을 정도였던' 사울이라는 사람이 있었다(사무엘 상 9:2). 야베스의 상황을 알게 된 사울은 소 한 쌍을 죽여 각을 떠서 이스라엘 전역에 보냈다. 부족들이 상호방어 동맹을 약조하면서 제물로 바친 동물을 상기시키기 위함이었다. 머지않아 전 이스라엘이 기브아에 군대를 파견하였다(사무엘 상 11:7-9). 사울은 포위망을 따라 군사들을 배치하고 새벽에 기습공격을 감행해 '햇볕이 내리쬘 때까지 암몬 군을 무찔렀으며 살아남은 자들은

'뿔뿔이 흩어져' 둘이 함께 도망친 경우도 없을 정도였다(사무엘 상 11:11).

2. 다윗이 도피생활을 할 때 친절하게 대해 준 또 다른 암몬인들의 왕이다(사무엘 하 10:2). 그가 죽자 다윗은 사절을 보내 나하스의 아들이자 후계자인 하눈에게 조의를 표했다. 하지만 사절단이 모욕적인 대접을 받고 돌아옴으로써 암몬과 시리아 연합군이 다윗 군대와 전쟁을 벌이게 된다. 큰 타격을 입은 시리아 군은 두 번 다시 암몬인들을 돕지 않았다(사무엘 하 10:19).

나훔NAHUM ('편안한')

엘코스 출신으로 소선지자들 중 하나이며 하바쿡, 스바니야, 예레미야와 같은 시대에 활동했다. B.C.E. 7세기 말, 아시리아의 속국이었던 메대와 바빌로니아가 반란을 일으켜 아시리아의 수도 니느웨를 파괴해버린다. 나훔은 '니느웨는 물이 빠지고 있는 웅덩이 같다'는 말로 아시리아의 몰락을 설명했다(나훔 2:8). 여전히 아시리아를 두려워하던 유다 왕국 입장에서는 반갑기 짝이 없는 예언이었다. 나훔은 야훼는 오래 참지

'니느웨의 파괴를 선언하는 나훔'을 묘사한, 교황 요한 22세의 15세기 프랑스어 성경 삽화이다.

만 벌을 내릴 때는 엄청난 힘을 보이신다고도 설명한다(나훔 1:3).

나단NATHAN ('베푸는')

1. 아때의 아들이고 여라므엘의 후손이며 자밧의 아버지이다(역대기 상 2:36).

2. 다윗과 솔로몬 시대의 예언자이다(역대기 하 9:29). 다윗 왕이 "나는 이렇게 송백으로 지은 궁에서 사는데, 하느님의 궤는 아직도 휘장 안에 모셔둔 채 그대로 있소."(사무엘 하 7:2)라고 불만을 토로한 후 나단에게 신의 말씀이 내린다. '다윗 왕조를 굳건히 세울 것이나 신에게 집을 지어 바치는 것은 다윗의 후손(즉 솔로몬)이 되리라'는 것이었다(사무엘 하 7:11-13). 다윗이 밧세바를 사랑하여 그 남편 우리야를 죽게 만들자 나단은 '야훼의 눈에 거슬리는 일'이라며 크게 비난했고 실제로 밧세바가 낳은 아이는 곧 죽게 된다(사무엘 하 11:27). 다윗은 신 앞에서 죄를 뉘우치고 그 결과 밧세바가 두 번째 아들을 낳게 된다는 약속을 받는다. 이 아들이 솔로몬이다.

3. 다윗 왕이 밧세바와의 사이에서 낳은 아들이다(사무엘 하 5:14, 역대기 상 3:5).

4. 다윗 정예 부대원인 이갈의 아버지이다(사무엘 하 23:36, 역대기 상 11:38).

5. 바빌론의 유다 지도자로 예루살렘 성전에서 일할 레위인을 보내달라고 이또 어른에게 부탁하러 보내진 사람이다(에즈라 8:16).

6. 빈누이의 후손으로 외국인 아내와 이혼하였다(에즈라 10:39).

나단멜렉NATHAN-MELECH ('왕의 선물')

요시야 궁정의 관리이다(〈열왕기〉 하 23:11).

느부갓네살NEBUCHADNEZZAR ('나부 신께서 영토를 보호하신다')

느부갓네살(B.C.E. 604-562)은 신바빌로니아의 걸출한 왕이다. 나보폴라살의 아들로 왕위를 계승한 그는 메대의 키약사레스 공

주와 결혼하여 메대-바빌로니아 왕조를 이루었다. 이집트(열왕기 하 24:7)와 예루살렘(열왕기 하 24:25)을 정복하고 다니엘을 포함하여 수많은 히브리인들을 강제 이주시켰다(다니엘 1:1-2, 예레미야 27:19, 40:1). 3년 후 여호야킴이 반란을 일으키자(열왕기 하 24:1). 느부갓네살은 다시 예루살렘으로 진격하였다. 여호야킴의 아들 여호야긴은 항복하였고 시드키야가 새로운 왕으로 지명되었다. 시드키야 역시 반란을 꾀하자 B.C.E. 586년, 느부갓네살의 군대는 성전을 포함해 온 예루살렘을 폐허로 만들었다. 시드키야는 도망쳤지만 예리고 근처에서 붙잡혀 두 눈알을 뽑히고 만다. 이후 느부갓네살은 바빌론을 찬란한 도시로 건설했다. 유명한 '공중정원'이 있는 새 궁전도 지었다. 이 정원은 선왕들이 니네베와 아슈르에 만든 전설적 정원을 뛰어넘으려 한 것이라는 설도 있다. 43년 간 통치한 후 B.C.E. 562년, 84세로 세상을 떠났다.

느부사라단 NEBUZARADAN

느부갓네살 치세 바빌로니아 근위대장으로 예루살렘 함락, 성전 방화, 성벽 파괴를 주도했다. 예언자 예레미야를 풀어주고 속국 유다의 총독으로 게달리야를 임명했다(열왕기 하 25:8-20, 예레미야 39:11, 40:2-5).

'느부갓네살 앞에서 사슬에 묶인 이스라엘 사람들'을 묘사한 13세기 〈복되신 엘리자벳 시편〉 삽화이다.

느고 NECHO

므깃도에서 요시야 왕과 싸운 파라오(열왕기 하 23:29) 네코 2세(B.C.E. 610-B.C.E. 595년)로 추정된다. 느고는 프삼테크 1세에게 왕위를 이어받았고 아시리아를 지지해 메대-바빌로니아 연합의 반란을 억누르는 정책 또한 승계하여 유프라테스 강에서 열세에 처해 있던 아시리아에 원군을 보냈다. 그리고 이집트 군대는 요시야의 유다 왕국을 향해 진군하였다. 메대-바빌로니아를 지원하던 요시야 왕은 급히 출정해 므깃도에서 전투를 벌였지만 패배한 뒤 전사한다(열왕기 하 23:29-30). 요시야의 아들 여호아하즈가 뒤를 이었지만 파라오는 그를 마음에 들어하지 않았다. 그리하여 여호아하즈를 왕좌에서 끌어내리고 요시야의 다른 아들로 보다 고분고분한 여호야킴을 세워 이집트의 꼭두각시로 두었다.

느후스타 NEHUSTA ('황동색의')

예루살렘 출신 엘나단의 딸로 유다 왕 여호야킴의 아내이고 여호야긴의 어머니이다(열왕기 하 24:8).

네르갈 NERGAL

아시리아와 바빌로니아의 주된 신으로 전쟁과 사냥의 신이다(열왕기 하 17:30).

느다니야 NETHANIAH ('신이 주신!')

1. 다윗의 명을 받고 천막성전에서 연주를 이끈 지휘자 아삽의 아들 중 한 명이다(역대기 상 25:2,12).
2. 유다 백성에게 율법을 가르치기 위해 여호사밧이 파견한 레위 사람이다(역대기 하 17:8).
3. 셀레미야의 아들이고 예레미야의 예언을 큰 소리로 읽은 관리 여후디의 아버지이다(예레미야 36:14).
4. 엘리사마의 아들로 유다 왕실 후손이다. 그 아들 이스마엘은 게달리야를 죽였고 유다 총독으로 임명되었다(열왕기 하 25:23,

예레미야 40:8, 14-16).

님시 NIMSHI

여호람 왕의 군 사령관으로 반란을 일으킨 예후의 할아버지이다. 예후를 님시의 아들이라 설명하는 구절도 있다(열왕기 상 19:16, 열왕기 하 9:2, 역대기 하 22:7).

니스록 NISROCH

니느웨의 신이다. 아시리아의 산헤립 왕이 니스록 신전에서 아들 아드람멜렉과 사레셀에게 살해당했다(열왕기 하 19:37, 이사야 37:38). 독수리 머리를 한 인간 형상인 니스록은 아시리아에서 가장 많이 발견되는 상징 중 하나이다.

노가 NOGAH ('총명한')

다윗 왕이 예루살렘에서 낳은 아들 중 하나이다(역대기 상 3:7, 14:6).

눈 NUN ('물고기')

여호수아의 아버지이다(여호수아 1:1).

오바디야 OBADIAH ('신의 종')

1. 이즈라히야의 아들이다. 그를 포함한 다섯 형제는 이싸갈 부족의 지도자였다(역대기 상 7:3).
2. 사울 왕을 떠나 시글락의 다윗을 도운 열한 장수 중 한 명이다(역대기 상 12:9).
3. 다윗 치세 때 즈불룬 지파 지도자였던 이스마야의 아버지이다(역대기 상 27:19).
4. 아합 궁정의 대신이다. 야훼를 지극히 경외하여 이세벨 왕비가 예언자들을 학살할 때 100명을 동굴에 숨겨주었다(열왕기 상 18:3-16). 이후 죽음을 무릅쓰고 예언자 엘리야를 아합 왕에게 데려간다(열왕기 상 18:16).

5. 아셀의 여섯 아들 중 하나이고 사울의 후손이다(역대기 상 8:33, 9:44).

6. 《모세 5경》을 가르치기 위해 여호사밧이 유다 전역에 파견한 유다 지도자 중 한 명이다(역대기 하 17:7).

7. 므라리 가문의 레위 사람으로 요시야 치세 당시 성전 재건축을 감독했다(역대기 하 9:16, 느헤미야 12:25).

8. 유다 부족의 지도자로 다윗 왕실의 일원이다(역대기 상 3:21).

9. 레위 사람 스마야의 아들이고 여두둔의 후손이다. 바빌로니아에서 예루살렘으로 돌아온 첫 레위인 중 한 명이다.

10. 요압 일가인 여히엘의 아들로 에즈라와 함께 고향으로 돌아오는 두 번째 무리에 들어간다(에즈라 8:9).

11. 느헤미야와 맹약에 서명한 사제이다(느헤미야 10:5).

12. 느헤미야 시대 동안 성전 문을 지키던 레위인이다(느헤미야 12:25).

13. 바빌론 유수 이후 활동했던 소선지자들 중 한 명이다. 구약에서 가장 짧은 〈오바디야서〉에 따르면 오비디야는 예루살렘 함락 후 유다에 살았다. 이 책의 전반부는 유다의 숙적 에돔에 대한 비판이고 이후 유다가 주변 땅을 다스릴 미래의 모습이 그려진다. '풀려 돌아온 사람들이 시온으로 올라가 에사오의 산악지대를 다스리게 되리니, 이 나라는 야훼의 왕국이 되리라.'(오바디야 1:21)라는 구절은 신의 축복을 받는 이상향 이스라엘을 보여준다.

오벳OBED ('하인')

1. 보아즈와 룻 사이에 태어난 아들로 다윗 왕의 할아버지가 된다(룻 4:17).

2. 용맹하기로 유명했던 다윗의 전사 중 한 명이다(역대기 상 11:47).

3. 스마야의 아들로 성전 문지기 중 한 명이다(역대기 상 26:7).

4. 에블랄의 아들이자 자밧의 손자로 예후의 아버지이다(역대기 상 2:37-38).

13세기 프랑스 스테인드글라스에 묘사된 예언자 오바디야.

5. 아달리야에게 반란을 일으킨 대사제 여호야다에게 협력했던 백인대장 아자리야의 아버지이다(역대기 하 23:1).

오베데돔OBED-EDOM ('에돔의 하인')

1. 갓의 블레셋인이다. 길브아의 아비나답 집에서 다윗의 도시로 옮겨지던 계약궤에 엉겁결에 손을 댄 우짜가 죽은 후 계약궤는 오베데돔의 집에서 석 달 동안 머물다가 다윗 왕이 예루살렘으로 모셔가게 된다(사

무엘 하 6:12, 역대기 상 15:25).

2. 여두둔의 아들로 자신의 여덟 아들과 함께 계약궤를 지키며 악기를 연주한 인물이다(역대기 상 15:18,21, 26:4,8,15).

3. 성전의 금은 보물을 지키는 사람이다(역대기 하 25:24).

오뎃ODED ('되찾음')

1. 유다 아사 왕 시절 예언자 아자리야의 아버지이다(역대기 하 15:1).

2. 베가 왕이 유다를 침공했던 시절의 사마리아 예언자이다. 포로들을 이끌고 유다에서 사마리아로 돌아가던 베가 군대를 가로막고 꾸짖는다(역대기 하 28:9).

오므리OMRI ('학생')

1. 베냐민의 아들인 베겔의 아들 중 한 명이다(역대기 상 7:8).

2. 미가엘의 아들이고 다윗 치세 때 이싸갈 부족의 지도자였다(역대기 상 27:18).

3. 북왕국 이스라엘의 여섯 번째 왕이다. 블레셋인을 상대로 한 원정군을 이끈 군 총사령관이었다. 블레셋인이 차지한 깁돈을 포위하고 있던 중 지므리가 엘라 왕을 암살했다는 소식이 전해지자 군은 당장 오므리를 왕으로 추대하였다. 오므리는 깁돈 포위를 풀고 지므리가 있는 디르사를 공격하였다. 도시가 함락되고 지므리도 죽었다. 오므리의 즉위를 반대하는 세력도 진압되었다(열왕기 상 16:15). 그 와중에 아람-다마스쿠스(시리아) 왕이 이스라엘을 침략했다. 위기 상황에서 오므리는 유다 왕국의 아사 왕과 평화조약을 맺어 오래 이어진 남북왕국의 적대관계를 청산했다. 이어 페니키아 해안 시돈의 이토발 왕과도 평화조약을 맺는다. 양국 관계는 오므리의 아들 아합이 이토발의 딸 이세벨과 결혼함으로써 한층 공고해졌다. 동쪽과 남쪽 국경을 안전하게 만든 오므리는 시리아를 공략해 승리를 거두었다. 정세가 안정되면서 오므리는 북왕국의 새로운 수도 사마리아 건설에 집중한

캐롤린 인니스가 1827년에 그린 수채화 '갈렙, 악사, 그리고 오드니엘'이다.

다. B.C.E. 874년에 오므리가 급사한 후 아들 아합이 뒤를 잇는다.

4. 이므리의 아들이고 암미훗의 아버지이다. 오므리의 손자는 바빌론 유수 이후 첫 번째로 유다에 돌아온 사람 중 하나였다(역대기 상 9:4).

오렙 OREB ('까마귀')

미디안의 추장이다. 기드온 부대에 패배한 후 즈엡과 함께 죽임을 당한다(판관기 7:20-25). 많은 미디안 사람이 함께 죽었다(시편 83:9, 이사야 10:26).

오드니엘 OTHNIEL ('신의 힘')

크나즈의 아들이고 갈렙의 조카로 여호수아가 죽은 후 이스라엘 최초의 판관이 된다(여호수아 15:16-17, 판관기 1:13). 키럇세벨을 함락시킨 공으로 악사와 결혼하게 된다. 여호수아 사후 이스라엘인들은 메소포타미아 구산리사다임 왕의 지배를 받았는데 오드니엘은 이 외국 지배자를 처부수고 민족을 해방시켰다(판관기 3:8,9-11).

오셈 OZEM

1. 이새의 여섯 번째 아들이고 다윗 왕의 형제이다(역대기 상 2:15).
2. 여라므엘의 아들이고 유다의 지도자이다(역대기 상 2:25).

발티 PALTI ('옮겨진')

1. 모세가 약속의 땅을 정탐하러 보낸 베냐민 지파 사람 중 하나이다(민수기 13:9).
2. 라이스의 아들로 사울의 딸 미갈과 결혼한다. 그때 미갈은 이미 다윗의 아내였지만 다윗이 도피 생활을 하는 중에 사울이 억지로 다시 발티에게 시집보낸 것이다. 다윗이 왕이 되면서 미갈이 다윗 곁으로 돌아가자 발티는 슬피 운다(사무엘 상 25:44, 사무엘 하 3:15).

브다야 PEDAIAH ('신이 구해주는 사람')

1. 요시야의 아내이고 여호야킴의 어머니인 즈비다의 아버지이다(열왕기 하 23:36).
2. 즈루빠벨의 아버지다(역대기 상 3:17-19).
3. 므나쎄 지파 절반을 다스린 요엘의 아버지이다(역대기 상 27:20).
4. 바로스의 아들로 바빌로니아에서 돌아온 후 예루살렘 성벽 보수를 도왔다(느헤미야 3:25).
5. 베냐민의 후손으로 콜라야의 아들이고 요옛의 아버지이다. 바빌로니아에서 돌아와 처음으로 유다에 정착한 사람들 중 한 명인 살루의 선조가 된다(느헤미야 11:7).
6. 유다 백성에게 《모세 5경》을 읽어주는 에즈라 옆에 서있던 지도자 중 한 명이다(느헤미야 8:4).
7. 느헤미야가 제물을 나눠주는 일을 맡긴 레위인 중 하나이다(느헤미야 13:13)

베가 PEKAH ('눈을 뜬')

이스라엘의 왕(B.C.E. 737-B.C.E. 732년경)이다. 르말리야의 아들로 브가히야 왕의 군대 사령관이었던 베가는 반란을 일으켜 왕을 죽이고 즉위한다(열왕기 하 15:25). 베가 왕은 디글랏빌레셀이 이스라엘의 최대 위협이 될 것임을 알고 과거의 반아시리아 동맹을 되살리려 노력했다. 그리하여 이스라엘, 시리아, 도시국가인 아슈켈론과 두로까지 동맹을 맺게 되었다. 남왕국 유다의 아하즈 왕은 이 동맹이 남왕국을 고립시켜 멸망하게 만들려는 시도라고 두려워한 나머지 디글랏빌레셀과 동맹을 맺는다. 아시리아는 곧장 베가 왕의 연맹에 대규모 공격을 감행해 '케데스, 하솔, 길르앗, 갈릴리와 납달리 전 지역을 장악하고 백성들을 사로잡아 아시리아로 끌고 갔다'(열왕기 하 15:29). 히브리 민족의 첫 번째 강제 이주가 시작된 것이다. 처참한 패전 이후 베가는 암살되고 호세아 왕이 뒤를 이어 속국 이스라엘을 다스리게 된다.

브가히야 PEKAHIAH ('신이 지켜보신다')

므나헴의 아들이자 후계자로 이스라엘 왕위에 올랐다(B.C.E. 738-B.C.E. 737). 겨우 2년 통치한 후 사마리아에서 군 사령관 베가에게 살해당했다(열왕기 하 15:23-26).

블라티야 PELATIAH ('신의 구원')

1. 이스이의 아들로 히즈키야 치세 때 시므온 족속을 이끌고 아말렉인을 공격해 몰아냈다(역대기 상 4:42).
2. 브니야의 아들로 에제키엘의 환시에 나타나 거짓을 말한 두 수령 중 한 명이다(에제키엘 11:1-13).
3. 하나니야의 아들이고 즈루빠벨의 손자로 바빌로니아에서 귀향을 이끌었다(역대기 상 3:21).
4. 느헤미야와의 맹약에 서명한 유다 지도자이다(느헤미야 10:22).

브닌나 PENINNAH ('진주')

예언자 사무엘의 아버지인 엘카나의 두 아내 중 하나이다. 여러 자식을 낳았지만 엘카나는 한나를 더 사랑하였다. 이후 한나에게서 사무엘에 태어난다(사무엘 상 1:2,4).

브두엘 PETHUEL ('신의 환시')

예언자 요엘의 아버지이다(요엘 1:1).

비르암 PIRAM ('야생 당나귀')

야르못의 왕으로 다른 네 왕과 함께 기브온을 공격하다 패배하여 여호수아에게 죽임을 당한다(여호수아 10:3,23,26).

라합 RAHAB ('넓은' '큰')

1. 예리고 성벽 옆에 사는 창녀로 여호수아와 이스라엘 사람들이 예리고를 차지하도록 돕는다(여호수아 2:1-7). 이후 가족과 안전한 곳으로 이주한다(여호수아 6:17-25).
2. 이집트를 시적으로 부르는 이름으로 '맹렬함과 자부심'을 뜻한다(시편 89:10).

레갑 RECHAB ('말 탄 사람' '전투 마차')

1. 사울의 아들 이스바알의 장수 중 하나로 아브넬 휘하에 있었다. 아브넬이 살해당한 후 이스바알의 왕위 보전이 불가능하다고 판단해 동생 바아나와 함께 이스바알을 죽이고 다윗에게 넘어간다. 다윗은 레갑과 바아나 형제를 처형하고 이스바알을 제대로 장사지내도록 한다(사무엘 하 4:2, 5-12).
2. 예후가 아합 왕에게 반란을 일으키고 이어 바알 신앙을 뿌리뽑는 데 도움을 준 여호나답의 아버지이다. 금욕적 분파인 레갑 운동의 창시자이다(열왕기 하 10:15 ,33, 역대기 상 2:65, 예레미야 35:6-19).
3. 벳하께렘 구역의 장이었던 말기야의 아버지이다(느헤미야 3:14).

르홉 REHOB ('너비')

1. 전투 중 다윗 왕에게 죽임을 당한 소바 왕 하다데젤의 아버지이다(사무엘 하 8:3, 12, 느헤미야 10:11).
2. 바빌로니아에서 돌아와 느헤미야 시대 때 맹약에 서명한 레위 사람이다(느헤미야 10:11).

20세기 초의 영국 일러스트레이션 '라합과 첩자들'이다.

르호보암 REHOBOAM ('민족을 불리다')

솔로몬 다음으로 왕위에 오른 인물이다. 르호보암은 솔로몬이 암몬 공주 나아마에게서 얻은 외아들로(열왕기 상 14:21, 역대기 하 12:13) 적법한 왕위계승자였지만 북쪽 부족들은 불평하며 요구조건을 내걸었다. 솔로몬의 부유한 왕국이 자신들의 세금과 수확과 부역으로 만들어졌다면서 "저희 멍에를 가볍게 해주시면 받들어 섬기겠습니다."라고 했던 것이다(열왕기 상 12:4). 이에 대해 르호보암은 "나는 더 무거운 멍에를 메우리라. 선왕께서는 너희를 가죽채찍으로 치셨으나 나는 쇠채찍으로 다스리리라"(열왕기 상 12:14)라고 위협적인 대답을 내놓았다. 이로 인해 왕국은 분열되었

다. 북쪽 부족이 떨어져나간 후 르호보암은 베냐민과 유다 지파의 땅만을 다스리게 되었다. 북쪽의 열 개 부족은 여로보암을 왕으로 추대했다. 르호보암은 전쟁을 선포하여 북쪽을 되찾으려 했지만 예언자 스마야의 만류로 포기한다(열왕기 상 12:21-24, 역대기 하 11:1-4). B.C.E. 918년경 파라오 쇼셴크 1세가 유다 왕국을 공격하자 르호보암은 '야훼 성전과 왕궁의 모든 보물을 다 끄집어내' 파라오에게 바쳤다(열왕기 상 14:25-26). 국고가 비었음에도 르호보암은 여전히 아내 18명, 첩 60명, 아들 28명, 딸 60명의 궁정을 유지했다. 17년의 통치를 끝내고 르호보암은 58세로 세상을 떠나 '다윗 성 안의 왕실 묘지에 안장되었다'(열왕기 상 14:31). 왕좌는 그가 가장 사랑했던 아내 마아가 소생인 아비야에게 넘어갔다.

르바이야 REPHAIAH ('신이 치료해주신')

1. 돌라의 아들이고 이싸갈의 손자이다. 힘센 장사 부족의 지도자였다(역대기 상 7:2).
2. 이스이의 아들로 시므온 족속 500명 부대를 이끌고 아말렉인을 공격해 세일 산에서 몰아냈다(역대기 상 4:42).
3. 다윗 왕의 후손이고 즈루빠벨과 같은 시대 인물이다(역대기 상 3:21).
4. 후르의 아들로 느헤미야 시대 때 예루살렘 한 구역의 대표였다. 예루살렘 성벽 보수를 도왔다(느헤미야 3:9).

르신 REZIN ('굳건한')

1. 이스라엘의 베가 왕과 연합해 유다 아하즈 왕을 공격한 아람 다마스쿠스의 왕이다. 예루살렘 포위는 실패했지만 '엘랏을 다시 시리아의 것으로 탈환하였다'(열왕기 하 16:6). 아하즈는 아시리아의 디글랏빌레셀 3세에게 도움을 청하면서 속국의 지위를 받아들였다. 이에 아시리아 왕은 다마스쿠스를 점령하고 르신을 죽였다(열왕기 하 16:9).
2. 바빌로니아에서 즈루빠벨과 함께 돌아온 성전 일꾼 일가이다(에즈라 2:48, 느헤미야 7:50).

르손 REZON

엘리아다의 아들로 소바 왕 하다데젤의 장군이었다. 소바가 다윗에게 패한 후 반란 무리를 이끌고 도망쳐 다마스쿠스를 점령한 후 시리아 왕이 된다(열왕기 상 11:23-25).

리스바 RIZPAH ('뜨거운 돌')

아야의 딸로 사울 왕의 첩이고 아르모니와 므비보셋의 어머니이다(사무엘 하 3:7, 21:8, 10-11). 사울이 죽은 후 아브넬 장군은 리스바와 결혼하려 하지만 사울의 후계자인 이스바알에게 저지당한다. 다윗 치세 때 기브온 백성들은 사울의 아이들을 처형해 극심한 기근을 위로해달라고 요구했다. 다윗은 요구를 따를 수밖에 없었고 리스바의 아이들과 사울 큰 딸의 다섯 아이까지 죽임을 당한다. 죽은 두 아들의 시신을 지키는 리스바의 모습은 성경에서 가장 비극적인 장면 중 하나다(사무엘 하 21:8-11).

룻 RUTH ('사랑받는')

마흘론의 모압인 아내이다. 마흘론의 부모인 엘레멜렉과 나오미는 기근 때문에 베들레헴을 떠나 모압 땅에 정착했다. 엘레멜렉과 마흘론이 죽자 나오미는 고향으로 떠날 채비를 하며 룻에게 친정에 가라고 하였다. 룻은 "어머님 가시는 곳으로 저도 가겠습니다."라고 말하며(룻 1:16) 곁에 머물렀다. 베들레헴에서 룻은 추수 때 떨어지는 이삭을 주워 시어머니를 봉양했다. 그러다 보아즈라는 부유한 남자를 만나 오벳이라는 아들을 낳는데 오벳이 다윗의 할아버지이다. 룻은 이방인이지만 〈마태오 복음〉에 예수의 선조로 이름이 올라간다(마태오 1:5).

삼손 SAMSON ('태양과 같은')

마노아의 아들이자 단 부족 출신으로 판관을 지냈다(판관기 13:3-5). 단 부족은 블레셋인에게 밀려 고원으로 도망쳐 살았고 삼손도 조라 마을에서 성장했다. 그는 딤나에서 블레셋 처녀를 만나 결혼하기로 결심한 뒤 성대한 잔치를 연다. 하지만 블레셋 손님들과 다툼이 생기고 분노한 삼손은 블레셋 사람 30명을 죽여버린다(판관기 14:19). 얼마 후 신부를 만나러 다시 딤나로 간 삼손은 신부가 블레셋 남자에게 시집가버렸다는 말을 듣는다. 복수를 결심한 그는 여우 300마리를 잡아 꼬리에 불을 붙여 블레셋의 경작지와 포도밭을 망쳐버렸다(판관기 15:4-5). 블레셋 군대가 출동하지만 삼손은 당나귀 턱뼈를 휘두르며 1,000명이나 되는 사람들을 죽인다. 아름다운 블레셋 여인에 약한 삼손은 또 다른 블레셋 처녀 데릴라와 사랑에 빠진다. 소문이 퍼져나가자 블레셋인들은 데릴라에게 삼손 괴력의 근원을 알아내면 큰돈을 주겠다고 설득했다. 데릴라의 성화에 삼손은 머리카락이 잘리면 괴력이 사라진다고 실토하고 만다(판관기 16:15-17). 삼손이 잠든

아르튀스 퀠리뉘스(1609-1668)의 점토 조각상 '삼손과 데릴라'이다.

틈에 데릴라는 블레셋인들을 불러들여 머리카락을 자르게 한다. 괴력이 사라진 삼손은 감옥에 갇혔고 눈알이 뽑힌 뒤 가자의 감옥에서 짐승처럼 연자매를 돌리게 되었다. 갇혀 지내는 동안 서서히 머리카락이 자라고, 어느 날 블레셋인들은 다곤 신전에 모여 대규모 연회를 벌였다. 삼손은 끌려나와 두 기둥 사이에 묶였다. 군중이 놀려대는 가운데 삼손은 본래의 힘을 '단 한 번만' 되돌려 달라고 신께 기도했다. 신은 기도를 들어주셨다. 삼손이 기둥을 밀어버리자 지붕이 무너져 내려 신전에 모였던 사람 모두가 죽고 말았다(판관기 16:30). 삼손은 조라 마을 인근 아버지 마노아의 무덤에 묻혔다.

사무엘 SAMUEL ('신이 들어주셨다')

엘카나와 한나의 아들로 에브라임 고원의 라마다임에서 태어났다. 태어나기도 전에 어머니는 아들을 신에게 바친 상태였다. 어린 사무엘은 실로 사원으로 보내져 그곳에서 지냈다(사무엘 상 1:11, 20, 23-28). 그리고 실로 사원에서 신의 첫 부름도 받았다(사무엘 상 3:1-18). 이 무렵 블레셋인들은 아벡(Aphek) 인근에서 오랫동안 벼르던 이스라엘에 대한 공격을 시작한다. 이스라엘인의 방어선은 맥없이 뚫리고 계약궤마저 빼앗긴다. 이 전투 이후 20년 동안 블레셋인의 압제가 이어진다. 절망의 시기에 사무엘은 요르

단 서쪽의 성지 세 곳, 베델, 길갈, 미스바를 방문해 영적인 힘을 북돋웠다(사무엘 상 7:16). 이스라엘 부족들은 블레셋인을 물리치기 위해 힘을 합쳐야 한다는 것을 깨달았다. 그리고 사무엘에게 왕이나 최고 사령관을 임명해달라고 한다. '우리도 전쟁이 일어나면 우리를 이끌고 나가 싸워줄 왕이 있어야 하지 않겠습니까?'(사무엘 상 8:19-20). 사무엘은 '왕은 너희의 밭과 포도원과 올리브 밭에서 좋은 것을 빼앗고 너희의 남종 여

사무엘에게 기름부음 받는 다윗. 콘스탄티노플에서 나온 7세기 비잔틴 은접시에 새겨진 그림이다.

종을 데려다가 일을 시키며 좋은 소와 나귀를 끌어다가 부려먹을 것이다'(사무엘 상 8:14-16)라고 경고하며 마지못해 동의한다. 신은 사무엘이 베냐민 지파 출신 사울이라는 청년을 '이스라엘 백성의 수령'으로 세우도록 한다(사무엘 상 9:16). 사울은 아말렉인을 비롯한 여러 이민족과의 전쟁에서 승리하지만 숙적 블레셋인에게 결정적 타격을 가하는 데는 실패한다. 이에 신은 "나는 사울을 왕으로 삼은 것을 후회한다. 그는 내가 시키는 대로 하지 않았다."라고 사무엘에게 말하기도 한다(사무엘 상 15:11). 그리고 신은 사무엘을 베들레헴의 이새에게 보내 '그의 아들 중에서' 새로운 지도자를 찾으라고 한다(사무엘 상 16:1). 사무엘은 초라한 양치기이지만 음악적 재능을 타고난 막내아들 다윗을 선택한다. 사무엘이 죽자 사방에서 모든 이스라엘들이 모여들었고 그를 집안에 매장하였다(사무엘 상 25:1).

삽 SAPH

블레셋 군의 거인으로 다윗 군 병사에게 죽임을 당한다(사무엘 하 21:18). 시빼(SIPPAI)

라고도 불린다(역대기 상 20:4).

사르곤 SARGON ('법을 지키는 왕')

아시리아의 가장 위대한 왕 중 한 명으로 살만에셀의 후계자이다. 살만에셀의 사마리아 포위전을 승계해 결국 함락시킨다. '이스라엘 백성들은 멀리 아시리아로 보내졌다가 할라 지방과 고잔의 하볼 강 연안과 메대의 성읍들에 이주하게 되었다'(열왕기 하 17:6). 사마리아 땅에는 바빌로니아인과 아람다마스쿠스 백성들이 이주해왔는데 '바빌론, 구다(바빌론 북동쪽 텔 이브라힘으로 추정), 아와(바빌로니아 동부), 하맛(오론테스 강변의 시리아 주요 교역도시)과 스발와임(아람-다마스쿠스의 사바라) 사람들이었다'(열왕기 하 17:24).

사울 SAUL ('빌려준')

1. 베냐민 부족 키스의 아들로 이스라엘의 첫 번째 왕이다. 강인함(사무엘 하 1:25), 큰 키와 아름다운 외모(사무엘 상 9:2)로 이름이 높았다. 베냐민 지방 셀라에서 태어난 것으로 보인다(사무엘 하 21:14). 사울은 사방으로 흩어진 나귀들을 뒤따라 가다가 마침 '이스라엘 백성의 수령'으로 삼을 청년을 찾아나선 사무엘을 만난다. 사무엘은 사울의 머리에 기름을 붓고 입을 맞추며 왕이 되었음을 선언한다(사무엘 상 9:25, 10:1). 기브아로 돌아가는 길에 사울은 암몬 왕 나하스가 야베스 길르앗을 포위했다는 소식을 듣고 군대를 이끌고 야베스로 향한다(사무엘 상 11:1-15). 이스라엘을 다스린 지 두 해째 되었을 때에는 군대를 동원해 블레셋인들을 고원으로 몰아낸다. 하지만 결정적 승리는 거두지 못한다. 보세스와 믹마스에서는 승전을 기록했지만 장기 소모전이 이어진다. 한편 사무엘은 다윗을 미래의 이스라엘 왕으로 선택한다(사무엘 상 16:1). 사울은 다윗의 하프 연주 실력을 마음에 들어하며 그를 무기 시종으로 임명한다. 하지만 골리앗을 쓰러뜨린 다윗이 큰 인기를 누

리면서 사울은 다윗의 지위를 더 높여주어야 했다. 다윗이 사울의 딸 미갈과 결혼하고 아들 요나단과 절친한 사이가 되었어도 다윗과 사울 사이에는 갈등의 골이 깊었다. 사울은 다윗을 죽여버릴 계획까지 세우고 다윗은 적 블레셋의 땅 해안 평야로 피신하였다. 사울은 딸 미갈을 억지로 다른 남자와 결혼시켰다. 다윗은 이즈르엘 출신인 아히노암과 결혼했다. 다시금 블레셋인이 길보아 산으로 몰려왔고 사울과 아들들은 서둘러 출정한다. 신은 사울에게 등을 돌렸고 이스라엘인은 대패했다. 사울의 아들들은 모두 블레셋인의 칼에 죽었다. 중상을 입은 사울 왕은 무기 시종에게 죽여달라고 했지만 거절당하자 스스로 칼 위로 엎어져 죽었다(사무엘 상 31:1-7). 사울과

메소포타미아 코르사바드의 사르곤 2세 궁전에 새겨진 아시리아의 사르곤 2세 부조. B.C.E. 8세기.

아들들의 시체는 블레셋인들이 끌고 가 벳산 성벽에 걸었다.

2. 이방인들에게 복음을 전한 바울의 히브리 본명이다(사도행전 7:58).

산헤립 SENNACHERIB

아버지 사르곤의 뒤를 이은 아시리아 왕이다((B.C.E. 704-B.C.E. 681년경). 유다 히즈키야 왕이 이집트에 기대 아시리아에 반

라기스 요새를 점령한 뒤 자신의 옥좌를 바라보는
산헤립 왕. B.C.E. 700년경.

역을 꾀하자 산헤립은 예루살렘으로 진군
해 유다 왕국을 폐허로 만들었다(열왕기
하 18:17, 19, 37, 역대기 하 32:9~23, 이사야
36:2~22). 〈열왕기〉는 '히즈키야 왕 14년에
아시리아 왕 산헤립이 유다를 침략하여 모
든 요새화된 성읍들을 점령하였다.'고 기록
한다(열왕기 하 18:13). 당황한 히즈키야는
서둘러 아시리아를 진정시키려 했다. 성전
의 모든 보물을 긁어모으고 '야훼의 전에 있
는 은을 있는 대로 다' 산헤립에게 바쳤다
(열왕기 하 18:15). 하지만 산헤립은 돈에는
관심이 없었고 예루살렘 자체를 원했다. 그
럼에도 산헤립의 예루살렘 포위는 실패로
돌아갔다. '야훼의 천사가 내려와 산헤립 군
사 18만 5,000명을 쳤기' 때문이다(열왕기 하
19:35). 철수한 산헤립은 두 번 다시 예루살
렘을 공격하지 않았다. 그는 두 아들 아드
람멜렉과 사레셀 손에 죽임을 당했고 또 다
른 아들 에살하돈이 왕위를 계승하였다.

스라야 SERAIAH ('신의 전사')

1. 다윗 왕 궁정의 비서로 두 아들도 솔로
몬 왕의 비서로 일했다(사무엘 하 8:17)

2. 아자리야의 아들로 성전 대사제였다. 예
루살렘이 함락된 후 바빌로니아 왕에게 죽
임을 당한다(열왕기 하 25:18).

3. 유대 군대 지휘관으로, 그달리야를 지지

한다(열왕기 하 25:23).

4. 크나즈의 아들이고 오드니엘의 형제로
장인 가문의 우두머리이다(역대기 상 4:13).

5. 시므온 부족의 지도자인 예후의 할아버
지이다(역대기 상 4:35).

6. 여호야킴 왕의 명령을 받고 바룩과 예레
미야를 잡으러 간 사람들 중 한 명이다(예
레미야 36:26).

7. 네리야의 아들로 시드키야 왕의 신하이
다. 왕이 바빌론으로 끌려갈 때 동행하였
다(예레미야 51:59).

8. 바빌로니아에서 즈루빠벨과 돌아온 사
람들 중 하나이다(에즈라 2:2).

9. 아자리야의 아들이고 힐키야의 손자로
엘르아잘의 후손이다. 그의 아들은 서기 에
즈라였다(에즈라 7:1).

10. 느헤미야의 맹약에 서명한 사
제이다(느헤미야 10:2).

11. 바빌론 유수 이후 예루살렘으
로 돌아온 사제 중 한 명이다(역대
기 상 9:11).

살룸 SHALLUM ('보상')

1. 사울의 아들이고 밉
삼의 아버지이며 시므온
의 손자이다(역대기 상
4:25).

2. 시스매의 아들이고 여
카미야의 아버지이다(역
대기 상 2:40).

3. 코레의 아들이고 코라
의 후손이다. 다윗 왕 치
세 때 성막의 동쪽 문을
지키는 임무를 맡았다(역
대기 상 9:17).

4. 이스라엘의 15대 왕으로 B.C.E. 743년에
한 달 동안 통치하였다. 즈가리야 왕에 대
해 쿠데타를 일으켜 즉위했지만 곧 므나헴
에게 죽임을 당한다(열왕기 하 15:10~15).

5. 베가 왕 치세 동안 이스라엘 군이 붙잡
은 유다 포로들을 위해 나선 에브라임 지

도자 여히즈키야의 아버지이다(역대기 하
28:12).

6. 여자 예언자 훌다의 남편이자 디크와의
아들이고 하르하스의 손자이다. 요시야 궁
전의 의상담당관이었다(열왕기 하 22:14).

7. 분열된 후 유다의 왕이다(역대기 상
3:15).

8. 사독의 아들이고 힐키야의 아버지이다.
힐키야는 요시야 치세 때 대사제였다(역대
기 상 5:39).

9. 하나넬의 아버지이고 예언자 예레미야의
삼촌이다(예레미야 32:7).

10. 여호야킴 왕 치세 때 성전 수위장이었
던 마아세야의 아버지이다(예레미야 35:4).

11. 에즈라 시대에 외국인 아내와 이혼한
성전 문지기이다(에즈라 10:24).

12. 납달리의 아들이고 야

날개 달린 스핑크스를 새긴 페니키아 상아 명판.
B.C.E. 9~8세기경.

곱과 빌하의 손자이다. 이집트로 이주한 이스
라엘인 70명 중 한 명이었다(역대기 상 7:13).

13. 빈누이의 후손으로 에즈라 시대 때 외
국인 아내와 이혼하였다(에즈라 10:42).

14. 할로헷의 아들로 예루살렘 한 구역의

장이었다. 예루살렘 성벽 보수를 도왔다(느헤미야 3:12).

살만에셀 5세 SHALMANESSER V

이스라엘의 호세아 왕이 조공을 중단하자 사마리아를 침략한 아시리아 왕이다. 사마리아를 폐허로 만들겠다고 공언했으나(열왕기 하 17:5) 전쟁이 길어지면서 결과를 보지 못하고 사망한다. 후계자인 사르곤 2세 때 사마리아가 함락된다.

삼갈 SHAMGAR ('검')

아낫의 아들로 에훗 뒤를 이어 이스라엘 세 번째 판관이 되었다. 소를 모는 막대기로 블레셋 사람 600명을 죽였다(판관기 3:31).

삼마 SHAMMAH ('폐허')

1. 르우엘의 아들이고 에사오와 비스맛의 손자이다. 에돔 지도자이다(창세기 36:13).
2. 이새의 아들로 다윗의 형제이다. 형제 엘리압과 아비나답과 더불어 사울 군대에 소속되어 블레셋 사람들과 싸웠다(사무엘 상 16:9). 시마 혹은 시므아라고도 불린다(역대기 상 2:13, 20, 사무엘 하 13:3).
3. 아게의 아들로 다윗의 3용사 중 하나이자 30인 부대 일원이었다(사무엘 하 23:11-12, 25).

삼무아 SHAMMUA ('그 소리가 들린')

1. 르우벤 지파 자구르의 아들이다. 모세가 가나안 정탐을 위해 보낸 열두 명 가운데 한 명이었다(민수기 13:4).
2. 예루살렘에서 태어난 다윗 왕의 아들이다(역대기 상 14:4). 시므아라고도 불린다(사무엘 하 5:14, 역대기 상 3:5).
3. 빌가 후손인 사제 가문의 우두머리이다. 느헤미야 말년 유다의 대사제를 지냈다(느헤미야 12:18).

사반 SHAPHAN ('토끼')

1. 아살리야의 아들이고 게마르야의 할아버지로 요시야 왕의 공보대신이었다(열왕기 하 22:3). 그의 아들 아히캄은 여호야킴 왕에게 처형될 뻔한 예언자 예레미야를 구한다(열왕기 하 22:12).

콘라트 비츠(1400–1446)의 1435–1437년 작품 '솔로몬과 마주 앉은 세바의 여왕'이다.

2. 성전 근처에서 우상에 번제를 올려 예언자 에제키엘에게 비난받았던 야자니야의 아버지이다(에제키엘 8:11).

사레셀 SHAREZER ('왕자')

산헤립의 아들로 형 아드람멜렉과 함께 아버지를 살해하고 아르메니아로 피신하였다(열왕기 하 19:35).

스알야숩 SHEAR-JASHUB ('남은 이는 돌아오라')

예언자 이사야의 아들로 신의 명령에 따라 아버지와 함께 유다의 아하즈 왕을 만나러 간다(이사야 7:3). 스알야숩이라는 이름은 유다가 멸망하더라도 일부는 살아남으리라는 이사야의 예언을 담고 있다.

세바 SHEBA

1. 욕단의 아들이고 셈의 자손이다(창세기 10:28).
2. 욕산의 아들이고 아브라함과 크투라의 손자이다(창세기 25:3).
3. 요르단 동쪽에서 가드 지파의 지도자이다(역대기 상 5:13).
4. 세바의 여왕이다. 세바는 아라비아 남부 왕국으로 향신료 무역에 종사하던 사바 왕국으로 여겨진다. 셈 부족으로 힘야르 어나 남부아랍 어 중 하나를 사용했을 것이다. 세바 여왕은 솔로몬 왕에게 황금, 향신료, 보석을 가져왔다(열왕기 상 10:1-13).
5. 베냐민 지파 비그리의 아들로 압살롬 패배 이후 다윗 왕에 대한 반란을 주도했다. 추종자들과 함께 북진을 계속하는 세바를 잡기 위해 다윗은 요압에게 전군을 이끌고 나서도록 했다. 세바가 메롬 샘터 북쪽 아벨 벳마아가에 숨자 요압이 성을 포위했다. 한 여인이 나서 성은 다윗에게 충성한다고 밝히자 요압은 세바만 내어주면 포위를 풀겠다고 약속한다. 성 사람들은 세바의 목을 베어 요압에게 던져주었다(사무엘 하 20).

셉나 SHEBNA ('신이 앉으시길')

히즈키야 왕의 서기이자 고문이다. 침략한 아시리아인과의 협상 대표단으로 파견되었지만 협상이 결렬된 후 예언자 이사야를 찾아간다. 이사야는 아시리아 군대가 예루살렘을 정복하지 못하고 물러날 것이라 알려준다(열왕기 하 18:18).

셀레미야 SHELEMIAH ('신이 보답해주실 사람')

1. 구시의 아들이고 느다니야의 아버지이다. 손자인 여후디는 여호야킴 왕에게 예레미야의 예언을 읽어준다(예레미야 36:14).
2. 압드엘의 아들로 여호야킴 왕의 관리이다. 바룩과 예레미야를 잡아오라는 명령을 받는다(예레미야 36:26).
3. 바빌로니아인에게 포위된 상태에서 유다를 위해 기도해달라는 시드키야 왕의 부탁을 예레미야에게 전한 유갈의 아버지이다(예레미야 37:3, 38:1).
4. 하나니야의 아들이고 이리야의 아버지이다. 이리야는 예레미야를 바빌로니아 망명

자로 오인한다(예레미야 37:13).

5. 외국인 아내와 이혼한 빈누이의 두 후손 중 한 명이다(에즈라 10:39,41).

6. 예루살렘 성벽 보수를 도운 하나니야의 아버지이다(느헤미야 3:30).

7. 느헤미야에게 창고 책임자로 임명되어

자리에 앉아 하프를 연주하는 사람이 묘사된 점토판.
B.C.E. 2세기 초의 메소포타미아 유물이다.

옥수수, 포도주, 기름을 고루 분배하는 일을 맡은 유다의 사제이다(느헤미야 13:13).

스마야 SHEMAIAH ('신이 들으셨다')

1. 시므리의 아버지로 지자의 선조이다. 양 떼 목초지를 찾아 그돌 계곡으로 간 시므온 지파 중 한 명이다(역대기 상 4:37).

2. 르호보암 치세 당시를 기록한 예언자이다(열왕기 상 12:22). 르호보암 왕이 북쪽 부족들의 반란을 진압하기 위해 유다와 베냐민 지파에서 대규모 군대를 모았을 때 출전하지 않도록 조언하였다. 파라오 시삭이 유다에 쳐들어왔을 때에는 신을 저버린 탓에

받는 벌이라고 설명하였다.

3. 다윗 왕 치세 당시 레위 가문의 지도자로 계약궤를 예루살렘으로 모셔오는 의식에 참여하였다(역대기 상 15:8).

4. 느다넬의 아들로 다윗 왕 때 서기였다(역대기 상 24:6).

5. 다윗 왕 치세 때 성전 문을 지켰던 오베데돔의 맏아들이다(역대기 상 26:4).

6. 여호사밧 왕 치세 3년째 되던 해에 율법을 가르치기 위해 유다 도시들에 파견한 레위 지파 사람 중 한 명이다(역대기 하 17:8).

7. 성전을 깨끗하게 하라는 유다 히즈키야왕의 명령을 받든 사람 중 한 명이다(역대기 하 29:14).

8. 히즈키야 치세에 성전 예물 분배를 맡은 레위 지파 사람이다(역대기 하 31:15).

9. 요시야 치세에 과월절 제물로 가축 떼를 내놓은 레위 지파 사람이다(역대기 하 35:9).

10. 즈루빠벨과 바빌로니아에서 돌아온 유다의 사제이다(느헤미야 12:6).

11. 키럇여아림 출신 예언자 우리야의 아버지이다. 우리야는 예루살렘이 돌무더기 폐허가 된다고 예언하여 여호야킴 왕에게 죽임을 당한다(예레미야 12:6).

12. 유다의 거짓 예언자이다(예레미야 29:24).

13. 여호야킴 왕에게 예레미야의 예언을 보고한 관리 중 한 명인 들라야의 아버지이다(예레미야 36:12).

14. 스가니야의 아들로 유다 부족의 지도자이다. 스가니야는 예루살렘 동문의 문지기였다(역대기 상 3:22).

15. 하수브의 아들로 바빌론 유수 이후 처음으로 예루살렘에 정착한 레위 지파 사람 중 한 명이다(역대기 상 9:14).

16. 요엘의 아들이고 곡의 아버지다. 디글랏빌레셀에게 포로로 잡혀간 르우벤 지파 지도자였다(역대기 상 5:4).

17. 갈랄의 아들로 성전의 감사기도를 이끌었다(역대기 상 9:16).

18. 아도니캄의 후손으로 에즈라와 함께 바

빌로니아에서 예루살렘으로 돌아왔다(에즈라 8:13).

19. 하림의 후손인 사제로 외국인 아내와 이혼하였다(에즈라 10:21).

20. 들라야의 아들로 느헤미야에게 성전에서 남몰래 만나자고 한다. 덫이라고 생각한 느헤미야는 거절한다(느헤미야 6:10).

21. 느헤미야의 맹약에 서명한 사제 중 한 명이다(느헤미야 10:8).

22. 예루살렘 재건된 성벽 봉헌식에 참석한 유다 지파 지도자 중 한 명이다(느헤미야 12:34).

23. 재건된 예루살렘 성벽 봉헌식에서 연주한 즈가리야의 할아버지다(느헤미야 12:35).

24. 재건된 예루살렘 성벽 봉헌식에서 연주한 레위 지파 사람이다(느헤미야 12:36).

시므이 SHIMEI ('유명한')

1. 요르단 동쪽의 아로엘에 살았던 르우벤 지파 사람이다(역대기 상 5:4).

2. 게르손의 아들이고 레위의 후손이다. 후손들은 성막에서 일하는 레위 지파가 되었다(민수기 3:18, 역대기 상 6:17, 29).

3. 자구르의 아들로 시므온 지파 지도자이다(역대기 상 4:26-27).

4. 레위 지파로 리브니의 아들이고 므라리의 후손이다(역대기 상 6:14).

5. 레위 지파로 야핫의 아들이고 게르손의 손자이다. 짐마의 아버지이고 다윗 왕의 성가대원 아삽의 선조이다(역대기 상 6:27).

6. 예루살렘에 살았던 베냐민 지파 우두머리이다(역대기 상 8:21).

7. 게라의 아들로 사울 가문의 베냐민 지파 사람이다. 압살롬 반역으로 예루살렘을 떠나 피신한 다윗이 바후림을 지나갈 때 돌을 던졌다(사무엘 하 16:5-13). 압살롬 반역이 실패한 후 시므이는 다윗 앞에 엎드려 용서를 빌었다(사무엘 하 19:16-23). 다윗은 시므이를 용서하지만 숨을 거두면서 사무엘에게 '시므이 같은 자는 백발이 되어서도 피를 흘리며 지하로 내려가게 해야 한다'라고

말했다. 이후 시므이가 도망친 노예 둘을 잡기 위해 갓으로 떠났을 때 솔로몬은 브나야에게 명령을 내려 그를 죽인다.

8. 아도니야를 다윗 후손으로 인정하지 않은 다윗의 용사 중 하나다(열왕기 상 1:8).

9. 엘라의 아들이고 솔로몬 왕의 궁정 일을 본 열두 관리 중 한 명이다(열왕기 상 4:18).

10. 왕의 포도밭을 책임지는 다윗 왕의 신하이다(역대기 상 27:27).

11. 헤만 후손으로 유다 히즈키야 왕 치세 때 성전을 깨끗이 하기 위해 모인 레위인들 가운데 한 명이다(역대기 하 29:14).

12. 히즈키야 시대에 형제인 고나니야를 보좌해 성전 예물을 책임진 레위 지파 지도자이다(역대기 하 31:12).

13. 유다 지파 브다야의 아들이고 즈루빠벨의 형제이다. 바빌로니아로부터 귀향을 이끌었다(역대기 상 3:19).

14. 에즈라 시대에 외국인 아내와 이혼한 레위인이다(에즈라 10:23).

15. 하숨 후손으로 에즈라 시대에 외국인 아내와 이혼하였다(에즈라 10:33).

16. 빈누이 후손으로 에즈라 시대에 외국인 아내와 이혼하였다(에즈라 10:38).

17. 베냐민 지파로 야이르의 아버지이고 페르시아 제국 내 모든 유대인을 죽이려는 아하스에로스 왕의 음모를 중단시킨 모르드개의 할아버지이다(에스델 2:5).

파라오 시삭 혹은 쇼센크 유해를 담은 것으로 여겨지는 은관. 두상이 매 모양이다.

팔마 일 지오바네(1548–1628)가 그린 '시스라의 죽음'이다.

시삭 SHISHAK

파라오 시삭 혹은 쇼센크(열왕기 상 14:25-26)는 이집트의 왕으로 부바스티스에서 다스린 22왕조의 첫 번째 왕이다. 치세 초기 도망쳐온 여로보암을 받아준다(열왕기 상 11:40). 이어 유다의 르호보암을 공격하는데 이는 여로보암이 선동한 것으로 보인다. 시삭은 예루살렘 성전과 궁전의 모든 보물을 약탈한다. 므깃도를 포함해 주요 도시도 약탈했다. 므깃도에서 시삭의 승리를 찬양하는 기념비 조각이 발굴되기도 하였다.

소박 SHOBACH ('확대')

시리아 하다데젤 왕의 군대 사령관으로 다윗 왕과 싸우다가 전사한다(사무엘 하 10:16,18).

소비 SHOBI ('포로')

암몬 땅 라빠에 사는 나하스의 아들이다. 마하나임으로 피신한 다윗에게 식량을 가져다주며 친절을 베푼다(사무엘 하 17:27).

시스라 SISERA ('지도자')

1. 야빈 왕의 하솔 군을 이끈 가나안 장수이다(판관기 4:6). 여자 예언자이자 판관인 드보라는 이즈르엘 계곡을 이스라엘인들의 땅으로 만들기로 결심하고 이스라엘 각 부족에서 군대를 모아 타볼 산에서 가나안 군대와 맞선다. 시스라가 이끄는 병거 900대가 돌격 명령을 받았을 때 신이 폭우를 퍼부어 이즈르엘 계곡에 물이 넘쳤고 병거들은 진창에 처박힌다. 이스라엘 사람들을 이끌던 바락은 손쉽게 승리를 거두었다. 시스라는 사아난님 평야에 사는 켄 사람 헤벨의 집으로 피신하였다. 헤벨의 아내 야엘은 천막을 내어주고 먹을 것을 주었다. 그리고 시스라가 잠든 틈에 천막 말뚝을 관자놀이에 꽂아 죽였다(판관기 4:11-21, 5:24). 드보라가 부른 승리의 노래 중에는 아들의 승전 귀환을 애타게 기다리는 시스라 어머니의 심정을 묘사한 부분도 있다(판관기 5:24–27).

2. 즈루빠벨과 함께 바빌로니아에서 돌아온 성전 일꾼들의 선조이다(에즈라 2:53, 느헤미야 7:55).

소 SO ('곡식 다는 저울')

이스라엘 호세아 왕이 사신을 보내 아시리아에 대한 반란을 제안한 이집트 왕이다. 오소르콘(Osorkon) 4세로 추정된다.

솔로몬 SOLOMON ('평화로운')

다윗 왕과 왕이 총애한 아내 밧세바 사이에서 태어나(사무엘 하 5:14) 왕이 되었다. 여러 왕자들 중 하나였으나 암논과 압살롬 등 이복 형들이 죽임을 당하면서 왕위 계승 가능성이 높아졌다. 하지만 가장 유력한 후보는 하낏이 낳은 아도니야였다.

플랑드르의 바로크 화가 프란스 프란켄 2세(1581–1642)가 그린 '솔로몬과 세바의 여왕'이다.

다윗의 총사령관 요압과 천막성전을 지키는 대사제 아비아달 또한 아도니야를 지지했다. 왕위계승을 확신한 아도니야는 기드론 계곡의 엔로겔 샘터에서 큰 잔치를 벌였다. 솔로몬을 제외한 모든 형제들도 초대했다. 그 사이 밧세바는 다윗으로부터 솔로몬에게 왕위를 물려주겠다는 약속을 받아낸다. 다윗은 아도니야의 반역을 우려해 지체 없이 기혼 샘에서 솔로몬을 불러오게 하고 사제 사독으로 하여금 솔로몬에게 기름을 부어 왕으로 세우게 하였다(열왕기 상 1:34). 다윗이 죽은 후 아도니야는 다윗의 말년을 지킨 애첩 아비삭과의 결혼을 허락해달라고 요청했다. 솔로몬은 그 속셈을 알아채고 브나야에게 아도니야를 죽이도록 명령한다. 브나야는 솔로몬 반대편에

섰던 요압도 죽인다. 어느 날 꿈에 신이 나타나 무엇을 원하느냐고 묻자 솔로몬은 당신의 백성을 잘 다스리고 흑백을 가려낼 수 있도록 명석한 머리를 달라고 하였고(열왕기 상 3:9) 신은 기쁘게 그 청을 들어준다(열왕기 상 3:11–12). 〈열왕기〉에 따르면 솔로몬은 동쪽 땅에서 가장 현명하고 부유하고 강력한 왕이었다. 솔로몬의 정의와 지혜를 잘 보여주는 예가 아이가 서로 자기 소생이라고 싸우는 두 창녀의 다툼을 해결한 일이다. 솔로몬은 영토를 열두 지역으로 나누어 근대적 국가 형태를 만들되 지역 경계가 부족 경계와 어긋나도록 함으로써 예루살렘의 중앙권력을 강화시키는 지혜도 발휘했다. 부족 간 평화를 위해 아버지처럼 여러 부족과 동맹 국가에서 아내를 얻었다. 그 아내 중 한 명은 이집트 파라오의 딸인 이집트 공주였는데(열왕기 상 11:1), 그 아버지는 제21 왕조의 시아문으로 추정된다. 부가 축적되자 솔로몬은 신이 다윗에게 한 약속을 실현해 계약궤를 모실 진정한 성전을 건설했다. 대규모 공사가 마무리되자 흰색과 금색의 새 도시가 예루살렘 위에 솟아올랐다. 성전 외에 솔로몬의 신하, 관리, 하인, 하렘을 위한 주거용 건물도 지었다. 다만 파라오의 딸은 별도 궁전을 지어 살게 했다(열왕기 상 7:8). 동시에 솔로몬 왕은 므깃도, 하솔, 게셀 등의 성채들이 원형을 이루어 왕국을 방어하도록 했다. 빛나는 왕궁을 보기 위해 사방에서 사람들이 몰려들었다. 심지어 세바 여왕도 예루살렘을 방문해 탄복했다고 한다. 솔로몬의 우방이자 교역국이던 두로의 히람 왕도 건설을 도왔다. 하지만 솔로몬 왕국은 오래 지속되지 못했다. 솔로몬이 세상을 떠나자마자 단일왕국에 대한 부족들의 지지에 금이 갔고 왕국은 후계자 르호보암 통치기에 분열된다.

타브엘 TABEEL ('신은 선하다')

1. 유다 왕을 사칭한 사람의 아버지이다. 아하즈 왕과 대립하는 시리아와 이스라엘 왕들은 이 사칭자를 지지했다(이사야 7:6).
2. 예루살렘 성전 재건을 막기 위해 페르시아 황제 아르닥사싸에게 편지를 쓴 사마리아 통치자이다(에즈라 4:7).

다비니스 TAHPENES ('왕의 이집트인 아내')

다윗 왕 치세 때 이집트의 왕비이고 파라오의 부인이다. 다윗을 피해 이집트로 망명한 에돔 사람 하닷과 자기 여동생을 결혼시킨다(열왕기 상 11:19–20).

다말 TAMAR ('야자수')

1. 유다의 첫째와 둘째 아들인 에르와 오난의 아내이다. 다말이 아이를 낳기 전에 남편들이 모두 죽었다. 유다는 셋째 아들 셀라마저 죽을까봐 결혼시키기를 거부했고 다말은 창녀로 가장해 유다와 잠자리를 해 쌍둥이 아들 베레스와 제라를 낳는다(창세기 38:6, 룻 4:12).
2. 다윗과 마아가 사이에서 태어난 아름다운 처녀이다. 아히노암이 낳은 다윗의 맏아들이자 이복오빠인 암논에게 겁탈을 당한다. 다말의 오빠 압살롬은 양털 깎기 축제 중에 암논을 죽이고 몸을 숨긴다(사무엘 하 13:1–32, 역대기 상 3:9).
3. 압살롬의 딸이고 다윗 왕의 손녀이다(사무엘 하 14:27).

담무즈 TAMMUZ (시리아어 '싹')

아카드의 태양신이다. 바빌로니아 달력에서 하지가 시작되는 달은 이 신의 이름을 땄다. 유다에서도 숭배받은 신으로 에제키엘은 여인들이 성전에서 담무즈 신의 죽음을 애도했다고 기록한다(에제키엘 8:14).

다밧 TAPHATH

솔로몬의 딸로 도르 지역을 다스리는 벤-아비나답의 아내이다(열왕기 상 4:11).

티브니 TIBNI

기낫의 아들로 이스라엘 왕위를 두고 오므리와 싸운 인물이다. 몇 년의 전쟁 후 패배한 티브니는 오므리에게 살해되었다(열왕기 상 16:21-22).

디글랏빌레셀 3세 TIGLATH-PILESER III ('나는 에사라의 아들이다')

'불'이라는 이름으로도 성경에 등장하는 아시리아 왕이다. 과거 아시리아의 속국들에 대한 통치를 회복하고 티그리스에서 나일에 이르는 제국을 이루려는 열망이 컸다.

1931년에 발견된 이 석판에는 '유다 왕 우찌야' 무덤의 머릿돌이라고 쓰여 있는데 진위 여부가 아직 밝혀지지 않았다.

이스라엘의 베가 왕과 시리아의 르손 왕은 디글랏빌레셀에 대항하여 이전의 반아시리아 연합을 부활시키고 여기에 도시국가 아슈켈론과 두로도 참여하였다. 이에 위협을 느낀 유다의 아하즈 왕은 디글랏빌레셀과 동맹을 맺었다. 아시리아는 이스라엘을 침략해 베가 연합에 커다란 타격을 입히고 '게데스, 하솔, 길르앗, 갈릴리와 납달리전 지역을 장악하고 백성들을 사로잡아 아시리아로 끌고 갔다'(열왕기 하 15:29). 베가 왕은 호세아에게 암살되고 왕위를 빼앗긴다. 디글랏빌레셀은 시리아도 침략해 아시리아 제국의 속국으로 만든다. 이어 북쪽으로 방향을 돌린 디글랏빌레셀은 바빌로니아 정복에 힘을 집중해 마침내 B.C.E. 729년에 성공한다. 그로부터 두 해 뒤 디글랏빌레셀은 세상을 떠났다.

디크와 TIKVAH ('희망')

1. 하르하스의 아들이고 요시야 왕의 의상 담당관 살룸의 아버지이자 여자 예언자 훌다의 시아버지이다(열왕기 하 22:14).

2. 유다 남자들은 외국인 아내와 이혼하라는 에즈라의 지시에 반대한 야하자야의 아버지이다(에즈라 10:15).

디르하나 TIRHANAH

헤스론과 첩 마아가의 아들로 유다 부족의 지도자인 갈렙의 아들이다(역대기 상 2:48).

도후 TOAH ('구부러진')

수브의 아들이고 엘리후의 아버지로 예언자 사무엘의 조상이다(사무엘 상 1:1).

토비야 TOBIJAH ('선함이 곧 신이라')

여호사밧 왕이 백성들에게 율법을 가르치기 위해 파견한 레위인이다(역대기 하 17:8).

돌라 TOLA ('벌레')

1. 이싸갈의 장남이자 야곱과 레아의 손자이다. 할아버지 야곱과 함께 이집트로 간다(창세기 46:13).

2. 이싸갈 부족 출신 부아의 아들로 아비멜렉이 죽은 후 23년 동안 이스라엘 판관을 지냈다(판관기 10:1-2). 샤밀에 묻혔고 판관 자리는 야이르에게 물려주었다.

우리야 URIAH ('신은 나의 빛')

1. 밧세바의 남편이다. 다윗이 밧세바를 임신시킨 후 우리야를 전장에서 불러와 부부가 함께 밤을 보내고 임신한 것처럼 보이게 하려 했으나 실패한다. 결국 다윗은 우리야를 없애기로 하고 요압에게 명령해 우리야가 암몬인들을 공격하는 위험한 작전의 선봉에 서도록 했다. 예상대로 우리야는 전사하고 만다(사무엘 하 11:2-12:26).

2. 아하즈 왕 치세 때 성전의 사제이다. 다마스쿠스에서 아시리아 왕을 만난 아하즈 왕은 그곳의 제단에 깊은 인상을 받고 우리야에게 모형을 보내 성전의 기존 제단을 바꾸도록 했다. 이사야는 암울한 예언의 증인으로 우리야를 세운다(이사야 8:2).

3. 키럇여아림 사람 스마야의 아들로 성전 파괴를 예언하였다. 여호야킴 왕에게 붙잡히지 않으려 이집트로 피신했지만 결국 잡혀 처형된다(예레미야 26:20-23).

4. 바빌론 유수 이후 유다 백성들에게 《모세 5경》을 읽어주는 에즈라 옆에 서 있었던 레위 사람이다(느헤미야 8:4).

5. 바빌로니아에서 가져온 금과 은의 무게를 재고 예루살렘 성벽 보수를 돕도록 에즈라가 임명한 사제 므레못의 아버지이다(에즈라 8:33, 느헤미야 3:4,21).

우짜 UZZA ('힘')

1. 므라리의 후손 레위인으로 시므이의 아들이고 시마의 아버지이다(역대기 상 6:29).

2. 아비나답의 아들로 계약궤가 실린 수레를 기브아에서 예루살렘으로 끌고 간 사람이다. 소가 날뛰는 바람에 떨어질 뻔한 계약궤를 붙잡느라 손을 대자마자 죽었다(역대기 상 13:6-13, 사무엘 하 6:2-11).

메소포타미아 님루드에서 나온 디글랏빌레셀 3세의
돌을새김. B.C.E. 8세기.

우찌야 UZZIAH ('신의 강한 힘')

1. 레위 사람으로 우리엘의 아들이다. 아자
리야라고도 불린다(역대기 상 6:9).

2. 다윗 왕의 창고 관리를 맡은 요나단의
아버지이다(역대기 상 27:25).

3. 아마지야가 아내 여골리아와의 사이에
낳은 아들이다. 아버지가 암살된 후 16세
에 왕위에 올랐다(B.C.E. 781–B.C.E. 740년
경). 〈역대기〉를 보면 우찌야 왕이 영토를
엘랏(오늘날의 에일라트) 항구까지 넓히고
서쪽으로는 지중해안의 야브네와 아스돗까
지 확장했다고 되어 있다(역대기 하 26:2,6).
유다 왕국의 경제도 함께 성장해 '산악지대
나 기름진 땅에 농사를 짓고 과수도 가꿀
수 있었다'(역대기 하 26:10). 하지만 우찌야
자신은 나병에 걸리고 만다. 성경은 이것이
사제들에게만 허용되는 일, 즉 성전 제단에
향을 피운 행동 때문이라고 설명한다(열왕
기 하 14:21, 역대기 하 26:1).

4. 하림 일가의 사제로 에즈라 시대에 외국
인 아내와 결혼했다(에즈라 10:21).

잡디 ZABDI ('내 선물')

1. 유다 지파 제라의 아들이다. 여호수아의
명을 어기고 예리고의 전리품 중 일부를 훔
친 아간의 아버지이다(여호수아 7:18).

2. 시므이의 아들로 베냐민 지파 지도자이
다(역대기 상 8:19).

3. 다윗 왕의 포도원 술 창고 책임자 중 한
명이다(역대기 상 27:27).

4. 음악가 아삽의 아들이다. 잡디의 손자
마따니야는 감사 찬양을 부르는 성가대 대
장이다(느헤미야 11:17). 지르리라고도 불린
다(역대기 상 9:15).

사붓 ZABUD ('주어진')

예언자 나단의 아들로 솔로몬 왕궁의 고위
신하 중 한 명이며 왕의 가장 친한 친구이
다(열왕기 상 4:5).

사독 ZADOK ('의로운')

1. 엘르아잘 가문 아히둡의 아들로 다윗 시
대(사무엘 하 20:25, 역대기 상 24:3)와 솔로
몬 시대(열왕기 상 4:4)의 두 대사제 중 한
명이다. 솔로몬이 역모를 꾸민 아도니야를
지지한 다른 대사제 아비아달을 추방한 후
홀로 대사제 직을 수행한다(열왕기 상 2:27,
35, 역대기 상 29:22). 이후 마카베오 반란이
일어날 때까지 모든 사제는 사독 가문에서
나오게 된다.

2. 자기 부족의 병사 22명을 이끌고 다윗에
게 합류한 군 지휘관이다(역대기 상 12:28).

3. 유다 우찌야 왕의 아내이고 요담 왕의
어머니인 여루사의 아버지이다(열왕기 하
15:33, 역대기 하 12:18).

4. 아히둡의 아들이고 살룸의 아버지로 사
제이다. 바빌로니아에 포로로 끌려간 여호
사닥의 선조가 된다(역대기 상 6:12).

5. 므라욧의 아들이고 바빌로니아에서 돌
아와 예루살렘에 정착한 첫 번째 사제인 아
자리야의 선조이다(역대기 상 9:11).

6. 임멜의 후손으로 사제이자 서기이다. 느
헤미야에게서 성전 제물 분배 임무를 부여
받았다(느헤미야 13:13).

7. 바아나의 아들로 예루살렘 성벽 재건을
도왔다(느헤미야 3:4).

8. 율법 준수의 맹약에 서명한 유다 지도자
이다(느헤미야 10:21).

잘문나 ZALMUNNA ('그늘')

엔돌(Endor)에서 기드온이 이끄는 이스라
엘 사람들에게 패배한 미디안 왕이다. 붙잡
혀 죽임을 당한다(판관기 8:5–21).

즈가리야 ZECHARIAH, ('신에게 기억되다')

1. 르우벤 지파의 지도자로 여이엘의 친척
이다(역대기 상 5:7).

2. 여이엘의 아들로 베냐민 지파 지도자이
자 사울 왕의 삼촌이다(역대기 상 8:31).

3. 레위 지파 므셀레미야의 아들로 천막성
전 북쪽 문의 문지기였다(역대기 상 9:21).

4. 다윗 왕이 계약궤를 예루살렘으로 모셔
올 때 하프를 연주한 음악가이다(역대기 상
15:18, 20).

5. 다윗 시대의 사제로 계약궤를 모셔올 때
나팔을 불었다(역대기 상 15:24).

6. 이씨야의 아들로 천막성전에서 일한 레
위인이다(역대기 상 24:25).

7. 호사의 아들로 천막성전의 문을 지킨 레
위인이다(역대기 상 26:11).

8. 길르앗의 므나쎄 지파 절반을 다스린 이
또의 아버지이다(역대기 상 27:21).

9. 여호사밧 왕이 유대인들에게 《모세 5경》
을 가르치기 위해 파견한 다섯 대신 중 한
명이다(역대기 하 17:7).

10. 신께서 암몬인들과 모압인들을 물리쳐
줄 것이라 예언한 야하지엘의 아버지이다
(역대기 하 20:14).

11. 여호사밧의 아들 중 하나로 맏형 여호

람이 왕이 된 후 다른 형제들과 함께 죽임을 당했다(역대기 하 21:2).

12. 여호야다의 아들로 아하지야와 요아스 시대의 대사제이다. 여호야다가 죽은 후 두 왕과 백성들의 불신을 비난하다가 야훼의 성전 마당에서 돌에 맞아 죽임을 당했다(역대기 하 24:20-2).

13. 여로보암 2세의 아들로 이스라엘의 14대 왕이다. 예후 가문의 마지막 왕이 된다. 겨우 6개월 재위한 후 살룸에게 죽임을 당한다(열왕기 하 10:30).

14. 히즈키야의 어머니가 되는 아비 혹은 아비야의 아버지이다(열왕기 하 18:2).

15. 우찌야 치세 때 '신의 뜻을 이해했던' 예언자로 왕에게 여러 현명한 조언을 해주었다(역대기 하 26:5).

시드키야ZEDEKIAH ('신의 정의')

1. 유다 왕국의 마지막 왕이다. 요시야의 셋째 아들이고 여호아하즈의 형제로 21세에 즉위하였다(열왕기 하 23:31, 24:17-18). 본래 이름은 마따니야였는데 느부갓네살로 인해 왕위에 오르면서 시드키야로 바꾸었다. 예언자 예레미야가 그의 자문이었다(열왕기 하 24:19-20, 예레미야 52:2-3). 당시 유다 왕국은 느부갓네살의 속국이었다. 예레미야와 다른 이들의 만류에도 불구하고 시드키야는 이집트 파라오 아프리에스와 모의를 꾸몄고 결국 예루살렘이 18개월이나 포위되어 폐허로 변했다(열왕기 하 25:3, 애가 4:4, 5, 10). 시드키야와 추종자들은 도망치다가 붙잡혀 리블라로 끌려가 눈앞에서 자식들이 죽는 모습을 보고 이어 바빌론으로 끌려가 그곳에서 죽는다(열왕기 하 25:1-7, 역대기 하 36:12, 예레미야 32:4-5, 34:2-3, 39:1-7, 52:4-11, 에제키엘 12:12). 예루살렘이 함락된 후 바빌로니아 왕의 근위대장 느부사라단이 파견되어 도시를 철저히 파괴하였다(예레미야 52:16). 미스바에 주둔하던 갈대아 근위병 게달리야가 유다를 다스리게 되었다(열왕기 하 25:22-24, 예

레미야 40:1-6).

2. 그나아나의 아들로 아합 왕에게 잘못된 조언을 한 400명 예언자 중 한 명이다(열왕기 상 22:11, 24, 18:10, 23).

3. 하나니야의 아들로 유다의 대신 중 한 명이었다. 바룩이 읽어주는 예레미야의 신탁을 들은 인물이다(예레미야 36:12).

4. 마아세야의 아들로 여호야긴 왕과 함께 바빌로니아로 끌려갔다. 추방이 길지 않을 것이라 거짓 예언하여 예레미야의 분노를 산다(예레미야 29:21).

스바니야ZEPHANIAH ('신이 보호하셨다')

1. 크핫 사람 다핫의 아들로 다윗 왕의 성가대장 헤만의 선조다(역대기 상 6:36).

2. 구시의 아들로 소선지자 중 한 명이다. 유다 왕 요시야 치세 때 예언자로 활동했고 예레미야와 같은 시대를 살았는데 여러 면에서 공통점이 있었다. 스바니야의 예언은 요시야의 종교개혁이 완성되기 전의 시대를 반영하여 "땅 위에 있는 것은 무엇이건 나 말끔히 쓸어버리리라."라는 무서운 말도 나오지만(스바니야 1:1) 영원한 구원이라는 약속, 그리고 "다시는 화를 입을까 걱정하지 마라."는 말로 다가오는 '야훼 진노

의 날'을 위로하기도 한다(스바니야 3:15).

3. 마아세야의 아들로 시드키야 치세의 '두 번째 사제'였다(예레미야 21:1). 바빌로니아에 대항하는 시드키야 정책을 지지하여 예레미야와 반대편에 섰다(예레미야 29:25-29, 37:3, 52:24). 다른 유대인 포로들과 함께 하맛 땅 리블라에서 바빌로니아 왕에게 처형당한다(열왕기 하 25:21).

4. 요시야의 아버지이다. 그의 집에서 예언자 스가라야는 여호수아가 지도자로 추대되어야 한다고 명한다(스가라야 6:10).

스루야ZERUIAH ('경호 받는')

다윗의 누이이고 아비새, 요합, 아사헬의 어머니이다(사무엘 하 2:18, 역대기 상 2:16).

시바ZIBA ('조각상')

사울 가문의 종이다. 다윗은 시바에게 사울의 절름발이 아들 므비보셋을 돌보도록 한다. 훗날 시바는 주인을 배신하고 재산을 챙기는데 다윗이 땅의 절반을 다시 므비보셋에게 돌려주라고 명한다(사무엘 하 9:2).

지비야ZIBIAH ('사슴')

브엘세바 출신으로 유다 아하지야 왕의 부인이고 요아스 왕의 어머니이다(열왕기 하 12:1, 역대기 하 24:1).

지므리ZIMRI ('칭찬할 만한')

1. 살루의 아들, 시므온 지파 지도자이다. 모세와 이스라엘 사람 모두가 지켜보는 가운데 미디안 여자를 천막에 끌어들였다가 비느하스 사제의 손에 죽는다(민수기 25:14).

2. 북왕국 이스라엘의 다섯 번째 왕으로 B.C.E. 885년, 불과 7일 동안 통치하는 데 그친다. 엘라 왕의 장군이었던 지므리는 디르사에서 왕을 죽이고 즉위하지만 오므리에게 패하여 궁에 스스로 불을 지르고 죽는다(열왕기 상 16:8-20).

3. 베냐민 지파 여호아따의 아들이고 사울 왕의 후손이다(역대기 상 8:36).

3

〈역대기〉부터
〈마카베오서〉까지

페르시아 황제 고레스(키로스)의 칙령이다.
하늘을 내신 하느님 야훼께서는 세상 모든
나라를 나에게 맡기셨다.
그리고 유다 나라 예루살렘에 당신의
성전을 지을 임무를 나에게 지워주셨다.

– 에즈라 1:3

플랑드르 화가 페테르 파울 루벤스(1577-1640)가
1615년경에 그린 '사자굴 속의 다니엘'이다.

바빌론 유수부터 마카베오의 반란까지
성문서는 누가 썼을까?

유대 성경의 세 번째 부분인 성문서(케투빔)에는 바빌론 유수 전후의 책들이 포함된다. 제일 먼저 〈역대기〉상·하권이 있다. 이 책은 〈사무엘서〉와 〈열왕기〉 그리고 〈예레미야서〉〈이사야서〉〈즈가리야서〉 일부에 바탕을 두고 고대 이스라엘 역사를 기술한 책이다.

〈역대기〉의 저자가 누구인지는 확실치 않지만 그는 분명히 유다 왕국 편에 서 있다. 〈열왕기〉에 나온 북왕국 이스라엘 관련 내용을 상당 부분 빼버렸고 대신 다윗 왕조의 사례를 찬양한다. 레위 지파의 관점과 관습, 인물들을 중점적으로 다루는 것으로 보아 저자는 예루살렘의 레위 지파 사람이었으리라 추측된다. 〈역대기〉는 바빌론 유수 이후, 즉 유다가 페르시아 제국의 통치 하에 있었을 때 쓰인 듯하다.

대부분의 그리스도교 성경에서 〈역대기〉 다음에 나오는 〈에즈라서〉와 〈느헤미야서〉는 본래 독립된 책으로 B.C.E. 533년 바빌로니아 멸망에서 유다가 페르시아 태수의 지배를 받는 B.C.E. 5세기 중반까지를 다룬다. 바빌론 유수를 거치면서 상처 입은 공동체에 유대의 고유한 정체성을 되살리고 성전 숭배와 율법 준수를 강조했던 예언자 에즈라와 관료 느헤미야라는 두 지도자의 노력이 서술된다.

저술 연대가 분명치 않은 다른 책들도 성문서에 포함된다. 시가서(Poetic Books)라 불리는 〈시편〉〈잠언〉〈욥기〉가 그것이다. 이들 책에는 다윗 시절 내용도 나오지만 바빌론 유수 이후에야 최종 완성된 것으로 보인다.

축제 5경(다섯 두루마리Five Scrolls)라 불리는 〈룻기〉〈아가〉 〈애가〉〈에스델〉〈전도서〉 역시 마찬가지이다.

앞서 2장에서 소개되었고 다니엘의 계시록에도 나오는 〈룻기〉 또한 성문서에 속한다. 이 책은 바빌론 유수 동안 다니엘과 그 동반자들이 겪는 이야기를 담고 있지만 최종 편집된 시기는 유대인이 시리아의 안티오쿠스 에피파네스(B.C.E. 175-B.C.E. 164)의 지배를 받던 B.C.E. 2세기였으리라는 것이 학자들의 의견이다.

마카베오가 시리아 왕들에게 반란을 일으키는 이야기는 〈마카베오서〉 상·하권에 담겨 있다. 본래 히브리어로 쓰인 이 책은 유대 성경에 들어 있지 않지만 그리스의 70인 역에 포함되었다. 그리고 70인 역이 그리스도교 구약성경의 바탕이 된 덕분에 〈마카베오서〉도 대부분의 그리스도교 성경에 들어가게 되었다. 개신교에서는 〈마카베오서〉를 성경 경전이 아닌 외경으로 분류한다.

그리하여 성문서는 C.E. 2세기가 되어서야 온전한 형태를 갖추게 된다. 예수가 유대 성경을 가리켜 율법(토라)과 예언서(느비임)이라 불렀던 것도(루가 16:16) 이 때문이었으리라. 나아가 당시 정리되고 있던 다른 성문서, 예를 들어 〈시편〉에 대해서는 예수도 친숙하게 알고 있었던 것이다.

유다스 마카베오를 묘사한 1550년경의 프랑스 리모주 에나멜 제품. 영국 역사화가 에드윈 롱(1829-1891)이 1878년에 그린 에스델 왕후의 초상화(170쪽).

〈역대기〉부터 〈마카베오서〉까지의
주요 인물들

에제키엘

유다에서 바빌로니아로의 강제 이주는 유대 민족에게 엄청난 충격과 영적 위기를 초래했다. 어째서 신은 이토록 가혹한 재앙을 내리는가? 성전이 폐허가 돼버린 상황이니 이제 성전에서 제사를 지내라는 율법을 어떻게 지킬 수 있을까? 이것이 위대한 이스라엘 민족의 종말이란 말인가?

사독 가문 사제의 아들로 이주 기간 동안 활동했던 예언자 **에제키엘**도 바로 이런 질문을 던졌다. '이스라엘 족속의 파수꾼'(에제키엘 3:17)으로서 그는 우상숭배 등 유다 왕국이 저지른 죄로 신의 벌이 임박했음을 여러 차례 경고한 바 있다(에제키엘 5:7-10). 신의 벌이 내려진 다음에는 그의 메시지가 희망적으로 바뀐다. 그는 예루살렘과 성전, 왕국이 과거의 영광을 회복하는 모습을 본다. 천사가 안내하는 미래 성전의 상세한 모습은 훗날 두 번째 성전의 실제 건축 과정에서 참고가 되기도 했다

(에제키엘 3:17, 40-41). 에제키엘은 신의 거처가 다시 한 번 유대인들 가운데 놓이는 그날, '나는 그들의 하느님이 되고 그들은 나의 백성이 되리라'는 신의 말씀이 실현되는 날이 반드시 올 것이라 예언했다(에제키엘 37:27). 이를 통해 사람들은 계약이 깨어지지 않았으며 신께서 마침내 백성들을 이스라엘로 인도하시리라 믿을 수 있었다.

이국 땅에서 유대 관습과 전통을 유지하려면 새로운 자극제가 필요했다. 수년 전 요시야 왕이 시작했던 유대 역사, 관습, 법률을 정리해 편찬하는 작업이 이때 결정적 계기를 맞았다고 학자들은 본다. 성경이라고 묶일 이 책들은 유대 가족이 정체성을 유지하고 선조들의 전례를 이어가도록 할 것이었다. 그리하여 학자들은 이 시기 이후 히브리 민족을 '유대'라고, 종교공동체를 '유대교'라고 부른다. 소속 국가나 지리적 위치와 무관한, 더 큰 개념으로서 말이다.

지혜 문학

지혜 문학은 유대 성경에서 예언서와는 다른 위치를 차지한다. 예언서들이 민족의 위기 앞에서 신의 의지에 복종할 것을 강조한다면 지혜 문학은 개인의 행동에 보다 관심을 기울인다. 〈잠언〉 〈욥기〉 〈전도서〉 〈솔로몬 지혜〉 〈벤 시라의 지혜〉 등이 그 예이다.

지혜로움으로 명성이 높았던 솔로몬은 직접 책을 몇 권 썼다고 여겨지지만 실상 〈잠언〉을 비롯한 대부분의 책은 여러 세기에 걸쳐 성인, 관리, 지식인들이 남긴 말을 모은 것이다. 〈잠언〉에서 지혜는 '먼저 사랑하면 그 사랑을 받고 애타게 찾으면 만날 수 있는' 여자로 설명된다(잠언 8:17).

'솔로몬의 노래'는 시에 대한 유대인의 사랑을 잘 드러내 보여준다. 일부 학자들은 이 노래가 고대 유대 결혼 때 불렸다고 믿는다. 젊은 연인들이 서로를 갈구하는 대사가 노골적이다 싶을 정도로 드러나는 시는 신과 그 신부 이스라엘 민족(나아가 그리스도교 교회)의 관계에 대한 비유로도 볼 수 있다.

이와 달리 〈전도서〉는 보다 철학적이다. B.C.E. 3세기에 정리된 것으로 보이는 이 책은 인간 경험의 한시성과 허망함을 자주 다룬다. '무엇이나 다 정한 때가 있다. 하늘 아래서 벌어지는 무슨 일이나 다 때가 있다.'라는 구절(전도서 3:1)은 특히 유명하다.

라파엘 전(前)파 화가인 에드워드 번-존스가 1890년 스테인드글라스에 그린 솔로몬 왕. 예루살렘 성전을 품에 안은 모습이다.

B.C.E. 562년경	B.C.E. 560년경	B.C.E. 546년경	B.C.E. 539년경
바빌로니아의 느부갓네살 왕 사망	안산 왕국 키로스 2세 메디아 왕국을 점령	키로스 2세 리디아 왕국을 점령	바빌로니아가 키로스 2세에게 항복

네덜란드 화가 렘브란트 판
레인이 1635년경에 그린
'벨사살의 연회'이다.

게달리아

당대 최고 도시였던 바빌론에서의 안락한 생활과
대조적으로 유다 왕국에 남아 바빌로니아인을 모
시게 된 농부와 노동자의 삶은 매우 힘들었다. 들판, 우물, 주
택, 길 할 것 없이 모든 게 폐허로 변한 상황이었다. 바빌로니아
의 근위대장 느부사라단은 가난한 이들에게 농토를 재분배하
여 농업경제를 재건하고자 하였다(예레미야 39:10). **게달리아**라고
도 불리는 느부사라단은 아히캄의 아들로 유다의 총독이 되어
지역을 되살리는 임무를 맡았던 것이다. 새 총독은 협력을 종
용했고 예언자 예레미야도 같은 생각이었지만 헛수고였다. **엘
리사마**의 아들로 유다 왕실과 관련이 있는 인물이었던 이스마
엘이 얼마 지나지 않아 봉기해 게달리아를 죽인 것이다. 암몬

의 **바알리스 왕**이 이를 뒤에서 지원하였다. 하지만
유다 왕국을 다시 유대인의 통제 하에 두려던 시도
는 실패로 돌아갔다(예레미야 41:1-10). 바빌로니아
의 보복이 두려웠던 유다의 남은 엘리트층과 예레미야는 이집
트로 피신했다(열왕기 하 25:25-26). 두려움은 현실이 되어 바빌
로니아인들이 또다시 유대인 일부를 바빌로니아로 이주시켰다
(예레미야 52:30).

벨사살

다음 이야기의 무대는 유다도 바빌로니아도 아닌 안샨 왕국,
오늘날의 이란이다. 안샨 왕국은 아케메네스라는 전설적 인물
로부터 이어진 왕조가 통치하고 있었다(이후 페르시아 왕조는 아

B.C.E. 525년경
키로스 2세의 아들
캄비세스 이집트 정복

B.C.E. 520년경
하깨와 즈가리야 다리우스
1세 치하에서 활동함

B.C.E. 515년경
예루살렘에 두 번째 성전
봉헌됨

B.C.E. 508년경
그리스인들 민주정 수립

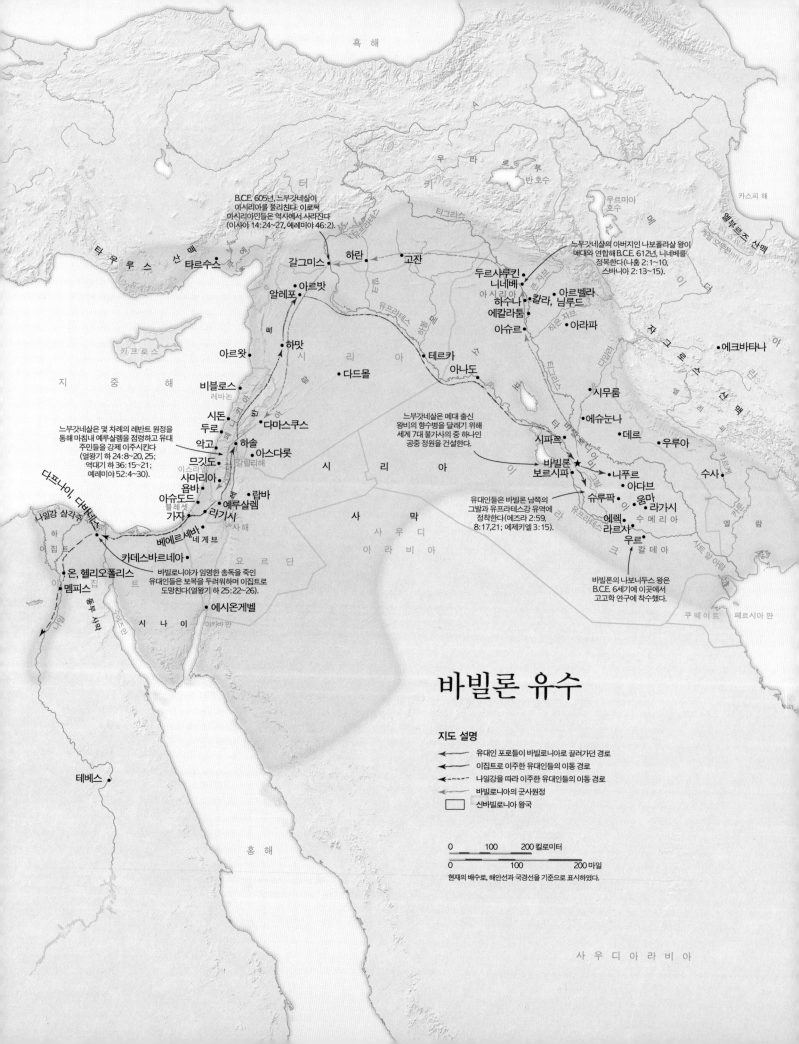

흑해

터키

우라

르투

반호수

우르미아
호수

카스피 해

알부르즈 산맥

겨울 오두막

메디

터

이

타우루스 산맥

타르수스

키프로스

지중해

유프라테스강

B.C.E. 605년, 느부갓네살이
아시리아를 물리친다. 이로써
아시리아인들은 역사에서 사라진다
(이사야 14:24~27, 예레미야 46:2).

하란

고잔

느부갓네살의 아버지인 나보폴라살 왕이
메대와 연합해 B.C.E. 612년, 니네베를
정복한다(나훔 2:1~10,
스바니야 2:13~15).

갈그미스

티그리스

대 자브

두르샤루킨
니네베

하수나
에칼라툼

칼라, 님루드

아르벨라

아라파

아르밧

알레포

아슈르

리

비

티

소 자브

디얄라

에크바타나

자그로스 산맥

아르왓

하맛

시

리

아

다드몰

테르카
아나도

시무룸

에슈눈나

데르

우루아

수사

엘

람

비블로스
레바논

시돈

두로

악고

므깃도

이스라엘

사마리아

옵바

아슈도드

블레셋

가자

라기시

유프라테스강

하솔

다마스쿠스

아스다롯

갈릴리해

느부갓네살은 메대 출신
왕비의 향수병을 달래기 위해
세계 7대 불가사의 중 하나인
공중 정원을 건설한다.

바빌론
보르시파

니푸르

아다브

슈루팍

움마

라가시

에렉

라르사

우르

칼데아

시파르

쿠웨이트

페르시아 만

느부갓네살은 몇 차례의 레반트 원정을
통해 마침내 예루살렘을 점령하고 유대
주민들을 강제 이주시킨다
(열왕기 하 24:8~20, 25;
역대기 하 36:15~21;
예레미야 52:4~30).

람바

예루살렘

사해

요르단

사

막

사우디
아라비아

유대인들은 바빌론 남쪽의
그발과 유프라테스강 유역에
정착한다(에즈라 2:59,
8:17,21; 에제키엘 3:15).

수메리아

다프나이, 다바네스

나일강 삼각주

하

이집트

온, 헬리오폴리스

멤피스

동부 사막

베에르세바

카데스바르네아

네게브

바빌로니아가 임명한 총독을 죽인
유대인들은 보복을 두려워하며 이집트로
도망친다(열왕기 하 25:22~26).

에시온게벨

시나이
아카바만

바빌론의 나보니두스 왕은
B.C.E. 6세기에 이곳에서
고고학 연구에 착수했다.

테베스

홍해

바빌론 유수

지도 설명

◄── 유대인 포로들이 바빌로니아로 끌려가던 경로
◄── 이집트로 이주한 유대인들의 이동 경로
◄-- 나일강을 따라 이주한 유대인들의 이동 경로
◄── 바빌로니아의 군사원정
▭ 신바빌로니아 왕국

0   100   200 킬로미터
0   100   200 마일

현재의 배수로, 해안선과 국경선을 기준으로 표시하였다.

사우디아라비아

다니엘서

〈에녹 1서〉 및 〈바룩 2서〉와 함께 〈다니엘서〉는 유대 성경에서 몇 안 되는 계시록 중 하나이다. B.C.E. 2세기, 안티오쿠스 4세 시기에 쓰인 것으로 여겨지는 이 책은 B.C.E. 6세기를 배경 삼아 일련의 사건들을 미래에 대한 예언으로서 설명한다. 첫 여섯 장은 다니엘이라는 인물과 그 유대인 친구들이 느부갓네살 2세에서 페르시아의 다리우스 왕 시대에 이르는 여러 차례의 강제 이주 동안 겪는 일들을 묘사한다. 다니엘은 느부갓네살의 기이한 꿈을 해몽하러 불려가 칭찬을 받기도 했지만 얼마 후 친구들이 우상숭배를 거부하면서 화덕에 던져지는 일도 당한다. 다행히 친구들은 머리카락 하

예언자 다니엘의 모습을 묘사한
16세기 비잔틴 이콘화.

나 타지 않고 무사히 화덕에서 걸어 나온다(다니엘 3). 또 다리우스 왕이 다니엘을 사자 굴에 던져넣지만 그는 아무 탈 없이 빠져나온다. 〈다니엘서〉 7장부터 11장에서 다니엘은 계시적인 꿈과 환영을 여러 개 받는 예언자로 나온다. 꿈과 환영에는 괴상한 동물이 많이 등장하는데 가령 날개 넷에 머리 네 개 달린 표범 같은 동물은 이스라엘을 통치한 외국 왕들을 상징하는 것으로 여겨진다. 다니엘 계시록의 핵심 메시지는 결국 신이 그의 민족을 압제에서 구해내리라는 것이다. 안티오쿠스 4세 치하 시리아의 압제를 포함해서 말이다.

케메니드라 불리게 된다). 안샨은 본래 메디아 제국의 속국이었다. 메디아 제국은 그 영토가 오늘날의 터키부터 페르시아 만까지 뻗었으며 북동쪽 국경을 바빌로니아 제국과 마주대고 있었다. B.C.E. 553년, 안샨의 **키로스 2세**가 메디아에 반기를 들고 봉기해 승리했다. 광대한 메디아 제국 영토를 야금야금 빼앗아가던 키로스 2세는 B.C.E. 546년, 마지막으로 남은 리디아의 크로이소스 왕까지 물리친다. 이와 관련해 출처를 알 수 없는 다음과 같은 이야기가 전한다. 크로이소스와 키로스가 나란히 서서 키로스의 군대가 리디아 수도 사르디스(Sardis)로 몰려들어가는 모습을 보고 있었다고 한다. 크로이소스는 멍한 표정으로 "저 사람들이 뭘 하는 거지?"라고 물었다. "폐하의 도시를 약탈하고 있습니다."라고 키로스

토비트서

출처가 분명하지 않은 〈토비트서〉는 아내 안나, 아들 토비아와 함께 아시리아의 수도 니네베로 끌려간 유대인 토비트의 이야기이다. 어느 날 그는 메디아로 가서 친구 가바엘에게 은을 맡겼다(토비트 1:14). 그런데 돌아오는 길에 참새 똥을 맞고 그만 눈이 멀었다. 토비트는 아들 토비아를 메디아로 보내 은을 찾아오도록 했다.

길을 떠난 토비아는 자신을 아자리야라고 소개하는 라파엘 천사를 길동무로 만난다. 토비아가 물고기를 한 마리 잡자 라파엘 천사는 생선 내장 일부를 간직하게 한다. 이후 이를 계기로 토비아는 라구엘의 딸 사라와 만나 결혼한다. 두 사람은 토비아의 집에 돌아가 성대한 결혼잔치를 벌이고 라파엘도 자기 신분을 밝힌다. 모두들 엎드려 신을 찬양한다.

토비아는 부모가 돌아가실 때까지 함께 살다가 아내와 아이들을 데리고 메디아로 옮겨간다. 이 책의 메시지는 신앙을 지녔다면 아무리 큰 불행을 만나도 신께서 지켜준다는 것이다.

가 답하자 크로이소스가 키로스를 바라보며 말했다고 한다. "아니, 당신의 도시라오. 더 이상 내 것이 아니니."

당연히 키로스의 다음 목표는 바빌로니아 제국이었다. 당시 바빌로니아를 다스리던 나보니두스는 안타깝게도 선대 왕들의 군사적 야심을 물려받지 못한 인물이었다. 자신의 약점을 안 그는 아들 벨 샤르 우수르를 공동 통치자로 세우고 많은 권력을 넘겨주었다. 이 아들이 바로 〈다니엘서〉에 등장하는 **벨사살**이라는 인물의 모델인 듯하다.

〈다니엘서〉는 벨사살이 성대한 연회를 열면서 느부갓네살이 예루살렘 성전에서 가져온 그릇을 술잔으로 사용했다고 기록했다. 연회가 무르익었을 때 '갑자기 사람의 손가락 하나가 나타나더니' 연회장 벽에 '므네, 므네, 드켈, 브라신

> 나는 티그리스 강 반대편의 성스러운 도시로 돌아가
> 오랫동안 폐허로 방치되었던 신전을 다시금 세워주었다.
>
> – 키로스 대제의 원통형 점토 문서

(mene, mene, tekel, parsin)'이라는 글귀를 썼다(다니엘 5:5, 5:25). 아무도 그 의미를 해석하지 못하자 왕비가 다니엘을 불러오도록 했다.

다니엘

다니엘은 바빌로니아 왕궁에서 교육받은 유대 귀족 출신 이주민이었다. 연회장으로 불려온 그는 곧 글귀의 의미를 이해했다. 그는 사람들에게 설명했다. "'므네, 므네, 드켈, 브라신'이라는 글귀에서 므네는 신이 이 왕국의 햇수를 세어보고 마감했다는 뜻입니다. 드켈은 왕을 저울에 달아보니 무게가 모자랐다는 것이고 브라신은 이 왕국을 메대와 페르시아에게 갈라준다는 것입니다"(다니엘 5:26–28). 다니엘의 해석이 적중해 벨사살은 그날 밤 살해당한다(다니엘 5:30).

성경은 벨사살의 뒤를 이은 **다리우스 왕**이 다니엘을 특별히 총애해 다른 대신들이 시기할 정도였다고 설명한다. 신하들은 다니엘의 충성심을 시험하기로 하고 다리우스 왕을 설득해 30일 동안 온 왕국이 오로지 왕의 조각상만을 숭배하도록, 그렇지 않을 경우 사자들에게 던져지도록 만든다. 신심 깊은 다니엘은 명령을 거부하고 신께 기도를 계속한다. 적들은 이를 왕에게 알리고, 왕은 어쩔 수 없이 다니엘을 사자 굴에 집어넣으며 "네가 굽히지 않고 섬겨온 신이 너를 구하여 주시기 바란다"(다니엘 6:16)

키로스 대제의 바빌론 정복을 기록한 B.C.E. 6세기의 원통형 점토 문서

고 말한다. 다음날 아침 사자굴 앞으로 간 다리우스 왕은 상처 하나 입지 않은 다니엘을 보고 안도한다. 신의 천사가 '사자 입을 틀어막아 주셨던' 것이다. 왕이 다니엘을 음해한 이들을 사자 굴로 집어던지니 바닥에 채 떨어지기도 전에 잡혀먹히고 만다(다니엘 6:22–24).

키로스 2세

신이 예고했듯 바빌로니아의 시대는 끝으로 가고 있었다. B.C.E. 540년, 키로스가 이끄는 대규모 페르시아 군대가 바빌로니아 국경을 넘었고 나보니두스는 맞섰지만 소용없었다. 그 해가 가기 전, 키로스는 오피스(Opis)에서 바빌로니아 군대를 물리치고 바빌론으로 길을 재촉했다. '나보니두스 운문 기록'이라 불리는 점토판을 보면 무정부 상태에 지친 바빌론 주민들이 순순히 성문을 열어주었다고 나온다. 키로스 왕의 일대기를 기록한 원통형 점토 문서는 그 승전을 바빌로니아의 마루둑 신 덕분이라 묘사한다. 어떻든 이제 키로스는 역사상 최대 제국의 통치자가 되었다.

새로 정복한 땅에서 벌어졌던 오랜 정치적 혼란을 고려한 키로스는 정치적 열망을 종교 숭배로 돌리겠다는 결정을 내린다. 민족 종교의 사제와 성지를 잘 갖춰주면 자율성을 누린다고 생각해 반란 의지가 꺾일 것이라 판단한 것이다. 그리하여 자신의 영토에서 토속종교 활동을 적극 지원했

B.C.E. 458년경	B.C.E. 444년경	B.C.E. 438년경	B.C.E. 431년경
에즈라 유다에 대한 사명 수용	아르타크세르크세스의 술잔 시종 느헤미야 유다를 여행	아테네 파르테논 신전 완성	펠로폰네소스 전쟁 발발

유딧과 홀로페르네스

이탈리아 화가 미켈란젤로 메리시 다 카라바지오가 1599년경에 그린 '홀로페르네스의 목을 자르는 유딧'이다.

유 딧과 홀로페르네스 이야기는 히브리 경전의 그리스어 70인 역 계시록에 들어 있다. 이 책의 목적은 바빌로니아 압제에 맞선 과부 유딧의 용기와 애국심을 독자에게 고취하는 데 있었다. 홀로페르네스는 느부갓네살의 명령을 받고 이스라엘을 가혹하게 유린한 장군이었다. 홀로페르네스가 이끄는 바빌로니아 군대는 유딧이 살고 있던 베툴리아를 포위했다. 다급한 상황에서 유딧은 신께 기도를 올린 후 과부 옷을 벗어버리고는 '남자들의 눈을 홀릴 만큼 요란하게 꾸몄다'(유딧 10:4). 그리고 하녀 하나만을 데리고 성문을 통과해 적군 보초병에게 잡혀 진지로 끌려갔다. 군인들은 '유딧의 아름다움에 놀랐고 또 그 여자의 아름다움으로 미루어보아 이스라엘 남자들이 얼마나 훌륭할까, 생각하며 감탄하였다'(유딧 10:19). 홀로페르네스도 한눈에 유딧에게 반했고 사흘째 되던 날 연회를 베풀어 유혹하기로 했다. '그런 여자와 한 번도 놀아보지 못하고 그대로 돌려보낸다는 것은 수치'라 여긴 것이다(유딧 12:12). 늦은 밤 술 취해 누운 장군과 단둘이 남겨진 유딧은 장군의 검을 뽑아 그 목을 베었다. 유딧의 이야기는 르네상스 시기 수많은 화가들의 작품 소재가 되었다.

B.C.E. 415년경 모세 5경 최종 형태 갖춤	B.C.E. 406년경 유리피데스와 소포클레스 죽음으로 그리스 연극 황금시대 끝남	B.C.E. 366년경 이집트 페르시아 통치에 반란	B.C.E. 359년경 마케도니아 필립 2세 세력을 키움

① 파사르가대 파사르가대에 있는 키로스 무덤. 메소포 타미아의 지구라트에서 따온 형태로 그리스 역사가들의 기록으로 미루어 키로스 대제의 무덤이라 여겨진다.

② 페르세폴리스 '페르시아인의 도시'라는 뜻의 페르세폴 리스는 키로스 대제가 새로운 아르게메네스 제국의 수도 로 삼은 곳이다. 하지만 궁전 대부분을 건설한 사람은 다 리우스 대제였다.

③ 리디아 신화적 동물 그리핀이 장식된 리디아의 황금 팔찌. 보석, 특히 금이나 은의 정교한 세공 제품이 아르 케메네스 왕조의 중요한 특징이다.

④ 수사 다리우스 왕궁 벽 부조에 묘사된 전사들. 메디 아에서 전해진, 바지 차림으로 말을 타고 전장에 나갈 때 선호되었던 복장이다.

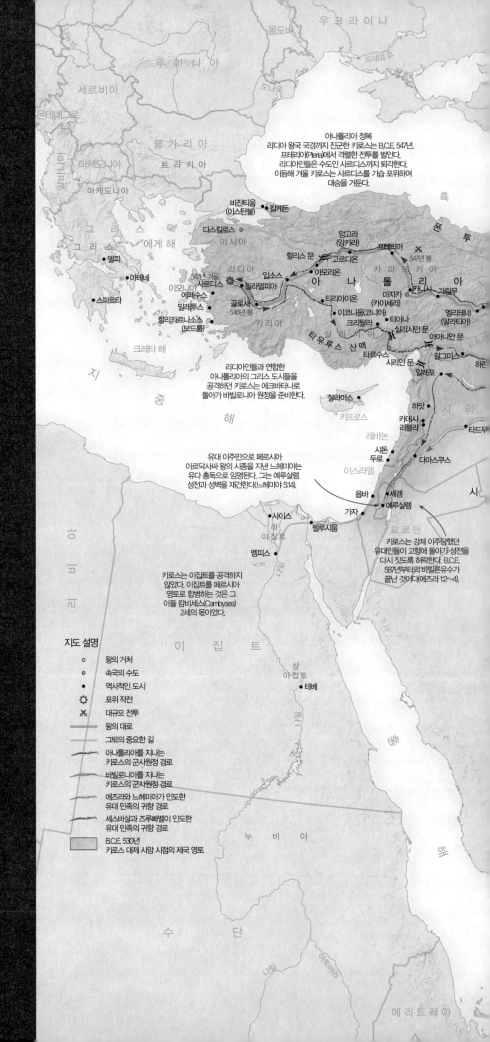

아나톨리아 정복
리디아 왕국 국경까지 진군한 키로스는 B.C.E. 547년, 프테리아(Pteria)에서 격렬한 전투를 벌인다. 리디아인들은 수도인 사르디스까지 퇴각한다. 이듬해 겨울 키로스는 사르디스를 기습 포위하여 대승을 거둔다.

리디아인들과 연합한 아나톨리아의 그리스 도시들을 공격하던 키로스는 에크바타나로 돌아가 바빌로니아 원정을 준비한다.

유대 이주민으로 페르시아 아르닥사싸 왕의 시종을 지낸 느헤미아는 유다 총독으로 임명된다. 그는 예루살렘 성전과 성벽을 재건한다(느헤미야 5:14).

키로스는 강제 이주당했던 유대인들이 고향에 돌아가 성전을 다시 짓도록 허락한다. B.C.E. 587년부터의 바빌론유수가 끝난 것이다(에즈라 1:2~4).

키로스는 이집트를 공격하지 않았다. 이집트를 페르시아 영토로 합병하는 것은 그 아들 캄비세스(Cambyses) 2세의 몫이었다.

지도 설명

- ◦ 왕의 거처
- ◦ 속국의 수도
- • 역사적인 도시
- ✿ 포위 작전
- ✕ 대규모 전투
- ▬ 왕의 대로
- ▬ 그밖의 중요한 길
- ▬ 아나톨리아를 지나는 키로스의 군사원정 경로
- ▬ 바빌로니아를 지나는 키로스의 군사원정 경로
- ▬ 에즈라와 느헤미아가 인도한 유대 민족의 귀향 경로
- ▬ 세스바살과 즈루빠벨이 인도한 유대 민족의 귀향 경로
- ▭ B.C.E. 530년 키로스 대제 사망 시점의 제국 영토

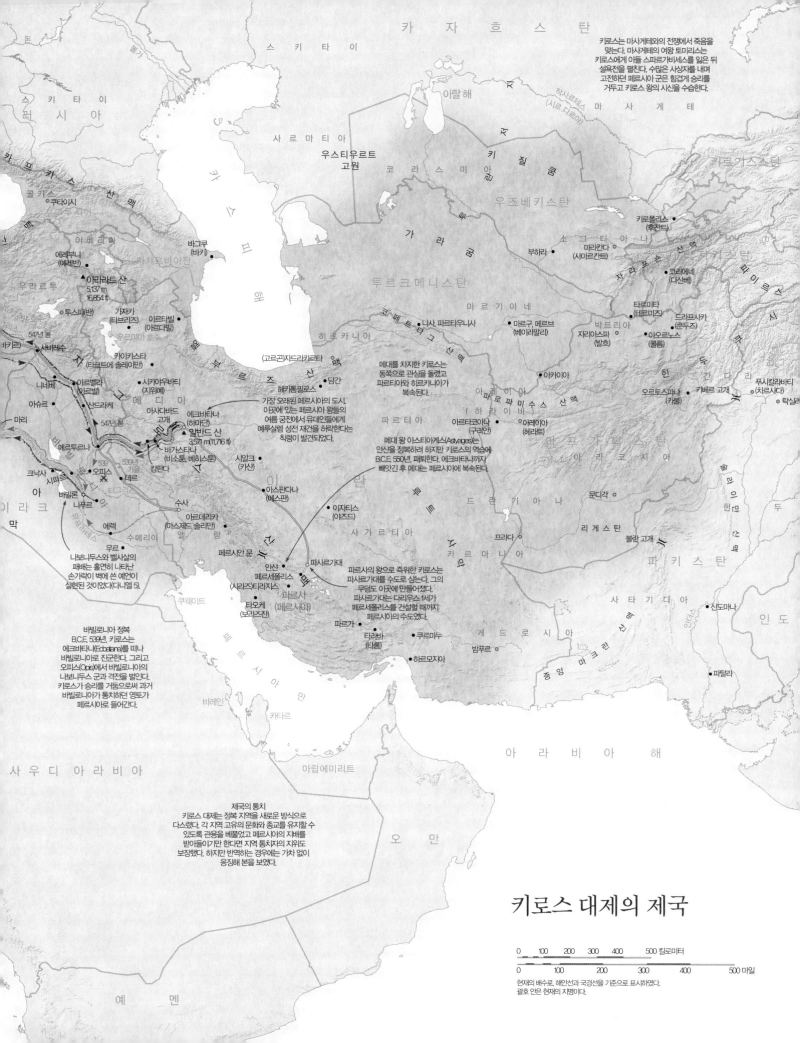

키로스 대제의 제국

고 수메르와 아카드를 포함해 고대 바빌로니아 신들의 신전 재건 비용을 대기도 했다.

유다 왕국의 유대인들도 종교 활동을 보장받았다. 하지만 종교 지도층은 대부분 예루살렘이 아닌 바빌론에 강제 이주되어 성경 편찬작업에 매달리는 상황이었다. 결국 키로스는 "하느님 야훼께서는 유다 나라 예루살렘에 당신의 성전을 지을 임무를 나에게 지워주셨다. 아직 바빌론에 있는 유다인들은 예루살렘으로 돌아가 하느님 야훼의 성전을 짓도록 허락한다."는 칙령을 내린다(에즈라 1:2-3).

이에 기뻐하며 긴 귀향길에 나선 유대인도 많았지만 그렇지 않은 이들도 적지 않았다. 여전히 율법에 충실한 생활을 하면서도 바빌론에서 부를 축적하고 선진적 문화를 즐기는 경우였다. 어렵게 이뤄낸 《모세 5경》 편집작업 기반이 예루살렘 귀환으로 깨어질 것을 두려워하는 이들도 있었다. 이들 성경 공동체는 이후 페르시아 유대 성경 주해센터로 성장하며 랍비 유대교 시대까지 이어진다.

세스바쌀과 즈루빠벨

처음으로 바빌론을 떠나 직선거리 965킬로미터에 달하는 예루살렘 귀향길을 시작한 유대인은 4만 2,360명. 이들을 이끈 사람은 유다 왕족이었던 **세스바쌀**이었다. 출발 전에 키로스 왕은 느부갓네살이 예루살렘 성전에서 강탈한 그릇과 금은 장식물 5,000점 이상을 돌려주는 친절도 베풀었다. 세스바쌀의 이름은

성경 다른 곳에는 나오지 않기 때문에 일부 학자들은 그를 가족과 바빌론으로 끌려간 여호야긴의 아들 중 하나인 세나쌀로 보기도 한다(역대기 상 3:18).

유다 왕국에 도착한 세스바쌀은 이제 페르시아의 다섯 번째 태수령인 아바르 나하라(Abar nahara, '유프라테스 강 너머'라는 뜻이다)의 일부인 예후드, 즉 유다 총독으로 임명되었다(에즈라 5:14). 하지만 〈에즈라서〉의 다른 부분에서는 총독이 여호야긴의 다른 후손 **즈루빠벨**로 나온다(에즈라 5:2,16). 이런 점으로 미루어 성전 재건에 앞장선 세스바쌀과 즈루빠벨은 결국 동일 인물로 여겨진다.

메디아의 수도였던 에크바타나 문서고에서 발견된 키로스 칙령을 보면, 페르시아의 다음 왕 다리우스 1세(B.C.E. 522-486)는 성전 재건 비용을 공식 지원한다(에즈라 6:2). 얼마 지나지 않아 기초공사가 끝났고 예루살렘은 환호 소리로 가득 찼다.

하깨

성전 기초공사가 끝난 기쁨도 잠시, 재건 작업은 더디게 진행되었다. 즈루빠벨에게 "우리 하느님의 성전을 짓는데 당신들은 상관할 일이 아니오."(에즈라 4:3)라는 말을 들은 후 건설에 참여하지 못하게 된 사마리아인들이 작업을 방해한 것도 한 이유였다. 페르시아 관리인 **르훔**은 이러한 다툼을 근거로 성전 재건을 중단하자고 왕에게 건의하기도 하였다(에즈라 4:15). 실제로 경제가 다소 회복되어 농장 수확이 늘고 예루살렘이 폐허 상태

유대 회당

알렉산더 제국 전역으로 유대인이 흩어져 살게 되면서 이주민이 모여 안식일을 지내고 축제를 보내는 등 공동체 기능을 담당할 공간이 절실해졌다. 그 결과 탄생한 것이 유대 회당이었다. '모임의 집'을 뜻하는 그리스어 synagog에서 시나고그라는 말이 생겨났고 히브리어로는 beit knesset이다. 기록으로 남은 가장

오래된 회당은 이집트에 지어진 B.C.E. 3세기의 것이다.

회당을 짓는 관습은 예리고 남서쪽 '와디 켈트'(Wadi Qelt), 골란 고원의 감라(Gamla), 사해 연안 헤롯 산 마사다 요새 성벽의 북서쪽 포대 등 먼 팔레스타인 지역까지 퍼져갔다. 마사다 성벽 포대의 유대 회당은 B.C.E. 31년경에 만들

어졌는데 C.E. 66-C.E. 74년의 반로마 반란 당시 요새를 점령한 유대교 열심당원들이 삼면에 돌의자를 네 줄로 배치하여 200명까지 수용할 수 있도록 하였다. 발굴 당시 이곳에서는 〈에제키엘서〉와 〈신명기〉 두루마리 일부가 발견되었고 '사제의 단지(me'aser kohen)'라 쓰인 질그릇 조각도 나왔다.

B.C.E. 356년경	B.C.E. 342년경	B.C.E. 333년경	B.C.E. 332년경
알렉산더 출생	페르시아 이집트 반란 진압	알렉산더 이수스 전투에서 페르시아 다리우스 3세 물리침	알렉산더 대제 이집트 정복

를 벗어나면서 성전은 우선순위에서 밀려나는 상황이었다. 이에 격분하여 나선 것이 예언자 **하깨**라는 인물이었다. 하깨는 B.C.E. 520년, 다섯 달 만에 〈하깨서〉를 지었다는 점 외에는 알려진 정보가 거의 없는 사람이다. 그는 "너희는 어찌하여 성전이 무너졌는데도 아랑곳없이 벽을 널빤지로 꾸민 집에서 사느냐? 너희가 씨는 많이 뿌렸어도 수확은 적었다."라고 하였다(하깨 1:4-5). 마침 예기치 않은 가뭄이 찾아오자 하깨는 신의 분노라고 설명했다. "하늘이 이슬을 내리지 않고 땅은 소출을 내지 않을 것이다." 이 말이 영향력을 발휘했던지 곧 즈루빠벨 총독과 대사제 **여호수아**는 성전 재건에 합의하였다(하깨 1:12-15).

즈가리야

베레기야의 아들인 예언자 **즈가리야**도 하깨와 같은 생각이었고 성전 재건을 한층 강하게 압박했다. 〈다니엘서〉를 연상시키는 즈가리야의 환시에는 말 탄 병사들과 전차, 앞을 가로막은 불길, 천사와 악마 앞에 선 대사제 여호수아 등 계시적 장면이 등장한다. 학자들은 이것이 다리우스 즉위 이후 페르시아에 일어난 정치적 동요를 반영한다고 본다.

하지만 즈가리야의 다른 환시는 영광스러운 유대 왕국의 부활을 보여주었다. "내가 시온으로 돌아가 예루살렘 안에서 살리라. 그리 되면 예루살렘은 미쁜 도읍이라, 만군의 야훼의 산은 거룩한 산이라 불리리라."(즈가리야 8:3)라는 신의 말씀을 전하기도 한다. 이곳은 다시금 '도읍 장터마다 사내아이 계집아이들이 우글거리며 뛰놀게' 될 것이고 '그들은 다시 내 백성이, 신은 그들의 하느님이 되리라'는 것이다(즈가리야 8:5,8).

하깨와 즈가리야의 독려 속에서 작업은 다시 가속도가 붙었고 5년이 흐른 B.C.E. 515년 마침내 성전이 완성된다. 유대교 제2성전 시대(B.C.E. 515–C.E. 70)의 막이 열린 것이다.

부림절 축제

〈에스델서〉는 '아하스에로스 왕국에 사는 유대인을 모두 전멸시키기로'(에스델 3:6) 작정한 하만이라는 페르시아 수상의 이야기를 다룬다. 양아버지를 통해 음모를 전해들은 에스델 왕후는 당장 왕에게 사실을 고했고 왕은 모든 유대인이 무기를 들고 스스로를 지키라는 명령을 내렸다. 유대인들은 학살을 면했고 음모자들은 죽임을 당했다(에스델 9:5). 이후 '아달 월 13일과 14일에'(에스델 9:19) 이를 기념한 부림절(purim) 축제를 열게 되었다. purim은 주사위(pur)의 복수형으로 하만 수상이 대학살 날짜를 정하기 위해 주사위를 던진 것에서 유래했다.

에스델

다리우스 왕은 B.C.E. 486년에 세상을 떠나고 **크세르크세스 1세**가 뒤를 잇는다. 그리스를 침략해 아테네를 약탈했지만 B.C.E. 480년, 살라미스 해전에서 패배하는 바로 그 왕이다. 이후 200년 동안 페르시아와 그리스는 적대관계를 지속했다. 경제적 이권이 이유였다. 두 나라 모두 지중해 교역 통제권, 특히 당시 급격히 발전하는 소아시아 지역 통치권을 노렸던 것이다.

많은 학자들은 크세르크세스 왕이 〈에스델서〉에 등장하는 **아하스에로스 왕**이라 믿는다. 이 책은 여러 면에서 유대 성경 중 독특한 위치를 차지하는데 여성을 주인공으로 하여 현대 소설 못지않게 흥미로운 이야기가 전개된다는 점도 그 한 이유이다. 수사에 사는 유대 이주민의 양딸인 **에스델**은 빼어난 미모로 페르시아 왕후가 된다. 아하스에로스 왕이 '에스델의 머리에 화관을 씌우고 첫 부인 **와스디**를 대신하여 왕비로 삼았던' 것이다(에스델 2:17).

궁에서는 에스델을 시기하는 움직임이 일어난다. 새로 임명된 암몬인 수상 **하만**(암몬인들은 이스라엘의 오래된 적이었다)은 '아하스에로스 왕국에 사

19세기 이라크 종파가 만든 에스델서 두루마리.

스페인 화가 프란치스코
콜란테스(1599–1656)가 1630년에
그린 '에제키엘의 환시'이다.

> 짐의 나라에 사는 이스라엘 백성으로서 사제든지 레위인이든지
> 예루살렘으로 가고 싶어하는 사람은 누구든지 그대와 함께 가도 좋다.
>
> – 아르타크세르크세스 왕이 에즈라에게 한 말, 에즈라 7:13

는 유대인을 전멸시키기로'(에스델 3:6) 작정한다. 그리고 마법사들에게 주사위를 던져 좋은 날을 잡게 하고 군대를 대기시킨다. 양아버지 모르드개로부터 소식을 전해들은 에스델 왕후는 왕에게 알리고 하만을 음모자로 지목한다. 분노한 아하스에로스 왕은 하만에게 외친다. "네놈이 내 거처에서, 더구나 내 앞에서 왕후를 겁탈하려느냐?"(에스델 7:8).

하만과 아들들은 끌려가 교수형을 당하지만 왕의 칙령으로 나가버린 유대인 학살은 뒤집을 수가 없다. 에스델의 눈물 어린 간청으로 왕은 모든 유대인이 무기를 들고 스스로를 보호할 수 있다는 또 다른 칙령을 내린다. 그리하여 유대인들은 '원수를 모조리 칼로 쳐 죽이며 닥치는 대로 박살내었다'(에스델 9:5).

이후 '아달 월 13일과 14일에'(에스델 9:19) 이를 기념한 부림절 축제를 열게 되었다.

아르타크세르크세스 1세

크세르크세스 1세가 B.C.E. 465년 쿠데타로 사망한 후 **아르타크세르크세스 1세**(B.C.E. 465-B.C.E. 425)가 왕으로 즉위한다. 아르타크세르크세스는 외세, 특히 그리스와 이집트의 위협에 시달리다가 B.C.E. 449년 아테네인 및 아고스인들과 평화조약을 맺는다.

한편 유다에서는 성전 재건만으로는 유대 공동체의 사회적 종교적 활기를 되찾을 수 없다는 것이 분명해졌다. 내로라 하는 예루살렘 가문들이 여전히 바빌론에 거주했고 예후드 지역 안에는 바빌로니아 제국에서 온 외국인 이주민들이 넘쳐났다. 80년의 세월이 흐르는 동안 유대 민족은 외국인과 통혼했고 결국 유다의 유대 민족은 수많은 문화와 종교가 혼재하는 상태가 되었다.

에즈라

바빌론의 유대 공동체를 이끌면서 유다의 상황까지 챙기던 사제 **에즈라**는 이러한 상황을 크게 우려했다. '유다와 예루살렘으로 가서 모든 일이 그대가 가지고 있는 하느님의 법대로 돌아가는지 살피도록 하라'(에즈라 7:14)는 아르타크세르크세스의 명령을 받은 것으로 보아 에즈라는 페르시아 궁정에서 공식 지위를 가진 인물이었던 것 같다. 지금까지 하사받은 에즈라는 관리, 필경사, 하인 및 유대 이주민들까지 5,000명가량을

수사의 다리우스 궁 에나멜 벽돌 벽에 묘사된 궁사들. B.C.E. 510년경의 것으로 불사의 존재를 지키는 페르시아 경비병으로 보인다.

B.C.E. 285년경
프톨레마이오스 2세 치세 시작.
70인 역이 이루어짐

B.C.E. 280년경
알렉산드리아의 파로스 등대 세워짐

B.C.E. 280년경
새로운 공화국 로마가 이탈리아
반도를 통제권에 넣음

B.C.E. 259년경
제논 파피루스 기록됨

대사제

대사제는 유대 성전 성직자들 중 가장 높은 사람으로 성전의 모든 의례와 번제를 책임진다. 최초의 대사제는 모세의 형 아론이다 (출애굽 28:1–2). 이후 아론의 후손 남자만이 대사제가 될 수 있었다(레위 6:15). 하지만 솔로몬 왕은 반역한 아도니야 왕자를 지지한 대사제 아비아달을 파면하고 자신을 왕으로 세운 사독을 대사제로 삼아 계보를 바꾼다. 이제 대사제는 사독의 후손들만 누리는 지위였다. 일부 학자들은 사독 사람이라는 Zadokites에서 사두개인(Sadducee)이라는 명칭이 생겨났다고 본다. 시리아의 안티오쿠스 4세는 사독 계보와 무관한 메넬라오스를 대사제로 세워 다시 계보를 끊어버린다.

헤로데 왕 시대에 대사제는 왕과 가까운 집안에서 임명되곤 하였다. 안나스 가문처럼 충성심을 확인하기 위해 페르시아에서 데려오는 경우도 있었다. 로마 시대에는 정치적 신뢰가능성을 바탕으로 대사제가 선택되었다.

대사제는 소매 없는 푸른 긴 옷을 입고 유대 부족을 상징하는 열두 보석이 박힌 황금가슴판을 붙였다. 긴 옷 아랫단에는 황금 종과 술이 달려 있었다. 대사제는 대속죄일인 욤 키푸르 날, 성전 안 지성소 안에 들어갈 수 있는 유일한 사람이다.

영국 화가 윌리엄 에티(1787–1849)가 그린 '대사제 아론'이다

이끌고 유다로 떠났다(에즈라 8:1–14).

예루살렘에 도착한 그는 유대인끼리만 결혼하라는 율법이 지켜지지 않아 히브리 민족의 '성스러운 씨앗'이 '이 땅의 다른 민족들'과 섞이는 모습에 경악한다. 고대 유대 관습과 성전 규율도 사라지고 있었다. 에즈라는 유대인 남자들을 한자리에 불러모았다. 그리고 비가 내리는 가운데 준엄한 명령을 내렸다. "하느님 야훼께 죄를 고백하십시오. 이 땅의 뭇 족속들과 손을 끊고 외국 여인들과의 관계를 끊으시오"(에즈라 10:11). 남자들은 가슴 아픔을 무릅쓰고 명령에 따라 '외국인 처자를 떠나보냈다'(에즈라 10:44).

말라기

《모세 5경》의 마지막 책을 쓴 예언자 말라기도 외국인과의 통혼, 성전 번제 횟수 감소를 걱정하고 있었다. **말라기는**

하누카 축제

'빛의 축제'라고도 불리는 하누카는 유다 마카베오가 시리아에서 예루살렘을 해방시킨 후인 B.C.E. 164년 두 번째 성전을 봉헌한 것을 기념한다. 유대 역사가 요세푸스는 성전이 다시 정결해진 것을 8일 동안 축하했다고 기록했다. 그리하여 하누카도 기슬르월(그레고리력에서는 11월 말부터 12월 말까지)의 여드레 낮밤 동안 이어진다. 이 기간 동안 메노라(Menorah)라는 아홉 가지 촛대에 촛불 하나씩을 차례로 밝힌다. 제일 위쪽 혹은 제일 아래쪽에 꽂는 아홉 번째 촛불 샤마슈(Shamash)만은 여드레 밤 내내 켜두는 것이 일반적이다.

느헤미야보다 앞선 시대이며 에즈라 활동 후반기와 겹친 것으로 보인다. 말라기라는 인물에 대해서는 알려진 바가 거의 없다('메신저'를 뜻하는 그의 이름도 가명인 듯하다). 하지만 종교적 방종을 뿌리 뽑기 위한 그의 열정은 하깨나 즈가리야에 못지 않았다.

말라기는 '정결하지 않고 흠 있는 제물을 바치면서 제단을 더럽히고 레위의 계약을 망가뜨리는' 사제들의 도덕적 타락을 비난했다(말라기 1:7, 2:8). 그리고 경건함을 회복해야 유다가 '낙원'으로 돌아갈 수 있다고 하였다(말라기 3:12). 유대 민족이 영적으로 다시 태어나도록 하기 위해 말라기는 신이 '이제 특사를 보내어 행차 길을 닦을' 것이라 예언하였다(말라기 3:1). 마지막 부분쯤에 '이 야훼가 나타날 날, 그 무서운 날을 앞두고 예언자 엘리야를 너희에게 보내리라'(말라기 4:5)는

오늘날 예루살렘 구도시를 둘러싸고 있는 이 성벽은 1535년경 오토만 술탄 술레이만이 쌓았다.

말이 다시 나온다.

그리스도교에서는 말라기가 말한 특사가 세례자 요한이라고 본다. 〈마르코 복음〉에서 예수가 요한을 가리켜 '먼저 올 엘리야라고 부르는 것이다(마르코 9:13).

느헤미야

유다 왕국에서 유대 민족의 신앙을 되살리는 일은 유대인으로 페르시아 관리가 된 **느헤미야**가 잇게 된다. 아르타크세르크세스 왕의 술 따르는 시종으로 신임을 얻은 느헤미야는 예후드에 파견돼 예루살렘 재건 임무를 맡는다. 그는 '예루살렘 성벽은 무너진 채요, 성문들은 불에 탄 채로 그냥 있습니다.'라는 소식을 전해듣는다(느헤미야 1:3). 도시가 재건되어야 사회구조도 정상화될 터였다.

상대적으로 작고 중요성도 떨어지는 예후드 지역에 왕이 이렇듯 특별히 신경을 쓴 이유는 이전 수십 년 동안 페르시아 제국을 괴롭힌 반란 탓이라고 학자들은 추측한다. 키로스 대제가 그랬듯 아르타크세르크세스도 엄격한 종교적 규율이 세워지면 선동적 정치행동이 차단될 것으로 기대했다는 것이다. 더욱이

이 지역은 불안정한 이집트와 페르시아 사이의 전략적 완충지대이자 경제적으로 매우 중요한 대상로의 교차점이었다.

총독으로 임명된 느헤미야는 예루살렘 성벽 재건을 대대적으로 추진했다. 이웃의 사마리아, 에돔, 요르단 동쪽 다른 나라들은 이에 반발했다. 느헤미야는 이들 이민족이 새로 쌓은 성벽을 부수거나 일꾼들을 죽이는 일이 없도록 순찰을 강화했다(느헤미야 4:11,14). 그는 예루살렘 방비를 튼튼히 하는 데 그치지 않았다. 기근이 닥치면 농민들이 식량을 구하거나 세금을 내

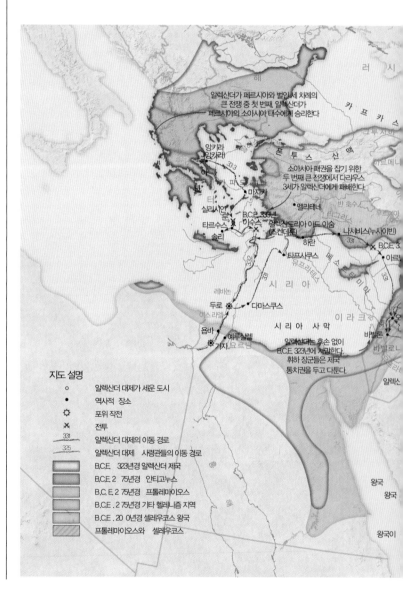

B.C.E. 190년경
로마가 안티오쿠스 3세 물리치고
소아시아까지 통제권 확대

B.C.E. 175년경
안티오쿠스 4세 즉위, 시리아 제국에서
그리스 종교만을 인정함

B.C.E. 167년경
로마 마케도니아 정복

B.C.E. 167년경
모데인의 사제 마따디아가
마카베오 반란 일으킴

기 위해 토지를 빚으로 잡히는 상황이 벌어졌다. '세금 낼 돈이 없어서 밭도 포도원도 모두 맡기고 돈을 빌려야 한다'(느헤미야 5:4)는 원성이 하늘을 찔렀다. 느헤미야는 관료와 귀족들을 모아 '그날 당장 잡았던 밭이나 포도원을 돌려주도록' 했다(느헤미야 5:10-11).

유다의 신앙을 되살리고 유지하기 위해 느헤미야는 총독으로서의 권한을 발휘해 모든 사제와 관리, 그리고 '수위, 합창대원, 성전 일꾼 등 누구든 할 것 없이 율법을 따르며 경건하게

살 것'을 맹세하게 하였다(느헤미야 10:28). 이로써 유다는 페르시아 왕을 대신해 사제 엘리트가 다스리는 유대 신정국가가 되었다. 이 체제는 마케도니아의 젊은 왕이 이끄는 새로운 세력이 밀려올 때까지 유지되었다.

알렉산더 대제
B.C.E. 5세기 이후 고도로 발전된 그리스 예술과 건축, 문학, 연극, 철학 등이 동서를 잇는 대상로를 통해 페르시아 제국으

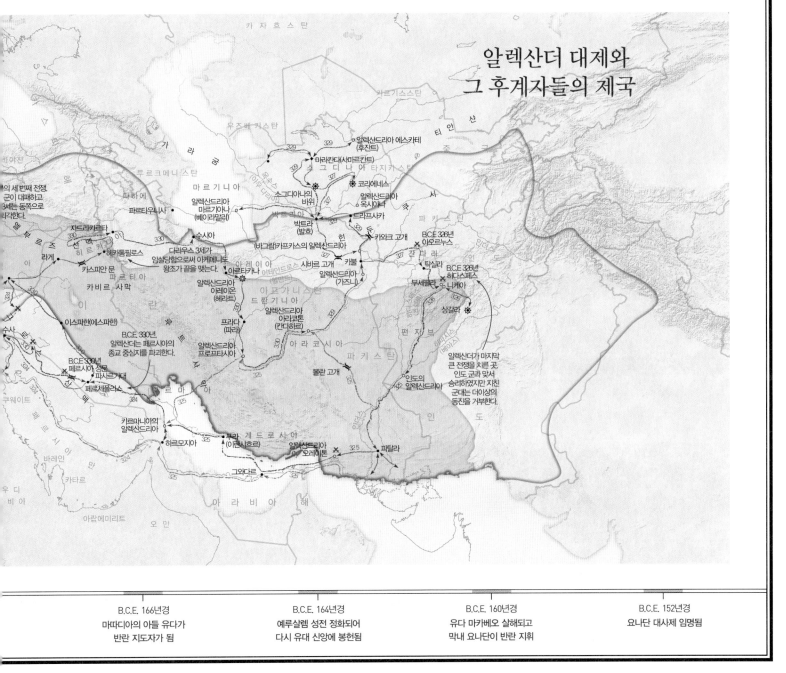

알렉산더 대제와 그 후계자들의 제국

B.C.E. 166년경	B.C.E. 164년경	B.C.E. 160년경	B.C.E. 152년경
마따디아의 아들 유다가 반란 지도자가 됨	예루살렘 성전 정화되어 다시 유대 신앙에 봉헌됨	유다 마카베오 살해되고 막내 요나단이 반란 지휘	요나단 대사제 임명됨

3장 〈역대기〉부터 〈마카베오서〉까지 **187**

사두개

에즈라 이후 예루살렘의 권력은 사제들이 쥐고 있었다. 대공회(Sanhedrin)에 소속되어 성전 번제를 이끄는 이들 말이다. 하스모니아 왕조 시대의 사제 집단에는 사두개(히브리어로는 Tzedoqim)의 영향력이 점점 커졌다. 대사제 사독의 후손으로 여겨지는 사두개파는 하스모니아 왕들이 차지한 대사제의 자리를 마지못해 양보하는 대신 대공회를 장악할 권리, 그리고 종교와 여타 민사 문제에 대한 재판권을 요구하였다. 커져만 가는 사두개파의 권력에 맞선 것이 바리새파, 번제보다는 유대교의 순수한 의례를 엄격히 지키는 것이 율법에 따르는 삶이라 믿는 신심 깊은 평민의 집단이었다. 시간이 가면서 사두개파는 부유하고 보수적인 귀족계층이 되어 로마의 지배를 환영한다. 로마 지배 시기에 일부 사두개 가문이 얼마나 대단한 권력을 누렸는지는 안나스 가문에서 대사제에 오른 사람이 일곱 명이나 되었다는 데서 잘 드러난다.

사두개파는 《모세 5경》과 (예언서를 포함한) 율법서 이외에는 어떤 성경도 받아들이지 않았다. 바리새파에서 확산되던 영생 개념도 믿지 않았다. 〈루가 복음〉에는 이 영생 문제와 관련해 예수에게 물음을 던지는 사두개 사람들이 등장한다(루가 20:28-38).

이탈리아 화가 니콜로 프란지파네(1563-1597)가 그린 '가야파 앞의 예수'로 대사제 가야파 앞에 예수가 서 있는 모습을 담았다.

마케도니아 사람으로 필립보의 아들인 알렉산더는 페르시아와 매대의 왕 다리우스를 쳐부수고 그 왕권을 차지하였다.

– 마카베오 상 1:1

로 쏟아져 들어왔다. 페르시아의 한 지역이 된 예후드도 그 영향을 피할 수 없었다. 인간의 모습을 한 신들이 알몸을 드러내는 그리스 예술에 신실한 유대인은 발끈했지만 정교한 그리스 양식에 매료된 이도 많았다. 아테네는 고대의 파리였다. 더 이상 정치적으로 지중해를 장악하지는 못했지만 예술, 건축, 패션 등에서는 여전히 세련됨의 기준이었다. 채색 화병에서 도시 건축에 이르기까지, 그 영향력은 넓고도 깊었다.

마케도니아의 젊은 왕 **알렉산더**가 B.C.E. 334년, 4만 군대를 이끌고 그리스의 숙적 페르시아를 공격하자 '헬레니즘'의 물결은 거센 파도가 되었다. B.C.E. 333년의 이수스 전투에서 다리우스 3세에 승리를 거둔 후 알렉산더는 거침없이 진격해 남쪽의 시리아, 페니키아, 유다, 이집트 등을 손에 넣고 동쪽으로 방향을 돌려 바빌론, 수사, 페르세폴리스 같은 위대한 메소포타미아 도시들을 함락시켰다. 〈마카베오서〉는 '알렉산더는 땅끝까지 진격하여 여러 나라에서 많은 재물을 약탈하였다. 온 세상은 그 앞에 굴복하였다.'고 기록하였다(마카베오 상 1:3,4).

하지만 알렉산더의 치세는 짧았다. B.C.E. 323년, 금발의 젊은 전사가 병사하자 장군들 사이에 극심한 권력 싸움이 벌어졌다. '후계자'들은 결국 제국을 나눠갖기로 하고 원하는 지역을 선택했다. 이집트 문화에 매료되었던 **프톨레마이오스**는 이집트를 가졌다. **셀레우코스 장군**은 페르시아 제국의 심장부를, **카산드로스 장군**은 그리스와 마케도니아를 챙겼다. 하지만 얼마 지나지 않아 영토를 넓히려는 서로 간의 싸움이 벌어졌고 B.C.E. 301년에야 영토 분할 갈등이 마무리되었다. 이제 프톨레마이오스는 새 수도 알렉산드리아에서 이집트, 유다, 페니키아를 다스리는 파라오로서 프톨레마이오스 왕조를 창시했다. 셀레우코스는 셀레우코스 왕조의 수장으로 시리아와 바빌로니

B.C.E. 149년경	B.C.E. 147년경	B.C.E. 147년경	B.C.E. 147년경
로마와 카르타고 간 3차 포에니 전쟁 발발	후한시대 허신이 1만 글자 규모 중국어 사전 편찬	로마인이 코린트 파괴함	그리스가 로마 아케아 지방으로 복속됨

188 성서 그리고 사람들

아를 다스렸다. 이 두 거대 제국 사이에 자그맣게 끼어 있는 것이 유다였다. 육로를 오가는 대상들의 길목으로서 전략적 중요성은 여전했다.

그리스 통치자들이 지역 전체의 표준 화폐로 통용되는 올빼미 문양 주화 드라크마(drachma)를 도입하면서 교역량은 폭증했다. 국제적 상업 번영을 바탕으로 대규모 이주도 일어났다. 프톨레마이오스 1세는 B.C.E. 312년, 예루살렘의 유대인을 알렉산드리아에 정착시켰는데 자발적으로 따라간 유대인들이 많았다. 이집트의 새 수도 알렉산드리아는 프톨레마이오스 제국의 문화 중심지였다. 거대한 알렉산드리아 도서관이 증명하듯 학문 연구의 중심지이기도 했다. 유대의 시골 마을을 떠나 소아시아(오늘날의 터키) 이오니아 해안의 신생 도시들에 정착한 유대인들도 있었다. 상인뿐 아니라 농부와 장인들도 여기 포함되었다. 전쟁이나 추방이 아닌, 경제적 동기로 이루어진 최초의 디아스포라, 즉 유대인의 국제적 분산이었다.

프톨레마이오스 치세 동안 (유대인이라 불리던) 유다 사람들은 평화를 누렸고 농경도 활발했다. 유다의 농작물 공물은 남쪽으로 흘러 알렉산드리아의 금고로 들어갔다. B.C.E. 258년, 프톨레마이오스 궁정에서 유대 회계업무를 담당한 관리의 이름을 딴 제논 파피루스 기록을 보면 당시의 풍성한 곡물, 과일, 생선 수확량을 알 수 있다.

하지만 이집트와 시리아의 긴장은 해

프랑스 화가 장–시몽 베르텔레미(1743–1811)가 그린 '고르디우스 매듭을 끊는 알렉산더'이다.
이 매듭을 푸는 자는 아시아의 통치자가 된다는 예언이 있었다.

70인 역(譯) 성경

프톨레마이오스 왕국 수도 알렉산드리아에서 유대인 공동체가 성장하면서 히브리어 성경의 그리스어 번역 필요성이 커졌다. 아리스테아의 편지(B.C.E. 2세기)에 따르면 프톨레마이오스 2세(B.C.E. 285–B.C.E. 246)에게 번역 지원을 요청했다고 한다. 왕은 이를 수락하면서 군사원정 때 포로로 잡힌 유대인 수백 명이 여전히 갇혀 있다는 점을 기억해냈다. 왕은 예루살렘의 대사제 엘르아잘에게 히브리 성경 번역을 완성할 학자 72명을 보내주면 포로를 석방하겠다는 제안을 한다. 그 합의의 결과물이 70인 역 성경(영어 명칭 Septuagint는 라틴어로 '70'을 의미하는 septuaginta에서 왔다)이다. 이 번역의 그리스어에는 알렉산드리아 방언이 많이 포함되어 있어 대부분 작업을 알렉산드리아 필경사들이 담당한 것으로 보인다. 예루살렘 학자들을 불러왔다는 이야기는 번역에 권위를 부여하기 위해 덧붙여졌을 것이다.

소되지 않았고 결국 전쟁이 터지고 말았다. B.C.E. 200년경 프톨레마이오스 에피파네스 왕은 시리아의 안티오쿠스 3세에게 패배했다. 안티오쿠스는 유다 지방을 셀레우코스 제국 영토에 포함시켰고 유다는 다시금 혼란에 휘말렸다.

셀레우코스 4세

혼란의 원인은 시리아의 재정파탄이었다. 로마의 속국이 된 그리스를 안티오쿠스가 섣불리 침략했다가 패배하면서 로마의 내정 간섭 빌미를 제공하고 엄청난 배상금까지 물어야 하는 상황이 된 것이다. 안티오쿠스의 아들 셀레우코스 4세가 즉위할 무렵, 제국은 파산 직전이었다. 셀레우코스는 왕국 내 모든 성전의

보물을 압수해 문제를 해결하려 했다. 예루살렘의
성전도 예외일 수 없었다.

이미 유대 사람들은 모든 것을 그리스 식으로
몰고 가는 시리아 방침에 염증을 느끼고 있었다. 지역 관습과
종교를 존중했던 프톨레마이오스와 달리 시리아는 헬레니즘,
즉 그리스 문명으로 모든 것을 통일하려 들었다.

네덜란드 화가 제라르 드
래레스(1640–1711년경)가
1674년에 그린 '성전에서
쫓겨나는 헬리오도로스'이다.

급기야 **헬리오도로스**라는 시리아 관리가 제2성전
을 약탈하겠다고 나선 것이다. 하지만 그가 성전 금
고에 다가가자 신비로운 형상이 나타났다. '휘황찬
란하게 성장한 말이 보기에도 무시무시한 기사를 태우고 앞발
을 쳐든 채 맹렬하게 돌진한 것이다'(마카베오 하 3:24–25). 약탈
은 실패로 돌아갔다.

B.C.E. 135년경	B.C.E. 133년경	B.C.E. 112년경	B.C.E. 106년경
쿰란에서 동전 사용 증거 발견됨	소아시아, 로마의 여덟 번째 지역이 됨	유다에서 바리새파와 사두개파 나타남	로마 웅변가이자 정치가인 키케로 태어남

야손

셀레우코스가 사망하고 그 형제 안티오쿠스 4세 에피파네스가 왕위를 이어받은 후 예루살렘 성전의 대사제 자리를 둘러싼 권력다툼이 불거졌다. 대사제를 지낸 **오니아스 3세**의 형제인 예수(Yeshua 혹은 Jesus)는 이름까지 야손이라고 헬레니즘 식으로 바꾸고 안티오쿠스 4세에게 '은 360달란트'에 달하는 뇌물을 바쳤다. 오니아스 3세가 성전 보물을 강탈하려는 셀레우코스의 시도에 극렬히 반대했다는 것도 야손에게는 긍정적으로 작용했다. 형제를 몰아내고 대사제가 된 야손은 당장 예루살렘을 그리스 생활방식으로 바꿔놓았다(마카베오 하 4:8,10).

'그들은 곧 이방인의 풍속을 따라 예루살렘에 운동장을 세우고 할례받은 흔적을 없앴으며 거룩한 계약을 폐기하였다. 이렇게 그들은 악에 가담하였다.'라고 마카베오는 기록하고 있다(마카베오 상 1:14-15). 대사제 자리를 노리는 또 다른 인물 메넬라오스가 등장하면서 위기는 고조되었다. 메넬라오스는 더 큰 액수의 뇌물을 제시했는데 문제는 뇌물이 아니라 그가 사독의 후손이 아니라는 데 있었다(야손은 사독의 후손이었던 것으로 보인다). 대사제는 사독 후손에게만 주어지는 자리였다. 야손은 트랜스요르단으로 도망쳐 반격의 기회를 노렸다.

안티오쿠스 4세 에피파네스

때마침 안티오쿠스 4세는 로마 및 이집트 군과의 싸움에서 패해 이집트에서 퇴각하며 예후드를 지나가는 중이었다. 대사제 자리를 노리는 이들 간의 다툼이 내전으로 비화되는 상황은 안티오쿠스 4세가 예루살렘으로 진군해 성전을 약탈하고 그리스 방식을 지지하지 않는 이들에게 화풀이를 할 계기를 제공했다.

안티오쿠스는 여기서 그치지 않고 운명의 한 걸음을 더 내딛고 만다. 성전의 모든 종교활동을 금지한다는 유대 법을 공포한 것이다. 성전 자체도 그리스 신 제우스 신전으로 바뀌었고 '성전 앞 제단에는 부정한 고기가 가득 쌓였으며 성전 안에서는 이방인들이 창녀들과 어울려 방종과 향락을 일삼았다'(마카베오 하 6:4). 유대 역사가 요세푸스는 유대 의례를 지키는 사람들이 '매질을 당하고 온몸이 갈기갈기 찢겼다'고 기록하였다.

바리새

바리새파(히브리어로 '분리된 이들'이라는 의미의 perushim에서 기원했다)는 종교집단이 아니라 율법을 철저하게 지킴으로써 '스스로를 분리시킨' 신심 깊은 평민들이었다. 사두개파와 달리 바리새파는 율법이 시대의 변화에 따라 달리 적용될 수 있다고 보았다. 사두개파에게 《모세 5경》은 닫힌 책이었지만 바리새인들은 율법을 공부하고 열렬히 토론했다. 그리하여 '구전 율법'이라 알려진 성경 주석이 만들어졌고 이는 3세기의 불문율법 모음 《미슈나(Mishnah)》의 바탕이 되었다. 또한 바리새파는 성전의 성스러움을 가정으로 옮겨갈 수 있으며 모든 것에 신이 계시다고 믿었다. 이 때문에 '깨끗함'과 '정결하지 못함'의 차이가 무엇인지, 안식일에 무엇까지 할 수 있는지에 대해 토론이 벌어졌다. 학자들은 바리새파 운동이 도시를 중심으로 이루어진 이유가 물을 마음껏 쓸 수 있고 의례용 목욕탕이 가까워야 하는 조건 때문이었으리라 본다.

바리새파는 영혼의 불멸성 그리고 심판의 날 이후의 부활 개념을 받아들였다. 이 두 가지는 예수의 가르침에서 다시 등장한다. 하스모니아 지배 하의 예루살렘에서 바리새파는 사두개파의 영향력에 맞서는 세력으로 성장했지만 헤로데와 뒤이은 로마 통치자들을 거치면서 그 영향력이 크게 줄어들었다.

이탈리아 라벤나 산 비탈레 성당의 6세기 비잔틴 모자이크에 등장한 '바리새인과 세리'이다.

플랑드르 화가 피터 폴 루벤스가 1635년에 그린 '유다 마카베오의 승리'이다.

마따디아

왕의 칙령은 수도 예루살렘에만 국한되지 않았다. 예루살렘 서쪽 32킬로미터 거리인 모데인(Modein) 마을에서도 셀레우코스 관리가 야훼 대신 이교 숭배를 강요했다. **마따디아**라는 레위 지파 후손인 사제는 이를 거부했다. 마을 남자가 자신과 가족이 보복을 당할까 두려워 우상숭배에 나서자 마따디아는 그 남자를 붙잡아 죽여버렸다. 이어 셀레우코스 관리마저 죽였다.

이 저항이 이른바 마카베오 반란의 도화선이 되었다. 시리아의 학정에 저항하는 광범위한 운동은 그리스 방식 강요 때문이 아니라 유대 종교활동에 대한 억압과 대사제라는 신성한 직위의 찬탈 사태 때문이었다. 반란 지도자의 역할은 곧 마따디아에서 그 아들 **유다**에게로 넘어갔다. 유능하고 가차 없는 이 사령관을 사람들은 마카베오라고 불렀다(망치를 뜻하는 아람어 maqqaba에서 온 단어이다).

유다 마카베오

앞서 살펴보았듯 고대 이스라엘의 역사는 외세의 억압에 대한 봉기로 점철되어 있다. 그 중 가장 참혹한 실패는 로마시대에 일어난 두 봉기, C.E. 66–70년경의 유대 전쟁 및 C.E. 132–135의 2차 유대 전쟁일 것이다. 반면 마카베오 반란은 예상을 뛰어넘는 성공을 거두었다. 전력이 압도적인 시리아 군과 정면 승부를 피해 유다는 눈부신 게릴라 작전을 펼쳤고 결국 시리아 군을 격퇴할 수 있었다. B.C.E. 164년, 마침내 유다는 예루살렘을 정복했고 성전의 그리스 우상을 모두 치워버린 후 야훼 신앙을 되살렸다(마카베오 하 10:1–3). 이 일은 유대 축제 하누카에

> 마카베오와 그의 동지들은 주님의 인도를 받아
> 성전과 예루살렘 성을 탈환하고 이교도들이
> 광장에 쌓아놓은 제단을 헐어버렸다.
> 그리고 나서 성소를 정화하였다.
>
> – 마카베오 하 10:1–3

B.C.E. 82년경	B.C.E. 76년경	B.C.E. 73년경	B.C.E. 71년경
로마 내전 이후 술라, 독재관 자리에 오름	하스모니아의 알렉산더 얀네우스 사망. 왕비 살로메 여왕 즉위	폰투스의 미트라다트 4세, 로마 상대 전쟁 일으킴	스파르타쿠스가 이끄는 노예 반란 진압됨

외경의 책들

B. C.E. 300년부터 C.E. 1세기 말에 유대 작가들이 쓴 종교서 13권 가량은 최종 히브리 성경에 포함되지 않았다. 그리스도교 편집자들이 외경이라 부르는 이 책들은 지혜의 경구, 시, 기도문, 역사 등으로 히브리 성경의 그리스어 번역인 70인 역에는 들어 있다. 이 70인 역이 구약의 바탕이 되는 덕분에 외경 상당수가 그리스도교 성경에는 포함되어 있다. 외경의 책들은 시리아 정복기와 하스모니아 복원기

유대인의 역사를 독특하게 조명한다. 마카베오 반란 이후 해방의 기쁨도 잠시, 유다에서는 대사제직을 겸하는 하스모니아 왕들의 갈등이 격화되고 사제들의 부패도 날로 심해진다. 〈마카베오서〉 상권은 마카베오와 그 후손들, 하스모니아 왕들의 업적을 상세히 기록하였고 하권은 같은 역사를 다루면서도 성전 숭배 전통 복원에 초점을 맞춘다.

외경들에는 시리아와 하스모니아 통치 하에

점점 거세지는 그리스 문화, 즉 헬레니즘 영향을 이겨내기 위해 애쓰는 유대 공동체의 모습도 그려진다. B.C.E. 1세기에 살았던 것으로 보이는 솔로몬 지혜서의 저자는 그리스 관습을 따르는 이들을 '값비싼 포도주와 향료를 마음껏 즐기고 봄철의 꽃 한 송이도 놓치지 못하며' 흥청대는 술꾼들로 비난한다(지혜서 2:7).

쿰란 11번 동굴에서 발견된 시편 두루마리의 일부. 사해 연안에서 발견되어 사해 두루마리라 불린다.

B.C.E. 70년경	B.C.E. 68년경	B.C.E. 67년경	B.C.E. 67년경
로마 시인 베르길리우스 태어남	로마 군대 크레타 정복	살로메 여왕 사망. 아들인 대사제 히르카누스 2세 후계자 지명	바리새파를 옹호하던 히르카누스 2세, 동생 아리스토불루스 2세에 의해 폐위됨

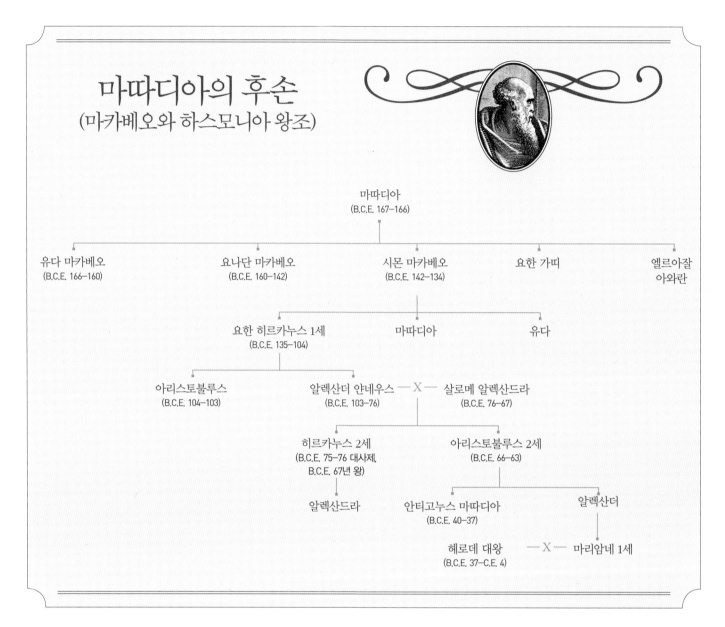

마따디아의 후손
(마카베오와 하스모니아 왕조)

마따디아
(B.C.E. 167–166)

유다 마카베오
(B.C.E. 166–160)

요나단 마카베오
(B.C.E. 160–142)

시몬 마카베오
(B.C.E. 142–134)

요한 가띠

엘르아잘
아와란

요한 히르카누스 1세
(B.C.E. 135–104)

마따디아

유다

아리스토불루스
(B.C.E. 104–103)

알렉산더 얀네우스 ─X─ 살로메 알렉산드라
(B.C.E. 103–76)　　　　　　(B.C.E. 76–67)

히르카누스 2세
(B.C.E. 75–76 대사제,
B.C.E. 67년 왕)

아리스토불루스 2세
(B.C.E. 66–63)

알렉산드라

안티고누스 마따디아
(B.C.E. 40–37)

알렉산더

헤로데 대왕 ─X─ 마리암네 1세
(B.C.E. 37–C.E. 4)

서 지금도 기념된다.

같은 해 안티오쿠스 4세가 사망하고 왕위 쟁탈전이 벌어졌다. 그 중 한 명이었던 리시아 장군은 안티오쿠스의 칙령을 폐기하고 유대 시민에게 완전한 종교적 자유를 부여했다(마카베오 하 11:15). 신심 깊은 하시딤(Hasidim)을 포함해 많은 유대인이 목표가 달성되었다고 판단해 전쟁을 중단하도록 만든 영리한 전술이었다. 하지만 마카베오의 목적은 완전한 정치적 독립

에 있었으므로 줄어든 병력으로 싸움을 계속하다가 B.C.E. 160년, 엘라사(Elasa) 전투에서 전사하고 말았다. 그 형제 **요나단**이 뒤를 이어 셀레우코스를 상대로 한 게릴라전을 계속했다.

요나단 마카베오

한편 시리아에서는 **데메트리우스 1세**가 왕위에 올라 B.C.E. 152년 요나단과 평화조약을 맺어 유대에 독립지역의 지위를 인

B.C.E. 65년경
로마 시인 호레이스
태어남

B.C.E. 63년경
폼페이우스 장군에 패배한
미트라다트 4세 자살

B.C.E. 63년경
폼페이우스 시리아 정복
로마제국 영토에 포함시킴

B.C.E. 63년경
미래의 아우구스투스 황제인
갈리우스 옥타비아누스 태어남

194　성서 그리고 사람들

정해주었다. 유대지역이 셀레우코스 제국 내에 존재하되 총독 요나단이 통치하며 독자성이 확보된다는 것이다. 하지만 불과 2년 뒤 데메트리우스는 또 다른 왕 **알렉산더 발라스**에게 밀려난다. 알렉산더 발라스는 '안티오쿠스 4세의 아들'임을 내세워 로마 공화정과 프톨레마이오스 왕국 모두의 지지를 받았다. 하지만 왕위에 오른 후 방탕을 일삼아 결국 데메트리우스의 아들 데메트리우스 2세가 프톨레마이오스 왕국의 지원 하에 반란을 모의하게 된다.

시리아 수도 안티오크의 정치적 혼란은 요나단이 오래도록 기다려온 기회를 제공했다. 권력다툼으로 알렉산더 발라스의 주의가 소홀해진 틈을 타 요나단의 군대는 지중해 연안 아스돗, 욥바, 가자를 차지하였고 이어 북쪽으로 진군해 사마리아와 갈릴리 상당 지역을 손에 넣었다.

요나단의 승전이 이어지자 시리아 왕권을 노리던 또 다른 인물 안티오쿠스 4세가 **트리포 장군**을 보내 요나단을

암살하도록 했다. 하지만 최후의 날을 맞이하기 훨씬 전부터 요나단은 유대인들의 반감을 사고 있었다. 그가 알렉산더 발라스의 지지를 얻어 대사제가 된 탓이었다. 사제 마따디아의 아들이라고 해도 사독의 후손이 아니었으므로 본래 대사제 직은 맡을 수 없었기 때문이다. 더욱이 총독, 군사령관, 대사제를 한 사람이 겸직하는 것을 신성모독이라 보는 이도 많았다. 요나단의 부주의한 처신은 신실한 유대인 간 분파를 만들었고 이러한 분열상은 예수 시대까지 이어졌다.

시몬 마카베오

이제 유대반란의 지도자 역할을 할 사람은 마카베오 형제들 중 최후로 살아남은 **시몬**이었다. 시리아에서는 데메트리우스 2세가 요나단을 암살한 트리포 장군의 권력 도전에 힘겹게 맞서고 있었다. 시몬은 데메트리우스에 대한 전적인 지지를 맹세하고 유대의 독립왕국 인정을 받아냈다. B.C.E. 142년에는 유대 왕국에 부과되던 모든 세금이 철폐되었다. 다음해 '유다 국민과 사제, 장로들'은 시몬을 '영구적인 영도자이자 대사제'로 추대했다(마카베오 상 14:41). 이렇게 하여 느부갓네살이 예루살렘을 파괴한 지 445년 만에 유대인들은 다시금 자유를 얻었다. 이후 80년 동안 다윗과 솔로몬의 왕국은 하스모니아 왕조라는 이름으로 부활할 것이었다.

하스모니아 왕조

시몬과 후계자들은 유대의 영토를 다윗 왕 시절의 전설적인 국경까지 확장했다. 시몬은 새 왕국 영토에 대한 로마 원로원의 승인을 구하는 사절단을 파견하여 서쪽 국경을 확립했다. 유대를 되찾으려는 안티오쿠스 4세의 시도도 증강된 병력으로 물리쳤다. 하지만 B.C.E. 135년, 시몬과 그 일가는 예리고 인근에서 암살되고 만다. 아

독일 쾰른 성 안드레아스 교회에 있는 마카베오 묘. 마카베오 형제들의 유해가 담긴 것으로 여겨진다.

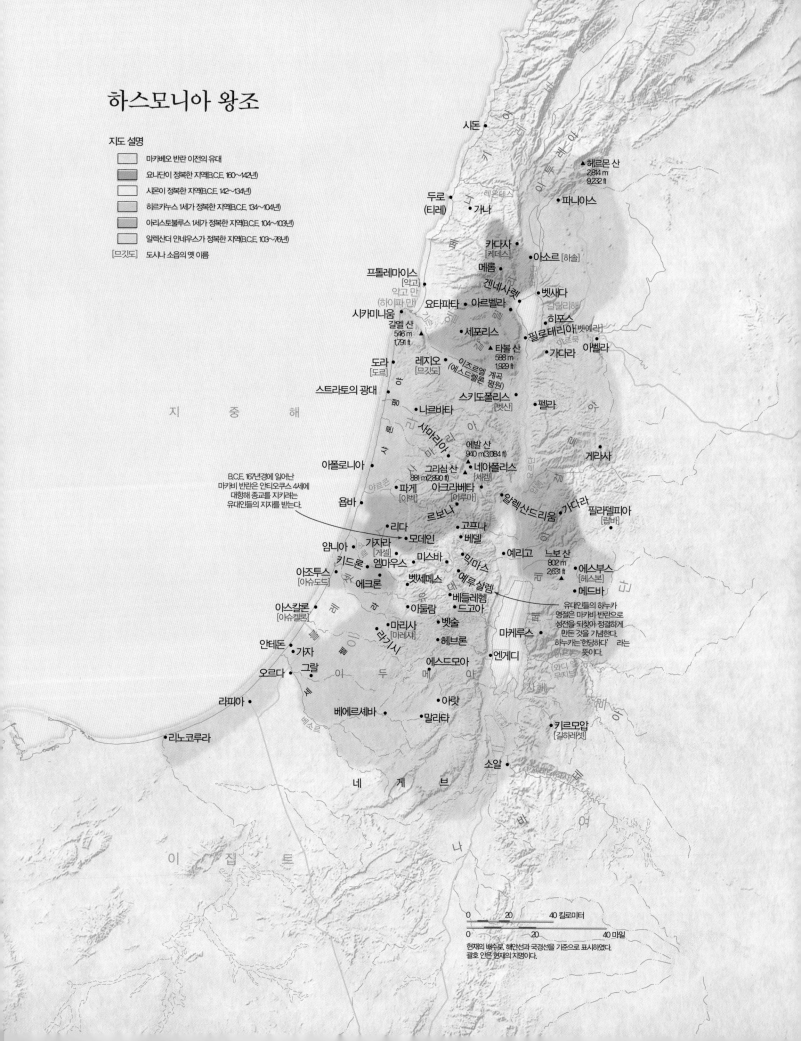

하스모니아 왕조

지도 설명

- 마카베오 반란 이전의 유대
- 요나단이 정복한 지역(B.C.E. 160~142년)
- 시몬이 정복한 지역(B.C.E. 142~134년)
- 히르카누스 1세가 정복한 지역(B.C.E. 134~104년)
- 아리스토불루스 1세가 정복한 지역(B.C.E. 104~103년)
- 알렉산더 안네우스가 정복한 지역(B.C.E. 103~76년)

[므깃도] 도시나 소읍의 옛 이름

지 중 해

시돈

▲ 헤르몬 산
2,814 m
9,232 ft

두로
(티레)

파니아스

가나

카다사
[케데스]

아소르 [하솔]

프톨레마이스
[악고]
악고 만
(하이파 만)

메롬

겐네사렛

벳새다

갈릴리해

요타파타

아르벨라

히포스

시카미니움

세포리스

필로테리아 [벳에라]

갈멜 산
546 m
1,791 ft

▲ 타볼 산
588 m
1,929 ft

가다라

아벨라

도라
[도리]

레지오
[므깃도]

이즈르엘 계곡
(에스드렐론 평원)

스트라토의 광대

스키도폴리스
[벳산]

펠라

나르바타

사마리아

에발 산
940 m (3,084 ft)

게라사

아폴로니아

그리심 산
881 m (2,890 ft)

네아폴리스
[세켐]

B.C.E. 167년경에 일어난
마카비 반란은 안티오쿠스 4세에
대항해 종교를 지키려는
유대인들의 지지를 받는다.

파게
[아벡]

아크라베타
[아루마]

욥바

알렉산드리움
가다라

필라델피아
[랍바]

리다

르보나

고프나

모데인

벧엘

암니아

가자라
[게셀]

미스바

믹마스

예리고

느보산
802 m
2,631 ft

에스부스
[헤스본]

키드론

엠마우스

벧세메스

예루살렘

메드바

아조투스
[아슈도드]

에크론

베들레헴

드고아

유대인들의 하누카
명절은 마카비 반란으로
성전을 되찾아 정결하게
만든 것을 기념한다.
하누카는 '헌당하다'라는
뜻이다.

아둘람

아스칼론
[아슈켈론]

마리사
[마레샤]

벳술

마케루스

라기시

헤브론

엔게디

안테돈

가자

에스드모아

오르다

그랄

아 두 매

아랏

베에르셰바

말라타

키르모압
[길하레셋]

라피아

소알

리노코루라

네 게 브

이 집 트

0   20   40 킬로미터
0   20   40 마일

현재의 배수로, 해안선과 국경선을 기준으로 표시하였다.
괄호 안은 현재의 지명이다.

에세네파

하스모니아 왕조 치하에서 양분된 유대 사회에 대한 반감으로 세상을 떠나 사는 극단적 무리가 나타났다. 요세푸스가 에세네파(Essenes)라 부른 이들은 철저히 율법에 기반한 금욕적 공동체를 이루었다. 이들은 특히 사독 대사제의 후손에게 주어져야 하는 대사제 직위를 하스모니아 가문 출신이 차지한 것에 분노했다. 그리하여 요나단 마카베오와 그 후계자들을 '사악한 사제'라 불렀다.

이들은 검박한 의복을 걸치고 규칙적으로 기도를 올렸으며 거친 땅을 일구고 수도사처럼 은둔생활을 했다. 역사가 요

롤랑 드 보는 쿠란의 옛 정착지에서 B.C.E. 150-C.E. 70년 사이의 공예품과 질그릇 조각을 찾아냈다.

세푸스는 4,000명에 달하는 이 무리가 '부를 경멸하였으며 이 공동체에 합류하려면 가진 것을 다 내놓아 나눠야 했다'고 기록했다.

이들은 저수지를 파 빗물을 받거나 근처 샘에서 수로를 연결해 매일 침례 의식을 행했다. 안식일에는 생리현상조차 억눌렀다. 사독의 후손인 '진리의 스승' 아래 이토록 금욕적으로 살아가는 목적은 신에게 좀더 다가가기 위함이었다. 에세네파에게 은둔공동체는 새로운 성전이었고 율법에 대한 복종은 새로운 형태의 희생이었다.

마도 시리아 왕이 사주한 암살이었을 것이다. 시몬의 아들 **요한 히르카누스**가 암살범들을 피해 도망치면서 쿠데타는 실패로 돌아갔다. 요한은 예루살렘으로 갔고 새로운 지도자 겸 대사제로 추대되었다. 이후 30년 동안 다스리면서 이두매(에돔)와 사마리아를 정복해 영토를 넓혔다.

요한 히르카누스 이후 세 통치자가 이어졌다. '왕'이라는 명칭을 처음으로 사용한 요한의 아들 아리스토불루스, 아리스토불루스의 미망인 살로메 알렉산드라와 결혼한 요한의 또 다른 아들 알렉산더 얀네우스, 그리고 살로메 알렉산드라이다.

살로메 사망 후 후계자로 지명된 히르카누스 2세(이미 대사제 직을 맡고 있었다)와 그 동생 아리스토불루스 2세 사이에 권력투쟁이 벌어졌다. 히르카누스가 바리새파를 지원하는 입장이었으므로 사두개파는 아리스토불루스 편을 들었고 결국 아리스토불루스가 왕좌를 차지했다.

가까스로 몸을 피한 히르카누스는 오늘날 요르단 땅에 있던 나바테아 족의 아레타스 3세에게 도움을 청했다. 아레타스는 군대를 이끌고 유대 땅을 침략했고 B.C.E. 66년에 예루살렘을 포위했다. 유대는 다시금 전쟁에 휩싸였다.

로마는 이러한 사태에 위기감을 느꼈다. 혹시라도 로마인의 주요 식량 공급처인 이집트까지 이런 혼란이 번지지 않을까 우려했기 때문이다. 때마침 로마의 유명한 장군 폼페이우스(이후 폼페이 대제로 알려진 인물)가 폰투스(오늘날 터키의 북쪽 해안지역)의 미트라다트 4세를 물리치고 다마스쿠스에 도착했다. 그러자 아리스토불루스 지지파, 히르카누스 지지파, 하스모니아 왕조를 아예 몰아내 달라는 바리새파가 각기 로마의 지지를 얻기 위해 장군에게 달려가는 상황이 빚어졌다.

폼페이우스는 어느 편도 들지 않았다. 그저 유대에 진군해 예루살렘을 정복하고 유대 독립 시대에 종지부를 찍었을 뿐이다. 반란으로 얻은 짧은 독립 시기를 뒤로 하고 이제 팔레스타인은 600년 동안 로마의, 그리고 뒤이은 비잔틴제국의 지배를 받게 될 것이었다. C.E. 638년, 이슬람 세계가 열리기 전까지 말이다.

페르시아와
그리스 시대의 보물

에나멜 벽돌
페르시아 사수들의 행진 모습. B.C.E. 510년경 수사의
다리우스 궁 에나멜 벽돌 벽에 표현되어 있다.

페르시아와 그리스가 유대를 정복하면서 그리스 문화의 영향이 레반트 지역에 널리 퍼졌다. 헬레니즘의 물결은 지중해안과 갈릴리 지역을 문화적, 경제적 영향권에 두고 있던 페니키아를 거쳐 유대에 들어왔다. 조각된 형상을 금하는 모세 율법을 지켜온 이 지역의 신실한 유대인들은 커다란 충격을 받았을 것이다. 이후 300년 동안 유대인은 이 새로운 문화적 제국주의에 맞서 크고작은 승리를 거두었다. 로마 통치라는 더욱 큰 제국주의가 모습을 보이기 전까지.

페르시아의 아케메니드 왕조는 파사르가대, 페르세폴리스, 수사의 왕궁들을 실물 크기 돋을새김 동물 모습으로 장식했다. 과거의 아시리아 제국을 넘어서려는 의도였다.

아케메니드 왕조 사람들은 금과 은을 다루는 정교한 페르시아 기술을 계승해 날개 달린 사자 같은 신화적 동물 형상으로 장식된 술잔을 만들었다. 이러한 예술 전통은 파르티아와 사산 제국으로 이어져 이슬람 복속 이전 페르시아 문화 전성기에 한 몫을 했다.

황금 화환
크림 지역에서 발견되었으며 헬레니즘
시기인 B.C.E. 300년경의 것이다. 지중해
전역의 헬레니즘 무덤에서 비슷한 황금
화환이 출토되었다.

페르세폴리스 조각상
페르세폴리스 다리우스 궁의 서쪽 계단.
B.C.E. 5세기 아르타크세르크세스 2세가
증축한 부분에서 발견된 조각이다. 왕에게
경의를 표하는 사절단의 행진 장면
일부이다.

유리잔
팔레스타인에서 발견된 이 잔은
B.C.E. 4세기 것으로 추정된다.
B.C.E. 5세기에 심지성형법이
도입된 후 유리 제조는 널리
확대되었다.

은판 두상
은판을 망치로 두드려 만든 두상이다. 이란에서
발견되었으며 C.E. 4세기 것으로 추정된다. 왕관
묘사로 미뤄볼 때 사산조 왕의 모습으로 여겨진다.

알렉산더 석관
말 탄 알렉산더 대제가 페르시아인을 궤멸시키는 모습. B.C.E. 4세기
그리스에서 만들어진 일명 '알렉산더 석관'의 일부이다.

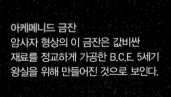

아케메니드 금잔
암사자 형상의 이 금잔은 값비싼
재료를 정교하게 가공한 B.C.E. 5세기
왕실을 위해 만들어진 것으로 보인다.

CHAPTER 3
WHO'S WHO
〈역대기〉부터 〈마카베오서〉까지 등장하는 인물들

아비야ABIJAH ('신을 숭배하는 사람')
1. 사무엘의 둘째 아들이다(역대기 상 6:28, 사무엘 상 8:2). 형과 함께 브엘세바에서 판관을 했는데 여기에 불만족한 백성들이 왕을 세워달라고 요구하기에 이른다.
2. 엘르아잘의 후손으로 아론의 아들이다.

14세기 프랑스파가 그린 '사무엘과 그 아들들인 요엘과 아비야'이다.

다윗이 세워 예배 순서를 제비로 뽑은 사제 24명 중 한 명이다(역대기 상 24:10).
3. 르호보암의 아들로 유다 왕위에 오른다(역대기 상 3:10). 아비얌이라고도 불린다(열왕기 상 14:31, 15:1-8). 10개 부족을 다시 유다 왕국에 병합하려 하지만 실패한다.
4. 이스라엘의 첫 번째 왕인 여로보암의 아들이다. 어려서 큰병이 들었는데 평화롭게 죽어 온 백성의 애도를 받는다는 예언을

듣는다(열왕기 상 14:1-18).
5. 즈가리야의 딸이고 아하즈의 아내이다(역대기 하 29:1, 열왕기 하 18:2).
6. 베겔의 아들이고 베냐민의 손자이다(역대기 상 7:8).

아비술ABISHUR ('보호의 아버지')
유다 부족 삼매의 두 아들 중 하나이다(역대기 상 2:28-29).

아다야ADAIAH ('신의 증인')
1. 요시아 왕의 어머니인 보스캇 출신 여디다 왕비의 아버지이다(열왕기 하 22:1).
2. 게르손 일가의 레위인으로 성가대원 아삽의 선조이다(역대기 상 6:41).
3. 사제이다(역대기 상 9:12, 느헤미야 11:12).
4. 베냐민 지파로 시므이의 아들이다(역대기 상 8:21).
5. 여로함의 아들로 사제이다(역대기 상 9:12, 느헤미야 11:12).
6. 마아세야의 아들로 여호야다를 지지한 백인대장 중 한 명이다(역대기 하 23:1).
7. 바니 일가 후손이다(에즈라 10:29,39).
8. 유다 지파 베레스의 후손으로 요야립의 아들이다(느헤미야 11:5).

아디엘ADIEL
1. 시므이 일가의 후손인 시므온 지파의 대표이다(역대기 상 4:36).
2. 마새의 아버지이다(역대기 상 9:12).
3. 다윗과 솔로몬의 창고지기였던 아즈마벳의 아버지이다(역대기 상 27:25).

아드마다ADMATNA
페르시아 일곱 대신 중 하나이다(에스델 1:14).

아드나ADNA ('기쁨')
1. 예수아의 아들 요야킴 시대의 사제로 하림의 후손이다(느헤미야 12:15).
2. 바핫모압 일가로 에즈라와 함께 돌아와 외국인 아내와 결혼한다(에즈라 10:30).

아드나ADNAH ('기쁨')
1. 사울을 떠나 시글락의 다윗 부대에 합류한 므나쎄 사람이다. 아말렉인과 싸울 때 다윗 곁을 지켰다(역대기 상 12:20).
2. 여호사밧의 군대에서 30만 명을 지휘한 사령관이다(역대기 하 17:14).

아두엘ADUEL
가바엘의 아들이다. 토비트의 아버지인 토비엘의 할아버지가 된다(토비트 1:1).

아기아AGIA
즈루빠벨과 함께 예루살렘으로 돌아온 '솔로몬 신하들의 후손'이다(에스드라 1 5:34).

아굴AGUR ('모여든')
야케의 아들로 잠언에 나오는 구절을 말한 사람으로 등장한다(잠언 30:1).

아하스에로스AHASUERUS ('왕')
1. 메대 족속 출신 페르시아 왕인 다리우스의 아버지이다(다니엘 9:1).
2. 페르시아의 왕으로 왕비 와스디와 이혼하고 모르드개의 사촌이자 양딸인 에스델과 결혼한다. 자기 앞에 무릎 꿇지 않는 모르드개 때문에 분노한 수상 하만이 왕을 설득해 왕국 내 모든 유대인을 전멸시킨다는 칙령을 내리도록 한다. 하지만 에스델이 아하스에로스 왕의 마음을 돌려 하만을 처

양투안 코이펠(1661-1722)이 1697년에 그린 '아하스에로스 앞의 에스델'이다.

형하고 모든 유대인이 무기를 들고 자신을 지키도록 한다(에스델 1:1-3).

아효AHIO ('신의 형제')

1. 아비나답의 아들로 그 집에서 계약궤를 가져나올 때 수레를 몰았다(사무엘 하 6:3-4, 역대기 상 13:7).
2. 베냐민 지파 브리아의 아들 중 한 명이다(역대기 상 8:14).
3. 기브온 사람 여이엘이 아내 마아가 사이에 낳은 아들이다(역대기 상 8:31, 9:37).

아쿱AKKUB ('퍼져 나가는')

1. 즈루빠벨의 후손으로 엘요에내의 아들이다(역대기 상 3:24).
2. 성전 동문의 일꾼으로 즈루빠벨과 함께 귀향한 무리의 후손이다(에즈라 2:42-45).
3. 느헤미야 시대 문지기이다(느헤미야 11:19).
4. 에즈라와 동행해 백성들에게 율법을 설명한 레위인이다(느헤미야 8:7).

알키모스ALCIMUS ('용맹한')

아론의 후손으로 바키데스가 이끄는 데메트리우스의 군대 지원을 받아 예루살렘 대사제가 된다. 그리스인을 지원하는 성향으로 마카베오 반란을 극렬히 반대하였다. 바키데스 군대가 안티오크로 돌아가자 시몬 마카베오가 공격해 알키모스를 시리아로 끌고 간다. 데메트리우스의 도움으로 예루살렘 사제 지위를 되찾지만 곧 죽는다(마카베오 상 7:4-50, 9:1,57, 마카베오 하 14).

알렉산더 대제ALEXANDER THE GREAT

아버지 필립의 뒤를 이어 마케도니아의 왕으로 즉위해 거대한 제국을 이루어냈다. 32

폼페이 파운 저택의 모자이크에 묘사된 알렉산더 대제. 엔트레아의 필로제일로스 그림을 본뜬 모자이크이다.

세로 사망한 후 제국은 장군들 손으로 나누어졌다.

아마리야AMARIAH ('신이 말한다')

1. 아히툽의 아버지이고 므라욧의 아들로 대사제 가문의 일원이다(역대기 상 6:52,71).
2. 아자리야의 아들로 여호사밧 치세 때 대사제이다(역대기 하 19:11).
3. 크핫 갈래의 레위 지파 수장이다(역대기 상 23:13, 24:23).
4. 성전에 바친 예물을 골고루 나누는 일을 맡은 사람이다(역대기 하 31:15).
5. 에즈라 시대 때 바니의 아들 중 하나이다(에즈라 10:42).
6. 즈루빠벨과 함께 돌아온 사제이다(느헤미야 10:3, 12:2,13).
7. 베레스의 후손이다(느헤미야 11:4).
8. 예언자 즈바니야의 선조다(즈바니야 1:1).

아마새AMASAI ('부담스러운')

1. 엘카나의 아들이고 사무엘의 선조인 레위인이다(역대기 상 6:25,35).
2. 다윗에게 합류한 군 지휘관이다. 아둘람 출신으로 보인다(역대기 상 12:18).
3. 오베데돔 집에서 계약궤를 꺼낼 때 앞장선 사제이다(역대기 상 15:24).
4. 성전 청소에 참여한 크핫 후손으로 레위인 마핫의 아버지이다(역대기 하 29:12).

아마새AMASHAI ('부담스러운')

1. 아자렐의 아들로 느헤미야가 예루살렘 성전 일을 보도록 임명한 사람이다(느헤미야 11:13).
2. 유다의 어른이다(느헤미야 11:13).

암미자밧AMMIZABAD

브나야의 아들로 다윗 부대 지휘관이었다(역대기 상 27:6).

아목AMOK

예수아 시대 사제단장들과 그 일족 대표 중 한 명이다(느헤미야 12:7,20).

아나엘ANAEL

토비트의 형제이고 아히칼의 아버지로 에살하돈 치하 니네베에서 관리로 일했다(토비트 1:21).

아나니야 ANANIAH ('여호와가 보호하는')

마아세야의 아들이다(느헤미야 3:23, 8:4).

안드로니쿠스 ANDRONICUS ('정복자')

1. 안티오쿠스 에피파네스가 출정하면서 안티오크 통치를 위임한 고관이다(마카베오 하 4:31-38).
2. 그리짐을 맡은 안티오쿠스 에피파네스의 또 다른 신하이다(마카베오 하 5:23).

안나 ANNA ('자애로운')

파누엘의 딸로 나이 많은 과부였다. 미리암, 드보라, 훌다와 같은 여자 예언자였다(루가 2:36).

안티오쿠스 ANTIOCHUS ('적')

시리아 셀레우코스 제국의 여러 왕들 이름이다. 대표적인 인물은 다음과 같다.
1. '북국왕'(다니엘 11:13-19)이라 불린 안티오쿠스 대제이다. 아들 셀레우코스에게 왕위를 물려주었다.
2. 형제 셀레우코스에게 왕위를 물려받고 '에피파네스'라는 별칭으로 불린 안티오쿠스 4세이다. 유대 종교를 금지하고 이교 번제를 강요해 마카베오 반란이 일어나게 되었다.

아파메 APAME

다리우스의 첩으로 바르타쿠스의 딸이다(에스드라 1 5:34).

아페라 APHERRA

바빌론 유수 이후 시대 〈에스드라〉 1권 5장 34절에 나열된 여덟 가문 중 하나의 우두머리이다.

안티오쿠스 3세로 추정되는 대리석 흉상

아폴로니우스 APOLLONIUS

1. 셀레우코스 치세 때 코일레 시리아 총독이었다. 헬리오도로스가 예루살렘 성전을 도둑질할 때 대사제 오니아스가 아닌, 시몬의 편을 들었다. 안티오쿠스 에피파네스가 새로운 왕이 되면서 밀레투스로 물러났다(마카베오 하 3:7).
2. 아폴로니우스의 아들로 시리아 셀레우코스 왕의 아들인 데메트리우스와 함께 성장했다. 아버지 뒤를 이어 코일레 시리아와 페니키아의 총독을 지냈다. 알렉산더 발라스가 데메트리우스를 축출한 후에도 아폴로니우스는 왕 곁을 지킨다(마카베오 상 10:69).
3. 메네스테우스의 아들로 안티오쿠스 에피파네스의 로마와 이집트 사절이었다. 이집트에서 돌아오는 길에 2만 2,000명 병력을 이끌고 예루살렘을 공격하였다(마카베오 상 1:29, 마카베오 하 4:21, 5:24-27).
4. 안티오쿠스 에피파네스 치세 때 사마리아 통치자로 유다 마카베오에게 죽임을 당했다(마카베오 상 3:10-11).
5. 겐내오스의 아들이고 안티오쿠스 에우파테르 치세 때 유대 통치자였다(마카베오 하 12:2).

아리아라데스

ARIARATHES OR ARATHES

카파도키아의 왕이다. 로마에서 교육받을 당시 데메트리우스 누이와의 결혼 강요를 거부했다. 로마는 전쟁을 선포했고 아리아라데스는 홀로페르네스를 자기 자리에 앉힌 뒤 왕국을 떠나야 했다. 아리아라데스는 로마로 피신했고 카파도키아로 돌아가 통치할 허락을 받아낸 후 다시 왕위에 오른다(마카베오 상 15:22).

아리엘 ARIEL ('신의 사자')

1. 바빌로니아에서 예루살렘으로 가는 대상행렬을 인도하기 위해 에즈라가 보낸 사람 중 한 명이다(에즈라 8:16).
2. 이사야가 예루살렘에 붙인 상징적 이름이다(이사야 29:1-2,7).

아레오스 ARIUS

대사제 오니아스에게 편지를 보낸 스파르타의 왕이다(마카베오 상 12:7,20-23).

아르사케스 4세 ARSACES IV

페르시아의 여러 왕들 이름이다. 아르사케스 4세는 안티오쿠스 에피파네스의 후계자인 시리아 데메트리우스 왕과 관련되어 성경에 등장한다(마카베오 상 14:1-3, 15:22).

아리스노에 3세 ARISNOE III

프톨레마이오스 2세의 딸이고 프톨레마이오스 4세의 누이 혹은 아내이다.

이란 페르세폴리스 100개 기둥 홀에 새겨진 아르타크세르크세스 1세의 모습.

아르타크세르크세스ARTAXERXES ('올바른 통치자')

크세르크세스의 아들로 40년 동안 페르시아를 다스렸다. 유다의 종교 재건을 위해 에즈라를 파견하고 성벽 복원을 위해 느헤미야가 예루살렘으로 돌아가도록 허락한다(에즈라 7:1, 느헤미야 2:1, 5:14).

아사이야ASAIAH ('신이 만든 사람')

1. 히즈키야 치세 때 시므온 가문 지도자이다(역대기 상 4:36).
2. 사제이다(열왕기 하 22:14).
3. 다윗 치세 때 므라리 가문 지도자인 레위인이다(역대기 상 6:30). 오베데돔의 집에서 다윗의 도시로 계약궤를 옮길 때 참여했다(역대기 상 15:6,11).
4. 바빌로니아에서 예루살렘으로 돌아와 가족과 함께 살았던 셀란 가문의 장자이다(역대기 상 9:5).

아삽ASAPH ('수집가')

1. 베레기야 아들로 다윗 합창단의 찬양 인도자 세 명 중 하나이다. 선견자이자 작곡자로 유명했다. 아삽의 아들들 역시 시인과 합창단원으로 아버지의 지휘를 받아 연주했다(역대기 상 6:39, 20:14, 역대기 하 29:30, 에즈라 2:41, 느헤미야 12:46).
2. 히즈키야 치세 때 유다 왕국의 서기인 요아의 아버지이다(열왕기 하 18:18,37, 이사야 36:3,22).

아스훌ASHHUR ('성공적인')

드고아를 세웠다(역대기 상 2:24, 4:5).

아스브낫ASHPENAZ

느부갓네살 궁정에서 일하던 내시부 대신이다(다니엘 1:3).

아스티야게스ASTYGES

메대의 왕이고 키로스 왕의 선조이다. 아스티야게스의 딸 만다인은 페르시아 캄비세스 왕과 결혼했고 거기서 태어난 아들이 훗날 키로스 대제가 된다.

아테노비우스ATHENOBIUS

안티오쿠스 7세의 친구로 예루살렘으로 파견되어 요빠와 게젤, 예루살렘 요새 점령에 항의하였다(마카베오 상 15:28–36).

아때ATTAI ('시기적절한')

1. 세산이 딸 아흘래를 이집트 하인 야르하에게 아내로 주어 얻은 손자이다(역대기 상 2:35,36). 아때의 손자 자밧은 다윗의 용사 중 한 명이 된다(역대기 상 11:41).
2. 가드 지파 전사 중 한 명이다(역대기 상 12:11).
3. 르호보암 왕이 압살롬의 딸 마아가에게서 얻은 둘째 아들이다(역대기 하 11:20).

아탈루스ATTALUS ('늘어난')

페르가뭄의 왕이고 유대 민족 박해를 중단하라는 로마의 지시를 받은 왕들 중 한 명이다(마카베오 상 15:22).

아탈라테스ATTHARATES

느헤미야를 수식하는 표현이다. 본래 페르시아의 지역 통치자를 이르는 말이었다(느헤미야 8:9, 에스드라 1 9:49).

아텔ATUR OR ATER ('불구가 된')

1. 히즈키야의 후손으로 즈루빠벨과 함께 바빌로니아에서 돌아온 사람이다(에즈라 2:16, 느헤미야 7:21).
2. 즈루빠벨과 함께 귀향한 성전 문지기이다(에즈라 2:42, 느헤미야 7:45).
3. 느헤미야와의 맹약에 서명한 이스라엘 사람이다(느헤미야 10:17).

아자렐AZAREL ('신을 돕는 사람')

1. 시글락의 다윗 군대에 들어온 코라 사람이다(역대기 상 12:7).
2. 헤만의 후손으로 제비를 뽑아 성전에서 봉사하게 된 음악가이다(역대기 상 25:4,18).
3. 다윗 왕을 섬기는 단 지파의 수장이다(역대기 상 27:22).
4. 바니 일가 중 한 명이다(에즈라 10:41).
5. 바빌로니아에서 귀향한 사제 아마새의 아버지이다(느헤미야 11:13).
6. 성벽을 봉헌할 때 악기를 연주했던 사람으로 사제의 아들이다(느헤미야 12:36).

아자렐은 시글락 습격 이후 다윗에게 합류한 사람이다. 14세기 미니어처 그림.

아자리야AZARIAH ('신이 도와주는 사람')

1. 유다 지파 에단의 아들이다(역대기 상 2:8).
2. 예후의 아들이고 세산의 이집트 종 야르하의 후손이다(역대기 상 2:38–39).
3. 아히마스의 아들로 솔로몬 치세 때 할아버지 사독의 뒤를 이어 대사제가 되었다(역대기 상 3:12, 열왕기 상 4:2).
4. 힐키야의 아들이다(역대기 상 6:13–14, 9:11, 에즈라 7:1,3).
5. 유다의 열 번째 왕으로 우찌야라고 알려

져 있다. 아자리야는 예언자 사무엘의 선조인 즈비니야의 아들로 보인다(역대기 상 6:36, 8:12, 열왕기 하 14:21, 15:1-27).

6. 아비야와 아사 치세 때 대사제였던 요나단의 아들이다(역대기 하 6:10-11, 24:20-22).

7. 오벳의 아들로 아사 치세 때 예언자이다(역대기 하 15:1,8, 23:3).

8. 여호사밧 왕의 아들이다(역대기 하 21:2).

9. 여호사밧 왕의 또 다른 아들이다(역대기 하 21:2).

10. 유다 우찌야 왕을 부르는 다른 이름이다(역대기 하 22:6).

니콜라스 베르겜(1620-1683)이 그린 '토비아의 귀환'으로, 아자리야라는 이름을 쓴 라파엘 천사와 토비아의 모습을 표현했다.

11. 여호람의 아들로 아달리아 왕비에 대한 반역에 동참한 유다 백인대장이다(역대기 하 23:1).

12. 유다 왕 우찌야 치세 때의 대사제이다. 제단에서 왕이 분향하려 하자 이는 사제의 일이라며 가로막는다(역대기 하 26:17-20, 열왕기 하 14:21).

13. 에브라임 지파의 지도자이다(역대기 하 28:12).

14. 히즈키야 왕의 명령에 복종해 성전을 청소한 크핫 후손 요엘의 아버지이다(역대기 하 29:12).

15. 히즈키야 왕의 명령에 복종해 성전을 청소한 므라리 후손 여할렐렐의 아들이다(역대기 하 29:12).

16. 사독의 후손으로 히즈키야 시대의 대사제이다. 아자리야는 왕과 함께 성전을 정화하고 재건했다(역대기 하 31:10-13).

17. 나단의 아들로 솔로몬 치세 때 장교들을 지휘하였다(열왕기 상 4:5).

18. 히브리 이름은 아벳느고이다. 유다 귀족 가문 출신으로 출중한 외모, 지적 능력, 신앙심이 인정받았다(다니엘 1:6-7,11, 16,19).

19. 호사야의 아들로 바빌로니아 정복 이후 유다 지도자이다. 이집트로 피신해야 한다고 주장했다(예레미야 43:2-7).

20. 마아세야의 아들로 느헤미야 시대에 예루살렘 성벽 보수를 담당하였다(느헤미야 3:23-24).

21. 즈루빠벨과 함께 바빌로니아에서 돌아온 사람이다(느헤미야 7:7, 10:2).

22. 백성들에게 율법을 가르치는 에즈라를 도운 레위인이다(느헤미야 8:7).

23. 느헤미야와의 맹약에 서명한 유다 가문 사람이다.

24. 성벽 봉헌을 도운 유다의 사제이다(느헤미야 10:2, 12:33).

아자리야 AZARIAS

1. 외국인 아내를 내친 남자이다(에스드라 1 9:21, 에즈라 10:21).

2. 예루살렘 시장에서 백성들에게 모세 율법을 읽어주는 에즈라 곁에 서 있던 지도자 중 한 명이다(느헤미야 8:4).

3. 라파엘 천사가 사용한 가명이다(토비트 5:12, 6:6,13, 7:8, 9:2).

4. 유다 마카베오를 위해 복무한 장군이다(마카베오 상 5:18,56,60).

5. 불타는 가마에 던져진 세 사람 중 한 명이다(다니엘 1:6, 2:17).

아자지야 AZAZIAH ('신이 강해지셨다')

1. 성전에서 악기를 연주한 레위인이다(역대기 상 15:21).

2. 에브라임 지파의 우두머리이자 호세아의 아버지이다(역대기 상 27:20).

3. 히즈키야 치세 성전 십일조 세금과 번제 관련 일을 맡은 레위인이다(역대기 상 31:13).

아즈마벳 AZMAVETH ('죽을 때까지 강인한')

1. 바후림 출신으로 다윗의 30인 부대 일원이다. 시글락에서 다윗 군에 합류한 유능한 궁사들인 여지엘과 벨렛의 아버지이다. 아즈마벳은 훗날 왕실 보물 관리자가 된다(사무엘 하 23:31, 역대기 상 27:25).

2. 베냐민 지파 여호아따의 아들로 사울 왕의 후손이다(역대기 상 8:36).

아즈리엘 AZRIEL ('신의 도움')

1. 요르단 강 너머 므나쎄 지파 절반의 지도자이다(역대기 상 5:24).

2. 다윗 시대 납달리 지파 지도자였던 여리못의 선조이다(역대기 상 27:19).

3. 여호야킴 왕이 예레미야를 체포하러 보낸 관리 스라야의 아버지이다(예레미야 36:26).

아즈리캄 AZRIKAM ('적을 물리치는 도움')

1. 유다 왕가 출신 느아리야의 아들로 즈루빠벨의 선조가 된다(역대기 상 3:23).

2. 베냐민 지파 아셀의 여섯 아들 중 첫째이다(역대기 상 9:44).

3. 바빌론 유수 이후 느헤미야 시대에 예루살렘에 재정착한 레위 지파 스마야의 선조이다(역대기 상 9:14, 느헤미야 11:15)

4. 유다 아하즈 왕궁의 궁내대신이다. 유다를 침략한 베가 왕의 군대 영웅 지그리에게 죽임을 당한다(역대기 하 28:7).

B

바키데스 BACCHIDES

안티오쿠스 4세와 데메트리우스 1세 치세 때 셀레우코스 왕국 서쪽 지역을 통치한 장군이다(마카베오 상 7:8). 엘라사 전투에서 마카베오 군에 승리를 거두고 유다 마카베오가 전사하게 만든다. 하지만 유다 마카베오의 형제인 요나단이 지휘하는 군대를 물리치지는 못한다(마카베오 상 9:58).

바케노르 BACENOR

이두매 총독 고르기아스를 친 유다 마카베오 군대 장교이다(마카베오 하 12:35).

바고아 BAGOAS

유대를 침략한 바빌로니아 군대 사령관 홀로페르네스의 내시이다. 유딧을 주인 침소에 들여보냈다가 유딧 손에 죽임을 당한 주인의 시신을 발견한다(유딧 12:11, 13:1–3, 14:14).

바니 BANI ('건설된')

1. 가드 사람으로 다윗의 전사이다(사무엘 하 23:36).
2. 다윗 왕 치세 때 성막에서 노래했던 에단의 선조인 레위인이다(역대기 상 6:31).
3. 유다 지파의 지도자로 그 후손들이 바빌로니아에서 돌아와 예루살렘에 정착한다(역대기 상 9:4).
4. 즈루빠벨과 함께 바빌로니아에서 돌아온 일가의 선조이다(에즈라 2:10)
5. 예루살렘 성벽을 보수한 르훔의 아버지이다(느헤미야 3:17).
6. 에즈라가 백성들에게 율법을 설명하도록 도운 레위인이다(느헤미야 8:7).
7. 바빌로니아에서 돌아온 후 성전 예배를 인도한 우찌의 아버지이다(느헤미야 11:22).

밧수아 BATH-SHUA ('부의 딸')

1. 가나안 출신으로 유다의 아내이고 세 아들 에르, 오난, 셀라의 어머니이다(창세기 38:1–5).
2. 우리야의 아내였다가 이후 다윗의 왕비가 된다. 밧세바라고도 불린다(역대기 상 3:5).

베디야 BEDEIAH ('신의 나뭇가지')

에즈라 시대 외국인 아내와 이혼한 사람이다(에즈라 10:35).

브엘랴다 BEELIADA ('바알을 아는 사람')

예루살렘에서 태어난 다윗의 아들 중 하나로 엘리아다라고도 불린다(사무엘 하 5:16, 역대기 상 3:8, 14:7).

벨사살 BELSHAZZAR ('벨 신이 왕을 보호하다')

〈다니엘서〉에는 벨사살이 느부갓네살의 아들이자 후계자라고 나오지만 역사적 사실에 어긋난다. 벨사살은 성대한 연회를 열면서 느부갓네살이 예루살렘 성전에서 가져온 금은 그릇을 술잔으로 사용했다. 연회가 무르익었을 때 갑자기 사람의 손가락 하나가 나타나 연회장 벽에 알 수 없는 글귀를 썼고 왕의 고문들은 그 뜻을 이해하지 못했다. 왕비가 불러오도록 한 다니엘이 글귀의 의미를 설명했다. 그날 밤 바빌로니아 왕국이 종말을 맞았고 벨사살도 죽임을 당했다(다니엘 5:3,25, 7:1, 8:1).

벨트사살 BELTESHAZZAR

느부갓네살이 다니엘에게 준 바빌로니아 이름이다(다니엘 1:7).

벨텟무스 BELTETHMUS

아르타크세르크세스 왕에게 예루살렘 재건 반대 편지를 쓰도록 한 관료이다. 유다와 예루살렘의 백성들이 제대로 세금을 내지 않을 것이라는 내용이 담긴 편지였다(에스드라 1 2:16–19).

이탈리아 화가 피에트로 단디니(1646–1712)가 그린 '벨사살의 연회'이다.

베레기야 BERECHIAH ('신이 축복한')

1. 유다 왕족 즈루빠벨의 다섯 아들 중 넷째이다(역대기 상 3:20).
2. 시마의 아들이고 아삽의 아버지. 아삽은 다윗 치세 때 합창단원이다(역대기 상 6:39, 15:17).
3. 바빌로니아에서 돌아온 후 성전에서 일한 레위인으로 아사의 아들이다(역대기 상 9:16).
4. 다윗 치세 때 계약궤를 지킨 수위이다(역대기 상 15:23).
5. 므실레못의 아들로 에브라임 지도자 일곱 명 중 하나이다. 베가 왕의 군대가 유다를 침략했을 때 예언자 오뎃을 지지하며 베가의 포로들이 곧 돌아올 것이라 주장했다(역대기 하 28:12).
6. 예루살렘 성벽을 보수한 미술람의 아버지이다(느헤미야 3:4,30, 6:18).
7. 이또의 아들이자 즈가리야의 아버지이다(즈가리야 1:1,7).

브리아 BERIAH ('탁월한')

1. 아셀의 네 아들 중 하나로 헤벨의 아버지이다(창세기 46:17).
2. 갓 사람들에게 아들을 잃은 후 에브라임이 다시 낳은 아들이다(역대기 상 7:20–23).

3. 아이얄론에 사는 베냐민 지파 사람으로 형제인 세마와 함께 갓 사람들을 쫓아낸다 (역대기 상 8:13).
4. 시므이의 후손 레위인으로 다윗 치세 성막에서 소임을 했다(역대기 상 23:10-11).

비그왜 BIGVAI

1. 2,000명 넘는 사람들과 함께 즈루빠벨을 따라 바빌로니아에서 귀향한 가문의 우두머리이다(에즈라 2:2,14, 느헤미야 7:7,19).
2. 느헤미야 시대 때 맹약에 서명한 유다 지도자이다(느헤미야 10:16).

빌닷 BILDAD ('논쟁의 아들')

욥의 세 친구 중 한 명으로 '수아 사람'이라고 나온다(욥 2:11). 빌닷을 비롯한 세 친구는 욥 곁에서 칠일 밤낮을 보내며 위로한다. 욥이 입을 열자 세 사람은 그 고난에 놀라고 위로하다가 결국 비난한다. 신은 이를 속죄하기 위해 희생 번제를 올리도록 한다(욥 8:1, 18:1, 25:1).

빈누이 BINNUI ('건축')

1. 므레못 사제를 도와 에즈라가 예루살렘으로 가져온 성전의 금은 기구 무게를 단 노아드야의 아버지이다(에즈라 8:33).
2. 바핫모압의 후손으로 에즈라 시대 때 외국인 아내와 이혼한다(에즈라

10:30).
3. 즈루빠벨과 함께 귀향한 가문의 우두머리이다(느헤미야 7:15, 12:8).
4. 헤나닷의 후손이다(느헤미야 3:24). 느헤미야 시대 예루살렘 성벽 보수를 도왔고 맹약에 서명하였다(느헤미야 10:9).

비슬람 BISHLAM ('평화의 아들')

사마리아의 페르시아 관리이다. 미드르닷과 타브엘을 비롯한 동료 관리들과 함께 페르시아 황제 아르닥사싸에게 예루살렘 성전 재건 계획을 반대하는 글을 올렸다(에즈라 4:7).

보아즈 BOAZ

룻의 시아버지 엘리멜렉의 부유한 친척이다. 룻이 남편을 잃자 친절하게 대하다가 결국 결혼한다. 룻 남편의 땅도 지켜주었다(룻 4:1). 보아즈와 룻 사이에서 태어난 아들 오벳은 다윗 왕의 할아버지로 복음서 계보에 올라 있다.

네덜란드 화가 아르트 데 헬데르(1645-1727)가 그린 '룻과 보아즈'이다.

분니 BUNNI

1. 느헤미야 시대의 레위인으로 단 위에 올

이집트 왕 프톨레매오 6세의 딸 클레오파트라 3세를 묘사한 현대 일러스트레이션.

라 신께 기도했다(느헤미야 9:4).
2. 바빌로니아에서 예루살렘에 돌아와 정착한 첫 번째 레위인 중 하나인 스마야의 선조이다(느헤미야 11:15).
3. 외국인 아내와 이혼하고 첫 자식을 신께 바치기로 약속하는 느헤미야의 맹약에 서명한 지도자 중 하나이다(느헤미야 10:15).

카라바시온 CARABASION

바니의 아들로 바빌론 유수 중에 외국인 아내와 결혼하였다(에스드라 1 9:34).

켄데베우스 CENDEBEUS

'해안 총사령관'으로 임명된 안티오쿠스 7세의 장군이다(마카베오 상 16:4).

카브리스CHABRIS

고토니엘의 아들로 유딧 시대에 베툴리아를 다스리던 세 통치자 중 한 명이다(유딧 6:15, 8:10, 10:6).

카루미스CHARMIS

멜키엘의 아들로 베툴리아를 다스리던 세 통치자 중 한 명이다(유딧 6:15, 8:10, 10:6).

글룹CHELUB

유다의 후손으로 수아의 아우이자 므히르의 아버지이다. 다윗 왕 치세에 밭에서 농사하는 농군들을 감독한 에즈리의 아버지이기도 하다(역대기 상 27:26).

길룐CHILION ('병약한')

엘리멜렉과 나오미의 둘째 아들로 오르바의 남편이다. 형 마흘론과 부모님을 모시고 모압으로 이사 살았다. 결혼한 지 10년 후 자식 없이 죽었다(룻 1:2,4-5, 4:9).

클레오파트라 3세CLEOPATRA

이집트 왕 프톨레매오 6세의 딸로 셀레우코스 왕위를 노리던 알렉산더 발라스와 결혼하였다(마카베오 상 10:57).

고나니야CONANIAH ('신이 유지시키다')

요시야 시대의 레위인 지도자 중 한 명으로 과월절 제물 5,000마리와 황소 500마리를 사제들에게 내놓았다(역대기 하 35:9).

키로스 2세CYRUS II

안샨의 왕으로 메디아 제국에 대항해 메디아와 바빌로니아 제국을 통치하게 되었다. 강제 이주당한 유대인이 고향으로 돌아가도록 허락하는 칙령을 내렸고 느부갓네살이 빼앗아온 성전의 각종 기구들을 귀향 무리 대표인 세스바쌀에게 돌려주었다. 키로스는 유다의 유대 신앙 복원을 권장했고 성전도 재건하도록 했다. 이런 행동 덕분에 예언자 이사야는 키로스를 신의 목자 혹은

신에게 기름부음 받은 사람이라 부르게 된다(역대기 하 36:22).

다브리아DABRIA

에스드라의 환영을 기록한 다섯 사람 중 하나이다(에스드라 2 14:24).

다니엘DANIEL ('신의 심판')

후기 구약 시대의 위대한 예언자이다. 그가 쓴 〈다니엘서〉는 히브리 경전에서 몇 안 되는 계시록 중 하나이다. 책에 따르면 다니엘이 바빌로니아 왕 느부갓네살에게 포로로 잡혀갔다가 바빌로니아와 페르시아의 고위관료가 되었다고 한다. 바빌론에서 예술, 문자, 지혜를 배우고 바빌로니아 현자의 지위에 올랐다. 다니엘은 느부갓네살의 기이한 꿈을 해몽하러 불려가 칭찬을 받기도 했지만 얼마 후 우상숭배를 거부한 친구들이 화덕에 던져지는 일도 당한다. 다행히 친구들은 무사히 화덕에서 걸어나온다(다니엘 3:27). 나보니두스 왕의 공동 통치자였던 벨사살 치세 때 다니엘은 벽에 쓰인 알 수 없는 글귀 '므네, 므네, 드켈, 브라신(mene, mene, tekel, parsin)'의 의미를 해석해낸다(다니엘 5:5, 5:25). 다니엘은 키로스, 캄비세스, 그리고 다리우스 왕 치세 내내 고위직에 있었다. 이를 시기한 다른 관리들은 다리우스 왕을 설득해 30일 동안 온 왕국이 오로지 왕의 조각상만을 숭배하도록, 그렇지 않을 경우 사자들에게 던져지도록 만든다. 신심 깊은 다니엘은 명령을 거부하고 신께 기도를 계속한다. 적들은 이를 왕에게 알리고 왕은 어쩔 수 없이 다니엘을 사자 굴에 집어넣는다. 다음날 아침 사자 굴 앞으로 달려간 다리우스 왕은 상처 하나 입지 않은 다니엘을 보고 안도한다. 신의 천사가 '사자 입을 틀어막아주셨던' 것이

미디안 장교들이 다리우스 1세에게 경의를 표하는 모습. B.C.E. 515년경의 석회암 석판.

다. 다니엘을 음해한 이들을 대신 사자 굴로 집어던지니 바닥에 채 닿기도 전에 잡아먹혔다(다니엘 6:22-24). 〈다니엘서〉의 마지막 다섯 장은 예언자로서 다니엘이 받은 계시적인 꿈과 환영들을 소개한다. 꿈과 환영에는 괴상한 동물이 많이 등장하는데, 날개 네 개에 머리 네 개 달린 표범 같은 동물은 이스라엘을 통치한 외국 왕들을 상징하는 것으로 여겨진다. 이 책의 핵심 메시지는 결국 신이 그의 민족을 압제에서 구해내리라는 것이다. 학자들은 〈다니엘서〉가 B.C.E. 2세기, 안티오쿠스 4세 치하 시리아 압제 상황에서 최종 완성되었으리라 본다.

다리우스 1세DARIUS I

페르시아 왕이다. 그리스를 침략하고 유대 성전 기금을 지원했다(에즈라 6:2).

다리우스 3세DARIUS III

이수스 전투에서 알렉산더 대제에게 패배한 페르시아 왕이다. 2년 후 페르시아 제국이 알렉산더 수중에 들어간다.

데모폰DEMOPHON

안티오쿠스 5세 치하 팔레스타인의 시리아 장군이다. 리시아와 유다 마카베오가 협정을 체결한 후 유대인들을 괴롭혔다(마카베오 하 12:2).

들라야 DELAIAH

1. 즈루빠벨과 함께 귀향한 가문의 선조이다(에즈라 2:60, 느헤미야 7:62).

2. 느헤미야 시대의 거짓 예언자 스마야의 아버지이다(느헤미야 6:10).

E

에덴 EDEN ('기쁨')

요아의 아들이고 제라의 아버지이다(역대기 하 29:12). 에덴과 요아는 유다 히즈키야 치세 때 함께 모여 목욕재계하고 성전을 정화한 레위인 중 두 명이다. 에덴은 백성들이 성전에 가져온 제물을 사제들에게 나누어 주는 역할도 맡았다.

엘랴십 ELIASHIB ('신이 회복시키리라')

1. 다윗 시대의 사제로 성전 예배 열한 번째 순서를 맡았다(역대기 상 24:12).

2. 엘요에내의 아들로 유다 왕가의 후대 선조 중 한 명이다(역대기 상 3:24).

3. 여호아난의 아버지이다. 유다의 잘못을 속죄하기 위해 에즈라가 단식한 곳이 여호아난의 집이었다(에즈라 10:6).

4. 에즈라 시대에 외국인 아내와 이혼한 합창대원이다(에즈라 10:24).

5. 자뚜의 후손으로 외국인 아내와 이혼하였다(에즈라 10:27).

6. 바니의 후손으로 외국인 아내와 이혼하였다(에즈라 10:36).

7. 성벽이 보수되던 느헤미야 시대의 예루살렘 대사제이다(느헤미야 3:20-21).

엘리엘 ELIEL ('나의 신이 신이다')

1. 요르단 강 동쪽 므나쎄 지파 수령 중 한 명이다(역대기 상 5:24).

2. 예루살렘의 베냐민 지파 우두머리였던 시므이의 후손이다(역대기 상 8:20).

3. 사삭의 아들로 예루살렘의 베냐민 지파 우두머리였다(역대기 상 8:22).

4. 다윗 군의 마핫 출신 전사로 용맹하기로 유명했다(역대기 상 11:46).

5. 역시 용맹했던 또 다른 다윗 군 전사이다(역대기 상 11:47).

6. 사울 왕을 떠나 시글락의 다윗에게 합류한 갓 부족 지휘관이다(역대기 상 12:11).

7. 크핫 후손 레위인으로 계약궤를 오베데돔의 집에서 예루살렘으로 옮기는 임무를 맡았다(역대기 상 15:9,11).

8. 히즈키야 시대 때 성전 제물 관리를 맡은 레위인이다(역대기 하 31:13).

엘리후 ELIHU ('그는 나의 신이다')

1. 부스 사람 바라켈의 아들로 욥의 친구 중 한 명이다(욥 32:2). 회개하면 신이 죄를 용서해줄 것이라는 친구들 주장에 욥이 자기는 죄를 짓지 않았다고 반박한 후 엘리후가 나서 세 차례에 걸쳐 말을 한다(욥 32-37장).

2. 사울 왕을 떠나 시글락의 다윗에게 합류한 지휘관이다(역대기 상 12:20).

3. 오베데돔의 후손으로 다윗 치세 때 성막의 수위 역할을 맡았다(역대기 상 26:7).

엘리멜렉 ELIMELECH ('나의 신이 신이다')

베들레헴의 부자로 보아즈의 친척이다. 아내 나오미와 함께 모압 땅으로 이주했으며 두 아들 중 하나가 룻과 결혼한다(룻 1:2, 2:1,3, 4:3).

엘리바즈 ELIPHAZ ('신의 강한 힘')

1. 고통 받는 욥을 찾아왔다가 결국 논쟁을 벌이는 세 친구 중 한 명이다. 욥의 고난을 욥이 지은 특별한 죄 탓으로 몰아가는 엘리바즈의 말은 다른 두 친구에 비해 섬세하고 부드러웠다(욥 1 4:12-21, 15:12-16).

2. 에사오가 아내 아다에게서 얻은 아들이다. 에돔 여러 부족의 선조가 된다(창세기 36:4,10-11,16).

엘자밧 ELIZABAD ('신이 내려준 사람')

1. 요르단 강을 건너 다윗 부대에 합류한 갓 출신 지휘관이다(역대기 상 12:12).

2. 스마야의 아들이고 오베데돔의 손자로 코라파 레위인이다. 다윗 왕 치세 때 성막 수위로 일했다(역대기 상 26:7).

에스드리스 ESDRIS

유다 마카베오 휘하 지휘관으로 셀레우코스의 고르기아스 장군과 맞선 이두매 전투에서 활약했다(마카베오 하 12:36).

헤르만 안슈에츠(1802-1880)의 그림 '유대인을 구한 페르시아 왕비 에스델'이다.

에스델 ESTHER ('별')

페르시아 이름은 하다사이다. 고아가 되어 페르시아 아하스에로스 왕의 궁정관리였던 사촌 모르드개 아래서 자랐다. 왕비 와스디가 폐비된 후 왕은 유대인 고아 에스델의 미모를 보고 왕비로 선택하였다. 신임 수상 하만은 '아하스에로스 왕국에 사는 유대인을 모두 전멸시키기로'(에스델 3:6) 작정한다. 마법사들에게 주사위를 던져 대학살 날짜를 정하게 하고 군대를 대기시켰다. 양아버지로부터 소식을 들은 에스델 왕비는 왕에게 상황을 알리고 하만을 주모자로 지목하였다. 하만은 교수형 당했지만 유대인 대학살은 이미 왕의 칙령으로 내려진 후였다. 왕은 모든 유대인이 무기를 들고 스스로를 보호할 수 있다는 또 다른 칙령을 내린다. 그리하여 군인들에 맞설 준비를 갖춘 유대인은 원수를 모조리 칼로 쳐죽였다'(에스델 9:5). 이를 기념해 유대인들의 부림절 축제가 생겨났다(에스델 9:19).

에단 ETHAN ('굳건한')

1. 레위 지파 에즈라 사람이다. 마홀의 네 아들 중 하나인데 지혜롭기로 유명했으며 〈시편〉 89편을 지은이로 알려졌다(열왕기 상 4:31, 역대기 상 2:6).
2. 쿠사야의 아들로 다윗 왕 치세 므라리 후손인 레위인이다. 성전 음악을 이끈 사람 중 한 명이다(역대기 상 6:44, 15:17,19).
3. 성가대원 아삽의 선조 중 하나로 게르손 후손 레위인이다(역대기 상 6:29).

에다누스 ETHANUS

에스드라의 말을 40일 동안 기록한 서기 중 한 명이다(에스드라 2 14:24).

유미네스 EUMENES ('호의적인')

페르가뭄의 왕 유미네스 2세는 유다 마카베오의 동맹으로 마그네시아 전투에서 안티오쿠스 3세에게 승리를 거두었다. 그 공으로 '인도 지방, 메대 지방과 리디아 지방'

스페인 화가 페드로 베루게토(1450–1504)의 그림 '예언자 에즈라'이다.

을 얻었다(마카베오 상 8:8).

유폴레모스 EUPOLEMUS

요한의 아들이고 유다 마카베오가 로마 상원의 지원 요청을 위해 파견한 두 사절 중 한 명이다(마카베오 상 8:17, 마카베오 하 4:11).

에즈라 EZRA ('도움')

1. 즈루빠벨을 따라 예루살렘으로 귀향한 무리 중의 사제이다(느헤미야 12:1).
2. 바빌론에서 예루살렘으로 돌아오는 두 번째 무리를 이끈 사제이자 서기이다. 〈에즈라서〉를 쓴 사람으로도 알려져 있다. 아론의 아들인 비느하스의 후손으로 스라야의 아들 혹은 손자이다(열왕기 하 25:18–21, 에즈라 7:1–5). 아르타크세르크세스 재위 7년 되는 해에 에즈라는 '유다와 예루살렘으로 가서 모든 일이 그대의 하느님 법대로 돌아가는지 살피도록 하라'는 명을 받는다(에즈라 7:14). 에즈라는 5,000명 가량을 이

끌고 유다로 떠났다. 아하와 강가에서 사흘 동안 휴식한 후 사막을 통과하는 데 넉 달이 걸렸다. 예루살렘에 도착한 에즈라는 유대인끼리만 결혼하라는 율법이 지켜지지 않으면서 히브리 민족의 '성스러운 씨앗'이 '이 땅의 다른 민족들'과 섞이는 모습에 경악한다. 고대 유대 관습과 성전 규율도 사라지고 있었다. 그는 외국인 여자와 결혼한 남자들에게 "하느님 야훼께 죄를 고백하십시오. 이 땅의 뭇 족속들과 손을 끊고 외국 여인들과의 관계를 끊으시오"(에즈라 10:11)라고 요구한다. 《모세 5경》을 모아 편집한 사람 역시 에즈라라는 주장도 있다.

G

가바엘 GABAEL

토비트의 선조이다(토비트 1:1).

게셈 GESHEM ('굳건함')

산발랏, 토비야와 함께 예루살렘 성벽 재건에 반대한 인물이다(느헤미야 2:19, 6:1–2).

길랄래 GILALAI ('더러운')

느헤미야 시대 사제로 예루살렘 성벽을 재건하여 봉헌할 때 에즈라 뒤에서 걸은 사람들 중 한 명이다.

긴느돈 GINNETHON ('정원사')

느헤미야의 맹약에 서명한 사제 중 한 명이다(느헤미야 10:6).

고르기아스 GORGIAS

안티오쿠스 에피파네스 휘하 장수로 리시아의 명령에 따라 유다 군과 맞섰지만 유다 마카베오에게 패배하였다(마카베오 상 3:38, 4:6, 마카베오 하 8:9).

H

하깨 HAGGAI ('축제의')

소선지자 12명 가운데 한 명이고 바빌로니아 포로생활에서 귀향한 후 활동한 첫 예언자 중 하나이다. 개인사에 대해서는 거의 알려진 바 없지만 하깨 자신도 바빌론에 끌려갔다가 돌아온 것으로 보인다. 하깨는 즈가리야와 함께 성전 재건을 독려하였다(에즈라 6:14). 그는 "너희는 어찌하여 성전이 무너졌는데도 아랑곳없이 벽을 널빤지로 꾸민 집에서 사느냐? 너희가 씨는 많이 뿌렸어도 수확은 적었다."라고 외쳤고(하깨 1:4-5) 예기치 못한 가뭄이 찾아오자 하깨는 신의 분노가 원인이라고 설명했다. "하늘이 이슬을 내리지 않고 땅은 소출을 내지 않을 것이다." 이 말이 영향력을 발휘했던지 곧 즈루빠벨 총독과 대사제 여호수아는 성전 재건 재개에 합의하였다(하깨 1:12-15).

하코스 HAKKOZ

다윗 왕 치세 때 성막에서 일곱 번째 순서로 예배를 올린 사제이다(역대기 상 24:10).

하만 HAMAN

페르시아 아하스에로스 왕의 수상이다(에스델 3:1). 페르시아 제국 내에서 유대인을 전멸시키기로 한 계획이 실패로 돌아간 후 에스델의 양아버지 모르드개를 처형하려고 했던 바로 그 교수대에서 죽임을 당한다. 부림절 축제에서 유대인들은 하만의 이름이 나올 때마다 비웃는 소리를 내고 발을 구르는 전통을 지키고 있다.

하난 HANAN ('자비로운')

1. 사삭의 아들로 예루살렘 베냐민 지파 지도자이다(역대기 상 8:23).

2. 아셀의 아들이고 엘라사의 손자로 사울 왕의 후손이다. 아즈리캄, 보크루, 이스마

얀 빅토르스(1619-1676)가 1635년에 그린 '아하스에로스 왕 앞의 에스델과 하만'이다.

엘, 스아리아, 오바디야와 형제이다(역대기 상 8:38).

3. 마아가의 아들로 다윗 왕 군대의 용감한 병사이다(역대기 상 11:43).

4. 즈루빠벨과 함께 귀향한 성전 일꾼 일가의 선조이다(에즈라 2:46).

5. 수문 앞 광장의 나무 단 위에서 백성들에게 율법을 설명한 레위인 중 한 명이다(느헤미야 8:7).

6. 느헤미야의 맹약에 서명한 두 지도자의 이름이다(느헤미야 10:22,26).

7. 자구르의 아들이고 마따니야의 손자이다. 성전 창고를 감독하고 레위인과 사제들에게 제물을 나누어주는 역할을 맡았다(느헤미야 13:13).

8. 익달리야의 아들로 하느님의 사람이다(예레미야 35:4).

하나니 HANANI ('자애로운')

1. 헤만의 아들이다(역대기 상 25:4,25).

2. 유다 왕 아사를 비난한 선견자로 결국 옥에 갇힌다(역대기 하 16:7).

3. 에즈라 시대 외국인 아내와 결혼한 사제 중 하나이다(에즈라 10:20).

4. 느헤미야의 동생으로 예루살렘 수비를 맡았다(느헤미야 1:2, 7:2).

하림 HARIM ('봉헌된')

1. 아드나의 후손으로 다윗 왕 치세 성막에서 세 번째 순서로 예배를 올린 사제이다(역대기 상 24:8, 느헤미야 12:15).

2. 느헤미야 시대 예루살렘 성벽과 도가니 망대를 보수한 말기야의 아버지이다(느헤미야 3:11).

3. 느헤미야의 맹약에 서명한 사제 중 한 명이다(느헤미야 10:5).

4. 느헤미야의 맹약에 서명한 사제 중 한 명이다(느헤미야 10:27).

하사비야 HASHABIAH ('신이 배려하는 사람')

1. 아마지야의 아들이다(역대기 상 6:45).

2. 여두둔의 아들이다(역대기 상 9:14).

3. 크무엘의 아들로 다윗 시대의 레위 지파 지도자이다(역대기 상 27:17).

4. 레위인 부족의 우두머리로 요시야 왕이 성대한 과월절 축제를 열도록 제물을 내놓았다(역대기 하 35:9).

5. 여두둔의 넷째 아들이다(역대기 상 25:3).

6. 크핫의 아들 헤브론의 후손이다(역대기 상 26:30).

7. 바빌로니아에서 돌아오는 길에 에즈라와 동행한 레위인이다(에즈라 8:19).

8. 예루살렘 성전의 금괴와 보물을 관리한 사제이다(에즈라 8:24). 〈느헤미야서〉 12장 21절에 등장하는 사제와 동일인이다.

9. 크일라 반 구역의 장으로서 느헤미야 시대의 예루살렘 성벽을 보수하였다(느헤미야 3:17).

10. 귀향 후 맹약에 서명한 레위인 중 한 명이다(느헤미야 10:11, 12:24).

11. 분니의 아들로 레위인이다(역대기 상 9:14, 느헤미야 11:15).

12. 마따니야의 아들로 레위인이다(느헤미야 11:22).

13. 예수아의 아들 요아킴 시대에 힐키야

가문의 사제였다(느헤미야 12:21).

하숨 HASHUM ('풍부한')

1. 즈루빠벨과 함께 귀향한 일가의 선조이다. 그 후손들은 에즈라 시대 외국인 아내와 이혼하였다(에즈라 2:19, 10:33).
2. 수문 앞 광장의 나무 단 위에서 백성들에게 모세 율법을 설명하는 에즈라 옆에 서 있던 지도자 중 한 명이다(느헤미야 8:4).
3. 느헤미야의 맹약에 서명한 사제 중 한 명이다(느헤미야 10:18).

이탈리아 화가 라파엘(1483-1520)이 1512년 바티칸에 그린 '성전에서 쫓겨나는 헬리오도로스' 부분.

하닥 HATHACH

아하스에로스 왕의 내시 중 하나로 에스델을 모셨고 하만의 계략에 대해 알려주었다(에스델 4:5-6, 9-10).

하투 HATTUSH

1. 스가니야의 아들로 스마야, 이갈, 바리아, 느아리야, 사밧의 형제이다. 여호야긴 왕의 후손으로 에즈라와 함께 바빌로니아에서 돌아왔다(역대기 상 3:22).
2. 하삽니야의 아들로 느헤미야 시대 때 예루살렘 성벽 보수를 도왔다(느헤미야 3:10).

---

3. 느헤미야의 맹약에 서명한 사제이다(느헤미야 10:4).
4. 즈루빠벨과 함께 바빌로니아에서 돌아온 사제이다(느헤미야 12:2).

헬대 HELDAI ('세상을 잘 아는')

1. 다윗의 지휘관이다(역대기 상 27:15).
2. 바빌로니아에서 돌아온 것으로 추측되는 이스라엘인이다(즈가리야 6:10).
3. 헬렛(역대기 상 11:30, 사무엘 하 23:29)이라고도 불린다.

헬리오도로스 HELIODORUS ('태양의 선물')

시리아 셀레우코스 4세의 관리로 예루살렘 성전의 보물을 압수하러 온 인물이다(마카베오 하 3:21-28).

헬캐 HELKAI

므라욧의 후손으로 요아킴이 대사제를 지내던 느헤미야 시대 때 사제 가문의 우두머리였다(느헤미야 12:15).

헤르쿨레스 HERCULES

제우스와 알크메네의 아들인 그리스 반인 반신이다. 이 신을 위해 두로의 히람 왕이 신전을 지었다(마카베오 하 4:18-20).

히에로니모스 HIERONYMUS

안티오쿠스 5세 치세 때 팔레스타인을 다스린 시리아 통치자이다(마카베오 하 12:2).

힐키야 HILKIAH ('신의 몫')

1. 히즈키야 궁정의 궁내 대신 엘리야킴의 아버지이다(열왕기 하 18:37).
2. 요시야 치세 때 〈신명기〉로 추정되는 고대 율법 두루마리를 발견한 대사제이다(열왕기 하 22:4,8).
3. 므라리의 후손 레위인으로 암시의 아들이고 다윗 왕 치세 때 살았던 음악가 에단의 선조이다(역대기 상 6:45).
4. 므라리의 후손 레위인으로 호사의 둘째

루카스 크라나흐(1472-1553)가 1530년경에 그린 '홀로페르네스의 머리를 든 유딧'이다.

아들이고 다윗 왕 치세 성막에서 일했다(역대기 상 26:11).
5. 수문 앞 광장의 나무 단 위에서 백성들에게 모세 율법을 설명하는 에즈라 옆에 서 있던 지도자 중 한 명이다(느헤미야 8:4).
6. 아나돗의 사제로 예언자 예레미야의 아버지이다(예레미야 1:1).
7. 시드키야가 바빌론에 파견한 특사 그마리야의 아버지이다(예레미야 29:3).

호다야 HODAVIAH ('신의 위엄')

1. 요르단 강 동쪽에 정착한 므나쎄 반쪽 지파 구성원으로 전사였다(역대기 상 5:24).
2. 호다야의 아들이고 므술람의 아버지이며 살루의 선조이다(역대기 상 9:7).
3. 즈루빠벨과 함께 바빌로니아에서 돌아온 레위 지파의 선조이다(느헤미야 7:43).

호디야 HODIAH ('신의 위엄')

1. 나함의 처남으로(역대기 상 4:19) 유다 부족 구성원이다.

2. 에즈라가 읽어주는 율법을 백성들에게 설명한 레위인이다(느헤미야 8:7). 느헤미야 맹약에 서명한 두 레위인 중 하나이기도 하다(느헤미야 10:10,13).

3. 느헤미야 맹약에 서명한 추장 중 한 명이다(느헤미야 10:18).

임멜의 아들 바스훌이 예레미야를 체포하는 장면을 담은 16세기 판화.

홀로페르네스 HOLOFERNES

아시리아 왕 느부갓네살 휘하 장군으로 베툴리아 포위작전 중 히브리 여인 유딧에게 죽임을 당한다(유딧 13:8).

후빠 HUPPA

다윗 시대 사제이다(역대기 상 24:13).

이또 IDDO ('신의 친구')

1. 솔로몬 궁정을 책임진 관리 12명 중 하나인 아비나답의 아버지이다(열왕기 상 4:14).

2. 게르손의 후손으로 요아의 아들이다(역대기 상 6:6).

3. 즈가리야의 아들로 다윗 시대 요르단 강

동쪽 므나쎄 반쪽 지파 우두머리이다(역대기 상 27:21).

4. 여로보암, 르호보암, 아비야의 미래를 내다본 선지자이다(역대기 하 9:29, 13:22).

5. 예언자 즈가리야의 할아버지이다(즈가리야 1:1,7, 에즈라 5:1).

6. 키시비야 지방으로 이주해 살던 사람들의 우두머리로 예루살렘 성전에 사제와 레위인들을 보내준다(에즈라 8:17).

임멜 IMMER ('양')

1. 성막 예배를 열여섯 번째로 담당한 중요한 사제 가문의 선조이다(역대기 상 24:14, 느헤미야 11:13).

2. 예레미야를 때리고 감옥에 집어넣은 성전 대사제 바스훌의 아버지이다(예레미야 20:1).

이스이 ISHI ('구원')

1. 유다의 후손으로 아빠임의 아들이고 세산의 아버지이다(역대기 상 2:31). 헤스론의 명문가 중 하나이다.

2. 유다의 후손이고 조헷의 아버지이다(역대기 상 4:20).

3. 유다 히즈키야 왕 시대에 시므온 지파 우두머리이다(역대기 상 4:42).

4. 요르단 강 동쪽 므나쎄 지파 우두머리 중 한 명이다(역대기 상 5:24).

5. 〈호세아〉 2장 16절에서 상징적으로 등장하는 이름이다.

이스마야 ISHMAIAH ('야훼가 들어주신다')

1. 사울 왕을 떠나 시글락의 다윗에게 합류한 기드온 전사이다(역대기 상 12:4).

2. 오바디야의 아들로 다윗 왕 시대 즈불룬 지파 통치자이다(역대기 상 27:19).

이스마기야 ISMACHIAH ('신이 살게 해주신다')

성전 예물과 제물을 감독하도록 선발된 레위인 중 한 명이다(역대기 하 31:13).

이씨야 ISSHIAH ('신이 빌려주신다')

1. 레위인으로 이즈라히야의 아들이고 미가의 형제이며 즈가리야의 아버지이다. 르하비야의 후손이 된다(역대기 상 24:21).

2. 사울 왕을 떠나 시글락의 다윗에게 합류한 기드온 전사이다(역대기 상 12:6).

3. 우찌엘의 후손으로 다윗 왕 치세 때 성막에서 일했다(역대기 상 23:20).

4. 르하비야의 후손으로 다윗 왕 치세 때 성막에서 일했다(역대기 상 24:21).

이디엘 ITHIEL ('신이 나와 함께 계신다')

1. 예루살렘으로 돌아와 정착한 베냐민 지파 사람으로 이사야의 아들이고 마아세야의 아버지이다(느헤미야 11:7).

2. 야케의 아들 아굴이 가르침을 준 두 사람 중 한 명이다(잠언 30:1).

야알라 JAALAH ('야생 염소')

솔로몬의 신하로 그 후손은 즈루빠벨과 함께 귀향한다(에즈라 2:56).

야시엘 JAASIEL ('신이 만드신')

1. 소바 출신 용감한 전사이다(역대기 상 11:47).

2. 아브넬의 아들로 야아시엘이라고도 불리며 다윗 왕의 군대에 소속되어 있었다(역대기 상 27:21).

야아지엘 JAAZIEL ('신이 위로해주는')

계약궤를 예루살렘으로 가져올 때 연주했던 레위인이다(역대기 상 15:18).

야뚜아 JADDUA ('알려진!')

1. 바빌론 유수 이후 예루살렘에 돌아온 레위인이다(느헤미야 12:11,22).

2. 느헤미야의 맹약에 서명한 유다 지파 지

도자이다(느헤미야 10:21).

야핫 JAHATH
1. 시므이의 아들이고 게르손의 손자로 성막에서 일했다(역대기 상 23:10).
2. 크핫 가문 슬로못의 아들로 다윗 왕 치세 성막에서 일했다(역대기 상 24:22).
3. 므라리 가문의 레위인으로 요시야 시대 성전 재건을 감독했다(역대기 하 34:12).

야하지엘 JAHAZIEL
1. 크핫 후손 레위인으로 헤브론의 셋째 아들이다(역대기 상 23:19).
2. 사울 왕을 떠나 시글락의 다윗 군에 합류한 베냐민 지파 지휘관이다(역대기 상 12:4).
3. 다윗 치세 때 계약궤를 예루살렘으로 옮긴 후 나팔을 분 사제이다(역대기 상 16:6).
4. 즈가리야의 아들로 아합 가문의 레위인이다. 여호사밧 왕에게 모압과 암몬인을 크게 무찌르고 승리할 것이라 예견하였다(역대기 하 20:14-17).
5. 스가니야의 아버지로 에즈라와 함께 바빌로니아에서 돌아왔다(에즈라 8:5).

야하지야 JAHZEIAH ('야훼가 보신다')
디그와의 아들로 유다 남자들이 외국인 아내와 이혼해야 한다는 에즈라의 주장에 반대하였다(에즈라 10:15).

야르하 JARHA
세산의 이집트인 종으로 세산의 외동딸과 결혼한다(역대기 상 2:34-35).

야소브암 JASHOBEAM ('백성들이 찾아가는 곳')
시글락의 다윗 왕에게 합류한 장수이다. 창을 한 번 휘두르면 300명이 쓰러졌다고 한다(역대기 상 11:11).

야지즈 JAZIZ ('두드러지게 되리라')
다윗의 관리 중 한 명으로 양떼를 맡았다(역대기 상 27:31).

여고니야 JECONIAH ('신이 임명한 사람')
여호야킴의 뒤를 이어 여호야긴이라는 이름으로 짧은 기간 재위한 유다의 왕이다. 그가 즉위할 무렵 예루살렘은 느부갓네살 군대에게 저항할 능력이 없었고(열왕기 하 24:10-11) 여호야긴, 어머니, 하인과 군인들은 느부갓네살에게 항복한 후 바빌로니아에 끌려가 죽을 때까지 바빌론에 머물렀다

미켈란젤로 부오나로티(1475-1564)가 바티칸 시스티나 성당 반원 공간에 그린 여고니야.

(예레미야 29:2, 에제키엘 17:12, 19:9).

여다야 JEDAIAH ('신이 알고 있는')
1. 시므리의 아들로 시므온 지파 지도자이다(역대기 상 4:37).
2. 다윗 치세 성막 예배 두 번째 순서를 담당한 예루살렘 사제이다(역대기 상 24:7).
3. 하루맙의 아들로 느헤미야의 예루살렘 성벽 보수를 도왔다(느헤미야 3:10).
4. 느헤미야 시대에 예루살렘의 사제이다(느헤미야 11:10).
5. 바빌론 유수가 끝난 후 즈루빠벨과 함께 예루살렘에 돌아온 유다 지도자로 스가리야의 명령을 받고 대사제 예수아가 쓸 관을 만들 금과 은을 바쳤다(느헤미야 12:7, 스가리야 6:10,14).

여이엘 JEHIEL ('신이 살아계신다')
1. 기브온을 세운 아버지이다(역대기 상 9:35).
2. 다윗의 전사이다(역대기 상 11:44).
3. 오베데돔 집에서 예루살렘으로 계약궤가 옮겨질 때 음악을 지휘한 레위인이다(역대기 상 15:18,20).
4. 유다 왕 여호사밧의 둘째 아들로 형 여호람에게 죽임을 당한다(역대기 하 21:2,4).
5. 다윗 치세 말엽에 왕가의 교육을 담당한 하그몬 사람이다(역대기 상 27:32).
6. 헤만 후손인 레위인으로 히즈키야 왕 치세 때 성전에 제물 바치는 일을 담당했다(역대기 하 29:14, 31:13).
7. 요시야 치세 과월절 제물로 쓸 가축들을 내놓은 유다 지도자이다(역대기 하 35:9).
8. 바빌론 유수 이후 돌아온 유다 지도자 오바댜의 아버지이다(에즈라 8:9).
9. 외국 여자와 사는 유다 남자가 많다고 에즈라에게 알린 스가니야의 아버지이다(에즈라 10:2).
10. 하림 후손으로 외국인 아내와 이혼한 사제이다(에즈라 10:21).
11. 엘람 후손으로 외국인 아내와 이혼하였

다(에즈라 10:26).

여호하난 JEHOHANAN ('신은 자애롭다')

1. 코라 후손인 레위인으로 성막 수위로 일했다(역대기 상 26:3).

2. 여호사밧 치세 때 유다 28만 군대를 지휘한 지휘관이다(역대기 하 17:15).

3. 아달리야 왕비에게 반역하고 요아스를 유다 왕으로 세운 백인대장 이스마엘의 아버지이다(역대기 하 23:1).

4. 엘랴십의 아들로 유다 남자들이 외국인 아내와 이혼한 후 기도를 올렸다(에즈라 10:6).

5. 아자리야의 아버지이다(역대기 하 28:12).

6. 느헤미야의 예루살렘 성벽 복원을 반대한 토비야의 아들이다(느헤미야 6:18).

7. 요야킴 시대 유다의 대사제이다(느헤미야 12:13).

8. 예루살렘 성벽을 봉헌할 때 노래 부른 사제 중 한 명이다(느헤미야 12:42).

9. 베배 후손으로 외국인 아내와 이혼하였다(에즈라 10:28).

여호야립 JEHOIARIB ('신이 지켜주는 사람')

다윗 왕 치세 성막 예배를 첫 번째 순서로 담당한 가문의 두 사제이다(역대기 상 9:10, 24:7, 느헤미야 11:10).

여호자밧 JEHOZABAD ('신이 주신')

1. 코라파 레위인으로 오베데돔의 둘째 아들이자 다윗 왕 치세 성막 문지기 중 한 명이다(역대기 상 26:4,15).

2. 유다 여호사밧 왕 치세 베냐민 가문의 장수이다(역대기 하 17:18).

3. 요아스 왕의 신하로 모압 여인 시므릿의 아들이며 요아스 암살자 중 한 명이다(열왕기 하 12:21, 역대기 하 24:26).

여이엘 JEIEL ('신이 귀중히 여기는 사람')

1. 르우엘 지파 요엘 가문의 지도자이다(역대기 상 5:7).

2. 기브온에 살았던 베냐민 지파 지도자로 사울의 선조가 된다(역대기 상 9:35).

3. 호담의 아들로 형 사마와 함께 다윗 왕 부대의 유명한 전사였다(역대기 상 11:44).

4. 므라리 지파 레위인으로 성막 예배에 참여했고 계약궤를 예루살렘으로 옮겨올 때 하프를 연주했다(역대기 상 15:18, 16:5).

5. 게르손 지파 레위인이다. 여호사밧이 모압과 암몬인을 상대로 승리할 거라 예언한 야하지엘의 선조이다(역대기하 20:14).

6. 우찌야 치세 때의 서기장이다(역대기 하 26:11).

7. 성전 청소를 도운 게르손 지파 레위인이다(역대기 하 28:13).

8. 요시야 치세 과월절 제물을 풍성하게 내놓은 레위인 중 한 명이다(역대기 하 35:9).

9. 아도니캄의 후손으로 바빌론을 떠나 예루살렘으로 향하는 에즈라 무리에 합세했다(에즈라 8:13).

10. 느보의 후손으로 외국인 여자와 결혼했다가 이혼했다(에즈라 10:43).

여카미야 JEKAMIAH ('신이 키워주는 사람')

살룸의 아들이고 여라무엘의 후손으로 여호야긴의 짧은 통치 이후 왕실 혈통을 이어받은 인물이다(역대기 상 2:41, 3:18).

예미마 JEMIMAH ('비둘기')

고난에서 벗어난 후 욥이 낳은 세 딸 중 첫째이다(욥 42:14).

여라므엘 JERAHMEEL ('신의 은혜')

1. 갈렙의 형제이자 유다 민족 지도자인 헤스론의 맏아들이다(역대기 상 2:9,25−26).

2. 다윗 왕 치세 성막에서 예배를 인도한 므라리 가문 레위인으로 키스의 후손이다(역대기 상 24:29).

3. 유다 여호야킴 왕의 관리로 바룩을 체포하고 예레미야의 예언을 불태웠다(예레미야 36:26).

여리못 JEREMOTH ('자리잡은 나방')

1. 베겔의 아들로 JERIMOTH이라 표기되기도 한다. 유명한 장수였다(역대기 상 7:8).

2. 무시의 아들이고 므라리의 손자이다(역대기 상 23:23, 24:30).

3. 자리엘의 아들로 다윗 치세 때 납달리 부족 지도자로 임명되었다(역대기 상 27:19).

4. 엘람의 후손으로 에즈라 시대에 외국인 아내와 이혼하였다(에즈라 10:26).

5. 자뚜의 아들로 에즈라 시대에 외국인 아내와 이혼하였다(에즈라 10:26).

여리못 JERIMOTH ('자리잡은 나방')

1. 벨라의 아들로 JEREMOTH이라 표기되기도 한다. 유명한 장수였다(역대기 상 7:7).

2. 사울을 떠나 시글락의 다윗 왕에게 합류한 베냐민 사람이다(역대기 상 12:5).

독일 화가 압솔론 슈툼메가 15세기에 그린 '이새의 나무'이다.

3. 헤만의 아들로 음악가이다. 다윗 왕 치세 예루살렘 성막 예배의 두 번째 차례를 맡았다(역대기 상 25:4,22).

4. 르호보암 왕의 아내인 마할랏의 아버지이다(역대기 하 11:18).

5. 히즈키야 치세 때 성전 제물과 예물을

관리 감독한 레위인이다(역대기 하 31:13).

여사이야 JESHAIAH ('신이 구해주셨다')

1. 하나니야의 아들로 즈루빠벨의 손자이고 다윗 왕의 후손이다(역대기 상 3:21).

2. 다윗 왕의 음악가 여두둔의 여섯 아들 중 하나로 예루살렘 성막 예배의 여덟 번째 차례를 맡았다(역대기 상 25:3,15).

3. 르하비야의 맏아들이고 요람의 아버지로 다윗 왕의 전리품 관리를 맡았다(역대기 상 26:25).

4. 아달리야의 아들로 에즈라와 함께 귀향한 엘람 가문의 일원이다(에즈라 8:7).

5. 므라리 가문의 레위인으로 에즈라와 함께 돌아와 성전을 돌본다(에즈라 8:19).

예수아 JESHUA ('구원자')

1. 예루살렘 성막 예배의 아홉 번째 차례를 맡은 사제이다(역대기 상 24:11, 에즈라 2:36,40).

2. 히즈키야가 종교 예물 나누는 일을 하도록 한 레위인이다(역대기 하 31:15).

3. 요사닥의 아들이고 바빌론 유수 이후 대사제이다(에즈라 2:2,6, 3:2-13).

4. 에즈라 시대 레위인으로 요자밧의 아버지이다(에즈라 8:33).

5. 유다 부족 출신 바핫모압의 아들로 즈루빠벨과 함께 바빌로니아에서 돌아왔다(에즈라 2:6, 느헤미야 7:11, 10:14).

6. 아자니야의 아들 레위인으로 느헤미야 맹약에 서명하였다(느헤미야 10:9).

7. 에즈라 시대에 백성들에게 율법을 설명한 유다 지도자이다(느헤미야 8:7).

이새 JESSE ('선물')

다윗 왕의 아버지이고 오벳의 아들, 보아즈와 룻의 손자이다. 이새는 베들레헴에서 양과 염소를 키우는 부자였다. 다윗이 사울과 갈등하게 된 후 부모를 모압으로 모셔간다(이사야 11:1,10, 루가 3:32, 마태오 1:5-6, 시편 78:71, 계시록 5:5, 룻 4:17,22, 사무엘 상 16:11,

익명의 플랑드르 화가가 1466-1500년에 그린 '욥의 일생' 중 일부. 벌거벗은 욥의 모습이다.

17:13-35, 22:3-4).

예델 JETHER ('우월한')

1. 모세의 장인으로 이드로라고도 불린다(출애굽 4:18).

2. 기드온의 맏아들로 미디안의 두 왕 제바와 살문나를 죽이라는 명을 받는다(판관기 8:20).

3. 다윗의 누이 아비가일의 남편이고 아마사의 아버지이다. 압살롬 군 지휘관이었던 아마사는 요압에게 죽임을 당한다(역대기 상 2:17, 열왕기 상 2:5,32, 사무엘 하 17:25).

4. 야다의 아들로 자식 없이 죽은 유다 부족 헤스론 후손이다(역대기 상 2:32).

5. 유다 부족 에즈라의 네 아들 중 한 명이다(역대기 상 4:17).

6. 전사 가문인 아셀의 지도자이고 여분네의 아버지이다(역대기 상 7:38).

여우엘 JEUEL ('귀중한')

1. 제라의 후손으로 바빌론 유수 이후 예루

살렘으로 돌아온 부족의 지도자이다(역대기 상 9:6).

2. 히즈키야 왕 치세 때 성전을 깨끗이 했던 이들의 후손인 레위인이다(역대기 하 29:13).

3. 에즈라와 함께 귀향한 후 예루살렘 재건을 도운 사람이다(에즈라 8:13).

요아킴 JOAKIM

1. 홀로페르네스를 죽인 유딧을 환영한 예루살렘의 대사제이다(유딧 4:6-15).

2. 수산나의 남편으로 바빌론 유대 공동체의 부유한 일원이다. 수산나를 사랑한 두 노인이 거절당한 후 간통죄로 고소하자 사형당할 위기에 몰린 수산나를 다니엘이 구해준다(수산나 1-63).

욥 JOB

족장들의 시대에 우즈에 살던 욥은 본래 부유한 인물이었다. 신과 사탄은 욥의 믿음을 시험하기 위해 재산은 물론 자식과 가축까지 모두 잃게 만든다. 욥은 온몸에 종기가 돋는 끔찍한 고통까지 겪는다(욥기 2:7). 하지만 신을 저주하지 않고 참아낸다. 욥을 찾아온 친구들은 그가 죄를 저질러 벌 받는 것이라 주장한다. 결국 신은 친구들의 말이 틀렸음을 보여주며 다시금 욥의 건강과 부를 되돌려준다(욥기 42:10).

요한 히르카누스 1세 시대에 만들어진 고대 유대 구리동전.

요한 히르카누스 JOHN HYRCANUS ('신의 총애를 받는')

시몬 마카베오의 아들 중 하나로 암살 음모를 피해 도망친 후 새로 독립한 유다의 지도자가 된다. 대사제 직도 겸했다. 그의 아들 아리스토불루스가 뒤를 이으면서 '왕'이라는 명칭을 처음으로 사용했다(마카베오 상 16:18-22).

요야킴 JOIAKIM ('신이 일으켜주신다')

예수아의 아들이고 엘랴십의 아버지이다. 에즈라와 느헤미야 시대에 대사제를 지냈다((느헤미야 12:10,12,26).

요야립 JOIARIB ('신이 지켜주시리라')

1. 에즈라가 예루살렘 성전에서 일할 레위인들을 뽑아달라고 이또에게 부탁하기 위해 보낸 사람이다(에즈라 8:16).

프랑스 화가 귀스타브 도레(1832–1883)의 판화 '다곤 신전을 파괴하는 요나단'이다.

2. 즈가리야의 아들이고 유다의 후손이다. 요야립의 후손 마아세야는 바빌로니아에서 첫 번째로 돌아온 무리 중 하나였다(느헤미야 11:5).

3. 즈루빠벨과 함께 귀향한 사제. 여호아립이라고도 불린다(느헤미야 11:10, 12:6,19).

요나단 JONATHAN ('신이 주셨다')

마따디아의 막내 아들로 유다 사후 마카베오 반란 지도자가 된다. 시리아의 데메트리우스 1세와 그 적수 알렉산더 발라스 모두 요나단을 자기 편으로 끌어들이려 한다(마카베오 상 9:73–10:66). 요나단은 알렉산더와 손잡고 대사제 직에 오른다. 총독, 군

사령관, 대사제를 한 사람이 겸직하는 것은 신성모독이라 보는 이가 많았고 요나단의 부주의한 처신이 만들어낸 유대인의 분열은 오래 이어졌다. 3년 후 요나단의 공을 인정한 알렉산더가 유대 행정 및 군사 통치권을 넘겨주었다. 알렉산더와 데메트리우스 2세가 갈등하는 와중에 요나단은 다시 알렉산더를 지지했고 그 대가로 에크론과 그 지역 통치권을 받았다(마카베오 상 10:67–89). 알렉산더가 죽은 후 데메트리우스 2세는 요나단을 소환했지만 벌하는 대신 사마리아 세 지역을 넘겨주었다. 또한 시리아 군은 철수하겠다고 약속한다. 이 약속이 지켜지지 않으면서 요나단은 알렉산더 발라스의 아들 안티오쿠스 6세 진영에 가담한다. 이 진영에 있던 트리폰은 요나단의 기존 재산과 권력을 보장하겠다고 했지만 결국 요나단을 배신하고 죽인다(마카베오 상 11:19–12:48).

요자밧 JOZABAD ('신이 내려주다')

1. 베냐민 지파 궁사로 사울을 떠나 시글락의 다윗 군에 합류한다(역대기 상 12:4).
2. 므나쎄 지파 지휘관으로 사울을 떠나 다윗 군에 합류한다(역대기 상 12:20).
3. 히즈키야 치세 성전 예물과 보물을 관리한 레위인이다(역대기 하 31:13).
4. 요시야 치세 때 과월절 제물로 가축들을 내놓은 레위인이다(역대기 하 35:9).
5. 레위인으로 예수아의 아들이다. 에즈라 시대 때 바빌론에서 금은 기구 무게 다는 현장에 입회했다(에즈라 8:33).
6. 바스홀 일가 사제로 외국인 아내와 이혼하였다(에즈라 10:22).

유다 마카베오 JUDAS MACCABEUS ('망치')

사제 마따디아의 셋째 아들로 아

버지가 죽은 후 셀레우코스에 저항하는 마카베오 반란의 지도자가 되었다(마카베오 상 3:8). 전력이 훨씬 앞선 시리아 군과 정면승부를 피해 눈부신 게릴라 작전을 펼치며 시리아 군을 격퇴했다. B.C.E. 164년, 마침내 유다는 예루살렘을 정복했고 성전의 그리스 우상을 모두 치워버린 후 야훼 신앙을 되살렸다(마카베오 하 10:1–3). 같은 해 안티오쿠스 4세가 사망한 후 왕위 쟁탈전이 벌어졌다. 그 중 한 명이었던 리시아 장군은 안티오쿠스의 칙령을 폐기하고 유대 시민들에게 완전한 종교적 자유를 부여했다(마카베오 하 11:15). 신심 깊은 하시딤(Hasidim)을 포함해 많은 유대인이 목표가 달성되었다고 판단해 전쟁을 중단하도록 만든 영리한 전술이었다. 하지만 마카베오의 목적은 완전한 정치적 독립에 있었으므로 줄어든 병력으로 싸움을 계속하다가 B.C.E. 160년, 엘라사(Elasa) 전투에서 전사했다.

유딧 JUDITH ('유다로부터')

베툴리아의 농부 므나쎄의 어린 아내이다. 남편이 일사병으로 죽은 후 재혼하지 않고 홀로 농사지으며 살았다. 홀로페르네스라는 지휘관이 이끄는 바빌로니

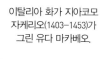

이탈리아 화가 지아코모 자케리오(1403–1453)가 그린 유다 마카베오.

아 군대가 베툴리아를 포위했을 때 유딧은 신께 기도를 올리고 '남자들의 눈을 홀릴 만큼 요란하게 꾸몄다'(유딧 10:4). 그리고 하녀 하나만을 데리고 성문을 통과해 적군 보초병에게 잡혀 진지로 끌려갔다. 군인들은 '유딧의 아름다움에 놀랐고 또 그 여자의 아름다움으로 미루어보아 이스라엘 남자들이 얼마나 훌륭할까 생각하며 감탄하였다'(유딧 10:19). 홀로페르네스도 한눈에 유딧에게 반했고 사흘째 되던 날 연회를 베풀어 유혹하기로 했다. '그런 여자와 한 번도 놀아보지 못하고 그대로 돌려보낸다는 것은 수치'라 여겼던 것이다(유딧 12:12). 늦은 밤 술 취해 누운 장군과 단 둘이 남겨진 유딧은 장군의 검을 뽑아 그 목을 베었다.

카드미엘KADMIEL
즈루빠벨과 함께 귀향한 레위인이다(에즈라 2:40, 3:9, 느헤미야 7:43).

케렌 하뿌아KEREN-HAPPUCH
욥의 막내딸이다(욥 42:14). 욥이 다시 부유해졌을 때 태어나 언니, 오빠들과 함께 아버지 재산을 상속받는다.

케지야KEZIAH
건강과 재산을 되찾은 욥이 낳은 둘째 딸이다(욥 42:14). 예미마, 케렌 하뿌아와 함께 세 자매이다. 자매들은 형제들과 함께 아버지 재산을 상속받는다.

라스데네스LASTHENES
데메트리우스 2세 때 고위관료이다(마카베

오 상 11:31-32). 요세푸스에 따르면 이후 데메트리우스를 위해 왕위 찬탈자 알렉산더 발라스로부터 시리아를 지켜낸 인물이 라스데네스라고 한다(마카베오 상 10:67).

레비아단LEVIATHAN
뱀의 몸통을 지닌 바다괴물이다(욥 41:1).

아서 래컴(1867-1939)이 1908년에 그린 '레비아단'이다

루기오LUCIUS
로마의 집정관으로 프톨레매오에게 편지를 써서 시몬 마카베오의 통치를 인정하고 로마의 유대인 보호를 확인했다(마카베오 상 15:16).

리시아LYSIAS ('녹이는')
안티오쿠스 4세와 안티오쿠스 5세 치세기 동안 시리아의 장군이었다. 원정 전쟁 중 안티오쿠스 4세는 내정과 훗날 안티오쿠스 에우파테르가 될 아들을 리시아 장군에게 맡겼다. 안티오쿠스 4세가 전사한 후 리시아는 섭정으로 권력을 떨쳤다. 유다 마카베오 반란을 평정하기 위해 군대를 이끌고 나섰지만 엠마오 전투에서 패배하였다. 하지만 나중에는 마카베오를 몰아내고 잠시

예루살렘을 점령하였다. 이후 왕권을 주장하는 또 다른 인물 데메트리우스에게 패배하고 자기 군대에게 죽임을 당한다(마카베오 상 3:32, 6:17, 7:2-4, 마카베오 하 10:11, 11:1, 14:2).

리시마코스LYSIMACHUS ('전쟁을 흩어버리는')
안티오쿠스 4세 치세 때의 부패한 대사제 메넬라오스의 동생이다. 안티오크로 소환된 메넬라오스는 동생에게 대리 역할을 맡겼다. 리시마코스는 성전의 보물을 훔쳤고 결국 발각되어 죽임을 당한다(마카베오 하 4:29,42).

M

마애MAAI
재건된 예루살렘의 성벽을 봉헌할 때 참여한 아삽 지파 연주자이다(느헤미야 12:36).

마아세야MAASEIAH ('신의 작품')
1. 레위인으로 성막 수위이다. 계약궤 앞에서 악기를 연주했다(역대기 상 15:18).
2. 아다야의 아들로 아달리야 여왕을 폐하고 요아스가 왕위에 오르도록 한 군지휘관 중 한 명이다(역대기 하 23:1).
3. 우찌야 왕의 병적관이다(역대기 하 26:11).
4. 유다 아하즈 왕의 아들로 이스라엘과 시리아가 유다를 침략했을 때 지그리에게 죽임을 당했다(역대기 하 28:7).
5. 유다 요시야 왕 치세 때 예루살렘 성주이다(역대기 하 34:8).
6. 사제 즈바니야의 아버지이다. 시드키야 왕은 즈바니야를 예레미야에게 보내 느부갓네살과의 전쟁 결과를 예언하게 했다(예레미야 21:1, 29:25).
7. 거짓 예언을 하여 예레미야에게 비난받

은 시드키야의 아버지이다(예레미야 29:21).

8. 살룸의 아들로 예레미야 시대 성전 문지기 중 한 명이다(예레미야 35:4).

9. 예수아 사제의 후손으로 사제이다. 외국인 아내와 이혼하였다(에즈라 10:18).

10. 하림의 후손으로 외국인 아내와 이혼하였다(에즈라 10:21).

11. 바스홀의 후손으로 외국인 아내와 이혼하였다(에즈라 10:22).

12. 바핫모압의 후손으로 외국인 아내와 이혼하였다(에즈라 10:30).

13. 예루살렘 성벽을 보수한 아자리야의 아버지이다(느헤미야 3:23).

14. 백성들에게 모세 율법을 가르치는 에즈라 곁에 서 있던 지도자들 중 한 명이다(느헤미야 8:4).

15. 에즈라가 읽은 율법을 백성들에게 설명한 레위인이다(느헤미야 8:7).

16. 느헤미야 맹약에 서명한 지도자이다(느헤미야 10:25).

17. 바룩의 아들로 바빌로니아에서 예루살렘으로 돌아온 유다 지파 첫 무리 중 한 명이다(느헤미야 11:5).

18. 이디엘의 아들로 바빌로니아에서 예루살렘으로 돌아온 베냐민 지파 첫 무리 중 한 명이다(느헤미야 11:7).

19. 예루살렘의 성벽을 재건하고 봉헌할 때 나팔을 분 사제이다(느헤미야 12:13).

20. 재건된 예루살렘의 성벽을 봉헌할 때 참여한 사제이다(느헤미야 12:42).

마크론 MACRON

도리메네스의 아들로 프톨레매오라고도 불린다. 코일레 시리아와 페니키아의 사령관이었다(마카베오 하 8:8). 셀레우코스 왕조를 배신하고 리시아에게 발탁되어 마카베오 반란 진압을 맡았지만 오히려 유다 마카베오에게 패배하였다. 이후 시리아 내전에서 알렉산더 발라스 편에 서서 싸웠다(마카베오 하 10:12). 안티오쿠스 에우파테르에게 버림받은 후 독약을 먹고 목숨을 끊었

다(마카베오 하 10:13).

마흘론 MAHLON

엘리멜렉과 나오미의 아들로 길룐의 형제이다. 모압 여자들인 룻과 오르바와 결혼한 마흘론과 길룐은 10년 후 모두 세상을 떠났다(룻 1:2).

말라기 MALACHI ('나의 메신저')

소예언자들의 책 12권 중 마지막인 〈말라

이탈리아 화가 크리스토포로 카노지 다 렌디나라(1449~1490)이 그린 예언자 말라기 초상.

기서〉의 저자이다(말라기 1:1). 느헤미야보다 앞선 시대이며 에즈라 활동 후반기와 겹쳤던 것으로 보인다. 말라기라는 인물 자체에 대해서는 알려진 바가 거의 없다('메신저'를 뜻하는 그의 이름도 가명으로 보인다). 하지만 종교적 방종을 뿌리 뽑기 위한 그의 열정은 하깨나 즈가리야에 못지않았다. 말라기 역시 외국인과의 통혼, 그리고 성전 번제 횟수 감소를 깊이 우려했다. 말라기는 '정결하지 않고 흠 있는 제물을 바치면서 제단을 더럽히고 레위의 계약을 망가뜨리는' 사제들의 도덕적 타락을 비난했다(말라기 1:7, 2:8). 그리고 경건함으로 되돌아가야 유다가 다시 '낙원'으로 돌아갈 수 있다

고 하였다(말라기 3:12).

말기야 MALCHIJAH ('신은 나의 왕이시다')

1. 에드니의 아들이고 바아세야의 아버지이다. 말기야의 후손 아삽은 다윗 왕 궁정의 성가대원이었다(역대기 상 6:40).

2. 아다야 사제의 선조이다(역대기 상 9:12).

3. 다윗 왕 치세 동안 성막 예배 다섯 번째 차례를 맡은 사제이다(역대기 상 24:9).

4. 바로스의 자손으로 외국인 아내와 이혼하였다(에즈라 10:25).

5. 하림의 아들로 외국인 아내와 이혼하라는 에즈라의 호소에 따랐고 느헤미야 시대에 예루살렘 성벽과 도가니 망대를 보수하였다(느헤미야 3:11).

6. 레갑의 아들로 느헤미야 시대 때 예루살렘의 쓰레기 처내는 문을 재건하였다(느헤미야 3:14).

7. 금장이의 아들로 느헤미야 시대 때 예루살렘 성벽을 보수하였다(느헤미야 3:31).

8. 느헤미야 맹약에 서명한 사제이다(느헤미야 10:3).

9. 예루살렘 성벽을 재건해 봉헌할 때 나팔을 분 사제이다(느헤미야 12:42).

말기람 MALCHIRAM ('나의 왕이 높아지신다')

유다의 마지막 왕 여호야긴의 일곱 아들 중 한 명이다. 그 여섯 형제는 스알디엘, 브다야, 세나쌀, 여카미야, 호사마, 느다비야이다(역대기 상 3:18).

말룩 MALLUCH ('통치하는')

1. 레위인으로 에단의 선조이다. 에단은 다윗 왕 치세 때 성막의 성가대원이었다(역대기 상 6:44).

2. 즈루빠벨과 함께 바빌로니아에서 귀향한 유다 사제이다(느헤미야 12:2).

3. 바니의 후손으로 에즈라의 호소에 따라 외국인 아내와 이혼하였다(에즈라 10:29).

4. 하림의 후손으로 에즈라의 호소에 따라 외국인 아내와 이혼하였다(에즈라 10:32).

5. 느헤미야 맹약에 서명한 사제이다(느헤미야 10:4).

6. 느헤미야 맹약에 서명한 유다 지도자이다(느헤미야 10:27).

마니우스MANIUS

퀸투스 맴니우스와 티투스 마니우스는 로마의 사절로 리시아가 전쟁에서 패한 후 유대인에게 부여한 권리를 인정한다는 내용의 편지를 보냈다(마카베오 하 11:34).

마레사MARESHAH ('산꼭대기')

1. 유다 지파 갈렙의 아들이다(역대기 상 2:42).

2. 라아다의 아들로 유다 지파 지도자이다(역대기 상 4:21).

마따니야MATTANIAH ('신의 선물')

1. 요시야와 하무달의 아들로 왕위에 오른 후 시드키야로 이름을 바꾸었다(열왕기 24:17). 바빌로니아의 느부갓네살 왕이 유다를 침략해 2년 만에 승리를 거두었다. 시드키야 왕은 도망쳤다가 포로로 잡혀 자식들이 처형당하는 모습을 지켜보고 눈알이 뽑힌 뒤 감옥에서 죽는다.

2. 미가의 아들로 바빌로니아에서 돌아와 유다 땅에 정착한 레위인이다(역대기 상 9:15).

3. 헤만의 아들로 레위인이다. 다윗 왕 치세 때 성막의 아홉 번째 차례 예배에서 악기를 연주했다(역대기 상 25:4).

4. 아삽의 후손으로 유다 히즈키야 왕 때 성전을 깨끗이 한 레위인 중 한 명이다(역대기 상 29:13).

5. 엘람의 후손으로 외국인 아내와 이혼하였다(에즈라 10:26).

6. 자뚜의 후손으로 외국인 아내와 이혼하였다(에즈라 10:26).

7. 바핫모압의 후손으로 외국인 아내와 이혼하였다(에즈라 10:30).

8. 바니의 후손으로 에즈라의 호소에 따라 외국인 아내와 이혼하였다(에즈라 10:37).

9. 미가의 아들이다(느헤미야 11:17). 예루살렘의 레위인으로 감사 찬양을 부르는 성가대 대장이었다.

10. 미가의 아들이고 우찌의 선조이다(느헤미야 11:22).

11. 레위인으로 느헤미야 시대 때 성전 수위였다(느헤미야 12:25).

12. 미가야의 아들로 즈가리야 사제의 선조이다(느헤미야 12:35).

13. 자구르의 아버지이고 하난의 할아버지이다. 하난은 유다 창고를 관리했다(느헤미야 13:13).

마따디아MATTATHIAS

1. 마카베오 반란을 시작한 사제이다. 예루살렘 서쪽 32킬로미터 거리의 모데인(Modein) 마을에서 셀레우코스 관리가 야훼 대신 이교 숭배를 강요하자 레위 지파 후손인 마따디아는 이를 거부했다(마카베오 상 2:22). 마을 남자가 자신과 가족이 보복을 당할까 두려워 우상숭배에 나서자 마따디아는 그 남자를 붙잡아 죽여버렸다. 이어 셀레우코스 관리마저 죽였다. 이 저항행동이 마카베오 반란의 도화선이 되었다. 반란 지도자 역할은 곧 마따디아에서 그 아들 유다에게로 넘어갔다. 유능하고 가차 없는 이 사령관을 사람들은 마카베오라고 불렀는데 이는 망치라는 뜻의 아람어 maqqaba에서 온 말이었다(마카베오 상 2:50).

2. 압살롬의 아들이고 요나단 마카베오 밑에서 복무한 지휘관으로서 반란 지도자 중 한 명이다. 셀레우코스 군대가 패배한 하솔 전투에서 싸웠다(마카베오 상 11:70).

3. 시몬 마카베오의 막내아들로 매형인 아브보스의 아들 프톨레매오에게 죽임을 당했다(마카베오 상 16:12,4).

4. 시리아 니가노르 장군이 유다 마카베오와 우호 협정을 맺기 위해 파견한 사절이다(마카베오 하 14:19).

마띠디야MATTITHIAH ('신의 선물')

1. 계약궤가 오베데돔의 집을 떠나 예루살렘으로 옮겨질 때 그 앞에서 연주한 레위인 음악가이다(역대기 상 15:18).

2. 성막의 열네 번째 차례 예배에서 수금을 연주한 다윗 왕의 음악가 여두둔의 아들이다(역대기 상 25:3,21).

3. 크핫 가문 살룸의 맏아들로 바빌로니아에서 돌아와 예루살렘에 정착한 후 떡 굽는 일을 맡았다(역대기 상 9:31).

4. 백성들에게 소리 내어 율법을 읽어주는 에즈라 곁에 서 있던 유다 지도자이다(느헤

프랑스 화가 귀스타브 도레의 판화 작품 '마따디아가 제우스에게 희생제물 바치려는 유대 남자를 죽이다'이다.

미야 8:4).

5. 느보의 후손으로 외국인 아내와 이혼하였다(에즈라 10:43).

멤니우스MEMMIUS

리시아에게 승리한 유대인에게 편지를 보낸 로마 사절 중 한 명이다(마카베오 하 11:34).

메넬라오스 MENELAUS

시리아 안티오쿠스 4세에게 뇌물을 바치고 예루살렘 성전의 대사제가 된 인물이다. 군중은 이에 대해 크게 분노했는데 문제는 뇌물이 아니라 메넬라오스가 솔로몬의 대사제를 지낸 사독의 후손이 아니라는 데 있었다. 대사제는 사독후손에게만 주어지는 자리였기 때문이다. 유다 마카베오가 예루살렘을 점령하자 메넬라오스는 파면된 후 셀레우코스의 리시아 장군에게 처형당했다(마카베오 하 4:23-39,43-50).

므라욧 MERAIOTH ('반항적인')

1. 즈라히야의 아들이고 아마리야의 아버지이며 서기 에즈라의 선조이다(역대기 상 6:6, 에즈라 7:3).
2. 아히툽의 아들이고 사독의 아버지로 에즈라 시대에 예루살렘에 정착한 사제 아자리야의 선조이다(역대기 상 9:11).
3. 사제 가문의 선조로 느헤미야 시대 요아킴이 대사제일 때에는 헬캐가 그 가문의 어른이었다(느헤미야 12:15).

므레못 MEREMOTH ('높이')

1. 우리야 사제의 아들로 에즈라가 바빌로니아에서 되찾아온 성전의 금은 기구를 세고 닦았다. 느헤미야 시대 예루살렘 성벽을 보수했다(에즈라 8:33, 느헤미야 3:4).
2. 바니의 후손으로 에즈라 시대에 아내와 이혼하였다(에즈라 10:36)
3. 느헤미야 맹약에 서명한 사제이다(느헤미야 10:5).
4. 즈루빠벨과 함께 바빌로니아에서 돌아왔다(느헤미야 12:3).

므세자브엘 MESHEZABEL ('신이 데리고 온')

1. 베레기야의 아버지이고 므술람의 할아버지이다. 예루살렘 성벽 보수를 도왔다((느

프랑스 화가 귀스타브 도의 판화 '성전의 기구들을 돌려준 키로스'에서 므레못 사제가 기구를 받는 모습이다.

헤미야 3:4).
2. 느헤미야 맹약에 서명한 지도자이다(느헤미야 10:21).
3. 브다히야의 아버지로 느헤미야 시대 유다 지도자이다(느헤미야 11:24).

므술람 MESHULLAM ('보상받은')

1. 요시야 왕의 공보대신 사반의 할아버지이다(열왕기 상 22:3).
2. 즈루빠벨의 아들로 바빌론에서 유다로의 귀향 무리를 이끌었다(역대기 상 3:19).
3. 유다 왕 요담 치세 때 가드 지파 사람이다(역대기 상 5:13).
4. 예루살렘에 살던 베냐민 지파 엘바알의 아들 중 한 명이다(역대기 상 8:17).
5. 베냐민 지파 살루의 아버지이다. 살루는 바빌로니아에서 귀향해 예루살렘에 정착하였다(역대기 상 9:7, 느헤미야 11:7).

6. 바빌로니아에서 돌아와 예루살렘에 정착한 베냐민 지파 사람이다(역대기 상 9:8).
7. 힐키야의 아버지이고 사제 사독의 아들이다. 바빌로니아에서 돌아와 예루살렘에 정착한 아자리야의 할아버지가 된다(역대기 상 9:11, 느헤미야 11:11).
8. 므실레밋의 아들로 사제이다. 바빌론 유수 이후 예루살렘에 정착한 마새의 선조가 된다(역대기 상 9:12).
9. 요시야 치세 때 크핫 가문의 사람이다(역대기 하 34:12).
10. 에즈라가 예루살렘으로 와 성전 일을 볼 레위인을 모아달라고 이또에게 부탁하며 보낸 사람들 중 한 명이다(에즈라 8:16).
11. 에즈라가 유다 남자들에게 외국인 아내와 이혼하라고 요청할 때 그 자리에 있던 지도자이다(에즈라 10:15).
12. 바니의 후손으로 에즈라의 호소에 따라 외국인 아내와 이혼하였다(에즈라 10:29).
13. 베레기야의 아들로 예루살렘 성벽 보수를 도왔다. 그의 딸은 토비야의 아들 여호하난과 결혼했다(느헤미야 3:4,30, 6:18).
14. 브소디야의 아들로 요야다를 도와 예루살렘의 성문을 보수하였다(느헤미야 3:6).
15. 백성들에게 율법을 읽어주는 에즈라 왼편에 서 있던 지도자이다(느헤미야 8:4).
16. 느헤미야 맹약에 서명한 사제이다(느헤미야 10:7,20).
17. 요야킴 시대 사제 가문의 우두머리이다(느헤미야 12:13).
18. 요야킴 시대 긴느돈 가문의 우두머리이다(느헤미야 12:16).
19. 느헤미야 시대의 문지기이다(느헤미야 12:25).
20. 예루살렘 성벽 복원식에 참석한 유다 지도자 중 한 명이다(느헤미야 12:33).

미카엘MICHAEL ('누가 신과 같은가?')

1. 모세가 가나안 정탐을 위해 보낸 스둘의 아버지이다(민수기 13:13).
2. 바산에 살던 가드 부족의 지도자이다(역대기 상 5:13).
3. 여시새의 아들로 길르앗에 살던 부족의 지도자이다(역대기 상 5:14).
4. 바아세야의 아들이고 시마의 아버지로 다윗 왕의 성가대원 아삽의 선조이다(역대기 상 6:40).
5. 이즈라히야의 아들로 이싸갈 부족 지도자이다. 이 부족은 용맹한 전사들로 유명했다(역대기 상 7:3).
6. 예루살렘 한 일가의 우두머리인 브리아의 아들이다(역대기 상 8:16).
7. 사울을 떠나 시글락의 다윗에게 합류한 지휘관 중 한 명이다(역대기 상 12:20).
8. 여호사밧 왕의 아들이다. 아버지 사망 후 왕위에 오른 형제 여호람에게 살해된다(역대기 하 21:2).
9. 다윗 왕 시대 이싸갈 부족 지도자로 임명된 오므리의 아버지이다(역대기 상 27:18).
10. 즈바디야의 아버지이고 스바티야의 후손이다. 즈바디야는 바빌로니아에서 귀향하는 일가를 이끌었다(에즈라 8:8).
11. 대천사 네 명 중 하나로 유대 민족의 보호자라고 믿어졌다. 천사들의 이름은 바빌론 유수 이후 붙은 것이다. 다니엘의 마지

이탈리아 화가 프란체스코 디 조반니 보니치니가 그린 '토비아와 세 대천사'에 묘사된 대천사 미카엘.

막 환영에서 미카엘은 '네 겨레를 지켜주는 수호신'이라 불린다(다니엘 10:13, 12:1).

미야민MIJAMIN ('상서로운')

1. 다윗 왕 때 성막 예배 여섯 번째 차례를 맡은 사제이다(역대기 상 24:9).
2. 바로스의 후손으로 외국인 아내와 이혼하였다(에즈라 10:25).
3. 느헤미야 맹약에 서명한 사제이다(느헤미야 10:7).

미클롯MIKLOTH ('막대')

여이엘의 아들로 베냐민 지파 지도자이다(역대기 상 8:32).

미냐민MINIAMIN ('오른손')

1. 히즈키야 왕 치세 때 백성이 바친 제물을 다른 레위인들에게 골고루 나누는 일을 맡은 레위 사람이다(역대기 하 31:15).
2. 요야킴 시대에 예루살렘에 살았던 사제 지파 우두머리이다(느헤미야 12:17).

3. 재건된 예루살렘 성전 봉헌식에서 나팔을 분 사제 중 한 명이다(느헤미야 12:41).

미스발MISPAR ('숫자')

바빌론 유수 이후 즈루빠벨과 함께 귀향한 사람들 중 하나이다(에즈라 2:2). 미스베렛이라고도 불린다(느헤미야 7:7).

미드르닷MITHREDATH OR MITHRADATES ('미드라가 주신')

1. 키로스 왕의 재무관으로 바빌로니아인이 약탈한 성전 기물을 세스바짜르에게 내어주라는 명령을 받는다(에즈라 1:8).
2. 에즈라 시대 사마리아에 주재한 페르시아 관리로 유대인들이 반역을 모의한다는 거짓 고발을 했다(에즈라 4:7).

모르드개MORDECAI ('므로닥에 속한')

베냐민 지파 야이르의 아들로 여고니아와 함께 포로로 끌려갔다. 페르시아의 대도시 수사에 살던 모르드개는 고아가 된 사촌 에스델을 입양해 딸로 키운다. 에스델이 왕의 하렘에 들어가고 폐비 와스디 대신 왕비 자리까지 차지하면서 모르드개도 궁정대신이 되어 '궁궐 대문에서 일을 보게' 되었다(에스델 2:21). 그러면서 왕 암살 계획을 알고 무산시킨다. 이후 모르드개는 가장 높은 관리인 아각 사람 하만 앞에 무릎을 꿇지 않는 바람에 미움을 사고 하만은 모르드개를 포함해 유대인 전체를 페르시아 제국에서 전멸시킬 계획을 짠다(에스델 3:8-15). 소식을 접한 모르드개는 에스델 왕비에게 알려 막아낸다. 유대인들이 무사해진 후 모르드개는 더 높은 지위에 오른 반면 하만은 에스델의 양아버지 모르드개를 처형하려 했던 바로 그 교수대에서 죽임을 당한다(에스델 6:2-7:10). 이를 기념해 유대인들은 부림절 축제를 벌인다(에스델 9:26-32).

모사MOZA ('출구')

1. 갈렙과 에바의 아들이다. 유다 부족 헤스

론의 후손이다(역대기 상 2:46).

2. 사울의 후손으로 베냐민 지파 짐리의 아들이다(역대기 상 8:36,37, 9:42,43).

N

나아라NAARAH ('어린 소녀')

드고아를 세운 아스훌의 두 아내 중 한 명이다(역대기 상 4:5). 네 아들 아후잠, 헤벨, 데메니, 아하스다리를 낳았다.

나오미NAOMI ('나의 기쁨')

엘리멜렉의 아내이자 마흘론과 길룐의 어머니이고 룻의 시어머니이다. 나오미는 남편, 두 아들과 함께 유대 지역의 기근을 피해 모압 땅으로 이주했다. 그곳에서 남편과 두 아들을 잃은 후 나오미는 베들레헴으로 되돌아가기로 하고 며느리 룻에게 친정으로 돌아가라고 한다. 룻은 "어머님 가시는 곳으로 저도 가겠습니다."라고 말하며(룻 1:16) 시어머니 곁에 머물렀다. 베들레헴에 돌아간 나오미는 '달콤함'을 뜻하는 본래 이름 대신 '쓰라림'을 뜻하는 이름 마라로 자신을 바꿔 불렀다. 룻은 추수 때 떨어지는 이삭을 주워 시어머니를 봉양했다(룻 1:2,20-21, 2:1).

느헤미야NEHEMIAH ('신의 위로')

1. 하갈라의 아들로 바빌로니아 유대 이주민 공동체의 일원이다. 페르시아 왕의 겨울 거처인 수사에서 아르타크세르크세스 왕의 술 따르는 시종으로 있다가 유다의 유대 민족 통치를 맡게 된다. 유다에서 온 유대인들은 폐허 상태인 예루살렘 소식을 전한다. 느헤미야는 곧 왕의 허락을 얻어 예루살렘으로 간 후 일정 기간 동안 유다 총독 직무를 맡았다. 느헤미야는 예루살렘 성벽을 재건하고 도시를 이전 모습으로 되살리는 업적을 세운다. 이런 작업은 주변 국가

들의 비웃음과 두려움을 사게 된다. 산발랏과 토비야는 예루살렘을 공격해 건설을 중단시키려고 음모를 꾸미지만 느헤미야가 이를 무산시킨다. 느헤미야를 제거하려는 여러 음모가 이어지고 그 중 하나는 거의 성공해 페르시아 왕으로 하여금 느헤미야가 성벽 재건 후 독자적인 왕이 되려는 것이 아닌지 의심하도록 만들기도 한다. 통치 시기 동안 느헤미야는 귀족과 부자들의 요구를 억누르고 가난한 유대인이 노예가 되지 않도록 보호한다. 가난한 이들을 생각해 녹봉을 받지 않았고 귀향한 유대인 150

제임스 자크 조셉 티소가 1896-1902년에 그린 '예루살렘 폐허를 둘러보는 느헤미야'다.

명을 거둬 먹였다. 사제들과 레위인들, 그리고 성전 예배를 위한 지원책을 마련했다. 성전 근처를 정결하게 유지하고 외국인 아내와 결혼한 대사제 집안을 쫓아냈다. 에즈라와 마찬가지로 느헤미야도 외국인과의 통혼을 비난했다. 안식일을 성스럽게 보내도록 조치를 취한 것도 그의 업적이다.

2. 즈루빠벨의 인도 하에 예루살렘으로의 첫 귀향 무리를 이끈 지도자 중 한 명이다(에즈라 2:2, 느헤미야 7:7).

3. 아즈북의 아들로 예루살렘 성벽 보수를 도왔다(느헤미야 3:18).

넬NER ('빛')

아비엘의 아들이고 사울의 아버지 키스와 형제다. 〈역대기〉에는 사울의 할아버지로 나온다(사무엘 상 14:50, 역대기 상 8:30).

느다니야NETHANIAH ('여호와가 주신')

1. 아삽의 네 아들 중 하나이다. 다윗의 명에 따라 성막 다섯 번째 예배에서 음악을 연주했다(역대기 상 25:2,12).

2. 엘리사마의 아들로 유다 왕가의 일원이다. 게달리야 총독을 살해한 이스마엘의 아버지이다(열왕기 하 25:23,25).

3. 여호사밧 왕이 유다 백성들에게 율법을 가르치도록 한 레위인이다(역대기 하 17:8).

4. 셀레미야의 아들이고 구시의 손자이다. 예레미야의 예언을 유다 대신들에게 읽어준 관리 여후디의 아버지이다(예레미야 36:14).

노가NOGAH ('화려함')

예루살렘에서 태어난 다윗의 아들이다(역대기 상 8:30). 〈사무엘서〉에 나온 다윗 아들 명단에는 빠져 있다(사무엘 하 5:14,15).

누메니오스NUMENIUS

안티오쿠스의 아들로 요나단이 로마와의 우호조약을 갱신하기 위해 파견한 사절 중 한 명이다(마카베오 상 12:16).

O

오벳OBED ('하인')

1. 보아즈와 룻의 아들로 다윗의 할아버지다(룻 4:17, 역대기 상 2:12).

2. 에블랄의 아들이고 자밧의 손자이며 예후의 아버지이다(역대기 상 2:37-38).

3. 용맹하기로 이름난 다윗 군 병사이다(역대기 상 11:47).

4. 스마야의 아들이고 오베데돔의 후손으로 성전 수위였다(역대기 상 26:7).

5. 아자리야의 아버지로 아달리야를 몰아내는 혁명에서 여호야 편에 선 백인대장이다(역대기 하 23:1).

오빌 OBIL

다윗 궁전에서 낙타를 돌본 이스마엘 사람이다(역대기 상 27:30).

오뎃 ODED ('되찾음')

1. 아사 치세기 예언자 아자리야의 아버지이다(역대기 하 15:1).

2. 베가가 유다를 침략하던 시절 사마리아의 예언자이다. 오뎃은 사마리아로 가서 포로들 편을 들었고 이후 포로들이 귀향할 수 있었다(역대기 하 28:9).

영국 화가 토머스 매튜 루크가 1876-1877년에 그린 '룻과 오벳'이다.

오니아스 ONIAS

1. 예루살렘의 대사제이고 시몬의 선조인 오니아스 1세이다. 스파르타의 아레오스 왕과 같은 시대에 살았고 아레오스 왕으로부터 우정의 편지를 받기도 하였다(마카베오 상 12:7,20).

2. 대사제 시몬 2세의 아들로 아버지 뒤를 이어 오니아스 3세가 되었다. 그가 대사제로 있을 때 예루살렘 성전이 셀레우코스 2세가 보낸 헬리오도로스에게 약탈당하는 상황이 되었다. 오니아스가 기도를 올리자 신비로운 형상이 나타나 성전 금고를 보호했다. 오니아스는 메넬라오스에게 죽임을 당한다(마카베오 하 4:34).

3. 레온토폴리스에 유대 성전을 세울 수 있도록 프톨레마이오스 4세의 허락을 받은 오니아스 4세이다(마카베오 하 4:21).

오르바 ORPAH ('숱 많은 머리털')

나오미의 아들인 길룐의 아내이다. 남편이 죽은 후 베들레헴으로 가는 시어머니를 전송한 후 친정인 모압인들에게 돌아간다(룻 1:4, 2:4).

P

바로스 PAROSH ('벼룩')

유다의 한 가문 선조이다. 그 후손들은 바빌론 유수 이후 일부는 즈루빠벨과, 다른 일부는 에즈라와 함께 예루살렘으로 돌아왔다. 그 후손 브다야는 성벽 보수를 도왔고 다른 후손들은 느헤미야 맹약에 서명하였다(에즈라 2:3, 8:3, 10:25, 느헤미야 3:25, 7:8, 10:14).

페르시우스 PERSEUS

마케도니아 필립보 3세의 아들이자 후계자로 마케도니아의 마지막 왕이다. 로마와의 전쟁에서 패배한 후 포로로 잡힌다. 마케도

윌리엄 블레이크가 1795년에 그린 '룻과 오르바에게 모압 땅으로 돌아가라고 말하는 나오미'이다.

니아는 로마 속국이 되고 페르시우스는 로마에서 죽는다(마카베오 상 8:5).

브다히야 PETHANIAH ('신이 자유롭게 해주신')

1. 다윗 치세 때 사제로 성막 예배 열아홉 번째 차례를 맡았다(역대기 상 24:16).

2. 에즈라 시대의 레위인으로 외국인 아내와 이혼하였다(에즈라 10:2). 〈느헤미야서〉에 등장해 유다 백성에게 죄를 고백하고 신을 찬양하라고 외친 인물과 동일인으로 보인다(느헤미야 9:5).

3. 므세자브엘의 아들이고 제라 후손으로 느헤미야 시대 페르시아 아르타크세르크세스 왕의 자문으로 일했다(느헤미야 11:24).

바시론 PHARISON

아랍 부족의 지도자이다. 바시론의 후손들은 벳바시 인근 황야에 있는 천막에서 요나단에게 죽임을 당한다(마카베오 상 9:66).

필립보 PHILIP

1. 마케도니아의 그리스 왕으로 알렉산더 대제의 아버지이다(마카베오 상 1:1).

2. 마케도니아의 왕이고 로마에 패배한 페르시우스의 아버지이다(마카베오 상 8:5).

3. 시리아 안티오쿠스 4세의 친구이다. 안티오쿠스 왕은 세상을 떠나면서 어린 아들이 자랄 때까지 셀레우코스 왕국을 맡아달

라며 필립보를 섭정으로 지정했다. 하지만 리시아가 섭정으로 나서면서 곧장 어린 후계자를 즉위시켜 버린다. 필립보는 리시아가 유대에서 마카베오와 싸우는 사이에 시리아 수도 안티오크를 점령한다. 안티오크를 되찾기 위해 리시아가 달려오자 팔립보는 이집트로 피신한다(마카베오 상 6:14-18, 55-63, 마카베오 하 9:29).

프톨레마이오스 PTOLEMY

프톨레마이오스 시대에 이집트 왕이었던 프톨레마이오스 6세(B.C.E. 186-145)를 묘사한 금화.

이집트의 왕이다. 프톨레마이오스 4세가 재위하는 동안 이집트는 시리아 안티오쿠스 4세의 침략을 두 차례나 받았다. 프톨레마이오스는 데메트리우스 2세를 지지하며 시리아 내전에 적극 개입했다. 유대인의 독립을 지지했고 대사제 오니아스 4세가 레온토폴리스에 유대 성전을 세우도록 허락하기도 했다(마카베오 상 1:18, 10:51-58, 11:1-18).

R

람 RAM ('고위층의')

1. 유다 부족 헤스론의 아들이고 다윗 왕의 선조이다(룻 4:19, 역대기 상 2:9).
2. 여라므엘의 아들 중 한 명이고 헤스론의 손자이다(역대기 상 2:25,27).
3. 욥과 욥의 친구들과 논쟁을 벌인 부스 사람 바라켈의 아들 엘리후의 선조이다(욥기 32:2).

라지스 RAZIS ('히브리인들의 아버지')

신심 깊은 예루살렘 원로로 시리아의 그리스화 정책에 반대한 죄로 니가노르 총독에게 고발당한다. 병사들에게 끌려가기 전에 라지스는 스스로 배를 가르고 탑에서 뛰어내린다(마카베오 하 14:37,42,43).

르훔 REHUM ('자비로운')

1. 즈루빠벨과 함께 돌아온 유다 지도자이다(에즈라 2:2).
2. 에즈라 시대 사마리아에 주둔한 페르시아 사령관으로 유대인이 반역을 도모한다는 거짓 고발 편지를 쓴다(에즈라 4:8,9,17,23).
3. 바니 가문 레위인으로 예루살렘 성벽 재건을 도왔다(느헤미야 3:17).
4. 느헤미야 맹약에 서명한 유다 지도자 중 한 명이다(느헤미야 10:25).

르바이야 REPHAIAH ('신이 치료해준')

1. 돌라의 아들이고 이싸갈의 손자이다. 용맹한 전사로 유명했다(역대기 상 7:2).
2. 다윗의 후손으로 여룹바알과 같은 시대를 살았다(역대기 상 3:21).
3. 이스이의 아들로 시므온 족속 지휘관이다. 세 형제 및 500명 전사들을 이끌고 아말렉인들을 무찔렀다(역대기 상 4:42).
4. 엘라사의 아버지이고 비느아의 아들이며 사울의 후손이다. 라바라고도 불린다(역대기 상 8:37, 9:43).
5. 후르의 아들로 느헤미야 시대에 예루살렘 성벽을 보수하였다(느헤미야 3:9).

로도코 RHODOCUS

마카베오의 병사로 벳술 성채가 포위되자 시리아인들에게 유다 마카베오의 전투 계획을 누설하였다(마카베오 하 13:21).

룻 RUTH ('친구')

모압 사람으로 마흘론의 아내이고 다윗의 증조할머니이다. 판관들의 시대에 사랑과

프랑스 화가 샤를르 랑델(1821-1908)이 1886년에 그린 다윗의 선조 '룻' 초상.

충실성을 보여주는 이야기를 남겼다. 엘리멜렉이라는 사람이 아내 나오미와 두 아들 마흘론과 길룐을 이끌고 기근 때문에 어쩔 수 없이 고향 베들레헴을 떠나 모압 땅으로 갔다. 그곳에서 엘리멜렉은 세상을 떠났고 마흘론과 길룐은 그곳 여자와 결혼을 했다. 마흘론은 결혼 후 젊은 아내 룻을 남겨둔 채 죽고 말았다. 상심한 나오미는 베들레헴으로 돌아갈 채비를 하며 룻에게 친정으로 가라고 하였다. 룻은 "어머님 가시는 곳으로 저도 가겠습니다."라고 말하며(룻 1:16) 곁에 머물렀다. 베들레헴에서 룻은 추수 때 떨어지는 이삭을 주워 시어머니를 봉양했다. 어느 날 룻이 만나게 된 밭주인 보아즈는 몹시 친절했다. 나오미는 룻에게 밤중에 보아즈에게 가서 '발치께를 들치고 누우라'고 하였다. 보아즈는 룻을 돌봐주겠다고 약속하니 이는 곧 상징적인 결혼 약속이었다(룻 3:11). 결혼 후 룻은 보아즈에게 아

들 오벳을 낳아주었다. 오벳은 이새의 아버지, 다윗 왕의 할아버지가 된다. 그러니 룻은 곧 다윗 왕의 증조할머니이다.

살마SALMA ('의복')
유다의 지도자로 후르의 아들이고 갈렙의 손자이다. 살마는 베들레헴을 세운 인물로 알려져 있다(역대기 상 2:51).

산발랏SANBALLAT ('강인함')
호로나임 출신 모압인으로 느헤미야 시대 사마리아에 살았다. 느헤미야가 성벽 재건을 준비하자 온갖 방해공작을 시도했고 느헤미야 암살을 계획하였다(느헤미야 4:2).

사례아SAREA
에스드라의 환영을 기록한 다섯 명 중 하나로 '신속하게 기록하는 훈련을 받았다'고 나온다. 다른 넷은 다브리아, 셀레미아. 에다누스, 아시엘이다(에스드라 2 14:24).

셀레미아SELEMIA
에스드라의 환영을 기록한 다섯 명 중 한 명으로 '신속하게 기록하는 훈련을 받았다'고 나온다(에스드라 2 14:24).

셀레우코스 4세SELEUCUS Ⅳ PHILOPATOR
시리아의 왕으로 안티오쿠스 3세의 후계자이다. 본래 유대인에 긍정적인 생각을 갖고 있었지만 재정파탄 상황이 되자 고위관료 헬리오도로스를 예루살렘에 보내 성전의 금은 보물을 모으게 했다. 이 절도행위는 초자연적 현상으로 저지되었다. 셀레우코스는 로마에 인질로 잡혀 있던 동생 안티오쿠스 4세를 구하기 위해 아들 데메트리우스를 보내기도 했다. 셀레우코스는 헬리오도로스에게 죽임을 당했고 이후 안티오

쿠스 4세가 즉위했다(다니엘 11:20, 마카베오 상 7:1, 마카베오 하 3:2-6, 14:1).

사드락SHADRACH ('아쿠의 명령')
바빌로니아로 끌려가 느부갓네살의 포로가 된 유다 네 청년 중 한 명인 하나니야의 바빌로니아식 이름이다. 바빌론에서 사드락, 메삭, 아벳느고는 우상숭배를 거부하여 뜨거운 화덕에 던져진다. 하지만 천사의 도움으로 상처 하나 없이 화덕에서 나온다(다니엘 1:6-7, 2:17,49, 3:12-30).

시몬 솔로몬(1840-1905)이 1863년에 그린 '불타는 화덕 속의 사드락. 메삭, 아벳느고'이다.

스바니야SHEBANIAH ('신이 커지셨다')
1. 다윗 치세 때 계약궤 앞에서 나팔을 분 레위인 사제이다(역대기 상 15:24).
2. 유다의 죄를 용서해달라고 신께 기도하고 느헤미야 맹약에 서명한 에즈라 시대의 레위인이다(느헤미야 9:4-5, 10:10).
3. 에즈라가 주도한 단식의 날에 주를 찬양하라고 백성을 불러모으고 느헤미야 맹약에 서명한 레위인 사제이다(느헤미야

10:12).
4. 느헤미야 맹약에 서명한 레위인 사제로 스가니야라고도 불린다(느헤미야 10:4, 12:3,14).

스가니야SHECANIAH ('신이 계신 곳')
1. 성막 예배 열 번째 차례를 맡은 다윗 치세기의 사제이다(역대기 상 24:11).
2. 히즈키야 때의 사제로 레위인들에게 제물을 나누어주었다(역대기 하 31:15).
3. 야하지엘의 아들로 에즈라와 함께 귀향한 사람이다(에즈라 8:5).
4. 예루살렘 성벽을 보수한 사제 스마야의 아버지이다(느헤미야 3:29).
5. 아라의 아들이고 토비야의 장인이다. 토비야는 예루살렘 성벽 재건을 방해한 인물이다(느헤미야 6:18).
6. 즈루빠벨과 함께 바빌로니아에서 귀향한 사제이다(느헤미야 12:3).

스바티야SHEPHATIAH ('신이 심판한')
1. 다윗과 아비탈의 다섯째 아들이다(사무엘 3:4, 역대기 3:3).
2. 시글락의 다윗 군에 합류한 베냐민 지파 전사이다(역대기 상 9:8, 12:5).
3. 다윗 치세기 시므온 지파의 우두머리이다(역대기 상 27:16).
4. 여호사밧의 아들로 왕위에 오른 맏형 여호람에게 죽임을 당한다(역대기 하 21:3).
5. 에즈라와 함께 귀향한 미카엘의 아들 즈바디야의 선조이다(에즈라 8:8).
6. 즈루빠벨과 함께 바빌로니아에서 돌아온 이들의 두 선조이다(에즈라 2:4,57, 8:8, 느헤미야 7:9,59).
7. 유다 부족 마할랄렐의 아들이고 아마리야의 아버지이다. 느헤미야 시대 예루살렘에 정착한 아다야의 선조다(느헤미야 11:4).
8. 바빌로니아 군에게 항복하라고 주장하는 예레미야를 죽이도록 시드키아 왕을 설득한 유다 지도자이다. 이후 예언자를 진흙 구덩이에 밀어넣는다(예레미야 38:1-4)

세레비야 SHEREBIAH ('신의 불꽃')

유다에 레위인들을 보내달라고 에즈라가 이또에게 요청한 후 바빌론에서 예루살렘으로 오게 된 레위인이다. 세레비야는 바빌론의 금은 기구를 운반하고 백성들에게 율법을 읽어주는 일을 도왔으며 맹약에 서명하였다(에즈라 8:17-18, 24-30, 느헤미야 8:7, 9:4-5, 10:12, 12:8, 24).

네덜란드 화가 야콥 판 레오(1614-1670)의 그림 '키로스에게 예루살렘 건설 계획을 보여주는 즈루빠벨'이다. 즈루빠벨은 세스바쌀의 페르시아 이름이다.

세스바쌀 SHESHBAZZAR ('불을 숭배하는 사람')

즈루빠벨의 페르시아 이름으로 추정된다. 유다 왕실의 일원으로 바빌로니아에서 예루살렘으로 귀향하는 무리를 이끌었다. 세스바쌀이 출발하기에 앞서 키로스 왕은 과거 느부갓네살이 예루살렘 성전에서 약탈해온 금은 그릇과 기구 5,000점 이상을 돌려주었다(에즈라 1:8-11, 5:14-16, 6:14-18). 세스바쌀이라는 이름은 〈에즈라서〉 외에는 등장하지 않기 때문에 학자들은 그를 즈루빠벨 혹은 여호야긴 왕의 아들 중 하나인 세나쌀로 추정한다(역대기 상 3:18).

세달 SHETHAR ('별')

아하스에로스 궁정의 페르시아 일곱 대신 중 한 명이다(에스델 1:14).

시므리 SHIMRI ('파수꾼')

1. 히즈키야 왕 치세에 그돌에 정착한 시므온 지파 지도자 여다야의 아버지이다(역대기 상 4:37).
2. 다윗 군의 이름난 장사 중 한 명인 여디아엘의 아버지이다(역대기 상 11:45).
3. 호사의 아들로 므라리의 후손이다. 다윗 왕 치세에 성막 문지기 중 한 명이었다(역대기 상 26:9-11).
4. 엘리사반의 후손 레위인으로 히즈키야 시대 성전 정화를 도왔다(역대기 하 29:13).

심새 SHIMHAI ('밝은')

유다와 사마리아를 다스린 페르시아 총독 르훔의 비서이다. 유대인의 성전 재건을 중지시키라는 편지를 아르크세르크세스 왕에게 편지를 썼다(에즈라 4:8-9, 17-23).

다뜨내 TATTENAI

다리우스 치세기, 그리고 즈루빠벨 시대 때 르훔 뒤를 이어 사마리아와 유다를 통치한 페르시아 총독이다(에즈라 5:3,6, 6:6,13). 즈루빠벨에게 성전 보수 권리가 있는지 의문을 제기했지만 다리우스가 건설 진행을 명하자 사업을 지원한다(에스드라 1 6:3,7,27, 7:1).

테오도토스 THEODOTUS

1. 시리아 니가노르 장군이 평화협상을 위해 유다 마카베오에게 파견한 세 사절 중 한 명이다(마카베오 하 14:19).

2. 프톨레마이오스 4세 암살을 시도한 시리아의 이집트 군사령관이다. 암살 모의를 알아차린 유대인 도시테우스가 왕을 피신시킨다(마카베오 3 1:2).

토비야 TOBIAH ('신의 선함')

1. 즈루빠벨과 함께 귀향한 한 가문의 선조이다. 유대 족보를 밝힐 수 없어 사제직에서 제외되었다(에즈라 2:60).
2. 느헤미야 시대에 요르단 강 건너에 살던 유대인이다. 토비야는 부유한 지주로 유력한 유대 가문들과 긴밀한 관계였다. 그 아들 여호하단은 베레기야의 아들인 므술람의 딸에게 장가를 들었다(느헤미야 6:18). 토비야 자신은 아라의 아들 스가니야의 사위였다(느헤미야 6:17). 느헤미야가 예루살렘으로 가서 성벽을 재건하게 된다는 것을 알고 토비야와 그 주변인들은 페르시아 왕에 대한 반역으로 보일 수 있다며 분노한다. 어떻게든 공사를 막으려 들며 느헤미야를 납치하려고 하지만 실패로 돌아간다. 어느 날 대사제 엘리아십이 느헤미야 부재중 토비야를 성전 안에 머물게 하는 실수를 저지른다. 성전으로 돌아온 느헤미야는 당장 토비야의 물건을 들어내고 방을 청소하라고 명령한다(느헤미야 13:7-8).

토비아 TOBIAS ('신은 선하다')

1. 여호사밧이 유다 각 도시에 가르침을 주러 보낸 레위인 중 한 명이다(역대기 하 17:8).
2. 예루살렘 성전 금고의 돈을 관리하는 히르카노스의 아버지이다(마카베오 하 3:11).
3. 토비트가 납달리 부족 출신 아내 안나에게서 얻은 외아들이다(토비트 1:9). 〈토비트서〉에 따르면 이 가족은 아시리아 수도 니네베로 끌려가 살았다. 이들은 현지 관습을 받아들이는 다른 이스라엘인과 달리 니네베에서도 율법을 충실히 지켰다. 토비트는 성벽 바깥에 버려진 시신을 묻어주러 밤중에 나가곤 했는데 어느 날 그만 참새 똥을

프랑스 화가 피에르 피로셀(1670-1739)이 1733년에
그린 '어린 토비아의 출발'이다.

맞아 눈이 멀었다. 이로 인해 놀림거리가
되었지만 선행을 쌓은 덕에 파멸은 면했다.
토비트는 아들 토비아를 메디아로 보내 친
구에게 맡겨둔 은을 찾아오도록 했다. 길
을 떠난 토비아는 자신을 아자리야라고 소
개하는 라파엘 천사를 길동무로 만난다.
토비아가 물고기를 한 마리 잡자 라파엘
은 생선 내장 일부를 간직하게 한다. 이후
토비아는 물고기 쓸개로 아버지 눈을 치료
한다. 엑바타나에서 토비아는 라구엘의 딸
사라와 만나 결혼한다. 둘은 토비아의 집
에 돌아가 성대한 결혼잔치를 벌이고 라파
엘도 자기 신분을 밝히자 모두 엎드려 신
을 찬양한다(토비트 12:7). 토비아는 부모인
토비트와 안나가 돌아가신 후 가족을 데리
고 메디아로 이주한다.

4. 요세덱의 아들로 즈루빠벨과 함께 예루
살렘으로 돌아오면서 왕관을 만들 금과 은
을 지니고 있었던 유대인 중 한 명이다(즈
가리야 6:10)

5. 늙은 토비아의 아들이다(토비트 1:29).

토비트 TOBIT

납달리 지파의 신심 깊은 사람이다(토비트
1:1-6). 선조들이 다윗의 집과 예루살렘에

서 돌아섰을 때에도 충실함을 지킨다. 살만
에셀 시대에 포로로 잡혀가서도 가난한 이
들에게 빵과 옷을 주고 버려진 시신을 묻
어주는 등 선행을 계속한다(토비트 1:9). 살
만에셀 왕의 신하가 되어 메디아로 갔을 당
시 그곳의 친구 가바엘에게 은을 맡겼다(토
비트 1:14). 하지만 상황이 바뀌면서 토비트
는 가족과 함께 도망자 신세가 되고 재산
은 몰수당했다(토비트 1:20). 시력까지 잃어
빈곤 상태에 빠지자 토비트는 죽게 해달라
고 기도한다(토비트 2:10, 3:1-6). 아들 토비
아를 메디아로 보내 맡겨둔 돈을 가져오게
한다. 이때 아자리야라는 길동무가 나타나
는데 실은 대천사 라파엘이었다. 토비아는
물고기를 한 마리 잡고 라파엘은 물고기의
심장, 간, 쓸개를 간직하게 한다. 이어 토비
아는 엑바타나에 사는 라구엘의 딸 사라를
만나 신방에서 귀신을 몰아내고 무사히 첫
날밤을 보낸다. 니네베로 돌아온 두 사람
은 물고기 쓸개로 아버지 눈을 치료한다(토
비트 7:12, 8:3, 11:13).

트리폰 TRYPHO

시리아 군지휘관으로 셀레우코스 왕좌를
차지한 인물이다. 부대 내에 동요를 일으켜
시리아 수도 안티오크를 손에 넣고 알렉산

더 발라스의 어린 아들을 안티오쿠스 6세
로 만들었다. 속임수를 써서 요나단 마카베
오를 가두고 죽인다. 요나단의 후계자 시몬
마카베오는 데메트리우스 2세를 지지했다.
곧 트리폰은 안티오쿠스 6세를 죽이고 스
스로 권력을 차지했다. 5년의 짧은 치세가
끝난 후 트리폰은 안티오쿠스 7세에게 축
출돼 오르토시아로 도망쳤다가 자살로 생
을 마감한다(마카베오 상 11:39, 12:39-50).

U

울람 ULAM ('현관')

1. 므나쎄 부족의 지도자로 브단의 아버지
이다(역대기 상 7:17).
2. 베냐민 지파 우두머리 에섹의 맏아들로
사울 가문의 후손이다(역대기 상 8:39-40).

우리엘 URIEL ('신은 나의 빛이다')

1. 크핫의 후손 레위인으로 다핫의 아들이
고 예언자 사무엘의 선조다(역대기 상 6:9).

이탈리아 화가 베르나르도
스트로치(1581-1644)가
1630년대 초반에 그린
'토비트를 치료하다'.

2. 다윗 치세기 크핫 후손 가문의 우두머리로 계약궤를 예루살렘으로 옮기는 일을 도왔고 이후 성막에서 사제 일을 본다(역대기 상 16:5,11).

3. 기브아 사람 우리엘은 르호보암 왕이 가장 사랑한 아내이자 아비야 왕의 어머니인 미가야의 아버지이이다(역대기 상 13:2).

우찌 UZZI ('강한')

1. 북키의 아들이고 즈라히야의 아버지이로 사제 엘르아잘과 아론의 후손이다. 서기 에즈라의 선조가 된다(역대기 상 6:36).

2. 이싸갈 부족 돌라의 아들이고 이름난 전사들인 르바이야, 여리엘, 야흐매, 입삼, 스무엘과 형제지간이다(역대기 상 7:2).

3. 벨라의 아들이고 베냐민의 손자이다. 형제들과 더불어 힘 있는 장사로서 각 가문의 수령이었다(역대기 상 7:7).

4. 미그리의 아들이고 엘라의 아버지이다. 엘라는 바빌로니아에서 돌아와 예루살렘에 정착한 베냐민 지파 첫 무리의 일원이었다(역대기 상 9:8).

5. 바니의 아들로 느헤미야 시대에 레위인의 우두머리이다(느헤미야 11:22).

6. 대사제 요아킴 시대에 여다야의 후손 사제 가문 우두머리이다(느헤미야 12:19). 재건된 예루살렘 성벽 봉헌을 축하한 사제 중 한 명이다(느헤미야 12:42).

우찌엘 UZZIEL ('신이 나의 힘이다')

1. 크핫의 아들이고 레위의 손자이다. 우찌엘과 같은 이름의 후손이 모세와 아론의 삼촌이 된다(출애굽기 6:18).

2. 이스이의 아들로 형제들인 블라티야, 느아리야, 르바이야와 함께 500명을 이끌고 세일산에 남아 있던 아말렉인을 몰아낸 후 그 지역에 정착했다(역대기 상 4:42).

3. 벨라의 아들이고 베냐민의 손자이다. 형제들인 에스본, 우찌, 여리못, 이리와 함께 용맹하기로 유명했다(역대기 상 7:7).

4. 레위인으로 음악인 가문의 일원이다(역

대기 상 23:4). 다윗 왕 치세 때 성막의 열한 번째 차례 예배에서 악기 연주를 맡았다. 아자렐이라고도 불린다(역대기 상 25:18).

5. 여두둔의 후손으로 다윗 왕의 음악가이다. 유다 히즈키야 왕 치세에 성전 정화를 위해 모인 레위인 중 하나다(역대기 하 29:14).

6. 대장장이 집안 하르하야의 아들로 느헤미야 시대에 예루살렘 성벽 보수를 도왔다(역대기 상 3:8).

와이자다 VAIZATHA

페르시아 제국에서 유대인을 말살하려던 하만의 막내아들이다. 하만의 음모는 사전에 발각되었고 하만과 아들들은 함께 처형된다(에스델 9:9).

와니야 VANIA

바니의 후손으로 에즈라의 요청에 응해 외국인 아내와 이혼하였다(에즈라 10:36).

이탈리아 화가 필리피노 리피(1457-1504)의 '왕궁을 떠나는 와스디 왕비'이다.

와스디 VASHTI ('아름다운')

페르시아 왕 아하스에로스의 아내이다. 연회에서 왕 앞에 나서기를 거부했고 그 때문에 이혼당한다. 와스디가 다시는 어전에 나타나서는 안 된다는 칙령이 발표된다(에스델 1:9). 아하스에로스는 와스디 대신 에스델을 선택한다.

자밧 ZABAD ('선물')

1. 나단의 아들이고 에블랄의 아버지로 세산의 딸과 결혼한 이집트 노예 야르하의 후손이다(역대기 상 2:36).

2. 다핫의 아들로 에브라인 지파 지도자이다(역대기 상 7:21).

3. 아흘래의 아들로 다윗 왕의 용맹한 전사이다(역대기 상 11:41).

4. 소멜의 아들로 요자갈이라고도 불린다. 요아스 왕 암살 계획에 가담하였다(역대기 하 24:26).

5. 자뚜의 후손으로 에즈라 시대에 외국인 아내와 이혼하였다(에즈라 10:27).

6. 하숨의 후손으로 에즈라 시대에 외국인 아내와 이혼하였다(에즈라 10:33).

7. 느보의 후손으로 에즈라 시대에 외국인 아내와 이혼하였다(에즈라 10:43).

잡디엘 ZABDIEL ('신의 선물')

1. 정월에 복무한 다윗 군대 제1반의 지휘관 야소브암의 아버지이다(역대기 상 27:2).

2. 느헤미야 시대 때 예루살렘의 사제 128명을 감독한 사람이다(느헤미야 11:14).

자리우스 ZARIUS

〈에스드라 1서〉에 등장하는 여호야킴 왕의 형이다(에스드라 1 1:38-48).

즈바디야 ZEBADIAH ('신이 주셨다')

1. 브리야의 아들로 예루살렘 베냐민 지파 우두머리이다(역대기 상 8:15).
2. 엘바알의 아들로 예루살렘 베냐민 지파 우두머리이다(역대기 상 8:17).
3. 그돌 출신 여호람의 아들로 형제 요엘라와 함께 사울 왕을 버리고 시글락의 다윗에게 합류한 베냐민 전사이다(역대기 상 12:7).
4. 므셀레미야의 아들로 다윗 왕 치세 때 성막을 지키는 수위였다(역대기 상 26:2).
5. 아사헬의 아들이고 요압의 조카로 다윗 왕 군대 4월 복무반의 2만 4,000명을 지휘했다(역대기 상 27:7).
6. 여호사밧 왕이 재위 3년에 율법을 가르치기 위해 유다 각 도시에 파견한 레위인이다(역대기 하 17:8).
7. 이스마엘의 아들이고 군대, 세금 등 종교를 제외한 모든 일에서 여호사밧 왕을 보좌한 관리이다(역대기 하 19:11).
8. 미카엘의 아들이고 스바디야의 후손으로 일가 남자들 60명을 이끌고 에즈라와 함께 귀향했다(에즈라 8:8).
9. 사제 임멜의 후손으로 에즈라 시대에 외국인 아내와 이혼하였다(에즈라 10:20).

즈가리야 ZECHARIAH ('신이 기억하신다')

유다 이주 이후 시대 예언자로 소선지자 12명 중 열한 번째 인물이다. 하깨와 마찬가지로 더디게 진행되는 성전 재건을 못마땅해하면서 압박을 가했다. 다니엘의 환시와 비슷하게 즈가리야도 신비스러운 장면들을 목격한다. 말 탄 병사와 전차, 앞을 가로막은 불길, 천사와 악마 앞에 선 대사제 여호수아 등 계시적 환시는 다리우스 즉위 이후 페르시아에 일어난 정치적 동요를 반영하는 것이라 해석된다. 반면 영광스러운 유다 왕국의 부활을 보여주는 다른 환시도 있다. "내가 시온으로 돌아가 예루살렘 안에서 살리라. 그리 되면 예루살렘은 미쁜 도읍이라, 만군의 야훼의 산은 거룩한 산이라 불리리라."(즈가리야 8:3)라는 신의 말씀을 전하기도 한다. 유다는 다시금 '도읍 장터마다 사내아이 계집아이들이 우글거리며 뛰놀게' 될 것이고 '그들은 다시 내 백성이, 신은 그들의 하느님이 되리라'는 것이다(즈가리야 8:5,8).

제라 ZERAH ('떠오르는 빛')

1. 르우엘의 아들이고 에사오의 손자로 에돔 사막 부족의 지도자이다(창세기 36:13,17, 역대기 상 1:37).
2. 유다와 유다의 며느리 다말 사이에 태어난 쌍둥이 아들이다. 태어날 때 제라의 손이 먼저 밖으로 나와 산파가 진홍색 실을 손목에 매어두었다. 하지만 먼저 태어난 것은 쌍둥이 형제 베레스였다(창세기 38:30, 역대기 상 1:44).
3. 이또의 아들이고 레위 아들 게르손의 후손이다(역대기 상 6:21).
4. 레위인 아다야의 아들이고 다윗 왕의 음악가 아삽의 선조이다(역대기 상 6:41).
5. 유대 아사 왕과 싸움을 벌였다가 완패한 에티오피아 사령관이다(역대기 하 14:9-15).

제레스 ZERESH ('황금')

하만의 아내이다. 남편 하만이 아하스에로스 왕을 움직여 모르드개를 혼내주겠다는 계획을 털어놓자 제레스는 결국 하만이 몰락하고 모르드개가 승리할 것이라 예언한다(에스델 5:10,14, 6:13).

즈루빠벨 ZERUBBABEL ('바빌론의 씨앗')

브다야(혹은 스알디엘)의 아들이고 여호야긴 왕의 친척이며 세스바쌀이라 알려진 사람과 동일인으로 추정된다(역대기 상 3:19, 에즈라 1:8,11). 즈루빠벨은 바빌론 유수 이후 예루살렘으로 귀향하는 유대인 첫 무리 4만 2,360명을 이끌었다. 출발 전에 키로스 왕은 과거 느부갓네살이 예루살렘 성전에서 약탈해온 금은 그릇과 기구들을 돌려주었다. 유다로 돌아온 즈루빠벨은 유다 총독이 되어 성전 재건을 지휘했다. 사마리아인들은 성전 재건에 참여하겠다고 제안했다가 "우리 하느님의 성전을 짓는데 당신들은 상관할 일이 아니오."(에즈 4:3)라는 말을 들으며 거절당한 후 작업을 방해했다. 페르시아 총독 르훔은 이런 상황을 틈타 페르시아 왕에게 성전 건축을 중단시켜야 한다고 제안하였다(에즈 4:15). 하지만 다리우스 왕이 즉위한 후 즈루빠벨과 대사제 예수아는 예언자 하깨 및 즈가리야의 재촉을 받으며 성전 건축에 박차를 가한다.

프랑스 화가 귀스타브 도레(1832-1883년)의 판화 '거름더미 위의 욥'이다. 병든 욥을 위로하러 온 소바르와 친구들을 묘사하고 있다.

지자 ZIZA ('명성')

1. 시브이의 아들로 히즈키야 치세기 시므온 지파 지도자이다(역대기 상 4:37).
2. 르호보암 왕이 사랑하는 아내 마아가에서 얻은 아들이다(역대기 하 11:20). 마아가는 압살롬의 손녀이다.

소바르 ZOPHAR ('떠남' 혹은 '참새')

고난에 빠진 욥을 위로하러 온 세 친구 중 한 명이다. 나아마 사람이라고 소개된다(욥 2:11, 11:1, 20:1, 42:9).

4

네 복음서

너 베들레헴아,
내 백성 이스라엘의 목자가 될
영도자가 너에게서 나리라.

– 마태오 2:6 (미가 5:2)

성 세베린의 장인이라고 알려진 쾰른 화가(1480–1520)가 그린
'동방박사의 경배'로, 1515년경의 작품이다.

예수의 삶
네 복음서는 누가 썼을까?

네 복음서는 그리스도교 성경의 중심을 이루는 신약 성경의 핵심이다. 신약, 즉 새로운 계약이라는 명칭은 예수가 과거 약속(구약)을 실현한다는 믿음을 바탕으로 한다. 약속에 따라 신이 그의 아들 예수 그리스도를 보내 신의 새로운 왕국, 그리고 영원한 구원에 대한 '좋은 소식'(그리스어 euangelion에서 유래 영어단어 gospel이 바로 이런 뜻이다)을 전한 것이다. 신약성경의 첫 번째 복음서는 〈마태오 복음〉이지만 시간상으로 가장 오래된 것은 〈마르코 복음〉이다. 이 복음서는 예수의 행적과 말씀을 시간상으로, 그러니까 십자가 처형이라는 극적인 사건에 이르기까지 순차적으로 기록한다. 〈마태오 복음〉과 〈루가 복음〉은 〈마르코 복음〉 이야기의 60퍼센트 정도를 베낀 것으로 여겨진다.

그럼에도 네 복음서의 내용이 늘 일치하지는 않는다. 이 때문에 복음서 저자들이 직접 사건을 목격했는지 아니면 목격자의 진술을 전해 들었는지에 대해 의문이 생겨난다. 성서학자들은 복음서 저자들이 수십 년 동안 떠돌아 구전돼던 다양한 이야기를 기록한 것이라 추측한다. 〈요한 복음〉은 예수가 '사랑했던 제자'가 증언한 내용을 담았고 '우리는 그의 증언을 믿는다.'는 말까지 덧붙이며(요한 21:24) 출처를 밝히고 있다. 복음서 저자들 중 팔레스타인 지역에서 저술활동을 한 경우는 하나도 없으며 다들 로마제국의 서로 다른 지역을 근거지로 삼았다는 점도 기억할 필요가 있다.

마르코라는 복음서 저자에 대해서는 알려진 게 별로 없다. 히에라폴리스(오늘날의 터키 지역이다)의 주교 파피아스는 마르코의 저술이 베드로의 가르침을 따른 것이라 기록했다. 하지만 정작 마르코는 복음서 어디에도 그런 내용을 적어두지 않았다. 마르코의 복음서와 달리 루가와 마태오의 복음서는 저자들이 그리스-로마 문

익명의 쾰른 화가가
판넬에 그린 1300년경의
수태고지(232쪽).

학 전통을 교육받고 경험했음을 드러낸다. 마태오는 예수의 말씀에 화려한 수사를 덧붙이고 루가는 역사적 상황을 솜씨 좋게 섞어넣어 극적 긴장감을 높인다. 〈마태오 복음〉은 C.E. 1세기, 70년대 초~80년대 중반에 쓰인 것으로 추정된다. 이렇게 볼 때 복음서 저자가 가버나움(가파르나움)의 세관에 앉아 있다가 예수의 부름을 받아 제자가 된(마태오 9:9) 인물일 가능성은 낮다.

〈루가 복음〉 역시 C.E. 70~85년에 쓰였다는 견해가 지배적이다. 루가가 의사였다는 주장도 나오지만 예수의 치료 장면을 비롯한 〈루가 복음〉 내용 자체를 봐서는 저자가 의사였다는 느낌이 들지 않는다. 그리스도교 교회에서는 〈루가 복음〉 저자가 〈사도행전〉도 기록했을 것이라는 견해가 널리 퍼져 있다. 문체가 명백히 유사하다는 것이다. 또한 루가와 마태오의 복음서는 마르코의 복음서에 나오지 않는 자료들을 사용하고 있다. 1970년대 이후 성서학자들은 이 가설적 출처 Q(독일어로 '출처'를 뜻하는 단어 Quelle에서 왔다)를 재구성하려고 노력해왔다.

〈마르코 복음〉 〈루가 복음〉 〈마태오 복음〉은 유사한 부분이 많아 한꺼번에 공관(共觀)복음서(Synoptic Gospel)라 불린다(그리스어 sunoptikos 는 '함께 보인다'라는 의미이다). 마지막 책인 〈요한 복음〉은 앞서 나오는 세 복음서와 문체나 내용 면에서 차이를 보인다. 예수의 말씀을 짤막하게 인용하는 대신 긴 독백체를 사용하는 것이다. C.E. 30-110년에 쓰였으리라 추정되는 〈요한 복음〉에는 '세상의 빛' '생명의 빵' 같은 은유적 표현이 자주 등장한다. 최근 일부 성경학자들은 이 복음서에 실제 역사 자료가 포함되었는지 여부를 둘러싸고 논쟁을 벌이고 있다.

로마제국

- B.C.E. 201년의 로마 영토
- B.C.E. 100년까지 추가한 영토
- B.C.E. 44년, 율리우스 카이사르 사망 시점의 로마제국
- B.C.E. 14년, 아우구스투스 사망 시점의 로마제국
- 117년, 트라야누스 황제가 넓힌 영토
- 로마가 일시적으로 복속시켰던 영토로마의 속국
- 성채를 쌓은 국경
- 지역 수도
- 로마 군단 사령부
- ◉ 속주의 수도
- ⌒ 군단본부
- ⚓ 주요 해군기지
- ✾ 삼니움 전쟁 교전지(B.C.E. 343-290년)
- ✸ 1차 포에니 전쟁 교전지(B.C.E. 264-241년)
- ✷ 2차 포에니 전쟁 교전지(B.C.E. 218-202년)
- ✹ 마케도니아 전쟁 교전지(B.C.E. 214-148년)
- ✶ 게르만족 로마 침입 당시 교전지(B.C.E. 113-C.E.439년)
- ✺ 율리우스 카이사르의 내전 당시 교전지(B.C.E. 49-45년)
- ✾ 기타 주요 교전지

스 키 타 이

드네푸르 강

올비아

보스포란
왕국

★판티카파에움

케르소네수스

코카서스 산맥

카 스 피 아 해

흑   해

토미스
트로파에움 트라이아니

피티우스

세반 호

시노페

아마수스
폼페이폴리스

트라페주스

사타라

아르메니아
114-117 C.E.

반 호

울미아 호

아마스트리스
헤라클레아
폰티카

젤라

메가로폴리스
니코폴리스
48 B.C.E.

비 티 니 아

강그라

파 르 티 아

비잔티움
하드리아노폴리스(콘스탄티노플)
페린투스

카파도키아

안키라

티그라노케르타

아미다

시지푸스
프루사

니코메디아
니케아

갈 라 티 아

멜리테네

아시리아
116-117 C.E.

소아시아

카이사리아

카르헤
53 B.C.E.
에데사

사모사타

메소포타미아
115-117 C.E.

비 그 리 스 강

페르가뭄

안티오키아

이코니움

리 키 아

다르소

셀레우키아

실리시아

안티오키아

시리아

두라 에로포스

유프라테스 강

크테시폰

스르나
마그네시아
190 B.C.E.

에페수스
아프로디시아스
밀레토스

아탈리

라오디케아

라파니에

팔미라

페르시아
걸프

살라미스

트리폴리스

에메사

크니두스
로두스

미라

키프로스

파포스

헬리오폴리스

다마스쿠스

띠로

고르틴

가파르코트나
가이사리아

보스트라

예루살렘

가자

사 해

지 중 해

페르시움

페트라

아라비아

니코폴리스

알렉산드리아

멤피스

키레네

옥시링쿠스

헤르모폴리스

아이기프토스

나 일 강

홍 해

프톨레마이스

콥트

테베

200 250 킬로미터

150 200 250 마일

국경선을 기준으로 표시하였다.

❶ 쾰른 C.E. 50년에 로마인이 세운 도시 쾰른은 저지(低地) 게르마니아(Inferior Germania)의 수도이자 군단 사령부였다. 장엄한 성문이 당시의 위용을 보여준다.

❷ 님(Nimes) C.E. 1세기에 건설된 갸르(Gard) 다리는 위즈 샘에서 남프랑스 님까지 뻗은 장장 50킬로미터 로마 송수로의 일부이다.

❸ 밀레투스 밀레투스에 있는 2세기 로마 목욕탕의 잔재는 이 도시가 로마 통치기 소아시아 리디아에서 매우 중요한 곳이었음을 알려준다. 바울은 C.E. 57년에 이 도시를 방문했다.

❹ 알렉산드리아 이집트 알렉산드리아에서 최근 발굴된 로마 원형극장은 C.E. 115년의 키토스 전쟁 때 파괴된 후 하드리아누스 황제가 다시 지은 것이다.

마태오, 마르코, 루가, 요한 복음서의 주요 인물들

B.C.E. 22–B.C.E. 10년에 헤로데 왕이 건설한 가이사리아의 송수로. 오늘날 이스라엘의 지중해 해안지역이다.

헤로데 왕

루가와 마태오 복음서의 예수 탄생 이야기는 유대 왕국의 **헤로데 왕** 통치 쇠락기를 배경으로 한다. 이 유대 왕국은 로마 팔레스타인이라고도 종종 불리는데 엄밀히 말하면 이 명칭은 C.E. 135년 2차 유대반란 진압 이후에나 등장했다. 흥미롭게도 헤로데 가문은 유대 혈통이 아니라 이두매 출신이었다. 히브리 성경에서 에돔이라 불리는 이두매는 오늘날 네게브 사막과 남부 요르단에 해당하는 이교 지역이었다. 하스모니아의 왕 요한 히르카누스가 B.C.E. 135년 이 지역을 정복한 후 유대교 개종을 강요했지만 대다수 가문이 선조들의 전통을 따라 이교 신앙을 유지한 것으로 보인다. B.C.E. 37년 팔레스타인 왕으로 임명되자마자 헤로데가 로마 황제와 여신들에게 바치는 도시

헤로데의 무덤

요세푸스에 따르면 헤로데는 유대 사막에 있는 헤로디온 궁전 성채에 묻혔다고 한다. 오랫동안 헤로데의 무덤을 찾기 위한 노력이 이어지던 2007년 5월, 예후드 네쩨르(Netzer)가 이끄는 이스라엘 발굴팀이 중요한 발견을 해냈다. 거대한 수영장과 묘로 연결되는 장엄한 계단 등 궁전 일부가 먼저 발굴되었다. 기둥 18개로 둘러싸인 원형 구조의 묘 안에 석관 세 개가 나왔다. 네쩨르 교수는 예루살렘의 분홍색 석회암을 조각해 만들고 수많은 꽃문양으로 장식한 석관이 헤로데의 것이라 믿었지만 사체는 들어 있지 않았다. 네쩨르는 추가 발굴을 위해 2010년 헤로디온을 다시 찾았지만 작업 중 넘어져 부상당했고 이틀 만에 사망했다.

및 신전 건설에 매달렸던 이유도 이교 신앙 때문이라고 설명할 수 있다. B.C.E. 22년경 예루살렘 제2성전을 로마 최대 규모로 증축하는 작업이 시작된 것도 유대인을 달래기 위해서였으리라. 이에 따라 언덕 위의 성전으로 이어지는 거대한 공중 진입로와 이를 떠받치는 벽이 세워졌다. 그 일부는 아직도 남아 서쪽 성벽(통곡의 벽)이라 불리며 유대교에서 가장 신성한 곳으로 숭배받는다. 예수와 그 제자들이 C.E. 32년 과월절 전날 성전을 방문했을 때에도 이 공사는 진행 중이었다.

같은 시기에 헤로데 왕과 **사두개파** 사이의 갈등이 고조되었다. 사두개파가 성전 운영권을 하스모니아 가문으로부터 넘겨받으려 했기 때문이다. 그러자 헤로데는 바빌로니아에서 이주해온 사제 가문에 대사제를 포함한 주요 임명권을 주

B.C.E. 50년경
카이사르와 폼페이우스가
로마 통치권을 두고 경쟁

B.C.E. 49년경
카이사르 군대 루비콘 강을
건너 로마 땅에 들어감

B.C.E. 48년경
카이사르 파르살리아
전투에서 폼페이우스에 승리

B.C.E. 47년경
헤로데가 아버지 안티파테르에
의해 갈릴리 총독으로 임명됨

236 성서 그리고 사람들

기 시작했다. 이 가문의 충성심은 의심할 여지가 없었다.

성전 확장에 아낌없이 재화를 퍼부었음에도 헤로데 왕에 대한 불만은 커져만 갔다. 결국 헤로데는 자신에 대한 어떤 도전과 반발도 허용하지 않는 경찰국가를 만들었다. 그리하여 동방박사들이 '유대의 왕으로 나신 아기'라 부른 존재, 자기 왕조의 잠재적 위협이 될 존재를 없애기 위해 '베들레헴과 그 일대에 사는 두 살 이하의 사내아이를 모조리 죽여버리도록' 했다(마태오 2:2,16).

즈가리야

'헤로데가 유다의 왕이었을 때 아비야 조에 속하는 늙은 사제' **즈가리야** 앞에 천사 **가브리엘**이 나타났다고 루가의 복음서는 기록한다(루가 1:15). **즈가리야**의 아내 **엘리사벳**도 아론의 후손으로 사제 가문 출신이었다. 부부는 자식이 없었다. 천사를 본 즈가리야가 두려움에 사로잡히자 가브리엘은 "두려워 마라, 즈가리야. 하느님께서 네 간구를 들어주셨다. 네 아내 엘리사벳이 아들을 낳을 터이니 아기의 이름을 요한이라 하여라."라고 말하며 안심시켰다. 또한 그 아이는 '성령을 가득히 받을 것'이며 '엘리야의 정신과 능력으로 이스라엘 백성들을 준비시킬 것'이라 예언하였다(루가 1:13, 16-17). 즈가리야는 자신과 아내가 이미 나이가 너무 많다고 생각해 그 말을 믿지 않았다. 그러자 가브리엘은 아이가 태어날 때까지 그를 귀머거리에 벙어리로 만들었다.

C.E 1세기경의 우아한 여인상. 채색 테라코타이다.

마리아

그로부터 6개월이 지났을 때 신은 천사 가브리엘을 갈릴리의 나사렛(나자렛) 마을로 보냈다. 다윗 가문의 **요셉**과 약혼한 처녀 **마리아**가 사는 곳이었다. 마리아의 눈앞에 나타난 천사는 "두려워하지 마라, 마리아. 너는 하느님의 은총을 받았다. 이제 아기를 가져 아들을 낳을 터이니 이름을 예수라 하여라. 그 아들은 위대한 분이 되어 지극히 높으신 하느님의 아들이라 불릴 것이다."라고 일렀다(루가 1:30-31). 예수(Jesus 혹은 아람어로

C. E. 1년경의 세계

나사렛 예수가 살던 시대는 팔레스타인, 즉 당시 알려져 있던 세계 전체에 중대한 변화가 나타나던 때였다. 로마 내전으로 율리우스 카이사르(B.C.E. 49-C.E. 44)가 암살당하고 아우구스투스(B.C.E. 27-C.E. 14)가 황제에 오르면서 로마 원로원의 권력은 서서히 저물었다. 로마 황제의 무한한 권력은 성서 속 이야기에서도 잘 드러난다. 헤로데 왕국을 넷으로 나누어 그 아들 딸 셋이 통치하도록 한 것도 아우구스투스 황제였다. 갈릴리 지역은 아들 헤로데 안티파스가 차지하게 된다. 또한 루가의 복음서에 등장하는 온 천하 호구조사를 명령한 것도, 헤로데의 아들 아르켈라오스에게서 유대 통치권을 빼앗은 것도 아우구스투스였다. 황제는 유대를 로마로 통합했다. 그리고 이 지역을 다스린 5대 총독인 폰티(Pontii, 본디오) 가문 출신 필라투스(Pilate, 빌라도)가 예수를 재판하게 된다.

한편 헤로데 안티파스는 나사렛에서 10킬로미터 떨어진 세포리스의 도시 재건에 매달렸다. 목수 요셉과 그 아들 예수 역시 이 공사에 참여했으리라 보는 학자들도 있다. 이후 헤로데 안티파스는 세례자 요한을 체포해 처형한다. 루가의 복음서에서는 헤로데 안티파스가 예루살렘에서 예수 심문에 잠깐 참여했지만 예수가 대답을 하지 않자 다시 빌라도에게 보냈다고 나온다(루가 23:9).

기하학적 문양이 색색으로 그려진 세포리스의 모자이크. 3세기경 제작된 것으로 추정된다.

B.C.E. 47년경	B.C.E. 46년경	B.C.E. 46년경	B.C.E. 46년경
알렉산드리아 도서관 화재로 소실	헤로데 갈릴리 히즈키야 반란 진압	북아프리카 로마 영토로 합병됨	율리우스 카이사르 365일 단위의 율리우스력 도입

4장 네 복음서 **237**

헤로데 대왕의 왕국

지도 설명

- ······ 지역 경계
- [▨] 헤로데 왕국
- [□] 시리아 지역의 로마제국 영토
- [□] 나바테아 왕국
- • / ○ 데카폴리스/위치가 불확실한
- ○ 불확실한 위치
- ⊙ 헤로데의 요새

시돈

다마스쿠스

2,814 m
9,232 ft
헤르몬 산

티레 (두로)

가나

레온테스

나 히

레바논 계곡

가다사

아소르

라파나

악십

메롬

가울라니티스

프톨레미이스

아코 만 (하이파만)

가버나움

벳새다

아르벨라

요바

긴네렛호 (갈릴리호)

히포스

사이카미니움

필로테리아

아빌라

아우라니티스

카멜산(가말 산)
546 m
1,791 ft

나사렛

가다라

에드레이 (데라)

게베

타볼 산
588 m
1,929 ft

헤로데 왕이 자기 후원자인 카이사르 아우구스투스의 이름을 붙인 도시이다. 멋진 건물들로 유명하며 훗날 행정 중심지로 성장한다.

도라

레기오

→ 가이사리아

스키토폴리스

펠라

로마 지역 내에서 상당한 자율권을 누린 도시들이 결성한 상업동맹이다.

나르바타

디온

헤로데 왕은 고대 사마리아 지역에 성채를 건설하고 세바스테라 이름 붙였다. 세바스테는 아우구스투스를 그리스어로 표기한 것이다.

→ 세바스테

에발 산
940 m
3,084 ft

아마투스

게라사

아폴로니아

네아폴리스

사마리아

그리심 산
881 m
2,890 ft

요 르 단

지 중 해

안티파트리스

르가보나

알렉산드리움

가다라

욥바 (요빠, 요파)

파사엘리스

필라델피아

가자라

아르켈라이스

주민을 달래기 위해 헤로데 왕은 거대한 건설 계획을 추진하였다. 예루살렘에는 새로운 시장, 원형극장, 대공회 개최를 위한 건물, 새 궁전 등이 등장했다. B.C.E. 20년에는 성전 재건축이 시작되었다.

이두매 사람 헤로데 왕의 출생지. 훗날 그는 멋진 분수와 대형 목욕탕으로 도시를 꾸민다.

베텔

가자라

키프로스

예리코

에스보

느보 산
802 m
2,631 ft

메데바

기드론

에모스

미스바

조라

예루살렘

아조토

벳세메스

베들레헴

아스카론

마레사

헤로디움

히르카니아

사해

리기스

벳술

마케루스

안테돈

가자

하스모니아 왕조의 보물창고가 있던 곳으로 로마인들이 파괴하였다. 헤로데 왕은 이를 성채와 감옥으로 재건한다.

에스드모아

헤브론

엔게디

헤로데 왕은 과거 족장들의 무덤 위에 기념비와 기념 건물을 세웠다.

라피아

마사다

이 두 매

베르세바

말라타

키르모압

네 게 브

이 집 트

베소르

| 0 | 20 | 40 | kilometers |

| 0 | 20 | 40 | miles |

현재의 배수로, 해안선과 국경선을 기준으로 표시하였다.

Yeshua)는 여호수아나 호세아와 마찬가지로 '야훼는 구세주'를 뜻하는 Yehoshuah의 줄임말인데 고대 유대와 갈릴리에서 흔히 쓰이는 이름이었다.

마리아가 "이 몸은 처녀입니다. 어떻게 그런 일이 있을 수 있겠습니까?"라고 묻자 가브리엘은 "성령이 너에게 내려오시고 지극히 높으신 분의 힘이 감싸주실 것이다."라면서(루가 1:34-35) 마리아의 친척 엘리사벳이 늙은 나이에 아기를 가진 것을 들어 하느님께서 하시는 일은 안 되는 것이 없다고 알린다. 마리아는 엘리사벳을 만나러 가고, 마리아의 문안을 받자 엘리사벳 '태중의 아기가 기뻐하며 뛰놀았다'(루가 1:42-44).

요셉

마리아의 약혼자 요셉은 어떤 상황이었을까? 이는 마태오의 복음서를 통해 알 수 있다. 요셉이 어디 살았는지는 분명치 않다. 마태오의 복음서에는 베들레헴, 요한의 복음서에는 나사렛 출신으로 나오기 때문이다. 요셉은 마리아가 결혼도 하기 전에 잉태한 것을 알고 공개적인 망신을 줄 것 없이 '남모르게 파혼하기로 마음먹었다.' 하지만 꿈속에 천사가 나타나 '다윗의 자

네덜란드 화가 로히어르 판 데르 베이던이 그린 수태고지는 플랑드르의 부유한 가정집을 배경으로 삼았다.

갈릴리

나사렛 인근 베이트 네토파 계곡의 경사진 들판. 예수 당대와 비슷하게 초목이 우거진 모습이다.

고대 이스라엘 역사 속에서 갈릴리는 유대 지역과는 퍽 다른 모습이다. 연간 강수량이 1,100밀리미터에 달하고 북쪽 산에서 풍부한 물을 공급받은 덕에 갈릴리는 매우 비옥하다. 하프 모양 거대한 민물호수 갈릴리호도 중요한 수원(水原)이다. 히브리 성경에서 갈릴리호는 긴네렛 호수라 불린다(민수기 34:11). 올리브 나무 외의 목재는 희귀하다. 올리브 나무는 튼튼하고 수명이 수백 년 되지만 목재로 쓰기에는 품질이 떨어진다.

북쪽에 치우친 위치 때문에 갈릴리는 늘 이교 신앙 지역으로 둘러싸여 있었다. 북서쪽에는 페니키아, 북쪽으로는 시리아, 동쪽으로는 나바테아가 자리잡았다. 이방인에 둘러싸인 탓에 '여러 민족이 모인 곳'이라는 의미의 히브리어 galil ha-goyim을 줄인 갈릴리(ha-galil)란 지명이 붙은 듯하다. 마태오는 이사야의 말을 인용해 이 지역을 '이방인의 갈릴래아'라 부르기도 한다(마태오 4:15)

요세푸스 역사서에는 갈릴리에 있는 마을 204개가 등장하며 이를 토대로 고고학자들은 이곳 인구가 15~25만 명 정도였으리라 추정한다. 요세푸스의 목록에 포함되지 않은 나사렛은 아주 작은 촌락으로 세포리스의 시장에 농작물을 내다팔며 사는 지역이었던 것으로 보인다.

B.C.E. 45년경
로마 바람의 탑, 해시계와
물시계 아테네에 설치

B.C.E. 44년경
카이사르 브루투스와
카시우스에게 배신당하고 살해됨

B.C.E. 44년경
헤로데 카시우스 지원기금 마련 위해
갈릴리인에게 과도한 세금 징수

B.C.E. 44년경
시실리의 에트나 화산
폭발

> 그 무렵에 로마 황제 아우구스토가 온 천하에 호구조사령을 내렸다.
>
> – 루가 2:1

손 요셉아, 두려워하지 말고 마리아를 아내로 맞아들여라. 그의 태중에 있는 아기는 성령으로 말미암은 것이다.'라고 알려준다(마태오 1:21).

마리아의 배가 불러올 때 아우구스투스 황제가 호구조사령을 내렸다(루가 2:1). 호구조사의 목적은 인구 구성이 아닌, 개인별 재산 상태 파악에 있었다. 각 지역이 얼마나 가치가 있는지, 세금을 얼마나 걷을 수 있을지 파악하기 위한 호구조사였던 것이다. 로마 총독들은 세금 징수를 세리들에게 맡겼다. 호구조사를 하지 않는다면 세리들이 속임수를 쓰는지 여부를 확인할 수 없었기 때문이다.

호구조사 시점에 요셉 일가는 베들레헴으로 떠나 있었다. 그러니까 요셉은 만삭의 아내를 데리고 베들레헴까지 먼 길을 여행할 수밖에 없었다. 베들레헴에 도착하니 여관에 빈 방이 없었다. 유일하게 찾은 휴식처가 마구간이었고 마리아는 거기서

이탈리아 화가 산드로 보티첼리(1445–1510)의 '동방박사의 경배'로 1478년 작품이다.

B.C.E. 43년경	B.C.E. 43년경	B.C.E. 43년경	B.C.E. 42년경
힌두 의학서인 《아유르베다》 최초 편찬	옥타비아누스, 안토니우스, 레피두스가 로마 삼두정 체제 이룸	로마 시인 오비디우스 태어남	카이사르를 살해한 브루투스와 카시우스 빌립보에서 패배

예수를 낳았다. 산모는 '아기를 포대기에 싸서 말구유에 눕혔다'(루가 2:6-7). 근방 들판에 머물던 목자들이 '구세주 주님'이 탄생했다는 천사의 말을 듣고 찾아왔다(루가 2:11).

동방박사들

새로 태어난 아기를 보러온 사람은 목자들만이 아니었다. 마태오의 복음서에 따르면 예수 탄생 소식이 '동방에서 온 현자'인 **동방박사** 세 명에게도 전해졌다. 고대 바빌론이나 페르시아 같은 동양 궁정에서는 학식 높은 점성술사들이 사제로서 자문을 맡거나 마법을 연구하는 일이 많았다. 후기 그리스도교에서는 세 동방박사를 왕들로 보기도 한다.

새로운 '왕'이 탄생했다는 소식을 접한 헤로데 왕은 불안과 의혹을 느꼈고 세 동방박사를 불러 '자신도 경배하러 갈 수 있도록' 아기 있는 곳을 알려달라고 하였다. 세 동방박사는 밝은 별을 뒤따라갔고 별이 멈춘 곳에서 마리아와 아기 예수를 만났다(마태오 2:11). 그러고는 구유 속 아기 앞에 무릎 꿇고 황금, 유향, 몰약을 예물로 바쳤다. 꿈속에서 헤로데를 다시 찾지 말라는 경고를 받은 동방박사들은 다른 길을 택해 자기 나라로 돌아갔다(마태오 2:12).

헤로데는 박사들이 아기 있는 곳을 알려주지 않고 가버렸다는 것을 알고 격분했다. 그리고 그 아이가 살아남을 수 없도록 베들레헴과 그 일대의 두 살 이하 사내아이를 모조리 죽이라는 명령을 내렸다. 무고한 아이들을 학살한 이 사건은 마태오의 복음서에만 등장한다. 다행히 요셉의 꿈에 천사가 나타나 '어서 일어나 아기와 아기 어머니를 데리고 이집트로 피신하라'고 말해준 덕에 요셉 일가는 이집트로 갔고 천사가 다시 돌아가도

이탈리아 라벤나 산 아폴리나레 누오보 성당의 6세기 모자이크에 묘사된 동방박사 세 사람.

좋다고 말해줄 때까지 거기 머물렀다.

하지만 헤로데의 아들 **아르켈라오스**가 유대를 통치하게 되었다는 소식을 들은 요셉은 귀향을 꺼렸다. 아르켈라오스는 아버지 못지않은 폭군이었다. 그리하여 요셉 일가는 북쪽으로 올라가 갈릴리에 정착했다. 이때부터 마태오와 루가의 복음서 내용이 다시 합쳐져 예수가 어린시절을 보낸 나사렛을 배경으로 한다.

사내아이를 낳은 여자는 칠일 동안 부정하게 여겨졌고(레위기 12:2) 그리하여 마리아가 출산 후유증에서 회복되는 동안 동네 여자들이 집안일이며 아이 돌보는 일을 도와주었다. 여드레째 되는 날 아기 예수는 할례를 받았다. 〈창세기〉에서 하느님이 명한 그대로였다(창세기 17:10-12). 루가의 복음서에서도 '여드레째 되는 날은 아기에게 할례를 베푸는 날이었다'라고 설명한다(루가 2:21). 그날

예수의 교육

열 두 살 예수가 성전에서 학자들과 토론을 벌였다는 루가의 설명은 의문을 불러일으킨다. 시골에서 자란 아이가 어떻게 교육을 받았을까? 물론 당시 바리새파의 대표적 현자였던 가믈리엘에게 가르침을 받은 바울의 사례가 없지는 않다 해도 예수의 가난한 부모에게는 꿈도 꾸기 어려운 일이었다. 팔레스타인과 바빌로니아 탈무드를 보면 바리새파 시므온 벤 셰타(B.C.E. 176-103)가 모든 마을에 율법 교육학교를 만들도록 명령했다고 나온다. 하지만 이는 실현되지 못한 이상에 그쳤다. C.E. 70년 성전이 파괴된 후에야 떠돌이 교사 혹은 랍비들이 사방에서 성경을 가르치기 시작했기 때문이다. 어떻든 복음서들은 예수가 랍비 혹은 교사로 불릴 정도로 지식이 높았다고 설명한다.

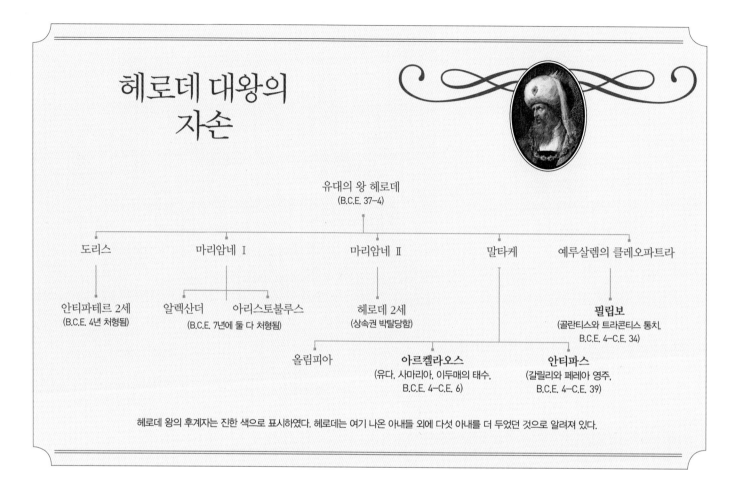

헤로데 대왕의 자손

유대의 왕 헤로데
(B.C.E. 37-4)

| 도리스 | 마리암네 I | 마리암네 II | 말타케 | 예루살렘의 클레오파트라 |

안티파테르 2세
(B.C.E. 4년 처형됨)

알렉산더 · 아리스토불루스
(B.C.E. 7년에 둘 다 처형됨)

헤로데 2세
(상속권 박탈당함)

필립보
(골란티스와 트라콘티스 통치,
B.C.E. 4-C.E. 34)

올림피아

아르켈라오스
(유다, 사마리아, 이두매의 태수,
B.C.E. 4-C.E. 6)

안티파스
(갈릴리와 페레아 영주,
B.C.E. 4-C.E. 39)

헤로데 왕의 후계자는 진한 색으로 표시하였다. 헤로데는 여기 나온 아내들 외에 다섯 아내를 더 두었던 것으로 알려져 있다.

아버지 요셉은 공식적으로 아이 이름을 지어주며 자기 자손임을 분명히 하였다.

시므온

출산 후 33일 동안 마리아는 성스러운 물건에 손을 댈 수 없었다. 그 기간이 끝난 후 마리아와 요셉 부부는 다시 정결한 상태로 돌아가는 의식을 치르기 위해 제물을 갖고 성전으로 갔다. 루가의 복음서는 이 부부가 양 한 마리 대신 '산비둘기 한 쌍 혹은 집비둘기 새끼 두 마리'를 바친다고 설명해 가난한 형편임을 드러낸다(루가 2:22-24, 레위기 12:6-8). 성전에는 '그리스도를 직접 보기 전에는 죽지 않을 것'이라 전해들은 신심 깊은 유대인 **시므온**이 있었다. 마리아와 아이를 만난 시므온은 두 팔로 아이를 받아들고 "주여, 이제는 말씀하신 대로 이 종이 평안히 눈

감게 되었습니다. 주님의 구원을 제 눈으로 보았습니다. 만민에게 베푸신 구원을 보았습니다."라며 감격했다(루가 2:29-32).

예수

'아기는 날로 튼튼하게 자라면서 지혜가 풍부해지고 하느님의 은총을 받았다'라고 루가의 복음서는 기록한다(루가 2:40). 오래지 않아 아이는 아버지 요셉의 일을 거들게 되었다. 갈릴리의 남자아이들은 아버지 일을 물려받는 게 다반사였다. 마르코의 복음서에는 훗날 목회를 시작한 예수가 다시 고향마을을 찾아 사람들을 놀라게 하는 장면이 등장한다. "저 사람은 그 목수가 아닌가? 그 어머니는 마리아요, 그 형제들은 야고보, 요셉, 유다, 시몬이 아닌가?"라고 서로 물어보면서 말이다(마르코 6:3). 여기 등장하는 단어 tektōn은 전통적으로 '목수'라 번역되었지

B.C.E. 39-37년경
헤로데 팔레스타인으로 복귀, 유대
지배권 두고 안티고누스와 전쟁

B.C.E. 38년경
안토니우스 이집트로
돌아감

B.C.E. 37년경
헤로데 예루살렘 점령,
안티고누스 처형당함

B.C.E. 36년경
헤로데 의형제 아리스토불루스
3세 대사제로 임명

242 성서 그리고 사람들

만 실제로는 '노동자' 혹은 '돌, 목재, 금속을 다루는 장인'을 의미한다. 갈릴리 지역에서 목공에 적합한 나무는 귀하고 비쌌다. 반대로 풍부한 것은 빗물을 모아 저장하는 지하수와 우물, 그 결과 생겨난 비옥한 토지였다. 역사가 요세푸스에 따르면 갈릴리 사람들은 모두 농사를 지었다. 예수가 나중에 사용하게 될 비유와 우화를 보아도 목공소보다는 밭이나 과수원에 빗댄 것이 훨씬 많다. 이 때문에 일부 학자들은 요셉이 본래 농부였고 나무 다루는 기술로 부수입을 올렸을 것이라 추측한다. 아마 예수는 어릴 때부터 씨뿌리기나 수확하기 같은 농경을 지켜보았을 것이다.

C.E. 6년경, 갈릴리의 영주 **헤로데 안티파스**가 10여 년 전 헤로데 왕 사망 직후 일어난 반란으로 완전히 파괴되었던 세포리스를 재건하기로 결정했다. 세포리스는 나사렛에서 불과 8킬로

고대 로마의 접시. 막 잡은 생선을 다듬는 어부 모습이 묘사되어 있다.

미터 거리였고 요셉과 예수도 새로운 도시 건설에 참여했으리라 추정된다. 갈릴리에서 건설 인력을 동원하기는 쉽지 않았고 이는 하스모니아 왕조나 헤로데 왕이 이 지역에서 별다른 건축사업을 벌이지 않았던 이유이기도 했다. 로마시대 통치자들에게는 주변 마을에서 인력을 징집하는 것이 보편적이었다. 어쩌면 마르코가 예수를 tektoôn이라 부른 이유도 여기 있을지 모른다. 하지만 요새 도시이기 때문인지 세포리스는 성서에 등장하지 않으며 예수가 아버지처럼 건축 기술을 갖추고 있었는지는 알 수 없다.

루가의 복음서에는 열두 살이 된 예수(헤로데 통치 말엽에 태어났다는 것을 감안하면 C.E. 8년경으로 추측된다)가 부모와 함께 다시 한 번 예루살렘을 찾아갔다고 나온다. 과월절 축제를 위해 간 것이다. 가족은 예루살렘에 머물며 성전을 방문하고 고향으

영국화가 존 에버렛 밀레이(1829-1896)의 '부모 집에 있는 그리스도'이다. 1849년 작품으로 어머니 마리아가 예수 옆에 무릎 꿇고 있다.

B.C.E. 35년경	B.C.E. 34년경	B.C.E. 34년경	B.C.E. 33년경
아리스토불루스 3세 헤로데의 명령에 따라 익사	달마티아 로마제국 영토가 됨	안토니우스 아르메니아 침공	중국 한나라 고종 사망

로 돌아가는 길을 떠났다. 갈릴리의 친구나 친척들이 함께 순례자 무리를 이루고 있었으므로 요셉과 마리아 부부는 예수가 보이지 않아도 별 걱정을 하지 않았다. 하지만 하루 종일 아이를 찾을 수 없자 불안에 휩싸였다. 부부는 아이를 찾아헤매다 예루살렘으로 되돌아갔다. 사흘 뒤 찾아낸 열두 살 아들은 성전에서 율법학자 및 교사들과 토론을 벌이는 중이었다.

학자들은 예수의 율법 지식에 탄복했다. 안심도 되고 화도 난 마리아가 "애야, 왜 이렇게 우리를 애태우느냐? 너를 찾느라고 아버지와 내가 얼마나 고생했는지 모른다."라고 말하자 예수는 태연한 표정으로 어머니를 올려다보며 "왜, 나를 찾으셨습니까? 내가 내 아버지의 집에 있어야 할 줄을 모르셨습니까?"라고 대답하였다(루가 2:48-49).

세례자 요한

복음서들이 알려주는 예수의 어린시절과 청소년기는 여기까지이다. 이후 루가와 마태오의 복음서는 예수가 **세례자 요한** 무리에 합류하기 위해 요르단으로 내려가는 장면을 보여주고 마르코와 요한의 복음서는 예수와 요한의 역사적 만남을 곧바로 소개한다.

네 복음서 모두 예수가 세례자 요한과 함께 보낸 시간을 중시한다는 점은 주목할 만하다. 역사가 요세푸스에 따르면 세례자 요한은 타락한 유대사회와 강요된 회개를 비판한, 당시의 주요 반체제 인사였다. 요한은 '유대인들이 서로를 공정하게 대하고 신에게 독실한 미덕의 삶을 살도록 촉구하며 세례의식을 행한 훌륭한 인물'이라고 요세푸스 역사서에 기록되어 있다. '이에 화답해 군중이 몰려나와 요한의 말을 듣고 감동했다'고도 한다. '온 유다 지방과 예루살렘에 사는 모든 사람이 그에게 와서 죄를 고백하며 요르단 강에서 세례를 받았다.'라는 마르코의 복음서 구절 또한 요세푸스의 기록을 뒷받침한다(마르코 1:5).

루가의 복음서는 요한의 활동이 언제 시작되었는지 밝혀두었다. '로마 황제 티베리오가 다스린 지 십오 년째 되던 해에 본디오 빌라도가 유다 총독으로 있었다. 그리고 갈릴래아 지방의 영주는 헤로데였고 이두래아와 트라코니티스 지방의 영주는 헤로데의 동생 필립보였으며 아빌레네 지방의 영주는 리사니아였다'

(루가 3:1). 여기서 헤로데는 헤로데 대왕의 아들 헤로데 안티파스로 그는 B.C.E. 4년 갈릴리와 페레아의 영주로 임명되었다. **티베리우스**가 아우구스투스의 뒤를 이어 즉위한 때는 C.E. 14년, **본디오 빌라도**가 유대의 로마 총독이 된 것은 C.E. 26년이었다. 이렇게 보면 루가의 복음서에 등장하는 해는 C.E. 29년이 된다.

요한은 꽤 눈에 띄는 모습을 하고 있었다. 마태오의 복음서에는 '낙타털 옷을 입고 허리에 가죽 띠를 두르고 메뚜기와 들꿀을 먹으며 살았'고 나오는데 이는 '가죽으로 아랫도리를 가리고 몸에는 털옷을 걸친' 엘리야의 이미지를 떠올리게 한다(마태오 3:4, 열왕기 하 1:8). 이 복음서를 읽은 독자들은 '야훼가 나타날 날, 그 무서운 날을 앞두고 내가 틀림없이 예언자 엘리야를 너희에게 보내리니'라는 신의 약속을 떠올렸을 것이다(말라기 4:5). 드디어 그 날이 다가온 것이다.

예수는 요한에게 세례를 내려 자기 죄를 씻어달라고 요청하였다. 요한은 "제가 선생님께 세례를 받아야 할 터인데 어떻게 선생님께서 제게 오십니까?"라며 굳이 사양하였다(마태오 3:14). 하지만 예수는 뜻을 꺾지 않았고 결국 요한이 그를 맑은 요르단 강으로 데리고 들어가 세례를 주었다. 예수가 강에서 나왔을 때 '하늘이 갈라지며 성령이 비둘기 모양으로 내려왔으며 하늘에서 "너는 내 사랑하는 아들, 내 마음에 드는 아들이다."라는 소리가 울렸'다(마르코 1:10-11). 〈시편〉('너는 내 아들', 시편 2:7) 및 〈이사야서〉('마음에 들어 뽑아세운 나의 종, 이사야 42:1)를 합친 듯한 이 구절은 다른 복음서에서도 거의 똑같은 표현으로 등장한다(마태오 3:17, 루가 3:22, 요한 1:32-33).

예수가 세례자 요한과 함께 보낸 기간이 얼마나 되는지는 알 수 없다. C.E. 29년이 되자 헤로데 안티파스는 반체제 종교인 요한이 벌이는 일을 더 이상 참을 수 없게 되었다. 마르코의 복음서를 보면 세례자 요한이 '동생 필립보의 아내 헤로디아'와 두 번째 결혼을 한 헤로데 안티파스를 격렬히 비난하다가 잡혀갔다고 나온다. 이 필립보가 골란티스 영주였던 이복형제 필립보인지, 아니면 헤로데 대왕과 마리암네 사이에서 태어난 조카 헤로데 필립보 1세인지는 분명하지 않다. 헤로디아가 헤로데 대왕의 또 다른 아들 아리스토불루스의 딸로 헤로데 안티파스의 조카였다는 점까지 고려하면 상황이 한층 더 복잡하다. 어

B.C.E. 33년경	B.C.E. 33년경	B.C.E. 32년경	B.C.E. 32년경
로마 율리아 수로 건설	제2차 삼두정치 종말	헤로데 나바테아 상대로 전쟁	옥타비아누스와 로마 원로원 클레오파트라와 안토니우스를 상대로 전쟁을 선포

244　성서 그리고 사람들

떻든 이 가족들은 유난히 서로 가까웠는데, 요한이 "동생의 아내를 데리고 사는 것은 옳지 않습니다."라고 가차없는 비판을 가한 것이다(마르코 6:18). 이러한 결혼은 〈레위기〉 18장 16절의 율법에 어긋났기 때문이다.

반면 요세푸스는 요한이 우려할 만한 수준까지 세를 키운 탓에 체포되었다고 기록한다. '요한을 죽임으로써 헤로데 안티파스는 요한으로 인해 빚어질 상황을 방지할 수 있었다.'

그런가 하면 마르코의 복음서는 요한의 처형을 보다 상세히 보여준다. 헤로디아의 딸이 양아버지 생일잔치에서 유혹적인 춤을 멋지게 추었고 이에 만족한 헤로데 안티파스는 그녀에게 원하는 '무엇이든지 소원을 들어주겠다'고, 심지어 '왕국의 반이라도 주겠다'고 약속했다. 살로메라는 그 딸은 어머니 헤로디아와 의논한 끝에 '세례자 요한의 머리를 달라'고 요청하였다. 왕은 이미 약속한 일이라 어쩔 수 없이 청을 들어주어야 했다(마르코 6:17-28).

필립보

세례자 요한이 체포되면서 가르침도 중단되었다. 요한의 복음서는 세 제자 **필립보**와 **안드레아**, 그리고 안드레아의 동생 **시몬**이 예수에게 찾아와 새로운 스승이 되어달라며 부탁했다고 전한다. 이 세 사람은 모두 벳새다라는 북쪽 마을 출신이라고 나온다. 벳새다는 골라니티스 요르단 강 동쪽, 갈릴리 경계 바로 건너에 있었고 헤로데 안티파스가 아닌, **헤로데 필립보**가 다스리는 지역이었다. 어쩌면 안티파스가 요한의 제자들까지 체포하려 들지 모른다는 걱정 때문에 세 사람이 잠시 피신한 곳이 벳새다였는지도 모른다.

필립보는 이후 뛰어난 제자가 된다. 갈릴리로 가던 길에 필립보는 **나타나엘**이라는 남자를 만나 "모세의 율법서와 예언자들의 글에 기록되어 있는 분을 만났소. 그분은 요셉의 아들 예수인데 나자렛 사람이오."라고 말했다. 나타나엘은 콧방귀를

꾸며 "나자렛에서 무슨 신통한 것이 나올 수 있겠소?"라고 대답하였다(요한 1:43, 45-46). 결국 나타나엘 또한 예수와 만난 후 제자가 된다. 일부 학자들은 이 나타나엘이 다른 세 복음서에 등장하는 **바르톨로메오**라고 본다.

요한의 복음서에 따르면 예수의 순례길에서 필립보가 식량 공급을 담당했다고 한다. 어느 날 많은 군중이 몰려온 것을 본 예수가 아무렇지 않은 말투로 "이 사람들을 다 먹일 만한 빵을

르네상스 화가 안드레아 델 베로치오(1436-1488)의 '그리스도의 세례'. 왼쪽의 천사는 아직 어렸던 레오나르도 다 빈치(1452-1519)가 그린 것이다.

B.C.E. 31년경
유대에서 큰 지진 발생

B.C.E. 31년경
안토니우스 악티움 해전에서 패배, 클레오파트라와 함께 자살

B.C.E. 31년경
헤로데 옥타비아누스와 연합

B.C.E. 30년경
옥타비아누스, 즉 아우구스투스 헤로데를 유대 왕으로 인정

우리가 어디서 사올 수 있겠느냐?"라고 물었다. 필립보는 "이 사람들에게 빵을 조금씩이라도 먹이자면 여섯 달치 임금을 다 써도 모자라겠습니다."라고 대답하였다. 물론 이는 필립보의 속을 떠보려고 하신 말씀이었고 예수는 곧 빵 몇 개와 물고기 몇 마리로 5,000명을 먹였다(요한 6:5-11).

하지만 요한의 복음서 외 다른 복음서들은 세례자 요한의 체포 이후 상황을 다르게 설명한다. 예수가 40일 동안 사막에 나가 목회를 준비했다는 것이다. 40이라는 숫자는 약속의 땅으로 들어가기 전에 이스라엘인들이 사막에서 보낸 40년에서 나온 듯하다. 사막에서 예수는 악마의 유혹을 받지만 물리친다.

세례자 요한의 무덤

마르코의 복음서는 세례자 요한이 헤로데 안티파스의 명령으로 죽임을 당한 후 '소식을 들은 요한의 제자들이 와서 그 시체를 거두어다가 장사를 지냈다'고 전한다(마르코 6:29). 그의 무덤은 이후 발견되지 않았다. 2005년, 고고학자 시몬 깁슨이 아인 카림 인근에서 발견한 동굴이 요한의 무덤이라 주장한 적은 있다. 요한이 죽은 후에도 그의 가르침은 사라지지 않고 2세기까지 계속되어 멀리 소아시아까지 퍼져나갔다(사도행전 19:1-4). 요세푸스는 C.E. 35년경 아레타스 왕이 자기 딸과 이혼한 헤로데 안티파스에게 복수하기 위해 페레아 지역을 침략했던 사건을 기록했다. 안티파스의 군대는 대패했고 이 소식을 전해들은 팔레스타인 사람들은 '세례자 요한에게 한 짓 때문에 신의 벌을 받게 된 것'이라며 기뻐했다고 한다.

시몬 베드로

예수와 세 제자는 가버나움으로 갔고 예수는 그곳 어부들 가운데 제자들을 골랐다. 그 중 두 사람은 아버지 **제베대오**와 함께 배에서 그물을 손질하고 있던 두 아들 **야고보와 요한** 형제였다(마태오 4:21). 예수의 제자, 즉 사도를 뜻하는 영어단어 apostles의 그리스어 apostolos는 '대표하다'라는 의미의 아람어 shaliach에서 나왔다. 예수는 또한 바르톨로메오, **마태오, 토마**, 알패오의 아들 **야고보, 타대오, 혁명당원 시몬**, 그리고 훗날 자신을 배신하게 될 **가리옷 사람 유다**를 제자로 삼았다(마르코 3:18-19).

마태오의 복음서를 보면 가버나움에 사는 시몬(베드로)의 장모가 열병으로 앓아누워 있었다고 나온다. 예수는 열병을 고쳐주었고 이후 그 집은 예수 목회의 중심지

신의 왕국

예수의 가르침에는 신의 왕국이 자주 등장한다. 예수 이전 시기 유대 종파들은 신의 왕국에 대해 여러 의견을 내놓았다. 유대 율법을 바탕으로 폭군 헤로데나 로마 총독이 아니라 다윗과 같은 진정한 왕이 다스리는 나라라고도 하였다. 하지만 예수에게 신의 왕국 혹은 하늘의 왕국은 정치 체제가 아니었다. 유대사회가 사회적, 영적으로 새로 태어난다는 의미였다. "내가 율법이나 예언서의 말씀을 없애려 온 줄로 생각하지 마라. 없애려 온 것이 아니라 오히려 완성하러 왔다."(마태오 5:17)는 말씀을 보면 서로

에게 공감하고 공동체에 유대감을 가지며 조건 없는 사랑과 신앙을 유지하라는 핵심 율법으로의 회귀를 염두에 두었던 것 같다.

예수에게 신의 왕국은 군사력을 통해 위에서부터 만드는 것이 아니었다. 루가의 복음서를 보면 "하느님 나라가 오는 것을 눈으로 볼 수는 없다. 하느님 나라는 바로 너희 가운데 있다."라고 나온다(루가 17:20-21). 병자 치료가 예수에게 중요했던 이유는 이것이 신앙과 사랑, 공감의 힘을 잘 드러내기 때문이다. 치료의 기적은 신의 왕국을 증명했고 신이 가까이에서 개입한다는 것을 보여주었다.

이탈리아 화가 라파엘(1483-1520)이 1516년에 그린 '베드로를 꾸짖는 그리스도'이다. 바티칸 시스티나 성당 벽화를 앞두고 준비 작업으로 그려졌다.

B.C.E. 30년경	B.C.E. 29년경	B.C.E. 28년경	B.C.E. 28년경
이집트 3천년 독립국가 역사 마감. 로마에 복속됨	헤로데가 아내 마리암네 1세 재판에 넘김	예루살렘의 헤로데 극장 착공됨	중국 황실 천문학자들 최초로 태양 흑점 기록 남김

이탈리아 화가 야코포 바사노(1510–1592)가 1545년경에 그린 '기적의 그물'로 제자 필립보는 예수 바로 옆에 그려져 있다.

가 되어 병자와 마귀 들린 사람이 몰려들었다(마태오 8:14). 1920년대에 발견된 8각 구조물 잔해는 그 집 자리에 지어졌다는 옛 비잔틴 교회였으리라 추정된다.

그 집에서 몇 걸음 떨어진 곳에는 아름다운 회당이 서 있다. 4세기 경에 지어진 회당인데 어쩌면 예수가 처음으로 대중 앞에 모습을 드러냈던 회당 위에 새로 지은 것일 수도 있다. 1981년, 프란체스코회 소속 고고학자들은 그 회당에서 1세기 때의 현무암 토대 구조를 발견하기도 하였다.

마르코는 예수가 회당에 들어가 가르쳤고 사람들은 "이게 어찌 된 일이냐? 이것은 권위 있는 새 교훈이다!"라며 서로 수군거렸다고 기록했다. 그리고 예수의 명성이 삽시간에 온 갈릴리와 그 근방에 두루 퍼졌다(마르코 1:27–28).

이 명성을 감당하기 어려웠기 때문일까? 마르코의 복음서를 보면 시몬이 예수를 찾아다닌 끝에 기도하는 예수를 발견한 장면이 나온다. 시몬이 "모두들 선생님을 찾고 있습니다."라고 말하자 예수는 "근방 다른 동네에도 가자. 거기에서도 전도해야

한다."라고 대답했다. 이렇게 해서 갈릴리 목회가 시작되었다.

이때쯤이면 시몬이 예수의 첫 제자로서 지위가 확고해졌다. 요한의 복음서를 보면 예수가 시몬에게 "너는 베드로이다."라고 말한다. **베드로**는 '돌'을 뜻하는 아람어 kêfa에서 나왔다. 그리스도교 서적에서 이를 Petros 혹은 Peter라 번역한 것이다. 훗날 예수는 시몬 베드로를 사도직 우두머리로 세우면서 "너는 베드로이다. 내가 이 반석 위에 내 교회를 세울 터이다."라고 말한다(마태오 16:17–18).

예수는 추종자들을 이끌고 갈릴리의 여러 마을을 다니면서 활동했다. 어부 출신 제자가 많았던 덕에 배도 타고 다닐 수 있었다.

예수의 메시지는 새로운 왕국에 대한 것이었다. 정치적 실체라기보다 사회적 정신적 개념으로서의 왕국, 모두가 신에 대한 굳건한 믿음을 갖고 율법에 따라 서로를 돌보는 세상 말이다. 신의 왕국이라는 메시지는 수천 명 군중에게 행한 산상설

① **가버나움** 고대 가버나움의 회당. 4세기 초반에 지어졌으리라 추정되는 흰 석회암 건물이다. 몇몇 학자들은 이전의 회당 구조 위에 덧붙여 지은 것이라고 본다.

② **벳새다** 고대 도시 벳새다의 현무암 주택들 잔해. 미국, 독일, 폴란드의 여러 대학 연합 발굴단이 1987년에 발견했다.

③ **타브가** 일부 학자들은 타브가 인근 갈릴리 해안의 이 완만한 언덕이 산상설교 장소였다고 주장한다.

④ **막달라** 고대 마을 막달라 인근 갈릴리해 서안이 갈대와 덤불로 덮여 있다. 멀리 오늘날의 미그달이 보인다.

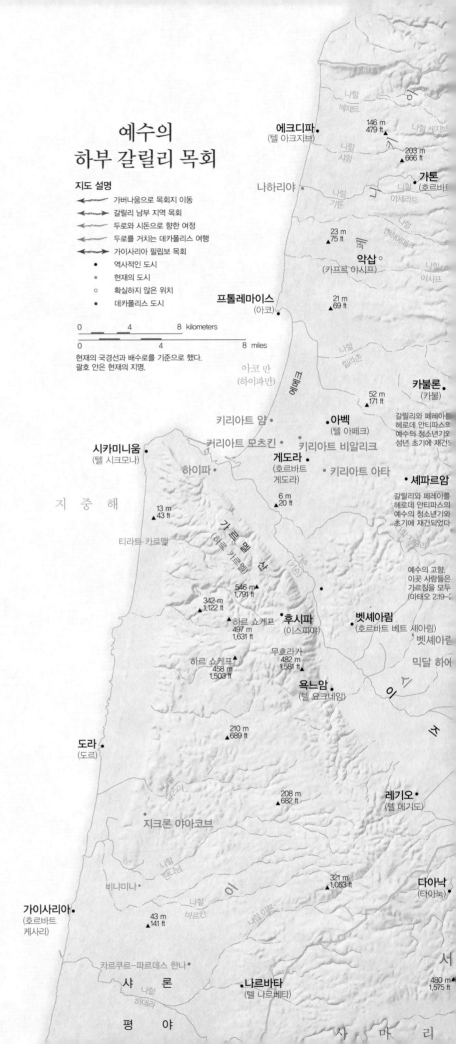

예수의 하부 갈릴리 목회

지도 설명

← 가버나움으로 목회지 이동
← 갈릴리 남부 지역 목회
← 두로와 시돈으로 향한 여정
← 두로를 거치는 데카폴리스 여행
→ 가이사리아 필립보 목회

● 역사적인 도시
● 현재의 도시
○ 확실하지 않은 위치
● 데카폴리스 도시

```
0    4    8 kilometers
0    4    8 miles
```

현재의 국경선과 배수로를 기준으로 했다.
괄호 안은 현재의 지명.

에크디파 (텔 아크지브)
146 m 479 ft
203 m 666 ft
가톤 (호르바트 아세라트)
나하리야
23 m 75 ft
악삽 (카프르 야시프)
프톨레마이스 (아코)
21 m 69 ft
아코 만 (하이파만)
카불론 (카불)
갈릴리와 페레아들 헤로데 안티파스으 예수의 청소년기오 성년 초기에 재건5
키리아트 얌
아벡 (텔 아페크)
시카미니움 (텔 시크모나)
키리아트 모츠킨
키리아트 비알리크
게도라 (호르바트 게도라)
키리아트 아타
셰파르암
갈릴리와 페레아들 헤로데 안티파스의 예수의 청소년기와 초기에 재건되었다
하이파
6 m 20 m
키리아트 아타
지 중 해
13 m 43 ft
티라트 카르멜
가 르 멜 산 (하르 카르멜)
546 m 1,791 ft
342 m 1,122 ft
예수의 고향, 이곳 사람들은 모두 가르침을 (마태오 2:19~2
하르 쇼케프 497 m 1,631 ft
후시파 (이스피야)
벳셰아림 (호르바트 베트 셰아림)
벳셰아림
믹달 하어
무호라카 482 m 1,581 ft
하르 쇼케프 458 m 1,503 ft
욕느암 (텔 요크네암)
210 m 689 ft
도라 (도르)
208 m 682 ft
레기오 (텔 메기도)
지크론 야아코브
321 m 1,053 ft
다아낙 (타아눅)
43 m 141 ft
가이사리아 (호르바트 케사리)
비냐미나
카르쿠르-파르데스 하나
샤 론 평 야
나르바타 (텔 나르베타)
480 m 1,575 ft
서
사 마 리

레바논

가다사
(텔 케데시) •
필립보의 가이사리아
갔다가 가버나움으로
돌아오는 길

홀라
호수

따로,
필립보와 가이사리아로부터

따로와
시돈으로

하르 아비탈
1,204 m
3,950 ft

540 m
1,772 ft

82 m
269 ▲

504 m
1,654 ft

하르 요시폰
981 m
3,219 ft

160 m
525 ft

372 m
1,221 ft

가울란티스

하르 아디르
1,006 m
3,301 ft

885 m
2,904 ft

기샬라 •
(지시)

하르 벤 짐라

아소르 •
(텔 하초르)

가버나움
예수는 이 도시에 근거지를 두고
목회하며 여러 기적을 행한다.
안티파스와 필립보의 통치지역
사이에 낀 이 도시는 중요한
교역로에 자리 잡은 덕분에
전 지역으로 예수의 말씀을
퍼뜨릴 수 있었다(마태오 9:1).

예수가 왕국의 복음을 전하면서
수많은 병자를 치유하자
인근에서 수많은 사람들이
몰려든다(마태오 4:23-25).

하르 메롬
1,208 m
3,963 ft

메롬 •

부활한 예수는 갈릴리에서
제자들과 만나 '세상 모든 사람들을
내 제자로 삼으라'며
(마태오 28:16-20).

기적을 가장 많이 행한 동네에서
사람들이 회개하지 않는 것에
대해 예수가 꾸짖는다. 벳새다와
가버나움 역시 심판 받게 될
것이라고도 말한다
(마태오 11:20-24).

하르 하아리
1,047 m
3,435 ft

하르 (힐렐)
1,071 m
3,514 ft

제파트

하르 페레스
929 m
3,048 ft

435 m
1,427 ft

베르샤베 •
(호르바트 베에르셰바)

비크아트 베트
케렘
카르미엘 •

하나니아 •
(조메트 하나니아)

수많은 군중을 먹인 기적이
일어난 장소(마태오 14:13-21,
15:32-39)로 추정된다. 사도들과
함께 이곳을 찾았던 예수는 많은 환자를
치유시킨다(마르코 6:53-56).

하르 케나인
486 m
1,595 ft

수많은 군중이 먹을 수 있도록
빵과 생선을 늘리는 기적이 일어난
장소로 추정된다
(마태오 14:13-21, 15:32-39).

하르 캄몬
598 m
1,962 ft

하르 하촌
584 m
1,916 ft

이곳의 산에서
설교가 이루어졌다.

코라진
(코라진)

가말라

벳새다
(조메트 베트 자이다)
사도 베드로, 안드레아,
빌립보의 고향이다
(요한 1:44).

예수는 이곳에서 물을
포도주로 바꾸는
첫 번째 기적을 행한다(요한 2:1-11).

막달라 마리아의 고향.
막달라 마리아는 치유 받은 후
예수와 사도들을 도운 몇몇
여인 중 한 명이다(루가 8:2-3).

헵투페곤
(엔셰바)

487 m
1,598 ft

예수는 소경의 눈에
침을 뱉고 손을 얹어 치유한다
(마르코 8:22-26).

요타파타
(요데파트)

하르 네토파
526 m
1,726 ft

겐네사렛
(긴노사르)

사도들의 배를 먼저 보낸 후
예수는 밤중에 물위를 걸어간다
(마태오 14:22-33).

가나
(호르바트 카나)

네 토 파

151 m
495 ft

하틴의 뿔
(카르네 히팀)
326 m
1,070 ft

막달라/다라케
(믹달)

갈릴리호

게르게사
(쿠르시)

예수가 마귀를 내쫓아 돼지 몸속에
들어가게 했던 곳으로 추정된다(루가 8:26-39).
돼지들은 언덕을 내달려 모두 물에 빠져죽고 만다.
이 사건의 또 다른 추정지는 야르묵 강
남쪽의 도시 가다라이다.

르 아즈몬

548 m
1,798 ft

이 지역 마을에서 목회하던
예수는 나병환자를 고치고
그 명성이 널리 퍼진다
(마르코 1:38-45).

아르벨라
(호르바트
아르벨)

261 m
856 ft

아벡
(아피크)

세포리스
(지포리)

가리스
(케페르 칸나)

이 지역 마을에서 목회하던
예수는 나병환자를 고치고
그 명성이 널리 퍼진다
(마르코 1:38-45).

티베리아스
(테베리아)

벳마우스
(호르바트
베트 마온)

히포스
(호르바트 수시타)

가드헤벨
(마슈하드)

하르 요나
532 m
1,745 ft

예수의 변모 현상이 일어났다고
여겨지는 곳. 예수가 간질 환자
소년을 치유하기도 한다
(마태오 17:1-13, 17:14-22).

예수 시대에 갈릴리와 페레아를
다스린 헤로데 안티파스의 수도.
헤로데는 예수를 '여우'라 부른다
(루가 13:32).

나자렛
(나제라트)

나제라토
(일리트)

타볼 산
588 m
1,929 ft

144 m
472 ft

필로테리아

368 m
1,207 ft

아빌라

397 m
1,302 ft

엑살롯
(익살)

센나브리스 •

가다라
(움 카이스)

565 m
1,854 ft

하레 나제라트

케 술 롯

335 m
1,099 ft

엔도르
(엔도르)
장례식이 끝나기 전 예수가 과부의
죽은 아들을 되살린다(루가 7:11-17).

에마타

아풀라 일리트

나인
(녜인)

기브아트 하모레
515 m
1,690 ft

가몬
(캄)

수넴
(술람)

147 m
482 ft

아풀라

라모트 이사카르

아르벨라
(이르비드)

이즈르엘 에스드라엘라
(이즈르엘)

예수는 이곳에서
귀머거리와 벙어리를
치유한다(마르코 7:31-37).

377 m
1,237 ft

계 곡

에브론
(앗 타이바)

497 m
1,631 ft

데카폴리스는 상당한 자율성을
보장받은 도시들의 상업 동맹이다.

스키도폴리스 •
(베트 셰안)

안 지 구

기네
(야닌)

하르 말키슈아 ▲
473 m
1,552 ft

펠라
(타바카트 파흘)

> 예수께서 갈릴래아 호숫가를 지나가시다가 호수에서 그물을 던지고 있는 어부 시몬과 그의 동생 안드레아를 보시고 "나를 따라오너라. 내가 너희를 사람 낚는 어부가 되게 하겠다." 하고 말씀하셨다.
>
> – 마르코 1:16–17

교에서 가장 잘 드러난다. 가버나움의 첫 설교에서 〈이사야서〉를 인용하며 약속했듯 예수의 목적은 '가난한 이들에게 복음을 전하는 것'이었다(루가 4:18). 예수 시대의 사람들 대부분은 신의 왕국이 먼 훗날 메시아를 통해 실현될 것이라 생각했지만 네 복음서에는 예수가 생전에 신의 왕국 실현을 보게 될 것이라고 말하는 구절이 많다(마르코 1:15, 루가 17:21).

막달라 마리아

예수가 들른 갈릴리 호 인근 마을들 중 막달라라는 곳이 있었다. 수산업 중심지 중 하나로 탈무드에는 막달라 누나야(Magdald Nynayaa, 물고기의 막달라)라고, 그리스어로는 타리케(Tarichaea, 물고기 염장소)라 불렸다. 막달라에서 나오는 생선소스는 팔레스타인 안팎에서 큰 인기를 누렸다.

예수 추종자 중 한 사람은 바로 그 막달라 출신이었다. 마리아라는 이름이 너무 흔했던 탓에 복음서들은 이 여자를 **막달라 마리아**라 부르고 있다. 막달라 마리아는 예수의 치유를 받은 인물이었다. 구체적으로 어떻게 치료했는지는 알 수 없지만 막달라 마리아에게 깃들어 있던 '일곱 마귀가 나갔다'고 한다(루가 8:2). 이로 미뤄 볼 때 막달라 마리아는 당

이탈리아 화가 베르나르디노 루이니(1480?–1532)가 1525년경에 그린 '막달레나' 초상화.

시 사람들이 악령과 연관시키는 고질병 환자였을 가능성이 높다. 1세기 갈릴리에서 미혼의 유대 처녀는 동반 친척 없이 집 밖에 나설 수 없었지만 그녀는 과감하게 예수를 따라 나선다. 그리고 다른 여자들과 함께 '자기 재산을 바쳐 예수 일행을 도왔다'(루가 8:2–3). 막달라 마리아의 가족은 꽤 부유했던 듯하다. 자유롭게 이동하는 것도 돈이 없으면 어려웠을 테니 말이다.

여러 달이 지나면서 막달라 마리아는 예수의 가장 신실한 추종자가 되었다. 예수가 십자가형을 받고 사도들이 도망쳐 몸을 숨긴 후에도 막달라 마리아는 다른 몇몇 여자들과 함께 십자가 옆을 지켰다(마르코 15:40–41).

서양 예술에서 마리아는 '회개하는 막달라' 이미지로 흔히 묘사되지만 실제 마리아가 죄를 짓거나 음란하게 살았다는 증거는 없다. 3세기쯤에는 막달라 마리아가 〈루가 복음〉에 등장하는 익명의 행실 나쁜 여자, '자기 눈물로 예수의 발을 적시고 자기 머리카락으로 닦아드린'(루가 7:18) 여자와 동일시되기까지 했다. 6세기 교황 그레고리 1세는 막달라 마리아가 '금지된 행동'을 저지른 '타락한 여인'이라고 선포하는 지경에 이르렀다. 1969년, 교황 바오로 6세에 와서야 막달라 마리아가 죄 많은 여자와 다른 인물이라고 분명히 인정했다.

야이로의 딸

예수의 목회가 진행될수록 추종하는 군중이 가르침을 구하기보다는 기적을 목격하는 데 훨씬 관심이 크다는 점이 드러났다. 기적의 징표를 행하는 사람이라는 예수의 명성은 초자연적 현상

B.C.E. 23년경	B.C.E. 22년경	B.C.E. 21년경	B.C.E. 19년경
헤로데의 예루살렘 궁전과 유대 사막의 헤로디온 성채 지어짐	지중해안 가이사리아 항구 건설	예루살렘 제2성전 확장공사 시작	님(Nimes) 송수로의 일부인 갸르(Gard) 다리가 건설됨

막달라 마을

최근 이스라엘에서 이루어진 고고학 발견 중 가장 관심을 끄는 것은 아직도 진행 중인 막달라 발굴이다. 막달라 마리아의 고향 막달라는 갈릴리호 북서쪽 연안, 아벨 절벽 아래쪽에 있다. 초기 로마시대 동안 어류 가공업으로 유명했던 곳이다.

아나우악 메히코 수르대학교와 이스라엘 유물관리국의 공동발굴을 통해 막달라 마을의 전성기는 예수 탄생 이전 몇십 년 동안이라는 점이 밝혀졌다. 항구 근처에는 대규모 사업지구가, 내륙 쪽으로는 거대한 주거지역과 회당이 있었다. 서쪽은 주로 유대인이, 경제활동이 활발히 이루어진 동쪽은 로마인이 사는 지역이었다. 주거는 갈릴리의 전형적인 다가구 형태였고 회반죽으로 표면을 처리한 드문 경우를 제외하면 석회암이나 현무암 등 토착 재료로 지어졌다. 종교적 장소나 공공장소만 아니라면 바닥도 다진 흙으로 처리했다.

마르셀라 자파타 메자가 이끄는 발굴팀은 지금까지 가정용과 제례용 도기, 기름램프, 암포라 항아리(양쪽 손잡이가 달리고 목이 긴 항아리), 유리 기구, 그물추, 못, 숟가락, 종, 뼈를 깎아 만든 주사위, 숫돌 등 다양한 유물을 출토했고 이 모두는 예수 시대의 것으로 추정된다. 막달라 마리아의 회당은 이스라엘 고고학자 디나 아브샬롬 고르니가 발굴했는데 거기서 일곱 갈래 촛대 메노라를 조각한 돌판이 나오기도 했다. 이 회당은 이스라엘에서 발견된 회당 중 가장 오래된 것이다.

아나우악 메히코 수르대학교의 고대 막달라 주거지 발굴은 지금도 진행 중이다. 이곳은 막달라 마리아의 고향이다.

이 신의 뜻이라 믿었던 시대에 대단한 효력을 발휘했다. 요세푸스에 따르면 당시 사람들은 예언자가 진짜인지 아닌지도 초자연적 능력, 특히 악령 퇴치 능력을 통해 판단했다. 가버나움에서 예수가 보인 첫 번째 기적이 바로 악령 퇴치였고 이후 몇 달 동안 더 많은 기적이 행해졌다(마르코 5:1-13).

예수의 기적들은 구약에 나오는 기적, 특히 예언자 엘리야와 엘리사가 행한 기적을 반복하는 모습이다. 가령 얼마 안 되는 빵과 물고기로 5,000명을 먹인 기적은 엘리야가 사렙다의 과부 집에서 밀가루 한 줌과 기름 몇 방울로 먹고살던 일을 떠올리게 한다(열왕기 상 17:14). 나병 환자를 치유하는 예수의 모습(마르코 1:41)은 시리아 군사령관 나아만의 나병을 고쳐준 엘리사(열왕기 하 5:14)와 닮아 있다. 가나의 잔칫집에서 물을 포도주로 바꾼 예수의 기적(요한 2:9)은 예리고의 나쁜 물을 맑게 정화시키는 엘리사(열왕기 하 2:21)를 연상시킨다.

주목할 만한 또 다른 기적은 예수가 '배를 타고 건너편으로 다시 갔을 때' 즉 갈릴리호 서안으로 갔을 때 일어난다.

많은 사람들이 예수를 보러 모여든 가운데 **야이로**라는 회당장도 끼어 있었다. 그는 예수 발 앞에 엎드려 "제 어린 딸이 다 죽게 되었습니다. 오셔서 그 아이에게 손을 얹어 병을 고쳐 살려주십시오."라고 애원하였다(마르코 5:21-24). 하지만 중간에 지체되는 바람에 아이가 죽고 말았다는 소식이 전해졌다. 군중은 야이로에게 "선생님께 더 폐를 끼쳐드리

예수의 기적

성서학자들에 따르면 예수의 기적들은 예수에 대한 가장 오래된 구전 이야기에도 등장했다. 오늘날 우리 세계와 달리 예수가 살았던 세계에서는 마법과 기적이 인간 삶을 통제하는 초자연적 힘에 의한 것이라 믿었다. 요세푸스는 신령함을 지닌 예외적인 사람들이 초자연적 징표를 드러냈다고 기록했다. 바빌로니아 탈무드를 보아도 기도를 통해 비나 가뭄을 이끌어내는 랍비들이 등장한다. 학자들은 (악령퇴치를 포함한) 치유의 기적과 자연현상 기적을 구분하기도 한다. 잘 분석해보면 치유 이야기들은 예측가능한 형식과 어휘로 구성되는데 반해 자연현상 기적은 유형화가 어렵다는 것이다. 어쩌면 치유 이야기는 목격자들이 증언한 역사적 사건인 반면 자연현상 기적은 보다 상징적인 메시지인지도 모른다.

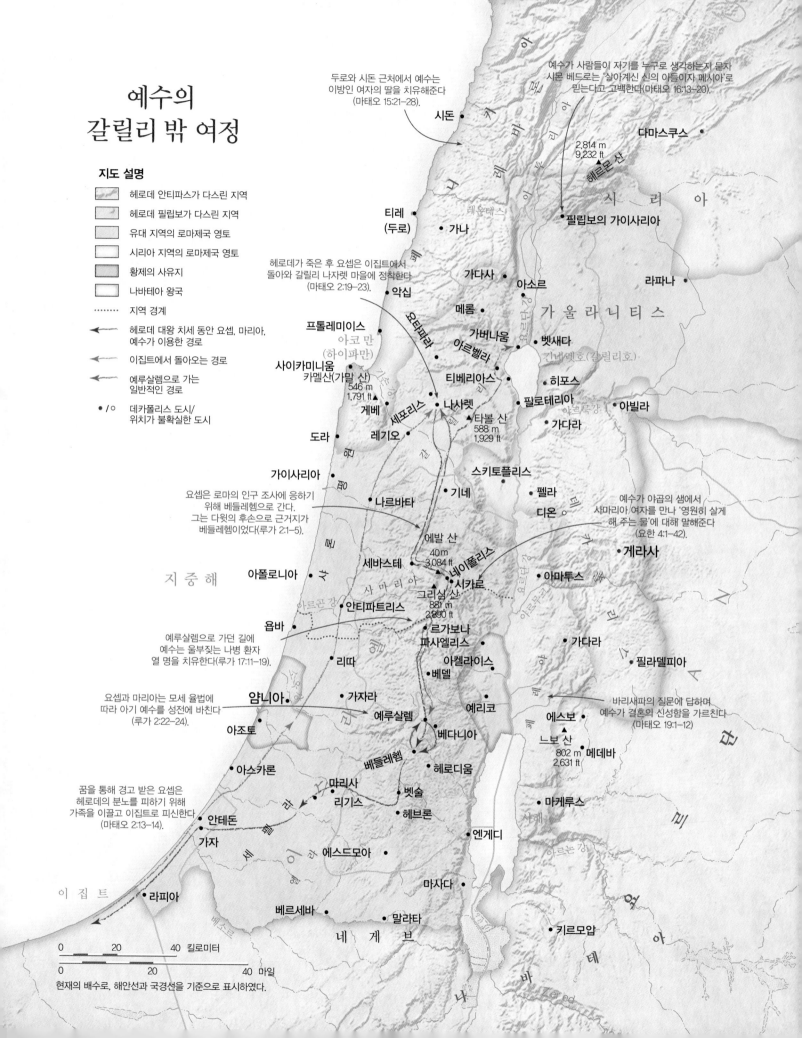

예수의 갈릴리 밖 여정

지도 설명

▨	헤로데 안티파스가 다스린 지역
▨	헤로데 필립보가 다스린 지역
▨	유대 지역의 로마제국 영토
▨	시리아 지역의 로마제국 영토
▨	황제의 사유지
▨	나바테아 왕국
┄┄	지역 경계
←	헤로데 대왕 치세 동안 요셉, 마리아, 예수가 이용한 경로
←	이집트에서 돌아오는 경로
←	예루살렘으로 가는 일반적인 경로
● / ○	데카폴리스 도시/위치가 불확실한 도시

두로와 시돈 근처에서 예수는 이방인 여자의 딸을 치유해준다 (마태오 15:21~28).

예수가 사람들이 자기를 누구로 생각하는지 묻자 시몬 베드로는 '살아계신 신의 아들이자 메시아'로 믿는다고 고백한다(마태오 16:13~20).

헤로데가 죽은 후 요셉은 이집트에서 돌아와 갈릴리 나자렛 마을에 정착한다 (마태오 2:19~23).

요셉은 로마의 인구 조사에 응하기 위해 베들레헴으로 간다. 그는 다윗의 후손으로 근거지가 베들레헴이었다(루가 2:1~5).

예수가 야곱의 샘에서 샤마리아 여자를 만나 '영원히 살게 해 주는 물'에 대해 말해준다 (요한 4:1~42).

예루살렘으로 가던 길에 예수는 울부짖는 나병 환자 열 명을 치유한다(루가 17:11~19).

요셉과 마리아는 모세 율법에 따라 아기 예수를 성전에 바친다 (루가 2:22~24).

바리새파의 질문에 답하며 예수가 결혼의 신성함을 가르친다 (마태오 19:1~12)

꿈을 통해 경고 받은 요셉은 헤로데의 분노를 피하기 위해 가족을 이끌고 이집트로 피신한다 (마태오 2:13~14).

지명

시돈, 다마스쿠스, 2,814 m / 9,232 ft, 헤르몬 산, 시리아, 티레(두로), 가나, 필립보의 가이사리아, 레온테스, 가다사, 아소르, 라파나, 가울라니티스, 악십, 요르단 강, 메롬, 가버나움, 벳새다, 프톨레미이스, 아코 만(하이파 만), 아르벨라, 긴네렛호(갈릴리호), 사이카미니움, 카멜산(가말 산), 546 m / 1,791 ft, 세포리스, 나사렛, 티베리아스, 히포스, 게베, 레기오, 도라, 타볼 산, 588 m / 1,929 ft, 필로테리아, 아빌라, 가다라, 가이사리아, 스키토플리스, 펠라, 나르바타, 기네, 디온, 게라사, 에발 산, 40 m / 3,084 ft, 세바스테, 네이폴리스, 아마투스, 아폴로니아, 사마리아, 시카르, 그리심 산, 881 m / 2,890 ft, 안티파트리스, 옵바, 르가보나, 파사엘리스, 가다라, 리따, 아켈라이스, 필라델피아, 얌니아, 베델, 가자라, 예리코, 아조토, 예루살렘, 베다니아, 에스보, 느보 산, 802 m / 2,631 ft, 메데바, 아스카론, 베들레헴, 헤로디움, 마케루스, 마리사, 벳술, 안테돈, 리기스, 헤브론, 가자, 엔게디, 에스드모아, 마사다, 라피아, 베르세바, 말라타, 키르모압, 네게브, 이집트, 지중해

축척

0 — 20 — 40 킬로미터

0 — 20 — 40 마일

현재의 배수로, 해안선과 국경선을 기준으로 표시하였다.

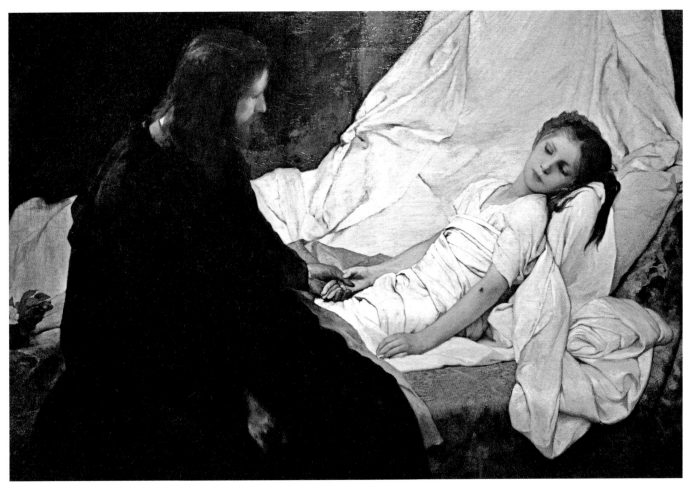

프라하 태생 오스트리아 화가 가브리엘 막스(1840–1915)가 1878년에 그린 '야이로의 딸. 일어나다'이다. 회당장이었던 야이로는 예수에게 아이를 치료해달라고 애원한다.

지 마시오."라고 말했지만 예수는 아랑곳하지 않고 회당장의 집으로 갔다. 울며불며 슬퍼하는 이들을 내보내고 아이 방으로 들어가 사체에 대고 "탈리다 쿰" 즉 "소녀야, 어서 일어나거라."라고 말하자 곧바로 아이 얼굴에 화색이 돌며 눈을 뜨고 일어났다. 과부의 죽은 아들을 되살려낸 엘리야(열왕기 상 17:22)를 연상시키는 이 강력한 기적은 예수가 삶뿐 아니라 죽음까지 통제하는 존재임을 보여준다. 이는 예수 부활을 예고하는 것이기도 하다.

메시아

갈릴리 남부지역을 돌아다니던 중 예수에게 신비로운 사건이 일어난다. 가장 신뢰하는 제자들, 베드로와 야고보와 요한만

데리고 높은 산으로 올라간 예수가 '갑자기 모습이 바뀌었고 옷은 더없이 하얗고 눈부시게 빛났던' 것이다. 제자들이 놀라 올려다보니 예수는 모세, 그리고 엘리야와 함께 있었다. 모세와 엘리야는 율법서와 예언서에서 가장 중요한 예언자들로 예수 시대에 인정받는 이들이었다. 그리고 저 높은 곳에서 "이는 내 사랑하는 아들이니 너희는 그의 말을 잘 들어라."라는 소리도 들려왔다(마르코 9:3-7). 이러한 변용의 목적은 예수를 구약성경의 실현으로 드러내기 위함이었으리라. 또한 믿는 이들에게 예수 부활을 상상하게 하려는 목적도 있었을 것이다. 실제 부활은 그 어느 복음서에서도 관찰되거나 기술되지 못했기 때문이다. 예수의 변용은 이즈르엘 계곡의 타볼 산에서 일어났다고 여겨졌지만 타

볼 산이 아니라 이스라엘, 레바논, 시리아 사이에 위치한 헤르몬 산이었다고 믿는 이들도 있다.

목회 후반부에 예수는 갈릴리 남부 경계를 넘어 주변의 이교 지역으로 향한다. '유다 각 지방, 예루살렘, 두로(티레)와 시돈 등의 해안지방'(루가 6:17)에서도 예수의 가르침을 듣고자 하는 사람들이 많았기 때문이다. 반감이 컸던 갈릴리와는 사뭇 달랐다. 갈릴리호 동쪽 게라사 지방에 간 예수는 악령 들린 사람을 치유해 주었다(마르코 5:1-13). 오늘날의 시리아 남부와 요르단 북부에 해당하는 이 지역은 그리스계 도시 열 곳이 연합한 데카폴리스의 일부였다. 성경의 게라사는 북쪽의 다마스쿠스와 남쪽의 페트라를 잇는 대상단 이동로의 교차점에 위치했던 오늘날의 제라슈일 수도 혹은 그보다 조금 덜 부유한 그리스계 도시 가다라(오늘날의

본디오 빌라도

본디오 빌라도(폰티우스 필라투스)는 수수께끼의 인물이다. 복음서를 제외하면 요세푸스 역사서와 1세기 유대 작가 알렉산드리아의 필로가 남긴 글, 그리고 로마 기록에서 그의 흔적을 찾을 수 있을 뿐, 더 알려진 정보가 거의 없다. 빌라도는 폰티라는 기사 가문 출신이었다. 따라서 총독을 주로 배출하던 엘리트 명문가와는 거리가 멀었다. 로마의 기사 가문 사람들은 주로 행정관료나 군인이 되었고 해외 한 지역을 책임지는 수장이 되는 경우는 드물었다. 그래서 일부 학자들은 빌라도가 임명된 C.E. 26년이 티베리우스 황제가 일선에서 물러나 근위대장 루시우스 아엘리우스 세자누스에게 국정 운영을 맡긴 해라는 데 주목하기도 한다. 빌라도는 발레리우스 그라투스의 뒤를 이어 다섯 번째 유대 총독이 되었고 지나치게 가혹한 통치 때문에 C.E. 36년에 해임 당한다.

움 카이스(Umm Qays))일 수도 있다.

다음으로 예수는 북쪽으로 올라가 페니키아 해안지역으로 향했다. 오늘날의 레바논 지역으로 이방인, 즉 비(非)유대인이 많은(마르코 7:24) 지역이었다. 특히 시돈과 함께 지중해 연안의 주요 항구 중 하나인 두로 지방을 주로 다녔다. 예수는 그리스계인 이 지역 사람들이 왜 자기 가르침을 들으러 갈릴리까지 찾아오는지 궁금했을 것이다. 두로에서 이방인을 간접적으로 '개'에 비유한 예수의 설명을 들은 한 이방인 여인이 "상 밑에 있는 강아지도 아이들이 먹다 떨어뜨린 부스러기는 얻어먹지 않습니까?"라고 지적하는 일이 일어났다. 예수는 마귀 들린 딸이 이제는 치료되었다며 그 여인을 안심시켰다(마르코 7:27-30).

이어 예수는 북동쪽 골란 고원지대로 갔다. 그곳에는 가이사리아 필립보라는 그리스 판 신 숭배 중심지가 있었다. 몇 년 후면 화려한 그리스-로마 도시로 확장될 곳이었다. 고향으로 돌아가기 직전 시기를 그 이방인 지역에서 보내면서 예수는 목회의 효과를 평가하고자 했다. 그리하여 제자들에게 "사람들이 나를 누구라고 하더냐?"라고 물었고 제자들은 '세례자 요한' '엘리야' '예언자 중의 한 사람' 등의 대답을 내놓았다. 시몬 베드로만이 자리에서 벌떡 일어나 "선생님은 **메시아**이십니다!"라고 외쳤다(마르코 8:30). 마태오의 복음서를 보면 예수가 시몬 베드로의 정확한 대답을 칭찬하고 베드로의 별명(그리스어로 Petros는 '바위'를 뜻한다)으로 말장난을 하며 "너는 베드로이다. 내가 이 반석 위에 내 교회를 세울 터인 즉 죽음의 힘도 감히 그것을 누르지 못할 것이다."라고 말하는 장면이 나온다(마태오 16:17-18). 하지만 동시에 자신이 메시아라

그리스계 도시 게라사(오늘날 요르단의 제라슈)의 승리 문은 도시의 종교, 행정, 상업 시설들이 모여 있는 중심 광장으로 이어진다.

B.C.E. 4년경
청년 시위대가 성전에서 로마의 상징인 황금독수리를 떼어냄

B.C.E. 4년경
예수 탄생으로 추정되는 해

B.C.E. 4년경
안티파테르 2세 처형됨

B.C.E. 4년경
헤로데 사망. 아우구스투스 세 아들이 왕국을 분할하는 것이 헤로데의 뜻이라고 확인

> 예수께서 제자들과 함께 산에서 내려와 평지에
> 이르러 보니 거기에 많은 제자들과 함께 유다
> 각 지방과 예루살렘과 해안지방인 두로와
> 시돈에서 온 사람들이 많이 모여 있었다.
>
> – 루가 6:17

네덜란드 화가 렘브란트 판 레인이 그린 친밀하고 인간적인 예수 초상화.

는 이야기를 '아무에게도 하지 말고'(마태오 16:20) 입을 다물라고 제자들에게 당부했다.

그리고 C.E. 30년경, 유대력 니산월 초에 예수는 제자들과 예루살렘으로 돌아가 과월절을 보내기로 결정했다. 공관복음서들은 공히 과월절 축제를 언급하며, 이는 예수의 목회가 18개월 정도로 그리 길지 않았음을 알려준다. 반면 요한의 복음서에서는 예루살렘 귀향길이 다섯 차례나 등장하며 세 번의 과월절, 한 번의 봉헌절, 한 번의 초막절 등 여러 유대 명절들이 계기가 되었다고 나온다(요한 2:13, 5:1, 6:4, 10:22, 11:55).

검투사가 새겨진 점토구이 올리브 기름램프는 로마제국에서 널리 쓰이던 용품이다.

예수는 갈릴리에서 자신의 때가 이미 저물었다고 느꼈는지도 모른다. 평소와 달리 격한 감정으로 목회의 삼각형을 이루었던 도시들을 꾸짖는다. "코라진아, 너는 화를 입으리라. 베싸이다야, 너도 화를 입으리라. 너희에게 베푼 기적들을 두로와 시돈에서 보였더라면 그들은 벌써 베옷을 입고 재를 머리에 들쓰고 회개하였을 것이다."라는 말은 루가와 마태오 두 복음서에 모두 등장한다(마태오 11:21, 루가 10:13). 이어 예수는 목회의 근거지 역할을 했던 도시 역시 비난한다. "너 가버나움! 네가 하늘에 오를 성 싶으냐? 지옥에 떨어질 것이다."(루가 10:15). 예수는 자기 가르침에 대한 군중의 반응에 실망했던 게 분명하다. 유대가 신의 왕국 가르침을 보다 더 열성적으로 받아들여야 한다고 여긴 것이다.

메시아

공 관복음서의 목적은 예수가 구약에서 예언한 메시아(히브리어로 Mashiach, 그리스어로는 Christos)라는 점을 보이는 데 있었다. 신의 왕국이라는 개념은 〈다니엘서〉(7:27)나 솔로몬의 시편(18:6-8)이 보여주듯 여러 차례 등장했지만 메시아가 어떤 모습의 구세주일지는 합의되지 않았다. 다윗 왕의 후손, 대천사 미카엘, 사람의 아들로 평범한 모습 등 메시아의 모습에 대한 의견은 분분했다. C.E. 132-135년의 반(反)로마 2차 유대반란을 이끈 시몬 바르 코크바 같은 군사지도자를 기대하는 사람도 있었다. '그분은 손에 키를 들고 타작마당의 곡식을 깨끗이 가려 알곡은 모아 곳간에 들이고 쭉정이는 꺼지지 않는 불에 태우실 것'(루가 3:17)이라는 설명을 볼 때 세례자 요한도 군사적 인물을 염두에 두었던 듯하다. 하지만 예수에게 신의 왕국은 정치적 실체라기보다는 사회적 정신적 개념이었다. 물론 메시아라는 단어가 지닌 정치적 의미는 알고 있었다. 그래서 자신이 메시아라는 이야기를 '아무에게도 하지 말라'(마태오 16:20) 당부했을 것이다. 대신 예수는 스스로 사람의 아들이라 불렀다.

B.C.E. 4년경	B.C.E. 4년경	B.C.E. 4년경	B.C.E. 3년경
헤로데의 아들 안티파스 갈릴리와 페레아의 영주가 됨	유대의 새로운 통치자 아르켈라오스가 로마에 있는 동안 반란이 일어남	갈릴리의 히즈키야 아들인 유다가 갈릴리 반란을 이끔	유대반란이 로마군에 의해 진압됨. 세포리스가 불탐

4장 네 복음서 255

유대의 로마 총독

코포니우스
(C.E. 6–9)

마르쿠스 암비불루스
(C.E. 9–12)

안니우스 루푸스
(C.E. 12–15)

발레리우스 그라투스
(C.E. 15–26)

폰티우스 필라투스(본디오 빌라도)
(C.E. 26–36)

말르셀루스
(C.E. 37)

마룰루스
(C.E. 37–41)

과월절 때 예루살렘에서 설교한다는 것은 많은 유대 군중에게 다가가기 위함이었다. 팔레스타인 전역에서 유대인 수천 명이 예루살렘에 모여드는 때였기 때문이다. 그리하여 예수는 운명적인 여정에 나섰고 뒤따르는 사람들은 두려워했다고 한다(마르코 10:32). 두려움은 이유 없는 것이 아니었다. 일행이 갈릴리호 건너 사마리아를 지나 로마 영토로 들어섰을 때는 신임 로마총독 본디오 빌라도의 임기가 4년째로 접어들고 있었다. 빌라도는 유대에 가자마자 주민들과 충돌을 일으켰는데 이는 아우구스투스 황제가 유대인에게 허락한 특혜(황제 상 앞에 희생제의를 하지 않아도 되는 등)를 폐지해야 한다고 그가 생각했기 때문이다. 시리아를 통치하는 빌라도의 상관 루시우스 아엘리우스 라미아가 로마에 머물렀던 탓에 빌라도의 뜻을 꺾을 자는

아무도 없었다. 예수가 예루살렘으로 가기 두 해 전인 C.E. 28년, 빌라도와 유대 주민의 갈등은 성전의 순례객 학살사건으로 터지고 말았다. 이는 '죽임 당한 이들이 흘린 피가 제물에 물들었다'는 표현으로 복음서에도 등장한다(루가 13:1).

이런 상황이니 제자들의 불안감도 이해할 만하다. 과월절 기간 동안 성전 주위에 로마 병력이 총동원되어 경계 태세에 들어간다는 것을 제자들도 알고 있었으리라. 실제로 예수 일행이 남쪽으로 내려가는 동안 빌라도도 추가 병력을 이끌고 가이사리아의 공관에서 예루살렘으로 향하는 중이었다. 과월절 축제 동안의 질서 유지를 직접 지휘할 작정으로 말이다.

자캐오

예루살렘으로 향하던 예수는 예리고, 시리아, 아라비아, 그리고 지중해 사이에 자리잡아 상단 이동로가 교차하는 도시를 통과하였다. 전략적 요충지라 세관이 여러 곳 있었다. 로마시대에는 한 행정지역에서 다른 지역으로 물품이 이동할 때마다 세금이 부과되었다. 루가의 복음서에는 예리고의 부유한 세관장 **자캐오**(삭개오)라는 인물이 등장한다. 예수 곁에 모여든 군중 때문에 키 작은 자캐오는 아무것도 보이지 않았고 하는 수 없이 길가에 있는 돌무화과나무 위에 올라갔다. 예수가 나무 위를 올려다보며 "자캐오야, 어서 내려오너라. 오늘은 내가 네 집에 머물

스페인 화가 엘 그레코(본명 도메니코스 테오토코풀로스)(1541–1614)의 1578년 작품 '맹인을 치료하는 그리스도'이다.

C.E. 2년경	C.E. 4년경	C.E. 5년경	C.E. 6년경
아우구스투스 황제의 손자이자 후계자인 루시우스 사망	아우구스투스의 또 다른 손자 가이우스 피살됨. 아우구스투스 티베리우스 입양	조절가능한 측정기(캘리퍼)가 중국에서 처음 사용됨	아르켈라오스 직위를 잃고 갈리아의 비엔나로 추방됨

256 성서 그리고 사람들

러야 하겠다."라고 말했다. 놀라고 감동한 자캐오는 속죄를 다짐한다. "주님, 저는 제 재산의 반을 가난한 사람들에게 나누어 주렵니다. 그리고 제가 남을 속여먹은 것이 있다면 그 네 갑절로 갚아주겠습니다"(루가 19:1-8). 제자들은 크게 기뻐했다. 드디어 신의 왕국 건설을 기꺼이 돕겠다는 사람이 나온 것이다.

바르티매오

예수를 간절히 기다린 사람이 한 명 더 있었다. 티매오의 아들로 앞 못 보는 거지인 **바르티매오**는 평소처럼 구걸을 하다가 예수가 다가온 것을 느끼고 "다윗의 자손이신 예수님, 저에게 자비를 베풀어주십시오!"라고 외쳤다. 예수가 메시아임이 처음으로 공표되는 순간이었다. 메시아는 다윗 왕의 후손이어야 했던 것이다. 주변 사람들이 조용히 하라고 꾸짖었으나 그는 더욱 큰 소리로 "다윗의 자손이시여, 저에게 자비를 베풀어주십시오!"라고 외쳤다. 예수는 바르티매오를 불러오게 하고 "나에게 바라는 것이 무엇이냐?"라고 물었다. 그는 "선생님, 제 눈을 뜨게 해주십시오."라고 요청했고 예수는 "가라. 네 믿음이 너를 살렸다."라고 대답했다(마르코 10:46-52).

마리아와 마르타

예루살렘으로 향하던 예수 일행이 마지막으로 들른 곳은 베다니아라는 작은 마을이었다. 이곳에는 **마리아**와 **마르타**라는 자매가 오빠 **라자로**(나사로)와 함께 살고 있었다. 예수는 이들과 가까운 친구로 복음서에 나오는데 아마 친척관계였을 것이다. 1세기 팔레스타인에서 친구, 특히 다른 동네의 친구는 보통 혈연관계로 결정되었기 때문이다. 마리아와 마르타의 집은 두 가지 중요한 사건의 배경이 된다.

첫 번째 사건은 예수가 그 집에 들어가자마자 가르침의 말씀을 시작하면서 일어났다. '마리아는 주의 발치에 앉아서 말씀을 들었다.' 이는 예수가 남녀를 구분하지 않고 대했음을 보여주는 또 하나의 사례이다. 하지만 마리아가 그렇게 말씀에 열중하는 동안 마르타는 예수가 머물 수 있도록 집을 정리하고 준비하느라 두 배로 바빴다. 결국 지친 마르타는 예수에게 "주님, 제 동생이 저에게만 일을 떠맡기는데 이것을 보시고도 가만두

십니까? 마리아더러 저를 좀 거들라고 이르십시오."라고 말했다. 그러자 예수는 "마르타, 마르타, 너는 많은 일에 다 마음을 쓰며 걱정하지만 실상 필요한 것은 한 가지뿐이다. 마리아는 더 좋은 몫을 택했다. 그것을 빼앗아서는 안 된다."라고 대답했다(루가 10:39-42). 예수의 이러한 대답에는 두 가지 의미가 있다. 영적 문제가 현실적 문제보다 중요하다는 것, 또한 여자 제자도 남자와 똑같이 대해야 한다는 것이다.

라자로

베다니아 마을에서 일어난 두 번째 사건은 요한의 복음서에 나와 있다. 예수가 요르단 강을 건너 길을 가고 있을 때 라자로가 병들어 누웠다. 걱정이 된 누이들은 예수에게 사람을 보내 "주님, 주님께서 사랑하시는 이가 앓고 있습니다."라고 전했다(요한 11:3). 그런데 예수는 곧장 베다니아로 되돌아가지 않고 요르단 강 동쪽 기슭에서 이틀을 더 머물다가 마리아와 마르타 자매의 집으로 갔다. 예수가 도착했을 때는 라자로가 무덤에 묻힌 지 이미 나흘째였다. 낙담한 마르타는 "주님, 주님께서 여기에 계셨더라면 제 오빠는 죽지 않았을 것입니다."라며 예수를 원망하였다. 마리아는 통곡하며 슬퍼했는데 그 모습에 '예수까지도 비통한 마음이 북받쳐오를 정도'(요한 11:17-33)였다. 상황을 수습하기 위해 예수는 라자로 무덤 앞의 돌을 치우게 하고 "라자로야, 나오너라."라고 큰 소리로 외쳤다. 그러자 당장 '죽었던 사람이 밖으로 나왔는데 손발은 베로 묶여 있었고 얼굴은 수건으로 감겨 있었다.' 복음서에 따르면 바로 이 일을 계기로 **대사제**와 **바리새파** 사람들이 **공회**를 소집해 예수 체포와 처형을 계획했다고 한다(요한 11:39-47).

환전상들

복음서는 예수가 나귀를 타고 당당한 모습으로 예루살렘에 입성했다고 기록한다. 마르코의 복음서에는 '많은 사람들이 겉옷을 벗어 길에 펴놓았다. 또 어떤 사람들은 들에서 나뭇가지를 꺾어다가 길에 깔았다.'라고 나온다. "호산나! 주의 이름으로 오시는 이여, 찬미 받으소서!"라고 외치는 사람들도 있었다(마르코 11:7-10). 예수의 목적지는 성전이었지만 '날이 이미 저물었

| C.E. 6년경 | C.E. 6년경 | C.E. 6년경 | C.E. 6년경 |
| 아우구스투스 유대를 로마령으로 병합. 첫 총독으로 코포니우스 임명됨 | 시리아의 새 총독 퀴리니우스, 유대지역 인구조사 실시 | 퀴리니우스가 안나스(Ananus ben Seth) 대사제로 임명 | 로마의 인구조사 실시로 새로운 반란이 촉발됨. 젤롯(열심당) 만들어짐 |

4장 네 복음서 **257**

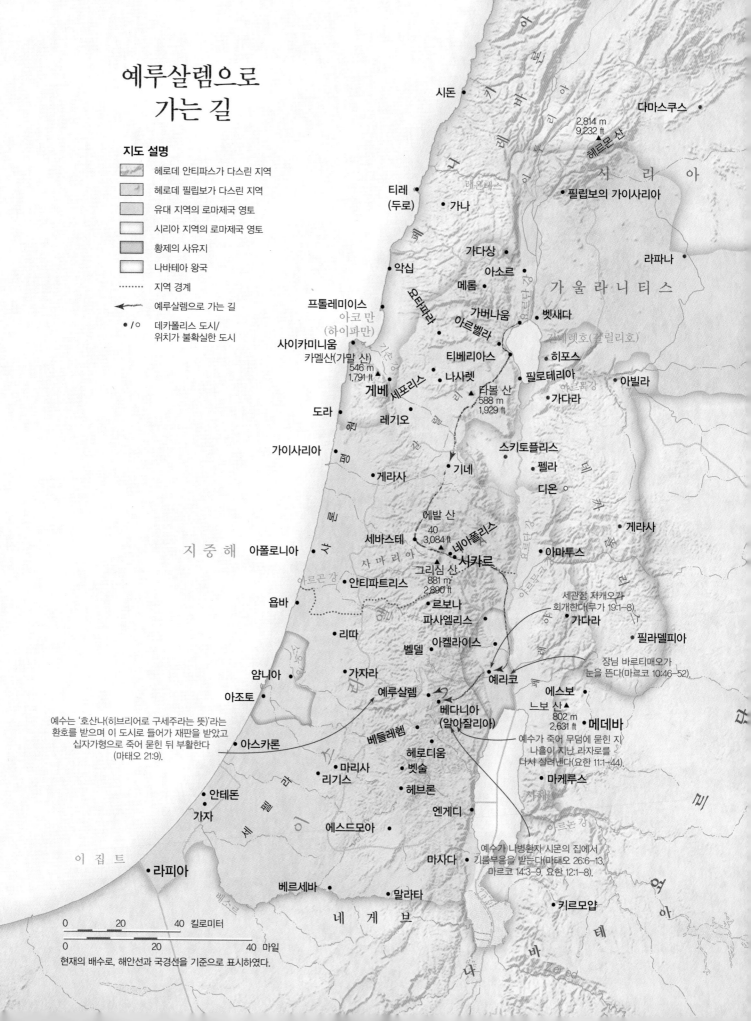

예루살렘으로 가는 길

지도 설명

▨	헤로데 안티파스가 다스린 지역
▨	헤로데 필립보가 다스린 지역
▨	유대 지역의 로마제국 영토
☐	시리아 지역의 로마제국 영토
▨	황제의 사유지
☐	나바테아 왕국
········	지역 경계
◀──	예루살렘으로 가는 길
●/○	데카폴리스 도시/위치가 불확실한 도시

시돈
다마스쿠스
2,814 m
9,232 ft
헤르몬 산
시 리 아
필립보의 가이사리아
티레
(두로)
가나
라파나
가다상
아소르
메롬
가울라니티스
악십
벳새다
프톨레마이스
요타파타
가버나움
아르벨라
아코 만
(하이파만)
사이카미니움
티베리아스
히포스
카멜산(가말 산)
546 m
1,791 ft
나사렛
필로테리아
게베 세포리스
타볼 산
588 m
1,929 ft
아빌라
가다라
도라
레기오
가이사리아
스키토폴리스
게라사
기네
펠라
디온
에발 산
40
3,084 ft
네아폴리스
게라사
세바스테
사 마 리 아
아마투스
지중해
아폴로니아
시카르
그리심 산
881 m
2,890 ft
세관장 자캐오가
회개한다(루가 19:1-8).
안티파트리스
르보나
가다라
욥바
파사엘리스
필라델피아
리따
아켈라이스
벨델
장님 바로티매오가
눈을 뜬다(마르코 10:46-52).
얌니아
가자라
예리코
아조토
예루살렘
에스보
느보 산
802 m
2,631 ft
메데바
예수는 '호산나(히브리어로 구세주라는 뜻)'라는
환호를 받으며 이 도시로 들어가 재판을 받았고
십자가형으로 죽어 묻힌 뒤 부활한다
(마태오 21:9).
아스카론
베다니아
(알아잘리아)
예수가 죽어 무덤에 묻힌 지
나흘이 지난 라자로를
다시 살려낸다(요한 11:1-44).
베들레헴
헤로디움
마리사
벳술
마케루스
리기스
헤브론
안테돈
엔게디
가자
에스드모아
예수가 나병환자 시몬의 집에서
기름부음을 받는다(마태오 26:6-13,
마르코 14:3-9, 요한 12:1-8).
이집트
마사다
라피아
베르세바
말라타
키르모압
네 게 브

0   20   40 킬로미터
0   20   40 마일
현재의 배수로, 해안선과 국경선을 기준으로 표시하였다.

으므로 열두 제자와 함께 베다니아로 갔다'(마르코 11:11).

다른 날 다시 성전에 들어간 예수는 충격을 받는다. 성전 앞 마당이 장터로 변해 있었기 때문이다. **환전상**들이 로마 화폐를 세겔 동전으로 바꿔주느라 분주했고 갖가지 번제용 동물이 사고 팔렸다. 환전하고 양을 사들이는(가난한 사람들은 비둘기를 사기도 했다) 사람들로 가득한 성전 앞뜰은 그야말로 시끌벅적한 장터였다. 이것이 어째서 예수에게 충격적이었을까? 과월절 전날 집집마다 양 한 마리씩 잡아야 했으므로 동물 판매는 당연한 일이었다. 또 양을 사려면 황제 얼굴이 새겨진 로마 화폐를 성전에서 사용가능한 세겔로 바꿔야 했다. 일부 학자들은 그런 환전과 거래가 성전에서 한참 떨어진 올리브 산 위 시장에서 이루어져야 마땅했기 때문이라고 설명한다. 예수는 꼴불견 상행위에 화가 나 '성전 안에서 팔고 사는 사람들을 쫓아내고 환전상들의 탁자와 비둘기 장수들의 의자를 둘러엎었다.' 그리고 "성서에 '내 집은 만민이 기도하는 집이라 하리라.'라고 기록되어 있지 않으냐? 그런데 너희는 이 집을 '강도의 소굴'로 만들어버렸구나!"라고 격한 목소리로 나무랐다(마르코 11:15-17).

'강도의 소굴'이라는 표현에는 뼈가 있었다. 두 해 전 빌라도

이탈리아 매너리즘 화가 미라벨로 카발로리(1520-1572)가 그린 '라자로의 부활'이다.

> 밧줄로 채찍을 만들어 양과 소를 모두
> 쫓아내시고 환금상들의 돈을 쏟아버리며
> 그 상을 둘러엎으셨다.
>
> – 요한 2:15

가 (아마도 대사제 가야파도 공모하여) 성전 보물을 불법적으로 처분해 로마 송수로 건설비로 써서 기소되었던 것이다. 예수가 예레미야의 성전 설교를 인용한 것도 이들을 염두에 두었을지 모른다. 실제로 이 말을 전해들은 '대사제와 **율법학자들**은 어떻게 해서라도 예수를 없애버리자고 모의하였다'(마르코 11:19, 예레미야 7:11).

가리옷 사람 유다

다행히 한동안 예수와 제자들은 무사했다. 예루살렘 거리는 순례객으로 가득 찼고 성전 경비대는 예수를 찾아낼 수 없었다. 니산월 14일, 과월절 전날이었다. 베다니아 마을로 돌아가 과월절 만찬을 베풀 계획은 아니었을 것이다. 성문 경비가 이미 철통같았기 때문이다. 예수는 제자 둘을 보내 머물 곳을 찾도록 했다. 제자들은 예수가 시킨 대로 물동이 인 사람을 따라가 그 집의 주인에게 우리 선생님이 제자들과 함께 과월절 음식을 나눌 곳이 어디냐고 물었다(마르코 14:14). 곧 일행은 커다란 이층 방에 모여앉았다. 예수가 십자가 처형당한 후 제자들이 모였다는 방도 아마 이곳이었을 것이다(사도행전 12:12-13).

C.E. 68년경의 세겔 은화. 예루살렘 성전 안에서 허용되는 유일한 돈이었다.

만찬 자리에서 예수가 충격적인 말을 한다. "너희 가운데 한 사람이 나를 배반할 터인데 그 사람도 지금 나와 함께 먹고 있다"(마르코 14:18). 그는 바로 **가리옷 사람 유다**였다. 가리옷 사람을 뜻하는 단어 Iscariot은 '단검 쓰는 사람'이라는 뜻의 라틴어 sicarius로 해석되면서 유다가 **젤롯당**(열

C.E. 6년경	C.E. 9년경	C.E. 9년경	C.E. 12년경
헤로데 안티파스가 파괴된 세포리스 재건하기 시작	바루스가 이끄는 로마군 토이토부르크숲 전투에서 케루스키 사람들에게 대패	마르쿠스 암비불루스, 코포니우스 뒤를 이어 유대 총독으로 임명됨	안니우스 루푸스가 마르쿠스 암비불루스 다음으로 유대 총독이 됨

4장 네 복음서 259

스페인 화가 엘 그레코(본명 도메니코스 테오토코폴로스)의
1570년 이전 작품 '성전을 깨끗이 하는 그리스도'이다.

계약의 피다."라고 말했다. 이로써 성찬식이 시작
된 것이다. 성찬식의 어원인 그리스어 Eucharist
는 '하느님께 감사함'이라는 뜻이다. 초기 그리스
도교 공동체들은 예수를 기억하며 성찬식을 재
연했고 이후 성찬식은 가톨릭 미사의 핵심 전례
로 자리잡는다.

식사가 끝나자 일행은 예루살렘을 떠나 올리
브 산 위, 겟세마네(게쎄마니)라는 곳으로 갔다
(마르코 14:36). 예수가 울적한 모습으로 "너희는
모두 나를 버릴 것이다."라고 말하자 베드로는
"저는 절대 그러지 않을 겁니다!"라고 항변했으
나 예수는 다시 "내 말을 잘 들어라. 오늘 밤 닭
이 두 번 울기 전에 너는 세 번이나 나를 모른다
고 할 것이다."라고 하였다(마르코 14:27-30).

겟세마네라는 지명의 어원은 '기름 짜다'는 의
미의 히브리어 gat-shemanim이었을 것이다. 기
름 짜는 곳은 기름이 변질되지 않도록 일정한
온도가 유지되는 동굴에 주로 있었다. 4세기에
성지를 순례했던 작가 에게리아의 기록을 보면
올리브 산 위의 동굴을 방문했던 일도 나온다.

예수는 제자들을 두고 홀로 밖으로 나와 땅에 엎드려 기도
했다. "아버지, 가능하다면 이 잔을 저에게서 거두어주소서. 그
러나 제 뜻대로 마시고 아버지의 뜻대로 하소서"(마태오 26:39).
이어 제자들을 찾으러 돌아왔지만 모두 잠든 후였다. 주변 다
른 사람들도 다 잠들어 있었다. 과월절 밤, 시내 숙소에 들어갈
돈이 없는 순례객과 그 가족들이 올리브 산 곳곳에 자리를 잡
고 누웠다. 성전 경비병들이 그 군중 틈에서 예수를 가리켜 보
이라고 유다에게 요구한 이유도 여기 있었다. 유다는 예수에게
다가가 "선생님, 안녕하십니까?"라며 빰에 입을 맞추었다(마태
오 26:49). 존경을 표하는 인사법이었다. 복음서에 따르면 제자
중 한 명이 칼을 빼 대사제 종의 귀를 내리쳤다. 예수는 "그만
해 두어라."라고 엄히 말리며 그 사람의 귀에 손을 대어 고쳐주
었다(루가 22:51). 경비대는 예수를 끌고 가버렸다.

심당)의 검객이었으리라는 의견이 나왔다. 반면 그저 유대의 남
쪽 마을 가리옷(Kerioth) 출신을 의미할 뿐이라고 반박하는 학
자들도 있다. 다른 제자들이 모두 갈릴리 출신이었음을 감안하
면 홀로 유대 출신인 유다는 무리에 잘 어울리지 못했을지 모
른다. 예수가 말한 대로 유다는 성전 경비대가 온 예루살렘을
뒤지며 갈릴리 랍비를 찾던 때 이미 대사제들을 찾아가 예수를
넘기겠다고 제안한 상태였다. 사제들은 기뻐하며 유다에게 보
수로 은전 서른 닢을 약속했다(마르코 14:11, 마태오 26:15).

저녁이 준비되고 식탁에 둘러앉은 제자들이 지켜보는 가운데
예수는 빵을 들어 축복하고 제자들에게 나누어주며 "받아먹어
라. 이것은 내 몸이다."라고 말했다. 이어 잔을 들어 감사의 기
도를 올리고 제자들에게 주며 "너희는 모두 이 잔을 받아 마셔
라. 이것은 죄를 용서해주려고 많은 사람을 위하여 내가 흘리는

C.E. 14년경
아우구스투스 사망하고
티베리우스 즉위함

C.E. 15년경
안니우스 루푸스의 뒤를 이어
발레리우스 그라투스 유대 총독이 됨

C.E. 15년경
이슈마엘 벤 파부스가 예루살렘에서
대사제에 임명됨

C.E. 16년경
티베리우스의 양아들 게르마니쿠스가
라인 강 인근 게르만 부족 물리침

260 성서 그리고 사람들

가야파

관례대로라면 대공회가 소집되어 재판이 이루어질 때까지 예수는 성전 한구석에 갇혀 있어야 했다. 훗날 체포된 베드로와 요한 등 제자들이 바로 그런 처분을 받았다(사도행전 4:3, 5:17). 하지만 예수는 바로 대사제 요셉 가야파(가야바)의 집으로 끌려갔다. 여러 모로 이례적인 상황이었다. 첫째, 유대 사람들에게 가장 성스러운 축일 중 하나인 과월절 전날이라는 점에서 그렇다. 대사제를 비롯한 사제들은 갈릴리에서 온 시골 랍비를 심판하기보다는 식구들과 함께 축제를 보내야 마땅했다. 둘째, 가야파의 관저가 편리한 곳이라고는 해도 대공회 총원 72명을 수용

미켈란젤로 카라바지오가 그린 '그리스도 체포되다'(1602년경). 유다가 예수에게 입을 맞추자 군인들이 달려드는 모습이다. 왼쪽의 제자 요한은 울부짖으며 도움을 청하고 있다.

할 만큼 큰 공간은 아니었다는 점이다. 그렇게 갑자기 대공회가 소집될 가능성도 낮았지만 말이다. 마르코의 복음서는 예수에 대한 재판이 어둠 속에서 서둘러 진행되었다고 설명한다. 이는 가야파가 대공회 전체를 모으지 않고 가능한 한 빨리 사건을 종결지으려 했다는 의미가 된다.

요한의 복음서를 보면 예수에게 첫 질문을 던진 사람은 대사제의 장인이자 그 자신 대사제 출신인 안나스였다. 질문과 대답이 짧게 오간 후 예수는 가야파에게 보내졌다(요한 18:13-24). 당시 가야파는 처남 엘르아잘 벤 아나누스의 뒤를 이어 12년째 대사제 직을 수행하고 있었다. 가야파는 곧

C.E. 16년경	C.E. 17년경	C.E. 17년경	C.E. 18년경
안나스의 아들 예루살렘 대사제에 임명됨	헤로데 안티파스, 갈릴리에 티베리아스 건설 시작	시몬 벤 카미투스, 예루살렘 대사제에 임명됨	안나스의 사위 가야파, 예루살렘 대사제에 임명됨

4장 네 복음서 **261**

란한 처지에 놓였다. 대공회의 지지 없이 대사제 혼자 사형 언도를 내릴 수는 없었다. 유일한 방법은 사건을 로마 행정관료들에게 넘기는 것이었다. 하지만 대공회는 이미 수십 년 동안 로마의 간섭 없이 자주적으로 내정 문제를 해결하려 애써온 상황이었다. 더 까다로운 문제는 예수의 죄라는 것이 성전 앞마당에서 소란을 일으키고 허위사실을 유포했다는 것인데, 이는 로마 측에서 보기에 사형은커녕 재판으로 다룰 사건도 못 되었다.

가짜 증언이 계획대로 이루어지지 않으면서 상황은 한층 어려워졌다. "우리는 이 사람이 '나는 사람의 손으로 지은 이 성전을 헐어버리고 사람의 손으로 짓지 않은 새 성전을 사흘 안에 세우겠다.'라고 큰소리치는 것을 들은 일이 있습니다."라는 증언들은 앞뒤가 맞지 않았다(마르코 14:58). 선동적 발언임에 분명했지만 구약에서 이미 수많은 예언자가 예루살렘 성전 붕괴를 경고해온 터라 그것만으로는 처벌할 수 없었다.

가야파는 심문의 방향을 바꿔 예수에게 물었다. "그대가 메시아인가?" 마르코의 복음서에 따르면 예수는 그렇다고 답하면서 〈다니엘서〉와 〈시편〉의 구절을 인용했다고 한다. "너희는 사람의 아들이 전능하신 분의 오른편에 앉아 있는 것과 하늘의 구름을 타고 오는 것을 볼 것이다"(시편 110:1, 다니엘 7:13-14). 이야말로 가야파가 듣고 싶던 대답이었다. 로마인들은 유대 경전의 세세한 해석 따위에 관심이 없었지만 '전능하신 분의 오른편'과 같은 표현에는 주목할 것이었다. 대사제는 자기 옷을 찢으며 "이 이상 무슨 증거가 더 필요하겠소?"라고 말했다. 그가 보기에 예수는 스스로를 죄인으로 만든 셈이었다.

대사제 집의 소녀 하인

심문이 벌어지는 동안 베드로는 관저 바깥에 머물렀다. 예수를 변호해야 한다는 생각과 잡혀갈지 모른다는 두려움 사이에

가야파의 기소

가야파가 자기 관저에서 예수의 운명을 결정할 심문을 서둘러 시작한 이유는 무엇일까? 환전상 공격과 같은 예수의 폭력행동을 차단하려 했다는 게 한 가지 가능성이다. 이런 행동은 로마군을 자극할 것이 분명했다. 또 다른 가능성은 대공회의 바리새파가 예수를 옹호하고 나설지 모른다는 걱정이었다. 실제로 예수의 가르침에 공감했다고 나오는 아리마태아 사람 요셉과 니고데모는 모두 대공회의 일원이었다(마르코 15:43, 요한 19:38). 또 몇 개월 후 베드로를 비롯한 제자들이 대공회로 끌려왔을 때 저명한 바리새파 지도자 가믈리엘이 적극 옹호해 풀어주기도 한다(사도행전 5:34-39). 마르코의 복음서 내용과 달리 가야파의 기소가 제대로

형식을 갖추었다고 보기는 어렵다. 구전 율법 미슈나에 따르면 야간이나 축제 중에는 대공회를 열 수 없었다. 가야파가 서기까지 포함해 정식 대공회를 소집했다면 관저에 다 수용할 수 없었을 것이다. 대개 대공회 정식회의는 성전의 열주 광장에 있는 '잘라낸 돌의 방'(Lishkat La-Gazit)이라는 곳에서 열렸다. 요한의 복음서를 보면 가야파의 예수 심문현장에 고위직 사제나 대공회 구성원들은 없었다고 나온다. 1990년에 고고학자들이 발견한 1세기 유골함들 중 가장 정교한 함에 요셉 가야파라는 아람어가 새겨져 있었다. 그 유골함의 주인은 예수를 기소했던 바로 그 대사제 가야파인지도 모른다.

대사제 가야파의 유해를 담고 있다고 알려진 1세기 유골함.

네덜란드 화가 헤라드 반 혼토르스트(1592-1656)가 그린 '베드로의 부인'이다.
예수와 함께 있던 사람이라고 여종이 지목하자 베드로가 부인하는 장면을 담은 1623년 그림이다.

> 그들은 예수를 잡아
> 대사제의 관저로 끌고 들어갔다.
>
> – 루가 22:54

서 어찌할 바를 모르며 경비병들과 함께 불을 쬐고 있었다. 니산월은 3월에서 4월 초에 해당하며 이때쯤이면 예루살렘의 밤은 퍽 춥다. 관저가 사람들로 북적대면서 가야파의 종들이 바삐 집 안팎을 드나들었다. 베드로 옆을 지나가던 여종 하나가 걸음을 멈추고 유심히 그를 쳐다보며 "나자렛에서 온 예수와 함께 있던 사람이군요."라고 말했다. 얼굴이 달아오른 베드로는 "도대체 무슨 소리를 하는지 모르겠군요."라고 강하게 부인했다. 하지만 여종은 근처 사람들에게 "저 사람은 예수와 한 패입니다."라고 설명했다. 베드로는 다시 한 번 부인했다. 하지만 사람들은 베드로를 자세히 살펴보며 여종의 말을 확인하려 들었다. 베드로는 욕설을 내뱉으면서 세 번째로 부인하였다. 그

순간 닭이 울기 시작했다. 베드로는 예수가 했던 말을 떠올렸고 그 자리에 주저앉아 통곡했다(마르코 14:66-72).

본디오 빌라도

날이 밝자 과월절 축제 동안 본디오 빌라도가 관저로 쓰던 집정관 저택으로 무대가 옮겨진다. 집정관 저택은 시내에서 가장 중요하고 권위 있는 장소였다(마르코 15:15-16, 마태오 27:27). 집정관 저택이 어디인지를 두고 학자들의 의견은 둘로 갈린다. 오늘날의 자파 문 근처 남서쪽의 옛 헤로데 궁이라는 의견이 하나이고 성전 근처 로마군들이 야영하던 안토니아 성채라는 의견이 다른 하나이다. 마르코의 복음서에 따르면 예수는 빌라도 앞으로 끌려갔다. 스스로 메시아라고, 즉 '유다의 왕'이라고 주장한 것이 사실이냐는 질문에 예수는 "그것은 네 말이다."라고 대답했다(마르코 15:2). 빌라도는 대사제들이 여러 가지로 예수를 고발하는 상황인데 변호할 말이 없느냐고 다시 물었다. 예수는 더 이상 대답하지 않았고 이로써 형이 결정되었다. 로마의 식민지법에서는 유대의 왕이 되겠다고 나선 자를 정치적 반역자로 보았고 반역자에게 주어지는 벌은 십자가 사형이었다.

바라빠

예수가 처형을 당하러 가기에 앞서 빌라도는 바깥에 모여 있는 군중에게 한 가지 제안을 했다. 마르코의 복음서에 나오듯 '명절 때마다 총독은 사람들이 요구하는 죄수 하나를 놓아주곤' 했던 것이다(마르코 15:6). 그런 사면은 빌라도의 성격에 맞지 않고 정말 그랬다면 요세푸스 역사서에 당연히 기록되었을 것이라는 이유로 의혹을 제기하는 학자들도 있지만 로마제국에 그

❶ 겟세마네 올리브 산의 이 정원은 예수가 체포된 겟세마네 근처에 있다.

❷ 시온의 자매 수도원 빌라도가 판결을 내린 장소 중 하나인 안토니아 성채 자리에 세워진 것으로 여겨지는 수도원이다.

❸ 성묘교회 예수가 십자가형을 받고 묻힌 골고다에 세워진 교회이다.

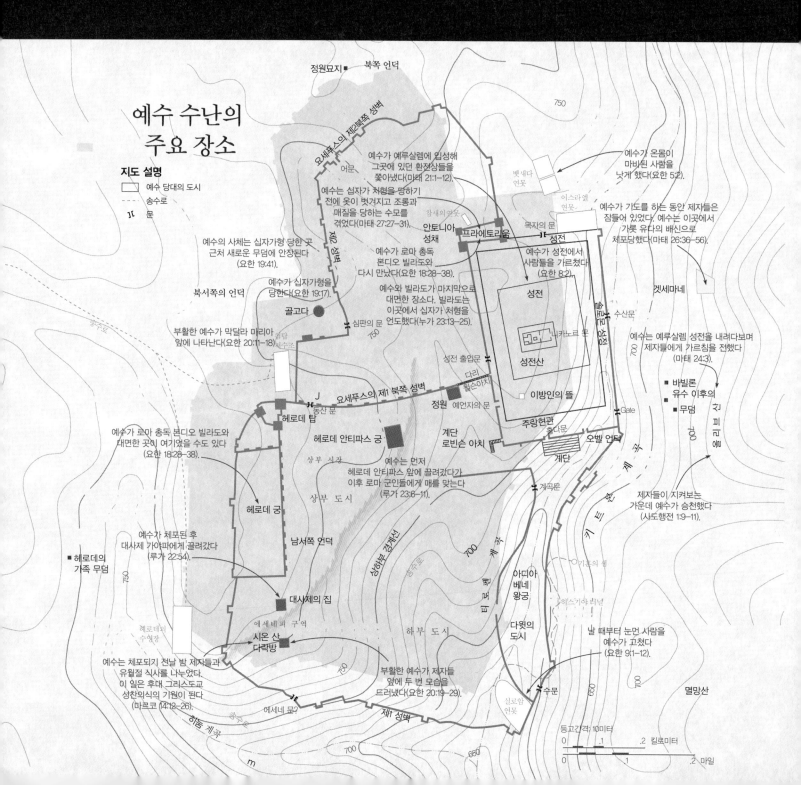

예수 수난의 주요 장소

지도 설명

- ▢ 예수 당대의 도시
- ---- 송수로
- ⅱ 문

정원묘지 — 북쪽 언덕

요세푸스의 제2북쪽 성벽

어문

예수가 예루살렘에 입성해 그곳에 있던 환전상들을 쫓아냈다 (마태 21:1-12).

예수는 십자가 처형을 당하기 전에 옷이 벗겨지고 조롱과 매질을 당하는 수모를 겪었다 (마태 27:27-31).

제2 성벽

예수의 사체는 십자가형 당한 곳 근처 새로운 무덤에 안장된다 (요한 19:41).

안토니아 성채

프라에토리움

예수가 로마 총독 본디오 빌라도와 다시 만났다 (요한 18:28-38).

예수와 빌라도가 마지막으로 대면한 장소다. 빌라도는 이곳에서 십자가 처형을 언도했다 (누가 23:13-25).

북서쪽의 언덕

예수가 십자가형을 당한다 (요한 19:17).

골고다

심판의 문

성전

예수가 성전에서 사람들을 가르쳤다 (요한 8:2).

뱃대다 연못

이스라엘 연못

예수가 온몸이 마비된 사람을 낫게 했다 (요한 5:2).

목자의 문

성전

예수가 기도를 하는 동안 제자들은 잠들어 있었다. 예수는 이곳에서 가롯 유다의 배신으로 체포당했다 (마태 26:36-56).

겟세마네

수산문

니카노르 문

성전 출입문

다리

윌슨 아치

부활한 예수가 막달라 마리아 앞에 나타난다 (요한 20:11-18).

요세푸스의 제1 북쪽 성벽

동산문

헤로데 탑

예수가 로마 총독 본디오 빌라도와 대면한 곳이 여기였을 수도 있다 (요한 18:28-38).

헤로데 안티파스 궁

상부 시장

상부 도시

정원 예언자의 문

계단 로빈슨 아치

예수는 먼저 헤로데 안티파스 앞에 끌려갔다가 이후 로마 군인들에게 매를 맞는다 (루가 23:6-11).

성전산

이방인의 뜰

주랑현관

훌다문

오벨 언덕

계단

계곡문

예수는 예루살렘 성전을 내려다보며 제자들에게 가르침을 전했다 (마태 24:3).

바빌론 유수 이후의 무덤

헤로데의 가족 무덤

헤로데 궁

예수가 체포된 후 대사제 가야파에게 끌려갔다 (루가 22:54).

남서쪽 언덕

상층부 계곡길

하부 도시

아디아 베네 왕궁

히스기야 터널

제자들이 지켜보는 가운데 예수가 승천했다 (사도행전 1:9-11).

다윗의 도시

날 때부터 눈먼 사람을 예수가 고쳤다 (요한 9:1-12).

헤로데의 수영장

에세네파 구역

시온 산 다락방

대사제의 집

예수는 체포되기 전날 밤 제자들과 유월절 식사를 나누었다. 이 일은 후대 그리스도교 성찬의식의 기원이 된다 (마르코 14:12-26).

에세네 문?

히놈 계곡

제1 성벽

부활한 예수가 제자들 앞에 두 번 모습을 드러냈다 (요한 20:19-29).

실로암 연못

수문

멸망산

등고간격: 10미터

0   .1   .2 킬로미터

0   .1   .2 마일

런 사면의 증거가 남아 있음을 근거로 드는 학자도 있다. 마르코의 복음서는 반란을 일으키다가 살인을 저지르고 감옥에 갇힌 폭도가 당시 여러 명 있었다고 기술한다. 아마도 빌라도가 잔혹하게 유혈 진압했던 C.E. 28년의 대규모 봉기를 뜻할 것이다.

그 중 한 명이 살인죄로 갇힌 **바라빠**(Barabbas, 바라바)였다. 빌라도는 군중에게 선택권을 주었다. "유다인의 왕을 놓아달라는 것이냐?" 하지만 대사제들은 군중을 선동하여 차라리 바라빠를 놓아달라고 청하게 하였다. 빌라도가 다시 "그러면 너희가 유다인의 왕이라고 부르는 이 사람은 어떻게 하면 좋겠느냐?"라

예수에 대한 재판

마태오, 루가, 요한의 복음서는 예수가 정식 재판을 받았다고 설명하지만 이는 마르코 복음서의 간략한 기술을 바탕으로 한 것에 불과하다는 게 대다수 학자들의 판단이다. 로마의 시민법에서 재판은 로마 시민에게만 허용된 권리였다. 식민지 주민들은 '여러 민족의 법'이라는 보다 느슨한 법규를 적용받았다. 이 법도 본래 로마 땅에서 외국인이 저지르는 범죄를 처벌하기 위해 만들어졌다가 제국 시기 식민지 법 형태로 확장된 형태였다. 이 법을 바탕으로 통치하는 집정관들은 정식 로마 재판을 거치지 않고도 판결할 수 있었다. 따라서 예수가 빌라도 앞에서 간단한 심문을 받는 것에 그쳤다는 마르코 복음서의 기술이 다른 복음서들의 상세한 설명에 비해 역사적으로 더 믿을 만하다.

고 묻자 군중은 "십자가에 못 박으시오!"라고 외쳤다(마르코 15:7-13, 마태오 27:16-26). 빌라도가 "도대체 이 사람의 잘못이 무엇이냐?"라고 확인했지만 사람들은 더 악을 쓰며 "십자가에 못 박으시오!"라고 말할 뿐이었다. 결국 '군중을 만족시키고자 한' 빌라도는 바라빠를 놓아주고 예수를 채찍질하게 한 다음 십자가형에 처하라고 내어주었다. 마르코의 복음서는 여기까지이다. 마태오의 복음서를 보면 이 상황이 끝난 후 빌라도가 물동이를 가져다가 손을 씻으며 "나는 이 사람의 피에 대해서는 책임이 없다. 너희가 맡아서 처리하여라."라고 말하는 장면이 나온다(마태오 27:24). 이어 병사들은 예

이탈리아 화가 안토니오 치세리(1821-1891)가 1880년에 그린 '이 사람을 보라'이다. 빌라도가 군중에게 예수를 가리켜 보이는 장면을 담았다.

C.E. 28년경
본디오 빌라도가 예루살렘의 대규모
시위 잔혹하게 진압

C.E. 28-29년경
세례자 요한, 요르단에서 이동을
시작하고 예수가 합류함

C.E. 28년경
세례자 요한, 헤로데 안티파스에게
체포되어 목이 잘림

C.E. 29년경
예수가 세례자 요한의 세 제자 이끌고
갈릴리로 돌아와 자신의 목회 시작

예수의 운명이 결정된 뒤 손을 씻는 빌라도의
모습. 1460~1490년에 익명의 독일 화가가
그린 일명 '리베스베르크 수난화'의 일부이다.

프랑스 화가 윌리엄—아돌프 부게로(1825~1905)가 1880년 로마의 채찍질 방법을 치밀하게 연구하여 그린 '채찍질 당하는 우리 주 예수 그리스도'이다.

수를 총독 관저 뜰 안으로 끌고 들어가 회초리질을 하였다. 자주색 옷을 입히고 가시관을 엮어 억지로 머리에 씌운 다음 때리고 침을 뱉었다. "유다인의 왕 만세!"라고 외치며 무릎을 꿇고 경배하는 척 놀리기도 하였다. 이렇게 희롱한 뒤 도로 본래 옷을 입혀 십자가에 못 박으러 끌고 나갔다(마르코 15:16~20).

키레네 사람 시몬

골고다(골고타), 즉 '해골산'으로 향하는 예수를 묘사한 그림들을 보면 하나같이 십자가를 멘 모습이다. 실제로 로마인들은 사형수가 직접 사형도구를 지고 가도록 했다. 십자가에 정해진 규격은 없었고 단순한 기둥 형태를 포함해 다양한 형틀이 활용되었다고 한다. 하지만 성인 남자의 몸무게를 지탱할 만한 나무 십자가라면 엄청나게 무거웠을 것이다. 대략 130킬로그램 정도로 추산되니 당시 팔레스타인 평균 체격의 남자가 메고 갈수 없는 무게였다.

로마인들은 성벽 바깥에 공개 처형장을 마련해두곤 했다. 더욱이 유대에서 목재는 아주 귀하고 비싼 재료였다. 이 때문에

골고다 언덕 위에 마련된 예루살렘 공개 처형장에는 수직 기둥이 이미 여러 개 박혀 있었을 것이라는 주장이 생겨났다. 이 경우 죄수들은 그 기둥에 가로질러 붙일 횡대만 옮겼을 것이다. 횡대는 쉽게 기둥에 붙이고 떼어낼수 있어 반복 사용이 가능했다. 그렇다고 해도 횡대의 무게만 최소 34킬로그램은 나갔다. 채찍질을 당하고 피도 많이 흘린 예수가 그 횡대를 메고 예루살렘의 좁고 가파른 골목을 따라 이동하기는 퍽 힘들었을 것이다. 비틀거리기도 했으리라. 마르코의 복음서에는 로마 병사들이 행인인 **키레네 사람 시몬**에게 예수의 십자가를 지고 가게 하였다고 나온다(마르코 15:21). 시몬은 '알렉산더와 루포의 아버지'라고 하는데 1941년, 키드론 계곡의 묘에서 '시몬의 아들 알렉산더'라고 새겨진 유골함이 발견되어 바로 그 시몬일지 모른다는 추측을 낳았다. 시몬과 예수가 골고다로 향했던 정확한 경로는 확인하기 어렵다. C.E. 70년과 135년의 두 차례 유대반란으로 로마군이 예루살렘을 철저히 파괴해버렸기 때문이다. 그래도 대부분의 학자들은 예루살렘 구도시 서쪽 성묘교회가 예수가 십자가 처형당하고 묻힌 장소라고 본다.

마르코의 복음서는 예수와 다른 죄인들이 골고다에 도달한때가 아침 9시경이었다고 묘사한다. 십자가형을 전문으로 하는 로마 군인들이 기다리고 있다가 옷을 벗기고 강제로 땅에 눕힌후 횡대 위로 두 팔을 벌리게 했다. 그리고 손목 바로 위쪽, 팔의 노뼈와 자뼈 사이 공간에 긴 철못을 박아 횡대에 고정시켰다. 십자가의 예수를 그린 그림들은 손바닥에 못이 박힌 모습을 묘사하지만 손바닥은 조직이 부드러워 성인 남자의 몸무게를 지탱하지 못한다. 이어 병사들이 횡대를 양쪽에서 잡고 머리위로 들어올려 가까운 기둥에 걸었다. 마지막으로 예수의 두 발목을 U자 모양 작은 나무토막에 우겨넣고 못으로 쳤다. 팔로 체중을 지탱해야 하는 이런 자세에서는 숨쉬기가 매우 어렵다. 숨을 쉬려면 몸을 위로 밀어올려야 하는데 그러면 못 박힌 팔

C.E. 30년경	C.E. 34~35년경	C.E. 35년경	C.E. 35~40년경
빌라도의 명령으로 예수가 과월절 축제 기간에 재판받고 십자가형에 처해짐	예수의 동생 야고보가 이끄는 유대인 예수 추종자 세력이 계속 위축됨	제자 스테파노 군중의 돌에 맞아죽음	사울이 유대 그리스도교 박해를 멈추고 신앙에 합류

268 성서 그리고 사람들

과 다리의 고통이 극심해진다. 십자가형의 고통은 결국 죄수가 스스로에게 가하는 고통이었다. 공개 십자가형의 목적은 공포감을 조성해 누구도 정치적 소요를 도모하지 못하도록 하는 데 있었다. 로마인들이 예수의 십자가 위에 '유다의 왕'이라 써놓은 것도 같은 이유였다. 강도 죄를 저지른 다른 두 사람도 십자가형을 받아 예수의 왼쪽과 오른쪽에 매달렸다.

야고보의 어머니 마리아

예수의 제자들은 피신했다. 하지만 세 여자는 굳건히 예수 곁을 지켰다. 세 여자는 '막달라 여자 마리아, **작은 야고보와 요셉의 어머니 마리아**, 그리고 **살로메**'였다(마르코 15:40). 막달라 마리아는 앞에서 소개했다. 살로메는 마태오의 복음서에 등장하는 제베대오의 두 아들을 낳은 어머니였을 것이다(마태

비아 돌로로사

예수가 처형지인 골고다까지 걸어갔으리라 추정되는 경로가 바로 '비아 돌로로사(슬픔의 길 또는 십자가의 길)'이다. 이 길에는 열네 개 지점이 정해져 있는데 마지막 다섯 지점은 성묘교회 안에 있다. 하지만 예루살렘이 C.E. 135년, 하드리아누스 황제에 의해 파괴된 탓에 정확한 경로는 알 수 없다. 헤로데 성전의 끌질된 석회암이 예루살렘 전역의 구조물에서 발견되는 것도 이 파괴의 결과이다. 성 금요일에 십자가의 길을 행진하는 전통은 비잔틴 시대에 생겨났다. 예루살렘에 여러 교회가 생겨나면서 이 길도 다양하게 만들어졌다. 1350년 이후 이스라엘의 그리스도교 성지를 총괄하게 된 프란치스코회가 18세기에야 이 길을 하나로 통일하였다.

오 4:21). 마지막 인물인 마리아는 정체를 규명하기가 쉽지 않다. 마르코의 복음서 앞부분을 보면 예수에게 '야고보, 요셉, **유다, 시몬**'이라는 네 형제가 있다고 나온다(마르코 6:3). 그렇다면 야고보와 요셉의 어머니 마리아는 바로 예수의 어머니인지도 모른다. 하지만 어째서 예수의 어머니라고 하는 대신 다른 형제들의 이름을 댄 것인지 분명하지 않다. 이 마리아는 마르코 복음서에 두 차례 더 등장하지만 '요셉의 어머니 마리아' 혹은 '야고보의 어머니 마리아'라고 불린다(마르코 15:46, 16:1).

마지막 복음서인 요한의 복음서에서는 예수의 십자가 아래 '그 어머니, 이모이자 글레오파의 아내인 마리아, 그리고 막달라 여자 마리아'가 서 있었다고 나온다(요한 19:25). 글레오파의 그리스 이름은 **알패오**이다. 요한의 복

선한 사마리아인의 우화

예수는 가르침을 줄 때 비유적으로 드러내는 우화를 즐겨 사용했다. 그 우화에는 씨 뿌리고 거두는 농사가 많이 등장하고 예수가 관찰한 당시 사람들의 삶이 드러나기도 한다. 유명한 한 가지 우화는 B.C.E. 4년과 C.E. 6년의 농민반란 결과로 길바닥에 도둑과 군인들이 들끓게 된 상황을 배경으로 한다. 어느 날 예수는 '예루살렘에서 예리고로 내려가다가 강도들을 만나 가진 것을 다 빼앗기고 마구 두들겨맞아 반쯤 죽게 된' 사람의 이야기를 했다(루가 10:30). 길 가던 사제 한 명, 또 레위 사람 한 명은 의식 잃은 그 사람을 모른 척 지나쳤다. 세 번째로 지나가던 사마리아 사람은 쓰러진 이의 상처를 싸매주고 여관으로 데려가 여

네덜란드 화가 니콜라 로센달(1634–1686)이 1665년에 그린 '여행객을 치료하는 선한 사마리아인'이다.

관 주인에게 돈을 지불하며 돌보아주게 했다. 예수는 "자, 그러면 이 세 사람 중에서 강도를 만난 사람의 이웃이 되어준 사람은 누구였다고 생각하느냐?"라고 물었고 "그 사람에게 사랑을 베푼 사람입니다."라는 대답이 나오자 고개를 끄덕이며 "너도 가서 그렇게 하여라."라고 일렀다(루가 10:30–37). 이 이야기에 담긴 뜻은 두 가지였다. 먼저 신의 왕국이라는 가르침에서 중요한 요소인 동정심을 강조하는 것, 다른 하나는 사마리아인에 대한 편견을 버리라는 것이었다. 유대인들은 사마리아가 아시리아의 사르곤 2세에게 정복당한 이후 바빌로니아 정착민들과 통혼했다는 이유로 사마리아인을 경멸했기 때문이다.

C.E. 36년경	C.E. 36년경	C.E. 36년경	C.E. 37년경
빌라도가 잔혹한 통치를 이유로 관직에서 물러남	가야파가 대사제직에서 물러남	안나스의 아들 요나단이 대사제로 임명됨	헤로데 대왕의 손자 아그리파 1세가 유대 왕으로 임명됨

음서가 옳다면 예수의 어머니와 알패오의 아들인 야고보의 어머니가 둘 다 십자가 옆에 있었던 셈이다. 서구와 동구의 정교회 화가들은 이 구절을 바탕으로 그림을 그려왔다. 요한의 복음서에서 글레오파의 아내인 마리아가 예수의 어머니 마리아와 자매관계라고 나오는 것도 흥미로운 지점이다.

사랑받는 제자

요한의 복음서에는 '예수가 당신 어머니와 그 곁에 서 있는 사랑하는 제자를 보시고 먼저 어머니에게 "어머니, 이 사람이 어머니의 아들입니다."라 하고 이어 제자에게는 "이분이 네 어머니시다."라고 말했다'고 나온다(요한 19:26-27). 여기서 사랑하는 제자란 누구일까. 십자가 옆에는 세 여자밖에 없었으므로 가장 유력한 후보는 막달라 마리아다. 하지만 어째서 막달라 마리아를 가리켜 '어머니의 아들'이라 부른 것일까? 이에 대해 막달라 마리아를 남자 제자들과 같은 위치로 올려주려는 의도였다는 해석이 나왔다. 토마의 복음서에서 예수가 막달라 마리아에 대해 한 말 "보라, 내가 그녀를 남성으로 만들어 인도하겠다. 그래서 너희 남성들을 닮은 살아 있는 영혼이 되도록 하리라."도 그 근거로 제기되었다.

하지만 복음서의 다른 부분에 '사랑받는 제자'가 등장한다는 점을 들어 달리 해석하는 학자들도 있다. 전통적으로 그리스도교에서는 그 사랑받는 제자가 복음서를 쓴 요한이라고 보았다(요한 13:23-25). '사랑받는 제자'는 당시 생겨나

1425년경, 성 로렌스의 장인 워크숍에서 그려진 '십자가에서 내려지는 그리스도'로, 슬픔에 잠긴 추종자들이 예수를 십자가에서 내리는 모습을 묘사했다.

던 초기 그리스도교 공동체를 말하며 예수가 막달라 마리아에게 공동체를 이끌도록 임무를 부여했다고 보는 시각도 있다.

아리마태아 사람 요셉

마르코의 복음서는 낮 12시가 되자 온 땅이 어둠에 덮였고 오후 3시가 되었을 때 예수가 큰 소리로 "엘로이, 엘로이, 레마 사박타니?" 즉 "나의 하느님, 나의 하느님, 어찌하여 나를 버리셨나이까?"라고 부르짖었다고 기록했다(마르코 15:34). 이 비통한 외침은 〈시편〉에도 등장한다(시편 22:1). 곧이어 예수는 숨을 거두었다. 이제 생명 없는 사체가 십자가에 걸려 있었다. 예수의 고통은 여섯 시간 동안 이어졌는데 이는 로마 자료에 따르면 아주 짧은 편이었다. 다른 죄수들은 해가 질 때까지도 살아 있었으므로 병사들이 다리를 부러뜨렸다(요한 19:32). 다리를 못 쓰면 몸을 밀어 올려 숨을 쉴 수 없으므로 질식해 죽는다. 예수는 이미 죽었지만 병사 하나가 확인을 위해 옆구리에 창을 찔렀다(요한 19:34).

한편 용감한 유대인 한 명이 빌라도에게 면담을 요청하였다. **아리마태아 사람 요셉**이었다. 요셉이 대공회의 일원으로 명망이 높았고 '신의 왕국을 열망했다'는 마르코의 복음서 표현으로 볼 때 예수 추종자였던 것으로 추정된다(마르코 15:43). 요셉은 빌라도에게 예수의 시신을 내어달라고 청했다. 처형된 죄수가 공동무덤에 들어가거나 구덩이에 던져지는 관행에 비추어볼 때 대담한 요청이 아닐 수 없다. 빌라도는 예

C.E. 40년경
코린토에 최초의
그리스도교 교회 세워짐

C.E. 40년경
그리스 항해사들 계절풍
이용해 남인도 항해

C.E. 41년경
헤로데 대왕의 손자 아그리파 1세
로마 유대의 왕으로 임명됨

C.E. 41년경
클라디우스 황제가 유대인의
종교적 권리 인정

270 성서 그리고 사람들

수가 벌써 죽었다는 소식에 놀라면서 **백인대장**을 불러 물어보았다. 그는 예수가 분명히 죽었다는 사실을 전해듣고는 요셉이 사체를 받아가도록 해주었다. 요셉은 고운 베를 가져와 예수의 사체를 쌌다. 세 여자도 도왔을 것이다. 이어 '바위를 파서 만든 무덤'에 모셨다. 이런 무덤은 값이 비쌌다. 아마도 요셉 자신을 위해 준비해둔 장소였을 것이다. '아직 아무도 장사지낸 일이 없는 무덤'이었다는 복음서 구절도 이를 뒷받침한다(루가 23:53). 요한의 복음서에는 이 장면에서 니고데모라는 또 다른 인물을 등장시킨다. **니고데모**는 침향을 섞은 몰약을 100근쯤 가져와 부패하기 시작한 사체에 바르고 냄새를 가렸다(요한 19:39). 하지만 공관복음서들에 따르면 향료를 바를 시간은 없었다고 한다. 곧 밤이 되었고 다음날은 장례가 금지된 안식일이었으므로 서둘러야 하는 상황이었다. 안식일이 지난 후 십자가 처형을 지켜보았던 세 여자가 향료를 챙겨서 다시 무덤을 찾은 이유도 거기 있었을 것이다(마르코 16:1). 무덤 입구를 막은 무거운 돌을 어떻게 치워야 할지 걱정하면서 도착해보니 '그렇게도 커다란 돌은 이미 옆으로 치워져 있었다.' 안에는 흰 옷을 입은 젊은 남자가 앉아 "겁내지 마라. 너희는 십자가에 달리셨던 나자렛 사람 예수를 찾고 있지만 예수는 다시 살아나셨고 여기에는 계시지 않다."라고 말했다(마르코 16:6). 그리고 겁에 질려 덜덜 떠는 여자들에게 "가서 제자들과 베드로에게 예수께서는 전에 말씀하신 대로 그들보다 먼저 갈릴리로 가실 것이니 거기서 그분을 만나게 될 것이라고 전하라." 덧붙였다. 여자들은 무덤 밖으로 도망쳐나왔고 무서운 나머지 아무에게도 말을 하지 못하였다(마르코 16:6-8).

토마

이후 부활한 예수가 유대와 갈릴리에 나타난다. 피와 살을 지닌 사람의 모습이기도 했고 환영 같은 모습이기도 했다. 요한의 복음서에는 예수가 막달라 마리아 앞에 나타나 "내가 아직

미켈란젤로 카라바지오가 1603년에 그린 '성 토마의 불신'으로, 예수가 죽었다가 살아났음을 믿으려면 몸의 상처를 확인해야겠다는 토마의 모습이 담겼다.

뼈로 만든 로마시대 주사위. 예수의 옷을 어떻게 나눌지 결정하기 위해 병사들이 굴린 주사위도 이런 형태였을 것이다.

아버지께 올라가지 않았으니 나를 붙잡지 말라."고 말하는 장면이 나온다(요한 20:17). 루가의 복음서에는 예수를 따르는 두 사람이 엠마오라는 동네로 가던 길에 과월절의 비극적 처형 사건을 모르는 여행객을 만나는 사건이 그려진다. 두 사람은 놀라 '행동과 말씀에서 큰 능력을 보인 예언자 나자렛 사람 예수'에 대해 설명해준다. 그날 저녁식사 자리에서 낯선 여행객이 빵을 떼어 축복했을 때에야 두 사람의 눈이 열려 예수를 알아보았지만 예수는 곧 사라져버린다(루가 24:13-31).

요한의 복음서에 등장하는 또 다른 이야기를 보자. 겁에 질린 제자들이 한 집에 모여 문을 닫아걸고 있을 때 갑자기 예수가 나타나 "너희에게 평화가 있기를!"이라 인사하고 자기 손과 옆구리를 보여주었다. 예수가 사라진 후 들어온 제자 토마는 부활을 믿지 못하며 "내 눈으로 그 손의 못 자국을 보고 그 옆구리에 손가락을 넣어보지 않고는 결코 믿지 못하겠소."라고 말했다. 한 주 후 다시금 예수가 그 집에 모인 제자들 앞에 나타났다. 그리고 토마에게 "네 손가락으로 내 손을 만져보아라. 또 손을 내 옆구리에 넣어보아라. 이제 의심을 버리고 믿어라."라고 말했다. 그제야 토마가 믿었다(요한 20:19-28).

은거울
손잡이가 달린 이 예쁜
은거울은 1세기의
것으로 독일 쾰른에서
발굴되었다.

황금 컵
터키의 크니도스에서 발견된
초기 로마(1세기)의 컵. 무늬 없는
황금 컵은 흔치 않은 형태이다.

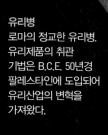

유리병
로마의 정교한 유리병.
유리제품의 취관
기법은 B.C.E. 50년경
팔레스타인에 도입되어
유리산업의 변혁을
가져왔다.

머리빗
로마 통치를 받았던 팔레스타인과
이집트 양쪽에서 이런 형태의 빗이
발견된다.

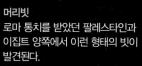

금팔찌
사자 머리가 서로 마주보는 모양의
팔찌로 B.C.E. 2세기 이후 로마 영토였던
그리스에서 출토되었다.

점토그릇
1세기 유대 사람
대부분이 사용하던
단순한 토기로 로마의
유리병과 극명한 대조를
이룬다.

로마시대의 보물

은제 포도주 그릇
고대 사람들은 포도주를
마시기 전에 물과 섞어
희석하였다. 1세기경
부유한 로마 가족이
포도주 희석을 위해
사용하던 그릇이다.

B.C.E. 63년경 폼페이우스의 정복 이후 팔레스타인에 로마인들이 들어오면서 유대 상류층은 유리, 은 등 값비싼 재료로 만든 로마의 정교한 공예품을 접하게 되었다. 초기 제국 시대가 도래하기 전부터 부유한 로마인은 이미 새로운 영토에서 생산된 최고 예술품들로 저택을 채우며 문화적 우위를 과시했다. 특히 중요한 곳이 그리스였다. B.C.E. 2세기부터 로마의 영토가 된 그리스는 그 고상한 감각으로 로마인을 사로잡았다. 그리스 장인들의 공방에서는 붉은무늬 도자기부터 보석, 고전 그리스 조각과 회화에 이르기까지 모든 것을 만들어냈다. 그 대부분은 현존하지 않지만 말이다. 한편 유리제품은 로마의 고유 문화였다. 취관(입으로 바람을 불어넣어 유리의 모양을 잡는 대롱)이라는 혁명적 장비가 개발되면서 유리 제조법은 로마제국 전역으로 퍼져나갔다. 로마의 정교한 예술품은 팔레스타인 서민이 사용하던 소박한 토기들과 극명한 대조를 이룬다.

조각 펜던트
태양의 신 왕관을 쓴 아우구스투스
황제가 양각으로 조각된 1세기의
펜던트이다.

점토접시
1세기에 유대와 갈릴리 농부 가족들이 사용했던
전형적 점토접시들이다.

유리단지
1세기 로마의 취관 기술로
만들어진 유리단지로 예술적
수준을 잘 드러낸다.

CHAPTER 4
WHO'S WHO
마태오, 마르코, 루가, 요한의 복음서에 등장하는 인물들

알렉산더 ALEXANDER ('인간들의 보호자')

로마 병사들의 강요로 예수의 십자가를 대신 지고 갔던(마르코 15:21) 키레네 사람 시몬의 아들이다. 1941년, 키드론 계곡의 묘에서 '시몬의 아들 알렉산더'라고 새겨진 유골함이 발견되어 이들이 실존 인물이라는 주장이 제기되고 있다.

알패오 ALPHAEUS ('천구 개')

1. 예수의 제자인 어린 야고보의 아버지(마태오 10:3, 마르코 3:18, 루가 6:15, 사도행전 1:13). 알패오의 히브리어 이름은 글레오파이다. 따라서 요한의 복음서에 십자가 처형을 지켜보는 인물로 등장하는 '글레오파의 아내 마리아'는 야고보의 어머니일 가능성이 있다(요한 19:25).
2. 세관 레위의 아버지. 이후 레위는 제자 마태오로 알려지게 된다(마르코 2:14).

안드레아 ANDREW ('남자다운')

예수의 첫 제자들 중 한 명이고 시몬 베드로의 형제이다(요한 1:43, 마태오 4:18). 요한의 복음서에 따르면 안드레아는 벳새다 출신으로 세례자 요한을 따르다가 예수의 제자가 된다. 이후 "우리가 찾던 메시아를 만났소."(요한 1:38-41)라며 형 시몬 베드로도 데려온다. 마르코의 복음서에서는 예수가 호수에서 그물을 던지고 있는 어부 시몬과 그의 동생 안드레아를 보고 "나를 따라오너라. 내가 너희를 사람 낚는 어부가 되게 하겠다."라고 말한 것으로 나온다(마르코 1:16-17). 안드레아는 빵과 생선을 들고 온 소년을 예수 앞으로 데려와 결국 5,000명을 먹일 수 있게 하였다. 베드로와 야고보, 요한은 공관복음서에서 중요하게 다뤄지는 반면 안드레아와 필립보는 요한의 복음서에서 비중 있게 등장한다.

안나스 ANNAS ('자애로운')

C.E. 6년, 36세의 나이로 예루살렘 성전 대사제로 임명되었던 인물이다. 후에 로마 총독 발레리우스 그라투스에 의해 대사제 자리를 박탈당한다. 모세 율법에 따르면 대사제가 종신직인 만큼 직위에서 물러났다 해도 안나스는 상당한 존경을 받았을 것이다(민수기 3:10). 예수가 먼저 안나스 앞에서 짧은 문답과정을 거친 후 가야파에게 보내졌다는 요한의 복음서 내용도 그 맥락에서 이해가 가능하다(요한 18:19-23). 가야파는 안나스의 딸과 결혼하여 안나스와 장인-사위 관계였으며 C.E. 18년 스스로의 힘으로 대사제에 올랐다. 안나스 가문에서 여덟 명 이상의 대사제가 나왔다는 점을 감안하면 이 집안은 헤로데 왕조 및 로마인과 긴밀한 관계였을 것이다. 〈사도행전〉에 따르면 베드로와 요한이 대공회에 끌려왔을 때 안나스가 회의를 주관했다고 한다(사도행전 4:6).

안티파테르 ANTIPATER ('아버지의 자리에서')

헤로데 대왕의 아버지이자 헤로데 왕조의 창시자이다. 유대 사람들이 로마와의 평화협정을 갱신하기 위해 보낸 사절단의 일원이었다(마카베오 상 12:16, 14:22).

아르켈라오스 ARCHELAUS ('백성들의 왕자')

헤로데 대왕이 사마리아 여인 말타케와의 사이에서 얻은 아들로 B.C.E. 4-C.E. 6년에 유다, 사마리아, 이두매의 태수를 지냈다(마태오 2:22). 형제인 안티파스와 함께 로마에서 교육받았고 아버지 헤로데 대왕으로부터 후계자 중 한 명으로 인정받았

제임스 자크 조셉 티소(1836-1902)가 그린 '안나스와 안티파테르'로, 1886-1894년경의 작품이다.

다. 그리하여 헤로데 사후 세 아들인 안티파스, 아르켈라오스, 필립보가 왕국을 나눠가졌으나 왕이라는 칭호는 누구도 받지 못했고 아르켈라오스도 태수로 만족해야 했다. 통치 9년 혹은 10년째가 되었을 때 형제들이 폭정을 이유로 아르켈라오스를 내몰았고 비엔나로 쫓겨난 아르켈라오스는 10년 후 사망했다고 전해진다. 그의 영토는 로마령으로 편입돼 총독이 다스리게 되었다.

배가 그려진 이 청동 동전은 유대 통치자 헤로데 아르켈라오스(B.C.E. 4–C.E. 6) 시대의 것이다.

아레타스 ARETAS

아람–다마스쿠스(시리아)의 왕이고 헤로데 대왕의 아들 헤로데 안티파스의 장인이다. 헤로데 안티파스가 헤로데 필립보의 부인 헤로디아와 결혼하기로 하면서 딸이 친정으로 되돌아오자 보복전쟁을 일으켜 헤로데 안티파스의 군사에게 승리를 거둔다(사도행전 9:25, 고린토 후 11:32, 루가 3:19–20, 마르코 6:17, 마태오 14:3).

아우구스투스 AUGUSTUS ('덕망 있는')

본명은 가이우스 옥타비아누스로 이후 카이사르 아우구스투스로 불리게 되었다. 예수가 태어났을 때 로마 최초의 황제로서 세상을 통치하고 있었다(루가 2:1). 예언대로 예수가 베들레헴에서 태어났을 때(미가 5:2) '온 세상이 세금을 내야 한다는' 아우구스투스의 칙령이 나왔다. 옥타비아누스의 아버지는 가이우스 옥타비아누스, 어머니는 율리우스 카이사르의 누이인 아티아였다. 율리우스 카이사르가 암살된 후 후계자가 된 옥타비아누스는 안토니우스, 레피두스와 함께 제국을 나누어 통치하였다. 최고권력을 차지하기 위한 싸움이 시작되었고 악티움 해전 결과 옥타비아누스가 승리함으로써 원로원으로부터 황제로 인정받고 아우구스투스라는 칭호를 얻었다. 신약성경에는 악티움 해전 이후 자신을 지지해준 헤로데 왕을 특별히 대해주는 모습으로 처음 등장한다. 헤로데가 죽은 후 아우구스투스는 그의 영토를 아들들이 나눠 통치하도록 한다. 아우구스투스는 76세를 일기로 사망하였고 죽기 전에 티베리우스를 후계자로 지명하였다(루가 3:1).

본디오 빌라도가 군중에게 예수와 바라빠 중 누구를 사면할 것인지 선택하도록 하는 장면. 1476년의 프레디(Predis) 사본이다.

B

바라빠 BARABBAS ('그 아버지의 아들')

본디오 빌라도가 예수 대신 사형시키자고 했던 강도 혹은 살인범이다(요한 18:40, 마르코 15:7, 루가 23:19). 빌라도는 모여든 군중에게 선택권을 주며 물었다. "유다인의 왕을 놓아달라는 것이냐?" 하지만 이 상황을 예견한 대사제들은 군중을 선동하여 차라리 바라빠를 놓아달라고 청하게 하였다. 빌라도가 다시 "그러면 너희가 유다인의 왕이라고 부르는 이 사람은 어떻게 하면 좋겠느냐?"라고 묻자 군중은 "십자가에 못 박으시오!"라고 외쳤다(마르코 15:7–13,

마태오 27:16–26). 마르코의 복음서는 '명절 때마다 총독이 사람들이 요구하는 죄수 하나를 놓아주곤' 했다고 기록했다(마르코 15:6). 하지만 빌라도가 실제로 사면해주었다는 당시의 기록은 존재하지 않는다. 일부 역사가들은 빌라도가 과월절이라는 혼란스러운 시기를 앞두고 기소된 죄인을 방면하는 위험부담을 감수할 이유가 무엇이냐고 의문을 제기한다. 반면 로마 통치자들이 공개적으로 잘못을 사과하거나 축제를 맞아 사면을 실시하는 기록이 존재한다고 지적하는 학자들도 있다.

바라키야 BARACHIAH ('신이 축복한')

즈가리야의 아버지로 마태오의 복음서에 따르면 '성소와 제단 사이에서 살해되었다'고 한다(마태오 23:35).

바르톨로메오 BARTHOLOMEW ('톨마이의 아들')

열두 사도 중 한 명으로 '정말 이스라엘인'이며(요한 1:47) 나타니엘과 동일인이라 보는 사람이 많다(마태오 10:3, 사도행전 1:13). 공관복음서에서는 필립보와 바르톨로메오가 늘 함께 언급되는 반면 나타니엘은 등장하지 않는다. 한편 요한의 복음서에서는 필립보와 나타니엘이 늘 같이 나오며 바르톨로메오는 언급되지 않는다. 바르톨로메오는 부활한 예수가 티베리아 호숫가에 나타났을 때 그 자리에 있었고(요한 21:2) 예수 승천을 목격하기도 한다(사도행전 1:4,12–13).

바르티매오 BARTIMAEUS ('티매오의 아들')

예리고의 맹인 거지로 '예루살렘으로 향하는 예수'를 길가에서 기다린 인물이다. 믿음 덕분에 시력을 되찾았다. 마태오의 복음서에는 예리고 밖에서 맹인 두 명도 눈을 떴다고 나오지만 이름은 기록되지 않았다(마르코 10:46, 마태오 20:30).

베엘제불BEELZEBUL OR BAALZEBUB ('파리의 왕') '마귀들의 왕자'인 사탄에게 주어진 이름이다. 복음서 저자들은 예루살렘 필경사들이 예수가 '베엘제불에게 사로잡혔다'고 비난하는 장면을 기록했다(마태오 10:25, 마르코 3:22). 베엘제불은 블레셋인들의 도시 에크론이 모시던 신 바알즈붑과 동일한 존재로 보인다(열왕기 하 1:2).

사랑받는 제자BELOVED DISCIPLE

요한의 복음서에는 '사랑받는 제자'라는 표현이 네 차례 등장한다. 다른 세 복음서에는 나오지 않는 표현이다. 예수는 이 사랑받는 제자를 퍽 아꼈던 것 같다. 이 제자는 마지막 만찬에서 예수 바로 옆자리에 앉았고 베드로의 요구에 따라 열두 제자 중 누가 배신자가 될 것인지 물었다. 십자가에 못 박힌 후 예수는 마리아와 사랑받는 제자를 내려다보았고 마리아에게 "어머니, 이 사람이 어머니의 아들입니다."라고, 이어 제자에게는 "이분이 네 어머니시다."라고 말했다(요한 19:26-27). 이후 이 제자는 갈릴리로 가 과거의 일로 돌아갔다고 되어 있다. 그렇다면 이 제자는 큰 물고기 153마리를 기적처럼 잡아올린 어부 일곱 명 중 하나가 된다. 이후의 성경 구절에서 나오지 않는 이름 하나가 제베대오의 아들 요한이다. 그리하여 '사랑받는 제자'가 바로 제베대오의 아들 요한이라는 추측이 생겨났다. 나아가 이 요한이 바로 복음서 저자라는 주장까지 나왔다. 하지만 이 복음서가 1세기 마지막 10년 동안 쓰였다는 주장이 맞는다면 예수와 같은 시대 사람이 저자일 수는 없다. 공관복음서에는 나오지 않는 많은 내용이 담겨 있다는 점에 비춰볼 때 요한의 복음서 저자는 다른 서사들이 접근할 수 없었던 자료를 확보했던 것으로 여겨진다. 복음서 자체는 저자가 누구인지 밝히지 않지만 '사랑받는 제자'

의 증언을 바탕으로 했으며 마지막 부분에서 '그 제자는 이 일들을 증언하고 또 글로 기록한 사람이다. 우리는 그의 증언이 참되다는 것을 알고 있다.'라고 기록하였다. 이렇게 볼 때 요한의 복음서 저자는 예수와 아주 가까웠던 제자의 기록을 중심 자료로 삼았던 것 같다.

네덜란드 화가 제랄트 반 혼토르스트(1592-1656)가 1617년경에 그린 '가야파 앞에 선 그리스도'이다.

카이사르CAESAR

율리우스 카이사르 이후 로마 황제들이 사용했던 호칭이다. 신약성경에서는 유대 지역을 통치한 여러 황제들이 다른 이름 없이 그냥 카이사르라고만 불리곤 한다(요한 19:15, 사도행전 17:7). 유대인들은 카이사르에게 세금을 바쳐야 했고 로마 시민들은 황제에게 상소할 권리를 지녔다(마태오 22:17, 사도행전 25:11). 신약에 등장하는 카이사르

는 아우구스투스, 티베리우스, 클라우디우스, 네로이다(루가 2:1, 3:1, 20:22, 사도행전 11:28, 25:8, 빌립비 4:22).

가야파CAIAPHAS

안나스의 사위로 C.E. 18-36년에 대사제를 지냈다. 티베리우스 치세였고 유대와 사마리아의 당시 총독은 본디오 빌라도였다. 바꿔 말하면 예수가 대중 목회를 시작하고 체포되어 십자가 처형을 당할 때까지 대사제 직에 있었던 셈이다(루가 3:2, 마태오 26:3,57, 요한 11:49, 18:13-14). 가야파는 사두개파의 일원이었을 것이라 여겨지며 대사제로서 예수 기소를 총괄했다. 복음서에 따르면 가야파는 사형을 선고할 수 있는 지위가 아니었고 따라서 예수를 로마 총독 본디오 빌라도에게 보냈다고 한다(마태오 27:2, 요한 18:28).

백인대장CENTURION ('백百')

로마군에서 병사 100명을 통솔하는 장교이다. 6,000명으로 구성된 부대마다 백인대장이 60명씩 있었다.

1. 하인이 몹시 아프다고 예수에게 전달을 보낸 가버나움의 백인대장이다. 예수가 "내가 가서 고쳐주마." 하자 백인대장은 "주님, 저는 주님을 제 집에 모실 만한 자격이 없습니다. 그저 한 말씀만 하시면 제 하인이 낫겠습니다."라고 답하였다. 비유대인의 그러한 믿음에 예수는 "정말 어떤 이스라엘 사람에게서도 이런 믿음을 본 일이 없다."라고 감탄하였다(마태오 8:6-10). 그리고 백인대장의 하인은 치료되었다고 한다.
2. 골고다에서 예수의 죽음을 목격한 백인대장이다. 로마에는 십자가 처형을 전문으로 하는 군사들이 있었고 백인대장의 지휘를 받았다. 그날 아리마태아 사람 요셉이 빌라도에게 예수의 사체를 내어달라고 청하자 빌라도는 '예수가 벌써 죽었을까 하고

백인대장을 불러 그가 죽은 지 오래되었는가 물어보았다'(마르코 15:45). 백인대장은 예수가 분명히 죽었다고 확인하였다.

대사제 CHIEF PRIEST

복음서에는 대사제가 종종 등장한다(마태오 2:4, 26:3). 사제 집단은 7,200명에 달하는 대규모 성직자 사회로 24개 가문으로 나누어졌다. 24개 가문 중 16개는 사독의 후손, 나머지 8개는 이다말의 후손이다. 각 가문은 돌아가면서 한 주씩 성전 일을 보았고 가문마다 한 해 최소 2주 이상, 그리고 축제 기간에 봉사했다. 대사제는 200명 안팎이었는데 번제의식을 책임지고 자금 관리나 십일조 수납 등을 총괄하였다.

쿠자 CHUZA ('미래를 내다보는 사람')

헤로데 안티파스 저택의 관리인이다(루가 8:3).

글레오파 CLEOPA ('명성 있는 아버지를 둔')

부활의 날 엠마오로 가던 길에 나타난 예수를 만난 두 제자 중 한 명이다(루가 24:18). 그리스 이름 클레오파트로스을 축약한 표현으로 보인다.

글레오파 CLOPAS

예수의 십자가 처형을 지켜본 여자들 중 한 명인 마리아의 남편이다. 글레오파는 알패오의 히브리어 이름이고 따라서 글레오파는 예수의 제자인 어린 야고보의 아버지일 가능성이 있다(마태오 10:3, 요한 19:25).

엘리아킴 ELIAKIM ('신이 세우신')

1. 힐키야의 아들로 히즈키야 왕이 아시리아 왕에게 보낸 대표단의 일원이었다(열왕기 하 18:18, 19:2, 이사야 36:3,11,22, 37:2)

익명의 플랑드르 화가가 1466–1500년 사이에 작업한 제단화에 묘사된 마리아와 사촌 엘리사벳.

2. 유다의 왕 여호야킴의 본래 이름이다(열왕기 하 23:34, 역대기 하 36:4).
3. 사제이다(느헤미야 12:41).
4. 멜레아의 아들이다(루가 3:30).
5. 아비훗의 아들이다(마태오 1:13).

엘리사벳 ELIZABETH ('신의 맹세')

즈가리야의 아내이자 마리아의 사촌이고 세례자 요한의 어머니이다(루가 1:5-60). 아비야 조에 속하는 사제였던(루가 1:5) 남편 즈가리야 앞에 천사 가브리엘이 나타났고 두려워하는 그에게 "두려워 마라, 즈가리야. 하느님께서 네 간구를 들어주셨다. 네 아내 엘리사벳이 아들을 낳을 터이니 아기의 이름을 요한이라 하여라. 그는 주님 보시기에 훌륭한 인물이 되겠고 너도 기뻐하고 즐거워할 것이다."라고 말해주었다(루가 1:13-15). 그 말대로 엘리사벳은 늦은 나이였지만 아들을 낳았다.

에세네파 ESSENES

사두개파 및 바리새파와 함께 후기 두 번째 성전 유대교에 존재했던 종교 분파이다. 하스모니아 왕조 치하에서 유대의 왕이 대사제를 겸할 수 있는가를 두고 양분된 사회에 반감을 품고 세상을 떠나 사는 무리가 나타났는데 역사가 요세푸스는 이를 에세네파라 불렀다. 에세네파 공동체는 율법을 철저히 지키며 금욕생활을 했다. 사독 대사제의 후손에게만 주어져야 하는 대사제 직위를 하스모니아 가문 출신이 차지한 것에 분노하면서 단순한 옷을 입고 정해진 시간마다 규칙적으로 기도를 올렸으며 거친 땅을 일구느라 오랜 시간 노동하였다. 저수지를 파 빗물을 받거나 근처 샘에서 수로를 연결해 매일 침례의식을 행했다. 안식일에는 생리현상조차 억눌렀다. 사독의 후손인 '진리의 스승' 아래 이토록 금욕적으로 살아가는 목적은 신에게 가까이 다가가기 위함이었다. 일부 학자들은 세례자 요한이 사해 근처 에세네파인 쿰란 공동체와 연결되어 있으리라 추정한다. 세례자 요한과 에세네파는 복음서에서 선생님으로 불리는데 이는 쿰란 공동체의 지도자가 선생님으로 불렸던 것과 같다(루가 3:12, 요한 3:26).

헬리 HELI ('올라가기')

요셉의 아버지이고 마리아의 남편이다(루가 3:23).

헤로데 안티파스 HEROD ANTIPAS

B.C.E. 4년부터 C.E. 39년까지, 즉 예수가 갈릴리에서 어린시절과 성인기를 보내는 동안 갈릴리와 페레아를 통치했던 영주이다. 헤로데 대왕과 사마리아인 부인 말타케 사이에서 태어난 아들이고 아르켈리오스와 필립보의 형제이다(마태오 2:22). 아라비아의 왕 아레타스의 딸과 첫 결혼을 했지만 이혼하고 이복형제 헤로데 필립보의 아내 헤로디아와 결혼했다. 이에 복수하기 위해 아레타스 왕이 헤로데의 영토를 침략해 승

리했다. 역사가 요세푸스는 이를 세례자 요한을 죽인 벌이라고 설명한다(마태오 14:4). 아버지와 마찬가지로 헤로데 안티파스도 거대한 건설공사를 벌여 세포리스를 재건하고 갈릴리호에 티베리우스라는 신도시를 건설하였다.

헤로데 필립보 HEROD PHILLIP ('말을 사랑하는')

B.C.E. 4-C.E. 34년에 이두래아, 골란티스와 트라코니티스를 다스린 영주이고 헤로데 대왕의 세 아들 중 죽을 때까지 지위를 유지한 유일한 인물이다. 헤로데 대왕과 대사제 시몬의 딸 마리암네 사이에 태어난 아들이다. 마르코의 복음서에 따르면 아그리파 1세의 누이인 헤로디아와 결혼해 딸 살로메를 두었지만 이후 헤로디아는 필립보의 이복형제 헤로데 안티파스와 결혼한다. 세례자 요한은 그 결혼을 격렬하게 비판하였다(마르코 6:17, 마태오 16:13, 루가 3:1). 이후 필립보는 안티파스와 헤로디아의 딸인 살로메와 다시 결혼했다.

헤로데 대왕 HEROD THE GREAT ('영웅과 같은')

갈릴리 통치자였다가 이후 유대의 왕이 된 인물이다. 헤로데는 율리우스 카이사르가 하스모니아의 마지막 왕 히르카누스 치세 때 유대 지사로 임명한 이두매인 안티파테르의 둘째 아들이다. 안티파테르는 아들들에게 영토를 나눠주면서 헤로데가 갈릴리와 코엘레 시리아(Coele Syria)를 다스리도록 했다. 옥타비아누스와 안토니우스 측, 그리고 카이사르를 암살한 브루투스와 카시우스 측이 벌인 로마 내전 동안 안티

제임스 자크 조셉 티소의 '헤로데 대왕'이다.

파테르와 헤로데 부자는 카시우스 편을 들었다. 이유인 즉 카시우스가 유대와 가까운 시리아에서 안토니우스를 물리치기 위한 군대를 구성했다는 것이었다. 헤로데는 갈릴리 농부들에게 가혹하게 세금을 거둬 카시우스 군대에 자금을 댔다. 이후 파르티아인들이 유대를 침략했을 때 로마 원로원은 헤로데를 유대의 왕으로 인정하고 로마 군대를 지원해 파르티아, 더 나아가 반대파를 격퇴하도록 해주었다. 이로써 헤로데의 33년 통치가 시작되었다. 헤로데는 다른 어떤 로마 속국의 왕보다 큰 자율권을 누리며 유대와 사마리아에서 야심찬 건설사업을 벌였다. 지중해안의 새로운 항구 가이사리아 건설, 그리고 대대적인 제2성전 증축이 대표적이다. 마사다, 헤로디온, 마케루스 요새 등 왕국의 전략적 요지에 방어시설도 구축했다. 마태오의 복음서는 헤로데가 '유대의 왕'이 태어났다는 예언에 두려움을 느껴 두 살 이하 베들레헴 사내아이를 모두 죽이도록 명령했다고 기록하지만 이는 다른 복음서나 당시 다른 문헌에는 나오지 않는 내용이다(마태오 2:1-22, 루가 1:5, 사도행전 23:35). 2007년 5월, 예후드 네쩨르가 이끄는 이스라엘 발굴팀이 헤로디온 언덕 중간쯤에 헤로데가 한때 묻혔던 무덤이 있다고 발표하기도 했다.

헤로디아 HERODIAS (헤로데의 여성형, '영웅과 같은')

헤로데 대왕과 마리암네 사이에서 태어난 아들 아리스토불루스의 딸로 아그리파 1세의 누이이다. 요세푸스에 따르면 로마의 시민 헤로데 베오투스와

엘리자베타 시라니(1638-1665)가 그린 '세례자 요한의 머리를 든 헤로디아'이다.

결혼했다고 하지만 마르코와 마태오의 복음서를 보면 헤로데 필립보 영주와 결혼했다가 이후 의붓삼촌인 헤로데 안티파스 영주와 다시 결혼한 것으로 나온다. 자신과 안티파스의 결혼을 비난한 세례자 요한의 머리를 달라고 딸 살로메가 요청하도록 만든 인물이기도 하다(마태오 14:8-11, 마르코 6:24-28, 루가 3:19).

야이로 JAIRUS

가버나움의 회당장으로, 몹시 아픈 딸을 고쳐달라고 예수에게 애원한다. 예수가 미처 당도하기 전에 아이가 죽고 말았다는 소식이 전해졌다. 군중은 야이로에게 "선생님께 더 폐를 끼쳐드리지 마시오."라고 말했지만 예수는 아랑곳하지 않고 회당장의 집으로 갔다. 울며불며 슬퍼하는 이들에게 "왜 떠들며 울고 있느냐? 그 아이는 죽은 것이 아니라 잠을 자고 있다."라고 말하고는 모두를 집밖으로 내보낸 뒤 부모의 안

내를 받아 아이 방으로 들어갔다. 예수가 사체에 대고 "탈리다 쿰." 즉 "소녀야, 어서 일어나거라."라고 말하자 곧바로 아이 얼굴에 화색이 돌며 눈을 뜨고 일어났다(마르코 5:22, 마태오 9:18, 23-26, 루가 8:41).

야고보, 예수의 형제 JAMES, BROTHER OF JESUS
('대신하는 사람')

마르코의 복음서를 보면 나사렛 사람들이 예수를 보고 "저 사람은 그 목수가 아닌가? 그 어머니는 마리아요, 그 형제들은 야고보, 요셉, 유다, 시몬이 아닌가?"라고 서로 수군거리는 장면이 나온다(마르코 6:3). 십자가 처형 후 10년이 지났을 때 야고보는 예루살렘 교회, 즉 유대인과 이방인이 모두 포함된 소아시아 그리스도교 공동체와는 차별화된 교회의 지도자가 되어 있었다(사도행전 12:17). 율법에 충실한 유대인이었던 야고보는 바울의 이방인 선교를 반대하지는 않았지만 개종한 이방인이 우상숭배나 음란한 행동을 하지 않도록, 목 졸라 죽인 짐승의 고기와 피를 먹지 않도록 해야 한다고 주장했다(사도행전 15:20).

야고보, 유다의 아버지 JAMES, FATHER OF
JUDAS

사도 유다의 아버지(혹은 형제)이다. 가리옷 사람 유다와 구별하기 위해 요한의 복음서에서는 타대오라고 불린다. 야고보의 아들 유다라는 이름으로는 루가의 복음서에만 등장한다(루가 6:16).

야고보, 알패오의 아들 JAMES, SON OF
ALPHAEUS

공관복음서에 등장하는 열두 사도 중 한 명이다(마르코 2:14). 일부 학자들은 글레오파가 알패오의 히브리 이름이라는 점을 근거로 알패오의 아들 야고보가 글레오파의 아들 야고보와 동일인물이라고 본다.

야고보, 제베대오의 아들 JAMES, SON OF
ZEBEDEE

제베대오의 아들로 형제 요한과 함께 예수의 열두 사도가 된다. 마태오의 복음서는 갈릴리 호숫가를 지나가던 예수가 아버지와 함께 배에서 그물을 손질하고 있던 두 아들 야고보와 요한 형제를 보았다고 나온다(마태오 4:18-21). 또 마르코의 복음서에 따르면 '예수의 부름에 두 형제는 아버지 제베대오와 삯꾼들을 배에 남겨둔 채 예수를 따라나섰다'(마르코 1:20, 3:14, 마태오 10:2). 루가의 복음서는 야고보와 요한이

레오나르도 다 빈치가 '최후의 만찬'을 준비하면서 1495년경에 습작한 예수 모습.

시몬의 동업자라고 하는데 아마 배를 함께 빌려 고기를 잡는 상황이었을 것이다. 훗날 야고보와 요한은 베드로와 함께 타볼 산에서 예수의 변용을 지켜본다(마르코 9:3-7). 마태오의 복음서에는 예수의 목회 중에 야고보와 요한의 어머니가 나타나 아들들이 '주님의 나라에서 하나는 주님 오른편에, 다른 하나는 왼편에 앉게 해달라'고 요청하는 장면이 있다. 이에 예수는 "너희가 청하는 것이 무엇인지나 알고 있느냐?"라고 답한다(마태오 20:20-22). 공관복음서에서 베드로, 야고보, 요한은 가장 중요한 제자로

등장한다. 요세푸스 역사서와 〈사도행전〉에 따르면 아그리파 1세가 C.E. 44년경 유대인 그리스도교도에 대한 압제 때 야고보의 처형을 명했다고 한다(사도행전 12:2).

예수 JESUS

예수(Jesus 혹은 아람 어로 Yeshua)는 여호수아나 호세아와 마찬가지로 '야훼는 구세주'를 뜻하는 Yehoshuah의 줄임말로 유대와 갈릴리에서 흔히 쓰이는 이름이다. 마태오와 루가의 복음서에 따르면 헤로데 왕 통치기에 마리아와 요셉 부부가 베들레헴에서 예수를 낳았다. 그에 앞서 천사 가브리엘이 마리아 앞에 나타나 아이를 낳게 될 것이니 예수라 이름 붙이라고 말해준다. 베들레헴에서 여관방을 잡지 못한 마리아는 마구간에서 첫아들을 낳아 포대기에 싸서 말구유에 눕혔다(루가 2:6-7). 새로 태어난 '유대의 왕'을 보기 위해 동방박사들도 선물을 들고 찾아왔다. 마태오의 복음서를 보면 요셉의 꿈에 천사가 나타나 아내와 아들을 데리고 이집트로 피신하라고 알려준다. 헤로데가 예수를 없애기 위해 두 살 이하 사내아이를 모조리 죽이라고 명령했기 때문이다. 이집트에서 돌아온 가족은 나사렛에 정착한다.

열두 살이 되었을 때 예수는 부모와 함께 과월절을 지내러 예루살렘을 찾아갔다. 축제가 끝난 후 요셉과 마리아는 나사렛 귀향길에 올랐다가 예수가 없어졌다는 것을 깨달았다. 예수는 예루살렘 성전에서 율법학자 및 교사들과 토론을 벌이는 중이었다. 학자들은 예수의 율법 지식에 탄복했다.

서른 살이 되었을 때 예수는 요르단 강으로 가서 세례자 요한에게 세례를 받았다. 이 사건은 내용상 약간의 차이는 있지만 네 복음서 모두에 등장한다. 예수의 삶에서 이렇게 모든 복음서에 나오는 사건은 거의 없다. 세례자 요한이 헤로데 안티파스에게 체포된 후 요한의 제자들은 예수를 따르며 갈릴리로 향한다. 예수는 갈릴리의 가버나

움 회당에서 목회를 시작한다. 갈릴리 전역을 돌며 이루어진 목회는 산상설교에서 정점을 이룬다. 치유의 기적도 여러 번 행하는데 그 중 많은 수가 복음서들에 공통적으로 기록된다. 반면 자연현상에 대한 기적은 한두 복음서에 나오는 것에 그친다. 목회 중 어느 시점에선가 예수는 갈릴리 사람들이 회개하고 지상에서 '신의 왕국'을 구현하도록 만들 수 없겠다고 느꼈던 듯하다. 그리하여 "코라진아, 너는 화를 입으리라. 베싸이다야, 너도 화를 입으리라. 너희에게 베푼 기적들을 두로와 시돈에서 보였더라면 그들은 벌써 베옷을 입고 재를 머리에 들쓰고 회개하였을 것이다."라고 외친다(마태오 11:21, 루가 10:13).

예수는 영적 중심지인 예루살렘으로 가기로 결정한다. 과월절 직전 예수는 군중의 환영을 받으며 예루살렘에 들어선다. 하지만 환전하고 번제용 동물을 사고파느라 시끌벅적 장터로 변해버린 성전을 보고는 화가 난 나머지 "너희가 이 집을 '강도의 소굴'로 만들어버렸구나!"라고 외치면서 환전상들의 탁자와 비둘기 장수들의 의자를 둘러엎어 버린다(예레미야 7:11, 마르코 11:15-17). 마르코의 복음서는 이 말을 전해들은 '대사제들과 율법학자들은 어떻게 해서라도 예수를 없애버리자고 모의하였다'고 기록했다(마르코 11:18). 제자들과 마지막 만찬을 나눈 예수는 가리옷 사람 유다의 배신으로 체포되고 대사제 가야파가 주재한 심문을 받은 후 유대 총독 본디오 빌라도에게 십자가형 처분을 받게 된다.

심문 후 예수는 채찍질 당하고 골고다 언덕으로 향한다. 로마 병사들은 예수의 십자가 위에 '유다의 왕'이라 써놓고 행인들이 비웃게 한다. 예수의 죽음 순간은 복음서마다 조금씩 달리 나오는데 마르코의 복음서에 따르면 예수가 큰 소리로 "엘로이, 엘로이, 레마 사박타니?" 즉 "나의 하느님, 나의 하느님, 어찌하여 나를 버리셨나이까?"라고 부르짖었다고 한다(마르코 15:33-34).

아리마태아 사람 요셉의 요청에 따라 예수 시신이 십자가에서 내려지고 고운 베로 싸여 동굴 무덤에 안장된다. 며칠이 흐른 후 추종자들은 무덤이 빈 것을 발견한다. 복음서들은 예수가 사도들 앞에 다시 모습을 나타냈다고 기록했다(사도행전 1:1-11, 7:55, 9:10-18, 10:37-38, 19:4, 고린토 상 11:23-26, 요한 1:28-37,46, 2:13-20, 3:34, 6:58-59, 7:16,42, 10:40-42, 13:26-27, 14:10, 18:1-36, 19:2-27, 20:12-15, 루가 1:5,31-38, 2:1-22,41,52, 3:1-23, 4:16, 9:18-36,22, 23:7-28, 24:4, 마르코 1:9-11, 6:3,8, 9:2-8, 14:22-61; 15:17-39, 16:5-9, 마태오 1:1-12, 19-20, 2:1-23, 3:13-17, 4:18-20, 11:27, 13:55, 17:1-9, 27:29-66, 28:5, 시편 118:25-26, 디모테오 3:16).

요안나 JOANNA ('신의 은총')

1. 예수의 선조로 레사의 아들이고 즈루빠벨의 손자이다. 하나니야라고도 불린다(역대기 상 3:19, 루가 3:27).
2. 헤로데 안티파스 저택 관리인 쿠자의 아내이다(루가 8:3).

요한, 제베대오의 아들 JOHN, SON OF ZEBEDEE ('신의 은총을 받은')

제베대오와 살로메의 아들로 형제 야고보와 함께 예수의 제자가 된다. 마태오의 복음서에는 갈릴리 호숫가를 지나가던 예수가 아버지 제베대오와 함께 배에서 그물을 손질하던 두 아들 야고보와 요한 형제를 보았다고 나온다(마태오 4:18-21). '예수의 부름에 두 형제는 아버지 제베대오와 삯꾼들을 배에 남겨둔 채 예수를 따라나섰다'고 한다(마르코 1:20, 3:14, 마태오 10:2). 훗날 야고보와 요한은 베드로와 함께 타볼 산에서 예수의 변용을 지켜본다(마르코 9:3-7). 마태오의 복음서에는 예수의 목회 중 야고보와 요한의 어머니가 나타나 아들들이 '주님의 나라에서 하나는 주님 오른편에, 다른 하나는 왼편에 앉게 해달라'고 요청하는 장

면이 있다. 이에 대해 예수는 "너희가 청하는 것이 무엇인지나 알고 있느냐?"라고 답한다(마태오 20:20-22). 요한은 예수의 죽음과 부활 이후 초기 교회에서 핵심적인 역할을 했다. 〈사도행전〉에 따르면 성전 근처에서 베드로가 절름발이를 고쳐줄 때 요한도 옆에 있었고 함께 체포되어 감옥에 갇

독일 화가 게오르크 펜츠(1500-1550)의 패널화에 그려진 세례자 요한.

혔다고 한다. 훗날 그는 베드로를 본받아 팔레스타인을 떠나 그리스도교 활동의 다른 중심지로 옮겨갔다. 따라서 요한이 에페수스(에페소, 오늘날의 터키)까지 갔다는 교리의 가르침은 신빙성이 있다. 바울은 C.E. 53년경 갈라디아 사람들에게 쓴 편지에서 사도 요한이 이방인에 대한 목회를 도왔다고 공개적으로 언급한다.

세례자 요한 JOHN THE BAPTIST ('신의 은총을 받은')

아비야의 사제 즈가리야와 아론의 딸 엘리사벳 사이에서 예수보다 6개월 앞서 태어났다. 가브리엘 천사가 요한의 탄생을 예고하였다. 나사렛 사람으로 유다에서 청년기를 보냈고 성인이 된 후에는 곧 메시아가 오고 있으며 '도끼가 이미 나무뿌리에 닿았으니 좋은 열매를 맺지 않는 나무는 다 찍혀 불 속에 던져질 것'(루가 3:9)이라 경고하였다. 그 말에 감화되어 수천 명이 요르단 강에서 세례를 받았다. 마태오의 복음서를 보면 요한이 사막에서 '낙타털 옷을 입고 허리에 가죽 띠를 두르고 메뚜기와 들꿀을 먹으며 살았'고 나오는데 이는 '가죽으로 아랫도리를 가리고 몸에는 털옷을 걸친' 엘리야의 이미지를 떠올리게 한다(마태오 3:4, 열왕기 하 1:8). 마태오의 복음서를 읽는 독자들은 '야훼가 나타날 날, 그 무서운 날을 앞두고 내가 틀림없이 예언자 엘리야를 너희에게 보내리니'라는 신의 약속을 떠올렸을 것이다(말라기 4:5). 일부 학자들은 세례자 요한이 사해 근처 쿰란 공동체와 연결되어 있으리라 추정한다. 사해 두루마리는 바로 이 공동체의 에세네파가 썼다고 알려졌다. 쿰란 공동체에서는 모든 구성원이 공동 관리자에게 재산과 소유물을 넘겨주는 것이 규칙이었다. 세례자 요한도 "속옷 두 벌을 가진 사람은 한 벌을 없는 사람에게 주고 먹을 것이 있는 사람도 이와 같이 해야 한다."(루가 3:10-11)고 가르쳤다. 쿰란 공동체와 세례자 요한은 모두 유대 중심 도시

에서 멀리 떨어진 곳에서 금욕적 생활을 했다. 예수는 요한의 명성을 듣고 요르단으로 가 세례를 받는다. 하지만 얼마 후 요한은 헤로데 안티파스와 헤로디아의 결혼을 비판한 죄로 체포되어 마케루스 요새에 갇힌 후 참수된다(루가 3:8-19, 마태오 3:1-12, 14:3-12). 예수는 설교 중에 자주 세례자 요한에게 존경을 표했는데 "사실 여자의 몸에서 태어난 사람 중에 세례자 요한보다 더 큰 인물은 없다."라고 하였다(루가 7:28).

복음서 저자 요한 JOHN THE EVANGELIST ('신의 은총을 받은')

가장 문학적일 뿐 아니라 예수의 삶과 행동을 가장 신학적으로 세밀하게 기술한 〈요한복음〉을 저술한 인물이다. 요한의 복음서에서 예수는 '세상의 빛'이니 '생명의 빵' 같은 은유적 표현을 자주 사용해 그리스도교 신학의 핵심 개념을 구체적으로 설명한다. 요한의 복음서는 '제베대오의 아들'인 제자 요한 혹은 '사랑받는 제자' 요한이 집필했을 것으로 추정되었다. 하지만 이 복음서가 1세기 마지막 10년 동안 저술되었다는 주장이 맞는다면 예수와 같은 시대 사람이 저자일 수는 없다. 공관복음서에는 나오지 않는 많은 내용이 담겨 있다는 점에 비춰볼 때 요한의 복음서 저자는 다른 저자들이 접근할 수 없었던 자료를 확보했던 것으로 여겨진다. 복음서 자체는 저자가 누구인지 밝히지 않으며 다만 '사랑받는 제자'의 증언을 바탕으로 했으며 마지막 부분에서 '그 제자는 이 일들을 증언하고 또 글로 기록한 사람이다. 우리는 그의 증언이 참되다는 것을 알고 있다.'라고 기록하였다. 이렇게 볼 때 〈요한복음〉의 저자는 예수와 아주 가까웠던 제자의 기록을 중심 자료로 삼았던 것 같다.

요셉 JOSEPH ('늘어나다')

다윗의 후손으로 예수의 아버지이고 마리아의 남편이다. 본래 어디서 살았는지는 불분명하다. 마태오의 복음서에는 요셉이 나

사렛이 아닌 베들레헴에 살았다고 나온다. 요셉이 나사렛 출신이라고 쓴 것은 요한의 복음서뿐이지만 상세한 설명은 없다. 마태오의 복음서에서는 예수 탄생에서 요셉이 중심인물로 묘사된다. 요셉은 마리아가 결혼도 하기 전에 잉태한 것을 알고 공개적인 망신을 줄 것 없이 '남모르게 파혼하기로 마음먹었다.' 하지만 파혼하기 전에 꿈속에 천사가 나타나 '다윗의 자손 요셉아, 두려워하지 말고 마리아를 아내로 맞아들여라. 그의 태중에 있는 아기는 성령으로 말미암

독일 트리에르 성 베드로 성당의 스테인드글라스에 그려진 복음서 저자 성 요한. 1520년경.

은 것이다.'라고 알려준다(마태오 1:21). 루가의 복음서에 따르면 아우구스투스 황제의 호구조사령에 따라 요셉이 만삭의 아내 마리아를 베들레헴으로 데려간 것으로 나오지만 마태오의 복음서를 보면 요셉과 마

리아 부부는 계속 베들레헴에 살고 있었다. 동방에서 온 박사들이 따라가던 밝은 별이 '아기가 있는 곳 위에 이르러 멈추었고 동방박사들은 그 집에 들어가 어머니 마리아와 함께 있는 아기를 보고 엎드려 경배하였다(마태오 2:11). 요셉 부부는 두 살 이하의 사내아이들을 모두 죽이라는 헤로데 왕의 명령을 피해 이집트로 갔고 이후 천사가 나

스페인 화가 후세페 데 리베라(1591-1652)가 1635년경에 그린 '성 요셉'으로 예수의 아버지를 묘사하고 있다.

타나 돌아가도 안전하다고 알려준다. 하지만 헤로데의 아들인 폭군 아르켈라오스가 유대를 통치하게 되었다는 소식을 들은 요셉은 북쪽으로 올라가 갈릴리에 정착했다. 마르코의 복음서는 요셉이 tektōn이었다고 기록했고 킹 제임스 성경은 이를 '목수'라 번역했다. 하지만 이 단어는 '돌, 목재, 금속을 다루는 장인'을 의미한다. 이후 예수가 사용하는 우화를 보면 목수일보다 농경에 관련된 것이 훨씬 많기 때문에 학자들은 요셉도 대부분의 갈릴리 사람들처럼 농부였을 것으로, 다만 나무 다루는 기술로 부수입을 올렸을 것으로 추측한다.

예수가 열두 살이 되었을 때 가족을 이끌고 예루살렘으로 향하는 장면이 성경에 나오는 요셉의 마지막 모습이다. 예수의 목회나 마지막 십자가 처형 상황에서 언급되지 않는 것으로 미루어 그 전에 사망한 듯하다(요한 19:25, 루가 2:41 3:23, 마태오 1:16, 13:55).

아리마태아 사람 요셉 JOSEPH OF ARIMATHEA ('늘어나다')

아리마태아 출신으로 대공회의 일원이었던 인물이다. 마르코의 복음서에 따르면 '신의 왕국을 열망했다'고 하니 예수의 추종자였던 것으로 보인다(마르코 15:43). 요한의 복음서에서는 직접적으로 요셉이 '예수의 제자'였다고 나온다(요한 19:38). 예수가 죽은 후 요셉은 빌라도 총독에게 예수의 시신을 내어달라고 청한다. 시신을 받아서는 고운 베로 싸고 자신을 위해 마련했던 무덤에 모셨다. 그리고 큰 돌을 굴려와 무덤 입구를 막은 후 떠났다(요한 19:39, 루가 23:50-55, 마르코 15:46, 마태오 27:57).

요셉 혹은 여호수아 JOSES ('지위가 높은')
1. 엘리에젤의 아들로 그리스도의 선조이다(루가 3:29).
2. 예수의 형제들 중 하나로 마르코의 복음서에 등장한다(마르코 6:3).

유다 JUDAS ('찬양')
1. 야곱의 아들이고 다말의 남편이며 베레스와 제라의 아버지이다(마태오 1:2-3).
2. 가리옷 사람 유다. 열두 사도 중 한 명이었으나 은전 서른 닢을 받고 예수를 대공회에 넘겨주는 배신을 저지른다. 유다의 배신을 한층 극적으로 만든 것은 경비병들이 예수를 알아볼 수 있도록 예수 뺨에 입을 맞춘 행동이었다. 입맞춤은 선생님에 대한 존경과 사랑의 표시이기 때문이다. 요한의 복음서에는 유다가 예수 일행의 돈주머니를 맡아 관리했다고 나오며 이는 배신하기 전

까지 유다가 신뢰를 받았다는 의미로 해석된다(요한 12:6). 마르코의 복음서는 유다를 가리옷 사람 유다라고 부른다. 가리옷 사람을 뜻하는 단어 Iscariot은 '단검 쓰는 사람'이라는 뜻의 라틴어 sicarius로 해석되면서 유다가 젤롯(열심당)의 검객이라는 의견도 나왔다. 반면 그저 유대의 남쪽 마을 가리옷(Kerioth) 출신임을 의미할 뿐이라고 반박하는 학자들도 있다. 다른 제자들이 모두 갈릴리 출신이었음을 감안하면 유다가 잘 어울리지 못했을지 모른다. 유다는 뒤늦게 후회하며 사제들에게 받은 돈을 돌려주려 하지만 거절당한다. 마태오의 복음서는 유다가 목을 매 자살했다고 기록했고 〈사도행전〉은 은전을 주고 산 밭에서 거꾸러져 죽었다고 썼다(마태오 26:15, 27:5, 사도행전 1:18). 파피아스 주교의 글에는 유다가 마차에 치여 죽은 것으로 나온다.

라자로 LAZARUS ('신이 도우신다')
1. 엘르아잘의 축약형 이름이다. 라자로는 베다니아 마을에서 누이 마리아, 마르타와 함께 살았다. 병들어 죽은 후 무덤에 사흘 동안 들어가 있던 라자로를 예수가 되살려낸다. 이 일을 계기로 이스라엘 사제들은 라자로와 예수를 한꺼번에 죽이려 한다(요한 11:1-14, 38-44, 12:1-18).
2. 거지(루가 16:19-31).

레비 LEVI ('결합된')
사도 중 한 명으로 알패오의 아들이다(마르코 2:14, 루가 5:27,29). 마태오라고도 불린다(마태오 9:9). 마태오 항목 참조.

루가 LUKE
〈루가 복음〉의 저자는 바울과 함께 그리스를 돌아다니고 바울의 마지막 예루살렘 행

이탈리아 화가 프라 안젤리코(1387–1455)가 1450년에 그린 '라자로의 부활'이다.

에도 동행했던, 루가라는 인물이라고 여겨져왔다. 바울이 골로새 사람들에게 쓴 편지에 등장하는 '사랑하는 의사'가 루가라는 주장도 있다(골로새 4:14). 그리하여 루가가 시리아의 안티오크쯤에서 교육받은 의사이며 바울의 인도로 그리스도교도가 된 이방인이라는 해석으로까지 이어졌다. 하지만 복음서에는 저자가 의사라는 언급이 없다. 루가의 복음서는 다른 복음서에 비해 사건의 시대적 배경을 가장 명확하게 밝혀준다. 어느 왕 치세인지 분명히 언급하는 것이다. 또한 '처음부터 직접 눈으로 보고 말씀을 전파한 사람들이 우리에게 전해준 사실 그대로'를 썼다고 설명하여(루가 1:2) 진실성을 강조한다. 나아가 자신에 앞서 여러 사람이 예수의 행적을 글로 엮고자 했다는 점도 언급한다. '모든 일을 처음부터 자세히 조사해 순서대로 정리'했다는 구절로 미루어보면 복음서 저술을 위한 바탕자료가 많았으며 때로 상충하고 모순되기도 했다는 의미로 해석된다(루가 1:1–3). 루가의 복음서에 등장하는 그리스어는 알렉산드리아에서 번역된 구약성경의 그리스어 판인 70인 역의 문체를 반영한다. 이 때문에 루가의 복음서는 지중해 지역의 유대 그리스도

교도 이주민을 위해 쓰였다는 해석이 나왔다. 루가의 복음서 저자가 〈사도행전〉을 썼다는 주장도 있는데 이는 두 책의 문체와 신학적 관점이 매우 유사하기 때문이다.

리사니아 LYSANIAS

티베리우스 치세 당시 아빌레네 지방의 영주이다(루가 3:1).

동방박사들 MAGI

마태오의 복음서에 따르면 예수 탄생 소식이 '동방에서 온 현자' 세 사람에게도 전해졌다고 한다. 고대 바빌로니아나 페르시아 같은 동양 궁정에서는 학식 높은 점성술사가 사제로서 자문을 맡거나 마법을 부리기도 했다. 최근 몇 세기 동안에는 세 동방박사를 왕들로 보는 해석도 생겨났다. 밝은 별 하나가 동방에서부터 박사들을 인도하다가 '아기가 있는 곳 위에 이르러 멈추었고 동방박사들은 그 집에 들어가 어머니 마리아와 함께 있는 아기를 보았다'(마태오 2:11). 그리고는 구유 속 아기 앞에 무릎 꿇고 황금, 유향, 몰약을 예물로 바쳤다. 이는 '큰 낙타떼가 너의 땅을 뒤덮고 사람들이 금과 향료를 싣고 야훼를 높이 찬양하며 찾아오리라.'는 〈이사야서〉의 예언이 실현된 것으로 볼 수 있다(이사야 60:6). 새로운 '왕'이 탄생했다는 소식을 접한 헤로데 왕은 불안과 의혹을 느꼈고 세 동방박사에게 '자신도 경배하러 갈 수 있도록' 아기 있는 곳을 알려달라고 하였지만 동방박사들은 꿈속에서 헤로데를 다시 만나지 말라는 경고를 듣고 다른 길을 택해 자기 나라로 돌아갔다(마태오 2:12).

말코스 MALCHUS

대사제 가야파의 하인이다. 겟세마네에서 시몬 베드로가 칼을 내리쳐 말코스의 오른

쪽 귀를 잘라버리지만 예수가 치유해준다(요한 18:10, 마태오 26:51, 마르코 14:17, 루가 22:49–51).

마르코 MARCO

예수의 삶과 행적을 담은 최초이자 가장 오래된 복음서를 쓴 저자이다. 로마 치하 유대에서 반란이 일어난 후인 C.E. 66–70년 사이에 저술된 것으로 보인다. 마르코의 복음서에는 예수의 어린시절이나 청소년 시절 정보가 없다. 요르단에서 세례자 요한 무리에 합류했을 시점, 예수가 서른을 넘었을 때부터 이야기가 시작되기 때문이다. 마르코의 복음서 저자는 바울의 친구이자 이후 골로새의 공동체를 방문했던 사도 베드로와도 친구가 된 요한 마르코라고 여겨져왔다. 베드로는 로마에서 쓴 편지 말미에 마르코를 언급하기도 한다(골로새 4:10, 베드로 5:13). 주교 이레나이우스는 135년경에 '마르코는 사도이자 베드로의 통역사'라고 기록했다. 이 경우 마르코가 라틴어, 그리스어, 아람어를 구사했던 것으로 추정된다(네 복음서는 모두 코이네라는 그리스어 방언으로 쓰였기 때문이다). 하지만 마르코의 복음서에는 마르코가 등장하지도, 저자가 명시되지도 않는다. 그리스도교에서는 마르코의 복음서가 로마에서 저술되었다고 본다. 마태오와 루가의 복음서를 살펴보면 60퍼센트 가량의 내용이 마르코의 복음서를 옮겨 쓴 것으로 나타난다.

마르타 MARTHA

베다니아에서 오빠 라자로, 여동생 마리아와 함께 살았던 인물이다. 예수 일행을 집에 맞아들여 손님 대접을 하느라 분주했고 그 사이 예수 발치에 앉아 말씀만 듣고 있는 마리아에게 화가 났다. 그래서 예수에게 동생 원망을 하며 "주님, 제 동생이 저에게만 일을 떠맡기는데 이것을 보시고도 가만두십니까? 마리아더러 저를 좀 거들라고 이르십시오."라고 말했다. 하지만 예수

시몽 부에(1590~1649)의 그림 '마르타가 동생 마리아를 나무라다'로 1621년 작품이다.

는 "마르타, 마르타, 너는 많은 일에 다 마음을 쓰며 걱정하지만 실상 필요한 것은 한 가지뿐이다."라고 대답하였다(루가 10:40-42). 이후 마르타는 오빠 라자로가 아프다고 알렸는데도 예수가 서둘러 돌아와 치유해주지 않은 상황에서 다시 등장한다. 라자로가 무덤에 묻힌 지 이미 나흘이 흘렀을 때 예수가 도착하자 낙담한 마르타는 "주님, 주님께서 여기에 계셨더라면 제 오빠는 죽지 않았을 것입니다."라고 하였다. 예수는 "네 오빠는 다시 살아날 것이다."라고 답하였다(요한 11:17-33). 예수가 라자로 무덤 앞의 돌을 치우게 하고 "라자로야, 나오너라." 외치자 당장 '죽었던 사람이 밖으로 나왔는데 손발은 베로 묶여 있었고 얼굴은 수건으로 감겨 있었다.' 복음서에 따르면 이 일을 계기로 대사제와 바리새파 사람들이 공회를 소집해 예수 처형을 계획하기 시작했다고 한다(요한 11:39-47).

마리아, 예수의 어머니 MARY, MOTHER OF JESUS
요셉의 아내이고 예수의 어머니이다. 요셉과 결혼하기 전, 부모와 함께 나사렛 마을

에 살고 있을 때 천사 가브리엘을 만나 곧 아이를 낳게 된다는 말을 듣는다. 마리아가 자신은 아직 처녀라고 대답하자 가브리엘은 "성령이 너에게 내려오시고 지극히 높으신 분의 힘이 감싸주실 것이다."라고 대답하며 "네 친척 엘리사벳이 그 늙은 나이에 아이를 갖지 않았느냐. 하느님께서 하시는 일은 안 되는 것이 없다."라고 덧붙였다(루가 1:34-35). 이후 마리아는 임신한 엘리사벳을 만나러 간다. 루가의 복음서에서는 예수 탄생에서 마리아가 중심적 인물로 묘사된다. 요셉은 아우구스투스 황제의 호구조사령에 따라 만삭의 아내 마리아를 베들레헴으로 데려간다. 베들레헴에 도착하니 여관에 빈방이 없었다. 유일하게 구한 휴식처가 마구간이었고 마리아는 거기서 '첫아들을 낳아 포대기에 싸서 말구유에 눕혔다'(루가 2:6-7). 새로 태어난 '유대의 왕'을 보기 위해 동방박사들도 선물을 들고 찾아왔다. 마태오의 복음서에 따르면 요셉과 마리아 부부는 계속 베들레헴에 살고 있었다고 한다. 동방박사들이 따라가던 밝은 별이 '아기가 있는 곳 위에 이르러 멈추었고 그들은 그 집에 들어가 어머니 마리아와 함께 있는 아기를 보고 엎드려 경배하였다'(마태오 2:11). 요셉 부부는 두 살 이하 사내아이들을 모두 죽이라는 헤로데 왕의 명령을 피해 이집트로 갔고 이후 천사가 나타나 돌아가도 안전하다고 알려준다. 하지만 헤로데의 아들인 폭군 아르켈라오스가 유대를 통치하게 되었다는 소식을 들은 요셉은 두려운 마음에 북쪽으로 올라가 갈릴리에 정착했다. 루가의 복음서를 보면 예수가 태어난 지 한 달이 지났을 때 요셉과 마리아가 성전에 가서

정결 예식을 치렀다고 나온다. 〈레위기〉의 율법을 따른 것이다. 그런데 양 한 마리 대신 '산비둘기 한 쌍이나 집비둘기 새끼 두 마리'를 바쳤다고 하여 요셉과 마리아가 가난한 형편이었음을 드러낸다(루가 2:22-24, 레위기 12:6-8). 마르코의 복음서는 마리아와 요셉 사이에 아이들이 더 태어났고 예수에게 '야고보, 요셉, 유다, 시몬'이라는 네 형제와 누이 두 명이 있었다고 설명한다(마르코 6:3). 하지만 일부 학자들은 '형제'라는 표현이 가까운 친척이나 사촌을 지칭하는 일이 많았다면서 마리아가 영원히 동정이었다는 가톨릭 신앙을 옹호한다. 예수는 열두 살이 되었을 때 부모와 함께 과월절을 보내기 위해 예루살렘으로 가게 된다. 축제가 끝난 후 나사렛으로 떠났던 부모는 예수가 없어졌다는 것을 뒤늦게 깨달았다. 예수는 성전에서 율법학자 및 교사들과 토론을 벌이는 중이었다. 마르코의 복음서는 예수가 십자가 처형을 당할 때 그 곁을 지킨 여자들 중 한 명이 마리아였다고 설명한다((마르코 15:40, 루가 1:32-35,46-56, 2:1-7,41-52, 마태오 1:21, 2:11).

마리아, 글레오파의 아내 MARY, WIFE OF CLOPAS
글레오파의 아내이자 어린 야고보와 요셉의 어머니이다(마태오 27:56). 예수의 십자가 처형을 지켜본 세 여자 중 한 명이며 사흘 후 시신에 바를 향료를 들고 막달라 마리아, 살로메와 함께 예수의 무덤을 찾는다(마르코 16:1). 무덤 입구를 막은 무거운 돌을 어떻게 치워야 할지 걱정하면서 도착해보니 커다란 돌은 이미 옆으로 치워져 있었다. 안에는 흰 옷 입은 젊은 남자가 앉아 "겁내지 마라. 너희는 십자가에 달리셨던 나자렛 사람 예수를 찾고 있지만 예수는 다시 살아나셨고 여기에는 계시지 않다."라고 말한다(마르코 16:6). 그리고 겁에 질려 덜덜 떠는 여자들에게 "가서 제자들과 베드로에게 예수께서는 전에 말씀하신 대로 그

들보다 먼저 갈릴리로 가실 것이니 거기서 그분을 만나게 될 것이라고 전하라." 덧붙였다. 여자들은 무덤 밖으로 도망쳐나왔고 무서운 나머지 아무에게도 말을 하지 못하였다(마르코 16:6-8).

막달라 마리아 MARY MAGDALENE

이름이 보여주듯 막달라 마리아는 갈릴리의 수산업 중심지 중 하나인 막달라 출신이다(마태오 27:26). 예수는 막달라 마리아에게 깃들어 있던 '일곱 마귀'를 내보냈다고 하는데(루가 8:2) 아마 간질병 같은 질환을 앓았던 듯하다. 당시 사람들은 간질병을 악령에 사로잡힌 것으로 생각했기 때문이다. 이후 막달라 마리아는 예수를 따라 갈릴리를 돌아다니다가 예루살렘으로 간다. 막달라 마리아는 1세기 갈릴리의 일반적 유대 처녀와 다른 모습이다. 미혼 여자는 동반 친척 없이 집 밖에 나설 수 없었지만 막달라 마리아는 과감하게 예수를 따라나선다. 성년인데도 미혼 상태였다는 사실 역시 독특하다. 아마도 재산이 많아 어느 정도 독립성을 누리지 않았을까 추측된다. 다른 여자들과 함께 '자기 재산을 바쳐 예수 일행을 도왔다'는 복음서 구절도 이를 뒷받침한다(루가 8:2-3). 막달라 마리아는 예수의 십자가 처형을 지켜본 세 여자 중 한 명이다. 사흘째 되던 날 시신에 바를 향료를 들고 마리아, 살로메와 함께 예수의 무덤을 찾는다(마르코 16:1). 무덤 입구를 막은 무거운 돌을 어떻게 치워야 할지 걱정하면서 도착해보니 커다란 돌은 이미 옆으로 치워져 있었다. 안에는 흰옷을 입은 젊은 남자가 앉아 "겁내지 마라. 너희는 십자가에 달리셨던 나자렛 사람 예수를 찾고 있지만 예수는 다시 살아나셨고 여기에는 계시지 않다."라고 말한다(마르코 16:6). 그리고 겁에 질려 덜덜 떠는 여자들에게 "가서 제자들과 베드로에게 예수께서는 전에 말씀하신 대로

그들보다 먼저 갈릴리로 가실 것이니 거기서 그분을 만나게 될 것이라고 전하라." 덧붙인다(마르코 16:6-8). 부활한 예수가 나타나자 막달라 마리아는 붙잡으려 하지만 예수는 "내가 아직 아버지께 올라가지 않았으니 나를 붙잡지 말라."라고 말한다(요한 20:17). 서양 예술에서 마리아는 '회개하는 막달라'라는 이미지로 흔히 묘사되지만 복음서에는 마리아가 죄를 짓거나 음란하게 살았다는 증거가 없다. 3세기쯤에는 막달라 마리아가 루가의 복음서에 등장하는 익명의 행실 나쁜 여자, '자기 눈물로 예수의 발을 적시고 자기 머리카락으로 닦아드린(루가 7:18) 여자와 동일시되기까지 했다. 6세기 교황 그레고리 1세는 막달라 마리아가 '금지된 행동'을 저지른 '타락한 여인'이

라고 선포하는 지경에 이르렀다. 1969년, 교황 바오로 6세 때에 와서야 막달라 마리아가 죄 많은 여자와 다른 인물이라고 분명히 인정되었다.

베다니아의 마리아 MARY OF BETHANY

언니 마르타, 오빠 라자로와 함께 베다니아 마을에 살았던 인물이다(루가 10:39). 예수 일행은 베다니아에 도착했을 때 이 집에 들어갔다. 마르타가 저녁을 준비하는 동안 마리아는 예수 발치에 앉아서 말씀을 들었다. 마르타가 불평하며 예수에게 동생이 좀 거들라고 말해달라고 하자 예수는 "마르타, 마르타, 너는 많은 일에 다 마음을 쓰며 걱정하지만 실상 필요한 것은 한 가지뿐이다."라고 대답하였다(루가 10:39-42).

마따다 MATTATHA ('신의 선물')

예수의 선조로 나단의 아들이자 다윗의 손자이다. 그 아들은 멘나이다(루가 3:31).

마따디아 MATTATHIAS ('신의 선물')

1. 아모스의 아들이고 요셉의 아버지이며 예수의 선조가 된다(루가 3:25).
2. 시므이의 아들이고 마핫의 아버지이며 예수의 선조가 된다(루가 3:26).

마딴 MATTHAN ('신의 선물')

요셉의 할아버지이고 마리아의 남편이다(마태오 1:15).

마땃 MATTHAT ('신의 선물')

1. 레위의 아들이고 헬리의 아버지며

플랑드르 화가 쿠엔틴 마시(1465-1530)가 1525년에 완성한 '막달라 마리아'이다.

예수의 선조가 된다(루가 3:24).
2. 레위의 아들이고 요림의 아버지며 예수의 선조가 된다(루가 3:29).

마태오 MATTHEW ('신의 선물')

〈마태오 복음〉은 가버나움의 세관에 앉아 있다가 예수의 부름을 받아 제자가 된 세리 레비가 쓴 것으로 여겨져왔다(마르코 2:14, 마태오 9:9). 이후 레비는 마태오라는 이름으로 알려진다. 하지만 복음서 자체는 저자가 누구인지 밝히지 않고 있다. 또한 마태오의 복음서는 교육받은 사람의 우아한 그리스어로 쓰여 있어 가버나움 같은 작은 마을의 세리 솜씨로 보기는 어렵다. 히에라폴리스의 주교 파피아스는 히브리어로 쓰인 예수 말씀 기록을 편집한 것이라고 2세기 초에 언급했다. 그렇다면 복음서 저자는 그 말씀 기록에 접근할 수 있었다는 의미가 되고 다시금 마태오가 저자가 아니었을까 하는 추측이 생겨난다. 〈마태오 복음〉은 시리아 안티오크에서 쓰인 것으로 보인다. 안티오크의 주교 이그나티우스가 C.E. 110년의 저술에서 일부 내용을 인용하기 때문이다.

멜기 MELCHI ('나의 왕')

1. 얀나이의 아들이고 레위의 아버지며 예수의 선조가 된다(루가 3:24).
2. 아띠의 아들이고 네리의 아버지며 예수의 선조가 된다(루가 3:28).

메시아 MESSIAH ('기름부음 받은 자')

메시아(히브리어로는 Mashiach)는 합법적 통치자로서 기름부음을 받은 왕이다. 유대 종말론에서, 특히 신약성경이 쓰이기 전까지는 메시아가 미래에 올 다윗 계열의 통치자로 이방인 정복자들을 몰아내고 유대 독립성을 확고히 하며 이스라엘을 율법서의

가르침에 따르는 신의 왕국으로 만들어줄 존재라 여겼다. 하지만 메시아가 어떤 모습의 구세주일지는 합의되어 있지 않았다. 어떤 사람들은 다윗 왕의 후손이라는 면을 강조했다. 〈다니엘서〉에서는 메시아가 대천사 미카엘로, 혹은 반대로 평범한 '사람의 아들'로 그려졌다. 사해 두루마리에서는 새로운 메시아의 두 모습이 나타나는데 하

네덜란드 화가 바렌트 파브리티우스(1624–1673)가 1656년경에 그린 '성 마태오와 천사'이다.

나는 다윗의 후손이자 전사(戰士)인 메시아이고 다른 하나는 사제인 '아론의 메시아'이다. 한편으로는 C.E. 132–135년의 반(反)로마 2차 유대반란을 이끈 시몬 바르 코크바 같은 군사지도자를 기대하는 사람도 있었다. 세례자 요한도 '그분은 손에 키를 들고 타작마당의 곡식을 깨끗이 가려 알곡은 모아 곳간에 들이고 쭉정이는 꺼지지 않는 불에 태우실 것'(루가 3:17)이라고 설명한 것으로 보아 군사적 인물을 염두에 두었던 듯하다. 하지만 마태오의 복음서에 등장하는 예수는 메시아라는 명칭을 받아들이면

서도 자신이 메시아라는 이야기를 '아무에게도 하지 말라'고 제자들에게 당부한다(마태오 16:20). 대신 스스로를 사람의 아들이라 불렀는데 이는 〈다니엘서〉의 종말론적 관점에서 비롯되었을 것이다.

환전상들 MONEY CHANGERS

십일조를 바치거나 번제를 드리러 성전에 들어간 순례객들은 로마 화폐를 세겔 동전으로 바꿔야 했다. 성전에서는 두로의 세겔만 사용 가능했기 때문이다. 본래 과월절의 번제용 양 판매는 성전에서 조금 떨어진 올리브 산 위 시장에서 이루어져야 했다. 요세푸스나 필로의 기록을 보면 번제의식 때까지 비둘기, 염소, 양 등 번제용 동물은 성전에서 좀 떨어진 곳에 두어 성전 바닥이 배설물로 더러워지지 않도록 하고 있었다. 그 관례를 깨고 성전 안에서 거래를 하도록 만든 것은 아마 대사제 가야파였던 것으로 보인다. 번제용으로 팔리는 동물의 상태를 감독하고 또한 올리브 산에서 성전으로 끌고 오는 동안 동물이 다치는 일을 방지하기 위해서였으리라. 예수는 장터로 변해버린 성전 앞마당 모습에 충격을 받고 환전상들의 탁자를 둘러엎으며 성전을 깨끗이 하려 했다(마르코 11:15–17).

나타나엘 NATHANIEL ('신이 주셨다')

가나에서 태어난 예수의 제자이다(요한 1:45). 바르톨로메오와 동일인이라 보는 견해도 있다(마태오 10:3, 사도행전 1:13). 공관복음서들에서는 필립보와 바르톨로메오가 늘 함께 언급되지만 나타나엘은 등장하지 않는다. 반면 요한의 복음서에서는 필립보와 나타나엘이 늘 같이 나오며 바르톨로

네덜란드 화가 렘브란트 판 레인이 1626년에 그린 '성전의 환전상들을 내쫓는 예수'이다.

메오는 언급되지 않는다. 요한의 복음서를 보면 갈릴리로 향하던 필립보가 나타니엘이라는 사람과 만나 "우리는 모세의 율법서와 예언자들의 글에 기록되어 있는 분을 만났소. 그분은 요셉의 아들 예수인데 나자렛 사람이오."라고 말하는 장면이 나온다. 나타니엘은 "나자렛에서 무슨 신통한 것이 나올 수 있겠소?"라고 심드렁하게 대답한다. 예수는 이와 관련해 "이 사람이야말로 정말 이스라엘 사람이다. 그에게는 거짓이 조금도 없다."라고 했고(요한 1:45-47) 그 순간 나타니엘은 예수의 열두 사도 중한 사람이 되었다.

니고데모 NICODEMUS ('백성의 정복자')

요한의 복음서에 따르면 니고데모는 바리새파로 대공회의 일원이었다. 어느 날 밤그는 예수를 찾아와서 "선생님, 우리는 선생님을 하느님께서 보내신 분으로 알고 있습니다. 하느님께서 함께 계시지 않고서야 누가 선생님처럼 그런 기적들을 행할

수 있겠습니까?"라고 물었다. 그러자 예수는 "정말 잘 들어두어라. 누구든지 새로 나지 아니하면 아무도 하느님의 나라를 볼 수 없다."라고 대답하였다(요한 3:1). 이후 니고데모는 바리새파의 다른 사람들 앞에서 예수를 변호하며 "도대체 우리 율법에 먼저 그 사람의 말을 들어보거나 그가 한 일을 알아보지도 않고 죄인으로 단정하는 법이 어디 있소?"라고 말하기도 하였다(요한 7:51). 십자가 처형 이후 니고데모는 '침향을 섞은 몰약을 백 근쯤 가져와'(요한 19:39) 아리마태아 사람 요셉을 도와 장례를 행했다.

베드로 PETER ('바위')

요나스 혹은 요한의 아들로 본래 이름은 시몬이다. 갈릴리 호숫가인 골라니티스 벳새다 출신이다(마태오 4:18). 동생 안드레아와 마찬가지로 어부였고 두 형제는 요르단의

플랑드르 화가 야곱 요르단스(1593-1678)가 그린 '니고데모를 가르치는 그리스도'이다. 니고데모는 바리새파이자 대공회의 일원이었다.

세례자 요한을 따르다가 예수를 만나게 되었다. 요한이 잡혀간 후 두 형제는 예수와 함께 갈릴리로 되돌아왔고 그곳 어부들 가운데 제베대오의 아들인 야고보와 요한 형제를 제자로 골랐다. 시몬(베드로)의 장모는 가버나움에 살고 있었다. 예수는 열병으로 앓아누운 장모를 치유했다(마르코 1:29-31). 그 집은 이후 예수의 갈릴리 목회 중심지가 되었다. 예수는 시몬에게 베드로라는 새로운 이름을 지어주었다. 베드로는 '돌'을 뜻하는 아람어 kêfa에서 나왔다. 그리스도교 서적에서 이를 Petros 혹은 Peter라 번역한 것이다. 훗날 예수는 시몬 베드로를 사도직 우두머리로 세우면서 "너는 베드로이다. 내가 이 반석 위에 내 교회를 세울 터이다."라고 말한다(마태오 16:17-18). 갈릴리 출신 동료들과 마찬가지로 베드로는 1세기 팔레스타인 토착어인 아람어를 구사했고 갈릴리 억양이 심했던 것 같다. 마태오의 복음서에는 가야파의 저택 뜰에서 모닥불을 쬐고 있던 베드로가 말투 때문에 예수의 제자로 밝혀지는 장면이 나온다. 사람들이 "틀림없이 당신도 그들과 한 패요. 당신의 말씨만 들어도 알 수 있소."라고 말하는 것이다(마태오 26:73). 예수의 목회 동안 베드로는 으뜸 제자의 역할을 했고 예수가 행하는 수많은 기적을 지켜보았다. 루가의 복음서에는 베드로가 "선생님, 저희가 밤새도록 애썼지만 한 마리도 못 잡았습니다."라고 말하는 장면이 나온다. 예수는 다시 한 번 그물을 치라고 하였고 그대로 하자 '주변의 배들이 도우러 달려와야 할 정도로' 엄청나게 많은 고기가 걸려들었다(루가 5:4-7). 베드로는 야고보, 요한과 함께 예수의 신비로운 변용을 목격하기도 한다(마르코 9:3-7). 가이사리아 필립보에서 목회할 때에는 "사람들이 나를 누구라고 하더냐?"라는 예수의 질문에 "선생님은 메시아십니다!"라고 유일하게 올바른 답을 내놓았다(마르코 8:30). 그럼에도 올리브 산에서 예수가 체포되던 그 위급한 순간에 도우러

마르코 조포(1433-1478)가 1468년에 그린 성 베드로
초상. 예수의 제자 베드로는 십자가에 거꾸로 매달려
처형되었다.

나서지 않았다는 것 때문에 베드로는 복음
서들에서 비난을 받는다. 예수도 물 위를
걷다가 그만 빠져버린 베드로를 보면서 '믿
음이 약하다'고 한 적이 있다. 예수가 심문
당하는 건물 밖에서 세 차례나 예수를 모
른다고 부정했음에도 베드로는 으뜸가는
제자의 지위를 잃지 않았다. 〈사도행전〉에
따르면 베드로는 예수의 십자가 처형 이후
목회를 계속했고 환자 치유능력을 보였으
며 이방인들에게 복음을 전한 첫 번째 인물
이었다고 한다(사도행전 15:7). 요빠에서는
다비타라는 여인을 되살려내는데(사도행전
9:40) 이는 야이로의 딸을 되살려낸 예수의
기적을 연상시킨다. 베드로는 C.E. 64년의
대화재 이후 로마에서 벌어진 그리스도교
도 박해 때 체포되었다고 알려져 있다. 십
자가형을 받게 된 베드로는 감히 예수와 같
은 모습으로 죽을 수 없다며 거꾸로 매달리
겠다고 고집했다. 시신은 티베르 강 오른편
아게르 바티카누스라는 곳에 묻혔는데 이

후 이 자리에 성 베드로 성당이 지어졌다.

파누엘 PHANUEL ('신의 얼굴')
아셀 지파의 여자 예언자 안나의 아버지이
다(루가 2:36).

바리새파 PHARISEES
바리새파(히브리어로 '분리된 이들'이라는 의
미의 perushim에서 기원했다)는 흔히 생각
하듯 종교집단이 아니라 율법을 철저하게
지킴으로써 '스스로를 분리시킨' 신심 깊은
평민들이었다. 사두개파와 달리 바리새파
는 율법이 시대의 변화에 따라 달리 적용
될 수 있다고 보았다. 사두개파에게 《모세
5경》은 닫힌 책이었지만 바리새인들은 율
법을 공부하고 열렬히 토론했다. 그리하여
'구전 율법'이라 알려진 성경 주석이 만들
어졌고 이는 3세기의 불문율법 모음 《미슈
나》의 바탕이 되었다. 하스모니아 지배 하
의 예루살렘에서 바리새파는 사두개파의
영향력에 맞서는 세력으로 자리매김했지만
헤로데 대왕과 뒤이은 로마 통치자들을 거
치면서 그 정치력이 크게 줄어들었다. 바리
새파는 성전의 성스러움을 가정으로 옮겨
갈 수 있으며 모든 것에 신이 계시다고 믿
었다. 이 때문에 '깨끗함'과 '정결하지 못함'

의 차이가 무엇인지, 안식일에 무엇까지 할
수 있는지에 대해 토론이 벌어졌다. 복음서
들은 바리새파가 예수에 반대했다고 묘사
했지만 실제로는 공통점이 많았다. 영혼 불
멸 개념을 수용했고 심판의 날에 부활한다
는 믿음을 가졌던 것이다. 이 두 가지는 예
수의 가르침에 모두 포함되어 있다.

필립보 PHILLIP ('말을 사랑하는 사람')
열두 제자 중 한 사람으로 시몬 베드로, 안
드레아와 함께 벳새다 출신이다. 본래 요르
단의 세례자 요한을 따르고 있었다. 요한의
복음서에서 필립보는 가장 먼저 예수의 부
름에 응답하고 제자 나타니엘을 인도한 인
물로 나온다(요한 1:43, 45-46). 〈사도행전〉
에서는 오순절을 앞두고 새로운 제자 마티
아를 뽑을 때 그 자리에 있던 사람으로 등장
한다. 요한의 복음서에 따르면 필립보가 예
수의 순례길에서 식량 공급을 담당했으며
5,000명 군중을 먹이라는 예수의 말씀에 깜
짝 놀랐다고 한다. 필립보는 〈사도행전〉에
공동체의 식량 공급 담당자로 등장하는 전
도자 필립보와 종종 혼동된다(사도행전 6:5).
이후 필립보는 프리기아에서 선교활동을 하
다가 히에라폴리스에서 죽었다고 하는데,
이것이 사도 필립보인지 전도자 필립보인지
는 분명하지 않다.

본디오 빌라도 PONTIUS

PILATE
유대, 사마리아, 이두매 지
역이 로마에 합병된 후 다
섯 번째 총독을 지낸 인물
이다(루가 3:1). C.E. 26-36
년에 총독을 지내는 동안
가이사리아의 총독 관저에
거주했지만 유대 축제 중
에는 질서 유지를 위해 자
주 예루살렘을 왕래했다.
빌라도는 폰티라는 가문
출신이었는데 이는 귀족이

프랑스 화가 제임스 자크 조셉 티소가 그린 '예수에게 질문하는
바리새파들'이다. 바리새파는 신심 깊은 평민 및 대사제들이었다.

네 복음서들은 모두 예수가 빌라도에게 가기 전에 심문을 당했지만 정작 십자가형을 내린 것은 빌라도라고 기록한다. 시기적으로 가장 앞선 마르코의 복음서는 빌라도를 예수의 죽음을 명하기 꺼려 하는 온정적인 모습으로 그린다. 이는 아마 마르코가 로마에서 로마인을 위해 복음서를 기록한 탓일 것이다. 요한의 복음서는 빌라도의 온정적인 모습을 한층 구체적으로 묘사한다. 하지만 요세푸스 역사서나 필로의 글 등 당시의 기록들에 따르면 빌라도가 몹시 잔혹한 인물이었고 유대 백성에 대해 가혹한 정치를 펼쳤다는 이유로, 특히 사마리아인의 종교 집회를 무력 진압했다는 이유로 총독에서 물러났다고 한다.

제임스 자크 조셉 티소의 작품에 등장한 '사도 필립보'이다.

아닌 기사 계급이었다. 총독으로 오자마자 빌라도는 유대 백성을 자극하고 도발하는 정책을 펼쳤다. 대시리아를 통치하는 빌라도의 상관 루시우스 아엘리우스 라미아가 안티오크가 아닌 로마에 머물렀던 탓에 빌라도는 자기 뜻대로 권력을 휘두를 수 있었다. 그리하여 C.E. 28년의 예루살렘 학살을 포함해 혹독한 유대인 탄압을 지휘했다. 예수는 〈루가 복음〉에서 간접적으로 예루살렘 학살을 언급한다(루가 13:1).

루포 RUFUS ('붉은')

시몬의 아들이고 알렉산더의 형제이다(마르코 15:21). 골고타 언덕으로 향하는 길에 예수의 십자가를 대신 메고 간 인물이다.

사두개파 SADDUCEES ('사독을 따르는 자들')

바빌로니아에서 돌아온 후 예루살렘의 권력은 사제들이 쥐게 되었다. 대공회(Sanhedrin)라는 사제 위원회에 소속되어 성전 번제를 주관하는 이들 말이다. 하스모니아 왕조 시대의 사제 집단에는 사두개(히브리어로는 Tzedoqim)의 영향력이 점점 커졌다. 대사제 사독의 후손으로 여겨지는 사두개파는 하스모니아 왕들이 차지한 대사제 자리를 마지못해 양보하는 대신 대공회를 장악할 권리, 그리고 종교와 여타 민사 문제에 대한 재판권을 요구하였다. 커져만 가는 사두개파의 권력에 맞선 것이 바리새파, 번제보다는 유대교의 순수한 의례를 엄격히 지키는 것이 율법에 따르는 삶이라 믿는 신심 깊은 평민 집단이었다. 시간이 가면서 사두개파는 부유하고 보수적인 귀족 계층이 되어 로마의 지배를 환영하게 된다. 로마 지배기에 일부 사두개 가문이 얼마나 대단한 권력을 누렸는지는 안나스 가문에서 대사제에 오른 사람이 (사위 가야파를 포함해) 일곱 명이나 되었다는 데서 잘 드러난다. 사두개파는 《모세 5경》과 율법서 외에는 어떤 성경도 받아들이지 않았다. 바리새파에서 확산되던 영생 개념도 믿지 않았다. 루가의 복음서에는 이 영생 문제와 관련해 예수에게 물음을 던지는 사두개 사람들이 등장한다(루가 20:28-38).

퀴리니우스 QUIRINIUS

가이우스 프블리우스 술피키우스 퀴리니우스는 율리우스 카이사르의 오랜 친구이고 아우구스투스 휘하 부대에 소속되어 안토니우스 군대를 물리친 인물이다. 소아시아 갈라디아와 팜필리아 총독 임기를 마친 후 대시리아 총독으로 임명되었는데 막 로마 영토가 된 유대, 사마리아, 이두매도 여기 포함되었다. 총독으로서 퀴리니우스가 제일 먼저 한 일은 호구조사를 벌여 통치 지역의 경제적 가치를 평가하는 것이었다. 이 호구조사 때문에 요셉과 마리아는 베들레헴으로 가게 된다(루가 2:2).

영국 화가 해롤드 코핑(1863–1932)이 그린 '사두개파의 질문'이다. 사두개파는 영생과 관련해 예수에게 질문을 던진다.

살로메 SALOME ('평화를 사랑하는')

1. 제배대오의 아내이고 야고보와 요한 형제의 어머니이다(마르코 15:40). 막달라 마리아, 그리고 예수의 어머니로 추정되는 마리아와 함께 예수의 십자가 처형을 지켜보았다. 사흘 후 시신에 바를 향료를 들고 다른 두 여자와 함께 예수의 무덤을 찾는다.

2. 헤로디아의 딸로 양아버지 헤로데 안티파스를 위해 멋진 춤을 추어 무엇이든 소원을 들어주겠다는 약속을 받는다. 어머니 헤로디아와 의논한 후 살로메는 '세례자 요한의 머리를 달라고' 요청하였다. 마르코의 복음서에는 이름이 나오지 않는데(마르코 6:17–28) 유대 역사가 요세푸스의 책에 살로메라고 기록되었다.

사마리아인 SAMARITANS

유대 계율을 따르지만 이스라엘의 성지는 예루살렘이 아니라 그리짐(Gerizim) 산이라고 믿는 이들이다. 요셉의 두 아들 에브라임과 므나쎄 부족의 후손이라고 주장했다. 로마시대에 사마리아인들은 수백만 명에 달했지만 유대인은 '불가촉 천민'이라며 그들을 무시했다. 이 편견은 아시리아의 사르곤 2세 시절(B.C.E. 722–705)까지 거슬러 올라간다. 이스라엘을 침략한 아시리아는 주민들을 북쪽으로 끌고 갔고 남은 집과 밭, 가축은 바빌로니아 주민들이 차지했다. 그 중 많은 수는 바빌로니아 쿠타(구다) 지역에서 온 이방인이었다. 사마리아인을 낮춰 부르는 '쿠타 사람들'이라는 말은 여기서 나왔다. 시간이 흐르면서 이방인들은 사마리아에 남아 있던 유대인과 동화되어 같은 신앙과 문화를 갖게 되었지만 동등한 대접은 받지 못했다. 편견과 미움은 상호적이었던 모양이다. 예수가 '사마리아 사람들의 마을로 심부름꾼들을 먼저 보내 준비를 시키려 했지만 마을 사람들이 맞아들이지 않았다'는 표현이 나오기도 한다(루가 9:52–53). 제자들은 화가 나서 하늘에서 불을 내려 혼내줘야 한다고 했으나 예수는 꾸짖었다. 유대인과 사마리아인의 불화는 선한 사마리아인이라는 예수의 비유에도 등장한다. 강도를 당해 쓰러진 유대인에게 도움의 손길을 내민 사람이 사마리아인이었던 것이다. C.E. 36년, 자신을 메시아라 주장하는 남자가 과월절 축제를 맞아 추종자들과 그리짐 산으로 올라가 모세가 묻어둔 성스러운 그릇들을 파내겠다고 하는 사건이 발생했다. 빌라도는 이 순례를 정치 소요로 보고 신도들을 학살했다. 보고를 받은 시리아 안티오크 총독 비텔리우스는 빌라도를 파직하고 로마로 되돌려 보낸다.

대공회 SANHEDRIN (산헤드린)

70~72명으로 구성된 유대 회의체로 종교와 내정 문제를 총괄하였다. 하스모니아 시대 이후 대공회에서는 귀족적 사제 공동체인 사두개파와 평민 집단 바리새파(바리새파 중에는 물론 사제도 많았다) 사이의 세력 다툼이 이어졌다. 사두개파의 항의에 직면한 하스모니아 왕조는 타협안을 내놓아 사두개파가 대공회와 성전 운영 통제권을 갖는 대신 하스모니아 왕들을 지지하도록 했다. 또한 하스모니아 왕들이 대사제를 임명할 수도, 스스로 대사제직을 맡을 수도 있도록 했다. 헤로데 왕은 그 전통에 따라 여

제임스 자크 조셉 티소가 그린 '심판의 아침'으로, '우리 주 예수 그리스도의 생애'(1886–1894)의 일부이다.

러 대사제를 임명했고 특히 바빌로니아 망명 가문을 선호했다. 1세기 초, 대공회는 질투심 많은 다수파 사두개와 사사건건 사두개의 권력을 차단하려 드는 소수파 바리새로 갈라져 있었다. 〈사도행전〉에 따르면 예수의 십자가 처형 이후 대공회는 사도들을 독살하여 선교활동을 억누르기 시작했다고 한다. 대공회 정식 회의는 성전의 열주 광장에 있는 '잘라낸 돌의 방'이라는 곳에서

열리곤 했다.

사탄 SATAN

추락한 천사들의 지도자로 신의 적대자이다. 복음서에는 자신 앞에 절하면 세상의 왕이 되게 해준다고 유혹하는 사탄이 등장한다. 신약성경의 다른 부분에서는 '용' 혹은 '늙은 뱀'이라 불리며(묵시록 12:9, 20:2) '하느님을 거역하는 자들을 조종하는 악령'이라고도 나온다(에페소 2:2).

필경사들 SCRIBES

복음서에 간혹 등장하는 필경사는 다양한 법적 문서를 작성하는 전문가였다. 팔레스타인의 농부들 대다수가 문맹인 상황에서 필경사는 결혼, 이혼, 매매, 대부, 임대 등 다양한 양식을 만들었는데 이들 문서가 유대 율법을 따르는 만큼 필경사도 모세 율법에 정통해야 했다. 그리하여 마르코의 복음서에서는 바리새파 및 사두개파와 함께 예수를 반대하는 지식층으로 필경사들이 등장한다.

시므온 SIMEON

신심 깊은 유대인으로 '메시아'를 직접 보기전에는 죽지 않을 것이라 전해들었던 인물이다. 예수가 생후 한 달이 되었을 때 마리아와 요셉 부부는 정결의식을 치르기 위해 예루살렘으로 갔다(루가 2:22-24). 〈레위기〉의 율법을 따른 것이다. 예루살렘 성전에서 마리아와 아이를 만난 시므온은 두 팔로 아이를 받아들고 "주여, 이제는 말씀하신 대로 이 종이 평안히 눈감게 되었습니다. 주님의 구원을 제 눈으로 보았습니다. 만민에게 베푸신 구원을 보았습니다. 그 구원은 이방인들에게는 주의 길을 밝히는 빛이 되고 주의 백성 이스라엘에게는 영광이 됩니다."라고 말하며 감격했다(루가 2:29-32).

시몬, 예수의 형제 SIMON, BROTHER OF JESUS

마르코의 복음서에 따르면 예수의 네 형제 가운데 한 명이 시몬이다(마르코 6:3). 요한의 복음서는 예수 목회가 끝나가는 부분에서 '예수 자신의 형제들'이 그를 믿지 않았다고 언급한다.

시몬, 유다의 아버지 SIMON, FATHER OF JUDA

요한의 복음서를 보면 예수를 배신한 가리옷 사람 유다는 시몬의 아들이라고 나온다(요한 6:71, 13:2).

키레네의 시몬 SIMON OF CYRENE

알렉산더와 루포의 아버지(마태오 27:32)로 로마 병사들의 강요로 골고타로 향하던 예수의 십자가를 대신 지고 가야 했던 인물이다(마르코 15:21).

시몬 베드로 SIMON PETER

반석이자 우두머리 제자라는 의미로 kêfa 혹은 베드로라는 이름을 받기 전까지 베드로의 이름은 시몬이었다. 자세한 내용은 베드로 항을 보라.

사도 시몬 SIMON THE APOSTLE

열두 사도 중 한 명으로 '가나안 사람'이라 불린다(마태오 10:4, 마르코 3:18). 아람어 '가나안'은 '질투가 많은 사람'을 뜻한다. 루가의 복음서는 '혁명당원 시몬'이라는 표현을 사용하는데(루가 6:15) 이것이 종교 분파인 혁명당파의 관계를 말하는 것인지는 알수 없다.

나병환자 시몬 SIMON THE LEPER

베다니아 마을에 살던 나병환자로 예수를 자기 집에 모셨다. 식사 중에 어떤 여자가 매우 값진 향유가 든 옥합을 가지고 와서 예수의 머리에 부었다. 일부 제자들이 값비싼 향유를 낭비했다고 불평하자 예수는 "이 여자는 나에게 갸륵한 일을 했는데 왜 괴롭히느냐? 가난한 사람들은 언제나 너희 곁에 있겠지만 나는 너희와 언제까지나 함께 있지는 않을 것이다. 이 여자가 내 몸에 향유를 부은 것은 나의 장례를 위하여

독일 화가 알브레히트 뒤러(1471-1528)가 1503년에 그린 '성 시므온(혹은 시몬)과 성 라자로'이다.

한 것이다."라고 말하였다(마태오 26:6-13, 마르코 14:3-9).

바리새파 시몬 SIMON THE PHARISEE

루가의 복음서에는 베다니아의 나병환자 시몬 대신 갈릴리의 바리새파 시몬이 등장한다. 그 집에 있는 예수에게 여자 하나가 찾아와 발치에 서서 울며 눈물로 그 발을 적시고 자기 머리카락으로 닦고 나서 발에 입 맞추며 향유를 부어드렸다(루가 7:36-38). 바리새파 시몬이 불만스럽게 중얼거리자 예수는 빚진 사람의 우화를 이야기했다. "어떤 돈놀이꾼에게 한 사람은 오백 데나리온을 빚졌고 또 한 사람은 오십 데나리온을 빚

졌다. 두 사람 다 빚을 갚지 못해 돈놀이꾼은 그들의 빚을 다 탕감해주었다. 그러면 그 두 사람 중에 누가 더 그를 사랑하겠느냐?" 시몬은 "더 많은 빚을 탕감 받은 사람이겠지요."라고 하였고 예수는 "옳은 생각이다."라고 대답하더니 여자 쪽을 돌아보며 말을 이었다. "이 여자를 보아라. 내가 네 집에 들어왔을 때 너는 나에게 발 씻을 물도 주지 않았지만 이 여자는 눈물로 내 발을 적시고 머리카락으로 내 발을 닦아주었다. 너는 내 머리에 기름을 발라주지 않았지만 이 여자는 내 발에 향유를 발라주었다. 잘 들어두어라. 이 여자는 이토록 극진한 사랑을 보였으니 그만큼 많은 죄를 용서받았다."(루가 7:41-47).

수산나 SUSANNA ('백합')

루가의 복음서에 등장하는 인물로 요안나, 막달라 마리아 등 여러 여자들과 예수 및 열두 사도의 갈릴리 목회를 도왔다(루가 8:3).

세리 TAX COLLECTOR

세금 걷는 일을 맡은 관리로 telones 혹은 architelones라고도 불린다. C.E. 6년에 유대, 사마리아, 이두매 영토를 합병한 로마제국은 과거 헤로데 왕국의 세금 부과 방식에 더 이상 의존할 수 없었다. 하지만 각 개인에게 세금을 거둘 행정기구도 갖추지 못한 상태였으므로 자유직업인인 세리들에게 세금 걷는 일을 맡겼다. 대시리아 총독 퀴리니우스가 명령한 호구조사도 지역의 상황을 파악해 세리들이 제대로 일할 수 있도록 하기 위한 조치였다. 이 호구조사 때문에 요셉과 마리아 부부는 베들레헴으로 가야 했다.

세리는 갈릴리에서 돈을 가진 유일한 관리였고 세금 낼 돈이 없는 농부들은 역설적이게도 세리에게 가서 돈을 빌려야 했다. 토지를 담보로 삼았으므로 빚을 갚지 못하면 땅을 빼앗겼다. 예수 시대 사람들이 세리를 그토록 미워했던 이유 중 하나는 여기 있었다. 또 다른 이유는 세리들이 납세

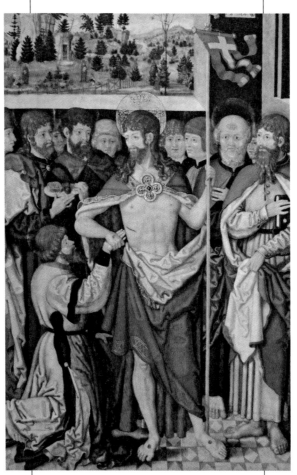

독일 화가 빌헬름 슈테터(1487–1552) 작품의 세부. 토마가 예수의 상처에 손가락을 넣어보고 있다.

자를 늘 속였기 때문이었다. 이는 세례자 요한의 설교에도 나타난다(루가 3:12-14). 예수가 신의 왕국은 지상에 있음을 깨닫도록 전도할 대상으로 특별히 세리를 지목한 이유도 이것이었다. 예수는 세리에게 우호적이었다고 비판을 받곤 한다. 예루살렘으로 향하던 길에 자캐오라는 세리를 불러 그 집에 묵겠다고도 했다(루가 19:1-5). 이

에 감동한 자캐오는 속죄를 다짐한다. "주님, 저는 제 재산의 반을 가난한 사람들에게 나누어주렵니다. 그리고 제가 남을 속여 먹은 것이 있다면 그 네 갑절로 갚아주겠습니다"(루가 19:1-8).

타대오 THADDAEUS

야고보의 아들로 마태오와 마르코의 복음서에 예수의 제자로 등장한다(마태오 10:3, 마르코 3:18). 루가와 요한의 복음서 및 〈사도행전〉에는 유다라는 이름으로 등장한다. 예수를 배신한 제자와 구분하기 위해 '가리웃 사람이 아닌 다른' 유다라고 나온다(요한 14:22).

데오필로 THEOPHILUS ('신의 친구')

루가의 복음서 및 〈사도행전〉의 수신인이다. 〈사도행전〉에서 데오필로는 '가장 훌륭한'이라는 수식어가 붙기도 하는데 이로 미뤄볼 때 사회적 지위가 높거나 관리였을 가능성이 있다. 루가의 복음서와 〈사도행전〉의 수신인 데오필로는 집필 작업을 지원한 인물일 수 있고 그렇다면 두 책의 저자가 동일인이었을 가능성도 제기된다.

토마 THOMAS ('쌍둥이')

열두 사도 중 한 명이다(마르코 3:18-19). 요한의 복음서에서 토마는 충성스럽지만 자주 설명을 요구하는 인물로 나온다. 베다니아에서 라자로가 몹시 아프다는 소식을 들은 토마는 "우리도 함께 가서 그와 생사를 같이합시다."라고 말하기도 한다(요한 11:16). 토마는 불신자라는 의미를 지니기도 한다. 토마는 예수의 부활을 믿지 못하다가 직접 그 상처를 만져본 후에야 믿게 된다(요한 20:27). 토마는 예수가 마지막으로 갈릴리에 나타났을 때 베드로를 비롯한 다른 제자들과

함께 있었다.

티베리우스 TIBERIUS

카이사르 아우구스투스의 후계자로 C.E. 14–37년 동안 통치한 로마의 두 번째 황제이다. 티베리우스 클라우디우스 네로와 리비아 사이에서 태어난 아들로 리비아가 아우구스투스와 재혼하면서 양자가 되었다. 55세에 황제가 된 티베리우스는 다양한 군사원정 및 유능한 내정 관리로 능력을 과시하고자 했다. 루가의 복음서는 티베리우스 치세 15년째에 예수가 태어났다고 기록한다(루가 3:1). 갈릴리의 영주 헤로데 안티파스는 갈릴리 해안에 황제를 기린 신도시를 건설하고 티베리아라 이름 붙였다. 본디오 빌라도가 유대를 통치하게 된 C.E. 26년에 티베리우스는 정무에서 은퇴해 카프리 섬으로 갔고 로마제국은 근위대장 루시우스 아엘리우스 세자누스에게 맡겨졌다.

티매오 TIMAEUS

예수가 눈을 뜨게 해준 예리고 거지 바르티매오의 아버지이다. 바르티매오는 예수를 메시아라고 공개적으로 부른 첫 번째 인물이다(마르코 10:46).

자캐오 ZACCHAEUS ('순수한')

예리고 인근에 살던 부유한 세관장이다. 키가 작아 예수의 모습이 보이지 않자 자캐오는 길가에 있는 돌무화과나무 위로 올라간다. 예수는 나무 위를 올려다보며 "자캐오야, 어서 내려오너라. 오늘은 내가 네 집에 머물러야 하겠다."라고 말했다(루가 19:1–5). 놀라고 감동한 자캐오는 속죄를 다짐한다. "주님, 저는 제 재산의 반을 가난한 사람들에게 나누어주렵니다. 그리고 제가 남

을 속여먹은 것이 있다면 그 네 갑절로 갚아주겠습니다"(루가 19:1–8).

열심당 ZEALOTS

헤로데 왕조와 뒤이은 로마 정복기에 유대 왕국이 헬레니즘화되는 상황에서 등장한 극단적 종교 분파이다. 바리새파에서 분리된 것으로 추측되는 열심당은 어떤 타협도 없는 완전한 종교적 정치적 자유를 추구하였다. 1세기 초 조세저항에서 시작된 후 '단검 부대'라 불리는 나름의 군사조직 시카리(sicarii, 그리스어로는 sikarioi)까지 갖추었다. '통치자라기보다는 처형자'였다고 요세푸스가 표현한 로마 총독 게시우스 플로루스 시대에 열심당이 반란을 일으켰고 이는 C.E. 66–70년의 제1차 유대반란으로 불린다.

제베대오 ZEBEDEE ('풍족한 몫')

갈릴리의 어부로 예수의 제자가 된 야고보와 요한 형제의 아버지이고(마태오 4:21) 살로메의 남편이다(마태오 27:56, 마르코 15:40).

즈가리야 ZECHARIAH ('여호와는 기억되리라')

세례자 요한의 아버지이고 엘리사벳의 남편이다. 아비야 조에 속하는 늙은 사제 즈가리야 앞에 천사 가브리엘이 나타났고(루가 1:15) 두려워하는 그에게 "두려워 마라, 즈가리야. 하느님께서 네 간구를 들어주셨다. 네 아내 엘리사벳이 아들을 낳을 터이니 아기의 이름을 요한이라 하여라. 그는 주님 보시기에 훌륭한 인물이 되겠고 너도 기뻐하고 즐거워할 것이다."라고 말했다(루가 1:13–15). 즈가리야는 자신과 아내가 이미 나이가 너무 많다고 생각해 그 말을 믿지 않았다. 그러자 천사는 아이가 태어날 때까지 그를 귀머거리에 벙어리로 만들었다. 그리하여 성전을 나선 즈가리야는 엘리사벳이 아들을 낳을 때까지 말을 하지 못했다. 훗날 즈가리야는 헤로데의 명령에 따라 성전에서 죽임을 당했다고 전해진다.

이탈리아 화가 보니파치오 데 피타티(1487–1553)가 그린 '그리스도와 제베대오 가족'이다.

〈사도행전〉부터 〈요한 계시록〉까지

성령이 너희에게 오시면 너희는 힘을 받아
예루살렘과 온 유다와 사마리아뿐만 아니라 땅
끝에 이르기까지 어디에서나
나의 증인이 될 것이다.

– 사도행전 1:8

프랑스 화가 장 레스투(1663~1702)가 그린 '오순절'로, 과월절 후 50일째를
기념하는 오순절에 일어난 극적인 사건을 묘사하고 있다.

초기 그리스도교의 성장
신약성경은 누가 썼을까?

신약성경은 그리스도교의 기본 경전이다. 마태오, 마르코, 루가, 요한의 네 복음서에 더해 초기 그리스도교의 발전을 보여주는 〈사도행전〉, 사도들의 서한, 계시록이 신약성경을 구성한다. 신약(그리스어로는 diatheke)은 '새로운 계약'이라는 히브리어 berith를 번역한 것이다. 구약, 즉 과거의 계약은 예수 그리스도를 통해 실현되었다고 믿기 때문이다.

〈루가 복음〉과 〈사도행전〉은 같은 사람이 썼다는 교회의 주장에 대해 대다수 학자들도 동의한다. 문체가 비슷하고 두 책 모두 데오필로라는 후원자에게 바쳐졌다는 이유에서 그렇다(사도행전 1:1).

예수에 대한 가장 오래된 기록은 복음서가 아니라 바울이 쓴 여러 서한이다. 바울이 서한을 쓴 목적은 초기 그리스도 공동체의 신앙을 드높이고 서로 다른 조직 사이에 빈번하게 발생한 갈등을 중재하려는 것이었다. 이들 서한 중에는 바울이 직접 구술해 받아쓰게 한 편지도 있지만 누군가 대신 쓴 편지, 혹은 바울의 권위를 내세워 익명의 작가가 쓴 편지도 적지 않다.

이후 수십 년 동안 그리스도교가 괄목할 만한 성장을 보이면서 여러 개의 복음서와 사도행전, 계시록 판본들이 돌아다니기 시작했다.

서로 다른 여러 서책들을 두고 예수의 사도가 직접 기록한 믿을 만한 판본이라고 내세우며 권위 쟁탈전을 벌이는 상황도 많았다. 따라서 히브리 경전처럼 그리스도교 성경도 공식 정전(正典)을 서둘러 마련해야 할 상황이었다.

C.E. 180년경 리용의 이레니우스 주교(140-203)는 마르코, 마태오, 루가, 요한의 복음서에 바울의 서한을 더한 편집본을 공식 경전으로 삼을 것을 제안했다. 그 결과, C.E. 200년경에 나온 최초의 신약성경 필사본은 바로 이렇게 구성되었다.

그리스도교 신학자인 카르타고의 터툴리안(155-220)도 이레니우스 주교의 제안에 적극 동조했다. 나아가 그는 이들 경전에 대해 '신약성경'이라는 이름을 붙이자고 제안했다. 예수는 신이 인류와 맺은 새로운 계약의 산 증거라는 판단이 바탕이 되었다.

그로부터 한 세기 가까이 지나 가이사리아의 에우세비우스 주교(C.E. 263-339)와 그 동료 팜필리우스(C.E. 260-309)가 당시의 국제어인 그리스어로 공식 신약성경을 편찬했다. 이레니우스 주교가 선택했던 네 복음서와 〈사도행전〉 및 바울과 베드로의 서한, 〈요한 계시록〉으로 이루어진 경전이었다. 토마의 복음서나 베드로의 복음서와 같은 그노시스 문서는 이단이라 하여 제외되었다. 바울 행전, 베드로 계시록, 바르나바 서한, 디다케(Didache, 혹은 '열두 사도들의 가르침') 역시 권위가 의심된다는 판단에 따라 정식 경전에서 빠졌다.

신약성경의 구성에 관해서는 엇갈린 여러 의견이 분분하게 나왔고 서로의 주장을 굽히지 않아 중세 때까지 논쟁이 이어졌다. 그 핵심은 야고보 서한과 계시록이었다. 그러다가 에우세비우스 편찬본을 인정한 트렌트 종교회의(Council of Trent, 1545-1563)에 가서야 논쟁이 일단락되었다.

어떻든 4세기 말, 그리스도교는 70인 역의 개정판인 구약과 신약 편집본으로 경전을 완성했고 이것이 오늘날 우리가 알고 있는 성경의 모습이다.

16세기 프랑스 발랑탱 드 불로뉴(1591-1632)가 그린 '서한을 쓰는 성 바울'(296쪽)이다.

⟨사도행전⟩부터 ⟨요한 계시록⟩까지의 주요 인물들

시온 산 위의 이 건물은 예수가 사도들과 마지막 만찬을 나눈 곳으로, 또한 사도들이 오순절 동안 모여 있던 곳으로 여겨진다.

마티아

과월절 이후 50일 혹은 7주가 지나자 오순절(히브리어로는 Shavout, 그리스어로는 50이라는 의미의 Pentecost)을 지내기 위해 로마제국 전역의 유대 순례자들이 예루살렘으로 몰려들었다. 예수 추종자들에게는 목회를 재개하고 수천 명에게 설교할 수 있는 기회였다. 부활한 예수는 이미 여러 차례 나타나 '하느

님 나라에 관한 말씀'을 들려준 터였다(사도행전 1:3). 제자들에게는 갈릴리로 흩어지지 말고 예루살렘에 머물며 '성령'이 내릴 때까지 기다리라는 말도 남겼다.

하지만 예수가 결국 하늘나라로 올라간 후 제자들의 상실감과 공허함은 커지기만 했다. 이들은 '묵고 있던 집의 이층 방'에 모여 기도하고 토론하며 시간을 보냈다. 아마 최후의 만찬을 들었던 바로 그 방이었을 것이다. 가리옷 사람 유다가 빠진 상태였으므로 그 자리를 누구로 채울지 결정해야 했다. 새로운 사도는 처음부터 함께 일하던 사람 중에서 골라야 한다는 것에 모두 동의했다. 그 조건을 만족하는 사람은 **요셉 바르사빠**(혹은 유스도)와 **마티아** 두 사람이었다. 사도들은 기도하고 제비를 뽑아 마티아를 최종 선출하였다.

바깥 예루살렘 거리가 오순절 순례객으로 가득 메워졌을 때 이상한 일이 벌어졌다. '갑자기 하늘에서 세찬 바람이 부는 듯한 소리가 들려오더니 그들이 앉아 있던 집안을 가득 채웠다. 그러자 혀 같은 것들이 나타나 불길처럼 갈라지며 각 사람 위에 내렸다'(사도행전 2:2-3). 성령을 받은 사도들은 밖으로 뛰쳐나가 군중 앞에서 설교를 시작했다. 순례자들은 어리둥절했다. 여러 나라에서 온 사람들이 모두 설교를 알아들을

갑자기 하늘에서 세찬 바람이 부는 듯한 소리가 들려오더니
그들이 앉아 있던 온 집안을 가득 채웠다.

– 사도행전 2:2

C.E. 10년경	C.E. 26–28년경	C.E. 30년경	C.E. 30년경
바울(사울) 출생함(추정 연대)	예수 요르단 강에서 요한에게 세례 받음(추정 연대)	유대인 작가 필로가 이집트 알렉산드리아에서 활동	예루살렘에서 예수가 십자가 처형당함(추정 연대)

수 있었기 때문이다. 사도들은 서로 다른 여러 언어로 말하고 있었다. 사람들은 갈릴리 출신 사도들이 그렇게 여러 나라 말을 안다는 것에 감탄하기도 했고 "저 사람들이 술에 취했군!"이라며 빈정거리기도 했다(사도행전 2:7-13).

베드로

오순절 사건을 통해 베드로는 다른 사람으로 거듭났다. 군중 속에서 빈정거리는 소리를 들은 그는 벌떡 일어나 자신과 사도들이 '아침 아홉 시밖에 되지 않은 시각'에 어떻게 술에 취할 수 있냐면서 취했다면 '성령의 포도주'에 취한 것이라 설명했다. 그리고 사도들의 이후 선교에 원칙이 될 내용을 선포하였다. 나사렛 출신으로 '여러 가지 기적과 놀라운 일과 표징을 나타냈던' 예수가 부활했으며 '온 이스라엘은 하느님이 예수를 주님이자 메시아로 보냈음을 깨달아야' 한다는 것이었다.

그래서 어쩌라는 말인가? 더 이상 세상에 없는 메시아 예수가 이스라엘 백성들에게 무슨 소용이란 말인가? 베드로는 예수가 하늘로 올라갔다 해도 그 힘은 여전히 크다면서 "회개하시오. 그리고 예수 그리스도의 이름으로 세례를 받고 여러분의 죄를 용서받으시오. 그리하면 성령을 선물로 받게 될 것입니다."라고 답하였다. '예수 그리스도'란 예수가 '기름부음 받은 자(Christos, Messiah의 그리스어 번역)'라는 의미이다. 〈사도행전〉에 따르면 많은 이가 베드로의 부름에 응해 3,000명 이상이 세례를 받았다고 한다. 새로운 신자들은 사도 무리에 끼어 '빵을 나누어 먹고 기도하는' 등의 의식을 익혔다. 또한 '가진 재산과 물건을 팔아서 모든 사람에게 필요한 만큼 나누어주었다'(사도행전 2:38-45). 에세네파와 다를 바 없는 행동이었다.

이들 초기 신자들은 모든 면에서 신실한 유대인과 다를 바 없었다. 성전에서 기도하고 안식일을 지켰으며 율법서의 계율을 준수했다(사도행전 2:45, 15:5). 베드로는 성전의 '아름다운 문' 옆에 있던 앉은뱅이를 일으켜세우는 기적을 행하기도 했

플랑드르 화가 피터 폴 루벤스가 그린 '교황 성 베드로'이다.

다. 아름다운 문은 여성 정원과 성전 앞뜰을 가르는 니카노르(Nicanor) 문으로 보인다. 이후 베드로와 요한은 산책로 동쪽의 거대한 '솔로몬 열주 회랑'에서 설교하고 많은 이들에게 세례를 주었다.

안나스와 그 가족

'성전의 수장과 사두개파'를 포함한 엘리트 사제 집단은 이런 상황을 위협으로 받아들였다. 예수를 십자가 처형함으로써 메시아 운동의 싹을 잘랐다고 생각했지만 오산이었다. 예수 부활

C.E. 37년경	C.E. 37년경	C.E. 38년경	C.E. 40년경
티베리우스 황제 사망하고 가이우스 칼리굴라가 뒤를 이음	본디오 빌라도 로마로 소환됨	알렉산드리아에서 유대인 대량학살 일어남	최초의 그리스도교 공동체 중 하나가 고린토에 세워짐

그노시스 복음서

십자가 처형 이후 수십 년 동안 그리스도교가 괄목할 성장을 하면서 여러 개의 복음서, 사도행전, 계시록 판본들이 돌아다니기 시작했다. 예수의 사도가 기록한 믿을 만한 판본이라고 내세우는 경우도 많았다(고대 세계에서는 흔히 일어나는 일이었다). 이들 문서 대부분은 2-3세기에 만들어졌고 바울이나 다른 사도들이 전파하는 교리와 내용이 배치되는 경우도 있었다. 이른바 그노시스파가 쓴 복음서들도 그 중 하나였다. 이들 복음서는 1945년, 이집트의 나그 함마디(Nag Hammadi) 인근에서 파피루스 책으로 발견되었다. 그노시스파 신자들은 예수의 죽음과 부활이 목회의 핵심이 아니라고 보았다. 성령에 완전히 자신을 맡기면 '비밀스러운 지식'(그리스어로 gnosis)을 깨닫게 된다는 새

로운 영적 가르침이 핵심이라고 믿었던 것이다. 이단으로 취급된 책 중 가장 유명한 것은 토마의 복음서이다. 토마의 복음서는 신학적 설명을 일체 배제하고 예수의 말씀만 모아둔 형태여서 흔히 생각하는 복음서도 아니고 진정한 그노시스 문서도 아니다. 이런 식의 말씀 기록은 위대한 현인의 가르침을 전파하기 위해 고대에 종종 만들어지곤 했다. 역시 말씀을 모은 기록이라는 면에서 토마의 복음서는 마태오와 루가의 복음서에 바탕이 된 것으로 믿어지는 Q 출처와 매우 유사하다. 물론 Q 출처는 지금까지 발견된 바 없지만 말이다.

'유다의 복음서' 등 그노시스 문서를 콥트어로 기록한
고대 파피루스 '차코스 문서'의 한 쪽.

소문은 영생 가능성을 부정하는 사두개파 입장에서는 못마땅하기 짝이 없었다. 머지않아 베드로와 요한이 체포되어 재판을 받게 되었다.

두 사도를 체포한 다음날, '대사제 안나스를 비롯하여 가야파와 **요나단**과 **알렉산더**와 그 밖에 대사제 가문에 속한 여러 사람'이 심문을 위해 한자리에 모였다(사도행전 4:5-6). 이는 안나스 가문이 그리스도교 확산을 억누르는 데 관심이 컸음을 보여주는 또 다른 증거이다. 안나스와 가야파는 예수 기소에도 관여했던 인물이다. '요나단과 알렉산더'가 누구인지는 확실하지 않은데 아마도 요나단은 가야파가 C.E. 36년에 대사제에서 물러난 후 뒤를 이은 안나스의 아들인 것 같다.

아람어

사도들은 히브리어 및 페니키아어와 친척관계인 셈족 계열 언어 아람어를 사용했다. 복음서에는 예수가 말한 아람어 단어 26개가 등장하고 그 중 하나가 아버지 하느님을 부를 때 나오는 Abba이다. 십자가에서 숨을 거두기 직전 예수는 "엘로이, 엘로이, 레마 사박타니?"라고 외친다. 이는 〈시편〉 22장 1절에서 인용된 아람어로 "나의 하느님, 나의 하느님, 어찌하여 나를 버리셨나이까?"라는 의미이다. 사도들은 갈릴리 억양이 강한 아람어를 구사한 듯하다. 마태오의 복음서를 보면 가야파의 저택 뜰에서 모닥불을 쬐고 있던 베드로가 '말씨만 들어도 알 수 있다'는 이유로 발각되는 장면이 나온다. 그리스어를 사용했을 백인대장, 군인들, 본디오 빌라도와 의사소통하는 모습을 보면 예수와 사도들은 그리스어도 약간 구사했던 것 같다.

베드로와 요한이 끌려나와 철저히 심문을 당했지만 특별한 정치적 소요활동의 증거가 없었으므로 방면되었다. 그럼에도 안나스는 적당한 기회를 잡아 그리스도교 운동을 뿌리 뽑겠다고 작정했다.

아나니아와 삽피라

사도들이 반갑게 받아들인 새 신도들 중에는 '그리스 말을 쓰는 유대인'도 있었다. 아람어를 구사하는 팔레스타인 출신과 달리 알렉산드리아, 소아시아, 로마제국의 다른 지역 출신으로 그리스어를 하는 사람들이었을 것이다. 곧 갈등이 발생했다. 여러 이유 중 하나는 그리스 말을 쓰는 유대인 과부들이 팔레스타인 과부들에 비해 매일 적은 양의 식량을 배급

C.E. 41년경	C.E. 41년경	C.E. 41년경	C.E. 43년경
헤로데 대왕의 손자 아그리파 1세 로마 유대의 왕으로 임명됨	클라우디우스 황제가 유대인의 종교적 권리 인정함	칼리굴라 암살당하고 클라우디우스 뒤를 이음	런던 세워짐

받는다는 것이었다(사도행전 6:1). 앞서 소개했듯 사도들은 가진 식량과 재산을 모두 내놓고 공평하게 나누는 공동체였고 이 규칙을 어기는 사람은 가혹한 처벌을 받았다. **아나니아와 삽피라**라는 부부는 재산을 처분한 돈 일부를 빼돌렸다. 이 사실이 발각되어 베드로가 추궁하자 아나니아는 그 자리에 거꾸러져 숨지고 말았다. 몇 시간 후 아내 삽피라도 불러들여와 재산 처분한 돈이 얼마인지 심문을 당했다. 진실을 밝히지 않은 삽피라 역시 거꾸러져 숨지고 말았다. 그러자 '온 교회가 몹시 두려워하였다'(사도행전 5:1-10).

스테파노

갈등이 커지면서 그리스 말을 쓰는 신자들 일부는 성전 숭배에 이견을 드러내기 시작했다. 이주와 해외 정착의 역사를 거치는 동안 이들은 성전보다는 회당 중심의 전례를 유지해왔다. 성전에 대한 반감은 성전활동을 총괄하지만 로마 협력자로 경멸받는 사두개파에 대한 반발 때문이기도 했다. 그리스 말을 쓰는 신자들의 지도자인 **스테파노**(스데반)는 신이 '사람의 손으로 지은 집에는 사시지 않는다'(사도행전 7:48)며 반 성전 의견을 분명히 했다. 사도 공동체는 분열 위기에 처했다. 팔레스타인 출신, 북아프리카와 소아시아에서 온 자유민들은 여전히 성전 숭배에 대한 믿음이 강했기 때문이다(사도행전 6:9). 결국 스테파노는 '모세와 하느님을 거역한' 신성모독죄의 모함을 받고 대공회에 고발당했다. 안나스와 가야파가 기다려온 기회였다. 〈사도행전〉에 따르면 대사제와 대공회 앞에서 격렬한 비난을 받은 후 스테파노가 일장연설을 했다고 한다. 연설의 마지막은 "지극히 높으신 분은 사람의 손으로 지은 집에는 사시지 않습니다. 완고한 사람들이여, 당신들의 조상이 박해하지 않은 예언자가

한 사람이나 있었습니까? 당신들은 의로운 분을 배반하고 죽였습니다."라는 준엄한 꾸짖음이었다(사도행전 7:58).

이 말에 사람들은 격분했다. 모두들 크게 소리를 지르며 스테파노를 성 밖으로 끌어내고는 돌로 치기 시작했다. 예수를 비난하고 공격했던 군중의 모습 그대로였다. 이 상황에서 유대 총독이 등장하지 않는 것이 눈길을 끈다. 스테파노 재판 정도의 사안으로 빌라도가 예루살렘에 오지는 않으리라는 주장도 있고 빌라도가 이미 물러나고 새로운 총독 마르셀루스가 부임하기 한 해 전인 C.E. 36년의 일이라는 설명도 나왔다.

스테파노의 죽음은 사두개파 지도자와 그리스도교 목회자들 간 새로운 갈등 국면을 만들었다. 예수 추종자에 대한 가벼운 괴롭힘이 이제 대대적 박해로 변한 것이다. 예루살렘은 더 이상 목회의 중심지가 될 수 없었다. 목회자들은 '유대와 사마리아 전역으로 흩어졌다'(사도행전 8:1). 키프로스, 페니키아, 시리아, 특히 오론테스 강변의 안티오크 등지로 피신한 것이다. 이후 수십 년이 흐르면서 안티오크는 그리스도교 활동의 중심지로 부상하게 된다.

이탈리아 화가 라파엘(1483-1520)이 1515년에 그린 '아나니아의 죽음'이다

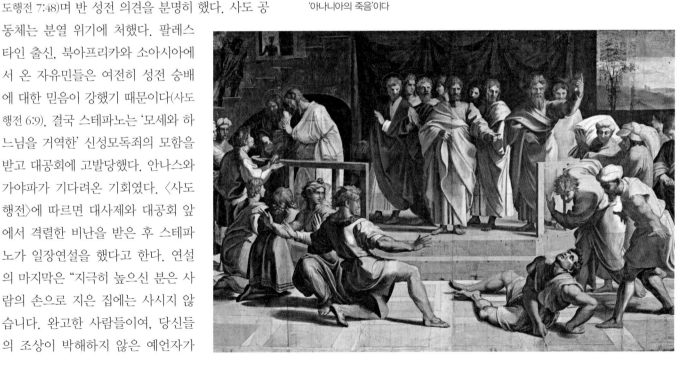

C.E. 43년경	C.E. 44년경	C.E. 44년경	C.E. 46년경
로마 브리튼 침략	아그리파 1세 사망하고 유대는 다시 로마령으로 돌아감	쿠스피우스 파두스 유대 총독으로 임명됨	티베리우스 알렉산더, 쿠스피우스 파두스 뒤를 이어 유대 총독이 됨

5장 〈사도행전〉부터 〈요한 계시록〉까지 **301**

스페인 화가 후앙 데 후아네스(1510-1579)가 그린 '성 스테파노의 순교'이다.

필립보

사마리아로 갔던 목회자 중 **필립보**라는 사람이 있었다(사도 필립보와는 다른 인물이다). 이름으로 미뤄볼 때 그리스 말을 쓰는 신자였던 것 같다. 〈사도행전〉에서는 필립보가 공동체의 식량 배분 임무를 맡은 일곱 부제 중 하나였다고 설명한다(사도행전 6:5). 신도들 중 많은 수가 과부거나 이민자로 수입이 없었고 소유물은 모두 나눈다는 원칙이 있었으므로 식량 배분은 중요한 업무였다. 앞서 보았듯 사마리아는 유대인이 꺼리는 지역이었다. 예수가 '사마리아 사람들의 마을로 심부름꾼들을 먼저

보내 준비를 시키려 했지만 마을 사람들이 맞아들이지 않았다'는 구절(루가 9:52-53)로 미뤄볼 때 사마리아인들 또한 유대인을 껄끄럽게 여겼던 모양이다. 예수의 제자들은 화가 나서 하늘에서 불을 내려 혼내줘야 한다고 주장했으나 예수는 오히려 제자들을 꾸짖었다.

이런 상황이니 필립보가 사마리아 목회에서 커다란 성과를

> 예루살렘에 있는 사도들은 사마리아 사람들이
> 하느님의 말씀을 받아들였다는 말을 듣고
> 베드로와 요한을 그리로 보냈다.
>
> – 사도행전 8:14

거두었다는 소식이 전해졌을 때 예루살렘의 사도들이 얼마나 놀랐겠는가. 필립보의 목회가 이어지며 '많은 사람에게 붙었던 더러운 악령들이 큰 소리를 지르며 나갔고 또 많은 중풍병자들과 불구자들이 깨끗이 낫자 그 도시의 사람들은 모두 기뻐하였다'(사도행전 8:7-8). 이 도시는 고대 사마리아의 폐허 위에서 헤로데가 재건한 도시 세바스테였을 것이다.

성과를 직접 확인하고 싶은 베드로와 요한이 사마리아를 방문했다. 새로이 신자가 된 사람들 중에 시몬이라는 마술사가 있었다. 놀라운 마술을 잘 부려 사마리아 사람들에게 예언자로 인정받아온 인물이었다. 시몬은 베드로와 요한이 신자들에게 손을 얹어 성령을 받게 하는 것을 보고 돈을 내밀면서 자신에게도 그 힘을 나눠달라고 부탁했다. 이에 베드로는 "당신은 죄에 얽매여 마음이 고약해졌소."라며 크게 꾸짖는다(사도행전 8:18-23).

이후 천사가 필립보에게 나타나 '예루살렘에서 가자로 내려

익명의 색슨족 대장장이가 1350년경에 만든 목회자 필립보의 도금 형상.

바티칸

십자가 처형당한 베드로의 시신은 티베르 강 오른편의 아게르 바티카누스(Ager Vaticanus)라는 곳에 묻혔다고 전해진다. 324년, 콘스탄티누스 대제가 그 자리에 최초의 성 베드로 교회를 지었다. 계단을 내려가면 지하실이 나오고 순례자들이 성 베드로의 무덤을 만져볼 수 있었다고 한다. 오늘날의 성 베드로 대성당은 브라만테와 미켈란젤로가 설계한 것으

로 1506년에 공사가 시작되어 한 세기 이상 이어진 끝에 완성되었다. 2차 세계대전이 전 유럽을 휩쓸던 1942년, 교황 비오 12세는 고고학자들에게 성 베드로의 무덤이 정말로 있는지 확인하기 위해 성당 제단 아래쪽을 발굴하라고 지시했다. 혹시라도 무덤이 발견되지 않을 것을 우려해 작업은 극비리에 이루어졌다. 몇 년의 작업 끝에 붉은 벽을 배경으로 흰 대리석 묘소

가 발견되었다. 가이우스라는 순례자가 2세기에 기록했던 모습 그대로였다. 묘를 둘러싼 대리석은 콘스탄티누스 대제 시대의 것으로 추정되었다. 묘 자체는 비어 있었지만 한쪽 붉은 벽에서 60세 정도 되는 남자 유골이 나왔다. 1950년, 비오 12세는 라디오 방송을 통해 확실히 증명할 수는 없지만 성 베드로의 것으로 보이는 유골이 발견되었다고 발표했다.

오늘날 우리가 보는 바티칸의 성 베드로 대성당은 1626년에 완공되었다. 브라만테(1444–1514)와 미켈란젤로(1475–1564)의 설계를 바탕으로 했다.

C.E. 57년경	C.E. 58년경	C.E. 58년경	C.E. 58년경
바울이 로마인에게 편지를 씀	바울이 예루살렘에서 체포되어 가이사리아로 압송됨(추정 연대)	로마 시인 유베날리스 태어남	중국에 불교 유입됨

필립보는 아스돗을 거쳐 북쪽으로 올라가며 '가이사리아에 이르기까지 해안가의 모든 동네에 복음을 전했다'(사도행전 8:40). 로마 문화가 강력하게 침투해 있고 로마 총독의 거주지이기도 했던 아스돗이 이제 목회의 근거지가 되었다. 필립보는 이곳에서 성장하는 그리스도교 공동체를 이끌며 네 딸을 키웠는데 '딸들은 모두 예언자였다'(사도행전 21:9).

다비타

필립보가 가이사리아로 가는 동안 베드로는 사마리아를 떠나 서쪽 리따로 향했다. 리따는 오늘날의 로드(Lod) 근처로 해안에서 14킬로미터 가량 떨어진 곳이었다. 거기서 베드로는 "애네아, 예수 그리스도께서 당신의 병을 고쳐주셨습니다. 자리를 걷고 일어나시오."라는 말로 8년 동안이나 몸이 마비되어 있던 **애네아**라는 사람을 치유해주었다.

멀지 않은 곳에 유대에서 가장 오래된 도시 중 하나인 욥바(요빠 혹은 요파)가 있었다. B.C.E. 2세기부터 활발히 사용된 항구 욥바는 텔아비브 외곽 지역이다. 이곳에 착한 일과 구제 사업을 많이 한 **다비타**(다비타는 아람어 이름이고 그리스어로는 Dorcas로 '가젤'이라는 뜻이다)라는 여자가 살고 있었다. 다비타가 병들어 죽자 마을 사람들이 모두 슬퍼하다가 베드로가 리따에 있다는 말을 듣고 사람을 보내 와달라고 청하였다. 야이로의 딸을 되살려낸 예수의 기적처럼 베드로도 우는 여자들을 내보낸 후 시신 옆에 무릎을 꿇고 기도를 올렸다. 그리고 "다비타, 일어나시오."라고 말하자 여자가 눈을 뜨고 베드로를 바라보며 일어나 앉았다(사도행전 9:40).

고르넬리오

베드로는 한동안 욥바에 머물렀다. 무두장이 **시몬**의 집에서 환대를 받았던 것이다. 지금도 그렇지만 당시에도 지중해안의 요빠는 머물기 좋은 곳이었다. 어느 날 기도를 드리러 옥상에 올라간 베드로는 무아지경에 빠져들었다. 큰 보자기 같은 것에 온갖 부정한 동물이 담겨 내려오고 "하느님께서 깨끗하게 만드신 것을 속되다고 하지 말라."는 목소리가 들려왔다(사도행전 10:10-15). 어리둥절한 베드로가 대체 무슨 일인지 곰곰이 생

네덜란드 화가 렘브란트 판 레인이 1626년에 그린 '내시의 세례'.
필립보는 가자로 가던 길에 에티오피아 내시를 만난다.

가는 길로 떠나라'고 일러주었다. 필립보는 그 말대로 셰벨라 언덕을 지나 가자로 향하다가 에티오피아 여왕 **간다케**의 재정을 관리하는 고관 내시를 만난다. 이방인이지만 신앙심 깊었던 그 내시는 〈이사야서〉를 읽고 있다가 한 구절을 설명해달라고 요청하였다. '그는 양처럼 도살장으로 끌려갔다'는 〈이사야서〉 53장 7-8절의 말씀이었다. 필립보는 예수에 관한 복음을 전하고 내시에게 세례를 주었다(사도행전 8:26-38). 이는 이방인에 대한 미래의 목회를 예고하는 사건이었다.

C.E. 60년경	C.E. 60년경	C.E. 62년경	C.E. 62년경
포르치우스 페스투스, 안토니우스 펠릭스 뒤를 이어 유대 총독이 됨	바울 로마로 호송됨(추정 연대)	알렉산드리아의 헤론이 증기기관, 물시계, 분수, 주행거리계 설계	루케이우스 알비누스, 포르치우스 페스투스 뒤를 이어 유대 총독이 됨

304 성서 그리고 사람들

이탈리아 르네상스 초기의 화가 마솔리노(1383–1447)의 프레스코 '불구자 치유와 다비타의 회생'으로 1424–1428년경 작품이다.

각에 잠겨 있을 때 사람들이 찾아와 가이사리아에 함께 가자고 청하였다. 이탈리아 부대의 백인대장으로 신을 두려워하는 사람인 **고르넬리오**가 간절히 만나고 싶어한다는 것이었다(사도행전 10:1).

그때까지 사도들은 독실한 유대인이 모두 그렇듯 이방인과의 접촉을 꺼렸다. 정결한 음식과 음료만 먹어야 한다는 계율을 지키지 않는 자들이었기 때문이다. 더욱이 예수 자신도 이방인의 도시를 피하고 '이스라엘의 길 잃은 양들'에게 목회의 초점을 맞추지 않았던가. 하지만 이제 베드로는 계시의 의미를 이해했다. 신은 이전까지 부정하다고 여겼던 이방인을 더 이상 그렇게 보지 말라고 명한 것이다. 베드로는 가이사리아로 떠나기로 했다.

백인대장의 집으로 들어가면서 베드로는 "잘 아시다시피 유다인은 이방인과

백인대장 고르넬리오

〈**사**도행전〉에 따르면 '이탈리아 부대라는 로마 군대의 백인대장으로 신을 두려워하는 사람 고르넬리오가 간절히 베드로를 만나고 싶어했다'고 한다(사도행전 10:1). 학자들은 이탈리아 부대가 무엇인지 규명하지 못했다. 이탈리아 부대라는 이름의 부대가 C.E. 63년 시리아에 주둔하긴 했지만 욥바에, 그것도 헤로데 아그리파가 유대를 통치하던 C.E. 41–44년에 그런 부대가 있었다는 로마 기록은 전혀 없기 때문이다. 당시 흔히 볼 수 있었던 각 지역 자원병이나 예비군이 아닌, 이탈리아 병사들로 구성된 군대라는 의미였는지도 모른다. 반면 '신을 두려워하는'(히브리어로는 '이름을 두려워한다'는 의미의 yir' ei Hashem이다)이란 성경에서 유대 종교에 공감하고 숭배하는 이방인을 일컬어 자주 사용하는 표현이다.

어울리거나 찾아다니지 못하게 되어 있습니다. 그러나 하느님께서는 나에게 어떤 사람이라도 속되거나 불결하게 여기지 말라고 이르셨습니다."라고 말한다(사도행전 10:28). 고르넬리오와 그 곁에 있던 사람들은 세례를 받았다. 에티오피아 내시와 더불어 그리스도교도로 받아들여진 첫 이방인이었다. 하지만 그리스도교 선교 대상에 이방인을 포함시키기 위해 해결해야 할 문제들은 아직 많았다. 여기서 또 다른 사도가 등장했다. 과거에는 예수를 몰랐지만 결국 초기 그리스도교 성장에 지대한 영향을 미친 사람, 바로 다르소의 바울이었다.

사울

바울의 삶에 대한 내용은 〈사도행전〉과 그의 서한에 주로 나온다. 서한은 바울이 직접 썼을 수도, 제자들이 대신 썼을 수도 있다. 이 서한들은 현존하는 가장

C.E. 62년경	C.E. 64년경	C.E. 64년경	C.E. 64년경
대사제 아나누스 명령으로 예루살렘 교회의 수장 야고보 죽임을 당함	네로 황제, 로마 시를 휩쓴 대화재의 범인으로 그리스도교도를 지목	로마에서 베드로와 바울 사망	게시우스 플로루스, 루케이우스 알비누스 뒤를 이어 유대 총독이 됨

오래된 그리스도교 기록이다. 데살로니카인들에게 보낸 편지는 바울이 제일 먼저 쓴 기록인 반면 로마인 및 골로새인들에게 보내는 편지는 C.E. 57-58년, 그의 목회 말기에 쓰인 것으로 추정된다.

훗날 바울이 되는 **사울**은 C.E. 10년경 소아시아 시실리아 지역의 도시 다르소(Tarsus)에서 태어났던 것 같다. 필립비인들에게 보내는 편지에서 바울은 자신이 베냐민 지파에 속하며 바리새파로 교육받았다고 썼다(필립비 3:5). 〈사도행전〉에 따르면 그가 저명한 바리새파 학자 가믈리엘 밑에서 공부했다고 하는데 대공회에서 베드로를 옹호해주었던 바로 그 가믈리엘로 추

정된다. 바울은 자신이 '열성적으로 교회를 박해했다'고 고백한다. '동족 동년배들에 비해 누구보다도 앞장을 섰다'는 것이다 (갈라디아 1:14). 스테파노가 죽임을 당할 때 사울은 현장에 있었던 것 같다. 돌 던지는 무리가 '사울이라는 젊은이에게 겉옷을 맡겼고' '사울은 스테파노를 죽이는 일을 용인했다'는 구절까지 나오기 때문이다(사도행전 7:58, 8:1).

곧 사울은 유대를 넘어서 시리아의 다마스쿠스 같은 도시들에서도 박해를 허용해달라고 대사제에게 청하였다. 유대인 그리스도교도 다수가 이쪽으로 피신했던 것이다. 그리하여 '그리스도교를 믿는 사람은 남자 여자 할 것 없이 눈에 띄는 대로 잡아서 예루살렘으로 끌어올 수 있는 권한을 받았다'(사도행전 9:2). 하지만 사울이 길을 떠난 후 신의 개입이 일어난다. 갑자기 하늘에서 빛이 번쩍였고 사울은 눈 먼 채 쓰러져 "사울아, 네가 왜 나를 박해하느냐?"라는 목소리를 듣는다(사도행전 9:4). 앞을 볼 수 없게 된 사울은 사람들 손에 이끌려 허우적대며 다마스쿠스로 들어간다. 다마스쿠스에 있던 신자 **아나니아**는 사울을 보살피라는 계시를 받고 주저하면서 사울이 가차 없는 박해자로 '대사제에게서 주님을 믿는 사람들을 잡아갈 권한까지 받았다'고 답한다. 하지만 신은 '자기 이름을 이방인들에게 전파할 사람'으로 사울을 선택했다고 설명한다.

아나니아가 사울을 만나 손을 얹자 '사울의 눈에서 비늘 같은 것이 떨어지면서' 다시 앞이 보였다(사도행전 9:18). 사울은 바울이라는 새 이름을 얻고 세례도 받았다. 그리고 곧 여러 회당에서 예수가 바로 하느님의 아들이심을 전파하기 시작하였다.

예루살렘의 사제들은 돌변한 바울의 모습에 경악했다. 감시자가 따라붙었고 암살 계획이 세워졌다. 제자들이 한밤중에 그를 광주리에 담아 다마스쿠스 성 밖으로 내보내주었고(사도행전 9:25) 그는 예루살렘으로 향했다.

예루살렘의 그리스도교 공동체는 바울을 의혹의 눈길로 바라보았다. 선교활동을 탐지하러 온 첩자라 여기는 사람이 많았고 그리스 말을 하는 급진파는 심지어 암살을 꾀하기까지 했

미켈란젤로 카라바지오(1571-1610)가 그린 '다마스쿠스로 가는 길에서 개종한 성 바울'이다. 본래 이름이 사울이었던 바울이 놀라 울부짖는 장면이다.

C.E. 65년경	C.E. 66년경	C.E. 66-70년경	C.E. 67년경
네로 황제, 세네카에게 자결을 명령함	팔레스타인에서 로마에 저항하는 첫 번째 대규모 반란 일어남	신약성경의 공관복음서 중 가장 오래된 마르코의 복음서가 쓰임	베스파시아누스 장군, 갈릴리에 도착해 반란 진압

306 성서 그리고 사람들

다. 하지만 갈라디아인들에게 보내는 편지에서는 그의 행적이 달리 나타난다. "나는 어떤 사람과도 상의하지 않았고 또 나보다 먼저 사도가 된 사람들을 만나려고 예루살렘으로 가지도 않았습니다."(갈라디아 1:17)라는 것이다. 이에 따르면 그는 곧장 아라비아로 가서 사도의 역할을 어떻게 수행할지 고심했고 3년 후 베드로와 야고보를 만났다고 한다. 어느 쪽이 맞든 결국 바울은 고향 다르소로 되돌아갔다.

바르나바

그 와중에 반가운 일이 일어났다. 로마령 시리아의 수도 안티오크로 피신한 그리스도교도들이 훌륭한 공동체를 만들어 지

성 바울의 모습이 그려진 12세기의 비잔틴 도금 메달이다.

속적으로 신자를 확보한 것이다. 그리스도를 추종하는 사람들을 '그리스도교도(크리스찬)'라 부르게 된 것도 안티오크가 처음이었다. 그리스어로 Christianos는 '그리스도를 따르는 사람'이라는 뜻이다.

안티오크의 상황이 궁금해진 예루살렘에서는 사람을 보내 더 자세히 알아보기로 했다. 여기서 선발된 사람이 **바르나바**라는 새 이름을 얻게 된 사이프러스 출신 요셉이었다. 안티오크에 도착한 바르나바는 정말로 수많은 신도가 교회에 모인 모습을 목격한다. 깊이 감동한 그는 자신을 도와줄 사람을 찾다가 근처 시실리아의 다르소에 바울이라는 신자가 있다는 것을 떠올린다. 〈사도행전〉에 따르면 바르나바는 잠시 예루살렘을 방문했

로마령 예루살렘

오늘날의 예루살렘 구도심은 예수가 알던 예루살렘과 전혀 다른 모습이다. 2차 유대반란(131-135)을 진압한 후 로마의 하드리아누스 황제가 더 이상 반란의 거점이 되지 않게끔 예루살렘을 철저하게 파괴하라고 지시했기 때문이다. 살아남은 유대인들은 강제 이주를 당했다. 파괴를 확실히 하기 위해 황제는 폐허 위에 엘리아 카피톨리나(Aelia Capitolina)라는 새 도시를 세우게 했다. '엘리우스'는 하드리아누스 출신 부족의 이름이고 '카피톨리누스'는 로마 신화에서 중요한 주피터 신을 의미했다. 제2성전이 있던 자리에 주피터 신전이 들어선 것이다.

대부분의 로마 도시들처럼 새 도시도 남북

예루살렘에 세워진 로마식 도시 엘리아 카피톨라의 일부분이다.

을 잇는 도로 카르도와 동서를 연결하는 도로 데쿠마누스가 직각으로 교차하는 격자 형태로 설계되었다. 1690년대 이후 유대인 구역에서 남북도로의 잔해가 발굴되기도 하였다. 도시 설계자들은 구도심 성벽 안쪽의 투로페언 계곡을 따라 두 번째 남북도로를 냈다. 이 도로는 수크 칸 에제이트(Suq Khan ez-Zeit)와 알 와디(Al-Wad) 거리의 일부로 지금까지 남아 있다. 당시에도 지금처럼 예루살렘의 출입구인 다마스쿠스 문 앞에서 주요 도로들이 교차하면서 커다란 광장을 이루었는데 로마시대에는 그곳에 거대한 성문이 버티고 있었다고 한다.

C.E. 67년경	C.E. 67년경	C.E. 69년경	C.E. 70년경
네로 자살하고 갈바가 뒤를 이음	갈바, 오토, 비텔리우스의 세 황제가 차례로 즉위함	베스파시아누스 황제로 추대됨	티투스가 예루살렘을 함락하고 제2성전 파괴함

5장 〈사도행전〉부터 〈요한 계시록〉까지 **307**

❶ 파포스 사이프러스의 초기 그리스도교 교회 앞에 서 있는 성 바울 기둥. 바울이 개종하기 전에 파포스 총독에게 회초리질을 당했던 장소라고 한다.

❷ 에페소 에페소의 이 원형극장에서 바울은 아르테미스 신상을 파는 장인들과 다툼을 벌였다. 바울의 선교활동이 장사에 방해가 되었기 때문이다.

❸ 아테네 아테네에 도착한 바울은 고대 아크로폴리스가 바라보이는 아레오파고스 언덕에서 설교한다.

❹ 고린토 51–52년에 바울이 처음으로 방문했던 그리스 도시 고린토에는 아폴로 신전 잔해가 여전히 남아 있다. 바울은 18개월 동안 머물렀는데 당시 고린토 통치자는 이우니우스 갈리오였던 것 같다.

라벤나

아리미눔 (리미니)

피사

아레티움 (아레초)

안코나

신기두눔 (벨그라데)

살로나 (솔린)

크로아티아

이탈리아

바울은 두 해 동안 로마에 살면서 전도한다 《사도행전》 28:30–31).

로마

오스티아

트레스(타베르네

포룸 아피

스코드라 (슈코더르)

디르하키움 (두레스)

알바니아

카푸아

베네벤툼 (베네벤토)

푸테올리 (포추올리)

네아폴리스 (나폴리)

아폴로니아 (포잔)

타렌툼 (타란토)

브룬디시움 (브린디시)

바울은 로마에서 에페소인들에게 보낸 편지, 골로사이인들에게 보낸 편지, 디모테오에게 보낸 둘째 편지, 필레몬에게 보낸 편지, 필립비인들에게 보낸 편지를 썼다.

마레 티르헤눔 (티레니아해)

크로톤 (크로토네)

니코폴리스 악티움

파노르무스 (팔레르모)

릴리바에움 (마르살라)

메사나 (메시나)

레기움 (레기오 칼라브리아)

이오니아해

시칠리아

카타나 (카타니아)

시칠리아

시라쿠사

바울을 태운 배가 풍랑으로 난파하여 선원과 죄수들 모두 표류한다 《사도행전》 27:27–44).

몰타

바울의 선교 여행

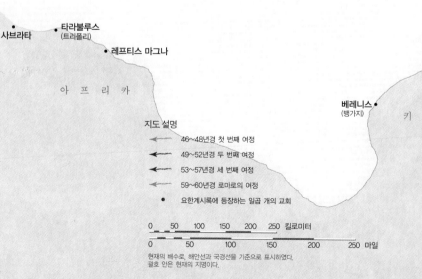

사브라타

타라불루스 (트리폴리)

레프티스 마그나

아프리카

베레니스 (뱅가지)

키

지도 설명

⬅ 46~48년경 첫 번째 여정

⬅ 49~52년경 두 번째 여정

⬅ 53~57년경 세 번째 여정

⬅ 59~60년경 로마로의 여정

● 요한계시록에 등장하는 일곱 개의 교회

0   50   100   150   200   250 킬로미터

0   50   100   150   200   250 마일

현재의 배수로, 해안선과 국경선을 기준으로 표시하였다.
괄호 안은 현재의 지명이다.

키움
(킬)

다 키 아

루 마 니 아

두로스토룸
(실리스트라)

토미스(콘스탄타)

노바이
(스비슈토프)

키비타스 트로파이시움
(아담클리시)

나이수스
(니스)

세르디카
(소피아)

니코폴리스 아드
이스트룸
(니카우프)

오데수스
(바르나)

흑 해

불 가 리 아

에서 설교하자
폭동을 일으킨다.
야로 떠난다.
(17:1-9)

점쟁이 귀신 들린 노예
여자에게서 귀신을 쫓아준
바울과 실라는 돈벌이를 못하게
된 주인이 고소해 감옥에 갇힌다.
그리고 급작스럽게 지진이 일어나면서
석방된다(사도행전 16:16-40).

시노페

아마스트리스
(아마스라)

아마수스
(삼순)

필리포폴리스

트 라 키 아

헤라클레아 폰티카
(에레글리)

폰 투 스 산 맥

아마세이아
(아마시아)

필립피
네아폴리스(카발라)

페린투스
(이스탄불)

비잔티움
(이스탄불)

칼케돈
(카디코이)

니코메디아
(코차엘리)

아폴로니아

타소스

사모트라케

키지쿠스

터 키

앙키라
(앙카라)

카파도키아

테살로니카
(테살로니키)

임브로스

렘노스

람프사쿠스
(라프세키)

마케도니아 사람이 도움을
청하는 꿈을 꾼 후 바울은
곧 그곳으로 떠난다
(사도행전 16:9-10).

알렉산드리아 트로아스

고르디움
(고르디온)

카이사레아 카파도키아
(카이세리)

멜리테네
(말라티아)

그

아소스

레스보스

아드라미티움
(에드레미트)

아 나 톨 리 아
(소 아 시 아)

아르켈라이스
(아크사라이)

선교와 치유를 행한 후 바울은
유대인이 선동한 군중에게 돌팔매질을
당하고 도시 밖에 버려진다. 죽지 않고
살아난 그는 선교를 계속한다
(사도행전 14:8-20).

사모사타
(삼사트)

페르가문
(베르가마)

키오스
(히오스)

바울은 고린토인들에게
보낸 첫째 편지와 디도에게
보낸 편지를 에페수스에서
썼을 가능성이 크다.

티아티라
(아크히사르)

피시디안 안티오크
(얄바츠)

티아나

에데사
(산리우르파)

아테네

고린토
(코린토스)

케크레아이

안드로스

사르디스

스미르나
(이즈미르)

필라델피아
(알라세히르)

에페수스

라오디케아
(호나즈)

아파메아
(디나르)

아르테미스 대 신전이 있는 곳이다.
바울이 우상숭배를 금하라고
설교하자 사람들이
들고 일어난다
(사도행전 19:23-41).

이코니움

리스트라

데르베

포르테 킬리키에
(실리시안 문)

제우그마

스파르타
(스파르티)

키클라데스

낙소스

골로사이(호나즈)

시데

타 우 루 스 산 맥

타르수스

안티오키아
(안티오크)

이수스

알렉산드리아 아드 이숨
(이스켄데룬)

밀레투스

유대 어머니와 그리스 아버지 사이에서
태어난 디모테오가 바울의 두 번째
선교 여행에 동행한다(사도행전 16:1-3).

할리카르나수스
(보드룸)

코스

아탈레이아
(안탈리아)

페르가

셀레우키아
트라케오티스
(실리프케)

셀레우키
피에리아
(사만다그)

알레포

초기 그리스도교의 보루였던
안티오크는 세 차례에 걸친 바울의
선교 여행을 재정 지원한다
(사도행전 13:3, 15:40, 18:22-23).

아에로파고스 철학자들과
토론을 벌인 바울은
일부 철학자를 개종시킨다
(사도행전 17:20-34).

크니두스

로도스

파타라

미라
(칼레)

마레 크레티쿰
(크레타 해)

크레타

로도스

시 리 아

예수 그리스도의
추종자들이 처음으로
'그리스도교도'라 불리게 된다
(사도행전 11:26).

팔미라
(타드무르)

페니케, 포에닉스

크레타

크노수스(크노소스)

고르틴

카페 살모네
(아크로티오 플라카)

키프로스

키프로스

살라미스

트리폴리스

에서
에 보낸 편지,
로니카인들에게
둘째 편지를 쓴다.

카우다
(가브도스)

미항
라세아

레바논

비블로스

인 테 르 눔
(지 중 해)

바울이 바르예수라는 거짓
예언자를 꾸짖어 장님으로 만들자
이를 본 총독이 개종한다(사도행전 13:6-12).

파포스
(쿠클리아)

그리스도 교도들을 잡으러
가던 사울은 기적을 경험한 후
개종한다(사도행전 9:1-19).

시돈

다마스쿠스

띠로

레

로니아(수사)

프톨레마이스

갈릴리해

다르니스
(다르나)

베드로, 바울, 바르나바는
다른 그리스도교 지도자들과 만나
비 유대인 개종자들의 유대 율법 준수
문제를 의논한다. 그리고
예수에 대한 신앙만으로 충분히
구원 받을 수 있다는 데 합의한다
(사도행전 15:1-21).

가이사레아

이스라엘

안티파트리스

네아폴리스
(나블루스)

보스트라

카

파라에토니움
(마트루흐)

알렉산드리아
(엘 이스칸드리야)

펠루시움

예루살렘

가자

유대

요 르 단

사 해

다프나이

세 번째 선교여행을 마치고
예루살렘으로 돌아온 바울이
소란죄로 고소된다. 로마 총독과
아그리파 왕 앞에서 심문 받던
그는 로마 시민으로서 황제에게
상소할 권리를 주장한다
(사도행전 21:26).

페트라

테레누티스

아 에 깁 투 스

헬리오폴리스

이 집 트

멤피스

서 부
사 막

시 나 이

아엘라나
(알 아카바)

사우디
아 라 비 아

이탈리아 화가 라파엘이 그린 '세루기오 바울로 총독의 개종'.
세루기오 바울로가 신의 말씀을 듣기 위해 바르나바와 바울을 부른 장면이다.

던 바울과 만난 적이 있었다. 그는 다르소로 바울을 찾아가 안티오크 목회를 도와달라고 청했고 바울이 응하여 함께 로마제국 동쪽 끝까지 갔다가 수도 로마로 들어가게 된다.

바울

바울과 바르나바, **요한 마르코**라는 신도까지 더해진 일행 세 사람은 우선 바르나바의 고향 키프로스로 가 살라미스에서 파포스까지 돌아다니며 회당에서 가르쳤다. 목회는 성공적이어서 로마 총독 **세루기오 바울로**까지 개종할 정도였다(사도행전 13:12). 다음 행선지는 밤필리아 해안지방인 베르게였다. 거기에서 요한은 예루살렘으로 돌아갔고 바르나바와 바울은 비시디아 지역의 안티오키아로 갔다. 이곳에서는 목회가 유대 공동체의 거센 저항에 부딪혔다. 하는 수 없이 이고니온으로 옮겨갔지만 다시 한 번 고초를 겪고 리스트라로 가야 했고 암살 위협

까지 받았다. 리스트라에서 바울은 앉은뱅이를 고쳐주고 이에 놀란 군중은 "저 사람들은 사람 모양을 하고 우리에게 내려온 신들이다."라고 떠들었다(사도행전 14:10-11). 하지만 여기서도 유대 공동체는 바울을 돌로 쳐죽이려 든다. 이후 두 사람은 데르베로 가 환대받는다. 여기서 베르게로 되돌아간 두 사람은 시리아 안티오크로 출발한다.

그 길에서 바울은 한 가지 문제를 인식한다. 그리스도를 추종하며 신자가 되고 싶어하는 이방인들은 많았다. 실제로 바울 자신도 여럿에게 세례를 주었는데 이는 세례와 함께 유대 율법에 따른 삶까지 받아들인 경우에 한했다. 반면 그리스도교에는 끌리지만 유대 율법은 지키고 싶어하지 않는 이방인도 많았다. 율법서에 나오는 할례나 정결음식 규정은 전도에 심각한 방해요인이었다. 개종한 이방인이 유대 율법을 지켜야 하는가라는 질문이 생겨났다. 예루살렘의 사도들은 모두 율법을 준수하는 유대인이었고 따라서 그리스도 신앙과 유대 율법은 결코 뗄 수 없는 것이라 여겼다. 하지만 바울은 생각이 달랐다. 유대 할례는 세례와 신앙으로 대체가능하다고 믿으며 '율법을 따라서가 아니라 성령으로 말미암아 마음에 받는 할례가 참 할례입니다'(로마서 2:29)라고 말한 것이다. 갈라디아인들에게 보낸 편지에서도 '사람이 하느님과 올바른 관계에 놓이는 길이 율법을 지키는 데 있지 않고 예수 그리스도를 믿는 데 있다는 것을 알고 있습니다.'라고 썼다(갈라디아 2:16).

이를 통해 바울은 초기 그리스도교 운동을 그 뿌리인 유대교에서 조심스레 분리했다. 잠재적 신자는 유대인보다 이방인에 더 많다고 판단한 것이다. 그 판단은 옳았다.

C.E. 73년경	C.E. 73년경	C.E. 75년경	C.E. 75년경
로마 10군단이 마사다를 포위하자 유대 열심당 혁명가들이 집단 자살함	요히난 벤 자카이가 야브네(Jabneh)에 새로운 종파를 만듦	요세푸스 《유대 전쟁사》 씀(추정 연대)	베스파시아누스 황제 콜로세움 건축 시작함

야고보

이방인을 대상으로 한 바울의 활동 소식이 전해지면서 예루살렘의 사도 무리를 이끌던 야고보는 큰 걱정거리를 안게 되었다. 일부 구성원들은 '모세 율법이 명하는 할례를 받지 않으면 구원을 받지 못한다'고 주장했다(사도행전 15:1). 이 야고보는 사도 야고보와 구분하기 위해 의로운 야고보(James the Just)라 불리기도 한다. 예를 들어 토마의 복음서를 보면 제자들이 "선생님께서 우리를 떠나실 것을 압니다. 누가 우리의 지도자가 될까요?"라고 묻자 예수가 "너희가 어디에 있든지, 의로운 야고보에게 의뢰하라. 그를 위하여 하늘과 땅이 생겼느니라."라고 대답하는 장면이 나온다(토마 12).

바울은 예루살렘으로 와서 상황을 설명하라는 요청을 받는다. 이렇게 하여 열리게 된 예루살렘 회의는 〈사도행전〉과 갈라디아인들에게 보낸 편지에 등장하는데 상세 내용은 조금 다르다(사도행전 11:27-30, 갈라디아 2:1-10). 학자들은 이 회의가 C.E. 40년대 말에 있었던 것으로 추정하며 타협에 성공했다고 본다. 바울은 지중해 전역에서 유대인과 이방인을 상대로 목회를 하고, 야고보 무리는 할례받은 사람에 대해 한정적으로 목회한다는 타협이었다. 야고보가 요구한 단 하나의 조건은 이스라엘 땅에 사는 외국인에게 레위 지파가 요구하는 노아 율법(레위기 17:10), 즉 우상숭배, 음란 행위, 목 졸라 죽인 짐승의 고기와 피 금기를 이방인 개종자들도 지켜달라는 것이었다(사도행전 15:20).

소아시아 여러 도시가 그리스 로마 문화권이었다. 사진의 1세기 우아한 청동항아리처럼 우아한 로마 식기들도 널리 쓰였다.

회당

회당(synagogue)이라는 단어는 '모임' '회합'을 뜻하는 그리스어 synagogē에서 왔다. 요세푸스는 회당 대신 '기도하는 집'이라는 뜻의 proseuchai를 사용했다. 예리고, 막달라, 감라 등지에는 B.C.E. 1세기 것으로 추정되는 회당이 남아 있고 마사다에서도 옛 회당을 볼 수 있다. 작은 마을에서는 야외광장이나 촌장의 집에서 안식일 예배를 올리기도 했다. 〈사도행전〉을 보면 바울 일행이 '안식일에 성문 밖으로 나가 유다인의 기도처가 있으리라고 짐작되는 강가로 갔다'(사도행전 16:13)고 나온다. 가버나움과 코라진 등 갈릴리의 유명한 회당들은 랍비 유대교가 융성했던 4세기에 건립된 것으로 보인다.

디모테오

예루살렘 회의를 통해 권한을 확인받은 바울은 한층 열성적인 두 번째 목회에 착수했다. 바르나바는 키프로스로 돌아갔고 바울은 데르베, 리스트라, 비시디아의 안티오키아로 향했다. 첫 여행 때 만났던 공동체를 다시 방문하기 위해서였다. 실로라는 신자가 동행했는데 과거 필립비에서 바울과 함께 감옥에 갇혔다가 지진이 일어나면서 쇠사슬이 끊어지고 석방된 바로 그 실로였다. 그리스도교 미술에서 실로는 손에 끊어진 쇠사슬을 감은 모습으로 자주 등장한다.

리스트라에서 두 사람은 디모테오라는 다른 신자와 일행이 된다. 디모테오는 곧 바울의 조수이자 친구, 후계자로서 친밀한 관계를 맺는다. 바울은 디모테오를 '신앙의 아들'이라고까지 불렀다. 유대인 어머니와 그리스인 아버지 사이에서 태어난 디모테오는 할례를 받지 않은 상태여서 문제가 되었는데 결국 할례를 받기로 결정한다. 바울이 향후 방문하게 될 유대 공동체의 일원으로 받아들여지기 위함이었다.

C.E. 70-73년, 헤로디아 마사다 요새에서 로마 10군단과 싸우던 열심당원들이 건설한 회당.

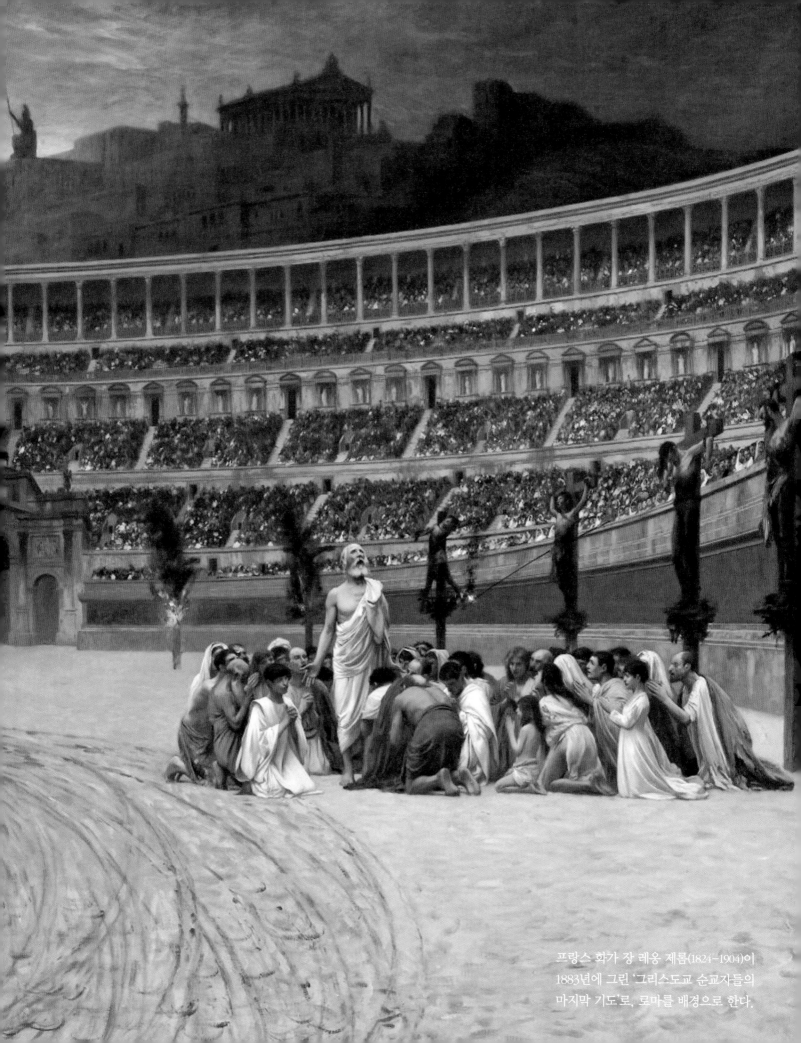

프랑스 화가 장 레옹 제롬(1824-1904)이
1883년에 그린 '그리스도교 순교자들의
마지막 기도'로, 로마를 배경으로 한다.

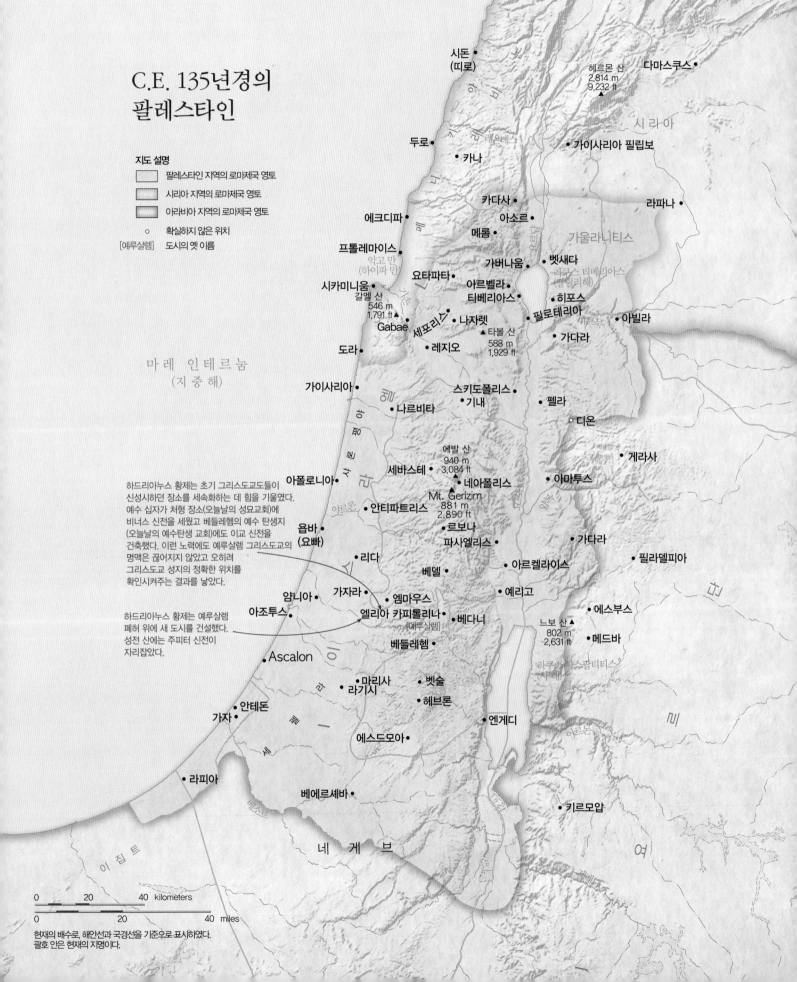

C.E. 135년경의 팔레스타인

지도 설명

- 팔레스타인 지역의 로마제국 영토
- 시리아 지역의 로마제국 영토
- 아라비아 지역의 로마제국 영토
- ○ 확실하지 않은 위치
- [예루살렘] 도시의 옛 이름

하드리아누스 황제는 초기 그리스도교도들이
신성시하던 장소를 세속화하는 데 힘을 기울였다.
예수 십자가 처형 장소(오늘날의 성묘교회)에
비너스 신전을 세웠고 베들레헴의 예수 탄생지
(오늘날의 예수탄생 교회)에도 이교 신전을
건축했다. 이런 노력에도 예루살렘 그리스도교의
명맥은 끊어지지 않았고 오히려
그리스도교 성지의 정확한 위치를
확인시켜주는 결과를 낳았다.

하드리아누스 황제는 예루살렘
폐허 위에 새 도시를 건설했다.
성전 산에는 주피터 신전이
자리잡았다.

마레 인테르눔
(지중해)

시돈
(띠로)

헤르몬 산
2,814 m
9,232 ft

다마스쿠스

시라아

두로
카나

가이사리아 필립보

카다사
라파나

에크디파
아소르
메롬

가울라니티스

프톨레마이스
악고 만
(하이파 만)

가버나움
벳새다

라쿠스 티베리아스
(갈릴리해)

요타파타
시카미니움
갈멜 산
546 m
1,791 ft

아르벨라
티베리아스

히포스

Gabae
세포리스
나자렛
타볼 산
588 m
1,929 ft

필로테리아
아빌라

도라
레지오
가다라

가이사리아
스키도폴리스
기내

펠라

나르바타
디온

게라사

에발 산
940 m
3,084 ft

세바스테
네아폴리스
아마투스

아폴로니아
Mt. Gerizim
881 m
2,890 ft

안티파트리스
르보나

가다라

욥바
(요빠)

파사엘리스
아르켈라이스
필라델피아

리다
베델
예리고

얌니아
가자라
엠마우스

아조투스
엘리아 카피톨리나
[예루살렘]

베다나
에스부스

베들레헴
느보 산
802 m
2,631 ft

메드바

Ascalon
벳술

마리사
라기시
헤브론

라쿠스 아스팔티티스

가자
안테돈
에스드모아
엔게디

라피아
키르모압

베에르셰바

네게브

이집트

| 0 | 20 | 40 kilometers |
| 0 | 20 | 40 miles |

현재의 배수로, 해안선과 국경선을 기준으로 표시하였다.
괄호 안은 현재의 지명이다.

바울은 본래 소아시아 서쪽 지역으로 갈 생각이었지만 신비로운 영상을 보고 난 후 트로아스에서 에게 해를 건너 마케도니아의 네아폴리스로 간다. 여기서부터 〈사도행전〉의 기술은 3인칭에서 1인칭으로, 즉 '우리는 배를 타고 트로아스를 떠나'라는 식으로 바뀐다. 학자들은 〈사도행전〉의 저자인 루가가 이 시점부터 바울과 디모테오 일행에 합류한 것이라 본다(사도행전 16:10).

이후 바울의 정확한 이동 일정은 분명치 않다. 필립비와 데살로니카에 그리스도교 공동체들을 만든 후 데살로니카의 폭도들에게 쫓겨 베레아로 피신했던 것 같다(데살로니카 1:8, 사도행전 17:5-10). 이어 아테네로 가서 중앙시장인 아고라에서 에피쿠로스 및 스토아 철학자들과 토론했다. 바울은 '알지 못하는 신에게'라고 새겨진 제단을 보았다면서 "여러분이 미처 알지 못한 채 예배해온 그분을 이제 여러분에게 알려 드리겠습니다."라고 말했다(사도행전 17:23).

아테네를 떠난 바울은 고린토로 가서 18개월 동안 머물렀다. C.E. 54년 이후에 쓰인 고린토인들에게 보낸 첫 번째와 두 번째 편지에 따르면 고린토의 그리스도교 신자들은 대부분 이방인이었다. 〈사도행전〉에는 고린토 유대인들이 '하느님을 예배하라고 사람들을 충동하며 법을 어기고 있다'는 이유로 바울을 법정에 고발하는 장면이 나온다. 재판장은 '아카이아 지방 총독' 갈리오였는데 로마법 위반이 아니라며 사건을 기각하였다(사도행전 18:12-17). 20세기, 델피의 아폴로 신전에서 발굴된 비석에는 C.E. 52년부터 L. 이우니우스 갈리오가 총독이었다고 새겨져 있다. 이는 학자들이 바울의 고린토 체류 시기를 추정케 해주는 자료이다.

C.E. 54년 이후 어느 땐가 바울은 에페수스(에페소)를 근거지

네덜란드 화가 렘브란트 판 레인이 1659년경에 그린 '디모테오와 그의 할머니'이다. 이후 디모테오는 바울의 조수로 활동한다.

로 세 번째 여정을 떠나고 이후 고린토로 돌아가 로마인들에게 편지를 쓴다. 이 편지의 마지막 부분에서 바울은 '나와 함께 일하고 있는 디모테오'와 '친척들' 그리고 추종자인 '재정관 에라스도'의 안부를 전하고 있다(로마 16:23). 1929년, 고린토에서 발굴된 1세기 석회암 돌조각에 '로마 행정관료가 된 에라스도가 이 도로의 포장비용을 댔다.'라고 등장한 에라스도가 바울과 알고 지낸 바로 그 인물일 가능성도 있다.

디모테오에게 보낸 첫번째 편지(바울이 조수에게 보냈다고 되어

C.E. 81년경	C.E. 85-90년경	C.E. 85-1 0년경	C.E. 95년경
티투스 황제가 사망하고 형제 도미티아누스가 뒤를 이음	사도행전이 쓰임(추정 연대)	요한의 복음서가 쓰임(추정 연대)	요세푸스가 〈유대인 고대사〉를 씀(추정 연대)

있지만 그렇게 보기에는 너무 늦은 시기에 쓰였다)에 따르면 바울은 에페수스의 교회가 이단에 물들지 않도록 하라며 디모테오를 거기 남겨두고(디모테오 1:3-4) 자신은 예루살렘으로 떠난다.

아그리파 1세

수십 년 동안 유대는 중요한 변화를 겪고 있었다.

C.E. 27년, '칼리굴라'라는 별명의 가이우스 카이사르 황제(재위 C.E. 37-41)가 헤로데 대왕의 손자 **아그리파 1세**(37-44)에게 과거 헤로데 필립보가 다스리던 지역을 넘겨주었다. 갈릴리와 페레아의 영주 헤로데 안티파스가 C.E. 39년에 밀려나자 그 영토도 아그리파 1세의 것이 되었다. 얼마 후 칼리굴라는 자신을 살아있는 신이라 선포하고

조반니 파올로 파니니(1691-1765)가 1744년에 그린 역작 '폐허에서 설교하는 바울'이다.

C.E. 96년경
도미티아누스 황제 암살당하고
네르바가 뒤를 이음

C.E. 98년경
네르바 사망하고
트라야누스가 뒤를 이음

C.E. 110년경
중국에서 글을 쓰기 위해
종이가 사용됨

C.E. 116년경
트라야누스가 로마제국 영토를
파르티아까지 확장함

고린토에서 나온 석회암 조각에 '로마 행정관료가 된 에라스도가 이 도로의 포장비용을 댔다'라고 쓰여 있다.
바울이 로마인들에게 보낸 편지에 언급한 재정관 에라스도가 바로 이 사람일지 모른다.

온 제국의 국민들이 자기 앞에 번제를 바쳐야 한다고 명령했다. 유대인들은 분노해 반란을 꾀했으나 C.E. 41년에 칼리굴라가 암살되면서 분위기가 가라앉았다.

칼리굴라의 후계자 **클라우디우스** 황제는 아그리파 1세의 영토를 유대, 사마리아, 이두매까지 확장시켰다. 아그리파는 단기간에 할아버지 왕국 크기와 맞먹는 영토를 다스리게 되었고 유대인들은 완전한 영토 회복의 희망을 품었다. 하지만 아그리파는 C.E. 44년에 가이사리아에서 사망했다. 그 아들 마르쿠스 율리우스 아그리파는 17세에 불과했으므로 클라우디우스 황제의 명령으로 유대는 다시 로마 영토로 들어갔다. 로마 총독 **쿠스피우스 파두스** (C.E. 44-46)가 다스리는 시리아 팔레스티나가 된 것이다.

4년 후, 클라우디우스 황제는 아그리파의 아들이 작은 영토는 통치할 수 있을 정도로 성장했다고 보아 필립보의 옛 땅을 넘겨주었다. **아그리파 2세** 시대(C.E. 48-70)가 시작된 것이다. 그 즈음 로마는 내정 불안에 시달렸다. 로마 역사가 수에토니우스는 그 불

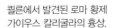

퀼른에서 발견된 로마 황제
가이우스 칼리굴라의 흉상.

안이 '그리스도를 내세우며 군중을 선동하는' 유대 그리스도교도 때문이라고 기록했다. 결국 모든 유대인은 로마를 떠나라는 클라우디우스 황제의 칙령이 떨어졌고 수많은 유대인이 가족과 함께 이주하기 시작했다(사도행전 18:2).

바울이 다시 찾은 예루살렘은 금방이라도 터질 듯한 긴장 상태였다. 로마에는 반유대 정서가 컸고 유대인은 총독에게 빼앗긴 자율권을 원통해했다. 총독들이 형편없이 무능하거나 부패하다는 것도 상황을 악화시켰다. 16년 동안 무려 다섯 총독이 유대를 거쳐 갔다.

안토니우스 펠릭스

예루살렘의 야고보와 다른 사도들은 바울을 따뜻하게 환영했지만 '이방인들 가운데서 사는 모든 유대인들에게 모세 율법을 배척하라고 가르친다'(사도행전 21:21)는 소문이 퍼져 있다고 주의를 준다. 바울은 성전으로 가서 모두가 보는 앞에서 번제를 올려 소문이 근거 없는 것임을 알려주기까지 했다. 그럼에도 '아시아(소아시아일 것이다) 출신 유대인 무리'

C.E. 117년경	C.E. 117년경	C.E. 122년경	C.E. 131년경
타키투스 《역사》를 씀(추정 연대)	트라야누스 뒤를 이어 하드리아누스가 로마 황제가 됨	브리튼에 하드리아누스 성벽이 건설됨	바르 코흐바 반란이라고 불리는 2차 유대반란이 발발함

5장 〈사도행전〉부터 〈요한 계시록〉까지 **317**

대 서 양

칼 레 도 니 아
하드리아누스 방벽

북 해

덴마크

아일랜드
하이버니아

영 국

아보라쿰
데바 · 린둠
비로쿠니움

노비마구스
베트라

폴 란 드

게 르 마 니 아

비스툴라 강

독 일

글레범
이스카 실로룸
베를라미움
론디움
두브레
이스카 둠노니오룸
노비마구스
게소리아쿰
바가쿰

라인 강

클로니아 아그리피네시스
보나
모곤티아쿰

체코공화국

슬로바키아

율리오보나
아우구스토두룸
로토마구스
누비오두엄
두로코토룸
루테티아
세나붐

아우구스타
트레베로룸

룩셈부르크

아르겐토라테

빈도보나
카르눈툼
아키네움

카스트라 레기나

아우구스타
빈델리쿰

루바붐

사바리아

보리게토

칼레도니아

무르사

다리오리툼
님네툼 항구

율리오마구스
카이사로두룸
아우구스토두둠
갈리아

메디오라눔

베손티모
아벤티쿰

쿠리아

오스트리아

테우르미아

비르눔

아킬레이아

크로아티어

시스키아

시르미움

보스니아
헤르체코비나

비르

싱

부르디갈라

리모눔

루그두눔
(리용)
비엔나
세트구스토

악시마

옥토두룸

제노아

메르디라눔
크레모나
프라센티아
보노니아

라벤나
아리미눔

안코나

슬로베니아

일

실로네

몬테네그로

브리간티움
오스트리카

루쿠스 아우구스티
레기오 VII
게르마니아

아라우시오
네마수스
아를

세메네룸
율리 포럼

톨로사

나르보

폼펠로
누만티아
카이사레구스타

엠포레
로데

피사
아레티움

페루자

사투르니아
코사
알레리아

노붐
코르피니움

베이
로마

오스티아

카두아

미세눔
네아폴리스
(나폴리)
패스툼

디르하크

아폴로

아드리아해

카스트룸

베네벤툼
브룬디시움

폼페이
타란토

투리

브라카라 아우구스타
칼레 항구
살라만티카

포르투갈

클루니아
카이사레구스타

바르시노
타라코

데르토사

스칼라비스
올리시포

스 페 인

톨레툼

타구스강

히 스 파 니 아

아메리타 아우구스타

팍스 율리아

사군툼
발렌티아

코르두바
이탈리카
히스팔리스

카르타고 노바

올비아

칼라레스

지 중 해

크로톤

메사나
레기움

파노르무스

팔마

발레아레스 섬

가데스
말라카
카르테아
틴기스

가르테네

루사디르

마그너스 항구

카이사리아

시티피스

시에타

람베시스
타무가디

살라

보루브리스

모 로 코

알 제 리

우티카
카르타고

히포
레기우스
투가

테베스테

타무가디

하드루메툼
타푸수스

튀 니 지

드레파눔
아그리겐티움

카타나
시라쿠스

트리폴리
렙티스 마그나

리

사브리타

**C.E. 100-300년의
그리스도교 확대**

■ 100년경 그리스도교도가 거주했던 지역
□ 300년경 그리스도교도가 거주했던 지역
▨ 300년경 그리스도교도가 집중적으로 거주한 지역
── 로마의 도로

카자흐스탄

러 시 아
스 키 타 이

우크라이나
사 르 마 티 아

드네푸르 강

카 스 피 해

트루크메니스탄

올비아
판티카파에움

코 카 서 스 산 맥

아제르바이젠

이 란
파 르 티 아

루 마 니 아

케르소네수스

흑   해

피티우스
그루지아

아폴럼
트로에스미스
사은미제게루사

반 도
아르메니아

울미아호

트라페수스

시노페

아미수스

사타라

티그라노케르타

두로스토룸
토미스
트로파에움 트라이아니

아마스트리스

폼페이폴리스

젤라

메가로폴리스

아미다

오에스쿠스
노베

헤라클레아
폰티카

터 키

아미다

이 라 크

불 가 리 아

강그라

세르디카
필리포폴리스

하드리아노
폴리스
페린투스

비잔티움
(콘스탄티노폴)

디코메니아

니케아

안키라

소 아 시 아

멜리데네

카이사리아

에데사

사모시타

코테시폰

니코폴리스
마케도니아
소토비

세지투스
프루사

도리래움

키르루스

헤라클레아
데살로니카

페르가뭄

안티오카

이코니움

다르소

안티오키아

두라 에로포스

에 게 해

스마르나

아프로디시아스

셀레우키아

시 리 아

코테시폰

암보라시아
멜피

에페수스
밀레투스

아탈리

라오디시아

라파니에
에메사

팔미라

고린도
아테네

크리두스

미라

살리피스
트리폴리스

키프로스
레바논

헬리오폴리스

이 라 크

스파르타

로두스

파포스

다마스쿠스

쿠웨이트
페르시아
걸프

띠로
가버코르나
가이사리아
이스라엘

보스트라

지 중 해

고르틴

예루살렘
가자
가자 지구

요르단

사 우 디
아 라 비 아

페르시움

페트라

니코폴리스
알렉산드리아

프톨레마이스
키레네

멤피스

옥시링구스

헤르모폴리스

프톨레마이스

나일 강

콥트
테베

홍
해

0   50 100 150 200 250 킬로미터

0   50   100   150   200   250 마일

현재의 배수로, 해안선과 국경선을 기준으로 표시하였다.

이 집 트

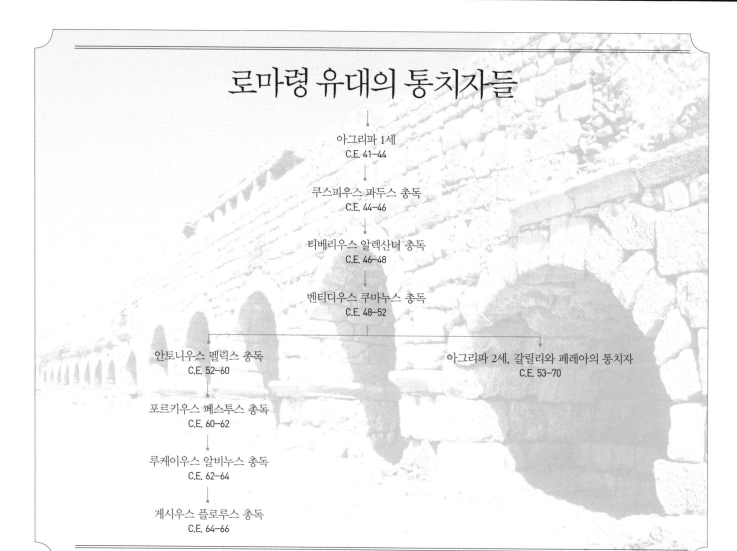

로마령 유대의 통치자들

아그리파 1세
C.E. 41–44

쿠스피우스 파두스 총독
C.E. 44–46

티베리우스 알렉산더 총독
C.E. 46–48

벤티디우스 쿠마누스 총독
C.E. 48–52

안토니우스 펠릭스 총독
C.E. 52–60

아그리파 2세, 갈릴리와 페레아의 통치자
C.E. 53–70

포르키우스 페스투스 총독
C.E. 60–62

루케이우스 알비누스 총독
C.E. 62–64

게시우스 플로루스 총독
C.E. 64–66

라는 사람들이 군중을 선동했고 결국 이방인을 성전 구역 안으로 끌고 들어왔다는 거짓 누명을 씌워 바울을 고발했다(사도행전 21:27–29). 바울은 체포되어 안토니아 성채에 갇혔다. 바울을 죽이려고 작정한 사람들은 거짓 죄목을 더 많이 꾸며냈다.

안토니아 성채의 로마 사령관 **클라우디우스 리시아스**는 죄목이 거짓인 것을 알고 바울을 가이사리아의 로마 총독 **안토니우스 펠릭스**(52–60)에게 보내면

쿰란에서 발견된 로마 황제 클라우디우스의 흉상.

서 '유대인의 율법 문제로 고발을 당했을 뿐 사형을 받거나 감옥에 갇힐 만한 죄가 하나도 없다'라고 쓴 쪽지를 전했다(사도행전 23:28).

펠릭스 총독은 해방노예 신분으로 클라우디우스의 재무 담당 비서와 형제 사이였다. 요세푸스에 따르면 펠릭스 형제가 황제에게서 직접 자유를 부여받았다고 한다. 펠릭스의 통치는 폭압과 부패로 점철되어 있었다. 바울 사건에 대해 펠릭스는 아무 조치도 하지 않았

C.E. 132년경
중국 후한의 천문학자 장형이
천체 투영관을 만듦

C.E. 135년경
2차 유대반란이 진압됨

C.E. 135년경
하드리아누스 황제, 예루살렘 파괴한
자리에 엘리아 카피톨리나 건설

C.E. 138년경
하드리아누스 사망하고
안토니누스 피우스가 뒤를 이음

고 그저 뇌물을 받아내려는 속셈으로 바울을 자주 불러내어 석방 가능성을 비추었다(사도행전 24:26). 협력을 거부한 바울은 펠릭스가 물러나고 후임 **포르키우스 페스투스** 총독(C.E. 60-62)이 올 때까지 2년을 더 감옥에서 보냈다. 하지만 펠릭스는 이렇게 역사에서 사라지지는 않았다. 아그리파 1세의 딸 드루실라 공주와 결혼해 아그리파 2세와 처남매제 사이였기 때문이다.

드루실라는 아들 마르쿠스 안토니우스 아그리파와 딸 안토니아 클레멘티아나를 낳는데 운 나쁘게도 C.E. 79년 8월 24일 베수비오 화산이 폭발했을 때 캄파니아 지역에 머무르던 바람에 죽고 말았다.

클라우디우스 황제 시대에 주조된 고대 로마 금화.

아그리파 2세

C.E. 60년경, 예루살렘의 대사제들은 또다시 바울이 대공회의 재판을 받아야 한다고 주장했다. 하지만 바울은 자신이 로마 시민으로서 로마의 황제에게 상소할 권리가 있다면서 맞섰다(사도행전 25:10). 사건이 점점 시끄러워지면서 새로 부임한 페스투스 총독은 아그리파 2세에게 의견을 구했다. 그로부터 5년 전 아그리파는 네로 황제에게서 티베리아와 페레아를 포함한 갈릴리 여러 도시를 넘겨받아 북쪽 국경을 넓힌 참이었다. 또한 대사제 임명권도 받아 종교 문제에서 상당한 영향력을 행사했다. 따라서 실질적으로는 아그리파 2세의 관할 밖 사안이라 해도 총독이 의견을 구한 것은 납득할 만하다.

바울은 페스투스와 아그리파 2세 앞에서 일장연설을 하고 아그리파는 자신을 그리스도교인으로 만들 작정이냐고 묻는다. 그러자 바울은 "전하뿐 아니라 오늘 제 말을 듣고 있는 모든 사람이 다 저와 같은 사람이 되기를 하느님께 빕니다. 물론 이 쇠사슬만은 제외하고 말입니다."라고 대답하였다. 아그리파는 자리에서 일어나 방을 나섰고 페스투스에게 "황제에게 상소만 하지 않았더라면 석방될 수 있었을 텐데요."라고 중얼거렸다(사도행전 26:28-29).

마침내 그해 말, 바울은 다른 죄인들과 함께 배에 태워져 로마로 출발한다. 하지만 거센 풍랑을 맞아 가까스로 목숨을 건

이탈리아 화가 바르톨로메오 몬타냐가 1482년에 그린 성 바울의 초상. 안토니우스 펠릭스 같은 유대인들은 예루살렘으로 돌아온 바울을 반기지 않았다.

C.E. 140년경
시므온 벤 가믈리엘 2세 야브네 학파를 갈릴리로 옮기고 새로운 대공회 세움

C.E. 161년경
안토니누스 피우스 죽고, 루키우스 베루스와 마르쿠스 아우렐리우스 공동 황제가 됨

C.E. 169년경
루키우스 베루스 사망하고 마르쿠스 아우렐리우스가 단독 황제로서 통치

C.E. 177년경
마르쿠스 아우렐리우스의 아들 코모두스 공동 황제가 됨

5장 〈사도행전〉부터 〈요한 계시록〉까지   **321**

팔라티노 언덕 위 도미티아누스 황제 궁전의 일부인 도무스 아우구스타나 폐허 근처에서 바라보면 막시무스 원형극장 전경이 눈에 들어온다.

네로의 박해

로마 역사가 타키투스는 C.E. 64년의 로마 대화재 이후 네로 황제가 그리스도교도 수백 명을 처형하면서 이를 대중의 볼거리로 만들었다고 기록한다. '들짐승 가죽이 씌워진 신자들은 개들의 공격을 받아 온몸이 찢겨나갔고 날이 어두워지면 신자들을 매달아놓은 십자가에 불을 붙여 조명으로 사용했다. 네로 황제는 자신의 정원과 원형극장을 무대로 삼았다.' 타키투스가 말한 정원은 훗날 도무스 아우레아, 즉 '황금의 집'이라는 사치스러운 별장이 들어서게 될 에스퀼리누스 언덕을 말할 것이다. 과거에는 전설적인 부자 마에케나스가 소유하던 땅이었다. 타키투스 글에 등장하는 원형극장의 위치에 대해서는 논란이 오가고 있다. 오늘날 로마 콜로세움 관광안내인들은 그곳에서 그리스도교도가 사자 밥이 되었다고 설명하기도 하나 콜로세움, 즉 플라비아누스 원형극장은 대화재 8년 후, 네로가 아닌 베스파시아누스 황제 때 건설되었다. 타키투스가 말한 원형극장은 500미터 이상 되는 전차 경주로를 갖춘 막시무스 원형극장일 가능성이 높다. 율리우스 카이사르 시대 이전의 공화국 시절에 지어진 막시무스 원형극장은 C.E. 60년대 중반, 로마 최대 규모의 극장이었다. 화재 이후 네로 황제는 이곳의 경주로를 100미터 가까이 늘리기도 했다.

지고 몰타 해안에 상륙한다. 거기서 이집트 곡물 선박을 탄 바울은 나폴리 해안 푸테올리에 내리고 로마로 가서 황제의 재판을 기다린다. 그리고 2년 동안 '자기 돈으로 먹고 살면서' 교우들에게 편지를 쓰고 방문객들을 만난다(사도행전 28:30). 이후의 삶은 수수께끼로 남아 있다.

아나누스

C.E. 62년, 포르키우스 페스투스가 급사하였다. 후임자 **루케이우스 알비누스**가 로마에서 가이사리아로 올 때까지 유대에는 일시적인 권력 공백이 생겨났다. 때마침 대사제도 바뀌었다. 마음대로 대사제를 갈아치우곤 했던 아그리파 2세가 요셉 카비 벤 시몬을 물러나게 하고 안나스의 아들 **아나누스**를 임명한 것이다. 예루살렘 교회에 대한 안나스 가문의 반감은 여전했다. 요세푸스는 대사제 아나누스가 대공회의 지원을 받아 '예수의 형제 야고보와 다른 몇몇을 율법 위반 죄목으로 기소했다'고 기록한다. 비(非)그리스도교 출처에 등장하는 초기 예루살렘 교회에 대한 중요한 증언이다. 야고보는 성전 난간에서 던져진 후 돌에 맞아 죽는다. 이제 팔레스타인의 그리스도교 운동은 구심점을 잃어버렸고 이후 10여 년 동안 근근이 명맥만 유지하는 데 그쳤다.

네로

바울이 로마에서 두 해를 보내는 동안 대화재가 발생했다. 일부 로마인들은 네로 황제가 불을 지르지 않았을까 의심하였다. 황제 자신의 설계대로 도시를 다시 짓기 위해서 말이다. 소문을 잠재우기 위해서였는지 네로 황제는 로마의 그리스도교 공동체를 범인으로 지목한다. 로마 역사가 타키투스(C.E. 56-117)는 그리스도교도가 어떻게 체포되어 심문당하고 쉽게 사형선고를 받는지 기록했다. 1세기 말 로마에 살았던 주교 클레멘트 1세는 베드로가 불운하게도 그 즈음 로마로 들어

네로 황제의 흉상.

와 처형되고 말았다고 썼다. 체포된 베드로는 십자가형을 언도받았지만 예수와 같은 모습으로 죽을 자격이 없다며 거꾸로 매달아 달라 요청했다고 한다. 시신은 티베르 강 오른편, 아게르 바티카누스라는 곳에 묻혔다.

신학자인 카르타고의 터툴리안은 바울 또한 같은 시기에 죽임을 당했다고 기록했다. 로마에 머물던 다른 사도들도 차례차례 순교자의 길을 걸었고 이는 팔레스타인과 소아시아에서도 마찬가지였다. 단 한 사람, 제베대오의 아들 요한만이 예외였다. 그리하여 팔레스타인에서 유대반란이 일어나기 한 해 전인 C.E. 65년, 초기 그리스도 교회의 주요 지도자들은 모두 처형되어 사라진 상황이 되고 말았다.

교회의 등장

바울을 포함해 초기 그리스도교도들은 자신이 죽기 전에 그리스도가 다시 돌아오시리라 확신했다. 그리스도가 돌아와 새로운 왕국을 건설하리라는 생각 때문에 교회 조직의 발전은 지연되었다. 하지만 날로 성장하는 그리스도교 공동체를 관리해야 할 필요성이 대두되었다. 바울은 고린토인에게 보낸 편지에서 '신이 정한 직책은 첫째가 사도요, 둘째는 말씀을 전하는 사람이요, 셋째는 가르치는 사람입니다'라고 하였다(고린토1 12:28). 결국 일부 그리스도교 공동체에서 능력과 신앙을 기준으로 지도자를 뽑기 시작하였다. 이후 지도자들이 사도로서의 공식적 권위를 부여받고자 하면서 주교라는 지위가 생겨났다. 325년의 니케아 공의회에서는 로마 주교를 우두머리로 하고 안티오크, 알렉산드리아, 콘스탄티노플 주교들이 다음 자리를 차지하는 것으로 인정했다. 로마의 주교, 즉 교황은 최고 직위의 사제로서 '폰티펙스 막시무스(Pontifex Maximus)'라는 명칭을 사용한다.

파트모스의 요한

정치적 박해의 시기에 파트모스의 요한이라는 저자가 계시록을 쓴 것으로 추정된다(책 이름은 본문에 등장하는 첫 단어 apokalypsis를 딴 것이다. 그리스어로 이는 '계시하다', '장막을 벗기다'의 뜻이다). 그리스도교에서는 이 요한이 열두 사도 중 하나이자 요한의 복음서 저자인 제베대오의 아들 요한이라고 보기도 한다. 하지만 '어린 양 열두 사도의 이름이 하나씩 적혀 있는 주춧돌'(계시록 21:14)을 설명하면서도 저자는 자신이 그 중 하나라는 언급을 하지 않는다. 대신 자신이 신의 종으로 파트모스 섬에 머물고 있을 때 천사의 방문을 받았다고 소개할 뿐이다(계시록 1:1). 나아가 파트모스의 요한은 자기 책을 소아시아의 교회 일곱 곳에 바치는데 에페수스를 제외하고는 바

이탈리아 플로렌스의 브란카치 예배당에 있는 '성 베드로의 십자가형'으로 필리피노 리피(1457-1504)의 작품이다. 베드로는 네로 황제 치세 때 처형당했다.

C.E. 193년경
셉티미우스 세베루스 황제, 지역관료들의
그리스도교도 박해 허용

C.E. 200년경
훈족이 아프가니스탄을
침략

C.E. 215년경
로마에 카라칼라 목욕탕
건설됨

C.E. 220년경
중국 한나라 끝남

그리스도교 카타콤

그리스도교가 금지되었던 로마제국에서 그리스도교도 장례는 비밀스럽게 이루어졌다. 신자들은 한동안 계층과 무관하게 로마 빈민들 방식으로 장례를 치르다가 도시 지하에 카타콤이라는 묘지를 파기 시작했다. 카타콤은 아피아(Appia) 가도, 오스티엔세(Ostiense) 가도, 티부르티나(Tiburtina) 가도 등 로마로 이어지는 주요 도로 근처 부드러운 화산암을 파서 만들었다. 시신은 천으로 싸서 벽

간에 넣었다. 부유한 가족은 기둥이며 조각으로 장식된 지하 묘를 커다랗게 조성하기도 했다. 단순하지만 감동적인 그림을 그려넣은 경우도 많다.

로마에서만 60곳 넘는 카타콤이 발굴되었고 그 중에는 여러 층을 이루며 무려 18미터 깊이까지 내려가는 것도 있다. 카타콤은 묘지이자 기도처였고 성체성사를 올리는 곳이기도 했다.

갈리에누스와 콘스탄티누스 대제가 그리스

도교 신앙을 인정한 후 부자들은 로마식 장례를 채택해 조각가에게 석관 조각을 의뢰했다. 그리스도교는 로마인이 행하던 화장을 금지했으므로 대리석 석관이 가장 일반적인 장례 형태가 되었다. 발견된 석관 중 가장 오래된 것은 로마의 빌라 펠리체에서 나왔다. 예수와 성 베드로가 당나귀를 타고 예루살렘에 들어서는 장면을 새긴 관인데 C.E. 312년경에 만들어진 것으로 추정된다.

C.E. 312년경에 만들어진 그리스도교 관 조각의 일부. 예수가 예루살렘에 들어서는 모습이다. 로마 빌라 펠리체에서 발견되었다.

C.E. 220년경	C.E. 221년경	C.E. 249년경	C.E. 261년경
고트 족이 로마제국 처음 침략함	로마제국의 모든 사람에게 시민권 부여됨	데시우스 황제가 로마 신 숭배를 거부하는 이들에 대한 박해 시작함	갈리에누스 황제 그리스도교도 박해를 끝냄

울 시대의 그리스도교 공동체가 전혀 알지 못하던 교회들이다. 이로 미루어 요한은 바울 이후 소아시아 지역에서 활동하던 선교사 혹은 지도자였던 것으로 보인다. 일곱 교회가 위치한 곳은 에페수스(오늘날의 셀주크 인근), 스미르나(오늘날의 이즈미르), 베르가모(오늘날의 베르가마 인근), 티아디라(오늘날의 아크히사르), 필라델피아(오늘날의 알라쉐히르), 라오디게이아(오늘날의 에스키히사르)로 모두 터키 서부지역이다.

계시록은 유대의 묵시록이 그렇듯 하늘의 비밀과 미래의 사건을 엿보게 된 예언자 혹은 예지자가 그 경험을 기술하는 형식으로 구성되었다. 저술 목적은 앞부분에 명시되어 있다. 하늘로 올라간 예수가 박해로 고통당하는 교회들이 굳건히 신앙을 유지할 수 있도록 보내는 메시지라는 것이다. 사탄이 아무리 방해한다 해도 결국 세계 역사를 통제하는 것은 예수이고 이는 오로지 예수만이 '일곱 봉인을 떼고 두루마리를 펼 수 있기' 때문이라고 한다(계시록 5:5). 세상은 전쟁, 역병, 거짓 예언자 등 고난의 시기를 거쳐야 하지만 결국에는 천사들이 새로운 예루살렘, 신이 통치하는 황금시대

1450-1470년에 쾰른에서 활동한 요하네스 비전이 그린 '성 요한의 환영'이다.

요한의 계시록이 저술된 시기

요한의 계시록은 그리스도교 박해가 극심하던 시기를 그린다. 이 때문에 학자들은 집필 시기를 도미티아누스 치세 때로 추정한다. 그리스도교 초기 역사가 에우세비우스 주교는 도미티아누스 황제가 유대인과 이방인 그리스도교를 강압했다고 썼지만 최근에는 유대인과 그리스도교 공동체 사이의 갈등이 그 상황의 원인이라는 주장도 나왔다. 대화재 후 네로가 박해령을 내렸을 때 이 계시록이 쓰였다고 보는 이들도 있다. '짐승을 가리키는 숫자 666'은 바로 네로라는 것이다. '바빌론'은 로마를 가리키는 것이고 말이다. 하지만 그리스도교도에 대한 네로의 박해는 로마 도시 내로 한정되었고 소아시아까지 확대되지 않았다. 네로 이후 수십 년이 흐른 후, 그러니까 C.E. 60~90년대에야 요한의 계시록이 완성되었으리라 보는 이론도 있다.

를 알리게 될 것이다.

〈다니엘서〉에서처럼 요한의 계시록에도 무서운 괴물과 사건들이 등장한다. 바다에서 솟아오르는 뿔 여럿 달린 괴수는 〈다니엘서〉의 영향을 받은 것이고 말 탄 기수 네 명에 대한 서술은 〈에제키엘서〉에서 온 듯하다. 사자 같은 이빨이 난 메뚜기들은 요엘에서 기원을 찾을 수 있다.

학자들은 요한의 계시록이 이사야, 에제키엘, 다니엘, 에녹, 시편 등 구약성경 내용에서 348개에 달하는 개념을 가져왔다고 분석한다.

산 비탈레

이탈리아 라벤나 산 비탈레 교회는 초기 비잔틴 미술의 걸작 중 하나이다. 527년에 시작해 20년 후에 완성된 사제석은 구약과 신약성경의 장면들을 묘사한 아름다운 모자이크로 뒤덮여 있다.

선한 목자

터키 이시클라에서 발견된 5세기의 선한 목자상. 선한 목자가 그리스도를 표현하는 일반적인 상징으로 자리잡은 데에는 그리스도교보다 앞선 이교 전통에도 존재하는 상징이었다는 점이 작용했을 것이다.

빌라 펠리체

그리스도교는 로마인이 행하던 화장을 금지했으므로 대리석 석관이 가장 일반적인 장례 형태가 되었다. 발견된 석관 중 가장 오래된 것은 로마의 빌라 펠리체에서 발견되었다. 예수와 성 베드로가 당나귀를 타고 예루살렘에 들어서는 장면을 새긴 관인데 312년경에 만들어진 것으로 추정된다.

하기야 이레네

콘스탄티누스 대제가 그리스도교를 로마 종교로 공식 인정한 313년 이후 지어진 그리스도 교회 중 하나이다. 532년의 니카 폭동으로 크게 부서진 후 548년 유스티니아누스 황제가 복구하였고 그 모습 그대로 오늘날까지 남아 있다.

산 마르코 교회
베니스의 산 마르코 교회 입구의 모자이크. 아기 예수를 안은 마리아 양쪽으로 복음서 저자 요한과 마르코가 선 모습이다. 이름 모를 예술가의 1200년경 작품.

벨기에 성 오다 유골함
유럽에서는 정교한 유골함을 만드는 데 노력을 기울였다. 성 오다 성지는 본래 아메이에 있었고 오늘날에는 리에주 왈룬 지방에 위치해 있다.

그리스도교 시대의 보물

갈리에누스 황제 때 시작되어 콘스탄티누스 대제와 테오도시우스 2세 때 절정을 맞은 그리스도교 해방의 물결 속에서 그리스도교 예술은 로마제국, 곧 비잔틴 제국이라 불리게 될 그곳에서 대대적으로 꽃피었다. 그 전까지는 이교 상징을 석관에 새기던 조각가들이 이제 그리스도교적 장면을 선택했다. 초기 그리스도교 미술에서는 다른 무엇보다 '선한 목자'로서의 예수 모습이 일반적이었다. 서고트 스페인 사람들은 그리스도를 그리스어로 표기할 때 나오는 첫 두 글자를 합쳐 문양을 만들고 무덤마다 자랑스럽게 이를 장식했다. 로마제국의 새 수도 콘스탄티노플의 건축가들은 그리스도교 교회의 완벽한 설계를 찾다가 결국 로마의 바실리카 양식에 정착했다. 이전까지 공공시설이나 재판소에 채택되던 양식이었다. 놀랍게도 이렇게 지어진 최초의 그리스도교 교회 중 하나가 아직까지 남아 있다. 터키 이스탄불의 하기아 이레네(성스러운 평화)가 그것이다. 두 세기 후 이 양식은 재치 넘치는 비잔틴 모자이크로 장식된 산 비탈레 성당에서 최고의 아름다움을 구현하게 된다.

이와 달리 유럽에서는 성인들의 유해를 담은 유골함 숭배 방식으로 그리스도교 미술이 발전하였다. 중세 초기 유골함들은 감동적일 정도의 경건한 신앙을 보여주며 후대의 초기 로마네스크 양식을 예고한다.

서고트의 명판
스페인의 5세기 명판. 유골 안치소나 무덤 앞에 붙어 있던 명판일 것이다. 그리스도의 그리스어 표기 첫 두 글자를 합친 문양으로 망자가 그리스도교도였음을 자랑스럽게 드러내고 있다.

CHAPTER 5
WHO'S WHO
〈사도행전〉부터 〈요한 계시록〉까지 등장하는 인물들

목숨을 지키기 위해 싸우는 그리스도교도. 존 밀러 와트(1895-1975)의 그림이다.

아바돈 ABADDON ('파괴')
'바닥 없는 구덩이의 천사'라는 의미의 히 브리어 이름(계시록 9:11)으로, 그리스 말로 는 아폴리온(파괴자라는 뜻)이다. 아바돈이 라는 이름은 완전한 파괴를 뜻하는 말로 사용되곤 한다(욥 26:6, 28:22, 31:12, 잠언 15:11, 27:20).

아카이고 ACHAICUS
에페수스의 바울을 찾아온 고린토인 세 명 중 한 명이다(고린토 1 16:17).

애네아 AENEAS
8년 동안이나 몸이 마비되어 움직이지 못 하다가 베드로에게 치유받은 환자이다(사 도행전 9:33-34).

하가보 AGABUS
유대에 기근이 들 것이라 예언한 예언자이 다(사도행전 11:27-28). 요세푸스도 클라우 디우스 치세 때 티베리우스 알렉산더가 다 스리던 유대에 기근이 들어 많은 이들이 목 숨을 잃었다고 기록했다. 여러 해가 지난 후 가이사리아의 부제 필립보 집에서 바울을 만난 하가보는 예 루살렘에서 그가 큰 위험을 당하 게 될 것이라 일러준다(사도행전 21:10-12).

아그리파 1세 AGRIPPA I
아그리파 1세(C.E. 37-44) 는 아리스토불루스와 베 르니게의 아들이고 헤 로데 대왕의 손자이다. '칼리굴라'라는 별명 의 가이우스 카이사 르 황제(C.E. 37- 41)로부터 과거 헤로데 필립보 가 다스리던 지역 을 넘겨받았다. 삼 촌인 헤로데 안티파 스가 영주 자리에 서 밀려나자 갈릴 리와 페레아도 얻 었다. 칼리굴라의 후계자 클라우디

우스 황제는 아그리파 1세의 영토를 유대, 사마리아, 이두매까지 확장시켰다. 아그리 파는 단번에 할아버지 왕국 크기와 맞먹는 영토를 다스리게 되었고 유대인들은 완전 한 영토 회복의 희망을 품었다. 〈사도행전〉 에 따르면 아그리파 1세가 유대의 그리스 도교 공동체를 박해하고 베드로를 잡아 가 두었으며 제베대오의 아들 사도 야고보 처 형을 명했다고 한다. 아그리파 1세는 C.E. 44년 가이사리아에서 사망했다.

예언자 성 하가보. 스페인 화가 후안 바우티스타 마이노(1569-1649) 작품이다.

아그리파 2세 AGRIPPA II

아그리파 1세의 아들로 헤로데 대왕의 증손자이다. C.E. 48년, 작은 영토 정도는 통치할 수 있을 정도로 성장했다는 평가를 받고 아그리파 2세로서 필립보의 옛 땅을 맡게 되었다. 7년 후 로마의 새 황제 네로(C.E. 54~68)는 티베리아와 페레아를 포함한 갈릴리 여러 도시를 넘겨 아그리파 2세의 북쪽 국경을 넓혀주었다. 유대는 로마의 통치 지역이었지만 아그리파 2세가 예루살렘 복구와 건축에 상당한 재원을 투입하면서 점차 실질적 권력을 행사했다. 네로 황제를 위해 가이사리아 필립보를 네로니아로 개칭하고 확장하기도 했다. 그는 대사제 임명권도 받아 종교 문제에서 상당한 영향력을 행사했다. 바울이 결백을 주장하는 현장에 있던 아그리파 2세가 총독 페스투스에게 "황제에게 상소만 하지 않았더라면 석방될 수 있었을 텐데요."라고 중얼거렸던(사도행전 26:28~29) 것도 그 영향력을 보여준다. 아그리파 2세는 후세 없이 사망했고 이로써 헤로데 왕조는 끝이 났다.

알렉산더 ALEXANDER (알렉산더 대제 이후 '인간의 보호자')

1. 대사제 안나스의 친척, 아마도 아들인 듯하다. 베드로와 요한이 심문 당하던 대공회에 참석했다(사도행전 4:6).
2. 데메트리오라는 은장이가 바울을 상대로 소란을 일으켰을 때 유대인이 앞으로 내보낸 에페수스의 유대인이다(사도행전 19:33). 훗날 알렉산더는 친구 히메내오와 더불어 '양심을 저버렸고 믿음은 파선을 당했으므로' 버려져야 할 사람의 예로 바울 편지에 등장한다(디모테오 1 1:19~20).
3. 디모테오를 몹시 괴롭힌 것으로 나오는 구리 세공업자이다(디모테오 2 4:14).

암플리아도 AMPLIATUS ('확대된')

그리스 이름 암플리아스의 라틴어 형태로 바울이 안부를 전한 로마 그리스도교 공동체의 구성원이다(로마 16:8). 바울은 그를 가리켜 '친애하는 내 교우'라 표현했다. 도미틸라 묘지에는 암플리아도 이름을 단 묘실이 두 개인데 시기적으로 앞선 묘실은 1세기 말이나 2세기 초의 것으로 추정된다.

아나니아 ANANIAS ('신이 아껴 주시다')

1. 예루살렘의 신자로 삽피라의 남편이다(사도행전 5:1~11). 교회를 위해 재산을 처분했지만 아내와 함께 일부를 뒤로 빼돌렸다. 사실이 발각된 후 베드로가 추궁하자 아나니아는 그 자리에 거꾸러져 숨졌다.
2. 다마스쿠스의 그리스도교 신자로 바울을 맡아 가르치게 된다(사도행전 9:10). '율법을 잘 지키는 경건한 사람'으로 다마스쿠스의 '모든 유다인들에게 존경을 받았다'고 한다(사도행전 22:12).
3. 바울 심문에 참석했던 대사제이다(사도행전 23:2). "나는 이 날까지 하느님 앞에서 오로지 바른 양심을 가지고 살아왔습니다."라는 바울의 말에 화 난 대사제가 그 입을 때리라고 명령하자 바울은 "회칠한 벽 같은 이 위선자! 하느님께서 당신을 치실 것이오."라고 맞받았다. 아나니아가 대사제라는 것을 뒤늦게 알게 된 바울은 "형제 여러분, 나는 그분이 대사제인 줄 몰랐습니다."라고 말한다(사도행전 23:5).

안나 ANNA ('우아한')

1. 예루살렘의 여자 예언자이다(루가 2:36). 아셀 지파의 일원이었다.
2. 신심 깊은 과부이다(루가 2:36,37).

16세기 이탈리아 학파에서 나온 '헤로데의 연회'이다.

안티파스 ANTIPAS ('아버지와 같은')

1. 베르가모의 순교자이다(계시록 2:13). 그곳 주교였다는 주장도 있다.
2. 헤로데 대왕과 사마리아인 부인 말타케 사이에서 태어난 아들로 C.E. 39년까지 갈릴리와 페레아를 통치했던 영주이다(루가 23:7). 안티파스는 헤로데 필립보의 전 아내였던 헤로디아와 결혼했고 헤로디아의 음모에 따라 세례자 요한의 머리를 자르라고 명령한다(마태오 14:1~12). 루가의 복음서에 따르면 빌라도가 헤로데에게 예수를 넘겨 심문하도록 했다고 한다(루가 23:7). 안티파스 저택 관리인이었던 쿠자의 아내는 예수를 따르는 신도였다(루가 8:3).

아벨레 APELLES ('이름 불린')

바울이 로마인들에게 보낸 편지 16장 10절에서 문안한 로마의 그리스도교도이다.

아폴로스 APOLLOS ('아폴로가 내려준')

알렉산드리아 출신 유대인으로 브리스킬라와 아퀼라의 가르침 아래 세례를 받는다.

사도 바울과 함께 고린토와 에페수스에서 목회한다(사도행전 18:24-28, 19:1, 고린토 1 1:12, 3:4-7).

아폴리욘 APOLLYON ('파괴자')

'심연의 천사' 혹은 '메뚜기들의 왕'이라고 알려진 아폴리욘은 히브리어 아바돈의 그리스어 이름이다. 계시록에 따르면 아폴리욘은 메뚜기 모습을 한 악마 같은 기마대를 이끌고 심연에서 솟아올라 땅 위 사람들을 고통스럽게 만든다고 한다(계시록 9:11).

압피아 APPHIA ('수확이 많은')

골로새의 여자 신도로 필레몬에게 보낸 바울의 편지에 언급된 필레몬의 아내로 추측된다(필레몬 1:22,25).

아퀼라 AQUILA ('독수리')

그리스 폰투스 출신으로 고린토에서 바울과 만났고 이후 에페수스에 동행한다. 아내 브리스킬라와 함께 로마에 살다가 모든 유대인은 도시 밖으로 나가라는 클라우디우스 황제의 칙령에 따라 떠나간다(사도행전 18:2, 26:1, 고린토 1 16:19).

아르킵보 ARCHIPPUS ('말 다루는 장인')

바울이 '우리 전우'라 부른 골로새의 그리스도교 교사이다. 아마도 필레몬의 아들이었던 것 같다(골로사이 4:17, 필레몬 1:2).

아리스다르코 ARISTARCHUS ('최고의 통치자')

소아시아와 로마로의 여행을 포함해 바울의 선교여행에 여러 차례 동행했던 데살로니카 사람이다(사도행전 19:29, 20:4, 27:2). 로마에서는 바울과 함께 감옥에 갇힌다(골로새 4:10, 필레몬 1:24).

아리스토불로 ARISTOBULUS ('좋은 상담가')

로마인들에게 보낸 편지에 등장하는 가족의 일원이다(로마 16:10).

아데마 ARTEMAS ('아르테미스의 선물')

바울의 동반자이다. 바울은 디도에게 보낸 편지에서 아데마를 크레타로 보내겠다고,

그러니 디도가 겨울에 니고볼리로 자신을 만나러 올 수 있다고 썼다(디도 3:12).

아르테미스 ARTEMIS

다산을 상징하는 고대의 어머니 여신이다. 여러 개 젖가슴 혹은 알을 지닌 여성의 모습으로 묘사된다. 그리스 사냥의 여신 아르테미스(로마에서는 다이아나)와는 다르다. 에페수스(그리스식 이름은 에페소)의 아르테미스 신전에는 성화와 조각이 아주 많았고 세 차례에 걸쳐 개축되었다. 제단 뒤쪽에는 여러 민족이 바친 재물이 가득했다고 한다. 여신상은 하늘에서 내려왔다는 전설이 있다. 〈사도행전〉에는 바울의 목회 때문에 여신상을 만들어 파는 생업에 지장을 받게 된 은장이들이 항의하는 장면이 나온다. 은장이들의 대표 격인 데메트리오는 "이대로 가다가는 우리의 사업이 타격을 입게 될 뿐만 아니라 위대한 여신 아르테미스 신당이 괄시를 받게 되고 마침내는 온 아시아와 온 세계가 숭상하는 이 여신의 위신이 땅에 떨어지고 말 터이니 참으로 위험합니다."라고 말했다(사도행전 19:24-27).

아신그리도 ASYNCRITUS (비교 상대가 없는)

바울이 로마의 그리스도교도들에게 보낸 편지에서 문안한 로마의 그리스도교도이다(로마 16:11). 편지에 언급된 아신그리도, 플레곤, 헤르메스, 바트로바, 헤르마스가 로마 그리스도교 공동체 내에 작은 무리를 이루고 있었다는 주장도 있다.

B

바르예수 BAR-JESUS ('예수의 아들')

파포스에 살던 거짓 예언자 겸 마법사이다. 엘리마라고도 불렸다(사도행전 13:6).

1885년 아돌프 씨르슈(1858-1929)가 그린 '에페수스 다이아나 신전 앞에서 설교하는 바울'이다. 아르데미스라고도 불리는 이 여신은 고대의 어머니 여신이었다.

바르나바BARNABAS ('용기를 주는 아들')

사이프러스 출신 사도 요셉이 전 재산을 예루살렘 교회에 바친 후 새로 얻게 된 이름이다(아람어로 바르나바는 '예언자의 아들'을 뜻한다). 바르나바는 예루살렘 사도들에게 막 개종한 사울(바울)을 소개하기도 했다. 로마령 시리아의 수도 안티오크에서 그리스도교 공동체가 번성한다는 소문이 들려오자 예루살렘의 사도들은 바르나바를 그곳으로 보내 확인하게 한다. 안티오크로 간 바르나바는 다르소에 있던 바울에게 도움을 청했고 바울이 응하여 함께 로마제국 전역을 돌아다닌다. 바르나바는 교회 내 비유대인들과의 관계에 관해 사도들에게 조언하는 역할을 한다(사도행전 4:36, 9:27, 11:19−26, 13:2, 15:1,36−41, 26:17).

바르사빠BARSABBA ('사빠의 아들')

1. 유스도 바르사빠라고도 불리는 요셉의 성이다. 예수가 십자가 처형된 후, 스승을 배반하고 죽은 가리옷 사람 유다의 빈자리를 채울 새 사도 후보로 마티아와 함께 거명되었다. 하지만 사도가 되지는 못하였다(사도행전 1:15−26).

2. 유다의 성이다. 유다는 실로와 함께 예루살렘 교회를 대표해 시리아 안티오크 및 실리시아의 그리스도교도들을 만나러 간다. 유대 율법과 관련해 이방인 그리스도교도들이 어떻게 행동해야 할지, 예루살렘 사도들의 견해를 전달하기 위함이었다. 이후 실로와 바르사빠는 바울과 바르나바와 동행해 안티오크로 가 그 도시에 머물며 목회했다(사도행전 15:40−41).

베르니게BERNICE ('승리를 가져오는')

아그리파 1세의 맏딸이다. 첫 남편이 죽은 후 삼촌인 칼키스의 헤로데 왕과 재혼했지만 두 번째 남편까지 죽고 유대반란의 분위기가 무르익자 동생 아그리파 2세와 로마로 갔다. 둘의 친밀한 관계에 대해 로마인들 사이에 소문이 파다했고 유베날리스가

프랑스 화가 테오도르 샤세리오(1819−1856)가 그린 '에티오피아 여왕의 내시에게 세례 주는 성 필립보'로, 여왕의 이름은 간다케였다.

풍자시를 쓰기도 했다. 베르니게는 바울이 페스투스와 아그리파 2세 앞에서 심문당할 때, 현장에도 참석했다(사도행전 2:5,13,23, 25:13,23, 26:30).

블라스토BLASTUS

헤로데 아그리파 1세의 시종이다(사도행전 12:20).

간다케CANDACE

에티오피아의 여왕이다. 당시 에티오피아는 아프리카와 소아시아 사이 교역의 교차로로 번성했다. 여왕의 재정을 관리하는 고관 내시가 예루살렘을 방문하고 돌아가던 길에 필립보를 만난다. 마침 '그는 양처럼 도살장으로 끌려갔다'는 〈이사야서〉 53장 7−8절의 말씀을 읽고 있던 고관 내시는 필립보에게 설명을 청하였다. 필립보는 예수에 관한 복음을 전하고 내시에게 세례를 주었다(사도행전 8:26−38). 이는 이방인들에 대한 미래의 목회를 예고하는 사건이었다.

가르포CARPUS ('과일' '손목')

바울이 트로아스에 머무는 동안 그의 옷과 귀중한 책들을 보관해준 그리스도교도이다(디모테오 2 4:13). 감옥에 갇힌 동안 바울은 디모테오에게 편지를 써서 가르포가 맡고 있는 물건들을 찾아 가져오라고 부탁한다.

백인대장CENTURION ('백百')

로마군에서 병사 100명을 통솔하는 장교로 그리스어 표현은 ekatóntarchos이다. 오늘날 직위로 보면 선임하사쯤 된다. 6,000명으로 구성된 부대마다 백인대장이 60명씩 있었다. 베드로에게 처음으로 세례받은 이방인 고르넬리오도 백인대장이었다(사도행전 10:28).

클로에CHLOE (녹색)

고린토에 살던 여성 그리스도교도이다(고린토 1 1:11). 클로에의 가족 일부가 바울에게 고린토 교회의 분열 상황을 알려준다.

클라우디아CLAUDIA

유불로, 부덴스, 리노와 더불어 디모테오에

게 안부를 전한 여성이다(디모테오 2 4:21).

클라우디우스CLAUDIUS

1. 로마의 네 번째 황제로 아그리파의 영토를 헤로데 대왕 시절만큼 늘려준 인물이다. 흉작으로 인한 몇 차례의 기근 사태를 해결하기도 하였다(사도행전 11:28-30). 로마 내정이 불안해지자 클라우디우스는 모든 유대인이 로마 바깥으로 나가야 한다는 칙령을 내렸다(사도행전 18:2). 아그리파 1세가 죽은 후 그 아들이 불과 17세인 상황이었으므로 클라우디우스는 유대를 다시금 로마의 통치 지역으로 만들었다.

2. 클라우디우스 리시아스는 예루살렘의 로마군 사령부인 안토니아 성채의 사령관이었다(사도행전 23:26). 바울이 마지막으로 예루살렘을 방문했을 때 군중이 폭동을 일으키자 로마 시민인 바울은 안전을 위해 안토니아 성채로 간다. 바울 살해 계획까지 세워졌다는 소식을 들은 클라우디우스 리시아스는 그를 가이사리아의 로마 총독 안토니우스 펠릭스에게 보내면서 '유대인들의 율법 문제로 고발을 당했을 뿐 사형을 받거나 감옥에 갇힐 만한 죄가 하나도 없다'라고 쓴 쪽지를 전했다(사도행전 23:28).

클레멘트CLEMENT ('자비로운')

바울이 필립비에 있을 때 함께 일한 그리스도교도이다(필립비 4:3). 유오디아와 신디케라는 두 여인도 일을 도왔다고 나온다.

골로새인COLOSSIANS

골로새인들에게 보낸 편지의 수신인이 된 골로새 그리스도교 공동체 구성원들이다. 골로새는 프리기아(오늘날의 터키)에 있었고 라오디케아에서 남쪽으로 19킬로미터 떨어진 리쿠스 강변에 위치했다. 골로새 그리스도교 공동체는 에바프라가 만들었다고 알려져 있다. 로마 감옥에 있던 바울에게 날로 성장하는 골로새 소식을 전해준 것도 바로 그 에바프라였다. 바울은 필레몬에게

보낸 편지에서 석방된 후 꼭 골로새에 가겠다고 다짐했지만 결국 뜻을 이루지 못했다. '골로새인들에게 보낸 편지'는 바울 사후에 쓰였지만 권위를 확보하기 위해 바울 명의를 사용했다.

고린토인CORINTHIANS

아카이아(로마령 그리스)의 수도 고린토의 그리스도교 공동체 구성원들이다. 바울이 고린토인들에게 보낸 첫 번째와 두 번째 편지 수신인이기도 하다. 대부분 이방인이었고 브리스킬라, 아퀼라, 아카이고, 포르두나도, 그리스보, 가이오 브리스 등이 포함되었다. 바울은 '재정관 에라스도'라는 인물도 언급한다(로마 16:23). 1929년, 고린토에서 발굴된 1세기 석회암 돌조각에 '로마 행정관료가 된 에라스도가 이 도로의 포장비용을 댔다.'라고 등장한 에라스도가 바울과 알고 지낸 바로 그 인물일 가능성도 있다. 고린토인들에게 보낸 첫 번째 편지는 C.E. 54 혹은 55년에 쓰인 것으로 추정되고 두 번째 편지는 고린토의 유대 그리스도교 목회자들의 활동에 대한 반응으로 그보다 한두 해 늦게 쓰인 것으로 보인다.

네덜란드 화가 게르브란트 반 덴 에크하우트가 1664년에 그린 '백인대장 고르넬리오의 환영'이다.

고르넬리오CORNELIUS

가이사리아에 주둔하던 이탈리아 부대의 백인대장이다(사도행전 10:1). 어느 날, 천사가 내려와 하인 둘과 병사 하나를 욥바로 보내 베드로를 모셔오라고 일러주자 그대로 따랐다. 고르넬리오가 보낸 사람들이 도착하던 밤 베드로는 환영에 빠졌다. 큰 보자기 같은 것에 온갖 부정한 동물이 담겨 내려오고 "하느님께서 깨끗하게 만드신 것을 속되다고 하지 말라."는 목소리가 들려왔다(사도행전 10:10-15). 어리둥절한 베드로가 대체 무슨 일인지 곰곰이 생각에 잠겨 있을 때 가이사리아에서 온 고르넬리오의 부하들로부터 함께 가자는 요청을 받은 것이다. 가이사리아에 도착한 베드로 앞에 고르넬리오는 무릎을 꿇었다. 그에게 어서 일어나라고 말하는 순간 베드로는 계시의 의미를 이해했다. 어떤 사람도 부정하다고 말해서는 안 되는 것이었다. 고르넬리오는 천사가 찾아왔던 일을 베드로에게 털어놓았다. 고르넬리오와 그 친구들이 서로 다른 언어로 말하며 하느님을 찬양하기 시작하자 베드로는 세례를 주었다. 고르넬리오는 베드로에게 세례받은 첫 번째 로마인이 되었다.

그레스겐스CRESCENS

로마에서 바울과 동행하다가 바울을 떠나 갈라디아로 간 인물이다(디모테오 하 4:10).

그리스보CRISPUS

고린토 회당장이다. 그리스도교로 개종하고 바울에게 세례를 받았다(사도행전 18:8).

다마리스DAMARIS ('점잖은')

아테네 사람들이 철학적 문제나 법적 판결을 위해 사용하는 아레오파고 법정에서 바울의 설교를 듣고 신앙을 갖게 된 아테네 여인이다. 디오니시오와 부부 사이였던 것으로 보인다(사도행전 17:34).

데마DEMAS

바울이 로마에서 갇혔을 때 함께 지낸 인물이다. 바울이 골로새인들에게 보낸 편지, 필레몬에게 보낸 편지에 등장한다. '사랑하는 의사' 루가와 함께 데마도 문안한다는 인사를 전하는 것이다(골로새 4:14). 디모테오에게 보낸 편지에는 데마가 '현세를 사랑한 나머지' 자신을 버리고 떠났다는 실망스러운 언급이 나온다(디모테오 2 4:10).

데메트리오DEMETRIUS ('데메테르 여신에 속한')

1. 아르데미스 여신상을 만들어 팔아온 에페수스의 은장이이다(사도행전 19:24). 바울의 목회로 여신상 수요가 줄고 생계가 위협받는다는 위기감을 느껴 바울 일행을 상대로 소란을 일으키지만 시장은 불만이 있으면 법적 절차를 밟으라고 말한다.
2. 가이오가 수신인으로 된 요한의 세 번째 편지를 지니고 간 사람이다(요한 3 1:12).

디오니시오DIONYSIUS

철학적 문제나 법적 판결을 위해 모이는 회의체 아레오파고의 구성원이다. 바울의 설교를 듣고 신자가 되었다. 디오니시오와 다마리스는 부부 사이였던 것으로 보인다(사도행전 17:34).

디오드레페DIOTREPHES ('양분을 잘 받은')

요한의 세 번째 편지 수신인인 가이오가 속한 그리스도교 공동체의 장로이다. 메시지를 받고도 호의를 베풀지 않은 오만한 행동으로 디오드레페는 요한의 꾸짖음을 듣는다(요한 3 1:9).

도르가DORCAS

다비타의 그리스 이름이다. 욥바에 살던 그리스도교 개종자 여인으로 선행을 많이 하기로 유명했다. 도르가가 병들어 죽자 마을 사람들이 모두 슬퍼하다가 멀지 않은 리따로 사람을 보내 베드로를 불러온다. 울고불고 하는 여자들을 내보낸 후 베드로가 시체 옆에 무릎을 꿇고 기도를 올린 다음 "다비타, 일어나시오."라고 말하자 여자가 살아났다(사도행전 9:36).

드루실라DRUSILLA

아그리파 1세의 딸이자 가이사리아의 유대 총독 안토니우스 펠릭스(C.E. 52~60)의 유대인 아내이다. 총독 펠릭스는 해방노예 신분으로 로마 사령관 클라우디우스의 재무담당 비서와 형제 사이였다. 요세푸스에 따르면 펠릭스 형제가 황제에게서 직접 자유를 부여받았다고 한다. 유대 여자와 결혼한 펠릭스가 총독으로 임명된 것을 보면 클라우디우스 황제가 유대인에게 어느 정도 관용적이었음을 알 수 있다. 물론 로마에서 소란이 일어난 후 모든 유대인을 도시 밖으로 쫓아내긴 했지만 말이다. 드루실라는 펠릭스에게 심문받던 바울이 신앙에 대해 설명하는 자리에도 함께 있었다(사도행전 24:24). 또한 잔혹하고 무능한 통치로 인해 남편 펠릭스가 로마 황실의 심문을 받으러 갈 때에도 동행했다. 드루실라는 아들 마르쿠스 안토니우스 아그리파와 딸 안토니아 클레멘티아나를 낳았는데 이들 남매는 C.E. 79년 8월 24일 베수비오 화산이 폭발했을 때 캄파니아 지역에 머무르던 바람에 죽고 말았다.

엘리마ELYMAS

사이프러스에서 바울의 설교를 방해하던 거짓 예언자 겸 마법사 바르예수의 아람어 이름이다. 바울의 저주를 받고 눈이 먼 후 그리스도교로 개종했다(사도행전 13:8).

에베네도EPAENETUS ('칭찬받은')

바울이 '나의 친애하는' 사람이라고 부른 로마의 그리스도교도이다. 로마인들에게 보낸 편지에서 바울은 에베네도가 아카이아, 즉 오늘날의 그리스에서 첫 개종한 그리스도교 중 한 명이라고 언급한다(로마서 16:5).

에바프라EPAPHRAS ('사랑스러운')

골로새에서 목회한 그리스도교도로 바울과 친구가 되었다(골로새 1:7). 골로새 그리스도교 공동체를 만든 사람도 아마 에바프

'에페소인들에게 보낸 성 바울의 편지' 16세기 판의 삽화.

라였을 것이다. 바울이 로마에서 갇혀 있을 때 곁을 지켰고 '함께 갇힌 동료'라 불렸다 (필레몬 1:23).

에바프로디도 EPAPHRODITUS ('공정한')

로마에 갇힌 바울에게 필립비로부터 서한을 가져온 그리스도교도이다. 바울은 에바프로디도를 '내 형제'라 부른다(필립비 2:25).

에페소인 EPHESIANS

소아시아 이오니아 해안의 항구 도시 에페수스(에페소)의 그리스도교 공동체 구성원들이다. 에페소인들에게 보낸 편지의 수신인이기도 하다. 학자들은 에페소인들에게 보낸 편지가 바울 손으로 쓰인 이전 편지와 비교할 때 문체나 신학적 관점이 크게 다르다며 다른 저자가 썼을 것으로 추정한다. 에페수스 공동체는 유대 그리스도교도들과 거의 접촉한 적 없는 이방인들로 이루어져 있었다. 에페소인들에게 보낸 편지는 C.E. 80−95년 사이에 어느 그리스도교 신자가 쓴 것 같다.

에라스도 ERASTUS ('사랑 받은')

1. 에페수스에서 바울을 도운 사람이다. 디모테오와 함께 마케도니아로 간다(사도행전 19:22).
2. 고린토의 재정관이다. 로마인들에게 보낸 편지 말미에서 바울은 여러 신자들에게 안부를 전하는데 그 중에 '재정관 에라스도'라는 인물도 있다(로마 16:23). 1929년, 고린토에서 발굴된 1세기 석회암 돌조각에 '로마 행정관료가 된 에라스도가 이 도로의 포장비용을 댔다.'라고 등장한 에라스도가 바울과 알고 지낸 그 인물일 가능성도 있다.

유불로 EUBULUS ('선한 뜻을 가진 사람')

바울의 마지막 편지로 추정되는 디모테오에게 보낸 편지에서 안부를 전한 네 사람 중 한 명이다(디모테오 2 4:21).

유니게 EUNICE ('승리하는')

디모테오의 어머니로 유대 여자지만 그리스인과 결혼했다(사도행전 16:1, 디모테오 2 3:15). 이 때문에 디모테오는 할례를 받지 않았지만 이후 유대 공동체에 받아들여지기 위해 할례를 받게 된다.

에드워드 번−존스 경(1833−1898)이 만든 '성 디모테오와 그 어머니 유니케' 스테인드글라스.

유오디아 EUODIA ('향기로운')

필립비의 그리스도교도 여인이다(필립비 4:2, 필레몬 4:2).

유디코 EUTYCHUS (행운의)

바울이 설교한 집의 3층 창문에서 밖으로 떨어진 트로아스의 청년이다. 죽은 채 발견된 그를 바울이 되살려낸다(사도행전 20:9−12).

펠릭스 FELIX ('행복한')

안토니우스 펠릭스는 C.E. 52−60년에 유대 총독을 지낸 인물이다. 해방노예 신분으로 안토니아 성채의 로마 사령관 클라우디우스의 재무담당 비서와 형제 사이였다. 요세푸스에 따르면 펠릭스 형제가 황제에게서 직접 자유를 부여받았다고 한다. 바울은 가이사리아의 펠릭스에게 심문을 받고 옥에 갇혔다. 이후 펠릭스는 아무 조치도 하지 않은 채 그저 뇌물을 받아내려는 속셈으로 바울을 자주 불러내어 석방 가능성을 비추었다(사도행전 24:26). 협력을 거부한 바울은 펠릭스가 물러나고 후임 포르키우스 페스투스 총독이 올 때까지 2년을 더 감옥에서 보냈다. 펠릭스가 임기를 끝내고 로마로 돌아갈 즈음 가이사리아의 유대인들은 그의 잔혹한 통치를 고발했다. 형제 팔라스가 네로 황제에게 부탁해준 덕분에 펠릭스는 처벌을 피할 수 있었다. 펠릭스의 아내는 아그리파 1세의 딸 드루실라 공주였다.

페스투스 FESTUS

포르키우스 페스투스(C.E. 60−62)는 네로 황제의 임명을 받아 안토니우스 펠릭스 다음으로 유대 총독을 지냈다(사도행전

24:27). 유대에 도착하고 몇 주 후 아그리파 2세와 베르니게 남매도 참석한 상태에서 바울 사건을 심문한다. 로마의 황제에게 상소할 권리를 주장한 바울은 로마로 보내진다. 페스투스는 부임한 지 채 2년이 지나지 않았을 때 유대에서 사망한 것으로 추정된다.

포르두나도 FORTUNATUS ('운 좋은')

바울이 에페수스에서 고린토인들에게 보낸 첫 번째 편지를 쓰고 있을 때 아카이고, 스테파나와 더불어 찾아갔던 고린토인 세 사람 중 한 명이다(고린토 1 16:17). 포르두나도라는 이름은 외경인 고린토인들에게 클레멘트가 보낸 첫 번째 편지 마지막 부분에도 등장하는데 동일인물일 가능성이 높다.

가이오 또는 가이우스 GAIUS

1. 바울의 선교여행에 동행하고 고린토에서 숙박을 제공한 인물이다. 바울에게 세례를 받았고 두 번째 선교여행길에 고린토로 온 바울을 다시 모신다(고린토 1 1:14, 로마서 16:23).
2. 바울의 일행으로 바울을 몰아내려는 에페수스 군중에게 붙잡혀 아리스타르고와 함께 위험에 빠졌던 마케도니아 사람이다(사도행전 19:29).
3. 데르베에서 태어난 갈라디아 사람으로 예루살렘으로 향하는 바울의 마지막 선교여행을 함께한다(사도행전 20:4).
4. 요한이 세 번째 편지의 수신인으로 삼은 소아시아의 그리스도교도이다(요한 3 1:1).
5. 율리오-클라우디우스 왕조의 일원이자 게르마니쿠스의 아들로 로마 세 번째 황제가 되어 C.E. 37-41년에 통치하였다. 원정 중에 아버지 병사들이 붙여준 별명 '칼리굴라(병사용 장화)'라고 불렸다. 가이우스는 헤로데 대왕의 손자 아그리파 1세에게 골란

티스 등 과거 헤로데 필립보가 다스리던 지역을 넘겨주었다. 갈릴리와 페레아의 영주 헤로데 안티파스가 밀려나자 그 영토도 아그리파 1세의 것이 되었다. 얼마 후 칼리굴라는 자신을 살아 있는 신이라 선포하고 온 제국 백성들이 자기 앞에 번제를 바쳐야 한다고 명령했다. 유대인들은 분노해 반란을 꾀했으나 C.E. 41년에 칼리굴라가 암살되면서 분위기가 가라앉았다.

갈라디아인 GALATIANS

오늘날의 터키 수도 주변, 바울 시대에는 리스트라와 이코늄 등의 도시를 포함해 지중해까지 확대된 너른 지역인 갈라디아의 그리스도교 공동체 구성원들이다. 갈라디아인들에게 보낸 편지는 바울이 직접 쓴 것으로 보인다. 비유적인 표현을 아낌없이 동원한 이 편지에서 바울은 세례받은 이방인이 할례를 받아야 하고(갈라디아 5:2-12) 안식일을 지켜야 하며(갈라디아 4:10) 정결음식을 포함한 다른 유대 율법을 지켜야 한다고(갈라디아 4:17) 주장하는 유대 그리스도교 목회자들을 반박한다. 이 편지가 쓰인 시기에 대해서는 이견이 있지만 C.E. 50년대 초반이라는 의견이 많다.

갈리오 GALLIO

바울이 고린토에 도착했을 때 아카이아(그리스) 지역을 다스린 총독 이유니우스 안나에우스 갈리오이다(사도행전 18:12). 네로 황제의 자문으로 또한 장관으로 활약했던 걸출한 철학자 루시우스 안나에우스 세네카와 형제 사이이다. '부드러운 갈리오'라는 별명을 얻을 정도로 인기 있고 다정한 인물이었다고 한다. 유대인이 '하느님을 예배하라고 사람들을 충동하며 법을 어기고 있다'는 이유로 바울을 법정에 고발하자 갈리오는 로마법 위반이 아니라며 사건을 기각하였다(사도행전 18:13-16).

1470년경 미하엘 파헤르(1435-1498)가 그린 성 스테파노 제단화 중 '루시엔 사제 앞에 나타난 가믈리엘 유령'이다.

가믈리엘 GAMALIEL ('신의 보상')

1. 브다술의 아들로 시나이 병적조사 당시 므나쎄 지파 지도자였다(민수기 1:10, 7:54,59, 20:20). 광야를 지날 때 므나쎄 부족 진군을 지휘하였다(민수기 10:23).
2. 랍비 시므온의 아들이고 랍비 힐렐의 손자이다. 가믈리엘은 바리새파였고 법률 전문가로서 지식이 깊기로 유명했다. 티베리우스, 칼리굴라, 클라우디우스 치세 당시 대공회장을 지냈다. 《미슈나》는 '랍비 가믈리엘의 죽음과 함께 그 시대의 법률, 정결, 신심 숭배도 죽고 말았다'(소타 15:18)라며 가믈리엘을 가장 위대한 랍비 중 한 명으로 보았다. 〈사도행전〉에 따르면 가믈리엘이 예수 부활을 설교한 죄로 대공회에 끌려온 사도들 편을 들어주었다고 한다. "만일 이 사람들의 계획이나 행동이 사람의 생각에서 나온 것이라면 망할 것입니다. 그러나 하느님께로부터 온 것이라면 여러분은 그

들을 없앨 수 없을 것입니다. 자칫하면 여러분이 하느님을 대적하는 자가 될지도 모릅니다."라면서 말이다(사도행전 5:34-40). 바울이 한때 가믈리엘의 제자였다는 언급도 있는데(사도행전 22:3) 이는 학자들의 논란거리이다. 가믈리엘이 늘 인내와 자제를 강조하는 반면 바울은 타협을 모르는 열정적 신앙인이기 때문이다. 가믈리엘은 C.E. 70년의 예루살렘 파괴보다 18-20년 앞서 세상을 떠난 것으로 보인다.

헤르마스 HERMAS
바울이 로마인들에게 보낸 편지에서 문안한 로마의 그리스도교도이다(로마 16:14).

헤르메스 HERMES
1. 그리스 경계의 신이다. 인간과 신의 영역을 쉽게 오가며 전령과 중재자 역할을 담당했다. 로마인들은 머큐리 신이라고 불렀다. 리스트라에서 바울이 불구자를 치유해주자 사람들은 "사람 모양을 하고 우리에게 내려온 신들이다."라고 떠들면서 바르나바는 제우스 신, 설교를 맡아서 한 바울은 헤르메스 신이라고 불렀다(사도행전 14:10-12).
2. 바울이 로마인들에게 보낸 편지에서 문안한 로마의 그리스도교도이다(로마 16:14).

헤르모네게 HERMONEGES ('헤르메스에서 나온')
소아시아에서 바울과 동행했지만 여러 차례 시험을 겪으면서 결국 떠나버린 인물이다(디모테오 2 1:15).

헤로디온 HERODION (영웅과 같은)
바울이 로마인들에게 보낸 편지에서 '내 친척'이라 부르며 문안한 로마의 그리스도교도이다(로마 16:11).

한스 멤링(1433-1494)이 1479년에 그린 '파트모스의 성 요한'으로 제단화 '성 카타리나의 신비한 결혼' 중 일부이다.

히메내오 HYMENAEUS (결혼에 속한)
바울이 디모테오에게 보낸 편지에서 이단혹은 거짓 교사로 두 차례 언급되는 인물이다. 히메내오는 그리스도교도였지만 '부활은 이미 지나간 과거'이고 진정한 부활은 각 개인의 영혼이 죄에서 깨어나 이뤄야 한다고 가르쳤다(디모테오 1 1:20, 디모테오 2 2:17-18). 학자들은 이런 가르침이 육체적 부활 개념을 거부하고 대신 예수의 가르침을 바탕으로 자기 안의 신성한 지식을 발견해야 한다고 강조하는 초기 형태 그노시즘이라고 본다.

얌브레 JAMBRES
〈출애굽기〉에서 모세에 반대한 것으로 나오는 고대 이집트 파라오 궁정의 두 마법사 중 한 명이다. 이 이름은 신양성경(디모테오 2 3:8)과 '가짜-요나단의 타르굼(Targum Pseudo-Jonathan)'에만 등장한다.

얀네 JANNES
〈출애굽기〉에서 모세에 반대한 것으로 나오는 고대 이집트 파라오 궁정의 두 마법사 중 한 명이다. 이 이름은 신양성경(디모테오 2 3:8)에만 등장한다.

야손 JASON
데살로니카에서 바울과 실로를 맞아들인 그리스도교도이다. 유대 무리가 그 집을 습격했다가 바울을 찾지 못하자 대신 야손을 붙잡아 치안관들에게 끌고 갔다. 이후 바울과 친척들이 데살로니카에서 고린토로 갈 때 동행한 야손과 동일인물일 가능성이 있다(사도행전 17:5-9, 로마서 16:21).

예수 유스도 JESUS JUSTUS
유대 그리스도교도로 로마에 사는 바울의 제자이다(골로새 4:11).

파트모스의 요한 JOHN OF PATMOS
〈요한 계시록〉의 저자이다. 도미티아누스 치세 로마의 그리스도교 박해 때 그리스의 파트모스 섬으로 유배된 인물이라 추정된다(계시록 1:1). 열두 사도 중 하나이자 제베대오의 아들인 요한, 요한의 복음서 및 요한의 편지들을 쓴 바로 그 사람이라고 보기도 한다. 하지만 오늘날 학자들은 이에 의문을 제기한다. 우선 요한의 복음서 속 그리스어 문체나 문법 수준이 가버나움의 어부(당시의 어부들은 대개 문맹이었다) 솜씨로 보기에는 너무도 뛰어나다는 것이 한 이유이다. 나아가 계시록이 정말로 도미티아누스 치세인 C.E. 81-96년 사이에 쓰였다면 사도 요한이 90대까지 살았다는 뜻인데 이는 1세기 팔레스타인 평균 수명의 두 배에 육박한다. 그리하여 복음서와 편지, 계시록은 사도 요한의 삶과 말씀에 감화된 '요한 공동체' 구성원들이 썼을 것이라는 주장이 나온다. 요한이라는 이름은 팔레스타인에서 아주 흔하다는 점도 기억할 만하다.

요한 JOHN THE ELDER ('신의 은총을 받은')

신약성경의 세 편지를 쓴 저자로 요한의 복음서를 쓴 저자와 동일인이라고 여겨졌다.

1900년의 판화에 묘사된 다마스쿠스의 비아 렉타(곧은 길). 〈사도행전〉에 따르면 사울을 받아준 유다의 집이 바로 이 거리에 있었다고 한다.

실제로 이 편지들과 요한의 복음서는 주제 면에서 공통점이 많다. 더 나아가 요한의 첫 번째 편지는 요한의 복음서를 다수 인용한다. 그럼에도 첫 번째 편지는 두 번째나 세 번째 편지와 비교해 문체 면에서 차이가 많고 이 때문에 일부 학자들은 요한의 세 편지가 서로 다른 저자들에 의해 저술되었다고 본다. 요한의 세 편지는 1세기 말, 에페수스에서 쓰였으리라 추정된다.

요셉 바르사빠 JOSEPH BARSABBA

예수와 사도들 무리에 동행했으며 세례 현장에도 있었다. 예수가 십자가 처형된 후 가리옷 사람 유다의 빈자리를 채울 새 사도

의 후보로 마티아와 함께 거명되었지만 사도가 되지는 못하였다(사도행전 1:15-26).

유다 JUDAS ('유명한')

1. 야곱의 아들 유다 JUDAH의 다른 표기이다(마태오 1:2).
2. 시몬의 아들인 가리옷 사람 유다. 열두 사도 중 한 명이었으나 예수를 배신하고 적들에게 넘겨준다(마태오 10:4).
3. 새로 유대에 합병된 대시리아의 통치자 퀴리니우스가 지시한 조세조사에 반대해 C.E. 6년 반(反)로마 저항운동을 일으킨 갈릴리의 유다이다. 요세푸스는 유다와 바리새파 사독이 함께 열심당을 만들어 사두개, 바리새, 에세네 뒤를 이어 네 번째 팔레스타인 정파가 되었다고 기록한다. 이 열심당이 C.E. 66-70년 유대반란을 일으킨 것으로 보인다. 가믈리엘은 대공회에서 사도들을 옹호하면서 갈릴리의 유다를 예로 들기도 한다(사도행전 5:37).
4. 다마스쿠스의 유다. 다마스쿠스로 가다가 갑자기 시력을 잃은 사울을 받아준 유대인이다.
5. 요셉 바르사빠의 형제이고 예루살렘 그리스도교 교회의 연장자이다. 실로와 함께 안티오크 사람들에게 편지를 전하러 가라는 부탁을 받는다. 이방인 개종자들이 '우상숭배, 음란 행위, 목 졸라 죽인 짐승의 고기와 피 금기까지만 지켜달라는' 사도회의 결정을 알리는 편지였다. 노아 율법이라 불리는 이들 계율은 이스라엘 땅에 사는 외국인들에게 전통적으로 요구되던 내용이었다(사도행전 15:22).

유다 JUDE ('유명한')

야고보와 예수의 형제이고 '예수 그리스도의 종'으로 자처하는 인물이다. 신약성경 유다의 편지 저자로 여겨졌다(유다 1:1). 유다는 팔레스타인 전역을 돌아다니며 가르치고 전도하며 더 큰 도덕적 자유를 설파하는 반대파에 맞섰다. 논란이 있긴 하지만

유다의 편지가 정말로 예수의 형제 손으로 쓰였다고 보는 학자들이 많다. 정말 그렇다면 유다의 편지는 신약성경에서 가장 오래된 문서가 된다.

율리아 JULIA
로마의 그리스도교도 여인으로 바울이 로마인들에게 보낸 편지에서 문안한 필롤로고의 아내로 추정된다(로마서 16:15).

율리오 JULIUS
로마군 친위대의 한 백인대장으로 가이사리아에서 로마로 가는 죄수들 호송을 맡았다. 죄수들 중에는 바울도 끼어 있었다. 배가 난파하자 병사들은 탈출을 막기 위해 죄수를 다 죽이려 했지만 율리오가 개입해 모두 헤엄쳐 육지로 가도록 했다. 덕분에 바울도 목숨을 건졌다(사도행전 27:1-3,43).

유니아 JUNIAS
바울이 로마인들에게 보낸 편지에서 거명하며 안부를 전한 로마의 그리스도교도이다. 바울은 유니아와 안드로니고를 '내 친척'이라 부르지만 혈연관계라기보다는 같은 유대인임을 드러내는 표현으로 보인다. 두 사람은 또한 한때 바울과 함께 갇힌 일이 있다고 나온다. '나보다 먼저 그리스도 신자가 된 사람들'이라는 설명으로 미뤄보면 바울의 시대에 앞서 생겨난 로마 그리스도교 공동체 창립자들이거나 구성원이었던 것 같다(로마서 16:7).

유스도 JUSTUS ('공정한')
1. 가리옷 사람 유다의 빈자리를 채울 새 사도 후보로 마티아와 함께 올랐던 인물(사도행전 1:23). 요셉 바르사빠라고도 불린다.
2. 바울이 그 집에 묵은 고린토의 그리스도교도이다(사도행전 18:7).
3. 바울이 골로새인들에게 보낸 편지에서 자신의 로마 수감시절 위로를 준 인물로 언급한 유대 그리스도교도이다.

베니스의 조각가 니콜로 디 피에로 람베르티(1370-1451)가 만든 성 루가 상.

리노 LINUS ('아마에서 뽑아낸')
바울의 마지막 편지 편지에서 디모테오에게 안부를 전한 네 사람 중 한 명이다(디모테오 2 4:21). 이름의 위치로 보아 리노는 부덴스와 클라우디아의 아들인 것으로 보인다.

로이스 LOIS ('쾌활한')
유니게의 어머니이고 디모테오의 할머니로 리스트라에 살았다(디모테오2 1:5).

루기오 LUCIUS
키레네의 루기오라고도 불린다. 바울이 안티오크에 있을 때 그곳에서 설교하고 교회를 조직한 인물이다(사도행전 13:1). 로마인들에게 보낸 편지에서 바울이 친척이라고 소개한 루기오와 동일인물인 것으로 보인다(로마서 16:21).

루가 LUKE
바울의 성실한 동반자이다. 2세기 후반부터는 루가의 복음서 및 〈사도행전〉의 저자로 여겨져왔다(골로새 4:14). 루가는 시리아의 안티오크에서 태어나 의학을 공부했다. 트로아에서 필립비로 가 바울의 두 번째 여행부터 동행했고 6년 후 바울과 함께 필립비에서 예루살렘으로 가 가이사리아에서 로마로의 마지막 여행을 함께한다. 루가는 바울이 감옥에 갇혀 있을 때에도 그 곁을 떠나지 않아 필레몬에게 보낸 편지에도 이름이 나온다. 학자들은 바울의 동반자 루가가 루가의 복음서 저자라고 보지 않는 경우가 많다. 그 이유 중 하나는 시기가 맞지 않는다는 것이다. 바울과 루가가 여행을 다닌 것은 C.E. 60-62년인데 루가의 복음서는 C.E. 80년대에 쓰였기 때문이다. 루가의 복음서와 〈사도행전〉의 저자가 의사라는 주장이 있긴 하지만(루가 8:42-48, 마르코 4:24-34) 예수의 치료장면을 보면 딱히 그런 것 같지도 않다.

리디아 LYDIA
티아디라 출신으로 자색 옷감을 파는 여인이다. 바울이 필립비에 머물 때 리디아를 포함한 여인들에게 설교를 했다. 리디아는 가족들과 함께 세례를 받았고 바울을 설득해 필립비에 있는 동안 자기 집에 묵도록 했다(사도행전 16:14).

리시아스 LYSIAS

클라우디우스 항목을 보라.

마나엔 MANAEN

바울이 안티오크에 있을 때 그곳 교회의 예언자이자 교사였다. 〈사도행전〉에 따르면 마나엔이 '영주 헤로데와 함께 자라났다'고 나온다. 헤로데 안티파스의 궁정에서 성장했든지, 아니면 그의 아버지가 헤로데 안티파스 궁의 신하였던 것 같다(사도행전 13:1).

마르코 MARK

마리아의 아들로 초기 선교운동에서 자기 집을 모임 장소로 내놓을 만큼 예루살렘에서 지도적인 역할을 했던 그리스도교도이다. 본래는 유대 이름 요한으로 알려졌다가 나중에 로마식 이름 마르코를 얻었다. 요한 마르코는 바르나바와 바울과 함께 소아시아 및 그리스 섬들을 다니며 복음을 전하고 전도했다. 골로새 공동체도 방문했다(골로새 4:10). 베르게에서 요한 마르코는 예루살렘으로 돌아가기로 한다. 이로써 바울과 바르나바는 두 번째 선교여행에 요한 마르코를 데려가야 할 것인가에 대한 고민을 덜었다. 일행은 둘로 갈라져 마르코와 바르나바는 바르나바의 고향 사이프러스로, 바울과 실로는 시리아와 소아시아로 갔다. 10년 후 요한 마르코는 다시 바울과 협력하는 모습으로 나타나고 '동료 일꾼'이라고 불린다. 로마의 동료 죄수라고 표현되기도 한다(사도행전 12:12). 로마에서 쓴 베드로의 첫 번째 편지를 보면 '내 아들 마르코'의 인사를 전한다고 되어 있다. 히에라폴리스의 파피아스 주교는 120-130년경 마르코가 베드로의 '제자이자 통역사'로서 '베드로가 한 말을 적어서 전달해주었다'고 하였다. 여기서 마르코의 복음서 저자가 요한 마르코라는 주장이 나왔다. 하지만 복음서 안에는 마르코라는 인물에 대한 언급이 없고 작가가 누구인지도 밝히고 있지 않다.

마리아 MARY

요한 마르코의 어머니이고 바르나바의 누이이다(골로새 4:10). 자기 땅을 팔아 교회 재산으로 바쳤다(사도행전 4:37, 12:12). 예루살렘에 있는 마리아의 집은 신도들의 모임 장소가 되었는데 최후의 만찬부터 초기 선교 시기까지 그 집이 무대가 된 것으로 보인다.

마티아 MATTHIAS

예수 수난이 지나고 가리옷 사람 유다도 죽은 후 사도들은 유다의 빈자리를 누구로 채워야 할지 의논했다. 새로운 사도는 처음부터 함께 일하던 사람 중에서 골라야 한다는 것에 모두 동의했다. 그 조건을 만족하는 사람은 요셉 바르사빠(혹은 유스도)와 마티아 두 사람이었다. 사도들은 기도하고 제비를 뽑아 마티아를 최종 선출하였다(사도행전 1:23).

므나손 MNASON

'오래 전부터 신도가 된' 키프로스 사람으로 마지막 예루살렘 여행을 떠난 바울 일행이 그 집에 묵었다(사도행전 21:16).

나르깃소 NARCISSUS

바울이 로마인들에게 보낸 편지에서 문안한 그리스도교도이다(로마 16:11).

네레오 NEREUS

바울이 로마인들에게 보낸 편지에서 이름을 대며 문안한 로마의 그리스도교도이다(로마 16:15).

19세기 영국화파의 '성 마티아'이다.. 마티아는 유다가 죽은 후 사도가 되었다.

니가노르 NICANOR

'신망이 두텁고 성령과 지혜가 충만'한 사람으로 선발되어 식사를 준비하고 식량을 나누어주는 일을 맡은 부제 일곱 명 중 하나이다. 그리스 말을 쓰는 과부들이 식량 배급에서 차별을 받는다는 불평이 나온 후 이루어진 조치였다(사도행전 6:3,5).

니골라우 NICOLAUS

'신망이 두텁고 성령과 지혜가 충만'한 사람으로 선발되어 식사를 준비하고 식량을 나누어주는 일을 맡은 부제 일곱 명 중 하나이다. 그리스 말을 쓰는 과부들이 식량 배급에서 차별을 받는다는 불평이 나온 후 이루어진 조치였다(사도행전 6:3,5).

님파 NYMPHA(NYMPHAS)

골로새인들에게 보낸 바울의 편지에 등장한 라오디게이아 교회 신자다(골로새 4:15).

에페수스에서 바울은 오네시포로라는 그리스도교도와 가깝게 지냈다.
훗날 티베리우스 율리우스 아퀼라가 에페수스에 세운 유명한 켈수스 도서관 모습이다.

올림파스 OLYMPAS

바울이 로마인들에게 보낸 편지에서 이름을 부르며 문안한 그리스도교도이다(로마서 16:15).

오네시모 ONESIMUS

골로새에서 도망친 노예로 로마에서 바울을 만나 그리스도교로 개종했다. 바울의 조수가 된 오네시모는 자신이 주인 필레몬으로부터 도망쳤을 뿐 아니라 도둑질도 했다고 고백했다. 결국 오네시모는 바울이 써준 편지를 들고 필레몬에게 돌아간다. 오네시모를 용서하고 그리스도교 형제로 받아들여달라는 내용의 편지였다. 바울은 '내가 갇혀 있는 동안에 얻은 내 믿음의 아들 오네시모의 일로 그대에게 이렇게 간청한다'고 썼다(골로새 4:9, 필레몬 1:10).

오네시포로 ONESIPHORUS ('이익을 가져오는')

바울이 에페수스에 있을 때 가깝게 지낸 그리스도교도이다. 훗날 로마의 감옥에 갇힌 바울을 찾아와 음식, 음료, 바깥소식을 전해주기도 하였다(디모테오2 1:16).

바르메나 PARMENAS

'신망이 두텁고 성령과 지혜가 충만'한 사람으로 스테파노, 필립보, 브로코로, 니가노르, 디몬, 바르메나, 니골라오와 함께 선발되어 식사를 준비하고 식량을 나누어주는 일을 맡은 부제 일곱 명 중 하나이다. 그리스 말을 쓰는 과부들이 식량 배급에서 차별을 받는다는 불평이 나온 후 이루어진 조치였다(사도행전 6:3,5).

바트로바 PATROBAS ('아버지의 삶')

바울이 로마인들에게 보낸 편지에서 문안한 로마의 그리스도교도이다(로마 16:14). 로마 시대 역사가 타키투스의 기록 중에 네로 밑에서 일하다가 자유를 얻고 부유하게 살다가 갈바 치세 때 처형당하고 만 바트

로바라는 인물이 등장한다(타키투스, 역사, i49, ii95).

바울 PAUL

본명은 사울이고 C.E. 10년경 다르소(Tarsus)에서 베냐민 지파로 태어나 바리새파로 교육받았다(필립비 3:5, 사도행전 23:6). 〈사도행전〉에 따르면 저명한 바리새파 학자 가믈리엘 밑에서 공부했다고 하는데 대공회에서 베드로를 옹호해주었던 바로 그 가믈리엘로 추정된다. 바울은 자신이 '열성적으로 교회를 박해했'고 고백한다. 갈라디아인에게 보낸 편지를 보면 '동족 동년배들에 비해 누구보다도 앞장을 섰다'는 말까지 나온다(갈라디아 1:14). 스테파노가 돌에 맞아 죽임을 당하는 현장에도 사울이 있었던 것 같다. 돌 던지는 무리가 '사울이라는 젊은이에게 겉옷을 맡겼'고 '사울은 스테파노를 죽이는 일을 용인했다'는 구절이 나오기 때문이다(사도행전 7:58, 8:1). 유대를 넘어서 '해외 도시들'까지 그리스도교도를 추격하라는 허락을 얻은 사울은 다마스쿠스로 떠난다. 갑자기 하늘에서 빛이 번쩍이고 사울은 눈 먼 채 쓰러져 "사울아, 네가 왜 나를 박해하느냐?"라는 목소리를 듣는다. 앞을 볼 수 없게 된 사울은 사람들 손에 이끌려 허우적대며 다마스쿠스로 들어간다. 다마스쿠스에 있던 신자 아나니아는 사울을 보살피라는 계시를 받는다. 아나니아가 사울을 만나 손을 얹자마자 '사울의 눈에서 비늘 같은 것이 떨어지면서' 다시 앞이 보였다(사도행전 9:18). 사울은 바울이라는 새 이름을 얻고 세례도 받았다. 그리고 곧 여러 회당에서 예수가 바로 하느님의 아들이심을 전파하기 시작하였다. 〈사도행전〉에 따르면 바울이 예루살렘으로 가서 사도들을 만났다고 한다(사도행전 9:25). 하지만 갈라디아인들에게 보내는 편지에서는 바울의 행적이 달리 나타난다. "나보다 먼저 사도가 된 사람들을 만나려고 예루살렘으로 가지 않았습니다."(갈

라디아 1:17)라는 것이다. 이에 따르면 그는 곧바로 아라비아로 가서 사도의 역할을 어떻게 수행할지 고심했고 3년 후 베드로와 야고보를 만났다. 어느 쪽이 맞든 결국 바울은 고향 다르소로 되돌아갔다. 한편 안티오크에 특별한 임무를 띠고 파견된 바르나바에게는 급속히 성장하는 공동체에서 일할 사람이 필요했다. 그리하여 다르소로 가서 바울을 조수로 삼아 안티오크에 데려왔다. 교회가 성장하면서 바울과 바르나바는 요한 마르코를 데리고 첫 번째 선교여행을 떠난다. 키프로스로 간 일행은 로마 총독 세루기오 바울로까지 개종시킨다. 이어 내륙으로 건너와 베르게로 갔다(사도행전 13:13). 거기서 요한 마르코는 예루살렘으로 돌아갔지만 바르나바와 바울은 밤필리아, 비시디아, 리카오니아를 돌아다니며 그리스도교 공동체를 만든 후 안티오크로 돌아왔다. 안티오크에서 상당히 오랜 시간을 보낸 바울은 세례받은 이방인이 유대 율법을 지켜야 할 것인가에 대한 논쟁에 휘말린다. 바울은 세례받은 이방인이 반드시 유대인처럼 살 필요는 없다고 믿었다. 율법이 아니라 예수 그리스도에 대한 믿음을 통해 정결해진다고 본 것이다(사도행전 15:1-21). 이어 바울은 바르나바에게 "우리가 주의 말씀을 전한 도시들을 다시 찾아 형제들이 어떻게 하고 있는지 살펴보세."라고 말하며 두 번째 선교여행을 제안한다. 하지만 요한 마르코도 데려가야 할 것인지에 대해서는 의견이 엇갈렸다. 여기서 틀어진 두 사람은 두 번 다시 만나지 않았다. 하지만 바울은 이후에도 바르나바에 대해 나쁜 말을 하지 않았다. 바울은 로마에 사람을 보내 마르코를 데려오게 했다(골로새 4:10, 디모테오 2 4:11). 바울은 바르나바 대신 실로를 데리고 두 번째 선교여행

에 나섰다. 육로로 다니며 소아시아에 세웠던 교회들을 방문했지만 '그 너머의 지역'에 들어가고 싶어 프리기아와 갈라디아로 들어갔다(사도행전 16:6). 이어 비시니아로 방향을 잡았지만 성령은 다른 길로 그를 인도한다.

줄리오 클로비오(1498-1578)가 그린 '마술사 엘리마가 세루기오 바울로 앞에서 눈이 멀다'이다. 세루기오 바울로는 키프로스 총독이었다.

도한다. 에게 해안의 트로아스에서 "이곳에 와서 도와주십시오."라고 간청하는 남자의 환영을 본 것이다(사도행전 16:9). 바울은 이를 신의 메시지로 이해하고 바다 건너 유럽으로 가 복음을 전하게 된다. 마케도니아에서는 필립비, 데살로니카, 베레아에 그리스도교 공동체를 만들고 로마령 그리스의 아카이아로 간다. 아테네를 거쳐 고린토로 간 바울은 그곳에서 18개월 동안 머물며 데살로니카인들에게 보내는 두 편지를 쓴다. 이후 시리아로 가는데 함께 에페

수스를 떠나온 아퀼라와 브리스킬라도 동행했다. 가이사리아 항구에 내린 바울은 예루살렘을 거쳐 안티오크로 향한다(사도행전 18:20-23). C.E. 54년경 바울은 세 번째 선교여행을 시작한다. 소아시아 위쪽 해안을 거쳐 에페수스로 가서 2년 간 머물면서 라오디케아의 골로새 등 여러 지역에 복음을 전한다. 에페수스의 은장이들이 바울에 반대하는 소란을 일으키자 트로아를 향해 떠났다가 마케도니아에서 디도를 만난다(고린토 2 2:12). 그리고 배를 타고 예루살렘으로 간다. 오순절 축제에서 바울은 군중의 습격을 받고 체포된다. 그는 로마 시민으로서 로마의 황제에게 상소할 권리를 주장했고 2년 동안 가이사리아에 갇혀 있었다(사도행전 25:11). 이후 바울은 다른 죄인들과 함께 배에 태워져 로마로 출발한다. 하지만 거센 풍랑을 맞아 가까스로 목숨을 건지고 몰타 해안에 상륙한다. 거기서 이집트 곡물 선박을 탄 바울은 나폴리 해안 푸테올리에 내리고 로마로 가서 황제의 재판을 기다린다. 그리고 2년 동안 '자기 돈으로 먹고 살면서' 교우들에게 편지를 쓰고 방문객들을 만난다. 가르침을 받으러 온 유대인과 이방인들로 바울의 집은 늘 북적였다(사도행전 28:23, 30-31). 로마 화재 이후 네로 황제가 그리스도교도를 범인으로 지목하면서 박해가 시작되었다. 바울도 이때 체포되어 사형당했다는 주장이 있지만 역사적 근거는 불충분하다(사도행전 28:30).

베르시스 PERSIS

바울이 편지에서 문안한 로마의 그리스도교 여인이다(로마서 16:12). '주님을 위해서 특별히 수고한 사랑하는' 사람이라고 표현한다.

필레몬PHILEMON

오네시모를 대신해 바울이 쓴 편지의 수신인 그리스도교도이다. 필레몬은 골로새 출신으로 시민들 사이에서는 어느 정도 명성이 있었다. '친애하는 우리 동료'라는 바울의 표현은 신실한 그리스도교도를 뜻하는 듯하다. 함께 언급된 압피아는 그 아내, '우리 전우'라는 아르킵보는 그 아들일 것이

성 필레몬을 그린 그리스 정교 이콘화.
필레몬은 바울의 편지 수신인이다.

다. 필레몬에게 보낸 편지의 내용은 도망친 노예 오네시모를 용서해달라는 것이다. 이 편지는 '내 믿음의 아들' 등 최대한 따뜻한 표현을 쓰면서 용서를 끌어내려 하는 바울의 드문 모습을 담고 있다(필레몬 1:2, 골로새 4:9). 이 편지는 공동체가 아닌 개인에게 보낸 신약성경의 유일한 서한이다.

필레PHILETUS ('쾌활한')

에페수스에서 '부활은 이미 지나간 과거'라 주장한 인물이다(디모테오2 2:17-18). 학자들은 이런 가르침이 육체적 부활 개념을 거부하고 대신 예수의 가르침을 바탕으로 자기 안의 신성한 지식을 발견해야 한다고 강조하는 초기 형태 그노시즘이라고 본다.

필립보PHILLIP ('말을 사랑하는 사람')

1. 열두 제자 중 한 사람으로 시몬 베드로, 안드레아와 함께 벳새다 출신이다. 본래 요르단의 세례자 요한을 따르고 있었다. 요한의 복음서에서 필립보는 가장 먼저 예수의 부름에 응답하고 제자 나타니엘을 인도한 인물로 나온다(요한 1:43, 45-46). 〈사도행전〉에서는 오순절을 앞두고 새로운 제자 마티아를 뽑을 때 그 자리에 있던 사람으로 등장한다. 요한의 복음서에 따르면 필립보가 예수의 순례길에서 식량 공급을 담당했으며 5,000명 군중을 먹이라는 예수의 말씀을 듣고 깜짝 놀랐다고 한다(마태오 10:3, 마르코 3:18, 요한 6:5-7, 12:21-22, 14:8-9, 사도행전 1:13). 필립보의 말년 삶에 대해서는 알려진 바 없다. 프리기아에서 선교활동을 하다가 히에라폴리스에서 죽었다는 주장이 나올 뿐이다.

2. 그리스 말을 쓰는 과부들이 불공평하다고 불만을 터뜨린 후 예루살렘 공동체의 식량 배분 임무를 맡은 '신망 두텁고 성령과 지혜가 충만한 사람 일곱'명 중 하나이다(사도행전 6:3,5). 스테파노 순교 이후 그리스도교에 대한 박해가 시작되면서 해외로 떠난다. 필립보가 가장 먼저 도착하여 전도한 지역은 사마리아였다(사도행전 8:5-13). 사마리아에 머물 때 그는 예루살렘에서 가자로 이어지는 길을 따라 남쪽으로 가라는 신의 명령을 받는다. 예루살렘과 가자를 잇는 길은 두 개였는데 필립보가 가야 할 길은 헤브론을 통과하는 길

이었다. 사람이 거의 살지 않아 '사막'이라 불리는 지역을 통과하다가 필립보는 에티오피아 여왕 간다케의 재정을 관리하는 고관 내시를 만난다. 때마침 〈이사야서〉 53장 7-8절을 읽고 있던 내시는 그 내용에 대한 설명을 요청한다. 필립보에게 설명을 듣고 복음을 전해받은 내시는 신자가 되어 세례를 받고 '기뻐하며 떠나갔다.' 성령의 힘으로 필립보는 세례 후 곧바로 내시의 눈앞에서 사라졌고 다음으로 아스돗에 나타나 가이사리아까지 이동하며 목회를 했다. 이후 그의 행적은 드러나지 않지만 20년이 지나 바울 일행이 예루살렘으로 향하면서 가이사리아에 들렀을 때 그곳에 필립보가 있었다고 나온다(사도행전 21:8).

필립비인PHILIPPIANS

필립비의 그리스도교 공동체 구성원들이다. 필립비는 알렉산더 대제의 아버지인 필립 2세가 B.C.E. 356년에 세운 도시로 로마령 마케도니아 안에 있었다. 〈사도행전〉에 따르면 바울이 실로, 디모테오, 루가와 더불어 필립비로 가서 그리스도교 공동체를 만들었다고 한다. 유럽 땅에 최초로 생겨난 이 공동체에 대해 바울은 관심과 애정이 컸다. 그리하여 C.E. 56년과 57년, 두 차례에 걸쳐 다시 필립비를 찾았다. 필립비인들에게 보낸 편지가 언제 쓰여졌는지에 대해서는 의견이 분분하다. 에페수스에서 쓴 것이라면 C.E. 54년경이겠지만 최근 학자들이 주장하는 대로 가이사리아나 로마에서 보내졌다면 그보다 4-6년 늦은 시기로 보아야 한다.

플레곤PHLEGON ('불타는')

바울이 로마인들에게 보낸 편지에서 안부를 전한 로마의 그리스도교도이다(로마서 16:14).

페베PHOEBE ('밝은')

고린토의 항구인 겐크레아 교회에서 봉사

한 여자 교우이다. 로마인들에게 보낸 바울의 편지를 전달했다. 바울은 로마의 그리스도교도들에게 페베가 '많은 사람을 도와주었고 나도 그에게 신세를 졌다'고 소개한다(로마서 16:1-2).

피겔로 PHYGELUS ('도피하는')

트로아스에서 두 번째로 바울이 감옥에 갇혔을 때 곁을 떠나버린 아시아의 그리스도교도이다(디모테오 2 1:15). 바울이 체포되자 함께 잡혀갈지 모른다고 두려워하며 떠나버린 다른 그리스도교도들도 적지 않았던 것 같다.

브리스킬라 또는 브리스카
PRISCILLA OR PRISCA

아퀼라의 아내로 남편과 함께 사도 바울의 추종자가 된다(사도행전 18:2, 로마서 16:3). 아퀼라와 브리스킬라 부부는 로마에 살다가 모든 유대인은 도시 밖으로 나가라는 클라우디우스 황제의 칙령에 따라 떠나간다(사도행전 18:2, 26:1, 고린토 1 16:19).

브로코로 PROCHORUS

'신망이 두텁고 성령과 지혜가 충만'한 사람으로 선발되어 식사를 준비하고 식량을 나누어주는 일을 맡은 부제 일곱 명 중 하나이다. 그리스 말을 쓰는 과부들이 식량 배급에서 차별을 받는다는 불평이 나온 후 이루어진 조치였다(사도행전 6:3,5).

푸블리오 PUBLIUS ('평범한')

멜리데(몰타) 섬의 '우두머리'이다. 아마도 섬의 통치자였던 것 같다. 로마로 가던 중 이 섬으로 난파해온 바울 일행을 극진히 대접하였다(사도행전 28:7-8).

부덴스 PUDENS ('수줍음 타는')

디모테오에게 안부를 전한 로마의 그리스도교도이다(디모테오 2 4:21).

해럴드 코핑(1863-1932)이 1927년에 그린 '성경 속 여인들'에 등장하는 브리스킬라 초상.

과르도 QUARTUS ('네 번째')

로마의 그리스도교 공동체에 문안한 고린토의 그리스도교도이다(로마서 16:23). 과르도를 예수의 초기 신도로 보는 견해도 있다.

레판 REPHAN

이스라엘인들이 광야에서 비밀스럽게 숭배했던 우상이다. 바알이나 몰렉과 같은 신으로 보인다(사도행전 7:43).

로데 RHODA

요한 마르코의 어머니 마리아의 집 하녀이다. 감옥에서 풀려난 베드로의 도착을 알린다(사도행전 12:13).

로마인 ROMANS

바울이 편지를 보낸 로마의 그리스도교 공동체 구성원들이다. 로마의 그리스도교 공동체는 바울 선교 이전에 생겨났고 유대 전통에 충실했던 것으로 보인다. 고린토에서 바울은 유대 그리스도교도 부부인 아퀼라와 브리스킬라를 만났다. '그리스도'를 둘러싼 분란을 이유로 클라우디우스 황제가 모든 유대인을 도시 밖으로 내보내면서 떠나온 이들이었다. 로마인들에게 보낸 바울의 편지는 유대 율법에 충실한 그리스도교도, 그리고 이방인 그리스도교도 사이에서 균형을 맞추기 위해 조심스럽게 신학적 견해를 펼치고 있다. 이 편지는 바울이 예루살렘으로 돌아오기 전인 C.E. 57년경에 작성된 것으로 추정된다.

루포 RUFUS ('붉은')

바울이 로마인들에게 보낸 편지에서 문안한 그리스도교도이다. 바울은 루포를 '뛰어난 주님의 일꾼'이라고 불렀고 자신을 아들처럼 여겨준 루포의 어머니에게도 인사를 전했다(로마 16:13).

삽피라 SAPPHIRA ('아름다운')

아나니아의 아내이다. 부부는 재산을 처분해 예루살렘 교회에 바치면서 일부를 뒤로 빼돌렸다. 사실이 발각된 후 아나니아는 그 자리에 거꾸러져 숨졌다. 몇 시간 후 아내 삽피라도 불려들어와 재산 처분한 돈이 얼마인지 심문을 당했다. 끝내 진실을 밝히지 않은 삽피라 역시 거꾸러져 숨지고 말았다. 그러자 '온 교회가 몹시 두려워하였다'(사도행전 5:1-10).

스큐아 SCEVA

에페수스의 유대인 대사제로 그 아들 일곱 명이 '바울이 전하는 예수의 이름으로' 마귀 쫓는 일을 했지만 성공하지 못했다. 이와 달리 바울은 많은 병자를 치료하고 마귀를 쫓아내게 된다(사도행전 19:13-17).

세군도 SECUNDUS ('두 번째')

데살로니카의 그리스도교도로 그리스에서 예루살렘으로 가는 바울의 마지막 여행에 동반한다(사도행전 20:4).

세루기오 바울로 SERGIUS PAULUS

바울이 첫 선교여행에서 바르나바와 함께 찾아갔던 키프로스의 총독이다(사도행전 13:7). 다양한 정보와 지식을 얻고자 애쓴 지적인 인물이었다고 묘사된다. 바울은 바르예수라는 거짓 예언자의 방해를 이겨내고 결국 총독에게 세례를 주는 데 성공한다.

실로 SILAS

실바누스라고도 불리며 예루살렘 그리스도교 교회에서 중요한 구성원이었다. 유다와 함께 사도 회의를 끝내고 돌아가는 바울 및 바르나바와 동행하도록 선발되었다. 이방인 개종자들이 '노아 율법, 즉 우상숭배, 음란 행위, 목 졸라 죽인 짐승의 고기와 피 금기까지만 지켜달라는' 사도 회의 결정을 전달하는 임무도 맡았다. 이는 이스라엘 땅에 사는 외국인에게 전통적으로 요구된 사항이었다(사도행전 15:22). 실로는 바울이 고린토로 두 번째 선교여행을 떠날 때도 동행자로 뽑혔으며 소아시아의 그리스도교도들에게 바울의 편지를 가져가기도 했다. 필립비에서 바울과 함께 감옥에 갇혔다가 지진이 일어나면서 쇠사슬이 끊어지고 풀려나는 일을 겪었다. 그리스도교 미술에서 실로는 끊어진 쇠사슬을 손에 감은 모습으로 자주 등장한다(사도행전 15:22,32-33,40, 16:19-24, 17:10,14, 18:5, 고린토 II 1:19, 베드로 5:12, 데살로니카1 1:1).

시몬 혹은 시므온 SIMON OR SIMEON ('듣기')

1. 안티오크 교회의 신도이자 교사이다(사도행전 13:1).
2. 야고보가 사도 베드로를 부르는 이름이다(사도행전 15:14).
3. 사마리아에서 마술을 잘 부려 유명한 마술사로 시몬 마구스라고도 한다. 베드로와 요한이 새로 세례받은 신자들에게 손을 얹어 성령 받게 하는 것을 보고 감동한 나머지 돈을 내밀면서 자신에게도 그 힘을 나눠 달라고 부탁했다. 베드로는 "당신은 죄에 얽매여 마음이 고약해졌소."라며 화내고 꾸짖는다(사도행전 8:9-24).
4. 욥바의 무두장이로 베드로가 자기 집에 묵도록 청한다(사도행전 9:43, 10:6,17,32).

소바드로 SOPATER

소시바드로(SOSIPATER)와 동일인으로 보인다. 그리스 북부 베로아의 그리스도교도로 고린토에서 예루살렘으로 돌아가는 바울과 동행한다(사도행전 20:4-6, 로마서 16:21).

소스테네 SOSTHENES

1. 고린토 회당장으로 유대인 무리의 바울 고발에 편을 들어주지 않는 바람에 총독 갈리오 앞에서 유

프랑스 화가 니콜라 푸생(1594-1665)이 그린 '삽피라의 죽음'이다.

아반치노 누치(1552-1629)가 1620년에 그린 '베드로와 시몬 마구스의 대립'이다. 시몬 마구스는 사마리아에서 유명한 마술사였다.

대인 무리에게 매질을 당한다(사도행전 18:12).

2. 바울이 고린토인들에게 보낸 첫 편지에서 언급한 그리스도교 개종자이다(고린토 1 1:1-2). 이 소스테네가 고린토 회당장이었던 소스테네와 동일인이라는 주장도 있으나 일반적인 견해는 아니다.

스테파나STEPHANAS ('왕관')

에페수스의 바울을 찾아온 고린토인 세 사람 중 한 명이다(고린토 1 1:16, 16:15-16).

스테파노STEPHEN ('왕관')

부제 7인 중 한 명이고 그리스 말을 쓰는 신자들의 지도자로 유대 신자들의 성전 숭배에 이견을 드러낸 인물이다. 히브리인뿐 아니라 북아프리카와 소아시아에서 온 자유민들도 성전 숭배의 믿음이 강한 상황에서 신자 공동체는 분열 위기에 처했다(사도행전 6:9). 결국 스테파노는 '모세와 하느님을 거역한' 신성모독죄의 모함을 받고 대공회에 고발당했다. 〈사도행전〉에 따르면 대사제와 대공회 앞에서 격렬한 비난을 받았

다고 한다. 이후 스테파노는 일장연설을 했고 "지극히 높으신 분은 사람의 손으로 지은 집에는 사시지 않습니다. 완고한 사람들이여, 당신들의 조상이 박해하지 않은 예언자가 한 사람이나 있었습니까? 당신들은 의로운 분을 배반하고 죽였습니다."라는 준엄한 꾸짖음으로 말을 맺었다(사도행전 7:58). 이 말에 사람들은 격분했다. 모두들 크게 소리를 지르며 스테파노를 성 밖으로 끌어내고는 돌로 치기 시작했다. 이 사건은 C.E. 36년, 그러니까 빌라도는 이미 물러났지만 새로운 총독 마르셀루스는 아직 부임

자크 스텔라(1596-1657)가 1623년에 그린 유화 '성 스테파노의 순교'이다.

하지 않은 시기에 일어났다고 추정된다. 스테파노의 죽음은 사두개파 지도자들과 그리스도교 목회자들 사이에 새로운 갈등 국면을 만들었다. 예수 추종자들에 대한 가벼운 괴롭힘이 이제 대대적 박해로 변하고 말았다(사도행전 6:3-15, 7:54-60, 8:1-2, 22:20).

신디케SYNTYCHE ('사고')

필립비의 그리스도교도 여인으로 유오디아라는 다른 그리스도교도 여인과 불화를 겪는다. 바울은 자신과 협력자 클레멘스가 신의 말씀을 전하는 데 도움을 주었다며 두 여인 모두에게 감사한다. 필립비인들에게 보낸 편지에서 바울은 두 여인이 한 마음이 되어달라고 호소한다(필립비 4:2).

다비타TABITHA ('가젤')

요빠에 살던 그리스도교 개종자 여인이다. 선행을 많이 하기로 유명했다. 다비타가 병들어 죽자 마을 사람들이 모두 슬퍼하다가 멀지 않은 리따로 사람을 보내 베드로를 불러온다. 베드로가 옆에 무릎꿇고 기도를 올리며 "다비타, 일어나시오."라고 말하자 여자가 눈을 뜨고 베드로를 바라보며 일어나 앉았다(사도행전 9:40).

데르디오TERTIUS ('세 번째')

로마인들에게 보낸 바울의 편지를 받아 쓴 그리스도교도이다. 편지 안에서 자신의 개인적 인사도 전하고 있다(로마서 16:22).

데르딜로TERTULLUS

대사제 아나니아가 로마 총독 안토니우스 펠릭스 앞에서 바울을 고발하도록 데려온 법관이다. 데르딜로는 유창한 언변으로 가이사리아에서 바울이 선동, 반란, 성전 모독을 저질렀다고 주장했다. 하지만 바울은 그가 내세운 죄목을 하나하나 반박해냈다(사도행전 24:1).

데살로니카인 THESSALONIANS

로마령 마케도니아의 데살로니카(오늘날의 테살로니키)에 살던 그리스도교 공동체 구성원들을 일컫는다. 주로 이방인이었던 데살로니카인들에게 보내는 바울의 편지는 그리스어로 작성되었는데 그 첫 번째 편지는 바울의 서신들 중 가장 오래된 것으로 추정된다. 첫 서한을 보낸 지 얼마 지나지 않아 작성된 두 번째 편지는 그곳 공동체 구성원 사이에서 일어난 문제와 물의를 지적하면서 엄중한 경고와 당부를 전하고 있다.

튜다 THEUDAS ('신이 주신')

유대 의회 앞에서 가믈리엘이 연설할 때 언급된 인물이다(사도행전 5:36). 튜다는 C.E. 40년대 중반 로마인들에 대항해 400여 명을 이끌고 봉기했는데 그가 살해되고 나자 추종자들은 자취도 없이 흩어지고 말았다. 가믈리엘은 갈릴리 사람 유다도 언급하는데 그는 더 앞서 6년에 봉기한 인물이었다.

디몬 TIMON

'신망이 두텁고 성령과 지혜가 충만한 사람'으로 스테파노, 필립보, 브로코로, 니가노르, 디몬, 바르메나, 니골라오와 함께 선발되어 식사를 준비하고 식량을 나누어주는 일을 맡은 부제 일곱 명 중 하나이다. 그리스 말을 쓰는 과부들이 식량 배급에서 차별을 받는다는 불평이 나온 후 이루어진 조치였다(사도행전 6:3,5).

디모테오 TIMOTHY (신을 존경하는)

바울의 조수이자 친구, 후계자로서 친밀한 관계를 맺은 인물이다. 유대 어머니와 그리스 아버지 사이에서 태어난 디모테오는 할례를 받지 않은 상태였고 바울이 이

방인 선교 관련 문제를 진지하게 고민하도록 만들었다. 결국 디모테오는 바울이 향후 방문하게 될 유대 공동체에서 일원으로 받아들여질 수 있도록 할례를 받는다. 실로와 함께 바울을 따라다녔고 여러 도시에서 많은 이들을 개종시켰다. 소아시아에서 바울은 디모테오를 마케도니아로, 이후에는 데살로니카로 보내 신자들의 믿음을 한층 굳건히 하게끔 한다. 데살로니카에서 돌아온 디모테오는 긍정적 성과를 얻었다고 보고한다.

고린토인들에게 보낸 첫 번째 편지에서 바울은 편지를 들고 간 디모테오를 두고 '사랑하는 아들'이라고 표현하며 그리스도교도 삶의 원칙을 가르쳐줄 사람이니 잘 대우해달라고 부탁한다. 자기 생각을 공유하

알자스의 성 세바스티안 교회 스테인드글라스에 묘사된 성 디모테오. 1160년경.

고 예수의 사업에 집중하는 사람이라고도 소개한다. 디모테오에게 보낸 바울의 두 편지는 바울이 조수에게 보낸 것이라 되어 있지만 훨씬 늦게 쓰인 것으로 판단된다. 이 편지들에 따르면 바울은 에페수스의 교회가 이단에 물들지 않도록 디모테오를 그곳에 남겨둔다(디모테오 1:3-4).

디디오 유스도 TITUS JUSTUS

하느님을 공경하는 이방인으로 바로 회당 옆에 살았던 사람이다(사도행전 18:7).

디도 TITUS

바울의 충직한 그리스인 동반자이자 고린토인들에게 보낸 두 번째 편지에 언급되는 인물이다. 디도는 바울과 바르나바와 함께 안티오크에서 예루살렘까지 가서 이방인들이 할례를 받아야만 하는가 하는 문제에 관해 사도 및 장로들과 논의했다. 디도에게 할례를 지시하지 않겠다는 바울의 결정은 이방인을 교회 안으로 받아들이겠다는 의지의 상징이 되었다. 바울은 디도를 여러 도시로 보내 선교하게 했다. 바울이 마케도니아에 있을 때 디도가 합류한다(고린토2 7:6). 디도는 고린토 교회와 친밀했고 그래서 바울이 고린토 사람들과 관계를 회복했을 때 몹시 기뻐했다. 바울이 디도에게 준 마지막 임무는 크레타에 그리스도교 공동체를 만드는 것이었다.

드로피모 TROPHIMUS

디키고와 함께 바울의 세 번째 선교여행에 동행한 이방인 개종자이다(사도행전 20:4). 드로피모가 밀레투스에서 병이 나자 바울은 강제로 그를 그곳에 남겨두어야 했다. 이후 드로피모는 세군도, 아리스다르코, 데르베 사람 가이오, 디모테오, 디키고, 베레아 사람 소바드로와 함께

영국 화가 로렌스 알마-타데마 경(1836-1912)이 1885년에 그린 '디도의 승리'이다.

바울의 마지막 예루살렘 여행에 동행한다. 그리고 본의 아니게 바울이 감옥에 갇히도록 만드는 원인이 된다. 바울이 드로피모를 예루살렘 성전 근처에 데려간 것을 보고 사람들이 신성한 장소를 더럽혔다고 고발한 것이다. 바울은 붙잡혀 성전 밖으로 끌려나왔다. 로마군 사령관 클라우디우스 리시아스는 바울을 가이사리아로 보냈다.

드리패나TRYPHAENA

바울이 로마인들에게 보낸 편지에서 문안한 두 그리스도교 여인 드리패나와 드리포사 중 한 명이다(로마서 16:12).

드리포사TRYPHOSA ('무성한')

바울이 로마인들에게 보낸 편지에서 문안한 두 그리스도교 여인 드리패나와 드리포사 중 한 명이다(로마서 16:12).

디키고TYCHICUS ('행운의')

바울의 동행이자 조수로 '주님을 위해서 나를 충실히 도와주는 사랑하는 형제'라 불렸다. 디키고는 에페수스로, 또 골로새로 가서 골로새인들 및 필레몬에게 보내는 바울의 편지를 전했다. 바울 최후의 선교여행에서 디키고는 그리스에서 예루살렘까지 동행한다 (사도행전 20:4).

디란노TYRANNUS

에페수스의 교사로 바울이 그 학원에서 설교하였다. 이전까지 바울은 회당에서 가르치며 예수가 메시아라고 강조했지만 석 달 후 반대 분위기가 거세지자 디란노 학원으로 자리를 옮겼다. 노력은 헛되지 않았고 결국 에페수스는 소아시아 '일곱 교회'의 중심이 되었다.

우르바노URBANUS

바울이 문안한 로마의 그리스도교도로 '그리스도를 위해서 무척 고생을 많이 한' 인물이라 묘사되었다(로마 16:9).

열심당ZEALOTS

헤로데 왕조와 뒤이은 로마 점령기를 보내면서 유대 왕국이 헬레니즘화되자 바리새파에서 분리되어 일체의 타협 없는 완전한 종교적 정치적 자유를 추구하는 종교 분파가 생겨났다. 1세기 초의 조세저항에서 출발한 열심당은 sicarii('단검 부대'라는 뜻)라

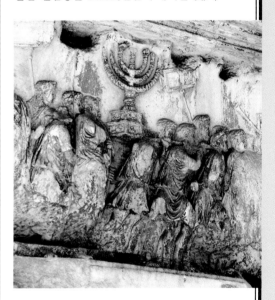

로마군이 예루살렘의 열심당 저항군을 물리치고 C.E. 70년에 제2성전을 차지한 후 메노라 일곱 촛대를 들고 나오는 장면. 티투스 개선문 안쪽 부조.

는 전투집단까지 거느린 수준으로 성장했다. 총독이라기보다는 사형집행인에 가까웠다고 요세푸스가 표현한 게시우스 플로루스(C.E. 64-66) 치세인 C.E. 66년에 드디어 반란이 일어난다. 이것이 C.E. 66-70년의 유대 전쟁이다.

제나ZENAS

디도에게 보낸 편지에서 바울이 학자 아폴로와 함께 속히 니코폴리스로 오게 해달라고 부탁한 법률가이다(디도 3:13). 이 요청의 이유는 밝혀지지 않았다.

에필로그

예루살렘 함락 이후의 초기 그리스도교와 랍비 유대교

베스파시아누스와 유대전쟁

로마 대화재 이후 불과 2년이 흐른 C.E. 66년, 유대교와 그리스도교에 오래도록 영향을 미칠 중요한 사건이 일어났다. 유대인과 로마 점령자들 사이의 긴장이 누적된 끝에 전쟁이 터진 것이다. 성전 보물에서 17달란트를 훔쳐낸 로마 총독 게시우스 플로루스가 전쟁 촉발에 계기를 제공했다. 유대반란 무리는 예상을 깨며 로마군을 물리쳤고 예루살렘을 점령했다. 아그리파 2세는 피신했다. 반란은 갈릴리와 사마리아로 번졌다. 시리아의 로마 통치자 케스티우스 갈루스가 보낸 원군은 벳 호론에서 격퇴됐다.

반란이 발발하고 몇 달이 흐른 뒤에야 로마는 사태의 심각성을 인지했다. 네로 황제는 베스파시아누스 장군에게 여러 군단을 이끌고 맞서도록 했다. 장군은 C.E. 67년 4월에 프톨레매(오늘날의 아크레)에 상륙하였다. 2년 뒤 다시금 내전이 일어났을 때 베스파시아누스는 자기 군단에게 황제로 추대된다. 이제 그의 아들 티투스가 반란자들과의 전쟁 지휘를 맡았다. C.E. 70년 여름, 티투스가 예루살렘 포위전을 개시했다. 로마 병사들은 열심당원들이 최후까지 남아 있던 성전을 공격했다. 열심당원들은 마사다의 헤로데 성채로 퇴각했다. 뒤따라 가면서 로마군은 쿰란 공동체까지 마구잡이로 파괴했지만 공동체 구성원들은 다행히 성스러운 두루마리들을 주변 언덕의 동굴에 숨길 수 있었다. 이 두루마리들은 20세기에 발견되어 '사해 두루마리'라 불리게 된다.

팔레스타인에 평화가 찾아오자 베스파시아누스는 신속히 로마 통치체제를 되살렸다. 유대, 사마리아, 이두매와 페레아 및 해안지역 일부까지 포함해 새로운 로마령 '유대'가 되었다. 유대반란이 계속되는 와중에 로마에 대한 충성을 지킨 아그리파 2세는 그 보답으로 갈릴리와 페니키아를 얻었다. 하지만 C.E. 92년에 그가 죽자 이들 지역도 로마령 유대에 합쳐졌다.

로마의 포위전에서 살아남은 유대인들은 예루살렘에서 쫓겨났고 귀향을 금지당했다. 이 명령이 얼마나 강력한 것이었는지에 대해서는 이견이 있다. 이 전쟁의 결과 유대 그리스도교도들도 몸을 피할 수밖에 없었는데 그 중 많은 수가 요르단 강 너머 데카폴리스에 있는 펠라에 정착했다고 전해진다.

6세기에 세워진 라벤나의 산 비탈레 대성당(349쪽)은 이탈리아에서 가장 오래된 비잔틴 교회이다.
성경을 주제로 한 유스티니아누스 시대의 모자이크가 이곳에 잘 보존되어 있다.

요하난 벤 자카이

성전이 파괴되면서 유대교 분파들도 산산조각 났다. 성전의 번제의식이 불가능해지자 오랜 세월 유대 민족의 기득권 세력으로 군림했던 사두개파는 존재 의의를 잃은 채 뿔뿔이 흩어졌다. 반란을 선동했다고 알려진 열심당은 철저하게 억압을 받았다.

하지만 바리새파 핵심 무리는 살아남았다. 저명한 랍비 힐렐의 제자이자 예루살렘 랍비학교 지도자인 요하난 벤 자카이는 늘 로마와의 화평을 주장한 인물이었다. 로마도 이 점을 인정했고 지중해안 야브네에 새로운 학교를 세우게 해달라는 요하난의 요청을 받아들였다.

야브네 학교에는 유대학자, 랍비, 랍비가 되려는 사람들이 속속 모여들었다. 그곳에 모인 그들이 바리새 전통에 따라 성경에 대해 토론하고 율법에 주석을 다는 등 유대 민족의 정신적 성장을 도모하면서 야브네는 유대 사회의 중심적 교육기관으로 발전하였다. 세월이 흐르면서 요하난은 벳딘(Beth Din, '판결의 집'이라는 뜻)이라는 유대 전통 법정을 되살려 반란 이전 대공회가 그랬듯 송사를 처리하도록 하기도 했다. 요하난의 지휘 아래 야브네는 유대인을 영적으로 회복시키는 토대로서의 역할을 굳건하게 수행해나갔다.

유대 복원에 기여한 또 다른 중요한 요소는 로마제국 전역에 널리 분포되어 있던 유대 공동체들이었다. 수세기 동안 이들 디아스포라 유대인은 예루살렘 성전이 아닌 회당에서 기도, 공부, 사교를 중심으로 종교생활을 영위하고 있었다. 팔레스타인에서도 그 전통에 따라 여러 마을에 회당이 세워졌다.

초기 로마 원수정 시대의 그리스도교

베스파시아누스 황제는 유대교의 공식 종교 지위를 한 번도 박탈하지 않았다. 하지만 소아시아, 그리스, 이탈리아 반도에서 성장하던 그리스도교 공동체의 경우는 사정이 달랐다. 그리스도교는 불법 신앙에 불과했다. 다행히 베스

벳 셰아림(Bet She'arim)의 공동묘지. 20개가 넘는 동굴과 수많은 석관들이 들어찬 곳으로 고대 후기의 중요한 유대 매장지이다.

12세기 십자군 시대 때 처음 지어진 예루살렘 성묘교회의 천장 중심 부분.

파시아누스는 종교 박해에 관심이 없었고 그 아들 티투스도 마찬가지였다. 티투스에게는 유대 친구들이 많았고 로마 역사가 타키투스에 따르면 아그리파 2세의 누이 베르니게와 결혼할 생각까지 했다고 한다.

하지만 C.E. 81년, 형제 티투스의 뒤를 이어 왕위에 오른 도미티아누스(C.E. 81-96)는 전혀 다른 견해를 가지고 있었다. 그는 로마의 주요 신 주피터, 그리고 지혜와 상거래의 여신 미네르바를 열렬히 숭배했다. 도미티아누스 치하에서 로마 공식 종교가 아닌 신앙은 모두 금지되었다.

초기 교회 역사가인 가이사리아의 에우세비우스 주교는 도미티아누스가 유대교와 그리스도교 모두 심하게 박해했다고 기록했지만 이를 증명하는 당시 기록은 존재하지 않는다. 실제로 압박이 존재했던 곳에서 그리스도교도들은 순교를 영예로 여겨 앞다투어 나서기도 했다. C.E. 110년경에 체포된 후 경기장에서 죽을 날을 손꼽아 기다렸다고 하는 이그나티우스 주교도 비슷한 경우이다.

학자들은 로마의 그리스도교 억압이 국가정책 차원이었는지 지역 차원이었는지를 두고 여전히 논쟁을 벌이고 있다. 트라야누스(C.E. 98-117)와 하드리아누스(C.E. 117-138)을 비롯한 2세기의 유능한 황제들은 평화롭고 참을성 많으며 자선을 서슴지 않는 공동체를 괴롭힐 생각이 없었다. 여러 도시의 그리스도교도들은 병자, 빈자, 실업자들을 돌보았다. 소플리니우스(C.E. 61-112)가 비티니아의 그리스도교도 억압행동을 자랑했을 때 트라야누스는 '시대에 무익한 일'이라며 꾸짖었다고 한다.

2차 유대반란

하드리아누스(C.E. 117-138) 황제 역시 관용 정책을 펼쳤으나 팔레스타인의 유대인들이 C.E. 131년 말, 시몬 바르 코크바('별의 아들'이라는 뜻)를 중심으로 다시 반란을 일으키자 로마 병력을 대거 동원했다. 반란이 진압된 C.E. 135

년, 예루살렘은 지도에서 철저하게 사라졌다. 완벽한 파괴를 확인하기 위해 황제는 그 자리에 엘리아 카피톨리나라는 새 도시를 건설하기로 한다. 유대인들은 모두 쫓겨났고 일 년에 단 한 번, 성전 파괴를 애도할 때에만 도시로 들어갈 수 있었다.

혼란스러운 상황은 요하난 벤 자카이가 세운 야브네 학교에도 영향을 미쳤다. 안토니누스 피우스 황제(C.E. 138-161)가 유대교 허용 입장을 확인한 후 학교는 벳 셰아림(Bet She'arim)으로, 세포리스로, 마지막으로는 갈릴리 호숫가의 티베리아스로 옮겨간다. 바울을 가르쳤던 랍비 가믈리엘의 손자(혹은 증손자) 시므온 벤 가믈리엘(C.E. 135-175)은 새로운 대공회 설립 허가를 받기까지 했다. 대공회의 대표인 대주교는 다윗 후손에게만 세습되는 직위가 되었다. 시간이 흐르면서 대공회는 상당한 자치권을 얻었고 이는 유대 자치라는 인식을 확산시켜 유대인의 저항정신을 가라앉혀 주었다.

미슈나

페르시아의 유대 공동체에서도 비슷한 상황이 빚어졌다. 페르시아는 B.C.E. 2세기부터 파르티아인들이 다스리고 있었다. 이들 역시 유대의 종교 관행이나 계율을 잘 아는 종교지도자에게 일부 자치권을 인정하는 지혜를 발휘했다. 바빌론 유대 공동체에도 곧 대주교 체제가 자리잡았다. 이어 학교가 등장했다. 유다 벤 에제키엘(C.E. 220-299)이 품베디타(Pumbeditha, 오늘날 이라크의 팔루자 인근)에 세운 학교도 그 중 하나였다.

팔레스타인 대주교 체제는 율법 관련 논의를 바탕으로 유대인의 삶을 법규화해 나갔다. 이러한 구전 율법자료 대부분은 3세기 초 《미슈나》('가르침')로 모아졌다. 랍비 예후다 하나지가 편집한 것으로 여겨지는 히브리어 기록 《미슈나》는 《모세 5경》을 바탕으로 법적 문제와 행동수칙을 체계적으로 설명한다.

C.E. 217년경에 사망한 예후다는 4세기까지 유대 주요 매장지였던 벳 셰아림 공동묘지에 묻혔다.

거대한 조각상에서 떨어져 나온 콘스탄티누스 1세(306-337)의 흉상.

2세기 그리스도교의 성장

금지된 종교 그리스도교는 바울의 선교여행 경로를 넘어서 복음을 전파하는 수많은 선교사들 덕분에 빠르게 성장했다. 이들 그리스도교도들은 종교인이 아니라 로마의 잘 닦인 육로나 해로를 오가며 제국 전체에 신앙을 알리는 선원, 병사, 관리, 상인들이었다.

당시 그리스도교는 각양각색 무리들의 집합 상태였다. 독실한 유대인도, 바울의 가르침을 따르는 이방인도, 이후 교회가 이단으로 규정하게 되는 신비주의 무리도 모두 그리스도교도에 포함되었다.

3세기로 접어들면서 로마의 박해가 다시금 심해졌다. 외부의 위협이 늘어나자 로마 고유의 신 숭배 분위기가 고조된 탓이었다. 데키우스 황제(C.E. 249-251)는 모든 시민이 로마 신 앞에 번제를 올려 애국심을 증명하라고 요구했다. 다행히 이 칙령은 갈리에누스(C.E. 260-268)가 중단시켰다. 콘스탄티누스 대제(C.E. 306-337)가 그리스도교를 공식 종교로 인정하는 C.E. 313년 무렵이 되면 영국에서 브스트라, 카파도키아에서 카르타고, 안티오크에서 유프라테스 강가의 두라-유로포스에 이르기까지 로마제국 방방곡곡에 교회가 파고 들어가 있었다.

C.E. 532-537년, 유스티니아누스 1세가 건설한 터키 이스탄불의 하기야 소피야 성당. 로마 건축의 기념비적 작품이다.

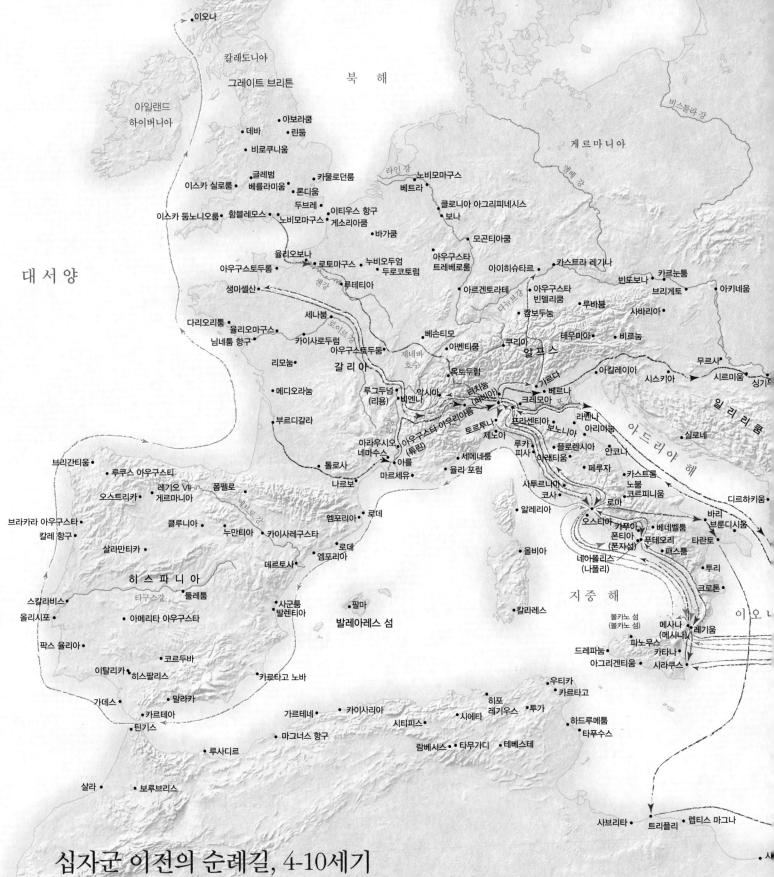

십자군 이전의 순례길, 4-10세기

- ➤ 보르도 순례길 (333년경)
- ➤ 파울라 순례길 (382년경)
- ➤ 성지로 향할 때의 피아첸차 순례길 (570년경)
- ➤ 성지에서 나올 때의 피아첸차 순례길
- ➤ 성지로 향할 때의 아르쿨프 순례길 (680년경)
- ➤ 성지에서 나올 때의 아르쿨프
- ➤ 성지로 향할 때의 윌리발다 순례길 (720년경)
- ➤ 성지에서 나올 때의 윌리발다 순례길
- ➤ 성지로 향할 때의 수도사 베르나르 순례길 (570년경)
- ➤ 성지에서 나올 때의 수도사 베르나르 순례길

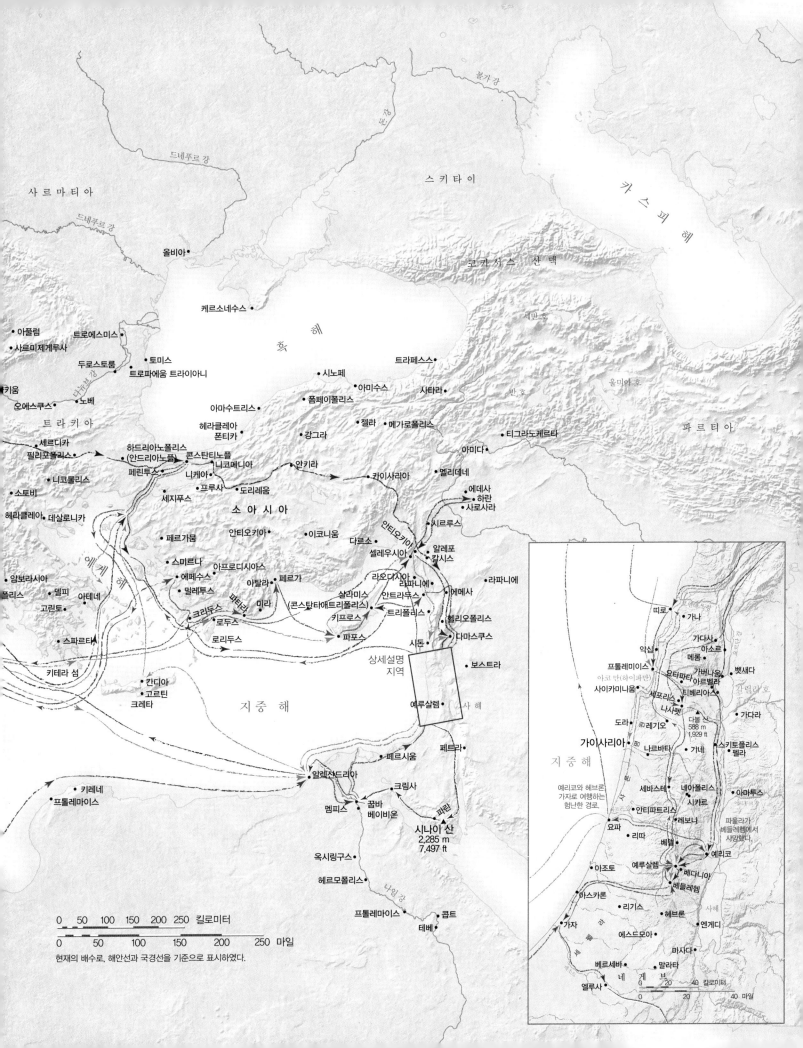

사르마티아

드네푸르 강

스키타이

카스피 해

드네푸르 강

코카서스 산맥

세반 호

해

흑

올비아

케르소네수스

반 호

우미아 호

• 아폴럼
사르미제게투사

트로에스미스

두로스토룸

키움

오에스쿠스

노베

트라키아

세르디카
필리포폴리스

니코폴리스

소토비

헤라클레아 데살로니카

암보라시아

폴리스

델피

아테네

고린토

스파르타

키테라 섬

토미스

트로파에움 트라이아니

하드리아노폴리스
(안드리아노플)

페린투스

세지푸스

페르가뭄

스미르나

에페수스

밀레투스

크리두스

로두스

로리두스

칸디아

고르틴

크레타

트라페스스

시노페

아마수스

사타라

아마수트리스

폼페이폴리스

헤라클레아
폰티카

강그라

젤라

메가로폴리스

티그라노케르타

아미다

콘스탄티노플

니코메니아

니카에아

프루사

도리레움

안키라

카이사리아

멜리데네

에데사

하란

사로사라

소아시아

안티오키아

이코니움

다르소

안티오키아

시르루스

알레포

칼시스

아프로디시아스

아탈라

페르가

라오디시아

라파니에

에메사

라파니에

미라

살라미스

안트라두스

트리폴리스

(콘스탄타애트리폴리스)

키프로스

파포스

시돈

헬리오폴리스

다마스쿠스

보스트라

상세설명
지역

예루살렘

사 해

애케 해

지중해

지중해

키레네

프톨레마이스

알렉산드리아

멤피스

꿉바
베이비온

크림사

페르시움

페트라

파란

시나이 산
2,285 m
7,497 ft

옥시링구스

헤르모폴리스

나일 강

프톨레마이스

테베

콥트

파르티아

0   50   100   150   200   250 킬로미터

0   50   100   150   200   250 마일

현재의 배수로, 해안선과 국경선을 기준으로 표시하였다.

띠로

가나

가다사

이소르

메롬

악십

프톨레마이스

아코 만(하이파만)

사이카미눔

요타파타

가버나움

아르벨라

벳새다

세포리스

티베리아스

나사렛

다볼 산
588 m
1,929 ft

가다라

도라

레기오

갈릴라호

스키토폴리스

펠라

가이사리아

나르바타

기네

네아폴리스

아마투스

세바스테

시카르

안티파트리스

레보나

요파

리따

베텔

베델

에리코

아조토

예루살렘

베다니아

베들레헴

아스칼론

리기스

헤브론

엔게디

가자

에스드모아

마사다

베르세바

말라타

엘루사

네 게 브

예리코와 헤브론
가자로 여행하는
험난한 경로.

파울라가
베들레헴에서
사망했다.

사해

0   20   40 킬로미터

0   20   40 마일

성지로 향하는 길의 지도

비잔틴 시대의 예루살렘

313년, 콘스탄티누스의 밀라노 칙령으로 그리스도교가 로마제국의 공식 종교로 인정되자 팔레스타인은 순례자들의 주된 목적지로 떠올랐다. 이후 수 세기 동안 수천 명의 신자들이 성시를 찾았다. 콘스탄티누스 대제의 어머니인 헬레나 황후가 시작한 건설계획으로 성경 속 핵심 장소에 교회와 제단이 들어섰다.

하드리아누스가 세웠던 엘리아 카피톨리아는 예루살렘으로 다시 돌아갔다. 요르단 마다바의 비잔틴 교회에 있는 6세기 모자이크는 당시 예루살렘의 모습을 보여준다. 도시를 가로지르는 큰길인 카르도 막시무스가 뚜렷하다.

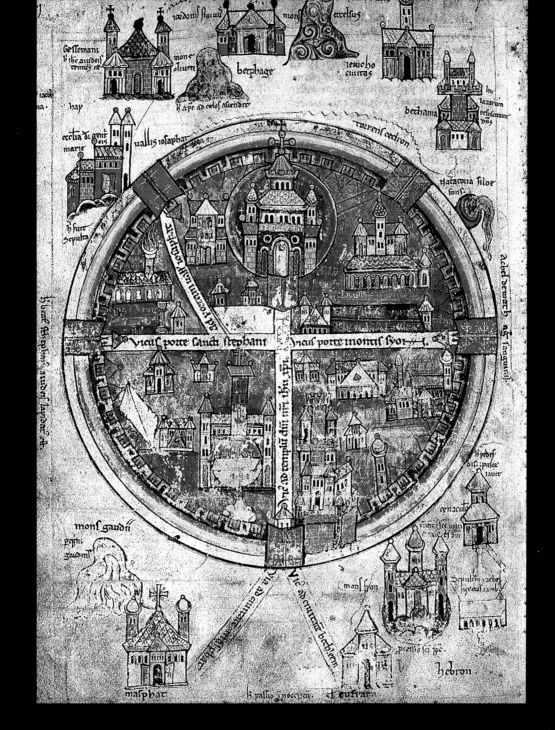

십자군 예루살렘

637년 이슬람 칼리프 우마르 이븐 알 하탑이 비잔틴의 헤라클리우스 황제에게 승리하고 예루살렘을 차지했다. 성지의 통제권이 이슬람 제국에 넘어간 것이다. 초기 이슬람 통치치자들은 유대교와 그리스도교 숭배를 인정했지만 파티마 왕조의 칼리프 알 하킴(985–1021)이 지역 내 교회와 회당의 파괴를 명령한다. 성모 교회는 1008년에 파괴된다. 1073년, 셀주크인들이 파티마 왕조를 무너뜨리고 예루살렘의 유대인과 그리스도교도들을 학살한다. 이에 대응해 교황 우르반 2세가 성지해방을 위한 십자군을 요청했고 1099년에 예루살렘을 되찾는다. 12세기의 십자군 지도를 보면 도시 중심부에 재건된 성묘교회가 자리잡고 있다.

ALEXA   NDR   IA.

성지로 들어가는 문, 알렉산드리아

1275년, 마지막 십자군이 맘루크 술탄 바이바르스에게 패배해 성지에서 물러난다. 맘루크 왕조의 통치가 1517년까지 이어지고 뒤이어 오스만 투르크가 400년 동안 예루살렘을 통치했다. 여전히 팔레스타인을 직접 보고 싶은 그리스도교도와 유대인들은 바닷길이 편리한 알렉산드리아로 향했다. 순례객들은 멀리 시나이 산으로, 시나이 사막 깊숙이 자리잡은 성 캐더린 수

도원으로 갔다가 팔레스타인을 향해 동쪽으로 방향을 틀곤 했다. 목판인쇄술이 발명되면서 지도제작자들은 신비로운 중동을 목판과 수작업 채색으로 표현하는 데 열정을 불태웠다. 1617년, 브라운과 호겐베르크의 '세계의 도시들 4(Civitas Orbis Terrarum Ⅳ)'에 포함된 알렉산드리아 지도도 그 예이다.

오스만 지배 하의 성지

오스만 통치자들은 오랫동안 팔레스타인을 행정적으로 방치했고 성지도 그 피해를 고스란히 입었다. 그리스도교 교회와 유대 회당들은 허물어지고 순례자들은 야만적인 해적, 들끓는 도둑, 열사병으로 고통을 겪었다. 팔레스타인 현지 숙소 상황도 열악하기 짝이 없었다. 하지만 유럽에서는 이런 문제점이 오히려 성지의 신비와 매력을 배가시켰다. 16세기까지의 팔레스타인 지도는 지도제작자들의 상상에 주로 의존했지만 탐사기법이 발전되면서 사실성이 보강되었다. 플랑드르 지도제작자 아브라함 오르텔리우스(1527-1598)가 만든 '세계의 무대' 중 이집트와 팔레스타인 지도는 그 좋은 사례이다. 오르텔리우스가 세상을 떠날 때까지도 '세계의 무대'는 최신 세계지도로 인정받았고 25차례나 출판되었다.

히브리 성경		
율법서(토라)	**예언서(느비임)**	**성문서(케투빔)**
창세기 출애굽기 레위기 민수기 신명기	**전기 예언서 :** 여호수아서 판관기 사무엘서(상, 하) 열왕기(상, 하) **후기 예언서 :** 이사야서 예레미야서 에제키엘서 **소(小)예언자 :** 호세아 요엘 아모스 오바디야 요나 미가 나훔 하바꾹 스바니야 하깨 즈가리야 말라기	시편 잠언 욥기 솔로몬의 아가 룻기 애가 전도서 에스델서 다니엘서 에즈라-느헤미야 역대기(상, 하)

구약 성경		

창세기
출애굽기
레위기
민수기
신명기
여호수아서
판관기
룻기
사무엘서 상
사무엘서 하
열왕기 상
열왕기 하
역대기 상
역대기 하
에즈라서
느헤미야서
에스델서
욥기
시편
잠언
전도서
솔로몬의 아가
	이사야서
	예레미야서
	애가
	에제키엘서
	다니엘서
	호세아
	요엘
	아모스
	오바디야
	요나
	미가
	나훔
	하바꾹
	스바니야
	하깨
	즈가리야
	말라기
		외전 / 경외경
		토비트
		유딧
		에스델
		집회서
		바룩
		예레미야의 편지
		
		아래 내용을 포함한 다니엘서
		• 아자리야의 기도
		• 세 유대인의 노래
		  • 수산나
		  • 벨과 뱀
		
		마카베오 1
		마카베오 2
		에스드라 상
		므나쎄의 기도
		시편 151
		마카베오 3
		에스드라 하
		마카베오 4

신약 성경		
복음서	**추정 작가**	**추정 집필 연도**
마태오 복음 마르코 복음 루가 복음 요한 복음	마태오(레위) 베드로의 통역사, 마르코 바울의 수행자, 루카 사도 요한	C.E. 75~90 C.E. 66~70 C.E. 75~90 C.E. 85~100
행전	**추정 작가**	**추정 집필 연도**
사도행전	바울의 수행자, 루카	C.E. 80~90
바울의 편지	**추정 작가**	**추정 집필 연도**
로마인들에게 보낸 편지 고린토인들에게 보낸 첫째 편지 고린토인들에게 보낸 둘째 편지 갈라디아인들에게 보낸 편지 에페소인들에게 보낸 편지 필립비인들에게 보낸 편지 골로새인들에게 보낸 편지 데살로니카인들에게 보낸 첫째 편지 데살로니카인들에게 보낸 둘째 편지 디모테오에게 보낸 첫째 편지 디모테오에게 보낸 둘째 편지 디도에게 보낸 편지 필레몬에게 보낸 편지 히브리인들에게 보낸 편지	바울 바울 바울 바울 바울 (차명 가능성 있음) 바울 바울 바울 바울 바울 (차명 가능성 있음) 바울 (차명 가능성 있음) 바울 (차명 가능성 있음) 바울 바울 (차명 가능성 있음)	C.E. 56~57 C.E. 54~55 C.E. 55~56 C.E. 50~56 C.E. 80~95 C.E. 54~55 C.E. 57~61 C.E. 50~51 C.E. 50~51 C.E. 90~110 C.E. 90~110 C.E. 90~110 C.E. 54~55 C.E. 60~95
편지	**추정 작가**	**추정 집필 연도**
야고보의 편지 베드로의 첫째 편지 베드로의 둘째 편지 요한의 첫째 편지 요한의 둘째 편지 요한의 셋째 편지 유다의 편지	예수의 형제, 야고보 베드로 (차명 가능성 있음) 베드로 (차명 가능성 있음) 사도 요한 사도 요한 사도 요한 예수의 형제 유다	C.E. 50~70 C.E. 70~90 C.E. 80~90 C.E. 100 C.E. 100 C.E. 100 C.E. 45~65
예언서	**추정 작가**	**추정 집필 연도**
요한 계시록	사도 요한	C.E. 70~100

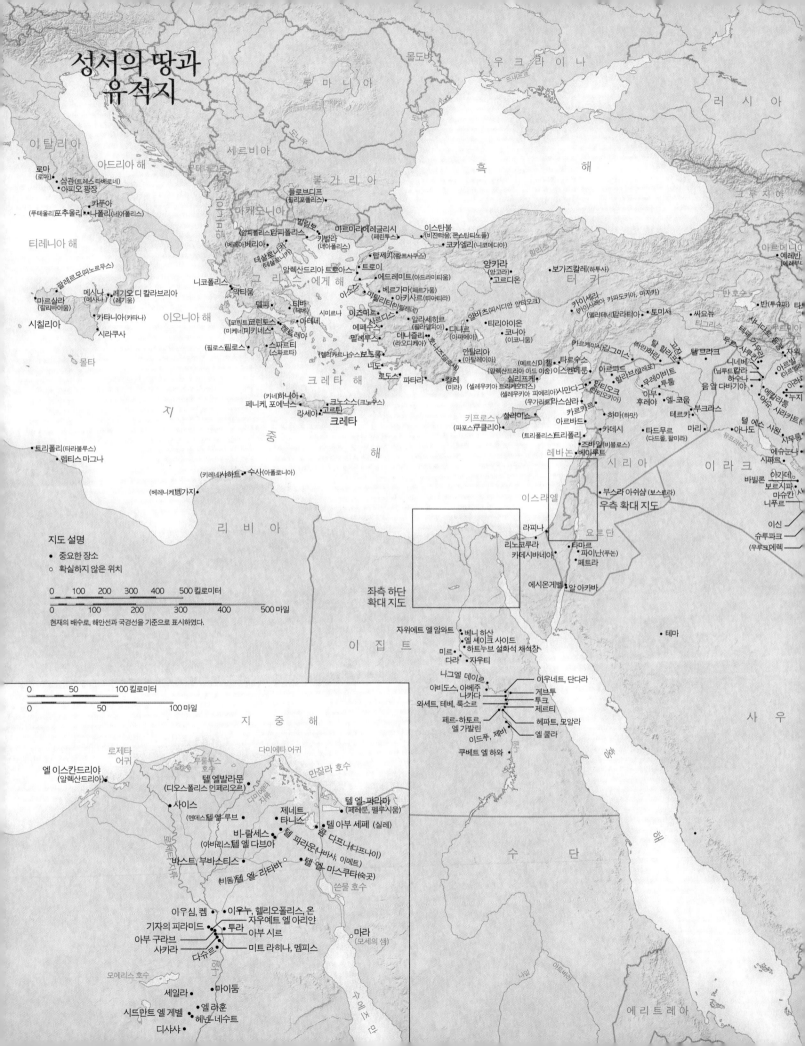

성서의 땅과 유적지

지도 설명
- 중요한 장소
- 확실하지 않은 위치

0 100 200 300 400 500 킬로미터
0 100 200 300 400 500 마일
현재의 배수로, 해안선과 국경선을 기준으로 표시하였다.

0 50 100 킬로미터
0 50 100 마일

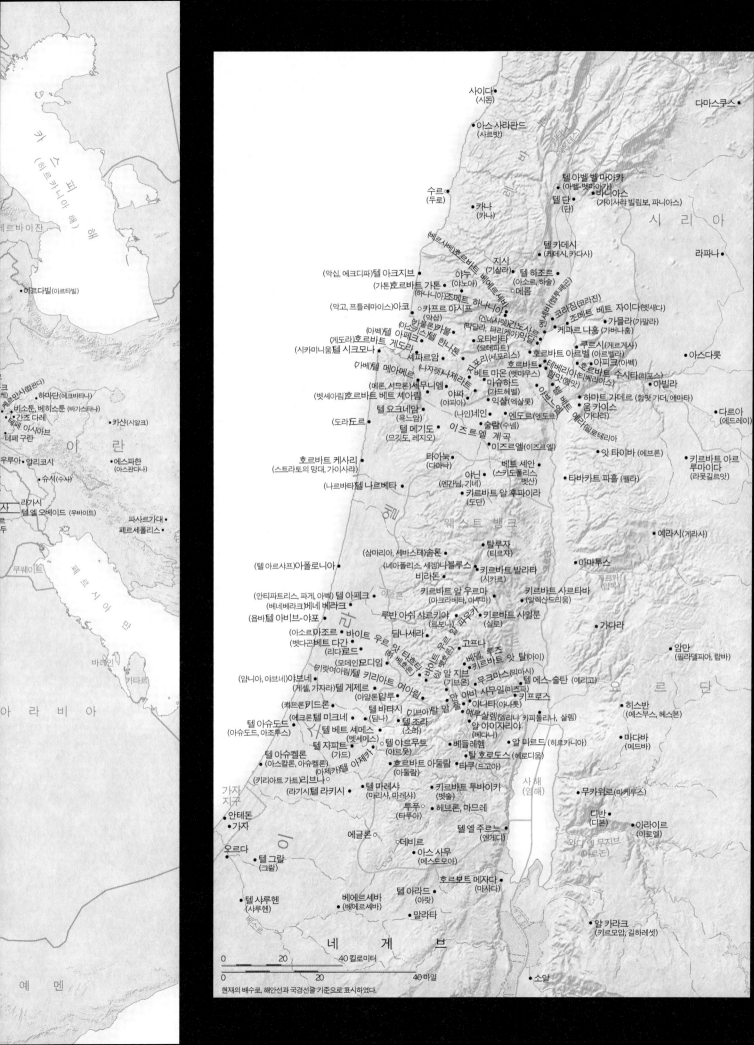

더 읽어볼 만한 책들

Chapter 1 〈창세기〉부터 〈신명기〉까지

Bertman, Stephen. *Life in Ancient Mesopotamia*. New York: Oxford University Press, 2005.

Bietak, M. *Avaris, the Capital of the Hyksos: Recent Excavations at Tell el-Daba*. London: British Museum Press, 1996.

Clayton, Peter A. *Chronicle of the Pharaohs*. London: Thames & Hudson, 1994.

Cline, Eric: *From Eden to Exile: Unraveling Mysteries of the Bible*. Washington, D.C.: National Geographic Society, 2006.

Collon, Dominique. *Ancient Near Eastern Art*. London: Trustees of the British Museum, 1995.

Coogan, Michael D., ed. *The Oxford History of the Biblical World*. New York: Oxford University Press, 2001.

Davies, W. D., et al. *The Cambridge History of Judaism* (vols. I–III). Cambridge: Cambridge University Press, 1999.

Gardner-Wilkinson, J. *The Ancient Egyptians: Their Life and Customs* (vols. I–II). London: Studio Editions, 1994.

Hallo, William W., and William K. Simpson. *The Ancient Near East: A History*. Fort Worth, TX: Harcourt Brace, 1998.

Isbouts, Jean-Pierre. *The Biblical World: An Illustrated Atlas*. Washington, D.C.: National Geographic Society, 2007.

Lewis, Jon E. *Ancient Egypt*. New York: Carroll & Graf Publishers, 2003.

Rainey, Anson F. *Egypt, Israel, Sinai: Archaeological and Historical Relationships in the Biblical Period*. Tel Aviv: Tel Aviv University, 1987.

Roaf, Michael. *Cultural Atlas of Mesopotamia and the Ancient Near East*. Abingdon: Andromeda Oxford, 2004.

Shanks, Hershel. *Ancient Israel: From Abraham to the Roman Destruction of the Temple*. Washington, D.C.: Biblical Archaeology Society, 1999.

Chapter 2 〈여호수아서〉부터 〈열왕기〉까지

Ackerman, Susan. *Under Every Green Tree: Popular Religion in Sixth-Century Judah*. Atlanta, GA: Scholars Press, 1992.

Cline, Eric. *The Battles of Armageddon: Megiddo and the Jezreel Valley From the Bronze Age to the Nuclear Age*. Ann Arbor, MI: University of Michigan Press, 2002.

Coote, R. B., and K. W. Whitelam. *The Emergence of Early Israel in Historical Perspective*. Sheffield: Almond Press, 1987.

Eynikel, E. *The Reform of King Josiah and the Composition of the Deuteronomistic History*. Leiden: E. J. Brill, 1996.

Finkelstein, Israel, and Neil Asher Silberman. *The Bible Unearthed: Archeology's New Vision of Ancient Israel and The Origin of Its Sacred Texts*. New York NY: The Free Press, 2001.

Finkelstein, Israel, and Neil Asher Silberman. *David and Solomon: In Search of the Bible's Sacred Kings and the Roots of the Western Tradition*. New York NY: The Free Press/Simon & Schuster, 2006.

Fritz, Volkmar, et al. *The Origins of the Ancient Israelite States*. Sheffield: Sheffield Academic Press, 1996.

Mitchell, T. C. *The Bible in the British Museum: Interpreting the Evidence*. London: British Museum Press, 1988.

Silberman, Neil Asher, et al. *The Archeology of Israel: Constructing the Past, Interpreting the Present*. Sheffield, England: Sheffield Academic Press, 1997.

Vanderhooft, D. S. *The Neo-Babylonian Empire and Babylon in the Latter Prophets*. Atlanta: Scholars Press, 1999.

Vaughn, Andrew G., and Ann E. Killebrew, eds. *Jerusalem in Bible and Archaeology: The First Temple Period*. Atlanta: Society of Biblical Literature, 2003.

Yadin, Y. *Hazor: The Discovery of a Great Citadel of the Bible*. London: Weidenfeld and Nicholson, 1975.

Chapter 3 〈역대기〉부터 〈마카베오서〉까지

Bosworth, A.B. *Conquest and Empire: The Reign of Alexander the Great*. New York: Cambridge University Press, 1988.

Carter, C. E. *The Emergence of Yehud in the Persian Period*. Sheffield: Sheffield Academic Press, 1999.

Chancey, Mark A. *Greco-Roman Culture and the Galilee of Jesus*. Cambridge: Cambridge University Press, 2005.

Harrington, Daniel. *The Maccabean Revolt: Anatomy of a Biblical Revolution*. Wipf & Stock Publishers, 2009.

Horsley, Richard A. *Galilee: History, Politics, People*. Harrisburg, PA: Trinity Press, 1995.

King, Philip J., and Lawrence E. Stager. *Life in Biblical Israel*. Louisville, KY: Westminster John Knox Press, 2002.

Maier, Paul L, ed. *Josephus: The Essential Works*, translation. Grand Rapids, MI: Kregel Publications, 1994.

Schiffman, Lawrence H. *Reclaiming the Dead Sea Scrolls: The History of Judaism, the Background of Christianity, the Lost Library of Qumran*. New York: Doubleday, 1995.

Stemberger, Günter. *Jewish Contemporaries of Jesus: Pharisees, Sadducees, Essenes*. Minneapolis: Fortress Press, 1995.

Chapter 4 네 복음서

Borg, Marcus J. *Jesus: Uncovering the Life, Teachings, and Relevance of a Religious Revolutionary*. San Francisco: HarperSanFrancisco, 2006.

Chancey, Mark A. *The Myth of a Gentile Galilee*. Cambridge: Cambridge University Press, 2002.

Chilton, Bruce. *Rabbi Jesus*. New York: Image/Doubleday, 2000.

Chilton, Bruce. *Mary Magdalene: A Biography*. New York: Image/Doubleday, 2006.

Crossan, John Dominic. *Jesus: A Revolutionary Biography*. New York: HarperCollins Publishers, 1994.

Crossan, John Dominic, and Jonathan L. Reed. *Excavating Jesus: Beneath the Stones, Behind the Texts*. New York: HarperCollins, 2001.

Ehrman, Bart. *Jesus: Apocalyptic Prophet of the New Millennium*. New York: Oxford University Press, 1999.

Evans, Craig. *Jesus and his World: The Archaeological Evidence*. Louisville: Westminster John Knox Press, 2012.

Hezser, Catherine. *Jewish Literacy in Roman Palestine*. Tübingen, Germany: Mohr Siebeck, 2001.

Horsley, Richard A. *Jesus and Empire: The Kingdom of God and the New World Disorder*. Minneapolis: Fortress Press, 2003.

Humphrey, Hugh M. *From Q to "Secret" Mark: A Composition History of the Earliest Narrative Theology*. London: T and T Clark, 2006.

Isbouts, Jean-Pierre. *In the Footsteps of Jesus: A Chronicle of His Life and the Origins of Christianity*. Washington, D.C.: National Geographic Society, 2012.

Levine, Amy-Jill, ed. *Historical Jesus in Context*. Princeton: Princeton University Press, 2006.

McCane, Byron R. *Roll Back the Stone: Death and Burial in the World of Jesus*. Harrisburg, PA: Trinity Press International, 2003.

Meier, John P. *A Marginal Jew: Rethinking the Historical Jesus* (vols. 1, 2, and 3). New York: Doubleday, 1994.

Oakman, Douglas E. *Jesus and the Economic Questions of His Day*. Queenstown, Ontario: Edwin Mellen Press, 1986.

Reed, Jonathan. *Archaeology and the Galilean Jesus: A Re-Examination of the Evidence*. Harrisburg, PA: Trinity Press International, 2002.

Reed, Jonathan L. *The HarperCollins Visual Guide to the New Testament*. New York: HarperCollins, 2007.

Safrai, Ze'ev. *The Economy of Roman Palestine*. London: Routledge, 1994.

Sanders, E. P. *Jesus and Judaism*. Philadelphia: Fortress, 1985.

Senior, Donald. *Jesus: A Gospel Portrait*. Mahwah, NJ: Paulist Press, 1992.

Stemberger, Günter. *Jewish Contemporaries of Jesus: Pharisees, Sadducees, Essenes*. Minneapolis: Fortress, 1995.

Chapter 5 〈사도행전〉부터 〈요한 계시록〉까지

Archer, Léonie J. *Her Price is Beyond Rubies: The Jewish Woman in Graeco-Roman Palestine*. Sheffield, England: JSOT Press, 1990.

Chilton, Bruce. *Rabbi Paul: An Intellectual Biography*. New York: Image/Doubleday, 2005.

Ehrman, Bart D. *Lost Christianities: The Battles for Scripture and the Faiths We Never Knew*. Oxford: Oxford University Press, 2003.

Elsner, Jas. *Imperial Rome and Christian Triumph*. New York: Oxford University Press, 1998.

Evans, Craig A., ed. *The World of Jesus and the Early Church*. Peabody, MA: Hendrickson Publishers, 2011.

Goodman, Martin. *State and Society in Roman Galilee, A.D. 132–212*. Totowa, NJ: Rowman and Allanheld, 1983.

Ilan, Tal. *Jewish Women in Greco-Roman Palestine*. Peabody, MA: Hendrickson, 1996.

Jeffers, James S. *The Greco-Roman World of the New Testament Era: Exploring the Background of Early Christianity*. Downers Grove, IL: InterVarsity Press, 1999.

Kee, Howard Clark. *The Beginnings of Christianity: An Introduction to the New Testament*. London: T and T Clark, 2005.

Magnes, Jodi. *Stone and Dung, Oil and Spit: Jewish Life in the Time of Jesus*. Grand Rapids: Eerdmans, 2011.

Neusner, Jacob. *Judaism When Christianity Began: A Survey of Belief and Practice*. Louisville: John Knox Press, 2002.

Neusner, Jacob. *The Mishnah: A New Translation*. New Haven: Yale University Press, 1988.

Pagels, Elaine. *Beyond Belief: The Secret Gospel of Thomas*. New York: Random House, 2003.

Pagels, Elaine. *The Gnostic Gospels*. New York: Random House, 1979.

Porter, Stanley, ed. *Paul and his Theology*. Pauline Studies, vol. 3. Leiden, Holland: Brill, 2006.

Robinson, J. M., gen. ed. *The Nag Hammadi Library*. Leiden: EJ Brill, 1977.

Udoh, Fabian E. *To Caesar What Is Caesar's: Tribute, Taxes, and Imperial Administration in Early Roman Palestine (63 B.C.E.–70 C.E.)*. Providence: Brown Judaic Studies, 2005.

저자에 대하여

장 피에르 이즈부츠(Jean-Pierre Isbouts) 인문학자이자 캘리포니아 산타 바버라 필딩 대학원 문화미디어학과 교수이다. 내셔널 지오그래픽을 통해 출간한 베스트셀러 《성서 그리고 역사(*The Biblical World*)》와 《성서 그리고 사람들(*Who's Who in the Bible*)》《예수의 발자취(*In the Footsteps of Jesus*)》를 비롯해 유대교와 그리스도교, 이슬람교의 기원에 관한 다양한 글을 발표하고 있다. 그 외 《모세에서 무함마드까지(*From Moses to Muhammad*)》《청년 예수(*Young Jesus: Restoring the "Lost Years" of a Social Activist and Religious Dissident*)》《예수의 신비(*The Mysteries of Jesus*)》 등의 책을 저술했다.

또 〈찰턴 헤스턴의 성경 여행(*Charlton Heston's Voyage Through the Bible*)〉(1998)과 〈어린이를 위한 성경 안내(A Children's Guide to the Bible)〉(1999) 〈공통점에 대해(On Commom Ground)〉(2002) 등 성경을 주제로 다양한 다큐 프로그램을 제작해온 이즈부츠는 홀마크 텔레비전 미니시리즈인 〈평화의 추구(The Quest For Peace)〉(2005)로 골드오로라 상과 디로즈-힌크하우드 상을 수상했다.

현재 웹사이트 www.jpisbouts.org.의 운영자로 활동중이다.

자문위원단

에릭 H. 클라인(Eric H. Cline) 조지 워싱턴 대학교 고대 셈어문어학과 학과장이자 인류학 및 역사학과 유대 연구 프로그램의 겸임교수를 맡고 있다. 열정적인 연구자이자 저자인 클라인 교수는 14권의 저작과 100편 이상의 연구논문을 발표했고, 이스라엘과 이집트, 요르단, 그리스 등지에서 진행되는 여러 발굴 작업을 지휘해왔다. 그의 대표 저서인 《아마겟돈의 전투(*The Battles of Armageddon: Megiddo and the Jezreel Valley from the Bronze Age to the Nuclear Age*)》는 2001년 성서 고고학 소사이어티(BAS)에서 수요하는 출판대상 시상식에서 고고학 분야 서적 중 최고 인기상을 수상했다.

스티븐 펠드먼(Steven Feldman) 성서 고고학 소사이어티의 웹에디터 겸 교육 프로그램의 디렉터를 맡고 있다. BAS가 발행하는 잡지 〈*Biblical Archaeology Review*〉와 〈*Bible Review*〉의 편집장을 역임하기도 했다. 시카고 신학대학교에서 박사학위를 받은 펠드먼은 성서에 관한 학술 저서들을 좀 더 이해하기 쉬운 언어로 들려주는 방법을 꾸준히 개발하고 있다.

브루스 칠턴(Bruce Chilton) 바드 칼리지의 종교학 전공교수 겸 고급신학연구소 상임 이사이다. 성 요한 교회에서 목사로도 재직한 칠턴 박사는 현재 〈*The Bulletin for Biblical Research*〉와 〈*The Journal for the Study of the New Testament*〉의 편집장을 맡고 있다. 칠턴의 대표 저서로는 《랍비 예수(*Rabbi Jesus: An Intimate Biography*)》《랍비 바울(*Rabbi Paul: An Intellectual Biography*)》《막달라 마리아(*Mary Magdalene: A Biography*)》《예수의 길(*The Way of Jesus*)》 등이 있다.

크레이그 에반스(Craig Evans) 캐나다 노바스코셔의 아카디아 대학교에서 신약성서를 가르치고 있다. 60권이 넘는 저서와 100편 이상의 논문, 그리고 여러 매체에 관련 리뷰를 기고하고 있다. 대표작으로 《예수와 초기 교회의 세계(*The World of Jesus and the Early Church*)》와 《예수와 그의 세계(*Jesus and His World: The Archaeological Evidence*)》 등이 있다.

사진 및 그림 출처

All photographs courtesy of Pantheon Studios, Inc., unless otherwise noted:

Cover (UPLE), bpk, Berlin/Staatliche Museen/ARNY; Cover (UPCTR), Jerry L. Thompson/ARNY; Cover (UPRT), Cameraphoto Arte, Venice/ARNY; Cover (LO), Scala/Ministero per i Beni e le Attività culturali/ARNY.

1, Detail from one of the Bible Windows depicting Solomon and the Queen of Sheba (stained glass), English School (20th century)/Canterbury Cathedral, Kent, UK/BAL; 2-3, "The Garden of Eden With the Fall of Man," ca 1615 (oil on panel), Brueghel, Jan (1568–1625) & Rubens, P. P. (1577–1640)/Mauritshuis, The Hague, The Netherlands/BAL.

INTRODUCTION: 13, Sistine Chapel ceiling and lunettes, 1508–1512 (fresco) (post-restoration), Buonarroti, Michelangelo (1475–1564)/Vatican Museums and Galleries, Vatican City/BAL.

CHAPTER 1: 24 (LE), Adam and Eve, 1537 (panel), Cranach, Lucas, the Elder (1472–1553)/Kunsthistorisches Museum, Vienna, Austria/BAL; 24 (RT), Adam and Eve, 1537 (panel), Cranach, Lucas, the Elder (1472–1553)/Kunsthistorisches Museum, Vienna, Austria/BAL; 25, "Noah's Sacrifice," 1847–1853 (oil on canvas), Maclise, Daniel (1806–1870)/Leeds Museums and Galleries (Leeds Art Gallery) U.K./BAL; 29, "The Sacrifice of Isaac," 1603 (oil on canvas), Caravaggio, Michelangelo Merisi da (1571–1610)/Galleria degli Uffizi, Florence, Italy/Alinari/BAL; 30 (LO), Pantheon Studios, Inc., Courtesy of Glumik; 36 (INSET), "The Dismissal of Hagar," 1660s (oil on canvas), Fabritius, Barent (1624–1673)/Ferens Art Gallery, Hull Museums, UK/BAL; 37, Alfredo Dagli Orti/The Art Archive at ARNY; 43, Large Passover plate (brass), Israeli School (20th century)/The Israel Museum, Jerusalem, Israel/BAL; 46, "Moses With the Tablets of the Law" (oil on canvas), Reni, Guido (1575–1642)/Galleria Borghese, Rome, Italy/Giraudon/BAL; 54 (LE), Aaron throwing down the rod that God has given Moses (gouache on paper), English School (20th century)/Private Collection/© Look and Learn/BAL; 54 (RT), "Abraham and Sarah Before Abimelech," 1681 (oil on canvas), Roos, Johann Heinrich (1631–1685) /Allen Memorial Art Museum, Oberlin College, Ohio, USA/Gift of Dr. Alfred Bader in memory of Wolfgang Stechow/BAL; 56, Samuel Killing Agag, "King of the Amalekites" (oil on panel), Troyen, Rombout van (ca 1605–1650)/Musée des Beaux–Arts, Dunkirk, France/Giraudon/BAL; 57, Punic civilization, Terra-cotta statuette of god Baal Hammon on the throne from Thinissut, Tunisia, fourth century B.C.E./De Agostini Picture Library/G. Dagli Orti/BAL; 58, "Jacob parting From Benjamin," English School (20th century)/Private Collection/© Look and Learn/BAL; 60 (UP), Erich Lessing/ARNY; 60 (LO), "The consecration of Eleazar as High Priest," Hole, William Brassey (1846–1917)/Private Collection/© Look and Learn/BAL; 61, "Eliezer of Damascus," 1860 (oil on canvas), Dyce, William (1806–1864)/Minneapolis Institute of Arts, MN, USA/The Putnam Dana McMillan Fund/BAL; 62, Eve (oil on panel), Cranach, Lucas, the Elder (1472–1553)/Koninklijk Museum voor Schone Kunsten, Antwerp, Belgium/© Lukas—Art in Flanders VZW/Photo: Hugo Maertens/BAL; 63, "The Apparition of Gamaliel to the Priest, Lucien," from the Altarpiece of St. Stephen, ca 1470 (oil on panel), Pacher, Michael (1435–1498)/Musée d'Art et d'Archéologie, Moulins, France/Giraudon/BAL; 64, © RMN-Grand Palais/ARNY; 65 (LE),

"Victory O Lord," 1871 (oil on canvas), Millais, Sir John Everett (1829–1896)/Manchester Art Gallery, UK/BAL; 65 (RT), DEA Picture Library/GI; 66, Cameraphoto Arte, Venice/ARNY; 67 (LE), "Jacob's Ladder," ca 1490 (oil on panel), French School (15th century)/Musée du Petit Palais, Avignon, France/BAL; 68, "Joseph and His Brethren Welcomed by Pharaoh." Gouache on board. 12⅛ x 8⅝" (30.8 x 21.9 cm). Gift of the heirs of Jacob Schiff. X1952-138. Photo: John Parnell. The Jewish Museum, New York /ARNY; 69, "Judith and Holofernes," 1599 (oil on canvas) (detail of 79578), Allori, Cristofano (1577–1621)/Palazzo Pitti, Florence, Italy/BAL; 70, "Lot and His Daughters," ca 1650 (oil on canvas), Guercino (Giovanni Francesco Barbieri) (1591–1666)/Gemäldegalerie Alte Meister, Dresden, Germany/© Staatliche Kunstsammlungen Dresden/BAL; 71, "Meeting Between Abraham and Melchizedek" (oil on canvas), French School (17th century)/Musée des Beaux-Arts, Rennes, France/Giraudon/BAL; 72, Erich Lessing/ARNY; 73, Window depicting Naphtali (stained glass), English School (14th century)/Wells Cathedral, Somerset, UK/BAL; 75 (LE), Gianni Dagli Orti/The Art Archive at ARNY; 74 (RT), DEA/A. Dagli Orti/GI; 76, DEA/A. Dagli Orti/GI; 77, "Massacre of the Hivites by Simeon and Levi" (litho), English School (19th century)/Private Collection/The Stapleton Collection/BAL; 78, By kind permission of the Trustees of the Wallace Collection, London/ARNY; 79, Erich Lessing/ARNY.

CHAPTER 2: 80-81, Pantheon Studios, Inc./Courtesy SMK Foto/Statens Museum for Kunst; 82, Eileen Tweedy/The Art Archive at ARNY; 84, "Joshua Commanding the Sun," English School (19th century)/Private Collection/© Look and Learn/BAL; 100, David, ca 1440 (bronze), Donatello (ca 1386–1466)/Museo Nazionale del Bargello, Florence, Italy/BAL; 101, © RMN-Grand Palais/ARNY; 103, I Kings 2:10-11 The Death of David, and 2:19-25 Bathsheba asks Solomon for Abishag to marry Adonijah, from the Nuremberg Bible (Biblia Sacra Germanaica) (colored woodcut), German School (15th century)/Private Collection/The Stapleton Collection/BAL; 104, "The Visit of the Queen of Sheba to King Solomon," illustration from *Hutchinson's History of the Nations,* early 1900s (color litho), Poynter, Sir Edward John (1836–1919) (after)/Private Collection/BAL; 105, The Imperial Crown made for the coronation of Otto I, the "Great" (912–73) showing one of four enamel plaques representing King Solomon as the symbol of Wisdom, West German, late tenth century with later additions (gold, precious stones, pearls, and enamel)/Kunsthistorisches Museum, Vienna, Austria/BAL; 107 (LE), Wikipedia; 107 (RT), Statuette of King Necho, Late Period (bronze), Egyptian 26th Dynasty (664–525 B.C.E.)/Brooklyn Museum of Art, New York, USA/Charles Edwin Wilbour Fund/BAL; 107, Wikipedia; 109, "Elisha Raising the Son of the Shunamite," 1881 (oil on canvas), Leighton, Frederic (1830–1896)/Leighton House Museum, Kensington & Chelsea, London, UK/BAL; 112, The Prophet Hosea, predella of an altarpiece by Gherardo Starnina, known as Master of the Bambino Vispo (ca 1360–before 1413), panel/De Agostini Picture Library/BAL; 116, Wikipedia; 120, "The Prophet Amos," 1535 (oil on panel), Juan de Borgona (ca 1470–ca 1535)/Museo Catedralicio, Cuenca, Spain/BAL; 126, Album/ARNY; 127 (LE), SuperStock/SuperStock; 127 (RT), "The Death of Absalom," Hole, William Brassey (1846–1917)/Private Collection/© Look and Learn/BAL; 128 (LE), Adonijah, Uptton, Clive (1911–2006)/Private Collection/© Look and Learn/BAL; 128 (RT), "Elijah Rebuking Ahab," Gow, Mary L. (1851–1929)/Private Collection/© Look and Learn/BAL; 129, Wikipedia; 130, "The Feast of Absalom" (oil on canvas), Preti, Mattia (Il Calabrese) (1613–1699)/Private Collection/Photo © Agnew's, London, UK/BAL; 131 (LE), Figurine of Asherah, Canaanite, 999–600 B.C.E. (clay),

Bronze Age (2000–600 B.C.E.)/Private Collection/Photo © Zev Radovan/BAL; 131 (RT), "Joash Saved From the Massacre of the Royal Family," 1867 (oil on canvas), Levy, Henri Leopold (1840–1904)/Musée des Beaux-Arts, Arras, France/Giraudon/BAL; 132 (LE), "Barak and Deborah" (oil on canvas), Solimena, Francesco (1657–1747)/Private Collection/BAL; 132 (RT), "The Toilet of Bathsheba," 1710 (oil on copper), Verkolje, Nicolaes (1673–1746)/Private Collection/Johnny Van Haeften Ltd., London/BAL; 133, Deborah, Landelle, Charles (1821–1908)/Private Collection/© Look and Learn/BAL; 134, Samson and Delilah, Caravaggio, Michelangelo (1571–1610) (follower of)/Hospital de Tavera, Toledo, Spain/BAL; 135 (LE), "Elijah Visited by an Angel" from the Altarpiece of the Last Supper, 1464–1468 (oil on panel), Bouts, Dirck (ca 1415–1475)/St. Peter's, Louvain, Belgium/Giraudon/BAL; 135 (RT), "The Prophet Elisha Rejecting Gifts From Naaman," 1637 (oil on canvas), Grebber, Pieter Fransz de (ca 1600–1653)/Frans Hals Museum, Haarlem, The Netherlands/Index/BAL; 136, Window depicting Gideon's Fleece (stained glass), French School (13th century)/Laon Cathedral, Laon, France/BAL; 137, "David Victorious Over Goliath," ca 1600 (oil on canvas), Caravaggio, Michelangelo Merisi da (1571–1610)/Prado, Madrid, Spain/BAL; 138, "The Infant Samuel Brought by Hannah to Eli," 17th century (oil on canvas), Eeckhout, Gerbrandt van den (1621–1674)/Ashmolean Museum, University of Oxford, UK/BAL; 139 (LE), "The Healing of Hezekiah," miniature from the *Psalter of Paris,* manuscript, tenth century/De Agostini Picture Library/G. Dagli Orti/BAL; 139 (RT), Scala/ARNY; 140, By kind permission of the Trustees of the Wallace Collection, London/ARNY; 141, "The Philistines hang Saul's body from the walls of Beth-Shan; the valiant men of Jabesh-Gilead remove the body; they burn the bodies of Saul and his three sons; an Amalekite brings the crown to David, with tidings of Saul's death." France (probably Paris), ca 1250. MS. M.638, f. 35v. The Pierpont Morgan Library/ARNY; 142, "Jehoiakim Burning the Roll," English School (20th century)/Private Collection/© Look and Learn/BAL; 143 (LE), Jehu (engraving), English School (19th century)/Private Collection/© Look and Learn/BAL; 143 (RT), Sistine Chapel Ceiling: The Prophet Jeremiah (pre-restoration), Buonarroti, Michelangelo (1475–1564)/Vatican Museums and Galleries, Vatican City/BAL; 144, "Jeroboam Sacrificing to the Golden Calf," 1752 (oil on canvas), Fragonard, Jean-Honoré (1732–1806)/École Nationale Supérieure des Beaux-Arts, Paris, France/Giraudon/BAL; 145 (UP), Erich Lessing/ARNY; 145 (LO), Jezebel, 1896, Shaw, John Byam Liston (1872–1919)/© Russell-Cotes Art Gallery and Museum, Bournemouth, UK/BAL; 146, Table Base with the Story of Jonah (Jonah swallowed and cast up by the Big Fish). Roman, Early Byzantine, early fourth century. Marble, white. Overall: 19½ x 24 x 13¼ in. (49.5 x 61 x 33.7 cm) Base: 9⅝ x 10¼ in. (24.4 x 26 cm) weight: 181 lb (82.1 kg). The Metropolitan Museum of Art, Gift of John Todd Edgar, 1877 (77.7). Image copyright © The Metropolitan Museum of Art. Image source: ARNY; 147 (LE), "Moses and Joshua Descending From the Mount," Dixon, Arthur A. (1872–1959)/Private Collection/© Look and Learn/BAL; 147 (RT), "The Death of King Josiah at Megiddo," Hole, William Brassey (1846–1917)/Private Collection/© Look and Learn/BAL; 150, "Merodach Sets Forth to Attack Tiamat," illustration from *Myths of Babylonia and Assyria* by Donald A. Makenzie, 1915 (color litho), Wallcousins, Ernest (1883–1976) (after)/Private Collection/The Stapleton Collection/BAL; 151, Detail of the Prophet Micah, from the exterior of the right wing of the Ghent Altarpiece, 1432 (oil on panel) (see 472381, 472325), Eyck, Hubert (ca 1370–1426) & Jan van (1390–1441)/St. Bavo Cathedral, Ghent, Belgium/© Lukas—Art in Flanders VZW/Photo: Hugo Maertens/BAL; 152, © RMN-Grand Palais/ARNY; 153 (LE), Ms H 7 fol.114r Nahum announcing the destruction of Nineveh, from the Bible of Jean XXII (vellum), French School (15th century)/Musée Atger, Faculté de Médecine, Montpellier, France/Giraudon/BAL; 153 (RT), Alfredo Dagli Orti/The Art Archive at ARNY; 154, Window depicting the prophet Obadiah, ca 1270–1275 (stained glass), French School (13th century)/

Church of St. Urbain, Troyes, France/Giraudon/BAL; 156, Innis, Caroline. Caleb, Achsah and Othniel, 1827. Watercolor on paper, 23½ x 20½ in. (59.7 x 52.1 cm). Gift of Mrs. Edith G. Halpert, JM 33-54. The Jewish Museum, New York/ARNY; 157, "Rahab and the Spies," English School (20th century)/Private Collection/© Look and Learn/BAL; 158, bpk, Berlin/Skulpturensammlung und Museum für Byzantinische Kunst, Staatliche Museen, Berlin, Germany/Joerg P. Anders/ARNY; 159 (RT), Erich Lessing/ARNY; 160 (RT), © The Trustees of the British Museum/ARNY; 161, bpk, Berlin/Gemäldegalerie, Staatliche Museen, Berlin, Germany/Joerg P. Anders/ARNY; 162, © RMN-Grand Palais/ARNY; 163 (UP), "The Death of Sisera" (oil on canvas), Palma Il Giovane (Jacopo Negretti) (1548–1628)/Musée d'Art Thomas Henry, Cherbourg, France/Giraudon/BAL; 163 (LO), Gianni Dagli Orti/The Art Archive at ARNY; 164, "Solomon and the Queen of Sheba" (oil on canvas), Francken, Frans II the Younger (1581–1642)/Musée des Beaux-Arts, Quimper, France/BAL; 165, Erich Lessing/ARNY; 166, Epitaph of King Uzziah of Judah (limestone)/Israel Museum, Jerusalem, Israel/The Ridgefield Foundation, New York, in memory of Henry J. and Erna D. Leir/BAL; 167, Public Domain image from Wikimedia Commons.

CHAPTER 3: 171, © RMN-Grand Palais/ARNY; 172, King Solomon holding the temple, 1890 (stained glass), Burne-Jones, Sir Edward Coley (1833–1898)/Leigh, Staffordshire, UK/Ann S. Dean, Brighton/BAL; 175, Erich Lessing/ARNY; 178 (UP), Aleksandar Todorovic/Shutterstock; 181, Esther Scroll and Case, Baghdad, Iraq (pen & ink with tempera on parchment), Iraqi School (19th century)/The Israel Museum, Jerusalem, Israel/BAL; 182-183, "The Vision of Ezekiel," 1630 (oil on canvas), Collantes, Francisco (1599–1656)/Prado, Madrid, Spain/BAL; 185, "Aaron the High Priest" (oil on board), Etty, William (1787–1849)/Sunderland Museums & Winter Garden Collection, Tyne & Wear, UK/© Tyne & Wear Archives & Museums/BAL; 188, "Christ Before Caiaphas," Frangipane, Niccolo (fl.1563–1597)/Galleria e Museo Estense, Modena, Italy/BAL; 189, Erich Lessing/ARNY; 190, "The Expulsion of Heliodorus From the Temple," 1674 (oil on canvas), Lairesse, Gerard de (1640–1711)/Private Collection/Johnny Van Haeften Ltd., London/BAL; 192, "The Triumph of Judas Maccabeus," 1635 (oil on canvas), Rubens, Peter Paul (1577–1640)/Musée des Beaux-Arts, Nantes, France/Giraudon/BAL; 193, Section from the Psalms Scrolls, Qumran cave 11, ca 30–50 (parchment)/The Israel Museum, Jerusalem, Israel/BAL; 200, Ms 22 Samuel and his sons Joel and Abijah (vellum), French School (14th century)/Bibliothèque Sainte-Geneviève, Paris, France/Archives Charmet/BAL; 201 (LE), "Esther Before Ahasuerus," before 1697 (oil on canvas), Coypel, Antoine (1661–1722)/Louvre, Paris, France/Giraudon/BAL; 201 (RT), Alexander the Great (356–323 B.C.E.) from The Alexander Mosaic, depicting the Battle of Issus between Alexander and Darius III (399–330 B.C.E.) in 333 B.C.E., floor mosaic removed from the Casa del Fauno (House of the Faun) at Pompeii, after a fourth-century B.C.E. Hellenistic painting by Philoxenos of Eritrea (mosaic) (detail of 154003), Roman (first century B.C.E.)/Museo Archeologico Nazionale, Naples, Italy/Giraudon/BAL; 202 (UP), Bust of Antiochus III (223–187 B.C.E.), replica of an original from third century B.C.E. (marble), Greek/Louvre, Paris, France/BAL; 202 (LO), Artaxerxes I (464–24 B.C.E.) receiving a grandee in "Median" dress while Other Dignitaries look on, detail from the west entrance to the Hundred Column Hall (stone) (photo), Achaemenid (fifth century B.C.E.)/Persepolis, Iran/BAL; 204, "The Return of Tobias," ca 1670–1680 (oil on canvas), Berchem, Nicolaes Pietersz. (1620–1683)/Musée des Beaux-Arts, Pau, France/Giraudon/BAL; 205, "Belshazzar's Feast," Danini, Pietro (ca 1646–1712)/Pushkin Museum, Moscow, Russia/BAL; 206 (LE), Erich Lessing/ARNY; 206 (RT), ARNY; 207, A Median officer paying homage to King Darius I (ca 550–486 B.C.E.) from the Treasury, ca 515 B.C.E. (limestone) (see also 279364), Achaemenid (550–330 B.C.E.)/Persepolis, Iran/Giraudon/BAL; 208, "Esther" (oil on canvas), Anschuetz, Hermann (1802–80)/Pushkin Museum, Moscow, Russia/BAL; 209, Scala/ARNY; 211 (RT), Judith with the head of Holofernes, ca 1530 (panel), Cranach, Lucas, the Elder (1472–1553)/Kunsthistorisches Museum, Vienna, Austria/BAL; 214, The Tree of Jesse, from the Dome Altar, 1499 (tempera on panel) (see 145501-15), Stumme, Absolon (15th century)/Hamburger Kunsthalle, Hamburg, Germany/BAL; 215 (RT), Prutah of John Hyrcanus I, 129–104 B.C.E. (bronze), Hasmonean (140–37 B.C.E.)/Israel Museum, Jerusalem, Israel/BAL; 216 (RT), "The Nine Worthies and the Nine Worthy Women," detail of Judas Maccabeus, 1418–1430 (fresco), Jaquerio, Giacomo (fl.1403–1453)/Castello della Manta, Saluzzo, Italy/Alinari/BAL; 217, "The Leviathan," 1908 (color litho), Rackham, Arthur (1867–1939)/Bibliothèque des Arts Décoratifs, Paris, France/Archives Charmet/BAL; 218, Alinari/ARNY; 221, Gianni Dagli Orti/The Art Archive at ARNY; 222, Tissot, James Jacques Joseph (1836–1902) and Followers. "Nehemiah Looks Upon the Ruins of Jerusalem," ca 1896–1902. Gouache on board. 9¼ x 7⁷⁄₁₆ in. (23.6 x 18.9 cm) Gift of the heirs of Jacob Schiff, X1952-378. Photo by John Parnell. The Jewish Museum, New York/ARNY; 223 (LE), Tate, London/ARNY; 223 (RT), "Naomi entreating Ruth and Orpah to return to the land of Moab," from a series of 12 known as "The Large Colour Prints," 1795, Blake, William (1757–1827)/Victoria & Albert Museum, London, UK/The Stapleton Collection/BAL; 224 (RT), "Ruth," 1886 (oil on canvas), Landelle, Charles (1821–1908)/Shipley Art Gallery, Gateshead, Tyne & Wear, UK/© Tyne & Wear Archives & Museums/BAL; 225, "Shadrach, Meshach and Abednego in the Fiery Furnace," 1863 (w/c), Solomon, Simeon (1840–1905)/Private Collection/© Mallett Gallery, London, UK/BAL; 226, "Zerubbabel Showing a Plan of Jerusalem to Cyrus" (oil on canvas), Loo, Jacob or Jacques van (ca 1614–1670)/Musée des Beaux-Arts, Orleans, France/Giraudon/BAL; 227 (LE), "Departure of the Young Tobias," 1733 (oil on canvas), Parrocel, Pierre (1670–1739)/Musée des Beaux–Arts, Marseille, France/Giraudon/BAL; 227 (RT), "The Healing of Tobit," early 1630s, Strozzi, Bernardo (1581–1644)/Hermitage, St. Petersburg, Russia/BAL; 228, "Queen Vashti leaving the royal palace" (oil on panel), Lippi, Filippino (ca 1457–1504)/Museo Horne, Florence, Italy/Giraudon/BAL.

CHAPTER 4: 242, "Herod and Herodias at the Feast of Herod" (oil on panel) (detail of 222483), Francken, Frans the Elder (1542–1616)/Musee Municipal, Dunkirk, France/Giraudon/BAL; 251, Courtesy Marcela Zapata Meza, Universidad Anáhuac México Sur; 274, "Annas and Caiaphas," illustration for *The Life of Christ,* ca 1886–1894 (w/c & gouache on paperboard), Tissot, James Jacques Joseph (1836–1902)/Brooklyn Museum of Art, New York, USA/BAL; 275 (LE), Erich Lessing/ARNY; 275 (RT), Album/ARNY; 278 (LE), "Herod" (21 B.C.E.–39 C.E.), illustration for *The Life of Christ,* ca 1886–1894 (w/c & gouache on paperboard), Tissot, James Jacques Joseph (1836–1902)/Brooklyn Museum of Art, New York, USA/BAL; 278 (RT), "Herodias, With Head of John the Baptist," Sirani, Elisabetta (1638–1665)/Burghley House Collection, Lincolnshire, UK/BAL; 281 (LE), "The Calling of the Sons of Zebedee" (panel), Basaiti, Marco (1470–1530)/Galleria dell' Accademia, Venice, Italy/BAL; 282 (RT), "The Betrayal of Christ," detail of the kiss, ca 1305 (fresco) (detail of 65199), Giotto di Bondone (ca 1266–1337)/Scrovegni (Arena) Chapel, Padua, Italy/BAL; 283, Scala/ARNY; 284, Erich Lessing/ARNY; 287 (LE), "Christ Driving the Moneychangers From the Temple," 1626 (oil on canvas), Rembrandt Harmenszoon van Rijn (1606–1669)/Pushkin Museum, Moscow, Russia/BAL; 287 (RT), "Christ Instructing Nicodemus" (oil on canvas), Jordaens, Jacob (1593–1678)/Musée des Beaux-Arts, Tournai, Belgium/BAL; 288 (RT), "The Pharisees Question Jesus," illustration for *The Life of Christ,* ca 1886–96 (gouache on paperboard), Tissot, James Jacques Joseph (1836–1902)/Brooklyn Museum of Art, New York, USA/BAL; 290 (LE), "The Question of the Sadducees," Copping, Harold (1863–1932)/Private Collection/© Look and Learn/BAL; 290 (RT), "The Morning Judgement," illustration from *The Life of Our Lord Jesus Christ,* 1886–1894 (w/c over graphite on paper), Tissot, James Jacques Joseph (1836–1902)/Brooklyn Museum of Art, New York, USA/Purchased by Public Subscription/BAL; 291, "Saint Simeon and Saint Lazarus," ca 1503 (oil on panel) (see also 498671), Dürer or Duerer, Albrecht (1471–1528)/Alte Pinakothek, Munich, Germany/BAL; 293 (RT), Scala/ARNY;

CHAPTER 5: 294-295, © RMN-Grand Palais/ARNY; 301, V&A Images, London/ARNY; 302 (LE), Erich Lessing/ARNY; 305, Scala/ARNY; 323, Alfredo Dagli Orti/The Art Archive at ARNY; 328 (LE), "Christian Fights for His Life," Watt, John Millar (1895–1975)/Private Collection/© Look and Learn/BAL; 328 (RT), "St. Agabus" (oil on canvas), Maino or Mayno, Fray Juan Batista (1569–1649)/© The Bowes Museum, Barnard Castle, County Durham, UK/BAL; 329, "The Feast of Herod" (oil on canvas), Italian School (16th century)/Musée des Beaux-Arts, Caen, France/Giraudon/BAL; 330, "St. Paul Preaching Before the Temple of Diana at Ephesus," 1885 (oil on canvas), Pirsch, Adolf (1858–1929)/Private Collection/Photo © Bonhams, London, UK/BAL; 331 (LE), Study for "St. Philip Baptising the Eunuch of the Queen of Ethiopia" (oil on canvas), Chasseriau, Theodore (1819–1856)/Musée de la Ville de Paris, Musée du Petit-Palais, France/Giraudon/BAL; 331 (RT), Bust of Emperor Claudius (10 B.C.E.–54 C.E.) from Thasos (marble), Roman (first century C.E.)/Louvre, Paris, France/Giraudon/BAL; 332, Pantheon Studios, Inc./Courtesy The Walters Art Museum; 333 (UP), Banque d'Images, ADAGP/Art Resource, NY © 2013 Artists Rights Society (ARS), New York/ADAGP, Paris; 333 (LO), V&A Images, London/ARNY; 334, St. Timothy and Eunice (stained glass), Burne-Jones, Sir Edward Coley (1833–1898)/Birmingham Museums and Art Gallery/BAL; 335 (LE), Caligula, Gaius Julius Caesar (12–41). Roman Emperor (37–41). Bust. Marble. Carlsberg Glyptotek Museum. Copenhagen. Denmark/Photo © Tarker/BAL; 335 (RT), "The Apparition of Gamaliel to the Priest, Lucien," from the Altarpiece of St. Stephen, ca 1470 (oil on panel), Pacher, Michael (1435–1498)/Musée d'Art et d'Archéologie, Moulins, France/Giraudon/BAL; 336, "St. John the Evangelist at Patmos," from the Mystic Marriage of St. Catherine triptych, 1479 (right wing) 1479 (oil on panel), Memling, Hans (ca 1433–1494)/Memling Museum, Bruges, Belgium/BAL; 339 (LE), "Saint Mark" (oil on copper), Guercino (Giovanni Francesco Barbieri) (1591–1666) (studio)/Private Collection/Photo © Christie's Images/BAL; 339 (RT), St. Matthias, English School (19th century)/Private Collection/© Look and Learn/BAL; 342 (LE), Wikipedia; 342 (RT), "The Martyrdom of St. Philip," 1639 (oil on canvas), Ribera, Jusepe de (lo Spagnoletto) (ca 1590–1652)/Prado, Madrid, Spain/Giraudon/BAL; 343, "Priscilla," illustration from *Women of the Bible,* published by The Religious Tract Society, 1927 (color litho), Copping, Harold (1863–1932)/Private Collection/BAL; 344, "The Death of Sapphira" (oil on canvas), Poussin, Nicolas (1594–1665)/Louvre, Paris, France/Giraudon/BAL; 345 (RT), "The Martyrdom of St. Stephen," ca 1623 (oil on copper), Stella, Jacques (1596–1657)/Fitzwilliam Museum, University of Cambridge, UK/BAL; 346, © RMN-Grand Palais/ARNY.

Charting the Routes to the Holy Land: 356, Map of Jerusalem, detail from the Madaba Mosaic Map (photo)/Church of Saint George, Ma'daba, Jordan/Photo © Zev Radovan/BAL.

찾아보기

옮긴이 **이상원**

서울대 가정관리학과와 노어노문학과를 거쳐 한국외대에서 통번역대학원 한노과 석사, 통번역학 박사학위를 받았다. 2000년 이후 한국외대 통번역대학원에서 번역과 한국어 관련 강의를 해왔으며 2006년부터 서울대 기초교육원 글쓰기 강의교수로 일하고 있다. 《성서, 그리고 역사》《시간을 정복한 남자 류비셰프》《체호프 단편선》《레베카》 등 70여 권의 번역서를 냈다. 저서로《서울대 인문학 글쓰기 강의》《글로벌 인재들을 위한 한국어 특강》(공저)이 있다.

성서 그리고 사람들

첫판 1쇄 펴낸날 2018년 5월 21일

지은이/ 장-피에르 이즈부츠
옮긴이/ 이상원
펴낸이/ 지평님
본문 조판/ 성인기획 (010)2569-9616
종이 공급/ 화인페이퍼(02)338-2074
인쇄/ 중앙 P&L (031)904-3600
제본/ 다인바인텍 (031)955-3735

펴낸곳/ 황소자리 출판사
출판등록/ 2003년 7월 4일 제2003-123호
주소/ 서울시 영등포구 양평로 21길 26 선유도역 1차 IS비즈타워 706호(150-105)
대표전화/ (02) 720-7542 팩스/ (02)723-5467
E-mail/ candide1968@daum.net

ⓒ 내셔널 지오그래픽, 2018

ISBN 979-11-85093-69-7 03900

*잘못된 책은 구입처에서 바꾸어드립니다.

이 도서의 국립중앙도서관 출판예정도서목록(CIP)은 서지정보유통지원시스템 홈페이지(http://seoji.nl.go.kr)와 국가자료공동목록시스템(http://www.nl.go.kr/kolisnet)에서 이용하실 수 있습니다. (CIP제어번호: CIP2018011570)

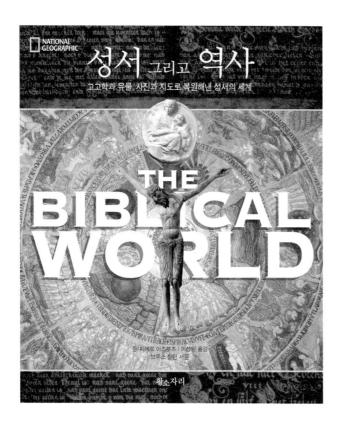
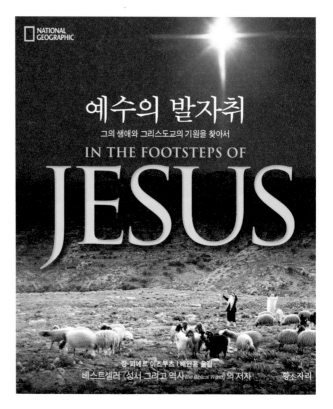